智慧教育

政策·技术·实践

刘德建 曾海军/编著

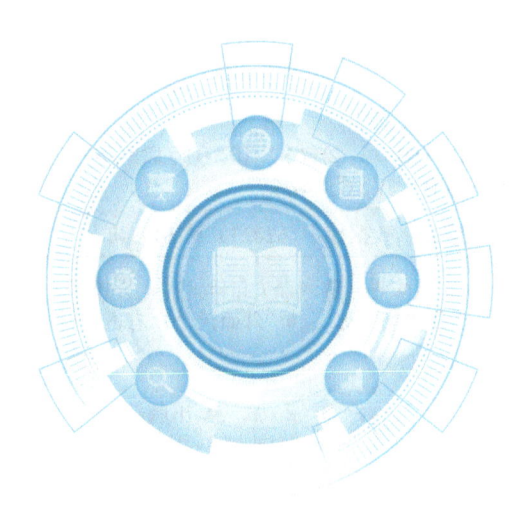

科学出版社

北京

内 容 简 介

智能时代，"教育何为、教育应该往何处去"成为世界各国共同思考的命题。主动推进教育数字化转型是应对时代之变的战略选择，是推进中国式教育现代化的重要内容。智慧教育是教育数字化转型的目标形态。"慧"从师出，"能"自环境，"变"在形态。本书梳理了教育数字化转型与智慧教育的战略部署、政策措施、学者观点和国际趋势，从技术、理论和实践的角度探讨了教育智能技术图谱及其教育教学应用，以科技赋能的视角搭建了智慧教育生态的"四梁八柱"。

本书可供智慧教育领域的政策制定者、研究者、实践者、技术开发者和行业从业者等阅读参考。

图书在版编目(CIP)数据

智慧教育：政策·技术·实践/刘德建，曾海军编著.—北京：科学出版社，2023.8

ISBN 978-7-03-076105-7

Ⅰ. ①智… Ⅱ. ①刘… ②曾… Ⅲ. ①互联网络－应用－教育 ②智能技术－应用－教育 Ⅳ. ①G4-39

中国国家版本馆 CIP 数据核字（2023）第 146848 号

责任编辑：魏如萍/责任校对：贾伟娟
责任印制：张 伟/封面设计：有道设计

科学出版社出版
北京东黄城根北街 16 号
邮政编码：100717
http://www.sciencep.com
北京建宏印刷有限公司印刷
科学出版社发行 各地新华书店经销

*

2023 年 8 月第 一 版 开本：720×1000 1/16
2024 年 1 月第二次印刷 印张：29 3/4
字数：630 000
定价：198.00 元
（如有印装质量问题，我社负责调换）

序 一

科学技术快速发展，不断开辟新的创新空间，为教育数字化变革提供重大机遇。我国提出推进教育数字化，建设全民终身学习的学习型社会、学习型大国。主动推进教育数字化转型，是应对时代之变的战略选择，是推进中国教育现代化的重要内容。

教育的初心和使命就是启迪人的智慧，促进人的全面和健康发展，这也是智慧教育的首要任务和根本目标。时代发展与科技进步推动着人才培养目标与人才结构的变化，智能技术带来了教学过程与学习环境的变化，催生了新的教育教学模式。智慧教育扩大"人人皆学"的覆盖范围、拓宽"处处能学"的空间广度、延展"时时可学"的时间尺度，从而构筑满足全民终身学习需求、开放灵活、可持续发展的学习型社会。

教育是新技术的重要实践场域，科技的创新驱动作用助力和支撑教育高质量发展，教育数字化转型需要借助科技手段。同时，人们日益增长的对美好教育的需求，也是推动科技发展的原生动力。人工智能、互联网、虚拟现实和 5G 等新技术的融合渗透，特别是以虚实融合为核心特征的第三代互联网的应用将开辟教育的新境界。人类将实现在物理世界与数字世界虚实融合地生活和学习，激发学习者学习兴趣，帮助学习者沉浸、有效地进行学习。

同时，我们也要认识到，学校教育的主体是老师，人工智能、虚拟现实等只是技术，起到教学辅助和支撑作用，不可能、也不应该完全取代教师教学，创新思维、人文素质等方面的培养更多的还是需要人对人的教学模式。因此，我们要加强新技术应用于教育教学场景的相关研究，关注新技术、新环境和新空间对学生身心和社会的影响。面对人工智能大模型的快速迭代，我们应该以开放的心态，拥抱新技术、运用新技术、驾驭新技术，不断突破教育发展的瓶颈，使教育更公平、更高质、更有效，使技术为人服务，造福全人类。

智慧教育正在变革"路上"，需要扎根一线，深入开展理论与实践研究。刘德建博士和曾海军博士的著作《智慧教育：政策·技术·实践》关注教育数字化转型和智慧教育的政策、趋势、技术和实践，强调科技赋能智慧教育发展，对未来教育发展进行了深入思考，是他们多年理论研究和实践探索的成果结晶，是智慧教育领域难得之作，可为智慧教育领域的研究和实践提供参考。期待更多的研究者和实践者携起手来，共同推动新技术与教育的融合创新，共创教育的美好未来！

中国工程院院士

2023 年 6 月

序　二

进入 21 世纪以来，我国教育普及程度不断提高，教育的主要矛盾发生了转化。一方面人民群众迫切需要接受高质量的教育，而另一方面优质教育资源供给短缺，而且发展不均衡。同时，我们必须关注到，世界经济数字化转型已经是大势所趋，我国也正在加快数字经济和数字中国建设的整体布局。实施教育数字化战略行动，既是国际经济社会发展的大趋势，也是信息技术与教育融合迭代的必然要求。

先进信息技术的发展及其与教育教学的融合，改变了人类获取知识的方式和渠道。知识传递的方式正在从过去的以单向传递为主，转变为现在的多向互动。学校的教师角色正在发生转型，从过去知识单向传递背景下学生的知识传授者，转变为当前知识多向互动传递背景下学生的学习活动设计者和指导者。这种角色转型导致师生关系发生变化，即教师和学生形成了一种新型学习伙伴关系，并颠覆着传统的学习方式。

我们要主动应对教育数字化转型新挑战。数字化转型急需数字经济人才，因此我们要建设高素质专业化教师队伍，加强学校教师、科研人员和管理人员的信息化、数字化能力建设，加强对经济数字化、教育数字化转型的研究与学习，转变教育教学观念，变革育人方式，探索多样化的人才培养模式。数字化转型提出数字治理新命题，我们要高度关注数字安全问题，理性应对数字经济带来的教育变革，避免教育规律和教育价值相背离，不断调整和优化教育治理体系。

对于教育的未来，我们要保持敏锐的眼光，密切跟踪数字化转型发展新趋势，既要结合实际积极开展多样化的探索，也要保持严谨求实的理性态度。刘德建博士和曾海军博士在从事互联网教育和智慧教育研究与实践的基础上，系统梳理了教育数字化转型与智慧教育的相关政策和国际趋势，从技术、理论和实践的视角探讨了智慧教育生态，出版了《智慧教育：政策·技术·实践》，我深感欣慰，由衷祝贺！

进入新时代，教育从来没有像今天这样迫切地需要智能技术，当前正是彰显智慧教育价值的最佳时期。我希望并相信刘德建博士和曾海军博士会继续深入研究，积极进行实践探索，更为立体地刻画智慧教育发展动向，为教育数字化转型做出更大的贡献。

是为序。

钟秉林

北京师范大学教授

2023 年 6 月

前　言

党的二十大报告提出实施科教兴国战略，强化现代化建设人才支撑。教育、科技、人才是全面建设社会主义现代化国家的基础性、战略性支撑。习近平同志非常重视数字化对教育改革发展的作用，强调"推进教育数字化，建设全民终身学习的学习型社会、学习型大国"[①]。互联网、云计算、大数据等现代信息技术深刻改变着人类的思维、生产、生活、学习方式。站在人类发展的高度和技术发展的前沿，习近平同志提出要"因应信息技术发展……建设'人人皆学、处处能学、时时可学'的学习型社会"[②]。从共建网络空间命运共同体的高度，他提出实施"互联网＋教育"[③]，积极推动人工智能和教育深度融合，促进教育变革创新[④]。他强调要坚持不懈推进教育信息化，努力以信息化为手段扩大优质教育资源覆盖面，我们要通过教育信息化，逐步缩小区域、城乡数字差距，大力促进教育公平，让亿万孩子同在蓝天下共享优质教育、通过知识改变命运[⑤]。面对全球互联网大变革、大发展、大融合的历史潮流和全球人工智能发展态势，他倡议同世界各国一道，开拓更加广阔的国际交流合作平台，积极推动信息技术与教育融合创新发展，共同探索教育可持续发展之路[⑥]。没有信息化就没有现代化，习近平同志强调，顺应信息化、数字化、网络化、智能化发展趋势，抓住机遇，应对挑战[⑦]。

全面推进教育数字化转型，对落实数字中国战略、支撑建设教育强国、助推中国式教育现代化具有重大战略意义，是适应新时代拔尖创新人才培养要求的必由之路，是顺应全球教育变革趋势的必然选择。数字中国建设取得决定性进展和显著成效，我国教育信息化发展进程不断加快，为教育数字化转型和智慧教育发展奠定了坚实的基础。《中华人民共和国国民经济和社会发展第十四个

[①] 高举中国特色社会主义伟大旗帜　为全面建设社会主义现代化国家而团结奋斗——习近平同志代表第十九届中央委员会向大会作的报告摘登[N]. 人民日报，2022-10-17（2）.
[②] 习近平致国际教育信息化大会的贺信[N]. 人民日报，2015-05-24（2）.
[③] 习近平在网络安全和信息化工作座谈会上的讲话[N]. 人民日报，2016-04-26（2）.
[④] 习近平向国际人工智能与教育大会致贺信[N]. 人民日报，2019-05-17（1）.
[⑤] 习近平致国际教育信息化大会的贺信[N]. 人民日报，2015-05-24（2）.
[⑥] 习近平致国际教育信息化大会的贺信[N]. 人民日报，2015-05-24（2）.
[⑦] 习近平向2021年世界互联网大会乌镇峰会致贺信[N]. 人民日报，2021-09-27（1）.

五年规划和 2035 年远景目标纲要》明确要求要聚焦教育等重点领域，"推动数字化服务普惠应用"，将智慧教育列入十大数字化应用场景。《"十四五"数字经济发展规划》要求深入推进智慧教育，深入推进智慧教育示范区建设，进一步完善数字教育资源公共服务体系。《"十四五"国家信息化规划》提出"开展终身数字教育。提升教育信息化基础设施建设水平，构建高质量教育支撑体系"。《数字中国建设整体布局规划》提出大力实施国家教育数字化战略行动，完善国家智慧教育平台[①]。《提升全民数字素养与技能行动纲要》也明确提出"加快建设完善数字基础设施"，"全面推进数字校园建设"。《中国教育现代化 2035》提出，"要适应信息化不断发展带来的知识获取方式和传授方式、教和学关系的革命性变化"，"加快信息化时代教育变革"，"推动信息技术在教学、管理、学习、评价等方面的应用"。在我国这样的人口大国，面对世界上最大规模的教育体系，只有充分利用互联网、大数据、人工智能等新一代信息技术，才能在确保教育规模的前提下为每位学习者提供个性化、精准化的学习支持与服务，构建"面向人人、适合人人"的教育体系才会成为可能；也只有基于智能技术实现精细化资源配置与科学决策，才能显著提升教育治理水平，为"办好人民满意的教育"提供关键支撑。加快实施教育数字化战略，发展智慧教育，建设以信息化为支撑的高质量教育体系，是我国教育实现从基本均衡到高位均衡、从教育大国到教育强国的必然选择。

　　智慧教育作为教育信息化的高端形态，代表了智能技术变革教育的未来发展方向。如何推进教育数字化转型、如何构建智慧教育生态，是世界各国面临的共同挑战和重要机遇。联合国教育变革峰会期间发布的《确保和提高全民公共数字化学习质量行动倡议》（"Action on Assuring and Improving Quality Digital Public Learning for All"）重申，必须充分发掘数字革命的力量，确保将优质教育和终身学习作为一项共同利益和人权提供给所有人，并特别关注最边缘化的群体。联合国教科文组织发布了系列报告以引领教育数字化变革，如《一起重新构想我们的未来：为教育打造新的社会契约》（"Reimagining our Futures Together: A New Social Contract for Education"）、《北京共识——人工智能与教育》（"Beijing Consensus on Artificial Intelligence and Education"）、《人工智能与教育：政策制定者指南》（"AI and Education: Guidance for Policy-makers"）、《人工智能伦理问题建议书》（"Recommendation on the Ethics of Artificial Intelligence"）等。"世界数字教育大会""国际人工智能与教育大会""全球智慧教育大会"等就全球数字教育和智慧教育合作等发布倡议。处于新一轮科技革命和产业革命的历史机遇期，全球范围内的

---

① 国家智慧教育平台全称为"国家智慧教育公共服务平台"，下文除了引用原文，均使用"国家智慧教育平台"。

教育数字化转型步伐不断加快，显现出十大国际发展趋势，即发布持续性教育数字化战略，引领教育系统变革；优化教育信息网络基础设施，构建智联教育环境；建设智慧教育公共服务平台，共享优质教育资源；实践信息技术赋能教学模式，创新学习支持服务；打破传统学校办学模式边界，重塑未来学校形态；数据驱动深化教学评价改革，改进教育教学质量；研制数字教育领域标准规范，促进教育互联互通；界定和培养师生的数字素养，提升数字胜任能力；完善数字技术应用伦理规则，夯实变革安全基础；构建跨区域数字教育共同体，推进国际合作交流。从国际经验看，数字化转型是在数字化转换、数字化升级的基础上，在战略层面进行系统规划，全要素、全流程、全业务、全领域推进数字化意识、数字化思维和数字化能力的过程。智慧教育是教育数字化转型的目标形态，由智慧学习环境、新型教学模式和现代教育制度三个境界构成。

  智能技术是以人工智能为代表，能够了解人类需求，模仿人类进行操作、辅助决策，延伸和扩展人的智能的理论、方法、技术及应用系统。教育智能技术不仅包含情境感知、模式识别、教育机器人等显性的智能技术，还包括大数据、云计算、物联网等教育智能化的支撑技术，以及专门用于教育教学的教学设计、教育测评、智能教育助理等教育技术。教育智能技术的核心目的是基于对教育教学全过程的多模态信息采集，通过面向教育教学场景的智能计算，提供个性化、情景化和智能化的教育教学服务，从而促进教育教学创新。从智能技术促进教育教学创新的技术价值来看，以智能"人"隐喻，教育智能技术分为基础支撑、感官获取、中枢思维、数据传输和展示服务等技术种群，形成了教育智能技术图谱，并进一步融入智慧教育生态。智能技术是教育教学生态的"新物种"，丰富了其内涵；智能技术是教育教学生态的"工具箱"，拓展了各主体的行为；智能技术是教育教学生态发展的"催化剂"，推动了教育教学生态向情境性、个性化和数据驱动三个新特征的演化。互联网教育智能技术、教育大数据应用技术展现出广泛的教育应用前景。智慧云、智能网、智慧屏、数字底座、教育连接器等形成了典型的智慧教育技术方案。

  科学技术变革推动着生产力和生产关系的发展，与此同时，产生了与社会发展、科技发展和人类需求相适应的知识观、学习观、教学观和课程观。智能技术带来了教育环境、教育内容、教学方式和师生关系的改变，并衍生由相应的教与学理论做指导，既需要吸纳建构主义学习理论、信息加工学习理论、认知外包理论等相关内容，又需要进一步丰富智能技术促进有效学习的理论。人才培养是学校的基本功能、根本任务和内涵发展的核心内容，智能技术促进人才培养模式创新，形成适应新教学关系的教学模式（如人机协同教学模式、弹性教学模式）、适应学生特征的学习方式（如泛在混合式学习方式、按需学习方式），以及相应的教学管理与支持服务方式。

深入发展智慧教育没有现成的经验可资借鉴，没有既定的道路可以因循，这是一项具有开创性和挑战性的工作，它承载着我们对当前教育变革的期望，也承载着我们对未来教育的期盼。发展智慧教育要立足自主创新和教育自信，要实现从跟跑、并跑到领跑的超越，走具有中国特色的智慧教育发展道路。国内的教育信息化发展和数字化转型是智慧教育研究和实践的"沃土"。例如，作为国家教育数字化战略行动的标志性成果之一，国家智慧教育平台升级上线，扩大了优质教育资源覆盖面，为在校学生、社会公众提供不打烊、全天候、"超市式"服务；智慧教育示范区、"互联网＋教育"示范区、信息化教学实验区、人工智能教育社会治理实验基地、人工智能助推教师队伍建设行动试点工作等因地制宜地进行了大胆的探索和有益的尝试；疫情防控期间的大规模在线教育实践，其规模之大、效果之显著、影响之深远受到全球瞩目，涌现出大量鲜活的案例和总结出大量具有推广价值的经验；5G＋智慧教育试点树立了一批可复制推广、可规模应用的发展标杆；北京、上海、浙江、湖南等地积极探索教育数字化转型的实施路径。教育科学研究和实践要自信，既要学习借鉴国外先进的教育经验，又要立足中国国情和教育实际，到一线去，真思考、真行动。

随着全球数字化的演进，科技与教育正逐渐形成系统性融合的新格局，科技为教育赋能、教育为科技赋值。教育在社会发展中占据基础性、先导性、全局性地位，为国家生产力储能、赋能；科技的创新驱动作用，助力和支撑教育高质量发展。在科技进步、社会转型与教育变迁三者的动态作用下，科技与教育正逐渐形成全领域、全要素、全链条、全业务等系统性深度融合的新格局。作为国家创新体系的重要组成部分，互联网教育智能技术及应用国家工程研究中心、教育大数据应用技术国家工程研究中心，以及教育部教育信息化战略研究基地等聚焦"四个面向"，在数字化转型和智慧教育战略研究以及关键技术与装备、系统平台和解决方案等方面取得了长足进步，构建了理论、技术、应用和产业全链条的创新体系。国家重点研发计划项目、国家自然科学基金项目、国家社会科学基金项目等围绕科技支撑教育现代化，立项支持了智慧教育领域的战略性、基础性、前瞻性重大科学问题、重大共性关键技术研究和产品研发，促进了科教融汇。

面对教育行业的数字化"大考"，科技和社会发展倒逼教育系统转型升级。在已有教育信息化的基础上，需将智慧教育整体纳入数字中国和智慧社会的建设中，重点解决长期存在而亟待应对的问题和技术短板。面对新的形势、新问题和新需求，推进智慧教育发展，需要从国家教育、科技和人才一体化发展的战略高度，从瞄准教育内在和外在需求、注重问题导向和应用导向的视角出发，搭建智慧教育的"四梁八柱"：云网端升级打造智能学习空间，构筑学习环境数字底座；优化和推广国家智慧教育平台，打造数字教育资源超市；推行灵活弹性的教学组织形式，撬动人机协同教学革命；开展全过程和全要素智能评测，数据驱动教学评价改革；构建技术与产品协同治理体系，完善教育智脑支撑科学决策；激发互联网教育服务产业活力，孕育区域智慧教育生态；提升师生智能素养与应用能力，夯实智慧社会人才基础；优化智慧教育平台与项目布局，启动教育现代化新引擎。

科技支撑智慧教育发展，需要在国家科技创新平台体系、重大专项和重点研发计划、创新团队与人才建设基金、重大科学仪器设备研制等科研项目和经费资助体系中，扩大对智慧教育领域项目的可持续资助范围。围绕激发学习兴趣、提高学生自主学习能力，精准服务教师发展、人机协同提高教学质量，提升学校治理能力、优化育人环境，改善区域协同、构建数字公共服务体系，关注特殊群体、智能升级教育装备等核心需求，聚焦智能技术赋能"双减"、人机协同教学、评价改革、教育智治、平安绿色智慧校园、未成年人保护、乡村教育振兴等核心业务领域，针对师生负担重、学生厌学辍学、综合素质评价难、校园及周边存在安全隐患、青少年数字化学习产品泛滥、网络沉迷、农村教育和特殊教育"短板"等教育现实矛盾，促进智能技术与教育教学深度融合、科教融汇，基于感知、智联、计算、监测、预警和处置技术框架，开展学生成长智能感知、教师发展智能服务、育人环境智能监测、公共服务智能协同、教育装备智能升级等理论与关键技术的研发与工程化，攻克教育专用网络、芯片、操作系统、装备、平台、数据队列和教育超脑等建设与应用中的技术短板，开展大规模、长周期和多样化应用示范，全面支撑安全有序的新型教育教学环境建设，重塑教育复杂系统中的"人机物环"关系，加快形成人机协同、跨界融合、共创分享的教育公共服务体系与教育数字化治理体系。

在推进教育数字化转型、推广应用国家智慧教育平台、发展智慧教育的大背景下，我们对有关教育数字化转型与智慧教育的战略部署、政策措施、学者观点和国际趋势进行了梳理分析，比较分析了国际上关于教育数字化转型及智慧教育的理解和共识，从技术、理论和实践的角度分析了教育智能技术图谱及其在教育教学中的应用，从科技赋能智慧教育的视角介绍了相关科研平台和重点项目，提出了搭建智慧教育"四梁八柱"的政策建议和科技项目建议。

教育信息化、教育数字化（转型）、智慧教育、智能教育、互联网教育和在线教育等概念体现出不同的战略或政策背景，生成了不同的话语体系，囿于作者水平有限，我们并没有对这些概念做出严格内涵和外延界定，主要探讨的就是信息技术与教育教学的深度融合。本书结构框架如图0-1所示。

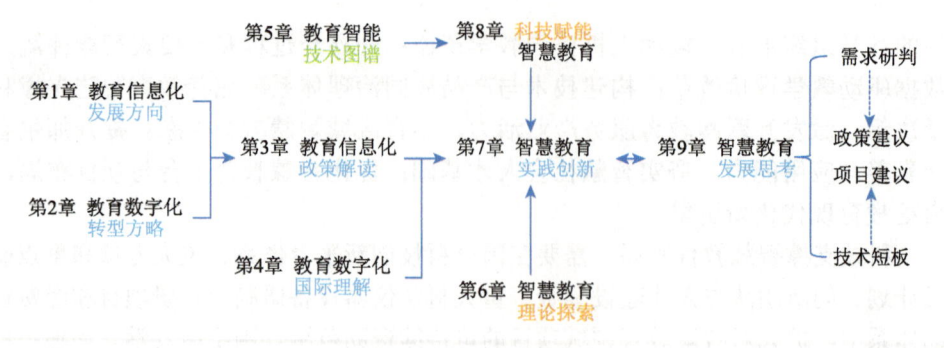

图 0-1　本书结构框架

　　推动教育数字化转型，发展智慧教育，是大势所趋、发展所需、改革所向，更是教育工作者应有之志、应尽之责、应立之功。我们希望能够为政策制定者、研究人员和实践人员提供参考，一起前行！

目　　录

第1章　教育信息化发展方向 ······················· 1
　一、建设人人皆学、处处能学、时时可学的学习型社会 ······· 2
　　（一）"人人皆学"强调全民应享有终身学习的机会 ······· 4
　　（二）"处处能学"强调应为社会提供便利的学习环境 ····· 4
　　（三）"时时可学"强调应提供有效的数字化学习方式 ····· 4
　二、充分利用互联网促进人才培养模式的创新 ············ 6
　　（一）变革网络学习空间和创新教与学的方式 ·········· 6
　　（二）"互联网＋教育"改变教育服务供给方式 ·········· 7
　三、积极推动人工智能和教育深度融合 ················ 9
　四、努力以信息化为手段扩大优质教育资源覆盖面 ········· 11
　五、共同探索教育信息化可持续发展之路 ··············· 12

第2章　教育数字化转型方略 ······················· 14
　一、教育数字化转型的基础 ························ 15
　　（一）全面建设社会主义现代化国家新征程 ············ 15
　　（二）中国式教育现代化与高质量教育体系 ············ 16
　　（三）数字中国建设与教育数字化相互支撑 ············ 21
　　（四）教育信息化发展成效为数字化转型奠基 ·········· 23
　二、教育数字化战略行动引领教育的未来 ··············· 25
　　（一）实施国家教育数字化战略行动 ················ 25
　　（二）以国家智慧教育平台开通为契机 ··············· 30
　　（三）发挥教育信息化在乡村教育振兴中的作用 ········ 31
　　（四）努力成为智慧教育的国际引领者 ··············· 32
　三、推进教育数字化转型，构建智慧教育新生态 ··········· 35
　　（一）转变教育教学理念，推动教育数字化转型升级 ····· 36
　　（二）提升师生数字素养与技能，改进数字化教与学 ····· 37
　　（三）探索新型教学模式，撬动教学过程数字化转型 ····· 39
　　（四）创新智能测评技术，支撑教育评价数字化改革 ····· 40
　　（五）构建智联教学环境，夯实教育数字化转型底座 ····· 41

xi

　　　　（六）推进国家智慧教育平台应用，优化教育公共服务 ………… 43
　　　　（七）打造教育数据"大脑"，提升教育数字化治理能力 ………… 44
　　　　（八）扩大优质教育资源覆盖面，推动城乡教育高位均衡发展 …… 45
　　　　（九）智能升级教育生态，打造智慧教育的国际名片 …………… 46

第3章 教育信息化政策解读 …………………………………………… 48
　一、教育信息化政策概述 ……………………………………………… 49
　二、加快信息化时代教育变革 ………………………………………… 52
　　　　（一）建设智能化校园 ………………………………………… 52
　　　　（二）探索新型教学方式 ……………………………………… 54
　　　　（三）创新教育服务业态 ……………………………………… 56
　　　　（四）推进教育治理方式变革 ………………………………… 58
　三、发展"互联网+教育"，探索新型教育服务供给方式 ……………… 59
　　　　（一）构建三元空间融合的新型学习环境 …………………… 61
　　　　（二）创新促进形成全面发展的人才培养模式 ……………… 62
　　　　（三）着力供给侧改革，建立开放共享的教育服务体系 …… 62
　　　　（四）建设数据驱动的现代教育治理体系 …………………… 63
　　　　（五）构建协同推进"互联网+教育"发展的联动机制 ……… 63
　四、发展智慧教育，促进教育系统变革 ……………………………… 64
　　　　（一）智能技术促进人才培养模式创新 ……………………… 64
　　　　（二）当前教育改革呼唤智慧教育 …………………………… 67
　　　　（三）深入推进智慧教育发展 ………………………………… 68
　五、教育信息化政策迭接式路线图 …………………………………… 72
　　　　（一）教育信息化政策与宏观规划的指导框架 ……………… 74
　　　　（二）教育信息化政策与宏观规划的迭代步骤 ……………… 75
　　　　（三）教育信息化政策与宏观规划的重点领域 ……………… 77

第4章 教育数字化国际理解 …………………………………………… 82
　一、为教育的未来打造新社会契约 …………………………………… 83
　　　　（一）从学会生存到全球共同利益 …………………………… 83
　　　　（二）一起重新构想教育的未来 ……………………………… 85
　　　　（三）国际组织推动教育数字化变革 ………………………… 87
　二、教育数字化变革的国际趋势 ……………………………………… 107
　　　　（一）发布持续性教育数字化战略，引领教育系统变革 …… 107
　　　　（二）优化教育信息网络基础设施，构建智联教育环境 …… 118
　　　　（三）建设智慧教育公共服务平台，共享优质教育资源 …… 122
　　　　（四）实践信息技术赋能教学模式，创新学习支持服务 …… 128

（五）打破传统学校办学模式边界，重塑未来学校形态 ………… 133
　　（六）数据驱动深化教学评价改革，改进教育教学质量 ………… 137
　　（七）研制数字教育领域标准规范，促进教育互联互通 ………… 141
　　（八）界定和培养师生的数字素养，提升数字胜任能力 ………… 143
　　（九）完善数字技术应用伦理规则，夯实变革安全基础 ………… 156
　　（十）构建跨区域数字教育共同体，推进国际合作交流 ………… 161
　三、人工智能与教育的国际共识 …………………………………… 164
　　（一）发展人工智能教育的挑战和机遇 ………………………… 164
　　（二）《北京共识——人工智能与教育》 ………………………… 166
　　（三）《人工智能与教育：政策制定者指南》 …………………… 167
　　（四）《人工智能伦理问题建议书》 ……………………………… 173
　四、世界数字教育发展对话交流 …………………………………… 175
　　（一）联合国教育变革峰会 ……………………………………… 175
　　（二）世界数字教育大会 ………………………………………… 180
　　（三）国际人工智能与教育会议 ………………………………… 182
　　（四）世界慕课与在线教育大会 ………………………………… 187
　　（五）全球智慧教育大会 ………………………………………… 188
　五、迈向智慧教育的教育数字化转型 ……………………………… 189
　　（一）教育数字变革面临的挑战 ………………………………… 189
　　（二）教育数字化转型的路径框架 ……………………………… 190
　　（三）智慧教育是数字化转型的目标形态 ……………………… 193
　　（四）国家智慧教育战略框架研究 ……………………………… 197

第5章 **教育智能技术图谱** …………………………………………… 204
　一、技术驱动教育变革 ……………………………………………… 205
　二、人工智能技术概览 ……………………………………………… 207
　　（一）人工智能底层技术 ………………………………………… 207
　　（二）人工智能技术 ……………………………………………… 208
　　（三）新一代人工智能关键共性技术 …………………………… 210
　三、教育智能技术 …………………………………………………… 212
　　（一）基础支撑技术 ……………………………………………… 214
　　（二）感官获取技术 ……………………………………………… 215
　　（三）中枢思维技术 ……………………………………………… 215
　　（四）数据传输技术 ……………………………………………… 216
　　（五）展示服务技术 ……………………………………………… 217
　四、互联网教育智能技术 …………………………………………… 218

（一）远程教学交互技术 ……………………………………… 219
　　　（二）知识建模与分析技术 ……………………………………… 220
　　　（三）学习者建模与学习分析技术 ……………………………… 221
　　　（四）学习环境设计与评测技术 ………………………………… 222
　　　（五）教育数字化治理技术 ……………………………………… 223
　　五、教育大数据应用技术 …………………………………………… 224
　　　（一）教育数据采集与汇聚技术 ………………………………… 225
　　　（二）数据驱动的监测评估与决策技术 ………………………… 226
　　　（三）教学过程建模与分析技术 ………………………………… 227
　　　（四）教育大数据可视化技术 …………………………………… 228
　　　（五）教育大数据服务技术 ……………………………………… 229
　　六、智慧教育技术方案 ……………………………………………… 230
　　　（一）智慧教育"云" …………………………………………… 231
　　　（二）教育智能"网" …………………………………………… 233
　　　（三）教育数字底座 ……………………………………………… 235
　　　（四）智慧教育"屏" …………………………………………… 236
　　　（五）教育应用连接器 …………………………………………… 237
　　　（六）智慧校园应用 ……………………………………………… 238
　　　（七）智慧课堂应用 ……………………………………………… 241
　　　（八）5G + Cloud XR 教育应用 ………………………………… 243
　　七、从元宇宙到 ChatGPT …………………………………………… 245
第6章　智慧教育理论探索 ……………………………………………… 247
　　一、智能时代的教育观 ……………………………………………… 248
　　　（一）智能时代的知识观 ………………………………………… 248
　　　（二）智能时代的学习观 ………………………………………… 249
　　　（三）智能时代的教学观 ………………………………………… 250
　　　（四）智能时代的课程观 ………………………………………… 252
　　二、智能时代的学习理论 …………………………………………… 253
　　　（一）建构主义学习理论 ………………………………………… 253
　　　（二）信息加工学习理论 ………………………………………… 256
　　　（三）认知外包学习理论 ………………………………………… 256
　　　（四）技术促进有效学习理论 …………………………………… 257
　　　（五）教学交互层次塔理论 ……………………………………… 259
　　　（六）协作学习理论 ……………………………………………… 260
　　　（七）按需学习理论 ……………………………………………… 261

目　录

三、智能技术支持的教学模式 ······ 262
（一）人机协同教学模式 ······ 263
（二）弹性教学模式 ······ 264
（三）在线教学模式 ······ 266
（四）混合式教学模式 ······ 267
（五）讲授型教学模式 ······ 268
（六）虚拟仿真实验教学模式 ······ 269

四、智能技术支持的学习方式 ······ 269
（一）个性化主动学习方式 ······ 270
（二）社群化互动学习方式 ······ 270
（三）人机协同学习方式 ······ 271
（四）泛在混合式学习方式 ······ 271
（五）按需学习方式 ······ 272

第7章　智慧教育实践创新 ······ 274

一、国家智慧教育平台 ······ 275
（一）国家中小学智慧教育平台 ······ 276
（二）国家高等教育智慧教育平台 ······ 278
（三）国家职业教育智慧教育平台 ······ 281
（四）服务大厅 ······ 282

二、智慧教育示范区 ······ 284
（一）着力提升师生数字能力，促进智能技术创新应用 ······ 286
（二）深入推动课堂教学改革，构建新型教学模式 ······ 288
（三）数据驱动教育评价改革，支撑学生综合素质评价 ······ 290
（四）夯实学习环境智联融通，打破家校社协同育人壁垒 ······ 291
（五）推进智慧教育平台应用，优化区域公共服务能力 ······ 292
（六）智能技术赋能教育治理，推动教育组织形态变革 ······ 293

三、"互联网+教育"示范区 ······ 298

四、基于教学改革、融合信息技术的新型教与学模式实验区 ······ 301

五、人工智能教育社会治理实验 ······ 303

六、疫情期间大规模在线教育支撑"停课不停学" ······ 306
（一）流畅的通信平台 ······ 307
（二）适切的学习资源 ······ 308
（三）便利的学习工具 ······ 309
（四）多样的学习方式 ······ 311
（五）灵活的教学组织 ······ 313

（六）有效的支持服务 314
（七）密切的政企校协同 315
七、5G+智慧教育试点 316
八、人工智能助推教师队伍建设行动试点 324
九、教育数字化转型试点 326
（一）北京市：推进数字教育工作 326
（二）上海市：整体性推进教育数字化转型 327
（三）浙江省：实施"教育魔方"工程建设 329
（四）湖南省：加快推动教育数字化转型 330

第8章 科技赋能智慧教育 332

一、科技与教育的系统性融合 333
（一）识别变革场景是定义教育新需求的前提 334
（二）科技赋能是智能技术融入教育的核心价值 337
（三）变革推演是科技赋能教育价值体现的具象表征 338
（四）智能技术治理保障教育系统变革的有序推进 340

二、智慧教育领域的科技创新基地 342
（一）互联网教育智能技术及应用国家工程研究中心 347
（二）教育大数据应用技术国家工程研究中心 347
（三）认知神经科学与学习国家重点实验室 348
（四）虚拟现实技术与系统全国重点实验室 349
（五）互联网教育数据学习分析技术国家地方联合工程实验室 349
（六）中国基础教育质量监测协同创新中心 349
（七）省部级工程研究中心和重点实验室 351

三、教育部教育信息化战略研究基地 355

四、国家重点研发计划项目 356
（一）社会治理与智慧社会科技支撑重点专项 358
（二）文化科技与现代服务业重点专项 362
（三）科技创新2030——"新一代人工智能"重大项目 364
（四）科技创新2030——"脑科学与类脑研究"重大项目 368
（五）云计算与大数据专项 368
（六）智能机器人重点专项 370
（七）高性能计算重点专项 370

五、国家自然科学基金项目 371

六、国家社会科学基金项目 376

七、智慧教育相关研究成果 379

（一）教育技术论文 ·· 379
　　（二）教育技术丛书 ·· 383
　　（三）教育信息化报告 ·· 387
　　（四）教育信息化奖项 ·· 391
　　（五）教育技术标准 ·· 393
　　（六）智慧教育专利 ·· 395

第9章 智慧教育发展思考 ·· 398
一、智慧教育发展的形势与科技需求研判 ································ 399
　　（一）科技和社会发展倒逼教育系统转型升级 ······················ 399
　　（二）智慧教育成为智慧社会建设的重点领域 ······················ 402
　　（三）应对学习危机迫切需要教育数字化变革 ······················ 403
　　（四）教育科学问题的解决客观需要科学方法 ······················ 404
二、智慧教育发展的科学问题与技术短板 ································ 405
　　（一）数字一代学生成长规律和成才机理不清 ······················ 406
　　（二）薄弱地区和学校的教师智能化辅助手段缺失 ·················· 406
　　（三）特殊人群的智能教育装备性能及配置不足 ···················· 407
　　（四）数字教育资源精准供给服务模式有待改进 ···················· 408
　　（五）教育新基建的智联与效率问题亟待解决 ······················ 408
　　（六）校园内外和网络空间协同防控手段缺乏 ······················ 409
　　（七）面向"双减"的数字化治理态势复杂多变 ······················ 409
　　（八）公众科学素质和师生数字素养有待全面提升 ·················· 410
　　（九）城乡教育高位均衡发展的公共服务体系尚未形成 ·············· 411
三、搭建智慧教育"四梁八柱"的政策建议 ······························ 411
　　（一）云网端升级打造智能学习空间，构筑学习环境数字底座 ········ 413
　　（二）优化和推广国家智慧教育平台，打造数字教育资源超市 ········ 415
　　（三）推行灵活弹性的教学组织形式，撬动人机协同教学革命 ········ 418
　　（四）开展全过程和全要素智能评测，数据驱动教学评价改革 ········ 420
　　（五）构建技术与产品协同治理体系，完善教育智脑支撑科学决策 ···· 421
　　（六）激发互联网教育服务产业活力，孕育区域智慧教育生态 ········ 424
　　（七）提升师生智能素养与应用能力，夯实智慧社会人才基础 ········ 426
　　（八）优化智慧教育平台与项目布局，启动教育数字化新引擎 ········ 428
四、科技支撑智慧教育发展的项目建议 ·································· 429
　　（一）学生成长智能感知 ·· 430
　　（二）教师发展智能服务 ·· 431
　　（三）育人环境智能监测 ·· 433

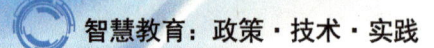

（四）公共服务智能协同 ·· 434
（五）教育装备智能升级 ·· 436
参考文献 ··· 438
附录　智慧教育优秀案例 ··· 445
后记 ··· 454

第1章

教育信息化发展方向

因应信息技术的发展,推动教育变革和创新,构建网络化、数字化、个性化、终身化的教育体系,建设"人人皆学、处处能学、时时可学"的学习型社会,培养大批创新人才,是人类共同面临的重大课题。

——习近平致国际教育信息化大会的贺信,2015 年

人工智能是引领新一轮科技革命和产业变革的重要驱动力,正深刻改变着人们的生产、生活、学习方式,推动人类社会迎来人机协同、跨界融合、共创分享的智能时代。

——习近平向国际人工智能与教育大会致贺信,2019 年

当前,世界百年变局和世纪疫情交织叠加,国际社会迫切需要携起手来,顺应信息化、数字化、网络化、智能化发展趋势,抓住机遇,应对挑战。

——习近平向世界互联网大会乌镇峰会致贺信,2021 年

党的二十大报告提出实施科教兴国战略，强化现代化建设人才支撑。教育、科技、人才是全面建设社会主义现代化国家的基础性、战略性支撑。必须"坚持科技是第一生产力、人才是第一资源、创新是第一动力，深入实施科教兴国战略、人才强国战略、创新驱动发展战略，开辟发展新领域新赛道，不断塑造发展新动能新优势"①。没有信息化就没有现代化②，习近平同志非常重视信息化对教育变革创新的作用，强调要"坚持不懈推进教育信息化，努力以信息化为手段扩大优质教育资源覆盖面。我们将通过教育信息化，逐步缩小区域、城乡数字差距，大力促进教育公平"③；实施"互联网＋教育"④，让亿万孩子同在蓝天下共享优质教育、通过知识改变命运；因应信息技术的发展，推动教育变革和创新，构建网络化、数字化、个性化、终身化的教育体系，建设"人人皆学、处处能学、时时可学"的学习型社会⑤；推进教育数字化，建设全民终身学习的学习型社会、学习型大国⑥；积极推动人工智能和教育深度融合，促进教育变革创新。⑦面对全球互联网大变革、大发展、大融合的历史潮流和全球人工智能发展态势，习近平同志倡议同世界各国一道，开拓更加广阔的国际交流合作平台，积极推动信息技术与教育融合创新发展，共同探索教育可持续发展之路⑧。

一、建设人人皆学、处处能学、时时可学的学习型社会

2015 年 5 月，联合国教科文组织（United Nations Educational, Scientific and Cultural Organization, UNESCO）与我国政府在青岛共同举办了国际教育信息化大会，主题是"信息技术与未来教育变革"，发布了《青岛宣言》（Qingdao Declaration）⑨，倡议"充分利用信息技术加强教育系统建设、知识传播、信息获取、优质而有效的学习，以及提供更高效的服务"。2015 年 9 月，在联合国发展峰会上，国际社会通过了《2030 年可持续发展议程》⑩，提出"确保包容、公平

---

① 中国共产党第二十次全国代表大会在京开幕[N]. 人民日报，2022-10-17（1）.
② 习近平主持召开中央网络安全和信息化领导小组第一次会议强调 总体布局统筹各方创新发展 努力把我国建设成为网络强国[N]. 人民日报，2014-02-28（1）.
③ 习近平致国际教育信息化大会的贺信[N]. 人民日报，2015-05-24（2）.
④ 习近平在网络安全和信息化工作座谈会上的讲话[N]. 人民日报，2016-04-26（2）.
⑤ 习近平致国际教育信息化大会的贺信[N]. 人民日报，2015-05-24（2）.
⑥ 高举中国特色社会主义伟大旗帜 为全面建设社会主义现代化国家而团结奋斗——习近平同志代表第十九届中央委员会向大会作的报告摘登[N]. 人民日报，2022-10-17（2）.
⑦ 习近平向国际人工智能与教育大会致贺信[N]. 人民日报，2019-05-17（1）.
⑧ 习近平致信祝贺国际教育信息化大会开幕[N]. 经济日报，2015-05-24（1）.
⑨ Qingdao declaration, 2015: seize digital opportunities, lead education transformation[EB/OL].https://unesdoc.unesco.org/ark:/48223/pf0000233352，2023-03-20.
⑩ The Sustainable Development Agenda[EB/OL].https://www.un.org/sustainabledevelopment/development-agenda/，2023-02-20.

的优质教育，促进全民享有终身学习机会"的教育目标。同年 11 月，联合国教科文组织通过了《2030 年教育：仁川宣言和行动框架实现可持续发展目标 4——确保包容和公平的优质教育，让全民终身享有学习机会》("Education 2030：Incheon Declaration and Framework for Action for the Implementation of Sustainable Development Goal 4: Ensure inclusive and equitable quality education and promote lifelong learning opportunities for all")[1]，为实现 2030 教育目标做出具体规划，勾勒出全球教育的未来蓝图，提出"运用恰当的教育教学方法，并由恰当的信息技术支持，同时获得有助于学习的环境的支持"。2022 年 9 月，联合国教育变革峰会期间发布《确保和提高全民公共数字化学习质量行动倡议》[2]，重申必须充分发掘数字革命的力量，确保将优质教育和终身学习作为一项共同利益和人权提供给所有人。

在致国际教育信息化大会的贺信中，习近平同志指出，"因应信息技术的发展，推动教育变革和创新，构建网络化、数字化、个性化、终身化的教育体系，建设'人人皆学、处处能学、时时可学'的学习型社会，培养大批创新人才，是人类共同面临的重大课题"[3]。在党的二十大报告中，习近平同志强调，推进教育数字化，建设全民终身学习的学习型社会、学习型大国。

习近平致国际教育信息化大会的贺信

当今世界，科技进步日新月异，互联网、云计算、大数据等现代信息技术深刻改变着人类的思维、生产、生活、学习方式，深刻展示了世界发展的前景。因应信息技术的发展，推动教育变革和创新，构建网络化、数字化、个性化、终身化的教育体系，建设"人人皆学、处处能学、时时可学"的学习型社会，培养大批创新人才，是人类共同面临的重大课题。

中国坚持不懈推进教育信息化，努力以信息化为手段扩大优质教育资源覆盖面。我们将通过教育信息化，逐步缩小区域、城乡数字差距，大力促进教育公平，让亿万孩子同在蓝天下共享优质教育、通过知识改变命运。

人才决定未来，教育成就梦想。中国愿同世界各国一道，开拓更加广阔的国际交流合作平台，积极推动信息技术与教育融合创新发展，共同探索教育可持续发展之路，共同开创人类更加美好的未来！

资料来源：习近平致国际教育信息化大会的贺信[N]. 人民日报，2015-05-24（2）.

---

[1] 2030 年教育：仁川宣言和行动框架实现可持续发展目标 4——确保包容和公平的优质教育，让全民终身享有学习机会[EB/OL]. https://unesdoc.unesco.org/ark:/48223/pf0000245656_chi，2023-02-23.

[2] Assuring and improving quality public digital learning for all[EB/OL].https://www.un.org/en/transforming-education-summit/digital-learning-all，2023-02-23.

[3] 习近平致国际教育信息化大会的贺信[N]. 人民日报，2015-05-24（2）.

（一）"人人皆学"强调全民应享有终身学习的机会

"学所以益才也，砺所以致刃也""非学无以广才，非志无以成学"[1]。习近平同志强调，从个体全面发展和民族振兴两个方面把握与理解学习，"每个人的前途命运都与国家和民族的前途命运紧密相连"[2]。"要发展信息网络技术，消除不同收入人群、不同地区间的数字鸿沟，努力实现优质文化教育资源均等化"[3]。教育信息化的首要目标是促进教育公平，让每一个孩子都能拥有平等和优质的教育机会。每个孩子，无论其性别、年龄、地域、民族等存在何种差异，都是平等的学习主体。在信息技术支持下，借助互联网和数字化设备，任何人都能获得优质教育资源和学习机会。

教育信息化是实现全民学习、终身学习的必然选择。"借助信息技术的力量，教育供给能力大大增强，使学习主体从在校学生向社会公众扩展，教育阶段从学校教育向终身教育延伸"[4]，优质公共教育资源能够辐射全社会每一个学习者。面向新时代的理想化教育，应该更加开放，突破时空界限和教育群体的限制；更加重视学生的个性化和多样性，实现因材施教、有教无类、按需学习；更加关注学生的心灵和幸福；让所有孩子都能享受到优质教育资源；更加可持续，强调学习能力的养成和终身教育的需求。要实现这样的教育，我们需要深刻认识当代科学技术，特别是信息技术对教育的革命性影响，加大力度推进信息技术与教育教学的深度融合，对传统的工业社会框架下构建起来的教育体制进行深刻变革，只有这样才能应对信息化社会的人才培养要求[5]。围绕促进共同富裕，在"有学上"基础上加快构建满足人民"上好学"愿望的教育体系，努力让教育资源全程伴随每个人、让教育成果平等面向每个人、让教育过程全面发展每个人、让教育效能深度助力每个人，让每个孩子都有人生出彩机会[6]。

（二）"处处能学"强调应为社会提供便利的学习环境

互联网创造了人类生活新空间，互联网也越来越成为人们学习的新空间[7]。"处处能学"包含着学习和环境之间的辩证关系。相对于工业时代以封闭式校园为基

---

[1] 习得——习近平引用的古典名句·为学篇[N]. 人民日报海外版，2014-05-13（8）.
[2] 汪晓东，李翔，马原. 江山就是人民 人民就是江山——习近平总书记关于以人民为中心重要论述综述[N]. 人民日报，2021-06-28（1）.
[3] 习近平. 为建设世界科技强国而奋斗——在全国科技创新大会、两院院士大会、中国科协第九次全国代表大会上的讲话[N]. 人民日报，2016-06-01（2）.
[4] 刘延东. 在国际教育信息化大会上的致辞[N]. 中国教育报，2015-06-09（1）.
[5] 杜占元. 发展教育信息化 推动教育现代化2030[N]. 中国教育报，2017-03-25（3）.
[6] 怀进鹏. 深入学习贯彻党的十九届六中全会精神加快建设教育强国[N]. 学习时报，2021-11-22（1）.
[7] 习近平出席第二届世界互联网大会开幕式并发表主旨演讲[N]. 人民日报，2015-12-17（1）.

本特征的学习环境,信息时代的教育基于开放互联环境,既能打造学习无时无处不在的新型学校,也能让学习突破学校环境界限,创建形式多样的数字化学习社区,为社会提供便利的学习空间,拓宽"处处能学"的空间广度。

在建设学习型社会时,应该促进教育系统内的包容性学习、鼓励家庭和社区学习、促进工作场所学习,在重视正规学习的同时,强调非正规学习。在一个"处处能学"的社会中,学习环境要从单一走向多元化,从学校拓展到校外的家庭、社区、职场、场馆等不同场域,在任何地方都可以获得各种类型的学习资源、开启数字化的学习方式。学习应该超越学校、班级、课堂等传统范畴,指向更加丰富多彩的现实生活空间。图书馆、博物馆、科技馆、文化馆、美术馆、体育馆等社会公共文化设施,以及历史文化古迹和革命纪念馆,应当为教师、学生提供优质服务,为受教育者接受教育提供便利。

我国建设了越来越多的智慧城市,并通过信息技术营造城市智慧学习环境,以便提升市民的宜居体验,并激发城市创新活力。智慧学习环境作为开放互联环境的典型形态,是一种能感知学习情境、识别学习者特征、提供合适的学习资源与便利的互动工具、自动记录学习过程和测评学习成果,为师生提供开放学习环境和个性化服务,以促进学习者实现任意时间、任意地点和任意步调的学习场所或活动空间[1]。对于偏远地区来说,教育信息化能突破"时空限制",打造"没有围墙的学校"[2],把优质教育资源输送到偏远地区,让山沟里的孩子也能接受优质教育。例如,"三个课堂"(专递课堂、名师课堂和名校网络课堂)利用信息技术帮助农村偏远地区教学点开齐开足开好国家规定的课程,就是很好的例证。

(三)"时时可学"强调应提供有效的数字化学习方式

互联网、云计算、大数据等现代信息技术深刻改变着人类的思维、生产、生活、学习方式[3],互联网快速发展,给人类生产生活带来深刻变化,也给人类社会带来一系列新机遇[4]。信息技术在教育中的应用正在引发一场教育革命,将会变革教育观念、教育过程、教育模式、教师角色等[5]。"时时可学"强调学习方式从标准化班级授课制转向差异化教和个性化学。发挥互联网优势,实施"互联网+教

---

[1] 黄荣怀,杨俊锋,胡永斌. 从数字学习环境到智慧学习环境——学习环境的变革与趋势[J].开放教育研究, 2012, 18 (1): 75-84.
[2] 刘延东. 在国际教育信息化大会上的致辞[N]. 中国教育报, 2015-06-09 (1).
[3] 习近平致国际教育信息化大会的贺信[N]. 人民日报, 2015-05-24 (2).
[4] 习近平在第三届世界互联网大会开幕式上通过视频发表讲话强调 集思广益增进共识加强合作 让互联网更好造福人类[N]. 人民日报, 2016-11-17 (1).
[5] 顾明远. 试论教育现代化的基本特征[J]. 教育研究, 2012, 33 (9): 4-10, 26.

育",可以支持有效的网络化、数字化、个性化和终身化的学习方式。

借助网络环境、数字资源和平台进行数字化学习,已经成为人们有效的学习方式,既能满足人们的共性学习需要,又能满足人们的个性化学习需求。离开了学校,在想学习的时候能按需学习,最方便的方法就是依靠互联网进行数字化学习。网络汇聚了海量知识资源,只要轻点鼠标,任何时间都能接触到人类文明的成果。新媒体和新技术的出现正在变革信息传播方式、学习内容的呈现和获取方式、学习体验和教学手段等,也在转变教育理念和教学方式,以适应新技术和新环境、满足新一代学习者学习方式的新诉求,是教育变革的基本出发点。例如,国家中小学智慧教育平台尽最大努力满足学生、教师、家长等不同群体实际需要,服务学生自主学习,服务教师改进教学,服务农村提高教学质量,服务家校协同育人,助力"双减"和满足"停课不停学"的需求。

二、充分利用互联网促进人才培养模式的创新

互联网日益成为创新驱动发展的先导力量,深刻改变着人们的生产生活[1]。习近平同志倡议共同构建和平、安全、开放、合作的网络空间[2],让互联网更好造福人类[3]。他明确提出要发挥互联网优势,实施"互联网+教育"[4]。互联网越来越成为人们学习、工作、生活的新空间,越来越成为获取公共服务的新平台,"网络空间命运共同体"的理念,在教育信息化领域就体现在网络学习空间的打造和"互联网+教育"的深度融合上,落脚点就是充分利用互联网创新人才培养模式。面对全球互联网大变革、大发展、大融合的历史潮流,搭乘信息化的"快车"、实现教育发展的新跨越,是我们不容错失的机遇。

(一)变革网络学习空间和创新教与学的方式

习近平同志以全球化的视野,用"地球村"和"命运共同体"说明了互联网给社会发展带来的重大影响。他指出,"互联网真正让世界变成了地球村,让国际社会越来越成为你中有我、我中有你的命运共同体"[5]。他倡议"携手构建网络空

---

[1] 习近平向首届世界互联网大会致贺词强调 共同构建和平、安全、开放、合作的网络空间 建立多边、民主、透明的国际互联网治理体系[N]. 人民日报,2014-11-20(1).
[2] 习近平出席第二届世界互联网大会开幕式并发表主旨演讲[N]. 人民日报,2015-12-17(1).
[3] 习近平在第三届世界互联网大会开幕式上通过视频发表讲话强调 集思广益增进共识加强合作 让互联网更好造福人类[N]. 人民日报,2016-11-17(1).
[4] 习近平:在网络安全和信息化工作座谈会上的讲话[N]. 人民日报,2016-04-26(2).
[5] 习近平向首届世界互联网大会致贺词强调 共同构建和平、安全、开放、合作的网络空间 建立多边、民主、透明的国际互联网治理体系[N]. 人民日报,2014-11-20(1).

间命运共同体"[1]，"国际社会迫切需要携起手来，顺应信息化、数字化、网络化、智能化发展趋势，抓住机遇，应对挑战"[2]。在网络安全和信息化工作座谈会上的讲话中，习近平同志强调"推动我国网信事业发展，让互联网更好造福人民""网络空间是亿万民众共同的精神家园"[3]。网络空间建设得好，对于传承人类文化、文明具有重要价值，对于教育也有重大意义。

构建良好的网络空间不仅能为人类社会带来福祉，还有利于变革网络学习空间和创新教与学的方式。互联网进入到教育领域，给教育教学环境带来了新生的信息空间，同样也打通、融合了传统的物理空间和社会空间。"网络学习空间人人通"是对信息时代学生学习、教师教学及师生互动、生生互动模式的创新与探索，推动了教学资源共享和教学方式转变，使学生获得更好的学习体验，也使教学管理更加开放透明、家校互动更加迅捷畅通。

教育信息化推动了教与学的"双重革命"，信息时代的"数字公民"呼唤学与教方式的创新。信息化条件下，师生可以平等地获取信息，学生学习主体地位进一步彰显。个性化学习、主动学习和按需学习等新型学习模式，弹性教学、人机协同教学、翻转课堂等新型教学模式，推动了教育理念的创新和教学质量的提升。无论是教师，还是家长和学校都可以利用网络学习空间促进学生的成长和成才。教师可以应用网络学习空间开展备课授课、家校互动、网络研修、学习指导等活动；学生可以应用网络学习空间完成预习、作业、自测、拓展阅读、网络探究等学习活动，养成自主管理、自主学习、自主服务的良好习惯；家长可以应用网络学习空间与学校、教师进行便捷的沟通，关注学生成长过程，实现家校社协同育人；学校可以应用网络学习空间开展班级组织管理、学生综合评价和教学综合分析等。

（二）"互联网＋教育"改变教育服务供给方式

习近平同志提出要发挥互联网优势，实施"互联网＋教育"，促进基本公共服务均等化[4]。互联网引发的教育变革是一种历史必然，不仅改变了传统的课堂形式，而且颠覆了传统的学校结构；不仅改变了教与学的方式，而且变革了教育模式，重塑了教育业态，改变了教育服务供给方式。"互联网＋教育"特指运用云计算、学习分析、物联网、人工智能、网络安全等新技术，突破学校和班级的界限，面向学习者个体，提供优质、灵活、个性化教育的新型服务模式，是在线教育发展

---

[1] 习近平在第三届世界互联网大会开幕式上通过视频发表讲话强调 集思广益增进共识加强合作 让互联网更好造福人类[N]. 人民日报，2016-11-17（1）.
[2] 习近平向2021年世界互联网大会乌镇峰会致贺信[N]. 人民日报，2021-09-27（1）.
[3] 习近平在网络安全和信息化工作座谈会上的讲话[N]. 人民日报，2016-04-26（2）.
[4] 习近平在网络安全和信息化工作座谈会上的讲话[N]. 人民日报，2016-04-26（2）.

的新阶段，具有技术与教育融合创新的特征①。

伴随着教育网络基础设施的普及，优质教育资源"飞入寻常百姓家"。疫情防控期间，教育系统通过信息化打造了一条便利实时的"教育网道"，让人民群众切实感受到教育信息化的"红利"。全国所有大中小学全部实施了在线教学，国家中小学网络云平台（已升级为国家中小学智慧教育平台）和中国教育电视台等有效保障了教育教学工作的顺利开展。习近平同志指出，要"总结应对新冠肺炎疫情以来大规模在线教育的经验，利用信息技术更新教育理念、变革教育模式"②。同时，我国积极为国际社会特别是发展中国家提供优质在线教育平台和相关教育资源，发布了《弹性教学手册：中国"停课不停学"的经验》（"Handbook on Facilitating Flexible Learning During Educational Disruption：The Chinese Experience in Maintaining Undisrupted Learning in COVID-19 Outbreak"）③。

互联网思维强调应采用新理念、新模式、新方法、新技术，推动"互联网＋教育"的改革创新，助力网络强国建设。"互联网＋"战略推动下的教育发展将带来大众教育观、公民学习观、学校发展观、课堂教学观和人类教师观的改变④。"互联网＋"行动计划提出要探索新型教育服务供给方式。互联网企业与社会教育机构应根据市场需求开发数字教育资源，提供网络化教育服务。学校可利用国家智慧教育平台，逐步探索教育数字化新模式，扩大优质教育资源的覆盖面。学校还可以通过与互联网企业合作等方式，探索教育公共服务供给新方式。《教育信息化2.0行动计划》提出要积极推进"互联网＋教育"，坚持信息技术与教育教学深度融合的核心理念，坚持应用驱动和机制创新的基本方针，建立健全教育信息化可持续发展机制。

"随着信息化不断发展，知识获取方式和传授方式、教和学关系都发生了革命性变化。这也对教师队伍能力和水平提出了新的更高的要求。"⑤《中国教育现代化 2035》⑥提出要加快培养熟练应用信息技术的新型教师，适应信息化、人工智能等新技术变革，实施人工智能助推教师队伍建设行动。面对信息化教学和教师教育模式变革的双重诉求，需要利用"互联网＋"对教师教育方式进行流程再造，提升未来教师和在职教师的信息素养，建设教师研修公共服务体系，加强教师教育与培训机构的协同创新，推动我国教师教育的一体化建设⑦。

---

① 陈丽."互联网＋教育"的创新本质与变革趋势[J]. 远程教育杂志，2016，34（4）：3-8.
② 习近平. 在教育文化卫生体育领域专家代表座谈会上的讲话[N]. 人民日报，2020-09-23（2）.
③ https://iite.unesco.org/news/handbook-on-facilitating-flexible-learning-during-educational-disruption/
④ 黄荣怀，刘德建，刘晓琳，等. 互联网促进教育变革的基本格局[J]. 中国电化教育，2017，(1)：7-16.
⑤ 习近平. 在北京大学师生座谈会上的讲话[N]. 人民日报，2018-05-03（2）.
⑥ 中共中央、国务院印发《中国教育现代化 2035》[N]. 人民日报，2019-02-24（1）.
⑦ 董奇. 借力"互联网＋"创新教师教育模式[N]. 中国教育报，2015-05-27（1）.

三、积极推动人工智能和教育深度融合

"新一代人工智能正在全球范围内蓬勃兴起,为经济社会发展注入了新动能,正在深刻改变人们的生产生活方式。"[①]人工智能价值体现三个"重要":人工智能是新一轮科技革命和产业变革的重要驱动力量,加快发展新一代人工智能是事关我国能否抓住新一轮科技革命和产业变革机遇的战略问题;加快发展新一代人工智能是我们赢得全球科技竞争主动权的重要战略抓手,是推动我国科技跨越发展、产业优化升级、生产力整体跃升的重要战略资源。人工智能同保障和改善民生的结合,推动人工智能在人们日常工作、学习、生活中的深度运用,将创造更加智能的工作方式和生活方式。因此,要抓住民生领域的突出矛盾和难点,加强人工智能在教育、医疗卫生、体育、住房、交通、助残养老、家政服务等领域的深度应用,创新智能服务体系[②]。

"把握全球人工智能发展态势,找准突破口和主攻方向,培养大批具有创新能力和合作精神的人工智能高端人才,是教育的重要使命。"[③]面对教育过程中存在的问题和技术短板,必须从国家层面上进行科研机制创新,集所有现代科学的人才、方法、工具和仪器设备等手段于一体、协同研究才可能取得突破。"积极推动信息技术与教育教学融合创新发展""积极推动人工智能和教育深度融合"是教育数字化变革的方向。

习近平向国际人工智能与教育大会致贺信

习近平指出,人工智能是引领新一轮科技革命和产业变革的重要驱动力,正深刻改变着人们的生产、生活、学习方式,推动人类社会迎来人机协同、跨界融合、共创分享的智能时代。把握全球人工智能发展态势,找准突破口和主攻方向,培养大批具有创新能力和合作精神的人工智能高端人才,是教育的重要使命。

习近平强调,中国高度重视人工智能对教育的深刻影响,积极推动人工智能和教育深度融合,促进教育变革创新,充分发挥人工智能优势,加快发展伴随每个人一生的教育、平等面向每个人的教育、适合每个人

---

① 习近平致信祝贺二〇一八世界人工智能大会开幕强调 共享数字经济发展机遇 共同推动人工智能造福人类[N]. 人民日报, 2018-09-18(1).

② 习近平在中共中央政治局第九次集体学习时强调 加强领导做好规划明确任务夯实基础 推动我国新一代人工智能健康发展[N]. 人民日报, 2018-11-01(1).

③ 习近平向国际人工智能与教育大会致贺信[N]. 人民日报, 2019-05-17(1).

的教育、更加开放灵活的教育。中国愿同世界各国一道，聚焦人工智能发展前沿问题，深入探讨人工智能快速发展条件下教育发展创新的思路和举措，凝聚共识、深化合作、扩大共享，携手推动构建人类命运共同体。

资料来源：习近平向国际人工智能与教育大会致贺信[N]. 人民日报，2019-05-17（1）.

教育数字化转型需要教育各方面的系统转型，涉及各级各类教育机构和终身学习场景中的各个方面，包括教学法、课程内容、学习评价、社会情感关怀和学习组织形式等。人工智能是教育数字化转型的重要组成部分，在创建作为公共产品的教育服务所需的供给流程方面发挥着独特的作用。人工智能是数字化转型的核心技术之一，它既是各领域中借助技术服务人类的模式升级的驱动力，又为模式升级提供了赋能型技术架构。在数字基础设施中有机融入人工智能技术，有助于使教育技术的架构更加可靠且更具成本效益。将人工智能辅助的解决方案融入教育和学习管理系统可以有效优化智能化工作流程、实现基于数据的监测，并以此促进有效的人类决策。

作为教育改革的激发因素和重要内容，"人工智能＋教育"被赋予了重要的历史使命。《国家创新驱动发展战略纲要》提出以新一代信息和网络技术为支撑，积极发展现代服务业技术基础设施，拓展数字消费、电子商务、现代物流、互联网金融、网络教育等新兴服务业。《新一代人工智能发展规划》提出发展智能教育。《"十四五"数字经济发展规划》强调深入推进智慧教育。面向未来，我国将积极发挥现代技术在促进教育公平、提升教育质量中的作用，推动教育理念、教学方式、管理模式创新，完善以学习者为中心的智能化教学环境，努力实现规模化教育和个性化培养的有机结合，不断提升各类人才的创新精神和实践能力[①]。

发展教育信息技术和教育智能技术，促进创新人才培养，既是人类共同面临的重大问题，也是教育信息化发展的重要内容。习近平同志强调，要运用新媒体新技术使工作活起来，推动思想政治工作传统优势同信息技术高度融合，增强时代感和吸引力[②]。今天的学习者大多是伴随着新技术成长起来的一代，他们的生活和学习被计算机、手机等数字工具包围，信息技术对他们的认知、态度及行为习惯影响巨大。他们的学习需求发生了巨大的变化，期盼更灵活的学习进度、更多的个体学习机会、更高频率的数字资源使用机会，甚至更多地使用各种移动终端、

---

① 国际人工智能与教育大会在京开幕 孙春兰宣读习近平主席贺信并致辞[N]. 人民日报，2019-05-17（2）.
② 习近平在全国高校思想政治工作会议上强调 把思想政治工作贯穿教育教学全过程 开创我国高等教育事业发展新局面[N]. 人民日报，2016-12-09（1）.

定位设备、传感器和实体性学习资源。《提升全民数字素养与技能行动纲要》提出"数字素养与技能是数字社会公民学习工作生活应具备的数字获取、制作、使用、评价、交互、分享、创新、安全保障、伦理道德等一系列素质与能力的集合",强调"构建终身数字学习体系",要"提高教师运用数字技术改进教育教学的意识和能力"。智能技术使我们既能确保教育的规模,同时又能针对每个学习者的特定需求实现差异化的教育供给,从而满足数字中国、网络强国和智慧社会建设的人才需求。

四、努力以信息化为手段扩大优质教育资源覆盖面

习近平同志强调,坚持不懈推进教育信息化,努力以信息化为手段扩大优质教育资源覆盖面。我们将通过教育信息化,逐步缩小区域、城乡数字差距,大力促进教育公平。《中共中央关于全面深化改革若干重大问题的决定》提出,"构建利用信息化手段扩大优质教育资源覆盖面的有效机制,逐步缩小区域、城乡、校际差距"。《中华人民共和国教育法》提出,"国家推进教育信息化,加快教育信息基础设施建设,利用信息技术促进优质教育资源普及共享,提高教育教学水平和教育管理水平"。《国家信息化发展战略纲要》提出,完善教育信息基础设施和公共服务平台,推进优质数字教育资源共建共享和均衡配置,建立适应教育模式变革的网络学习空间,缩小区域、城乡、校际差距。《中华人民共和国国民经济和社会发展第十三个五年规划纲要》提出,"发展在线教育和远程教育,整合各类数字教育资源向全社会提供服务"。《中华人民共和国国民经济和社会发展第十四个五年规划和 2035 年远景目标纲要》[1]提出"发挥在线教育优势,完善终身学习体系,建设学习型社会"。

作为世界最大规模的教育体系,我国初步构建了广覆盖、多层次的教育信息化体系,使农村地区与城市地区缩小了教育差距和数字鸿沟,推进了教育公平;使优质教育资源惠及广大师生,提升了教育质量。"三个课堂"形成覆盖全国、多级分布、互联互通的数字教育资源云服务体系,并为学习者享有优质数字教育资源提供方便快捷的服务,提升了教育信息化支撑教育教学的水平。国家智慧教育平台扩大了优质教育资源覆盖面,城乡学生共享全国名师、名家、名校、名课资源,帮助农村地区教师线上协同教研、备课辅导,缩小区域、城乡、校际教育差距,促进了教育均衡发展[2]。

"治贫先治愚。要把下一代的教育工作做好,特别是要注重山区贫困地区下一

---

[1] 中华人民共和国国民经济和社会发展第十四个五年规划和 2035 年远景目标纲要[N]. 人民日报,2021-03-13(1).

[2] 孙春兰强调 打造国家教育公共服务平台 服务高质量教育体系建设[N]. 人民日报,2022-07-09(2).

代的成长"①。"扶贫必扶智。让贫困地区的孩子们接受良好教育,是扶贫开发的重要任务,也是阻断贫困代际传递的重要途径。"②治贫先治愚决定了教育扶贫具有先导性功能,扶贫必扶智说明教育扶贫在社会发展过程中占有基础性地位。"可以发挥互联网在助推脱贫攻坚中的作用,推进精准扶贫、精准脱贫,让更多困难群众用上互联网,让农产品通过互联网走出乡村,让山沟里的孩子也能接受优质教育。"③"互联网+"是促进起点公平的有效手段,能够让偏远地区的孩子也能"走进"名校名师课堂。《教育信息化2.0行动计划》提出实施"网络扶智攻坚行动",助力提升偏远地区教育质量和人才培养能力,服务地方、区域经济社会发展。怀进鹏强调,发挥教育信息化在服务乡村振兴战略、实现共同富裕目标中的重要工具箱作用,建强、用好、管实教育信息化。教育信息化在促进农村教育发展和提高农村人口素质,进而在促进农村发展与转型中扮演着重要的角色。

五、共同探索教育信息化可持续发展之路

国际化是教育现代化的重要特征,我国教育与全球教育联系紧密。"要通过跨国界、跨时空、跨文明的教育、科技、文化活动,让和平理念的种子在世界人民心中生根发芽,让我们共同生活的这个星球生长出一片又一片和平的森林。"④"国家利益在哪里,信息化就覆盖到哪里。"⑤"中国愿同世界各国一道,开拓更加广阔的国际交流合作平台,积极推动信息技术与教育融合创新发展,共同探索教育可持续发展之路,共同开创人类更加美好的未来!"⑥

要实现民心相通,文化教育的传播是关键。教育交流为各国民心相通架设桥梁,推进民心相通。开放教育资源是将各国紧密联系起来,实现教育资源共建共享、优势互补和互通有无的有效途径。运用信息技术推动教育资源国际共享,实现更高水平的教育开放,是我国教育发展的新需要,也是我国教育实现内涵发展、提高国际化水平和国际竞争力的现实诉求。

互联网是传播人类优秀文化、弘扬正能量的重要载体。打造网上文化交流共享平台,促进交流互鉴⑦。教育信息化汇聚了海量知识资源,是人类文明传承创新的重要平台。教育信息化是一项开放的事业,更是一项需要不断探索创新的事业,

---

① 习近平. 在河北省阜平县考察扶贫开发工作时的讲话[J]. 求是,2021,(4):4-13.
② 习近平总书记给"国培计划(2014)"北师大贵州研修班参训教师的回信[N]. 人民日报,2015-09-10(1).
③ 习近平在网络安全和信息化工作座谈会上的讲话[N]. 人民日报,2016-04-26(2).
④ 习近平在联合国教科文组织总部发表演讲[N]. 人民日报,2014-03-28(1).
⑤ 习近平在网络安全和信息化工作座谈会上的讲话[N]. 人民日报,2016-04-26(2).
⑥ 习近平致国际教育信息化大会的贺信[N]. 人民日报,2015-05-24(2).
⑦ 习近平出席第二届世界互联网大会开幕式并发表主旨演讲[N]. 人民日报,2015-12-17(1).

迫切需要加强国际的交流与合作，共享成功的发展经验。疫情期间，我国大规模在线教育得到广泛应用，对促进经济复苏、保障社会运行、推动国际抗疫和教育合作发挥了重要作用，充分展现了教育信息化中国方案、中国故事背后的思想力量和精神力量。在国家智慧教育平台启动仪式上，怀进鹏提出，加强国际交流，探索数字治理方式，努力成为智慧教育的国际引领者，为世界提供中国方案，贡献中国智慧。在国际人工智能与教育会议上，怀进鹏倡议，要包容合作、共筑共享，达成以开放交流共筑智能时代教育的行动共识，加快教育数字转型和智能升级的步伐，共建开放、包容、有韧性的教育[①]。联合国教育变革峰会指出，全球教育面临严峻挑战和学习危机，迫切需要教育变革，必须充分发掘数字变革的力量，确保将优质教育和终身学习作为一项共同利益提供给所有人。面对数字化带来的机遇和挑战，世界数字教育大会呼吁国际社会加强对话交流、深化务实合作，共同推动教育数字化变革和2030教育目标的实现。一是"共同推动建立世界数字教育联盟，打造全面、务实、包容的高质量合作伙伴关系"。二是"加强各国教育数字化政策对话，就教育数字化的新理念、新战略，以及规划、标准、监测评估等广泛深入交流"。三是"鼓励各国、各利益相关方协同开展数字技术教育应用循证研究"。四是"共同关注解决数字教育发展中青年面临的问题，充分激发青年创新创造潜能"，"合作开展面向妇女、女童和残障群体的数字教育的能力建设"，"缩小数字鸿沟"，"携手打造全球数字教育命运共同体"。

  世界多极化、经济全球化、社会信息化、文化多样化深入发展，和平发展的大势日益强劲，变革创新的步伐持续向前[②]。信息时代，教育面临公平、质量、减负等陈年积淀的问题，以及数字化、网络化、智能化等新的发展趋势。人工智能正深刻改变着人们的生产、生活、学习方式，推动人类社会迎来人机协同、跨界融合、共创分享的智能时代。只有应用智能技术支撑教育教学全面变革，实施教育数字化战略，以智能技术赋能智慧教育发展，以教育信息化全面支撑和引领教育现代化，才能探索出解决问题的新思路、新方法，坚定不移走出一条中国特色的教育信息化发展道路。

[①] 高毅哲. 创新技术服务教学进步 人工智能助力未来教育——2021国际人工智能与教育会议举行[N]. 中国教育报，2021-12-09（1）.

[②] 习近平. 携手推进"一带一路"建设——在"一带一路"国际合作高峰论坛开幕式上的演讲[N]. 人民日报，2017-05-15（3）.

第 2 章

教育数字化转型方略

迎接数字时代，激活数据要素潜能，推进网络强国建设，加快建设数字经济、数字社会、数字政府，以数字化转型整体驱动生产方式、生活方式和治理方式变革。

——中华人民共和国国民经济和社会发展第十四个五年规划和 2035 年远景目标纲要

实施教育数字化战略行动。强化需求牵引，深化融合、创新赋能、应用驱动，积极发展"互联网+教育"，加快推进教育数字转型和智能升级。

——教育部 2022 年工作要点

推进教育数字化，建设全民终身学习的学习型社会、学习型大国。

——习近平：高举中国特色社会主义伟大旗帜　为全面建设社会主义现代化国家而团结奋斗——在中国共产党第二十次全国代表大会上的报告

第 2 章　教育数字化转型方略

党的二十大报告强调推进教育数字化，建设全民终身学习的学习型社会、学习型大国。全面推进教育数字化转型，对落实数字中国战略、支撑建设教育强国、助推中国式教育现代化具有重大战略意义，是适应新时代拔尖创新人才培养要求的必由之路，是顺应全球教育变革趋势的必然选择。教育部提出实施教育数字化战略行动，积极发展"互联网＋教育"，加快推进教育数字转型和智能升级。怀进鹏强调，要以平台开通为契机，紧紧抓住数字教育发展战略机遇，以高水平的教育信息化引领教育现代化。众多专家建言献策，建议推进教育数字化转型，构建智慧教育新生态。

一、教育数字化转型的基础

（一）全面建设社会主义现代化国家新征程

"十三五"时期是全面建成小康社会决胜阶段，并取得了决定性成就。"十四五"时期是我国全面建成小康社会、实现第一个百年奋斗目标之后，乘势而上开启全面建设社会主义现代化国家新征程、向第二个百年奋斗目标进军的第一个五年[1]。我国经济发展保持全球领先地位，国家战略科技力量加快壮大，产业链韧性得到提升，改革开放向纵深推进，民生保障有力有效，生态文明建设持续推进，这些成就既为教育改革创新奠定了坚实的基础，也为教育高质量发展提出了更高的要求。例如，我国人口基数大，农村常住人口、农民工总量还比较大，这些人的子女受教育需求以及自身终身学习的需求也还比较大；互联网上网人数、普及率大幅提高，广播电视几乎全覆盖，教育数字化发展具备了较好的基础条件；较大规模的国家重点实验室、国家工程研究中心、国家企业技术中心等科技创新体系将为科教融合提供创新驱动支撑。

> **中华人民共和国 2021 年国民经济和社会发展统计公报（摘录）**
>
> 全年国内生产总值 1 143 670 亿元，全年人均国内生产总值 80 976 元。
>
> 年末全国人口 141 260 万人，其中城镇常住人口 91 425 万人。全国人户分离的人口 5.04 亿人，其中流动人口 3.85 亿人。
>
> 年末全国就业人员 74 652 万人。全国农民工总量 29 251 万人，其中，外出农民工 17 172 万人，本地农民工 12 079 万人。
>
> 互联网上网人数 10.32 亿人，其中手机上网人数 10.29 亿人。互联网普及率为 73.0%，其中农村地区互联网普及率为 57.6%。

---

[1] 中华人民共和国国民经济和社会发展第十四个五年规划和 2035 年远景目标纲要[N]. 人民日报，2021-03-13（1）.

> 正在运行的国家重点实验室 533 个，纳入新序列管理的国家工程研究中心 191 个，国家企业技术中心 1 636 家，大众创业万众创新示范基地 212 家。
> 　　全年在学研究生 333.2 万人，普通、职业本专科在校生 3 496.1 万人，中等职业教育在校生 1 738.5 万人，普通高中在校生 2 605.0 万人，初中在校生 5 018.4 万人，普通小学在校生 10 779.9 万人，特殊教育在校生 92.0 万人，学前教育在园幼儿 4 805.2 万人。
> 　　博物馆 3 671 个，公共图书馆 3 217 个，文化馆 3 317 个。年末广播节目综合人口覆盖率为 99.5%，电视节目综合人口覆盖率为 99.7%。年末全国共有体育场地 397.1 万个，人均体育场地面积 2.41 平方米。
> 　　资料来源：国家统计局. 中华人民共和国 2021 年国民经济和社会发展统计公报[N]. 人民日报，2022-03-01（10）．

当今世界正经历百年未有之大变局，新一轮科技革命和产业变革深入发展，国际力量对比深刻调整，和平与发展仍然是时代主题，人类命运共同体理念深入人心。同时，国际环境日趋复杂，不稳定性、不确定性明显增加。教育内外环境和需求发生深刻变化。必须"跳出教育看教育、立足全局看教育、放眼长远看教育"①，准确识变、主动求变、积极应变，抓住重大机遇，开创教育新局面。"教育事关千秋万代，涉及千家万户，谈教育千言万语，看教育千差万别，办教育千辛万苦，办好教育要千方百计、千军万马。"②截止到 2021 年，我国有 2.9 亿在校学生，教育关系千家万户，是重大的民生工程、德政工程。③我国坚持把教育公平作为国家基本教育政策，加快缩小区域、城乡、校际、群体教育发展差距。新时代新征程，必须始终把教育放在"两个大局"中考量，必须以人民满意作为重要检验标尺，始终坚持教育公益性原则，进一步促进教育公平④。

（二）中国式教育现代化与高质量教育体系

教育强则国家强，教育兴则民族兴。教育决定着人类的今天，也决定着人类的未来；教育传承过去、造就现在、开创未来，是推动人类文明进步的重要力量。《中华人民共和国国民经济和社会发展第十四个五年规划和 2035 年远景目标纲要》提出"建设高质量教育体系"，强调"全面贯彻党的教育方针，坚持

---

① 高毅哲. 2022 年全国教育工作会议召开[N]. 中国教育报，2022-01-18（1）．
② 本刊记者. 媒体是推进教育工作的重要力量——访教育部新闻办主任、新闻发言人续梅[J]. 中国记者，2010，（5）：24-26.
③ 怀进鹏. 深入学习贯彻党的十九届六中全会精神加快建设教育强国[N]. 学习时报，2021-11-22（3）．
④ 怀进鹏：深入学习贯彻党的十九届六中全会精神 加快建设教育强国[N]. 学习时报，2021-11-22（1）．

优先发展教育事业，坚持立德树人，增强学生文明素养、社会责任意识、实践本领，培养德智体美劳全面发展的社会主义建设者和接班人"。党的二十大报告提出，教育、科技、人才是全面建设社会主义现代化国家的基础性、战略性支撑。必须坚持科技是第一生产力、人才是第一资源、创新是第一动力，深入实施科教兴国战略、人才强国战略、创新驱动发展战略，开辟发展新领域新赛道，不断塑造发展新动能新优势。我们要坚持教育优先发展、科技自立自强、人才引领驱动，加快建设教育强国、科技强国、人才强国，坚持为党育人、为国育才，全面提高人才自主培养质量，着力造就拔尖创新人才，聚天下英才而用之。

> **习近平：高举中国特色社会主义伟大旗帜 为全面建设社会主义现代化国家而团结奋斗——在中国共产党第二十次全国代表大会上的报告（摘录）**
>
> 教育是国之大计、党之大计。培养什么人、怎样培养人、为谁培养人是教育的根本问题。育人的根本在于立德。全面贯彻党的教育方针，落实立德树人根本任务，培养德智体美劳全面发展的社会主义建设者和接班人。坚持以人民为中心发展教育，加快建设高质量教育体系，发展素质教育，促进教育公平。加快义务教育优质均衡发展和城乡一体化，优化区域教育资源配置，强化学前教育、特殊教育普惠发展，坚持高中阶段学校多样化发展，完善覆盖全学段学生资助体系。统筹职业教育、高等教育、继续教育协同创新，推进职普融通、产教融合、科教融汇，优化职业教育类型定位。加强基础学科、新兴学科、交叉学科建设，加快建设中国特色、世界一流的大学和优势学科。引导规范民办教育发展。加大国家通用语言文字推广力度。深化教育领域综合改革，加强教材建设和管理，完善学校管理和教育评价体系，健全学校家庭社会育人机制。加强师德师风建设，培养高素质教师队伍，弘扬尊师重教社会风尚。推进教育数字化，建设全民终身学习的学习型社会、学习型大国。
>
> 资料来源：高举中国特色社会主义伟大旗帜 为全面建设社会主义现代化国家而团结奋斗——习近平同志代表第十九届中央委员会向大会作的报告摘登[N]. 人民日报，2022-10-17（2）.

《2021年全国教育事业发展统计公报》[①]显示，全国共有各级各类学校52.93万

---

① 林焕新.2021年全国教育事业发展统计公报公布[N]. 中国教育报，2022-09-15（1）.

所，在校生 2.91 亿人，专任教师 1844.37 万人，劳动年龄人口平均受教育年限 10.9 年。一个服务 14 亿多人口，面向每个人、适合每个人、更加开放灵活的教育体系日渐完善。面对世界上最大规模的教育体系，实现"推进基本公共教育均等化，增强职业技术教育适应性，提高高等教育质量，建设高素质专业化教师队伍，深化教育改革"的高质量教育体系建设目标，必然要采用数字化、网络化和智能化的方式，对教育系统进行现代化改造和功能提升（图 2-1）。

图 2-1　2021 年全国教育事业发展统计主要结果

资料来源：林焕新.2021 年全国教育事业发展统计公报公布[N].中国教育报，2022-09-15（1）

《中华人民共和国国民经济和社会发展第十四个五年规划和 2035 年远景目标纲要》提出"发挥在线教育优势，完善终身学习体系，建设学习型社会"。党的二十大报告提出"推进教育数字化，建设全民终身学习的学习型社会、学习型大国"。这说明教育数字化不仅要面向学校教育，而且拓展到构建终身学习体系。同时，《中华人民共和国国民经济和社会发展第十四个五年规划和 2035 年远景目标纲要》在"专栏 9 数字化应用场景"中包括了"智慧教育"，这也说明教育与数字经济发展息息相关。

《中国教育现代化 2035》提出了推进教育现代化的指导思想、基本理念和总体目标，并聚焦教育发展的突出问题和薄弱环节，立足当前，着眼长远，重点部署了面向教育现代化的十大战略任务，其中包括"加快信息化时代教育变革"，并明确指出"信息化是教育现代化的重要内容，也是推进教育现代化的关键途径""以教育信息化带动教育现代化"。建设高质量教育体系，要解决当前社会关注的热点和难点问题，如"双减"、农村教育、特殊教育、教育评价等问题。

一是作为"一号工程"的"双减"。"双减"指有效减轻义务教育阶段学生过重作业负担和校外培训负担。教育部强调切实避免"校内减负、校外增负"。然而，治教培机构易，治教育焦虑难。正如许多家长所担忧，如果学生没有在学校享受到高质量的教育，没有改变现有教育资源不均衡的现状，教育领域内的"剧场效应"就不会消解。守住学校这一主阵地就是守住"双减"的底线，只有守住底线，才能将"双减"落实到底。因此，"双减"必须坚持校外治理与校内提质联动、制度建设和监督检查并进。教育部强调深入推进"双减"[①]。教育数字化将赋能"双减"，提高教学效率和学习效果。同时，对"双减"的监测、预警和效果分析，也有必要以科技作为支撑。

> **教育部 2022 年工作要点（节选）**
>
> 继续把"双减"工作摆在突出位置、重中之重，巩固成果、健全机制、扫除盲点、提升水平、维护稳定、强化督导。完善部际专门协调机制，推动各地健全工作机制。加强党的全面领导，指导培训机构全面贯彻党的教育方针，落实立德树人根本任务。着力巩固学科类培训机构压减成果，在法定节假日、休息日、寒暑假指导各地开展常态巡查、坚决关停。加大对隐形变异培训查处力度，开展专项治理。规范培训收费行为，加强培训预收费监管。推动校外教育培训监管立法，加强执法力量，

---

① 教育部 2022 年工作要点[N]. 中国教育报，2022-02-09（2）.

提升执法能力，抓好执法巡查。针对一些监管盲点，开展系统调研，指导各地规范管理。指导各地对非学科类培训机构，区分体育、文化艺术、科技等类别，抓紧明确主管部门，体现公益属性，实现常态化监管，防止出现新的野蛮生长。指导各地落实高中阶段学科类培训严格参照义务教育阶段执行的政策要求。建立全国校外教育培训专家委员会。组建校外培训社会监督员队伍，拓宽社会监督渠道，形成全社会参与监管并广泛支持校外培训治理的良好氛围。进一步提高学校作业设计水平、课后服务水平和课堂教学水平，健全课后服务经费保障机制，拓宽课后服务资源渠道，开展课后服务精品课程资源推介。利用"双减"工作监测平台，持续跟踪监测相关指标数据。

资料来源：教育部 2022 年工作要点[N]. 中国教育报，2022-02-09（2）.

二是农村教育"短板"。如果城市教育成果无限提升，并被等同于我国整体教育现状，那么农村教育"短板"则比较容易被遮蔽。由于农村的经济、社会与文化资源匮乏，即便学校网络接入方面不存在显著差异，农村教育依然难以实质性利用好信息技术优势，以弥补城乡教育的差距[①]。我国还有 8.36 万个小学教学点[②]，主要分布在农村地区；农村中小学学校及其教师、学生的规模占 2/3 左右[③]；我国还有 600 多万名农村留守儿童在家庭关爱缺失中成长[④]，控辍保学任务艰巨，他们难以获取优质教育资源；约 1400 万名进城务工人员随迁子女[⑤]需要确保"应入尽入"，就近入学，享受公平而有质量的教育。实现教育现代化的难点和重点都在农村，补齐农村教育这块"短板"是实现教育现代化的关键。《中华人民共和国乡村振兴促进法》明确提出发挥"人才支撑"作用，强调"加强农村教育工作统筹，持续改善农村学校办学条件"，"支持开展网络远程教育，提高农村基础教育质量"。教育部坚持从民生上办教育，聚焦城镇挤、乡村弱等难题，推进城乡学校"四统一"，实施"全面薄改"项目，以"互联网＋"教育更好地实现教育有效均衡，统筹推进乡村教育振兴和教育振兴乡村工作。教育信息化将有助于扩大优质教育资源覆盖面，优化教师资源配置，促进城乡教育高位均衡发展和乡村振兴[⑥]。

---

① 张茂聪. 农村教育这块短板必须加快补齐[N]. 光明日报，2020-03-31（14）.
② 小学校数、教学点数及班数. http://www.moe.gov.cn/jyb_sjzl/moe_560/2021/quanguo/202301/t20230103_1037878.html，2023-05-25.
③ 根据教育部统计数据中"镇区""乡村"教师、学生数据测算. http://www.moe.gov.cn/jyb_sjzl/moe_560/2021/quanguo/，2023-05-25.
④ 杜沂蒙，刘ированного. 600 多万留守儿童的关爱需求依然十分迫切[N]. 中国青年报，2019-08-22（7）.
⑤ 林焕新. 2023 年义务教育相关转移支付资金下达[N]. 中国教育报，2023-05-20（1）.
⑥ 曾海军. 信息化促进农村转型与精准扶贫[N]. 中国教育报，2016-04-01（8）.

三是面向特殊人群的特殊教育。我国特殊教育在校生由 2015 年的 44 万人增加到 2021 年的 192 万人[①];《中国教育现代化 2035》强调"推进适龄残疾儿童少年教育全覆盖",《教育部关于加强残疾儿童少年义务教育阶段随班就读工作的指导意见》强调"实现特殊教育公平而有质量发展,促进残疾儿童少年更好融入社会生活";《中国国民心理健康发展报告(2019—2020)》[②]指出,需要重视青年心理健康问题。《教育部 2022 年工作要点》强调,"加强标准化特殊教育学校和校园无障碍环境建设,推进特殊教育资源中心和资源教室建设"。利用智能技术手段和智能教育装备,创造便利的学习条件,开发特殊教育资源,提高对特殊人群的学习支持水平,办好面向特殊人群的特殊教育,努力让教育资源全程伴随每个人、让教育成果平等面向每个人、让教育过程全面发展每个人、让教育效能深度助力每个人,让每个孩子都有人生出彩机会。

四是作为"指挥棒"的教育评价改革。教育评价事关教育发展方向,有什么样的评价"指挥棒",就有什么样的办学导向。新时代对人才提出了新的需求,评价标准应随之而变。《深化新时代教育评价改革总体方案》[③]强调,扭转不科学的教育评价导向,坚决克服唯分数、唯升学、唯文凭、唯论文、唯帽子的顽瘴痼疾。"教育,无论学校教育还是家庭教育,都不能过于注重分数。分数是一时之得,要从一生的成长目标来看。如果最后没有形成健康成熟的人格,那是不合格的。"[④]中考、高考、综合素质评价等受到社会的广泛关注。一些家长和学生存在"高考焦虑""中考焦虑",学生综合素质评价仍存在测评体系构建难、观测指标赋值难、客观公正打分难、档案管理难、引导作用发挥难等痼疾。我国传统教育评价多以纸笔测验为主,偏重知识和技能、信息模态较单一,且缺乏过程性数据,反馈滞后。随着人工智能、大数据和教育的深度融合,创新评价工具有望在教育评价改革中发挥重要作用,并将有利于探索开展学生各年级学习情况全过程纵向评价、德智体美劳全要素横向评价。

(三)数字中国建设与教育数字化相互支撑

第五届数字中国建设峰会上发布了《数字中国发展报告(2021 年)》[⑤]。报告指出,我国已建成全球规模最大、技术领先的网络基础设施;数字经济发展规模全球领先;数字领域国际合作稳步拓展。数字中国、网络强国和智慧社会建设成

---

① 欧媚. 我国残疾儿童义务教育入学率超 95%[N]. 中国教育报,2021-09-27(2).
② 傅小兰,张侃. 中国国民心理健康发展报告(2019—2020)[M]. 北京:社会科学文献出版社,2021.
③ 中共中央 国务院印发《深化新时代教育评价改革总体方案》[N]. 人民日报,2020-10-14(1).
④ "我们来共同关心这些教育问题"(微镜头·习近平总书记两会"下团组"·两会现场观察)[N]. 人民日报,2021-03-07(1).
⑤ 国家互联网信息办公室. 数字中国发展报告(2021 年)[R]. 2022.

就为教育数字化转型和智慧教育发展奠定了坚实的基础。

数字中国发展报告（2021年）（摘录）

一是建成全球规模最大、技术领先的网络基础设施。截至2021年底，我国已建成142.5万个5G基站，5G用户数达到3.55亿户；全国超300个城市启动千兆光纤宽带网络建设，千兆用户规模达3456万户[1]；IPv6[2]地址资源总量位居世界第一。算力规模全球排名第二；北斗导航卫星全球覆盖并规模应用。

二是数据资源价值加快释放。我国数据产量增长至6.6ZB，位居世界第二[3]；公共数据开放取得积极进展，全国省级公共数据开放平台增至24个。

三是数字技术创新能力快速提升。5G实现技术、产业、应用全面领先，高性能计算保持优势；人工智能、云计算、大数据、区块链、量子信息等新兴技术跻身全球第一梯队[4]。

四是数字经济发展规模全球领先。我国数字经济规模增至45.5万亿元，总量稳居世界第二，占国内生产总值比重提升至39.8%。

五是数字政府治理服务效能显著增强。我国电子政务在线服务指数全球排名提升至第9位，"掌上办""指尖办"已成为各地政务服务标配，"一网通办""跨省通办"取得积极成效；疫情加速了数字化进程。

六是数字社会服务更加普惠便捷。我国网民规模增长到10.32亿，互联网普及率提升至73%，特别是农村地区互联网普及率提升到57.6%；国家智慧教育平台加快建设，我国所有中小学（含教学点）全部实现联网。

七是数字化发展治理取得明显成效[5]。深入开展网络空间治理，提升个人信息保护水平，推动平台经济规范健康发展，"清朗"系列专项行动深入实施，营造了良好的网络生态。

八是数字安全保障能力大幅提升。夯实国家网络安全和数据安全保障体系，网络安全标准体系日益完善；全国200余所高校设立网络安全本科专业。

九是数字领域国际合作稳步拓展。我国倡导发起《携手构建网络空间命运共同体行动倡议》《"一带一路"数字经济国际合作倡议》等国际

---

[1] 疫情防控期间的"停课不停学"，从学校到社会的信息化设施发挥了重要作用。
[2] IPv6是英文"internet protocol version 6"（互联网协议第6版）的缩写。
[3] 我国有大规模的学校、教师和学生数据，也具备培育教育大数据要素的资源禀赋。
[4] 研发教育专用网络、芯片、装备、操作系统具备了可能性。
[5] 国家智能社会治理实验教育特色基地19个。

合作倡议；积极参与多边多方数字经济治理机制活动，为网络空间国际规则和技术标准制定贡献中国智慧和中国方案。

资料来源：国家互联网信息办公室. 数字中国发展报告（2021 年）[EB/OL]. http://www.cac.gov.cn/2022-08/02/c_1661066515613920.htm，2022- 08- 02.

当前，世界正经历新一轮大发展、大变革、大调整，大国战略博弈全面加剧，数字化发展面临着新的形势与挑战。从外部国际形势来看，一是数字领域竞争压力外溢，美国对我国实施科技遏制战略；二是政治因素向数字领域渗透，增加了全球数字技术创新发展的阻力；三是数字技术产业发展具有投资规模大、回报周期长、规模效应显著等特点，国际上的一些"数字巨头"形成一定程度的垄断，技术门槛持续提高，生态构建难度加大。这些，同样也是教育开放和教育国际竞争面临的挑战，教育数字化离不开科技竞争。

从国内挑战来看，我国经济已由高速增长阶段转向高质量发展阶段，教育也由规模化增长阶段转向高质量教育体系建设阶段，优化教育发展环境、变革系统结构、教学模式、治理体系，以及数字化转型等也面临着新的挑战。我国数字鸿沟由"接入鸿沟"转向"能力鸿沟"，教育的区域、城乡、校际、群体之间的"数字鸿沟"同样存在并可能扩大；数据要素作用发挥与数据治理体系滞后之间的矛盾日益凸显，教育大数据对教育变革的效果还没有明显体现；数字技术赋能国家治理的同时也对传统治理模式提出挑战，教育数字化治理也不是一蹴而就的；数字领域核心技术研发水平亟待提升，教育技术和智能装备面临同样的困境。人民群众对美好生活的新期待对数字化发展提出了新的更高要求，社会大众对教育的美好期待很大程度上将"转嫁"到教育数字化转型上。

（四）教育信息化发展成效为数字化转型奠基

"十三五"期间，我国教育信息化取得了"五大进展"，完成了"四个全部"，实现了"三大突破"，抓好了"两件大事"，筑成了一条坚固的"教育防线"[1]，迈入面向智慧教育的数字化转型阶段。

按照"两级建设、五级应用"的模式，教育部和各省级教育行政部门分别建立国家级和省级数据中心，以及国家、省、地市、县、学校五级系统，建成了学校、教师、学生三大基础数据库，为全国所有学校、学生、教师建立电子档案，实现了学校"一校一码"和师生"一人一号"。

---

[1] 雷朝滋. 中国教育信息化发展与展望[J]. 在线学习，2021，（11）：26-28.

教育信息化基础环境全面夯实，加大了对农村、边远地区教育信息化建设投入力度，努力以信息化为手段扩大优质教育资源覆盖面，让亿万孩子同在蓝天下共享优质教育、通过知识改变命运。截止到 2020 年底，全国中小学（含教学点）互联网接入率跃升至 100%，出口带宽 100M 以上的学校比例达到 99.9% 以上，约 3/4 的学校已实现无线网络覆盖；全国已有 98.35% 的中小学拥有多媒体教室，数量达到 429 万间[1]，各级各类学校已基本具备信息化教学环境。

国家数字教育资源公共服务体系更加全面，近半数的教师应用网络学习空间开展教学和教研活动，以"人人通"应用带动发挥"校校通""班班通"的综合效能；学校和教师广泛参加"三个课堂"应用和"一师一优课、一课一名师"活动；"教育信息化 2.0 试点省"、"互联网+教育"示范区，以及"智慧教育示范区""信息化教学实验区""人工智能助推教师队伍建设试点区"等发挥示范效应；实施全国中小学教师信息技术应用能力提升工程，开展面向"三区三州"教育信息化领导力"送培到家"活动。

教育信息化总结形成了符合国情并得到普及的资源共建共享模式、教师应用模式、课堂应用模式、数字校园模式、网络学习空间模式、校际应用模式、区域整体推进模式、管理信息系统应用模式等"八类模式"。疫情期间，教育系统通过信息化打造了一条便利实时的"教育网道"，让人民大众切实感受到了教育信息化的红利，向全球传播了"停课不停学"的经验。

《中国教育报》以"勇立教育数字化时代潮头"综述了我国教育数字化工作取得的积极成效[2]，世界第一大教育资源数字化中心和服务平台基本形成，为学生学习、教师教学、学校教育管理和教育改革研究提供了有力支撑，持续发力"助学、助教、助管、助研"，数字之光照亮教育未来[3]（图 2-2）。

随着"四梁八柱"搭建完成，教育信息化的"内部施工"有序展开，数字资源供给日益丰富，国家智慧教育平台建设不断提速，数据服务效能显著提升。面对国内、国外的新变化、新特点、新趋势，人民群众对教育均衡优质发展的渴望日益迫切，信息化正在成为助推教育现代化、建设教育强国的强力引擎[4]，推动了教育体系深层次、系统性、全方位的转型升级与融合创新。

---

[1] 教育部教育信息化战略研究基地（华中）. 中国教育信息化发展报告（2021）[M]. 北京：人民教育出版社，2022.

[2] 林焕新. 勇立教育数字化时代潮头——我国教育数字化工作取得积极成效综述之一[N]. 中国教育报，2022-11-30（1）.

[3] 数字之光照亮教育未来——数说国家教育数字化战略行动一年来工作成效[N]. 中国教育报，2022-02-13（1）.

[4] 蔡继乐，高毅哲，苏令，等. 为教育现代化装上"智慧引擎"——党的十八大以来教育信息化驶入"快车道"[N]. 中国教育报，2022-03-28（1）.

图 2-2　国家教育数字化战略行动一年来工作成效

资料来源：数字之光照亮教育未来——数说国家教育数字化战略行动一年来工作成效[N]. 中国教育报，2022-02-13（1）

二、教育数字化战略行动引领教育的未来

（一）实施国家教育数字化战略行动

《教育部2022年工作要点》提出，实施教育数字化战略行动，加快推进教育数字转型和智能升级。教育数字化是持续利用数字化、网络化和智能化的技术及手段对教育系统进行现代化改造和功能提升，进而更新教育理念、变革教育模式、提升教育治理水平、全面推动教育数字转型的过程。教育数字化转型要围绕立德树人根本任务，统筹运用数字化技术、思维和认知，以资源和数据为新生产要素，

构建数据驱动的教育服务和治理新模式,实现教育教学和教育治理体制机制、组织架构、方式流程、手段工具的全要素、全流程、全业务、全领域重塑。

教育部2022年工作要点(节选)

强化需求牵引,深化融合、创新赋能、应用驱动,积极发展"互联网＋教育",加快推进教育数字转型和智能升级。推进教育新型基础设施建设,建设国家智慧教育公共服务平台,创新数字资源供给模式,丰富数字教育资源和服务供给,深化国家中小学网络云平台应用,发挥国家电视空中课堂频道作用,探索大中小学智慧教室和智慧课堂建设,深化网络学习空间应用,改进课堂教学模式和学生评价方式。建设国家教育治理公共服务平台和基础教育综合管理服务平台,提升数据治理、政务服务和协同监管能力。强化数据挖掘和分析,构建基于数据的教育治理新模式。指导推进教育信息化新领域新模式试点示范,深化信息技术与教育教学融合创新。健全教育信息化标准规范体系,推进人工智能助推教师队伍建设试点工作。建立教育信息化产品和服务进校园审核制度。强化关键信息基础设施保障,提升个人信息保护水平。

资料来源:教育部2022年工作要点[N].中国教育报,2022-02-09(2)

大力推动教育数字化战略行动成为教育系统工作的重中之重,也体现在教育部相关司局年度工作要点中。一场更加深刻的数字革命,正在全面赋能教育改革升级。

教育部相关司局2022年工作要点

教育部基础教育司:"深化信息技术应用改革"。强调实施基础教育数字化战略行动,注重需求牵引,深化融合应用,赋能提质增效。

教育部高等教育司:"全面推进高等教育教学数字化"。强调主动适应高等教育普及化阶段质量多样化、学习终身化、培养个性化、治理现代化的需求,加快建设以数字化为特征的高等教育新形态。

教育部职业教育与成人教育司:"推进职业教育与继续教育数字化升级",强调加强职业教育信息管理平台升级优化和互联互通,建设职业教育管理平台和教学服务平台、全国继续教育智慧管理与公共服务平台。

教育部教师工作司:"推进人工智能助推教师队伍建设""推进教师资源数字化建设和教师队伍数字化治理"。

教育部思想政治工作司:"创新网络思想政治教育""打造大数据赋

能创新矩阵""全面开展'一站式'学生社区综合管理模式建设"。

教育部教材局:"研究制定关于加强数字教材建设的指导意见""加快推进教材管理信息化"。

资料来源:根据教育部相关文件整理而成。

建设教育强国是中华民族伟大复兴的基础工程。教育数字化战略与数字中国建设、数字经济发展同频共振,怀进鹏多次强调,实施教育数字化战略行动的重要意义和实施方略,高屋建瓴地引领教育改革创新和数字化转型。

一是教育数字化要服务于强国战略(教育强国、科技强国、人才强国、文化强国、体育强国、健康中国),与国家信息化、数字中国、数字经济协同发展,推动教育数字化战略行动是实现教育现代化的重要手段。

"我们要深刻认识教育的基础性、先导性、全局性的地位和作用,深刻认识教育在应对世界百年未有之大变局中的机遇和挑战,在变革创新中准确识变、科学应变、主动求变,跳出教育看教育、立足全局看教育、放眼长远看教育,融入国家经济社会发展大局,为国家竞争力储能、赋能、提能,使教育成为更好适应、支撑、引领经济社会发展的'快变量'"[1]。"把教育与国家、与时代、与世界、与经济社会发展进行'强连接、真融入、真推动'。"[2] "深刻把握'国之大者'对教育工作的要求,切实把教育放在中华民族伟大复兴历史大进程中、放在党和国家事业发展大局中、放在世界百年未有之大变局中去理解、去谋划、去推进。"[3]"主动服务学习型社会、学习型大国建设,树立'大教育'观,加快构建服务全民终身学习的教育体系。"[4]

"新时代新征程,必须以人民满意作为重要检验标尺,始终坚持教育公益性原则,进一步促进教育公平。""把教育信息化作为教育现代化的有力支撑,推动新型基础设施建设,提质升级国家教育资源公共平台,探索教育大资源建设与应用。"[5]

深入实施"教育数字化战略行动",要"深化新时代教育评价改革,激发基层和学校活力,提升依法治理水平"[6];"要围绕激发教育创新活力和潜能,进一步

---

[1] 高毅哲.国家教育行政学院举行二〇二二年春季开学典礼[N].中国教育报,2022-03-01(1).
[2] 高毅哲,林焕新.全面贯彻落实党的二十大精神 全力以赴实现良好开局——2023年全国教育工作会议闭幕[N].中国教育报,2023-01-14(1).
[3] 高毅哲.教育部党组理论学习中心组召开专题学习会:为全面推进中华民族伟大复兴贡献教育力量[N].中国教育报,2023-01-19(1).
[4] 高毅哲,林焕新.2023年全国教育工作会议召开[N].中国教育报,2023-01-13(1).
[5] 怀进鹏.深入学习贯彻党的十九届六中全会精神加快建设教育强国[N].学习时报,2021-11-22(1).
[6] 高毅哲.2022年全国教育工作会议召开[N].中国教育报,2022-01-18(1).

深化改革扩大开放,持续深化教育评价改革,实施国家教育数字化战略行动,扩大教育对外开放"①;"打造中国优质教育资源网络学习空间,促进优质教育资源开放共享"②;"要深刻把握全球大势,坚持以教育信息化促进教育现代化,深入实施教育数字化战略行动,促进我国高等教育的理念变革、思想变革、方法变革、实践变革,形成教育、科研的中国新范式"③;"推进教育数字化,加快国家教育数字化战略行动步伐,将国家智慧教育平台打造成教育领域重要的公共服务产品,构建数据驱动的教育治理新模式,不断推动教育变革和创新",构建网络化、数字化、个性化、终身化的教育体系④;"扎根中国大地,建设人人皆学、处处能学、时时可学的学习型社会、学习型大国"⑤。

二是要进行机制创新,方法重于技术、组织制度创新重于技术创新,一体化推进建设与应用,塑造发展新动能、新优势。

"组织创新、制度创新特别是办学观念和方式创新,是技术产业创新、科学创造和人才培养的沃土"⑥;"教育系统大力推进教育信息化、推进教育资源数字化建设,有基础、有能力、有优势,大有可为、大有作为,要牢牢把握'方法重于技术、组织制度创新重于技术创新'的工作理念,按照'应用为王、服务至上、示范引领、安全运行'的工作要求和思路一体化推进建设与应用。"⑦ "一体推进资源数字化、管理智能化、成长个性化、学习社会化,让优质资源可复制、可传播、可分享,让大规模个性化教育成为可能。""充分运用中国的制度优势、人才优势、资源优势,加快系统升级、服务升级和功能升级,全力构建国家数字教育资源中心","建强国家中心,汇聚共享优质资源"。⑧把业务应用摆在优先突出位置,以应用需求驱动运行平台、安全平台、标准平台和数据资源平台建设,加强内容建设和运营维护,不盲目追求最新技术,切实为师生提供能用好用的数字化资源;加强资源整合,建立示范引领和试点机制,做好

---

① 高毅哲. 教育部召开党组扩大会学习贯彻 2022 年两会精神:切实把教育这个关乎千家万户和中华民族未来的大事办好[N]. 中国教育报,2022-03-15(1).

② 高毅哲. 教育部召开"十四五"国家基础教育重大项目计划实施部署工作会议:推动基础教育整体高质量发展[N]. 中国教育报,2022-02-19(1).

③ 怀进鹏同志在新一轮"双一流"建设推进会上的讲话(节选)[EB/OL]. http://www.moe.gov.cn/srcsite/A01/s7048/202205/t20220525_630371.html?eqid=b2a74ebd000437e000000006645f5d7a,2022-04-13.

④ 怀进鹏. 加快推进教育高质量发展 奋力谱写贯彻落党的二十大精神教育华章[N]. 学习时报,2023-01-02(1).

⑤ 怀进鹏. 加快建设教育强国[N]. 人民日报,2022-12-21(9).

⑥ 高毅哲.2022 年科教协同领导小组会议暨高校校长座谈会在京召开:加快实现高水平科技自立自强[N]. 中国教育报,2022-02-19(1).

⑦ 高毅哲. 教育部举行党组理论学习中心组集体学习暨教育信息化首场辅导报告会:以教育信息化推动教育高质量发展[N]. 中国教育报,2022-02-22(1).

⑧ 怀进鹏. 数字变革与教育未来——在世界数字教育大会上的主旨演讲[N]. 中国教育报,2023-02-14(1).

教育数字化建设推广应用探索，推动教育信息化实现发展标准化、成果品牌化，大力提升教育治理体系和治理能力现代化水平；以标准安全运行保障为支撑，筑牢数据安全底线，构建可持续的数据安全防护体系。"要始终坚持守正创新，加强改革的顶层设计，用改革的意识、创新的办法增动力、激活力，助力开辟发展新领域新赛道，塑造发展新动能新优势。"[1]

三是要进行数字技术，如物联网、大数据、人工智能、5G 等技术在各行业中的应用，要加快推动产业数字化，促进教育数字化转型。

数字化不仅是一种思维方式、技术手段，还是一种基于高科技的生产、生活和学习方式。以"'应用为王、服务至上、简洁高效、安全运行'为总要求，坚定推进教育数字化战略行动，加快教师数字化学习平台建设，依托国家级教师培训项目开发、遴选优质资源，服务广大教师"[2]；"把数字资源的静态势能转化为教育改革的强大动能，以此来支撑引领教育现代化，打造全球教育版图的中国特色、中国范式"[3]；"用好数字化红利，推进优质资源的均衡配置，让资源活起来，缩小区域城乡校际教育差距"[4]。

四是要注重数据的重要性，有用的数据是数字化的关键要素，"用数据说话、用数据决策、用数据管理、用数据生活"，这是数字化的基本思维方式。

数字教育的发展不仅积聚优质资源，也会沉淀海量数据宝藏，这为各国把握教育教学规律、学生成长规律，推动科学教育与人文素养相结合，推动工程教育与实践能力提升相促进，服务学生全面发展提供了重要的工具和平台。"汇聚静态资源和动态数据，持续加强国家教育数字化资源中心建设，着力提升师生数字化素养和能力，积极运用人工智能、大数据等技术助学、助教、助管、助研，探索数据赋能学习型社会建设。"[5]"重点做好大数据中心建设、数据充分赋能、有效公共服务、扩大国际合作四件事。"[6]推动教学评价科学化、个性化，运用海量数据形成学习者画像和教育知识图谱，更好地实现因材施教。利用人工智能、大数据等技术应用，实现业务协同、流程优化、结构重塑、精准管理，从而更好提升教育管理效率和教育决策科学化水平。

---

[1] 高毅哲，林焕新. 教育部召开 2023 年代表委员座谈会：深入推进教育强国建设，以教育发展成果回应代表委员和社会各界的关心关切[N]. 中国教育报，2023-02-08（1）.

[2] 怀进鹏. 筑牢教育强国建设之基[N]. 人民日报，2022-06-09（9）.

[3] 焦新. 教育部等三部门联合举办新时代教育高质量发展专题研讨班：加快推动新时代教育高质量发展[N]. 中国教育报，2022-07-24（1）.

[4] 高毅哲. 教育部举行国家智慧教育平台"暑期教师研修"专题上线暨"全国科学教育暑期学校"启动仪式：全面推进教师队伍建设提质增效[N]. 中国教育报，2022-07-21（1）.

[5] 高毅哲. 深入贯彻党的二十大精神 纵深推进教育数字化——怀进鹏调研中国教育科学研究院[N]. 中国教育报，2022-11-16（1）.

[6] 高毅哲，林焕新.2023 年全国教育工作会议召开[N]. 中国教育报，2023-01-13（1）.

（二）以国家智慧教育平台开通为契机

2022年3月28日，在国家智慧教育平台启动仪式上，怀进鹏指出，教育系统要认真贯彻落实习近平总书记关于教育的重要论述、关于数字中国建设的重要指示批示，以"应用为王、服务至上、简洁高效、安全运行"为总要求，坚定推进国家教育数字化战略行动。国家智慧教育平台的上线，是教育系统贯彻党中央、国务院决策部署的实际行动，是教育数字化战略行动取得的阶段性成果。持续推进建设并充分运用国家智慧教育平台，将进一步缩小"数字鸿沟"，有助于我们深刻思考新形势下"教育何为"的问题，有助于把数字资源的静态势能转化为教育改革的动能，有助于把制度优势和规模优势转化为教育发展的新优势，推动实现教育数字化转型。怀进鹏强调，要以平台开通为契机，紧紧抓住数字教育发展战略机遇，以高水平的教育信息化引领教育现代化。一要建立教育数字化公共服务体系；二要坚持优先服务师生和社会急需，支撑抗疫大局；三要坚持自立自强，强化效果导向、服务至上，引领教育变革；四要坚持守正创新，加强体制机制建设，推动共建共享；五要坚持高水平开放合作，打造国家品牌[①]。在调研北京教育系统疫情防控工作时，怀进鹏强调，要保障开展线上教学，积极用好国家智慧教育公共服务平台，指导学生科学合理安排居家学习[②]。此外，怀进鹏还撰文指出，"党的十八大以来，全国教育系统始终牢记习近平总书记殷殷嘱托，踔厉奋发、砥砺前行"，所做的主要工作之一就是，实施国家教育数字化战略行动，建设"国家中小学智慧教育平台"，学校网络基础环境基本全覆盖，疫情期间大规模线上教学史所罕见、世所罕见[③]。

孙春兰指出，"国家智慧教育平台扩大了优质教育资源覆盖面，城乡学生共享全国名师、名家、名校、名课资源，帮助农村地区教师线上协同教研、备课辅导，缩小区域、城乡、校际教育差距，促进了教育均衡发展。要建好用好国家智慧教育平台，坚持公益性的导向，加强平台运营维护和用户行为管理，进一步汇聚优质教育资源、优化教育公共服务，不断提升教育质量、促进教育公平。要深入研究不同学段学生的认知习惯和行为特征，提高线上教育资源的研发质量，严把课程内容关，以优质教育资源吸引人"。"现代信息技术改变了人们的思维、生产、生活、学习方式，学习时空、学校边界更加拓展，催生了教

---

① 高毅哲. 教育数字化战略引领未来——教育部举行国家智慧教育平台启动仪式[N]. 中国教育报，2022-03-29（1）.

② 高毅哲. 怀进鹏调研北京教育系统疫情防控工作：确保师生生命健康、校园安全和教育系统大局稳定[N]. 中国教育报，2022-03-31（1）.

③ 怀进鹏. 胸怀国之大者 建设教育强国 推动教育事业发生格局性变化[N]. 学习时报，2022-05-06（1）.

育新形态。要促进教育与数字信息环境相适应，推动育人方式、办学模式、管理体制、保障机制各领域改革，构建更加多样、更具活力的教育生态。数字化线上教育是学校教育和课堂教学的补充和延伸。要守住教育的初心，推进线上、线下教育相互融合，将信息技术融入教学活动中，提高人才培养的针对性。"[1]国家智慧教育平台的升级建设和广泛应用，体现了"集中力量办大事"的制度优越性，打造了"国家品牌"，避免了重复建设，方便了教师、方便了学生、方便了家长，夯实了教育数字化转型的"国家队"。

为了持续推进建设并充分运用国家智慧教育平台，教育部研究制定了《国家中小学智慧教育平台建设与应用方案》，部署了国家智慧教育平台地方和学校试点工作，印发了《国家智慧教育平台数字教育资源内容审核规范（试行）》《国家智慧教育公共服务平台接入管理规范（试行）》《智慧教育平台 基本功能要求》《智慧教育平台 数字教育资源技术要求》，形成以国家智慧教育门户为核心的国家智慧教育平台体系。

在世界数字教育大会上的主旨演讲中，怀进鹏[2]表示，2022年，我们全面实施国家教育数字化战略行动，提出联结为先、内容为本、合作为要，即Connection、Content、Cooperation的"3C"理念，按照"应用为王、服务至上、简洁高效、安全运行"的原则，把诸多典型应用、资源内容等"珍珠"串成"项链"，集成上线国家智慧教育公共服务平台，释放数字技术对教育高质量发展的放大、叠加、倍增、持续溢出效应。上线近一年来，平台访问总量超过67亿次，现已成为世界最大的教育资源库。主要体现为："智慧教育助力基础教育，让优质均衡的理想照进现实"；"智慧教育助力高等教育，让大学一流课程突破校园边界"；"智慧教育助力职业教育，让更多人获得职业发展能力"；"智慧教育助力就业创业，让人才供给和市场需求更加有效对接"。

（三）发挥教育信息化在乡村教育振兴中的作用

2021年12月23日，在教育部乡村振兴工作领导小组会议暨巩固拓展教育脱贫攻坚成果同乡村振兴有效衔接工作推进会[3]上，怀进鹏强调，统筹推进乡村教育振兴和教育振兴乡村工作。他指出，要落实好重点任务，坚持久久为功，积极稳妥推进乡村振兴工作。其中，教育信息化在促进农村教育和提高农村人口素质，进而促进农村发展与转型，从而实现乡村振兴中扮演着重要角色。怀进鹏强调，

---

[1] 孙春兰强调 打造国家教育公共服务平台 服务高质量教育体系建设[N]. 人民日报，2022-07-09（2）.
[2] 怀进鹏. 数字变革与教育未来——在世界数字教育大会上的主旨演讲[N]. 中国教育报，2023-02-14（1）.
[3] 高毅哲. 统筹推进乡村教育振兴和教育振兴乡村工作——教育部召开乡村振兴工作领导小组会议暨巩固拓展教育脱贫攻坚成果同乡村振兴有效衔接工作推进会[N]. 中国教育报，2021-12-24（1）.

发挥教育信息化在服务乡村振兴战略、实现共同富裕目标中的重要工具箱作用，建强、用好、管实教育信息化。

2022年9月29日，在教育部乡村振兴工作领导小组会暨乡村振兴工作推进会①上，怀进鹏强调，要充分发挥教育信息化助力乡村振兴的关键作用，把数字化作为创新乡村教育的有效手段，形成实用管用的课程体系，探索适应乡村学校的数字化教学模式，鼓励高校、职业院校开展数字支教。

教育信息化进入数字化转型的新阶段，一方面支撑和引领基础教育、职业教育、高等教育提高质量；另一方面将在农村教育、工程教育、科学教育和终身教育中发挥独特作用，激发教育创新活力。例如，要大力加强工程教育信息化建设，以信息化促进人才培养模式革新，激发工程教育创新活力和潜能②。要不断丰富科学教育模式，充分发挥高水平大学和科研院所的作用，构建一批重点突出、体系完善、能力导向的基础学科核心课程、教材和实验，加大数字资源共建共享力度，着力提升培养水平③。

（四）努力成为智慧教育的国际引领者

2021年12月7日，在2021国际人工智能与教育会议④上，怀进鹏表示，"中国将加大人工智能教育政策供给，推动人工智能与教育教学深度融合，利用人工智能促进全民终身学习，致力推动教育数字转型、智能升级、融合创新，加快建设高质量教育体系"。围绕推动全球教育合作，他倡议，各国要识变应变、顺势而为，树立以科技创新促进智能时代教育发展的理念，勇于探索创新，充分利用科技赋能，加速推进人工智能与教育深度融合；要包容合作、共筑共享，达成以开放交流共筑智能时代教育的行动共识，加快教育数字转型和智能升级的步伐，共建开放、包容、有韧性的教育；要安全为基、行稳致远，统筹好安全和发展的关系，加快探索完善人工智能技术教育应用中伦理安全规则、技术与管理方式，夯实智能时代教育技术变革的安全基础，使智能技术真正促进教育发展，造福人类社会。

2022年12月5日，在2022国际人工智能与教育会议⑤上，怀进鹏指出，"当

---

① 高毅哲. 持续提升教育服务乡村振兴能力水平——教育部召开2022年教育部乡村振兴工作领导小组暨乡村振兴工作推进会[N]. 中国教育报，2022-10-01（1）.

② 高毅哲. 教育部与中国工程院会商工程教育工作：加强和改进工程教育 共谋合作发展[N]. 中国教育报，2022-03-18（1）.

③ 高毅哲. 教育部与中国科学院会商科学教育工作：以高水平合作加快建设高质量科学教育体系[N]. 中国教育报，2022-03-19（1）.

④ 高毅哲. 创新技术服务教学进步 人工智能助力未来教育——2021国际人工智能与教育会议举行[N]. 中国教育报，2021-12-09（1）.

⑤ 高毅哲，林焕新，程旭. 引导人工智能赋能教师 引领教学智能升级——2022国际人工智能与教育会议开幕[N]. 中国教育报，2022-12-06（3）.

前，人工智能技术正在引领人类进入人机协同、跨界融合、共建分享的新时代，我们要聚焦教育数字化变革中教师面临的机遇和挑战，展望科技赋能教师的新愿景，探索人工智能变革教学的新路径，以数字化为杠杆，为教师赋能，促进教学升级，撬动教育整体变革，推动教育更加包容、更加公平、更有质量"。他倡议，"各国要从构建人类命运共同体的高度重新审视教育数字化转型的重要意义，加强统筹规划，推进教育公平；要尊重并发挥教师在推动教育变革中的主导作用，让技术为教师所用，实现教育教学效能提高；要加强数字教育资源的建设、分享，推进数字教育实践的交流、借鉴，汇聚各国教师的智慧和力量，更好地适应数字时代教育发展新需求，共创世界美好明天"。

2022年6月29日，在教育变革峰会预备会议及2030年教育高级别指导委员会领导小组会议[①]上，怀进鹏倡议，"坚持优先发展的教育观"；"坚持促进人全面发展的教育观"；"坚持适变应变与共同发展的教育观，应推动教育变革，提高数字化与绿色转型能力。大力推动教育数字化转型，改变教育生态、学校形态、教学方式，帮助人们适应数字化时代"。9月20日，在联合国教育变革峰会结束后召开的2030年教育高级别指导委员会会议[②]上，怀进鹏指出，以数字化为杠杆，撬动教育整体变革。推动数字教育资源共建共享、互联互通，赋能教师和学习者，探索教育数字治理方式，实现教育更加包容公平更高质量发展。12月8日至9日，在2030年教育高级别指导委员会年度会议[③]上，怀进鹏重申，以数字化为杠杆，撬动全球教育变革。要抓住数字时代机遇，聚焦数字资源共建共享，开展教育数字化协同创新，携手实现教育包容、公平和质量的新突破。

在第二届亚太地区教育部长会议[④]上，怀进鹏结合中国教育实践，为亚太教育变革提出三点建议："重塑教育目标和教育内容"；"建设更具韧性更加包容公平的高质量教育体系"；"大力推进教育数字化变革"。在二十国集团[⑤]教育部长会议[⑥]

---

① 高毅哲. 推动疫后全球教育复苏和世界教育变革——怀进鹏出席教育变革峰会预备会议及2030年教育高级别指导委员会领导小组会议[N]. 中国教育报，2022-06-30（1）.

② 高毅哲. 2030年教育高级别指导委员会会议召开：怀进鹏以视频方式出席并讲话[N]. 中国教育报，2022-09-22（1）.

③ 焦新. 以数字化为杠杆撬动全球教育变革——怀进鹏出席2030年教育高级别指导委员会年度会议[N]. 中国教育报，2022-12-10（1）.

④ 高毅哲. 共同探索面向未来的人才培养规律——怀进鹏视频出席第二届亚太地区教育部长会议[N]. 中国教育报，2022-06-08（1）.

⑤ 二十国集团（Group of 20，G20），是由八国集团财长会议于1999年倡议成立，由中国、韩国、印度、美国、英国、加拿大、德国、意大利、法国、俄罗斯、日本、欧洲联盟、印度尼西亚、墨西哥、南非共和国、沙特阿拉伯、土耳其、澳大利亚、阿根廷、巴西20个国家和国际组织组成。

⑥ 高毅哲. 二十国集团教育部长会议举行：携手推动全球教育复苏、重构与重建[N]. 中国教育报，2022-09-02（1）.

上，怀进鹏倡议，要共同引领教育数字化转型执行力。促进优质数字教育资源共享共建，推动教育生态、学校形态、教学方式变革，合力推进教育数字化转型和绿色转型。在第三届中国-东盟教育部长圆桌会议[①]上，怀进鹏表示，数字教育为教育的国际合作开拓了崭新的渠道，创造了更多可能性。

2022年11月14日，在中国教育科学研究院调研暨教育数字化专题座谈会[②]上，怀进鹏指出，教育数字化战略行动启动实施以来，已经建成世界第一大教育教学资源库，探索了以服务引领和支撑学生全面发展、教师能力提升的新路径，实现了国家智慧教育平台应用试点工作全覆盖，形成了一批标志性研究成果，为加快建设高质量教育体系提供了重要支撑。怀进鹏强调，要深入贯彻落实党的二十大精神，以习近平新时代中国特色社会主义思想为指导，坚持守正创新，纵深推进教育数字化战略行动，着力开辟发展新领域新赛道，不断塑造发展新动能新优势。要汇聚静态资源和动态数据，持续加强国家教育数字化资源中心建设，着力提升师生数字化素养和能力，积极运用人工智能、大数据等技术助学、助教、助管、助研，探索数据赋能学习型社会建设，加强教育数字化开放合作，推动数字化与中华优秀传统文化相结合、助力中华文化走出去，不断把教育数字化推向深入，全力打造数字教育的中国思想、中国理念、中国方案，加快教育现代化，建设教育强国，努力办好人民满意的教育。

在国家智慧教育平台启动仪式[③]上，怀进鹏强调，要坚持高水平开放合作，打造国家品牌。加强国际交流，探索数字治理方式，努力成为智慧教育的国际引领者，为世界提供中国方案，贡献中国智慧。2019年[④]和2020年[⑤]，教育部遴选了18个县市开展"智慧教育示范区"建设，探索积累可推广的先进经验与优秀案例，形成支撑和引领教育现代化的新途径和新模式。科技部在重点研发计划中部署了智慧教育领域相关项目。例如，2021年在"社会治理与智慧社会科技支撑"专项中启动了"大规模学生跨学段成长跟踪研究"项目。可以说，在科技与智慧教育双向赋能方面，我国有自信走在世界前列[⑥]。在2022年全球智慧教育大会上，雷朝滋提出，为了共同应对全球性的危机与挑战，应进一步

---

① 高毅哲. 第三届中国-东盟教育部长圆桌会议举行[N]. 中国教育报，2022-08-24（1）.
② 高毅哲. 深入贯彻党的二十大精神 纵深推进教育数字化——怀进鹏调研中国教育科学研究院[N]. 中国教育报，2022-11-16（1）.
③ 高毅哲. 教育数字化战略引领未来——教育部举行国家智慧教育平台启动仪式[N]. 中国教育报，2022-03-29（1）.
④ 教育部办公厅关于公布 2019 年智慧教育示范区创建项目名单的通知[EB/OL]. http://www.moe.gov.cn/srcsite/A16/s3342/201905/t20190517_382370.html，2019-05-05.
⑤ 教育部办公厅关于公布 2020 年度"智慧教育示范区"创建项目名单的通知[EB/OL]. http://www.moe.gov.cn/srcsite/A16/s3342/202104/t20210401_523802.html，2021-02-10.
⑥ 黄荣怀. 未来学习，要构建智慧教育新生态[N]. 光明日报，2022-04-05（6）.

激发、释放技术与教育融合的巨大能量，加强国际交流与合作，为全球教育发展和 2030 年教育目标的实现贡献力量，彰显教育系统在构建人类命运共同体中的责任与担当[1]。在 2021 年全球智慧教育大会上，秦昌威表示，中国将更加积极地推动实施联合国 2030 年可持续发展教育议程，更加深入地参与全球教育治理，更加精心地搭建国际教育交流合作多边平台，为推动智能时代的教育发展贡献力量[2]。

在世界数字教育大会上，孙春兰强调[3]，顺应数字时代潮流推进教育变革和创新，是世界各国共同面临的重大课题。中国愿深化数字教育国际合作，加强教育政策、数字教育标准的对接，推出更多高质量的数字教育服务和产品，提升数字教育治理和公共服务水平，推动构建开放共享、平等互利、健康安全的全球数字教育生态，使数字教育成果更多惠及各国人民，为促进人类文明进步、构建人类命运共同体作出更大贡献。怀进鹏在主旨演讲中表示[4]，"我们期待与各国同行一起，共同探索数字教育的规划、标准、监测评估，开展知识产权保护、数据安全管理、数字伦理风险防范和隐私保护等诸多方面的交流合作，共同为人类文明注入新的动力源泉，为人类命运共同体建设作出不懈努力"；"我们愿意与各国一道，以举办世界数字教育大会为崭新起点，开通智慧教育平台国际版，推动优质数字资源共建共享，研究设计国际合作新载体新机制，共同构建全面、务实、包容的伙伴关系，把数字转型时代的世界合作，推向一个新的高度"；"我们将始终秉持联结为先、内容为本、合作为要的理念，与世界同行一道，坚定执着、勇毅前行，大踏步走在时代前列！"

三、推进教育数字化转型，构建智慧教育新生态

教育数字化是教育信息化发展的新阶段，发展数字教育是建设数字中国的重要组成部分。教育数字化转型是教育全要素和全业务的系统性变革，建立适应数字时代的包容、公平、绿色、高质量和可持续的智慧教育体系，从而使教育为未来做好准备。"教育部将按照'高起点融合、高效率融合、高标准融合、高质量融合'的工作要求，深入实施国家教育数字化战略行动，纵深推进教育数字化转型，

---

[1] 推动科技与教育系统性融合，构建智慧教育新生态——2022 全球智慧教育大会在京开幕[EB/OL]. https://mp.weixin.qq.com/s/xkClgp7L5KgAArPUMKuoIQ，2022-08-18.
[2] 发展智慧学习 重塑教育未来——2021 全球智慧教育大会在京召开[EB/OL]. http://gse.bnu.edu.cn/202108/3134.html，2021-08-18.
[3] 世界数字教育大会开幕 孙春兰出席并致辞[N]. 人民日报，2023-02-14（2）.
[4] 怀进鹏. 数字变革与教育未来——在世界数字教育大会上的主旨演讲[N]. 中国教育报，2023-02-14（1）.

构建智慧教育新生态"[1]。众多专家学者为此提出了推进教育数字化转型、构建智慧教育新生态的实施策略和路径建议。

（一）转变教育教学理念，推动教育数字化转型升级

随着信息化不断发展，知识获取方式和传授方式发生了革命性变化，教育领域的数字化改革随之日渐加速。从国际经验看，数字化转型是在数字化转换、数字化升级的基础上，在战略层面进行系统规划，全面推进数字化意识、数字化思维和数字化能力的过程。在国家教育信息化政策的推动下，我国教育数字化转型工作取得了阶段性突破，基础设施、数字资源、信息平台的建设与应用成效显著，特别是国家智慧教育平台起到了抓手的作用。数字化升级工作正稳步推进，从泛在互联、数据资源、平台云化、融合创新等方面为教育赋能，解决教育难点问题的能力大大增强。当前，数字化转型成为教育改革发展的重心，我们应深入推动全领域、全要素、全流程、全业务的数字化意识、数字化思维、数字化能力和数字化应用，构建智慧教育新生态。

黄荣怀[2]认为，教育数字化转型是指持续利用数字化、网络化和智能化的技术及手段来变革教育系统的过程，是教育信息化的特殊阶段。它包括转换或创造数字化资源以丰富学习内容和学习者的适应性选择；利用数字工具、互联环境和信息平台来优化和变革教育教学过程，并改善学习者的体验和绩效；利用数据资源和可信算法来提升教育决策的效果和效率；等等。黄荣怀和杨俊锋认为，教育数字化转型要实现"四个重要目标"：一是充分应用数字化技术，改变传统的工作思路和流程，树立数字化意识，实现数字思维引领的价值转型；二是教师、学生及教育管理者的数字化能力的培养，这是数字化转型的基本能力；三是构建智慧教育发展新生态，涉及数字战略与体系规划、新型基础设施建设、技术支持的教学法变革、技术赋能的创新评价等；四是形成数字化治理体系和机制，教育治理的体制机制、方式流程、手段工具进行全方位系统性重塑。

黄荣怀和杨俊锋提出，教育数字化转型涉及战略、系统性变革、核心路径、关键驱动要素四个基本方面，有利于推动教育系统变革和构建智慧教育生态。可持续发展的数字化转型需要在教育系统中加快全要素、全流程、全业务和全领域的数字化进程[3]，确保业务链互通、数据及信息链共享和各要素协同发展，发挥数据在各环节的作用。教育数字化转型的内涵包括四个基本方面：一是战略层面，根本任务是价值观优化、创新和重构，以形成组织和机构的数字化意识与数字化

---

[1] 雷朝滋. 抓住数字转型机遇 构建智慧教育新生态[J]. 中国远程教育，2022，（11）：1-5，74.
[2] 黄荣怀. 未来学习，要构建智慧教育新生态[N]. 光明日报，2022-04-05（6）.
[3] 黄荣怀，杨俊锋. 教育数字化转型的内涵与实施路径[N]. 中国教育报，2022-04-06（4）.

思维为目标；二是系统性变革，是指教育全要素、全流程、全业务和全领域的数字化转型，有利于推动智慧教育生态的形成和发展；三是核心路径，数字能力建设，既包括学生和教师的数字能力建设，也包括教育管理人员的数字能力建设；四是关键驱动要素，易用、可用、好用的数字教学平台和工具的广泛应用是数据采集的基础，平台的互操作性是其基本保障。

祝智庭和胡姣认为，教育数字化转型的实践逻辑可视为具有价值意图支配的行为选择，在实践活动中的深层次的生成原则包括"问题驱动＋理念引领""系统进化＋创新突破""价值评估＋迭代优化"等[①]。他们还构建了教育数字化转型的核心要素框架，从教学维度、基础设施维度、管理维度和外延维度分析了教育数字化转型实践的基础性场域，提出了教育数字化转型的新范式、新思维、新能力、新环境、新资源、新应用、新文化和新蓝图[②]。

杨宗凯[③]提出，数字化关键在于"化"，必须从"物"的层面和"人"的层面协同推进，只有这样才能助力学习者全面发展，实现"由不能变可能，由小能变成大能"。徐晓明[④]认为，教育数字化进程不可能一蹴而就，要尊重教育和信息技术自身的客观规律，要尊重信息化和智能化在教育垂直领域的独特发展节奏。

不同领域的专家对教育信息化、教育数字化（转型）、数字教育、智慧教育和智能教育，以及数字化、网络化、智能化等概念进行了解读和内涵分析，但实际上，这些词语并没有太多实质性区别，更多的是在不同政策文件和话语体系中的不同表述，核心都是信息技术与教育教学的深度融合。

（二）提升师生数字素养与技能，改进数字化教与学

全球经济数字化转型不断加速，数字技术深刻改变着人类的思维、生活、生产、学习方式，全民数字素养与技能日益成为衡量国际竞争力和软实力的关键指标。《提升全民数字素养与技能行动纲要》指出，数字素养与技能是数字社会公民学习工作生活应具备的数字获取、制作、使用、评价、交互、分享、创新、安全保障、伦理道德等一系列素质与能力的集合。提升全民数字素养与技能，是顺应数字时代要求，提升国民素质、促进人的全面发展的战略任务，是实现从网络大国迈向网络强国的必由之路，也是弥合数字鸿沟、促进共同富裕的关键举措。该纲要明确了总体要求、主要任务与重点工程，强调要"提升学校数字教育水平"，"开展教师数字技术应用能力培训"。

---

① 祝智庭, 胡姣. 教育数字化转型的实践逻辑与发展机遇[J]. 电化教育研究, 2022, 43（1）: 5-15.
② 祝智庭, 胡姣. 教育数字化转型的本质探析与研究展望[J]. 中国电化教育, 2022,（4）: 1-8, 25.
③ 杨宗凯. 教育的全面数字化转型已成必然趋势[N]. 中国青年报, 2022-04-11（5）.
④ 徐晓明. 教育高质量发展 数字化转型路在何方[N]. 光明日报, 2022-04-05（5）.

提升全民数字素养与技能行动纲要（节选）

提升学校数字教育水平。将数字素养培育相关教育内容纳入中小学教育教学活动，设立信息科技相关必修课程，打造优质精品教材，开展数字素养相关课外活动。加强普通高校和职业院校数字技术相关学科专业建设，推进数字技能基础课程和实习实训基地建设，完善数字创新人才培养机制，提升人才培养质量和水平，鼓励学生运用数字技术创新创业。实施战略型紧缺人才培养教学资源储备计划，加大相关领域数字教学资源储备。开展教师数字技术应用能力培训，提高教师运用数字技术改进教育教学的意识和能力，增强中小学、职业院校和普通高校专业教师的教学能力，持续壮大高水平数字技能师资力量。全面推进数字校园建设，建设一批智慧教室、智慧教学平台、虚拟实验室、虚拟教研室等，全面提升数字化水平，支撑引领教育信息化特色发展、高质量发展，引导科学合理使用数字产品，保护师生视力健康。

资料来源：提升全民数字素养与技能行动纲要[EB/OL]. http://www.cac.gov.cn/2021-11/05/c_1637708867754305.htm，2021-11-05.

《义务教育信息科技课程标准（2022年版）》《普通高中信息技术课程标准（2017年版 2020年修订）》明确，高中信息技术学科核心素养由信息意识、计算思维、数字化学习与创新、信息社会责任四个核心要素组成。这四个维度有各自的特征，同时又互相支持、互相渗透，旨在全面提升学生信息素养，帮助学生掌握信息技术基础知识与技能、增强信息意识、发展计算思维、提高数字化学习与创新能力、树立正确的信息社会价值观和责任感。"信息素养""数字素养"这两个概念在不同时期和话语体系下混用较多，内涵其实一致（表2-1）。

表2-1 义务教育信息科技课程和普通高中信息技术课程中学科核心素养的内涵

核心素养	义务教育信息科技课程	普通高中信息技术课程
信息意识	个体对信息的敏感度和对信息价值的判断力	个体对信息的敏感度和对信息价值的判断力
计算思维	个体运用计算机科学领域的思想方法，在问题解决过程中涉及的抽象、分解、建模、算法设计等思维活动	个体运用计算机科学领域的思想方法，在形成问题解决方案的过程中产生的一系列思维活动
数字化学习与创新	个体在日常学习和生活中通过选用合适的数字设备、平台和资源，有效地管理学习过程与学习资源，开展探究性学习，创造性地解决问题	个体通过评估并选用常见的数字化资源与工具，有效地管理学习过程与学习资源，创造性地解决问题，从而完成学习任务，形成创新作品的能力
信息社会责任	个体在信息社会中的文化修养、道德规范和行为自律等方面应承担的责任	信息社会中的个体在文化修养、道德规范和行为自律等方面应尽的责任

教师数字素养是指教师适当利用数字技术获取、加工、使用、管理和评价数字信息和资源，发现、分析和解决教育教学问题，优化、创新和变革教育教学活动而具有的意识、能力和责任。教育部发布的行业标准《教师数字素养》构建了教师数字素养框架，规定了数字化意识、数字技术知识与技能、数字化应用、数字社会责任、专业发展五个维度的要求。

杨宗凯[1]认为，提升师生信息素养和数字技能，需全面提升各级各类学校教师信息化教学能力，深入推进全国中小学教师信息技术应用能力提升工程 2.0，持续扩大人工智能助推教师队伍建设行动试点；建立信息素养评价标准和测评体系，开展动态监测；推动网络安全、人工智能等知识进校园、进课程，支持开展各类信息化应用交流与推广活动。徐晓明[2]认为，教育管理者、教师、学生以及家长等群体的数字素养都会影响到数字化教育的深度和效果，不能仅依靠教育和培训，还需要建立信息社会的综合管理体系，需要政府在全面推进数字化社会建设过程中通盘考虑。郭绍青[3]建议构建"互联网+"条件下的乡村教师专业能力提升路径、服务体系，提高教师信息化教学能力和信息素养。他认为，要充分考虑乡村存在的新的数字化现象，构建农民数字素养框架、测评标准，开展相关数字技能培训，改善数字生活参与的广度和深度。

黄荣怀[4]认为，教育数字化转型的核心路径是加强学生、教师、管理者及家长等的数字能力建设。他表示，智能时代的人才应具备数字化生存能力，应能主动适应社会的智能化发展，并能够利用技术或工具为自身或他人服务。信息素养、计算思维、协作沟通能力、复杂问题解决能力、人机协同能力等将成为新时代人才重要的核心能力。他建议，要加大人力资源投入，更新教师观念，提高数字化教学能力，落实面向未来的新型能力培养目标，利用创新技术变更教学模式；要促进数字化领导力与治理能力的提升，增强数字化意识，培养数字化思维。

上述专家都强调夯实数字化能力，着力培育数字思维、素养和技能。数字技术的应用只是手段，数字化思维才是教育转型的灵魂，数字素养与技能是发挥学习型社会效能的保障，关键在于达成数字素养能力框架共识，构建数字素养与技能评估体系，制定教师数字化备课授课解决方案，并建立教师教育数字图书馆，设置面向不同群体的数字能力培养课程。

（三）探索新型教学模式，撬动教学过程数字化转型

教育改革的主阵地在课堂，课堂教学是数字化转型的核心。杨宗凯[5]建议，通

---

[1] 杨宗凯. 教育的全面数字化转型已成必然趋势[N]. 中国青年报，2022-04-11（5）.
[2] 徐晓明. 教育高质量发展 数字化转型路在何方[N]. 光明日报，2022-04-05（5）.
[3] 郭绍青. 用数字化转型促进城乡教育均衡[N]. 光明日报，2022-04-05（6）.
[4] 黄荣怀. 未来学习，要构建智慧教育新生态[N]. 光明日报，2022-04-05（6）.
[5] 杨宗凯. 教育的全面数字化转型已成必然趋势[N]. 中国青年报，2022-04-11（5）.

过推广信息技术支持下的选课走班、校际协同、校企联动等灵活开放的教学组织模式，促进学生个性化培养和协同育人；在前期基础上深化网络学习空间应用，构建线上线下混合教学的有效模式，推进常态化应用；深入探索虚拟现实、人工智能等新技术教学应用，打造网络化、沉浸式、智能化的新模式，探索将智慧学伴、智能助教等融入学习环境，提供更加适切的资源和服务。

当前，多模态数据分析应用类技术和产品还不够成熟，基于传统要素的教学数字化还存在瓶颈和障碍。黄荣怀[1]认为，教学内容是数字化应用和服务的根本。他提出，应加强数字教材建设，撬动教学过程数字化转型。数字化教材是一种以数字形态存在、可装载于数字阅读终端、可动态更新内容、可及时记录交互轨迹的新型学习材料，数字化教材的建设重点在于探索新型教材建设标准和知识体系编写规范，研发新型教材互动设计与编辑工具，建设知识图谱、支撑平台和示例教材等，探索基于各种应用场景的数字化教学新模式。

吴砥等[2]认为，探索数字化条件下新型教育教学模式，一是要关注教师的"教"，加快信息技术与教学过程的深度融合、创新教学组织模式，如探索家校合作、跨校协同等灵活的教学形式，促进个性化培养和协同育人；二是要关注学生的"学"，促进信息技术与教育内容的深度融合，重视网络学习空间的构建和应用，推动线上线下混合教学的常态化应用。

余胜泉[3]认为，智慧课堂的核心是促进深度学习。智慧课堂中，技术不是单一的知识传授和简单的课堂互动工具，而是要成为学习环境的创设工具、学生自主学习的探究工具、知识建构的协同工具、情感体验的激励工具，达到传统教育环境下不能达到的核心素养发展目标，需要从四个方面进行设计：一是构建促进学习者意义建构的深度学习环境；二是激发高水平行为和认知投入的深度学习过程；三是产生概念转变和问题解决的深度学习结果；四是提升积极的深度学习情感体验。

（四）创新智能测评技术，支撑教育评价数字化改革

教育评价是教育改革发展的指挥棒，是教育质量效果的评判标准。《深化新时代教育评价改革总体方案》强调，创新评价工具，利用人工智能、大数据等现代信息技术，探索开展学生各年级学习情况全过程纵向评价、德智体美劳全要素横向评价，完善评价结果运用，综合发挥导向、鉴定、诊断、调控和改进作用。杨宗凯[4]认为，评价改革是当前的难点。他建议通过开展伴随式数据采集活动，建立学生综合素质发展档案，创新评价工具；在技术成熟的领域，可推动招生考试改

---

[1] 黄荣怀. 未来学习，要构建智慧教育新生态[N]. 光明日报，2022-04-05（6）.
[2] 吴砥，尉小荣，李亚婷. 2022，构建教育数字化转型新格局[N]. 中国教育报，2022-12-28（4）.
[3] 余胜泉. 智慧课堂核心是促进深度学习[N]. 中国教育报，2021-06-16（4）.
[4] 杨宗凯. 教育的全面数字化转型已成必然趋势[N]. 中国青年报，2022-04-11（5）.

革，尤其在艺考、研招等方面扩大线上考试比例，增强招考方式的灵活性，鼓励有条件的地区和学校探索规模化机考、无纸化考试。

黄荣怀[①]认为，教育评价很大程度上影响教与学的方式。他建议，新时代中高考改革和综合素质评价都需要创新大规模教育测评方法与技术，应用大数据感知、互联、存储、计算和分析技术，构建跨区域、跨场景的智能化测评系统平台和工具，形成基于证据和大数据（全样本）的教育评价体系。教育评价数字化改革的趋势是：优化组合基于数据的评价方式，促进评价过程与学习过程紧密结合，在学习过程中完成评价，支撑规模化教育和个性化培养有机结合。

刘邦奇等[②]认为，助力教育评价的智能技术及应用由基础层、技术层、平台层、应用层、用户层5个层次结构和1个保障体系构成。她通过智能技术赋能"四个评价"的具体场景应用，采取理念引领、标准规范、主体关照、数据驱动、专业支持等整体推进策略，打造智能化教育评价生态体系。

徐晓明[③]认为，以数据算法为主的评估不能作为100%的依据，如对学生在教学过程中表现的评估和分析，很大程度上和当时学习者的主动性有关，只能作为评估的参考，学生全面的学习表现评估还应该参考教师的主观感受和意见。目前，数字化教育只是作为传统教育的有益补充而存在，言传身教的学校课堂教育不会被替代，但是教育的内容、方式、组织和结构等都可能发生重构。如何在目前的数字化教育语境下，逐步建立完整的教育数字化评估和管理体系，是教育主管部门需要重点考虑的内容。

（五）构建智联教学环境，夯实教育数字化转型底座

《教育部等六部门关于推进教育新型基础设施建设构建高质量教育支撑体系的指导意见》为教育数字化转型提供了一个重要契机。"教育新型基础设施建设"（简称教育"新基建"）不单纯是教育系统内的需求，而是国家战略在教育领域的延伸，是拉动"新基建"的一个重要细分领域，强调建设新网络、新平台、新安全、新资源、新校园、新应用。

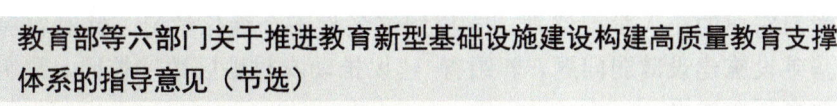

> **教育部等六部门关于推进教育新型基础设施建设构建高质量教育支撑体系的指导意见（节选）**
>
> （一）信息网络新型基础设施
> 充分利用国家公共通信资源，畅通连接全国各级各类学校和教育机

---

① 黄荣怀. 未来学习，要构建智慧教育新生态[N]. 光明日报，2022-04-05（6）.
② 刘邦奇，袁婷婷，纪玉超，等. 智能技术赋能教育评价：内涵、总体框架与实践路径[J]. 中国电化教育，2021，（8）：16-24.
③ 徐晓明. 教育高质量发展 数字化转型路在何方[N]. 光明日报，2022-04-05（5）.

构间的教育网络。提升学校网络质量，提供高速、便捷、绿色、安全的网络服务。

（二）平台体系新型基础设施

推动各级各类教育平台融合发展，构建互联互通、应用齐备、协同服务的"互联网＋教育"大平台。

（三）数字资源新型基础设施

依托国家数字教育资源公共服务体系，推动数字资源的供给侧结构性改革，创新供给模式，提高供给质量。

（四）智慧校园新型基础设施

支持有条件的学校利用信息技术升级教学设施、科研设施和公共设施，促进学校物理空间与网络空间一体化建设。

（五）创新应用新型基础设施

依托"互联网＋教育"大平台，创新教学、评价、研训和管理等应用，促进信息技术与教育教学深度融合。

（六）可信安全新型基础设施

有效感知网络安全威胁，过滤网络不良信息，提升信息化供应链水平，强化在线教育监管，保障广大师生的切身利益。

资料来源：教育部等六部门关于推进教育新型基础设施建设构建高质量教育支撑体系的指导意见[EB/OL]. http://www.moe.gov.cn/srcsite/A16/s3342/202107/t20210720_545783.html，2021-07-01.

杨宗凯[①]认为，升级改造数字化教育基础设施环境，主要包括：加快学校教学、实验、科研、管理、服务等设施的数字化和智能化升级，实现各级各类学校无线网络全覆盖；提升教室、实验室和实训室的数字化教学装备配置水平，升级传统技术设备和系统，按需配备高清互动、虚拟仿真、智能感知等装备，打造具有良好体验的新型课堂教学环境；逐步普及符合技术标准和学习需要的个人学习终端，支撑网络条件下个性化学习。针对农村教育数字基础设施建设薄弱问题，郭绍青[②]建议推动农村地区数字校园、数字化社区等教育环境建设。

黄荣怀[③]认为，智能化的学习环境是实现学与教方式变革、支撑智慧教育发展的基础。当前，不论传统教室还是多媒体教室，都仍然是单一地点和场景的教学

---

① 杨宗凯. 教育的全面数字化转型已成必然趋势[N]. 中国青年报，2022-04-11（5）.
② 郭绍青. 用数字化转型促进城乡教育均衡[N]. 光明日报，2022-04-05（6）.
③ 黄荣怀. 未来学习，要构建智慧教育新生态[N]. 光明日报，2022-04-05（6）.

环境，存在教学过程割裂、教学交互不足、学习状态难以追踪等问题。智能时代，学习时空高速演变，学习环境正从封闭走向开放，传统学习环境需要进行智能化升级改造，实现数据共享、设备协同、知识互联、群智融合。

对于学校环境数字化转型来说，重点是优化和升级基础设施、硬件设备、网络条件、智能工具、学习平台等，持续建设智慧校园、智慧教室和智慧生活场所，打造时空和教学深度融合、线下和线上虚实融合的智能学习空间，推进场景式、体验式、沉浸式教学；对于不同的区域来说，重点是推广和应用国家智慧教育平台，突破学校、家庭和社会之间的数据信息壁垒。

（六）推进国家智慧教育平台应用，优化教育公共服务

国家智慧教育平台是教育数字化战略行动的破冰之举、牵引之锤。杨宗凯[1]认为，搭建面向各级各类教育的公共服务平台，是推进教育数字化的重要抓手，只有面向一线用户，遵循需求牵引、应用导向的原则，才能有效汇聚易用好用的优质资源，为教与学提供全过程、智能化、个性化服务。钟柏昌[2]从不同视角解读了"应用为王、服务至上、简洁高效、安全运行"的教育数字化推进原则。他认为，"应用为王"是一种用户视角，起点、重点和桥梁缺一不可；"服务至上"要求管理者转变思维，树立管理就是服务的理念；"简洁高效"指向教育资源的应用特性，要贴近用户使用习惯；"安全运行"强调教育平台应具备的技术特征和抗风险能力，确保稳定性、流畅性和安全性。

李玉顺[3]认为，国家智慧教育平台将激发全社会的广泛参与和深层合作，赋能国家教育信息化治理能力升级；创生优质资源供给公共服务，助力课堂教学方式结构化变革；面向教育改革全业务场景，以家、校、社全生态服务助力"双减"政策有效落地；推动教育信息化从技术驱动走向业务融合、机制创新与文化生成，催生技术创新与教育发展的双向赋能。

国家智慧教育平台打造了自主学习、教师备课、双师课堂、作业活动、答疑辅导、课后服务、教师研修、家校交流、区域管理等九大应用场景。袁磊[4]认为，国家智慧教育平台的主要作用具体体现在服务学生自主学习、服务教师改进教学、服务家校协同育人、服务"停课不停学"、助力"双减"工作提质增效等方面。曾媛[5]认为，平台覆盖多版本、多学科、全学段的课程教学资源，质量高、方便实用、

---

[1] 杨宗凯. 教育的全面数字化转型已成必然趋势[N]. 中国青年报，2022-04-11（5）.
[2] 钟柏昌. 着力打造教育信息化中国方案[N]. 中国教育报，2022-04-06（2）.
[3] 李玉顺. 建设国家中小学智教平台 启航教育数字化崭新征程[EB/OL]. https://mp.weixin.qq.com/s/YON7R49Vl0X1pmxC7ZtOmg，2022-04-18.
[4] 袁磊. 服务"双减"促进教育高质量发展[N]. 中国教育报，2022-03-30（4）.
[5] 曾媛. 凝聚国家力量助力课程教学[N]. 中国教育报，2022-03-30（4）.

育人效果好，将助力学科课程教与学，形成课堂用、经常用、普遍用的新常态。

数字化学习公共服务是一种由公共部门提供并面向不同地域大规模学习者的数字化、包容性和高质量的学习支持服务。黄荣怀[①]认为，公共支持服务能力不足是部分农村和边远地区教育信息化发展的主要瓶颈，只有统筹提升国家和区域的教育公共服务能力，才能有效推进教育数字化转型。从国家层面来说，重点是加强国家智慧教育平台建设，制定教育大数据确权、开放、对接和保护制度，促进各级各类教育公共服务平台和资源平台间的数据融通。从区域层面来说，重点是整合优化教育数字化组织机构，建立信息、知识、资源交换机制，促进区域内机构间业务的高效协同；不断扩大国家智慧教育平台覆盖范围和应用对象，创新数字教育资源开发和共享机制，优化校内外数字教育资源供给渠道。

郑庆华[②]认为，国家 24365 大学生就业服务平台为学生提供 24 小时不打烊的"云"就业服务，进一步破解高校就业难题，完善高校毕业生市场化、社会化就业机制，让信息化这个最大的变量，成为推动高校就业工作高质量发展的最大增量。他建议，推动就业数字化建设，构建精准就业体系，需要从技术上破解"人等岗"与"岗等人"的难题，做到"四个立足"和"四个支撑"：一是要立足打通毕业生求职通道，支撑一站式就业管理服务；二是要立足打通学生培养全过程，支撑学生的职业生涯规划服务；三是要立足打通学生就业全链条，支撑反馈高校人才培养改革发展目标；四是要立足历史数据挖掘分析，支撑管理决策服务。面向未来，他建议高校应系统谋划，重点围绕扩大就业、精准辅导、拓展服务等层面，深化与国家 24365 大学生就业服务平台联动，深度挖掘平台资源，深层开发服务主题，加强资源共享，加快平台使用。

（七）打造教育数据"大脑"，提升教育数字化治理能力

教育治理是指国家机关、社会组织、利益群体和公民个体，通过一定的制度安排进行合作互动，共同管理教育公共事务的过程。传统的治理体系、机制与规则难以适应教育数字化转型，需要构建教育数字化治理体系，包括数字化的治理和治理的数字化；利用平台、工具等对组织以及组织内资源、数据、技术、流程等相关治理领域实施数字化"感知控"。

杨宗凯[③]建议，打造教育数据"大脑"，建立统一、安全、便捷的数据交换通道，提升教育数据采集、分析、挖掘等处理能力，并推动教育数据有序流动，实现跨地域、跨层级、跨部门数据共享；开展基于大数据的教育治理分析，支撑科

---

① 黄荣怀. 未来学习，要构建智慧教育新生态[N]. 光明日报，2022-04-05（6）.
② 郑庆华. 加快高校毕业生就业数字化建设 提升智慧就业服务水平[N]. 中国青年报，2022-04-18（5）.
③ 杨宗凯. 教育的全面数字化转型已成必然趋势[N]. 中国青年报，2022-04-11（5）.

学决策，推动管理业务流程再造，提高管理服务效率；促进政府和学校数据共享，实现校内外业务协同、教育服务一站式办理，并提高办事效率。

杨现民[1]认为，教育数据要素化对于激发教育数据市场活力、丰富教育数据产品和服务供给、提升教育教学生产力，具有"五个显著增强"的重要意义。"五个显著增强"主要体现在：一是通过客观数据观测分析教育现象、透视教育规律，显著增强教育解释力；二是通过多维数据的关联交叉分析，识别以往单凭经验难以发现的教育教学问题和短板，显著增强教育诊断力；三是结合教育场景和业务需求，显著增强教育预测力；四是通过全样本数据采集与全方位、多层次的数据分析研判，以及基于大数据的教育计算实验，实现基于多维证据的教育科学决策，显著增强教育决策力；五是通过教育业务进程隐藏的"数据流"，对教育政策实施过程与成效进行实时监控，显著增强教育监督力。

熊建辉[2]认为，数字化赋能教育管理转型升级是国家教育数字化战略行动的重要任务。他建议，构建国家教育数网体系，优化教育新基建布局；建设国家教育数脑系统，推动教育决策科学化；建立国家教育数链体系，规范国家教育数据标准，实现教育治理精准化；打造国家教育数智体系，确保数据服务便捷化；构建国家教育数盾体系，强化数据资源安全防护。

（八）扩大优质教育资源覆盖面，推动城乡教育高位均衡发展

教育数字化转型，需重视地区差异和城乡差异，充分考虑数字使用鸿沟的问题，建立包容和公平的文化。针对农村学生学习支持服务不足等问题，郭绍青[3]建议，充分利用国家智慧教育平台，助力农村地区学校师生共享优质教育资源；建立"云上学校"，整合各类数字化学习资源及优秀教师、音体美团体等智力资源，通过在线直播和远程辅导等方式为乡村中小学生提供优质教学服务和课后辅导服务。

郭岩[4]建议，把握数字化时代的机遇，为民族地区教育教学赋能；建立线上学校共同体，促进民族交往交流交融；共享教育资源，推动国家通用语言文字的应用；以智慧课堂创新思政教育方式，铸牢中华民族共同体意识。曾海军等[5]建议，以国家智慧教育平台撬动民族地区教育数字化转型，众创共享适合民族地区教育的专有资源，配置适用于民族地区教育的智能教育装备和教学工具，利用科技支撑提升平台面向民族地区的公共服务能力。

---

[1] 杨现民. 开辟教育全面数字化转型新局面[N]. 中国教育报，2022-04-07（2）.
[2] 熊建辉. 善用数字化赋能教育管理转型升级[N]. 中国教育报，2022-04-21（2）.
[3] 郭绍青. 用数字化转型促进城乡教育均衡[N]. 光明日报，2022-04-05（6）.
[4] 郭岩. 以教育数字化撬动民族地区教育高质量发展[N]. 中国教育报，2022-04-20（2）.
[5] 曾海军，王永忠，李兰. 以国家智慧教育平台撬动民族地区教育数字化转型[J]. 中国民族教育，2022，（5）：20-22.

杨宗凯[①]建议，以智慧教育示范区、人工智能助推教师队伍建设行动试点为基础，围绕教育改革重点问题和教育数字化转型难点任务，可布局区域试点和学校试点，探索形成"双减"政策下基于智能环境的课堂教学效果提升策略、基于国家智慧教育平台的优质资源普惠供给机制、基于大数据和区块链的教育治理模式、基于人工智能的考试评价改革方式等应用试点。林和平[②]介绍，福建教育数字化主动融入"数字福建"和"数字中国"建设，深耕高等教育数字化建设，努力打造可复制、可推广、可借鉴的区域智慧高等教育"福建样板"。

徐晓明[③]认为，这些试点、示范区，均在各自教育信息化现状的基础上，进行了包括生态及场景搭建、数字资源建设、数字化评估等在内的有益尝试。但是，教育数字化进程不可能一蹴而就，尤其是我国目前数字资源城乡差别较大，还有一段较长的路要走。他建议，可以因地制宜、取长补短、协同推进、扩大优势，从顶层设计、理念认知、素质提升、数据积累和制度建设等多个方面做好工作，通过"平台＋教育资源"构建教育信息化新生态。

（九）智能升级教育生态，打造智慧教育的国际名片

教育数字化转型的战略意义与数字中国、数字经济同脉，是教育主动适应新一轮科技革命的必然发展趋势。智慧教育是教育数字化转型的目标形态，旨在构建智慧的学习环境，变革传统的教与学方式，催生智能时代的教育制度，构建由国家、区域和学校提供的高学习体验、高内容适配性和高教学效率的教育系统。黄荣怀和杨俊锋[④]认为，教育数字化转型要建立可持续改进的文化，统筹规划建设与维护更新的关系，建立持续关注和投入的机制，同时推动组织和学校建立可持续改进的意识。数字化转型要建立多部门协同工作的机制，从政策上推进合作伙伴关系的建立，充分发挥利益相关者的积极性和主动性，协力参与和共同推进高性能数字化教育系统的建设。余胜泉[⑤]认为，在技术、业务与人本三个层次转型的基础之上，教育的数字化转型将在多年教育信息化发展积累的基础上完成质变，推动智慧教育体系整体迈向更高层次的转型与变革。

在世界数字教育大会上发布的《中国智慧教育蓝皮书（2022）》[⑥]以智慧教育内涵阐释为主线，从环境、教学、治理、人才等4个维度提出16个具体特征，总结中国智慧教育发展经验，向世界发出未来应重点关注的7个议题和5项倡议。

---

① 杨宗凯. 教育的全面数字化转型已成必然趋势[N]. 中国青年报, 2022-04-11（5）.
② 林和平. 探索区域智慧高等教育发展新路径[N]. 中国教育报, 2022-04-13（2）.
③ 徐晓明. 教育高质量发展 数字化转型路在何方[N]. 光明日报, 2022-04-05（5）.
④ 黄荣怀, 杨俊锋. 教育数字化转型的内涵与实施路径[N]. 中国教育报, 2022-04-06（4）.
⑤ 余胜泉. 教育数字化转型的层次[J]. 中国电化教育, 2023,（2）：55-59, 66.
⑥ 智慧教育蓝皮书与发展指数报告发布[N]. 人民日报, 2023-02-14（13）.

该报告认为，智慧教育是数字时代的教育新形态，新在五个维度：一是新在核心理念。智慧教育既是关乎民生的具体行动，更是关乎国计的重大战略，通过科技赋能和数据驱动，将全方位赋能教育变革，系统性建构教育与社会关系新生态，为每个学习者提供适合的教育，让因材施教的千年梦想变成现实，将首次历史性地实现微观层面的个人发展与宏观层面的社会发展全面高度统一。二是新在体系结构。智慧教育将突破学校教育的边界，推动各种教育类型、资源、要素等的多元结合，推进学校家庭社会协同育人，构建人人皆学、处处能学、时时可学的高质量个性化终身学习体系。三是新在教学范式。智慧教育将融合物理空间、社会空间和数字空间，创新教育教学场景，促进人技融合，培育跨年级、跨班级、跨学科、跨时空的学习共同体，实现规模化教育与个性化培养的有机结合。四是新在教育内容。智慧教育将聚焦发展素质教育，基于系统化的知识点逻辑关系建立数字化知识图谱，创新内容呈现方式，让学习成为美好体验，培养学习者高阶思维能力、综合创新能力、终身学习能力。五是新在教育治理。智慧教育将以数据治理为核心、数智技术为驱动，整体推进教育管理与业务流程再造，提升教育治理体系和治理能力现代化水平。全球教育数字化转型迈向新阶段，各国均将数字化作为创新教育、提升综合国力的重要途径，充分发挥数字技术带来的教育红利，以共同提升教育领域危机应对能力。面向教育的未来，智慧教育将成为一个重要的突破口。一是建立联盟（如世界数字教育联盟、全球智慧教育合作联盟），打造全面、务实、包容的高质量合作伙伴关系；二是加强各国教育数字化政策对话，组织国际会议（如世界数字教育大会、国际人工智能与教育会议、全球智慧教育大会）就教育数字化的新理念、新方法、新形态，以及规划、标准、监测评估等进行广泛深入交流，传播智慧教育优秀案例；三是开展国际联合研究旗舰项目，协同开展数智技术教育应用循证研究，如开展人工智能条件下教育社会实验，构建国际通用的智慧教育指数，开发政策分析和智慧教育监测工具包；四是优先关注青年和边缘群体，充分激发青年创新创造潜能，合作开展面向妇女、女童和残障群体的数字教育的能力建设，消除数字鸿沟，建立包容和公平的文化，携手打造全球数字教育命运共同体；五是加强国际传播，讲好中国故事、分享中国方案，打造中国智慧教育的"国际金名片"。

  我国教育信息化转型和智慧教育发展，有顶层设计、战略规划和行动计划，也有众多专家建言献策，标志性工程已扬帆起航，世界数字教育大会开启崭新起点，但教育数字化成效还需要实践检验和循证研究，新热点下也需要冷静思考，且行且看、且行且珍惜，胜利驶向更加美好的未来！

第 3 章

教育信息化政策解读

没有网络安全就没有国家安全，没有信息化就没有现代化。

——习近平，在中央网络安全和信息化领导小组第一次会议上的讲话

信息化是教育现代化的重要内容，也是推进教育现代化的关键途径。

——《中国教育现代化 2035》

教育信息化政策是指多种形式的公共政策，通过综合利用包括人力资源、硬件、软件、数字内容及应用程序等手段，以扩大教育机会获取渠道，提高学习的相关性及质量，同时提升数字技能。

——联合国教科文组织《教育信息化政策和宏观规划指导纲要》

教育数字化是教育强国、科技强国、人才强国等战略的重点，与数字中国建设同步发展，是教育高质量发展的内在需求。党的二十大报告强调推进教育数字化，建设全民终身学习的学习型社会、学习型大国。《中华人民共和国国民经济和社会发展第十四个五年规划和2035年远景目标纲要》明确要求要"聚焦教育、医疗、养老、抚幼、就业、文体、助残等重点领域，推动数字化服务普惠应用"，并将智慧教育列入十大数字化应用场景。《"十四五"数字经济发展规划》要求"推进教育新型基础设施建设"和"智慧教育示范区建设"。《"十四五"国家信息化规划》提出开展终身数字教育。提升教育信息化基础设施建设水平，构建高质量教育支撑体系。完善国家数字教育资源公共服务体系，扩大优质资源覆盖面。推进信息技术、智能技术与教育教学融合的教育教学变革。《中国教育现代化 2035》提出"加快信息化时代教育变革"，"推动信息技术在教学、管理、学习、评价等方面的应用"。《数字中国建设整体布局规划》提出大力实施国家教育数字化战略行动，完善国家智慧教育平台。《提升全民数字素养与技能行动纲要》也明确提出"加快建设完善数字基础设施"，"全面推进数字校园建设"。在我国这样的人口大国，面对世界上最大规模的教育体系，只有充分利用互联网、大数据、人工智能等新一代信息技术，才能在确保教育规模的前提下为每位学习者提供个性化、精准化的学习支持与服务，构建"面向人人、适合人人"的教育体系才会成为可能；也只有基于智能技术实现精细化资源配置与科学决策，才能显著提升教育治理水平，为"办好人民满意的教育"提供关键支撑。加快实施教育数字化战略，发展智慧教育，建设以信息化为支撑的高质量教育体系，是我国教育实现从基本均衡到高位均衡、从教育大国到教育强国的必然选择。

一、教育信息化政策概述

我国教育信息化事业从无到有、从有到强，经历计算机教学起步阶段（1978—1990 年）、计算机教育发展阶段（1991—1999 年）、基础设施建设大发展阶段（2000—2005 年）、教育信息化应用水平大力提升阶段（2006—2010 年）、特色教育信息化发展阶段（2011—2018 年），并走向教育信息化 2.0 和教育数字化转型阶段[1]，其成就和经验被国际社会认可和借鉴。前教育信息化阶段，重点关注实践探索，开展了计算机教学实验和计算机辅助教学；教育信息化 1.0 阶段，重点关注物的建设，加强部署了信息化基础设施和配套设备，实践了应用驱动，促进了信息化与教育融合发展；教育信息化 2.0 阶段，重点关注人的发展，将促进教育信息化从量变向质变转变，激发教育系统变革，实现教育信息化融合创新与发展，

---

[1] 黄荣怀，等. 教育信息化[M]. 北京：科学出版社，2018.

产生技术与教育的融合效应，呈现体验、开放、融合、数据、连接、服务、创新、引领、变革、智慧的特征。

我国教育信息化的发展开始于 20 世纪 80 年代初期，以计算机在教育领域中的应用为主要特征，主要有两个标志性事件，即中学开设计算机选修课和"计算机的普及要从娃娃做起"说法的提出；20 世纪 90 年代，我国出台了《中小学校电化教育规程》《教育电视台站管理规程》《中小学计算机教育软件规划（1998—2000）》《中小学计算机教育五年发展纲要（1996—2000 年）》《中小学信息技术课程指导纲要（试行）》《全国电化教育"九五"计划》，《面向 21 世纪教育振兴行动计划》提出实施"现代远程教育工程"，启动建设了中国教育和科研计算机网（China Education and Research Network，CERNET），"电化教育"向"教育技术"转型，现代教育技术逐渐成为整个教育改革的制高点和突破口；21 世纪前 10 年，我国出台了《教育信息化"十五"发展规划（纲要）》《教育部关于在中小学实施"校校通"工程的通知》《关于在中小学普及信息技术教育的通知》《关于推进教师教育信息化建设的意见》《关于支持若干所高等学校建设网络教育学院开展现代远程教育试点工作的几点意见》，"校校通"工程加快了学校信息化进程，《2003—2007 年教育振兴行动计划》提出实施"教育信息化建设工程"，信息化基础设施建设取得突破性进展，中小学普及信息技术教育，现代远程教育全面发展；2012 年以来，我国逐步建立了成体系的教育信息化战略和政策制度，出台了《教育信息化十年发展规划（2011—2020 年）》《教育信息化"十三五"规划》《教育部等九部门关于加快推进教育信息化当前几项重点工作的通知》《构建利用信息化手段扩大优质教育资源覆盖面有效机制的实施方案》《教育部关于国家精品开放课程建设的实施意见》《教育部关于开展教育信息化试点工作的通知》，"三通两平台"工程提升了学校信息化水平，强化信息技术应用能力建设，提升教育质量、促进教育均衡、支撑终身学习；2018 年 4 月，教育部印发《教育信息化 2.0 行动计划》，提出"将教育信息化作为教育系统性变革的内生变量，支撑引领教育现代化发展，推动教育理念更新、模式变革、体系重构，使我国教育信息化发展水平走在世界前列，发挥全球引领作用，为国际教育信息化发展提供中国智慧和中国方案"。

没有信息化就没有现代化。教育信息化是教育现代化的重要内容，也是推进教育现代化的关键途径。2001 年 7 月，《全国教育事业第十个五年计划》提出，"高度重视信息技术对教育产生的革命性影响，大力推进教育信息化，已经成为当今世界教育发展的主流"；2010 年 7 月，《国家中长期教育改革和发展规划纲要（2010—2020 年）》重提"信息技术对教育发展具有革命性影响，必须予以高度重视"；2012 年 3 月，《教育信息化十年发展规划（2011—2020 年）》提出"充分发挥教育信息化在教育改革和发展中的支撑与引领作用"；2019 年 2 月，《中国教育现代化 2035》提出"要适应信息化不断发展带来的知识获取方式和传授方式、教和学关系的革命性变化","加快信息化时代教育变革";2022年,怀进鹏提出,把教育信息化作为发展的战略制高点,以教育信息化推动教育高质量发展,以教育信息化引领教育现代化。从带动、全面推动到支撑与引领,教育信息化对教育现代化的革命性价值进一步凸显。

总体来说,我国教育信息化战略规划日益成熟,教育信息化纳入国家信息化发展战略和国民经济与社会发展战略规划(从"七五"开始,每个五年计划都有关于教育信息化的任务),也纳入法治化建设轨道(如《中华人民共和国教育法》《中华人民共和国高等教育法》《中华人民共和国职业教育法》)。党的二十大报告提出推进教育数字化,建设全民终身学习的学习型社会、学习型大国。"十四五"时期,实施国家教育数字化战略行动,全面推进教育数字化转型,深入发展智慧教育,构建高质量教育支撑体系,落实数字中国战略、支撑建设教育强国、助推中国式教育现代化(表3-1)。

表3-1 近年来国家战略规划中有关教育数字化和智慧教育的任务

国家战略规划	主要工程任务
党的二十大报告	推进教育数字化,建设全民终身学习的学习型社会、学习型大国
《中华人民共和国国民经济和社会发展第十四个五年规划和2035年远景目标纲要》	发展智慧教育。推动社会化高质量在线课程资源纳入公共教学体系,推进优质教育资源在线辐射农村和边远地区薄弱学校,发展场景式、体验式学习和智能化教育管理评价;加强全民数字技能教育和培训;建设高质量教育体系;深化新时代教育评价改革;发挥在线教育优势,完善终身学习体系,建设学习型社会
《中国教育现代化2035》	加快信息化时代教育变革;推动信息技术在教学、管理、学习、评价等方面的应用
《"十四五"数字经济发展规划》	深入推进智慧教育;完善国家数字教育资源公共服务体系,提升在线教育支撑服务能力;推进教育新型基础设施建设;推动"互联网+教育"持续健康发展;提升全民数字素养和技能
《"十四五"国家信息化规划》	提升教育信息化基础设施建设水平;完善国家数字教育资源公共服务体系;深化教育领域大数据分析应用;开展教育社会实验;开展终身数字教育;开展"互联网+教育"云网一体化建设;实施全民数字素养与技能提升行动
《"十四五"就业促进规划》	推进专业升级和数字化改造;加大数字人才培育力度;积极发展在线教育
《"十四五"时期教育强国推进工程实施方案》	改善基础教育"互联网+教育"设施;推进学校实习实验实训环境、平台和基地建设与转型发展;重点支持建设一批高水平教学实验平台、校企联合实验室、先进技术研究院和现代产业学院
《数字中国建设整体布局规划》	促进数字公共服务普惠化,大力实施国家教育数字化战略行动,完善国家智慧教育平台
《提升全民数字素养与技能行动纲要》	加快建设完善数字基础设施;全面推进数字校园建设;构建知识更新、创新驱动的数字素养与技能培育体系;优化数字资源供给;提升学校数字教育水平;完善数字技能职业教育培训体系;建设数字技能认证体系与终身教育服务平台
《新一代人工智能发展规划》	智能教育。利用智能技术加快推动人才培养模式、教学方法改革;开发立体综合教学场;开发智能教育助理
《深化新时代教育评价改革总体方案》	创新评价工具,利用人工智能、大数据等现代信息技术,探索开展学生各年级学习情况全过程纵向评价、德智体美劳全要素横向评价

在教育部与国家发改委、科技部等联合发布的政策文件中，也涉及教育信息化和智慧教育的内容。例如，教育部等十一部门联合印发《关于促进在线教育健康发展的指导意见》；国家发展和改革委员会、教育部等七部委印发《关于促进"互联网＋社会服务"发展的意见》；教育部等六部门《关于规范校外线上培训的实施意见》；教育部等八部门《关于引导规范教育移动互联网应用有序健康发展的意见》；教育部等六部门《关于推进教育新型基础设施建设构建高质量教育支撑体系的指导意见》；教育部等五部门《关于大力加强中小学线上教育教学资源建设与应用的意见》；教育部印发《绿色低碳发展国民教育体系建设实施方案》；《教育部办公厅关于开展信息技术支撑学生综合素质评价试点工作的通知》等。

二、加快信息化时代教育变革

《中国教育现代化 2035》是我国第一个以"教育现代化"为主题的中长期战略规划，其中明确了教育信息化方向和实施路径，具体包括：建设智能化校园，统筹建设一体化智能化教学、管理与服务平台；利用现代技术加快推动人才培养模式改革，实现规模化教育与个性化培养有机结合；创新教育服务业态，建立数字教育资源共建共享机制，完善利益分配机制、知识产权保护制度和新型教育服务监管制度；推进教育治理方式变革，加快形成现代化的教育管理与监测体系，推进管理精准化和决策科学化；等等。

（一）建设智能化校园

加强智慧校园和智慧教室建设，优化数字终端和资源配置，统筹建设一体化智能化教学、管理与服务平台，建立长效运行维护机制，不断加快以学校为主体的教育信息化进程，以切实提升校园智能化水平。

1. 完善智能化校园的基础设施

智慧校园是智慧学习环境的典型代表，是一种以面向师生个性化服务为理念，能全面感知物理环境，识别学习者个体特征和学习情景，提供无缝互通的网络通信，有效支持教学过程分析、评价和智能决策的开放教育教学环境和便利舒适的生活环境。网络环境是智能化校园运行的基础。提升校园化智能水平，需要在当前的校园网络全覆盖的基础上，整体提升宽带接入条件、终端普及水平和云端服务能力。不仅所有学校要全部接入互联网，还要实现提速增效赋能，逐步普及无线校园，加快建设教育专网，使以高速网络为核心的智能化基础设施满足信息化教学、管理和服务需求。特别要抓住 5G 商用契机，加快推动物联网、云计算、虚拟现实等技术在教育领域的规模化应用。

智慧教室是智能化校园的主要教学场所，是一种能优化教学内容呈现、便利学习资源获取、促进课堂交互开展，具有情景感知和环境管理功能的新型教室。从多媒体教室到智慧教室发展的核心是硬件、平台和资源的更加智能化，这有利于增强师生互动。智能教学硬件包括桌椅、屏幕、灯光、多媒体终端、教育机器人等，其设计要以人为本，全面感知；平台要能够支持教师备授课、教学互动、评测、学习分析等；资源能基于知识图谱实现个性化精准推送，能支持学生进行自主学习和研究性学习等。同时，还需要推进智能实验室、智能活动室、智能图书馆等智能化学习场所的建设与应用，并普及智能教育装备。

智能化生活设施是智能校园的重要组成部分。学生在学校不仅要学会学习，还要学会生活。学校信息化建设往往容易忽略课堂教学环境之外的生活环境信息化。利用智能技术与学校中的生活设施全面融合，有利于全面提升学生的校园生活体验，实现智能技术与学校教学、管理、服务的全面融合，使学校成为师生"快乐学习、愉快生活"的乐园。

2. 统筹建设智能化校园系统平台

智能化校园系统平台有利于实现业务系统之间的业务融合及信息共享，为教学与管理应用提供一站式服务。由于统筹和集成不够，业务应用系统之间无法实现数据共享和互联互通是很多学校遇到的问题，教学平台和管理平台之间存在孤岛现象。统筹建设一体化智能化教学、管理与服务平台，有助于实现信息共享、数据融通、业务协同等，从而优化资源配置和业务流程。

在建设一体化校园系统平台的进程中，要避免重复建设，要统一用户标准、资源标准、服务标准、管理标准，改变信息孤岛状态，实现数字教育资源"一点接入、全体系共享"。构筑统一的底层数据体系、规范标准的开发接口与模型、提供统一身份认证服务，有利于打造智能化校园生态链。打通教学管理系统、教学平台和学习资源库，构建人机结合、虚拟空间与现实空间协同的一体化学校管理体系，有利于实现基于数据的教学管理、行政管理和政策规划等。将智能平台与智慧教室联通，利用数据挖掘和学习分析技术，可以帮助教师有针对性地开展智能化教学，帮助教师对学生做出客观、全面、真实的评价。

3. 建立学校信息化系统运维长效机制

随着各类智能环境、终端和系统平台的逐渐普及，智能化校园的性能将会得到大幅度提升，应用场景日趋丰富，运维的专业性、系统性、技术性将会更强。运维机制是保障智能化校园长久运行的基础，需要将网络基础设施和数字资源都纳入学校的基本办学条件，进入政府购买服务指导性目录。虽然运营商对学校有优惠，但中小学互联网接入费用和日常流量使用费用仍较高，没有稳定的网络资费来源，面临"即使建立起来了，也用不起来"的困境。随着以高速网络为核心的学校智能化基础设施的普及，需要完善教育信息化经费执行政策，以保障学校网络资费的稳定和可持续。学校信息化经费投入应与学校规模和发展目标相适应，合理规划和使用经费，既考虑基础设施和网络环境建设，更要为其日常使用和运维留足经费。网络运行商应为校园网络建设和流量使用资费提供优惠政策，实施"提速降费""网络扶贫"行动。

区域和学校信息化系统的运维都需要专业化人力资源的支持。有些地区由信息技术课教师或其他学科教师兼职的现象比较普遍，因此运维时间和质量得不到有效保证，专业能力亟待提升。对于智能化校园而言，除了相关的信息化设备的维护以外，对于教师、学生的信息化支持服务也是必不可少的，如辅助教师熟悉教学环境、辅助教师备授课、辅助学生进行资源搜索和工具使用等。区域和学校在规划、建设和应用智能化校园时，不仅需要关注学校的软硬件设备采购，还需要关注运维的费用和队伍，以促进学校信息化的"长效久用"。

（二）探索新型教学方式

《中国教育现代化2035》提出"利用现代技术加快推动人才培养模式改革"，推动智能技术深度融入教育教学全过程，"加强对信息时代学习者认知和学习行为规律的研究"，推广应用"智能学习空间"和"智能教育助理"，促进育人方式、教学模式改进，实现"公平、有质量的教育"，促进人的全面发展。

1. 利用现代技术加快推动人才培养模式改革

信息技术打破了封闭的学习空间，提供了新型的教学和学习工具，链接了更加丰富多样的学习资源，为重塑传统教学模式中的关键要素提供了可能。学习空间方面，在互联网技术的支持下，原有物理学习空间得到拓展，形成了跨越时空开展远程专递课堂、网络空间教学、异地同步教学的新型教学模式。教学方式上，基于网络的课外学习成为课堂学习的重要补充，教师不再是知识权威，课堂教学也不再是以教师讲授为主，形成了翻转教学、主导-主体教学等模式。学习内容上，网络学习资源不断丰富，促进了基于网络资源的学生自学，形成了校园在线课程、基于设计的学习等新模式。学习方式上，基于互联网技术与人工智能技术，学生能够与学习同伴或教师建立协同关系，开展研讨交流、项目合作，形成了引导式移动探究、协同知识建构和能力导向式学习等模式。

实现教育教学模式的全面创新，还包括促进学生综合素质的多维度评价，这为学习者提供了全面有效的智能诊断。利用人工智能技术跟踪和监测教与学的全过程，形成以数据为核心的感知、采集、监测和分析体系，可改变传统的单一维度、分数为主的评价方式，促进形成多维度、过程性评价，能够有效提高教育评价的智能性、全面性、精准性。建立和普及教育质量监测系统，开发智能化评价工具，让家长、师生等更多的主体介入教育评价，有助于互动性评价的有效开展。

建设虚拟学习体验中心，推行场景式、体验式、沉浸式学习。虚拟现实技术在教育中，尤其是实验教学中的应用能够解决传统实验教学中存在的问题，如摆脱高危或极端环境威胁，解决实验操作的不可及或不可逆的问题，解决实验教学中长期存在的做不了、做不好、做不到、做不上的难题。提高虚拟现实技术在教育中的应用水平，课程和平台建设是关键，因此需要建立物理与虚拟双空间一体化的教学环境和虚拟学习体验中心、虚拟仿真实验室等。

我国 1/4 的网民为学生，这些"数字一代"学习者是"网络原住民"、数字时代的"弄潮儿"，具有不同的学习特征，他们倾向于同时处理多种任务，偏好可视化表达方式，适应多信息源的信息接收形式，喜欢声音、图像和视频，能自发形成学习共同体、兴趣团队，能通过网络开展快速沟通与交流活动。制定符合学生发展需求的个性化培养方案，需要对学习者特征进行建模，分析其学习行为规律。大数据技术可实现对学习数据的挖掘和分析，通过大样本、复杂结构数据分析，量化学习过程、表征学习状态、发现影响因素、找到干预策略，有助于在更深层次上揭示学习规律。推动脑科学研究者与教育教学实践者之间的对话和沟通，共同制订适应学生行为及认知规律的教学方案。

2. 大力发展在线教育

推进"互联网+教育"，要鼓励符合条件的多主体发展在线教育，以实现线上线下教育融通。发挥互联网优势，通过建设开放性在线学习平台，推动优质教育资源共享，扩大名校名师网络课堂等教与学资源的辐射面，以便于更好惠及偏远农村地区。大力发展大规模在线开放课程，通过汇聚互联网教育、科研、文化资源，建设一批高质量在线教育课程，支持学校将符合条件的在线课程纳入教育教学体系，面向偏远农村地区开放英语、数学及音体美等网络资源，有利于补齐教育基本公共服务短板。在大力发展在线教育时，也要规范校外在线教育平台，完善在线教育准入和退出制度，切实减轻中小学生过重的课外负担。"三个课堂"发展中，存在资源覆盖面不广、中心校主讲教师和教学点教师缺乏沟通与合作、远程教学交互不够等问题，应利用智能技术改造"三个课堂"，让名校的教育资源覆盖到偏远农村地区，让更多的学生受益；探索开展网上教研活动，最大限度地发挥名师资源的示范、辐射和指导作用；加强教师之间的互动，使开不齐课、上不好课的偏远农村地区的学校与城市中心学校同上一堂课。

3. 推进智能学习空间与智能教育助理应用

第一，普及推广网络学习空间应用。网络学习空间是指由教育主管部门或学校认定的，融资源、服务、数据于一体，支持共享、交互、创新的实名制网络学习场所，可分为个人空间和机构空间，集成了公共应用服务和数据分析服务。支持不同角色用户（教师、学生、家长、管理者）在同一空间中的身份切换，实现"人人有空间""人人用空间"；支持不同角色用户的互联互通，实现信息沟通与数据交换；支持各类公共应用服务的调用，实现服务贯通。

依托国家智慧教育平台，建设实名认证的网络学习空间，促进网络学习空间与学校教学、管理平台的互联互通，形成网络学习空间与物理学习空间的融合互动，助力构建"无边界的课堂"，实现"校校用平台、班班用资源、人人用空间"。要真正激励学生进入网络学习空间开展学习，需加快建设"学分银行""学分银联"，试行微专业、微证书和电子徽章制度，支持基础教育机构、职业教育机构、高等教育机构、继续教育机构之间的学分认证。

第二，推广智能教育助理面向不同场景的应用。基于人机交互、机器视觉、情境感知等技术的智能教育助理（如智慧学伴、智能助教、教育机器人），可增强和延伸师生的表达能力、知识加工能力和沟通能力，实现人工智能与个人设备的无缝衔接，具有促进个性化学习、优化教学效果的应用潜力。具体表现在以下几个方面。

一是推广应用智慧学伴辅助学习。作为学习伙伴，协助学生完成学习进度管理、重难点收集等繁琐工作，并可直接介入学习过程，为学习者提供高度个性化的学习支持服务。在条件较好的学校，试点部署符合在校生学习需求的智慧学伴；鼓励学生在家庭教育中应用智慧学伴，陪伴学生自主学习。

二是推广应用智能助教辅助教学。智能助教不仅帮助教师完成查找资源、批改作业、在线答疑等辅助性工作，而且直接进入课堂教学，支持教师完成人工智能相关课程、部分语言类课程、艺术类课程授课等以往难以高质量完成的工作，并建立智能、快速、全面的教育分析系统，实现人机共教、人机共育。可遴选一批具备条件的学校，支持教师利用智能助教，创新教育教学模式。针对薄弱学校部分学科优质师资不足、教学质量不高的情况，优先部署智能助教。

三是推广应用教育机器人。教育机器人是实体化的智能教育助理，可扮演学习伙伴、助教、监护人、虚拟校长等角色，深度融入以家庭和学校为主的各种教育场域。针对部分农村教学点存在缺乏英语、数学以及音乐、体育、美术等资源和师资的情况，如果为这些教学点配置教育机器人，那么将解决缺师少教的困境。此外，推广应用教育机器人需要从需求层面、政策层面、社会层面、技术层面共同发力。

（三）创新教育服务业态

《中国教育现代化 2035》强调创新教育服务业态，这就要求教育信息化从融合应用向创新发展转变，发展基于互联网的教育服务新模式，发挥政府和市场的协同作用，建立可持续发展机制。

1. 全社会共同提供在线学习教育平台与资源服务

信息技术的快速发展，进一步推动数字教育资源形式和服务模式升级，出现了大规模在线开放课程、微课、微教学视频等多种新型的数字教育资源,提供了灵活、多样、个性化的内容和服务,改善了用户体验。但资源的利用率偏低,建设模式、服务形式和评价方式还不能很好地满足教育信息化发展的新需求。教师和学习者既是教育资源的一线使用者,也是一线开发者,应充分发挥其实践经验丰富的优势,与技术支持单位共同开发面向学科教育、专业课程和科学教育的数字化特色课程资源,并创新教学模式,形成教学、科研、资源三位一体的优质教育资源和特色课程资源建设应用服务模式。

在互联网上提供资源服务的不应只是学校师生和专门为教育服务的机构,我们需要打破教育资源开发应用的传统壁垒,拓展完善国家数字教育资源公共服务体系,推进开放资源汇聚共享,以实现从"专用资源服务"向"大资源服务"的转变。资源并不意味着有效学习,在线学习内容数量激增,师生在接触到丰富教育资源的同时也面临着如何评估、选择优质数字教育资源的紧迫挑战。

2. 利用市场机制激发教育服务业态创新活力

庞大的教育信息化需求及市场空间,加上国家相关政策保障,大量企业涌入互联网教育服务行业。政府政策支持、企业参与建设、学校持续使用,是我国教育信息化发展的一条重要经验。因此,企业要建立开放多元化的教育信息化建设模式,打破技术垄断,将当前市场中成功的智能技术规模化应用到教育信息化体系中,形成多元主体的生态开放化链条,推进科教融合和产教融合。同时,要强化行业自律,尊重教育规律。

政府与各类机构就教育信息化资源服务商品签订契约,以公共财政支付费用为学校教育提供更为优质的教育信息化资源服务。这种服务的供给模式打破了政府一家包揽供给的藩篱:一方面可以提升教育信息化资源服务的品质,并使政府财政资金得到高效利用;另一方面将促进教育信息化资源服务供给侧的结构性变化。同时,知识产权保护是开放教育资源共享的关键,应围绕国家智慧教育平台,对资源和数据进行确权,并在知识产权创造、转化、交易、托管、权益维护等方面提供专业服务,推动形成公平竞争的市场秩序。

3. 发挥政府作用,构建数字教育资源公共服务体系

数字教育资源公共服务体系是政府解决教育资源匮乏、资源配置不均衡等问题的重要手段。随着基本公共服务均等化、供给侧结构性改革等工作的推进,加快探索数字教育资源服务供给模式、有效提升数字教育资源服务水平与能力成为教育信息化工作的重要内容。

国家智慧教育平台是教育数字化公共服务的综合集成平台,通过整合各级各类教育平台入口,汇聚政府、学校和社会的优质资源、服务和应用,聚焦学生学习、教师教学、学校治理、赋能社会、教育创新等五大核心功能,一体谋划基础

教育、职业教育、高等教育三大基础板块，全面覆盖德育、智育、体育、美育、劳动教育，为师生、家长和社会学习者提供一站式服务。由此，国家智慧教育平台成为学生学习与交流的平台、教师教育教学与备课交流的平台、学校科学治理的平台、社会教育与服务的平台、推动教育改革发展研究的平台。

（四）推进教育治理方式变革

教育治理现代化是教育治理体制创新和技术应用创新相结合的产物，适切的治理技术是推进教育治理体系转型和治理能力现代化的重要媒介。

1. 推进教育政务信息化平台建设与应用

《中国教育现代化 2035》指出，要推进"教育管理公共服务平台、教育统计信息系统和学校教育教学信息系统"等教育政务服务信息化平台的建设与应用，全面提高大数据支撑保障教育管理、决策和公共服务的能力，实现教育政务信息系统全面整合和政务信息资源开放共享。

数据分析和挖掘技术的研发和应用，能够动态监测教育发展状况，深度洞察教育现象的深层逻辑，有效预测教育发展走向，为解决现实的教育治理难题、促进教育决策的科学化和治理过程的精细化提供全新的技术支撑。推动智能教育管理服务，需要完善教育管理信息化顶层设计，优化教育业务管理信息系统，构建教育数智平台（教育大脑、教育智脑、教育超脑）。

围绕转变政府职能、深化简政放权、创新监管模式、优化政务服务，"只进一扇门""最多跑一次""不见面审批""互联网＋政务服务"等改革措施不断涌现。"互联网＋政务服务"形成全国教育政务服务"一张网"，实现"一张表管理""一站式服务"，切实让老百姓少跑腿、数据多跑路。

2. 构建国家教育数据开放体系

海量教育数据的生成、汇聚、融合，一方面为教育提供了精准、有效和可靠的数据支持，助力教育管理向智能化、精细化、可视化方向转变；另一方面，基于教育大数据构建多维度的科学评价体系，有助于提升教育评价的精准性、科学性、客观性，促进教育改革与发展。

教育主管部门需打通国家平台的基础数据，整合各业务单位和地方教育数据，形成统一的国家教育大数据开放体系。统一标准、完善平台，明确采集什么数据、如何采集、怎么应用等问题，解决数据库分割和信息孤岛问题；充分利用"云"技术及其所带来的合作模式，保证数据和资源的高可用性、高可靠性，减轻教育数据采集带来的负担，并确保数据安全。教育大数据的应用，关键是要构建教育数据无缝流转的生态系统，数据要在不同用户角色之间、不同参与者之间、不同技术系统之间无缝流转，在业务流程中无缝衔接，在开展业务的过程中，既生成数据又使用数据，只有这样才能形成真正的大数据。

标准化作为现代工业文明的重要特征，是衡量社会管理水平的重要标志，是提升行业发展水平的重要途径。当前，世界各国都在积极推动教育数字转型，把数字技术优势转化为提高教育质量的新动能。研制数字教育领域相关标准规范，将加快教育的数字转型与智能升级，进而有力推动教育现代化发展。中国积极参与教育信息化领域的国际标准研制工作，《中国教育现代化 2035》明确提出"完善教育质量标准体系"，在实施国家教育数字化战略行动的过程中，进一步强调"健全教育数字化标准规范体系"。

3. 建立健全网络安全监管机制与防护体系

网络安全关系国家安全、社会稳定和人民切身利益，维护网络安全、规范网络秩序、净化网络环境，已成为广大人民群众的共同呼声。扎实推进教育系统网络安全工作，需以"人防"为中心，充分发挥主观能动性，加强宣传教育、落实责任、健全规章、加强监督；以"技防"为保障，充分利用有效手段，评估风险、加强防护、堵塞漏洞。同时，应健全网络安全责任制，加强技术创新和技术控制，保障数据安全和算法公平，持续增强网络安全人才培养能力。另外，还要建立对青少年数字化学习产品的评价审查机制，加强对各种网络学习系统和资源服务的内容审查与质量监管。

三、发展"互联网+教育"，探索新型教育服务供给方式

"互联网＋教育"是以互联网技术作为新动能，推动教育高质量发展的重要战略举措。"互联网＋教育"着力于构建多元空间融合基础上的校内校外教育双循环的发展格局，重在推动教育体制机制改革，促进面向创新人才培养的开放、共享、灵活、个性化的教育新生态的形成。《关于积极推进"互联网＋"行动的指导意见》明确提出"探索新型教育服务供给方式"。教育部等十一部门《关于促进在线教育健康发展的指导意见》强调"充分运用现代信息技术手段，提供在线教育服务，增加教育资源有效供给，创新教育组织形态，丰富现代学习方式"。

在国家规划文件中，也强调发挥在线教育优势。例如，《中华人民共和国国民经济和社会发展第十四个五年规划和 2035 年远景目标纲要》提出发挥在线教育优势，建设学习型社会；《"十四五"数字经济发展规划》提出推动"互联网＋教育"持续健康发展；《"十四五"国家信息化规划》提出开展"互联网＋教育"。在总结疫情以来大规模在线教育实践经验的基础上，我国加快整体部署，并着重推进"互联网＋教育"工作，重点强调构建五大体系，即基于互联网构建高质量教育支撑体系、深化教学改革创新教育融合应用体系、创新服务业态优化教育服务供给体系、提升管理效能打造现代教育治理体系，以及多措并举强化教育创新发展保障体系，这为利用互联网促进教育变革提出了方向指引。

> ### 国务院关于积极推进"互联网＋"行动的指导意见（节选）
>
> 探索新型教育服务供给方式。鼓励互联网企业与社会教育机构根据市场需求开发数字教育资源，提供网络化教育服务。鼓励学校利用数字教育资源及教育服务平台，逐步探索网络化教育新模式，扩大优质教育资源覆盖面，促进教育公平。鼓励学校通过与互联网企业合作等方式，对接线上线下教育资源，探索基础教育、职业教育等教育公共服务提供新方式。推动开展学历教育在线课程资源共享，推广大规模在线开放课程等网络学习模式，探索建立网络学习学分认定与学分转换等制度，加快推动高等教育服务模式变革。
>
> 资料来源：国务院关于积极推进"互联网＋"行动的指导意见[EB/OL]. https://www.ndrc.gov.cn/fggz/lywzjw/zcfg/201507/t20150731_1046983_ext.html，2015-07-31

陈丽主持了国家自然科学基金重点课题"'互联网＋'时代的教育改革与创新管理研究"，开设了"cMOOC8.0《'互联网＋教育'与教育数字化转型》"[①]，系统探讨"互联网＋教育"创新发展的基本原理、总体思路、着力点与实践路径等，具体包括以下内容。

互联网驱动教育变革的基本原理和总体思路[②]：从学理上阐释"互联网＋教育"发展的时代背景，互联网的空间特性与变革作用，辨析"互联网＋教育"的内涵和外延，阐述"互联网＋教育"发展的总体思路。

推动"互联网＋教育"创新发展的着力点[③]：从我国教育改革和创新的目标出发，以互联网技术和互联网思维为抓手，从构造高质量教育环境支撑体系、健全创新人才培养体系、优化教育服务供给体系、构建现代教育治理体系等方面，系统阐述推进"互联网＋教育"创新发展的核心着力点。互联网推动教育服务模式创新的路径与方向[④]：提出创新教学方式与教学组织形式、创新教学评价方式、创新教师培育方式、建设终身学习新体系是深化教学改革的重要着力点，同时认为创新教育服务供给新单元、培育教育服务供给新主体、打造教育服务供给新生态是优化教育服务供给的重要方向。

---

① https://cmooc.bnu.edu.cn/.
② 陈丽，郑勤华，徐亚倩. 互联网驱动教育变革的基本原理和总体思路——"互联网＋教育"创新发展的理论与政策研究（一）[J]. 电化教育研究，2022，43（3）：5-11.
③ 郑勤华，陈丽，郭玉娟，等. 推动"互联网＋教育"创新发展的着力点——"互联网＋教育"创新发展的理论与政策研究（二）[J]. 电化教育研究，2022，43（3）：12-17，59.
④ 高欣峰，白蕴琦，陈丽，等. 互联网推动教育服务模式创新的路径与方向——"互联网＋教育"创新发展的理论与政策研究（三）[J]. 电化教育研究，2022，43（4）：5-11.

"互联网+"时代数据治理的内在逻辑与实践路径[①]：建立数据治理的结构框架，结合实践案例从数据标准规范、教育大数据应用、治理流程再造、高效监管四个方面分析数据治理的着力点。

互联网推动教育理论与学术创新的主要方向[②]：基本理论层包括哲学基础、知识进化、学习规律、教学模式四个方向；技术环境层包括平台服务、数据模型、资源优化、终端影响四个方向；治理政策层包括治理模式、供给机制、业态发展、改革成效四个方向。

推动"互联网+教育"发展的制度创新方向[③]：系统阐述国家在部署推进"互联网+教育"工作中涉及的五大关键性制度，分别是：构建新型教学管理制度、建立健全多元资源供给制度、建设灵活终身学习的制度体系、建立健全教育数据共享与安全制度、建立健全多元协同的组织机制。

（一）构建三元空间融合的新型学习环境

互联网进入到教育领域，给教育教学环境带来了新生的信息空间，同样也打通、融合了传统的物理空间和社会空间，将服务、资源、数据融为一体，支持教育教学中的交互、共享与创新，为教学方式的变革和教育流程的再造提供了能力支撑。"云、网、校、端"四个维度是新型学习环境建设的着力点[④]。

一是提升基础网络环境，打造"高速公路"；利用国家现有各种通信资源，建设快速、稳定、绿色、安全、可管可控的教育专用网络。

二是形成"互联网+教育"大平台，支撑平台服务新模式；实现多源多维、跨平台应用的数据汇聚和共享，是实现教育教学和管理服务能力提升的关键。

三是创新数字校园，构造多维空间融合的新型办学空间；将学校、家庭、社区、场馆等丰富多彩的学生活动场景有机连接在一起。

四是着力教与学工具支撑，实现终端服务体系的能力突破；逐渐普及符合技术标准与学习需要的个人终端（绿色安全的硬终端），研发数字教材、案例、课例等各类数字资源和工具软件的各类应用（与学科模式适切的软终端）。

[①] 谢雷，陈丽，郑勤华. "互联网+"时代数据治理的内在逻辑与实践路径——"互联网+教育"创新发展的理论与政策研究（四）[J]. 电化教育研究，2022，43（4）：12-18.

[②] 徐亚倩，陈丽，郑勤华，等. 互联网推动教育理论与学术创新的主要方向——"互联网+教育"创新发展的理论与政策研究（五）[J]. 电化教育研究，2022，43（5）：5-10，25.

[③] 郭玉娟，陈丽，郑勤华. 推动"互联网+教育"发展的制度创新方向——"互联网+教育"创新发展的理论与政策研究（六）[J]. 电化教育研究，2022，43（5）：11-16，25.

[④] 郑勤华，陈丽，郭玉娟，等.推动"互联网+教育"创新发展的着力点—"互联网+教育"创新发展的理论与政策研究（二）[J]. 电化教育研究，2022，43（3）：12-17，59.

（二）创新促进形成全面发展的人才培养模式

人才培养模式是在一定的教育理论和思想指导下，按照特定的培养目标和人才规格，以相应教学内容、管理制度和评估方式，实施教育教学过程的总和。"互联网＋"时代，人才培养的目标强烈指向创新人才，亟待我们利用互联网技术和思维，转变新时代人才培养观念，以教育评价改革为指挥棒，提升教师教学服务能力，推广新型教学组织方式，以实现整体人才培养模式的创新[1]。

一是以评价方式创新实现指挥棒能力提升。创新评价工具，支持无感式、伴随式数据采集，在全面采集、处理、分析学生数据的基础上，支持德智体美劳全要素评价；由一考定终身转变为依据各学段学习情况开展学生发展性评价；由纸笔考试转变为规模化机考，实现各地统一组卷、智能批改和过程监督。

二是以教学组织模式创新服务人才培养质量的提高。未来的教学不一定是以学校班级为单位，可能以市、省，乃至全国为单位，打破学校教育的界限，让更多的优质资源、优质的教师服务覆盖更大的范围。

三是以数字学习档案建设实现人才培养的连贯性。利用互联网技术，记录存储个人学习经历与成果，实现学习的可追溯、可查询，并在各级各类教育质量保证体系建设的基础上，推动学历教育与非学历教育、正规教育与非正规教育、职业经历与职业技能等级证书等多种学习成果的认证、积累与转换，完善学分银行制度。

四是以教师资源服务模式创新实现人才培养的灵活性。在职前教师培养上，应运用新理念、新环境和新方式培养新时代的教师，强化教师信息素养的提升；以网络研训方式，促进教师专业能力可持续发展。

（三）着力供给侧改革，建立开放共享的教育服务体系

教育供给侧改革需要平衡供给与需求之间的关系，以需求驱动供给。在"互联网＋教育"生态体系中，政府、学校、产业和社会是一个有机的整体，面对多样化教育服务需求，需要不同主体协同创新，以资源、平台等技术和服务为着力点，完善体制机制，形成开放共享的教育服务体系[2]。

一是形成教育资源动态优化机制。以实际用户的真实需求和应用状况为驱动，在用户评价的基础上持续迭代更新，从而破解资源建设和应用之间的矛盾。

---

[1] 郑勤华，陈丽，郭玉娟，等.推动"互联网＋教育"创新发展的着力点——"互联网＋教育"创新发展的理论与政策研究（二）[J]. 电化教育研究，2022，43（3）：12-17，59.

[2] 郑勤华，陈丽，郭玉娟，等.推动"互联网＋教育"创新发展的着力点——"互联网＋教育"创新发展的理论与政策研究（二）[J]. 电化教育研究，2022，43（3）：12-17，59.

二是以产权机制的建立推动资源开放共享。健全知识产权保护制度，切实保护广大教师建设优质资源的著作权，形成权责明确的责任体系。

三是优化市场作用，改进教育资源配置。对此类教育资源的应用要以学校为主体单位开展服务，实行严格治理，健全政策制度与监管机制，并应规范校外线上培训机构行为。

（四）建设数据驱动的现代教育治理体系

"互联网＋"时代，数据成为一种新型资产。在教育治理领域，需要紧紧抓住数据这一核心要素，从打破"信息孤岛"的数据标准和规范建设、聚合各类教育数据的实践操作，以及基于数据的流程再造等方面着力，具体包括以下几方面内容[①]。

一是以标准和规范建设形成教育技术服务的一体化能力。将标准规范的制定、修订、推广、应用作为整体提升教育治理能力的制度关键应完善各方面的技术、管理、服务和质量标准规范体系，进而保证各类技术和服务有法可依，有章可循，有路可通。

二是汇聚、融合、应用各类教育数据，助力治理能力提升。首先强调推动实现一数一源、动态更新和多源汇聚，保证数据的准确性和规范性；其次，不是简单的数据汇聚后加以描述性统计分析，特别强调了教育大数据模型的重要性，不仅仅是数据科学，而是与现实需求、领域知识充分结合的教育建模；而数据安全的保障在今天是重中之重。

三是实现教育治理的数字化转型。基于标准的数据汇聚将为教育治理能力现代化提供有效的能力支撑，助推教育"放管服"改革。可以将国家部署的改革方向用"数据多跑路、群众少跑腿"进行概括，核心就是通过统一的大平台，基于数据的流转，实现教育治理服务的一网通办。

（五）构建协同推进"互联网＋教育"发展的联动机制

"互联网＋教育"从某种意义上是要打造一个基于互联网技术和互联网思维的全新教育体系，不仅是对传统教育系统的升级，也是对新时代人才培养目标和模式的新回答。"互联网＋教育"发展是一项复杂工程，不应仅局限于教育系统内部，更需要建立多部门之间、多系统之间的协同联动机制，以保证各个系统分工明确与有效协作，最大限度地发挥自身能量，为新生态的形成保驾护航，具体包括以下几方面内容[②]。

---

① 郑勤华，陈丽，郭玉娟，等. 推动"互联网＋教育"创新发展的着力点——"互联网＋教育"创新发展的理论与政策研究（二）[J]. 电化教育研究，2022，43（3）：12-17，59.

② 郑勤华，陈丽，郭玉娟，等. 推动"互联网＋教育"创新发展的着力点——"互联网＋教育"创新发展的理论与政策研究（二）[J]. 电化教育研究，2022，43（3）：12-17，59.

一是着力利用投入方式变化提高学校自主权。支持学校按实际需求以单科、单课等方式灵活购买资源与服务，完善政府购买优质在线教育资源与服务的相关制度，将符合条件的社会化、市场化优秀在线资源与服务纳入地方政府购买清单。

二是尊重规律引导"互联网＋教育"科学发展。互联网教育基本理论，该方向重点研究哲学基础、知识生产与演化、认知与学习、教学交互等基本问题；互联网教育的方法与技术，该方向囊括在线学习环境、网络资源与认知工具、在线学习分析、网络学习设计、互联网学习系统复杂网络分析、多维数据支持的在线教育建模方法与工具体系等研究主题；互联网教育的政策与管理，该方向重点研究教育资源配置、教育组织体系与办学形态、新型教师岗位与教师团队管理、国家资历框架、数字知识产权与网络安全等宏观问题。

三是建设联动机制协同破解教育问题。中央和国家机关有关部门应结合职责，制定跨部门协同联动的政策。各级教育部门和学校应将"互联网＋教育"作为重要任务列入议事日程，加强人员配置与能力建设，做好组织实施工作。

为全面深化学校"互联网＋教育"改革创新，充分发挥互联网在学校人才培养过程中的重要作用，北京师范大学制定了《"互联网＋教育"改革创新行动计划》，内容包括优化线上线下融合的学习空间、建设特色鲜明的优质在线课程、探索融合创新的教学模式、制定科学规范的质量标准、完善激励创新的管理机制、构建专业化的服务支撑体系、完善数据驱动的治理体系、汇聚优质特色的资源工具、打造优质精准的社会服务品牌、建立持续稳定的经费保障机制等。

四、发展智慧教育，促进教育系统变革

教育的初心和使命就是启迪人的智慧、培养栋梁之材，这也是智慧教育的首要任务和根本目标。智慧教育是面向未来的、新时代的教育。智慧教育是教育在信息时代的新升华，是教育信息化推动教育变革的新阶段和新形态，其根本目的是推动教育供给侧改革，构建以信息技术为支撑的教育新生态，提升教育品质，促进人的全面发展，支撑引领教育现代化。

（一）智能技术促进人才培养模式创新

智能技术的快速发展，促使人才需求侧发生了巨大变化，作为供给侧的学校要与时俱进，更新教育教学理念、目标和方案，优化专业设置、课程体系和教学内容，深化教学模式改革，创新教学环境、教学管理和服务方式。《新一代人工智

能发展规划》①提出要发展智能教育。利用智能技术加快推动人才培养模式、教学方法改革，构建包含智能学习、交互式学习的新型教育体系。开展智能校园建设，推动人工智能在教学、管理、资源建设等全流程应用。开发立体综合教学场、基于大数据智能的在线学习教育平台。开发智能教育助理，建立智能、快速、全面的教育分析系统。建立以学习者为中心的教育环境，提供精准推送的教育服务，实现日常教育和终身教育定制化。

《高等学校人工智能创新行动计划》②同样提出推进智能教育发展。推动学校教育教学变革，在数字校园的基础上向智能校园演进，构建技术赋能的教学环境，探索基于人工智能的新教学模式，重构教学流程，并运用人工智能开展教学过程监测、学情分析和学业水平诊断，建立基于大数据的多维度综合性智能评价，精准评估教与学的绩效，实现因材施教；推动学校治理方式变革，支持学校运用人工智能技术变革组织结构和管理体制，优化运行机制和服务模式，实现校园精细化管理、个性化服务，全面提升学校治理水平；推动终身在线学习，鼓励发展以学习者为中心的智能化学习平台，提供丰富的个性化学习资源，创新服务供给模式，实现终身教育定制化。

《教育部关于加快建设高水平本科教育全面提高人才培养能力的意见》③强调推进现代信息技术与教育教学深度融合，提出：重塑教育教学形态。加快形成多元协同、内容丰富、应用广泛、服务及时的高等教育云服务体系，打造适应学生自主学习、自主管理、自主服务需求的智慧课堂、智慧实验室、智慧校园。大力推动互联网、大数据、人工智能、虚拟现实等现代技术在教学和管理中的应用，探索实施网络化、数字化、智能化、个性化的教育，推动形成"互联网+高等教育"新形态，以现代信息技术推动高等教育质量提升的"变轨超车"。《教育部关于深化本科教育教学改革全面提高人才培养质量的意见》④强调积极发展"互联网+教育"、探索智能教育新形态，推动课堂教学革命。

智能技术的快速发展对专业化人才培养提出新需求。截止到2022年7月，我国已有440所高校获批设置人工智能本科专业，248所高校设置了智能科学

---

① 国务院关于印发新一代人工智能发展规划的通知[EB/OL]. https://www.gov.cn/zhengce/content/2017-07/20/content_5211996.htm，2017-07-20.

② 教育部关于印发《高等学校人工智能创新行动计划》的通知[EB/OL]. http://www.moe.gov.cn/srcsite/A16/s7062/201804/t20180410_332722.html，2018-04-10.

③ 教育部关于加快建设高水平本科教育全面提高人才培养能力的意见[EB/OL]. http://www.moe.gov.cn/srcsite/A08/s7056/201810/t20181017_351887.html？is-appinstalled＝0，2018-10-17.

④ 教育部关于深化本科教育教学改革全面提高人才培养质量的意见[EB/OL]. https://www.gov.cn/xinwen/2019-10/12/content_5438706.htm ，2019-09-29.

与技术本科专业，新设的第 14 个学科门类交叉学科下设智能科学与技术一级学科[①]，以产教融合、科教融合为路径，打造智能技术领域的产学研共同体和人才培养生态，科学研究和人才培养"双管齐下"。例如，浙江大学牵头建立了人工智能协同创新中心，汇聚力量培养复合型创新人才；北京师范大学依托互联网教育智能技术及应用国家工程研究中心建设互联网教育学科，打造研发-产业-人才链。

2019 年 6 月，《中共中央 国务院关于深化教育教学改革全面提高义务教育质量的意见》[②]提出"促进信息技术与教育教学融合应用"。具体包括以下内容：推进"教育 + 互联网"发展，按照服务教师教学、服务学生学习、服务学校管理的要求，建立覆盖义务教育各年级各学科的数字教育资源体系。加快数字校园建设，积极探索基于互联网的教学。免费为农村和边远贫困地区学校提供优质学习资源，加快缩小城乡教育差距。加强信息化终端设备及软件管理，建立数字化教学资源进校园审核监管机制。

在智能时代，智能技术赋能学生，将更加注重培养学生的创新精神和合作精神（从人人合作到人机合作），提高其个性化学习能力和协作学习能力；赋能教师，将转变教师角色、转变教学方式；赋能学校，将改变其组织形式和办学形态。智能时代下的中国教育将呈现以下几个新特征：教育改革创新将注入人机协同、共创分享的新动力；教育科学研究将进入交叉融合、集智创新的新阶段；教育发展目标将聚焦更加公平、更有质量的新标准；教育治理体系将面临社会伦理、数据安全的新挑战[③]。

2022 年 12 月，中共中央办公厅、国务院办公厅印发了《关于深化现代职业教育体系建设改革的意见》[④]强调"提升职业学校关键办学能力"，具体包括以下内容：优先在现代制造业、现代服务业、现代农业等专业领域，组织知名专家、业界精英和优秀教师，打造一批核心课程、优质教材、教师团队、实践项目，及时把新方法、新技术、新工艺、新标准引入教育教学实践。做大做强国家职业教育智慧教育平台，建设职业教育专业教学资源库、精品在线开放课程、虚拟仿真实训基地等重点项目，扩大优质资源共享，推动教育教学与评价方式变革。面向新业态、新职业、新岗位，广泛开展技术技能培训，服务全民终身学习和技能型社会建设。

---

① 中国人工智能学会. 人工智能知识点全景图：迈向智能＋时代蓝皮书[R]. 2022.
② 中共中央 国务院关于深化教育教学改革全面提高义务教育质量的意见[EB/OL]. http://www.gov.cn/zhengce/2019-07/08/content_5407361.htm，2019-07-08.
③ 钟登华. 智能教育引领未来：中国的认识与行动[J]. 中国教育网络，2019，(6)：22-23.
④ 中共中央办公厅 国务院办公厅印发《关于深化现代职业教育体系建设改革的意见》[EB/OL]. http://www.gov.cn/zhengce/2022-12/ 21/content_5732986.htm，2022-12-21.

（二）当前教育改革呼唤智慧教育

智慧教育作为教育信息化的高端形态，是教育数字化转型的目标形态，是智慧社会建设的主要内容，旨在创新学习环境、变革教学模式、构建现代教育制度。学习环境正从封闭走向开放，从最初的搭建多媒体教室，到数字校园和智慧校园，再到智慧城市和智慧社会，学习环境已经转变为全方位链接物理空间和虚拟空间。新型教学模式不断涌现，并以全新的形态呈现出来，影响着教育实践。教育体制变革初见端倪，建立能充分发挥各类教育机构整体功能的教育制度是培养卓越人才的基础，部分国家开始通过改变学校管理体制，如通过微硕士、微专业、微证书等管理体制来推动教育变革。

智慧教育（系统）可理解为"一种由学校、区域或国家提供的高学习体验、高内容适配性和高教学效率的教育行为（系统），它能利用现代科学技术为学生、教师和家长等提供一系列差异化的支持和按需服务，能全面采集并利用参与者群体的状态数据和教育教学过程数据来促进公平、持续改进绩效并孕育教育的卓越"[1]。智慧教育不仅需要解决区域教育公平和质量问题，打造纵向衔接、横向贯通，形成全方位、多层次、立体化的教育新格局，还要处理好规模化教育与个性化培养之间的平衡，实现以学习者为中心提供精准推送的教育服务，构建数字化、网络化、智能化和个性化、终身化的教育体系。

当前多数学校的主流人才培养模式依旧采取来源于工业时代的"标准化教育"模式，并以学生参加标准化测验的成绩作为单一的评价标准。在这种应试思维的影响下，师生紧紧围绕基础知识和基本技能的掌握开展教与学，学生学习的最大动机是应试，校长最大的政绩是升学率，家长最大的荣耀是子女在考试中名列前茅。学校之间、教师之间以及学习者之间都表现为一种"竞争性"关系，不利于优质学习资源共享，更扭曲了教育的内在规律，不利于学生的全面发展。

当前课堂教学行为的基本表现是：教师讲授、学生听讲。学生在整个学习过程中几乎没有选择学习内容和学习方式的权利，学生学习的广度和深度会随之减弱，学习的自主性和创新性不足。大多教师由于缺乏相应的知识技能与体验，在面对教育普及化所带来的大规模班额时，难以在教学过程中有效顾全学生的差异性。如果学校层面又缺乏及时的支持和帮助，那么即使有创新理念的教师也很有可能选择继续沿用"轻车熟路"的传统教学方式，技术驱动遇到惯性思维的阻碍，难以实现差异化教和个性化学。

与社会相隔离的校园环境和文化阻碍了学校学习方式创新。自现代学校制度

---

[1] 黄荣怀. 智慧教育的三重境界：从环境、模式到体制[J]. 现代远程教育研究，2014，（6）：3-11.

建立以来，人们对学习时空的认识便是：在固定的学期到固定的学校，在固定的班级中，按照预先制定的固定课表进行学习，即只有到了学校、进入固定班级才是学习，学校和班级与社会是相对隔离的。当前，信息技术已经在社区学习、家庭学习、场馆学习等场域展现出强大的学习支持潜力，学习可能发生的时空已经在客观上得到很大拓展，为无处不在的学习提供了基础保障。很明显，校园学习环境与社会学习环境之间存在较大鸿沟，同时也为校外培训班提供了巨大空间，这从一定程度上又强化了应试教育。

（三）深入推进智慧教育发展

2018年4月，教育部印发《教育信息化2.0行动计划》提出要实施"智慧教育创新发展行动"。

智慧教育创新发展行动

以人工智能、大数据、物联网等新兴技术为基础，依托各类智能设备及网络，积极开展智慧教育创新研究和示范，推动新技术支持下教育的模式变革和生态重构。

开展智慧教育创新示范。协调有关部门，支持在雄安新区等一批地方积极、条件具备的地区，设立10个以上"智慧教育示范区"，开展智慧教育探索与实践，推动教育理念与模式、教学内容与方法的改革创新，提升区域教育水平，探索积累可推广的先进经验与优秀案例，形成引领教育改革发展的新途径、新模式。

构建智慧学习支持环境。加强智慧学习的理论研究与顶层设计，推进技术开发与实践应用，提高人才培养质量。大力推进智能教育，开展以学习者为中心的智能化教学支持环境建设，推动人工智能在教学、管理等方面的全流程应用，利用智能技术加快推动人才培养模式、教学方法改革，探索泛在、灵活、智能的教育教学新环境建设与应用模式。

加快面向下一代网络的高校智能学习体系建设。适应5G网络技术发展，服务全时域、全空域、全受众的智能学习新要求，以增强知识传授、能力培养和素质提升的效率和效果为重点，以国家精品在线开放课程、示范性虚拟仿真实验教学项目等建设为载体，加强大容量智能教学资源建设，加快建设在线智能教室、智能实验室、虚拟工厂（医院）等智能学习空间，积极探索基于区块链、大数据等新技术的智能学习效果记录、转移、交换、认证等有效方式，形成泛在化、智能化学习体系，推进信息技术和智能技术深度融入教育教学全过程,打造教育发展国际竞争新增长极。

加强教育信息化学术共同体和学科建设。与有关部门建立联合工作机制,设立长期研究项目和研究基地,形成持续支持教育信息化基础研究、应用研究和技术开发的长效机制。在协同创新中心、教育部重点实验室等建设布局中考虑建设相关研究平台,汇聚各高校、研究机构的研究基地,建立学术共同体,加强智能教学助手、教育机器人、智能学伴、语言文字信息化等关键技术研究与应用。加强教育信息化交叉学科建设,促进人才、学科、科研良性互动,实现大平台、大项目、大基地、大学科整体布局、协同发展。

资料来源:教育部关于印发《教育信息化2.0行动计划》的通知[EB/OL].http://www.moe.gov.cn/srcsite/A16/s3342/201804/t20180425_334188.html,2018-04-25.

2022年1月,国务院印发《"十四五"数字经济发展规划》提出"加快推动文化教育、医疗健康、会展旅游、体育健身等领域公共服务资源数字化供给和网络化服务,促进优质资源共享复用","深入推进智慧教育"属于"社会服务数字化提升工程"。

深入推进智慧教育

推进教育新型基础设施建设,构建高质量教育支持体系。深入推进智慧教育示范区建设,进一步完善国家数字教育资源公共服务体系,提升在线教育支撑服务能力,推动"互联网+教育"持续健康发展,充分依托互联网、广播电视网络等渠道推进优质教育资源覆盖农村及偏远地区学校。

资料来源:国务院关于印发"十四五"数字经济发展规划的通知[EB/OL].http://www.gov.cn/zhengce/content/2022-01/12/content_5667817.htm,2021-12-12.

2021年7月,《教育部等六部门关于推进教育新型基础设施建设构建高质量教育支撑体系的指导意见》提出"信息网络、平台体系、数字资源、智慧校园、创新应用、可信安全"是"教育新基建"的六个重点方向,这是实现教育数字化转型的重要牵引,也是深入推进智慧教育发展的重要内容。智慧校园新型基础设施是广受区域和企业关注的内容。

智慧校园新型基础设施

完善智慧教学设施。提升通用教室多媒体教学装备水平,支持互动反馈、高清直播录播等教学方式。部署学科专用教室、教学实验室,依托感知交互、仿真实验等装备,打造生动直观形象的新课堂。有条件的地方普及符合技术标准和学习需要的个人学习终端,支撑网络条件下个性化的教与学。支持建设满足教学和管理需求的视频交互系统,支撑居家学习和家校互动。

建设智慧科研设施。推动智能实验室建设,利用信息技术辅助开展科学实验、记录实验数据、模拟实验过程,创新科研实验范式。探索实验室安全智能监管和科研诚信大数据监管应用。促进重大科研基础设施、高性能计算平台和大型仪器设备开放共享。建设科研协同平台,提供虚拟集成实验环境、科研实验数据共享等服务,支撑跨学科、跨学校、跨地域的协同创新。

部署智慧公共设施。升级校园公共安全视频网络,基于人工智能技术实现突发事件的智能预警,加强安防联动,支撑平安校园建设。建设学校餐饮卫生监测系统,加强食材供应链管理和厨房环境管理,建立师生健康档案,支撑健康校园建设。探索推进基于物联网的楼宇智能管理,因需调节建筑温度和照明等,支撑绿色校园建设。

资料来源:教育部等六部门关于推进教育新型基础设施建设构建高质量教育支撑体系的指导意见[EB/OL]. http://www.moe.gov.cn/srcsite/A16/s3342/202107/t20210720_545783.html,2021-07-01.

2019年1月,《教育部办公厅关于"智慧教育示范区"建设项目推荐遴选工作的通知》,提出了示范区六项重点建设任务。

智慧教育示范区

"智慧教育示范区"是指在地方政府支持下,教育行政部门统筹相关机构,充分发挥市场机制的作用,利用新一代信息技术为学生、教师和家长等提供个性化支持和精准化服务,采集并利用参与者群体的状态数据和教育教学过程数据,促进学习者在任意时间、任意地点,采用任意方式、任意步调进行学习,为该区域师生提供高学习体验、高内容适配和高教学效率的教育供给,以促进教育公平、提高教育质量。

资料来源:教育部办公厅关于"智慧教育示范区"建设项目推荐遴选工作的通知[EB/OL]. http://www.moe.gov.cn/srcsite/A16/s3342/201901/t20190110_366518.html,2019-01-10.

1. 以课程和实践为核心建构师生信息素养全面提升的途径和机制

全面落实信息技术和信息科技课程标准，提升学生的信息意识、计算思维、数字化学习与创新和信息社会责任等核心素养。打造优秀在线课程，应用信息技术创新解决教学的痛点、难点，提升教师信息化教学能力。广泛开展信息技术类综合实践课，有效提高学生信息技术应用和创新能力。开展创客教育、跨学科学习（如 STEAM 教育①）等多种形式的创新教育，开设人工智能教育课程和实验项目，培养学习者跨学科解决问题的能力和创新的能力。

2. 探索新型教学模式以推动信息技术与教育教学实践的深度融合

开展以学习者为中心的新型教学模式探索，推动人工智能技术在教学中的深度应用，增强和改善教育教学的有效性，提高学习者的学习体验，创造更加公平而有质量的教育。利用人工智能技术加快推动人才培养模式、教学方法改革，探索泛在、灵活、智能的教育教学服务新模式，促进"课堂革命"的有效有序开展。推动应用智能教学助手和智慧学伴，提高教与学的效率，减轻师生负担。此外，我们还要总结应对疫情以来大规模在线教育的经验，利用信息技术更新教育理念、变革教育模式。

3. 依托学习过程数据提高学生综合素质评价的精准性

制定统一的数据采集标准和使用规范，充分灵活地利用大数据采集技术，依托学生综合素质评价指标体系和评估模型，全方位、多层次伴随性采集学生学习过程数据，有效支撑学生综合素质评价体系和方式改革，实现规模化和精准化测评。深化教育大数据应用，分析学习过程，改善教学服务供给与学习需求的匹配度，优化教学服务质量和效率，实现教育服务的有效优质供给。此外，我们还要积极开展信息技术支撑学生综合素质评价试点工作。

4. 构建数据互联融通的个性化教学支持服务环境

将"智慧教育"纳入区域建设整体规划，打通学校、家庭和社会之间的数据壁垒，实现教育数据与社会数据系统的全面有效对接，拓展学习空间。全面加强各级各类学校数字校园建设，促进数字校园应用全面深入普及。实现各级各类平台之间数据的融通，强化支撑个性化、适应性学习与教学的服务能力。

5. 采用协同创新机制提升区域教育资源供给服务能力

建立统一规范，依托国家数字教育资源公共服务体系，汇聚科研机构和企业等各方力量，探索资源共享和服务供给新机制，采用智能技术汇聚优质教育教学资源，有效支撑学校和师生开展信息化教与学应用，全面提升区域教育信息化的支持服务能力。扩大优质教育资源覆盖面，利用信息化实现教育均衡发展，建立

---

① STEAM 代表科学（science）、技术（technology）、工程（engineering）、艺术（arts）、数学（mathematics）。STEAM 教育就是科学、技术、工程、艺术、数学多领域融合的综合教育。

更加开放、更加适合、更加人本、更加平等、更加可持续的教育体系，为构建智慧社会奠定坚实基础。

6. 利用人工智能和大数据等新技术提升现代教育治理能力

探索大数据辅助的科学决策和教育治理机制，有效支持教育政策的制定、教育教学改革及学校管理等。利用智能技术感知、采集和监测校园环境信息，及时了解师生动态，提升决策有效性和服务精准性。推进教育政务信息系统整合共享，推进教育"互联网+政务服务"，推进教育治理体系和治理能力现代化。随着教育数字化战略行动的部署，智慧教育示范区的重点建设任务也将与时俱进。例如，更加强调师生数字素养与技能，提升数字化能力；聚焦推动国家智慧教育平台应用，切实提高线上教学水平和质量；深化科技与教育系统性融合，加快推进区域教育数字转型与智能升级，构建区域智慧教育新生态。

五、教育信息化政策迭接式路线图

2022年7月，联合国教科文组织发布了《教育信息化政策和宏观规划指导纲要》（Guidelines for ICT in Education Policies and Masterplans，简称《指导纲要》）[1]，指导政策制定者将人文主义原则融入教育信息化政策中，同时帮助政策制定者对教育信息化形成全面系统的理解，以应对实现教育可持续发展目标过程中的重要挑战。《指导纲要》包括导言、促进数字包容及利用数字创新、指导框架和指导原则、政策与宏观规划研制路线图、设计教育全领域的宏观规划、持续性改进与前瞻性审查等[2]。

《指导纲要》主要目标群体为教育信息化政策制定者或者和政策实施直接相关的负责人，并为其提供指导框架：第一，了解信息技术在教育领域中应用的指导原则和相关知识，特别是评估与信息技术应用相关的效益-风险双重影响的能力，以加强学习环境的供给和管理，进而推动全民终身学习。第二，逐步丰富关于政策制定的程序性知识，其愿景是将信息技术教育应用作为公共产品，并指引战略行动符合共同价值观的发展方向，为政府和机构的前景规划和政策范围划分提供了整体性的框架，以便据此制定并实施宏观规划。第三，加强对当地需求和准备情况等相关背景信息的了解，并明晰在政策、项目和能力方面的差距。这些内容仅为政策制定者或相关负责人在特定情况下的应对方式提供参考，但并不做强制性要求。同时，教科文组织还发布了一系列教育信息化政策和宏观规划相关文件。

第一是国际准则文件的制定。具体文件包括：全领域的国家教育信息化政策，

---

[1] https://unesdoc.unesco.org/ark:/48223/pf0000380926.

[2] 转引自刘嘉豪，刘梦彧，张钰，等. 教育信息化政策制定的迭接式路线图——《教育信息化政策和宏观规划指导纲要》述评[J]. 世界教育信息，2023，36（1）：10-18.

如 2015 年发布的《青岛宣言》①为利用信息通信技术实现"可持续发展目标 4——2030 年教育"提供政策指导；贯穿各领域的开放教育资源政策，如 2019 年发布的《开放教育资源建议书》（"Recommendation on Open Educational Resources"）②概述了促进开放教育资源的关键行动领域；贯穿各领域的人工智能与教育政策，如 2019 年发布的《北京共识——人工智能与教育》③是该主题下首次达成的国际共识，为人工智能和教育政策制定提供指导。

第二是教育信息化相关的知识指南。具体文件包括：2015 年推出的在线"教育信息化政策工具包"（ICT In Education Policy Toolkit）④包含了制定教育信息化政策和宏观规划所需知识，并以相关实例和工具提供分步指导；2018 年，新版《教科文组织教师信息和通信技术能力框架》（"UNESCO ICT Competency Framework for Teachers"，ICT-CFT）⑤为培养教师在教学中使用信息通信技术的能力提供了相关政策和宏观规划方面的支持；2019 年发布的《开放教育资源政策制定指导纲要》（"Guidelines on the Development of Open Educational Resources Policies"）⑥为决策者提供了有关开放教育资源的专题领域知识和制定宏观规划的程序知识；《开放教育资源：政策、成本与转型》（"Open Educational Resources：Policy，Costs，Transformation"）⑦记录并分析了 15 项案例研究，以指导开放教育资源政策的制定；2021 年发布的《人工智能与教育：政策制定者指南》⑧为政策制定者提供了人工智能技术领域的重要支持；此外，还出版了国际人工智能与教育会议的综述报告和人工智能与未来学习摘要等相关文件。

《指导纲要》彰显联合国教科文组织的核心价值观，强调的原则反映出人文主义和可持续发展的价值导向。第一，坚持人文主义原则，确保包容、公平和性别平等。利用教育弥合获得信息技术以及数字技能方面的公平和性别差距。第二，根据预算限额评估信息技术和其他优先事项之间的权重。总结疫情中的教训，我们发现，应将利用技术提高教育系统的韧性规划成任何新型学习基础设施必不可少的部分。政策制定者需要审查和评估当地信息技术的准备状态，然后才能挑选出最适合当地的技术方法。此外，政策制定者还应该根据整体性战略来决定学习活动的实施空间。第三，预测潜在风险和突发负面影响，并施以相应监管。政策

---

① https://unesdoc.unesco.org/ark:/48223/pf0000233352.
② https://unesdoc.unesco.org/ark:/48223/pf0000370936.
③ https://unesdoc.unesco.org/ark:/48223/pf0000368303.
④ https://en.unesco.org/icted/home.
⑤ https://unesdoc.unesco.org/ark:/48223/pf0000265721.
⑥ https://unesdoc.unesco.org/ark:/48223/pf0000371129.
⑦ https://unesdoc.unesco.org/ark:/48223/pf0000244365.
⑧ https://unesdoc.unesco.org/ark:/48223/pf0000376709.

必须预测、规范和减轻信息技术的使用对教育系统、个人、环境和气候变化所带来的负面影响，包括保护数据隐私和网络安全、促进数字福祉、减轻对环境的影响等。第四，在全社会范围倡导建立技术驱动的开放学习系统。建立具有危机应对韧性的系统有赖于合理的技术应用。在疫情之后，人们越来越清楚地认识到，所有国家都需要开放的、韧性的学习系统，在面对更频繁的教育中断浪潮时，学习的连续性和质量才可以得到保障。

（一）教育信息化政策与宏观规划的指导框架

《指导纲要》提出了教育信息化政策和宏观规划的全领域指导性框架，包含两个显性维度，即信息技术赋能的学习空间及教育政策和宏观规划中信息技术的关键要素，以及人文视野、学术和人类发展成果的定义、课程、评估和学习空间的开放性、获取技术的包容性和公平性、评估跨空间使用技术的伦理问题和风险等隐性维度。教育信息化政策及宏观规划的指导框架以人文主义愿景为引领，强调提升课程和评估的开放度以及学习环境的开放性和应对危机的韧性（图3-1）。

				人文主义愿景
		课程和评估的开放度 →		
学习结果与人文价值观结果	知识和价值观的获取（在固定时空内）	知识和价值观的深化（在扩展的时空内）	终身和全方位的知识创造与价值观理解	
教与学的实践	信息技术增强的课堂教学	线上线下混合式课程	人为指导的泛在式在线与开放学习	
教师和其他（学生的）辅助者	教师和教学设计师	混合式学习设计师和辅助者	技术与资源的整合者以及培训师	
涵盖内容的教育资源	系统引导的教育资源供给	政府和用户共同生产的资源和开放教育资源	社会范围的众包和个性化策展	
信息技术	校内设备和网络连接	家校互联的平台	社会范围的混合式（线下/线上）学习网络	
	学校和其他教育机构	家庭	公共空间	
数据和网络安全		学习环境的开放性和应对危机的韧性 →		

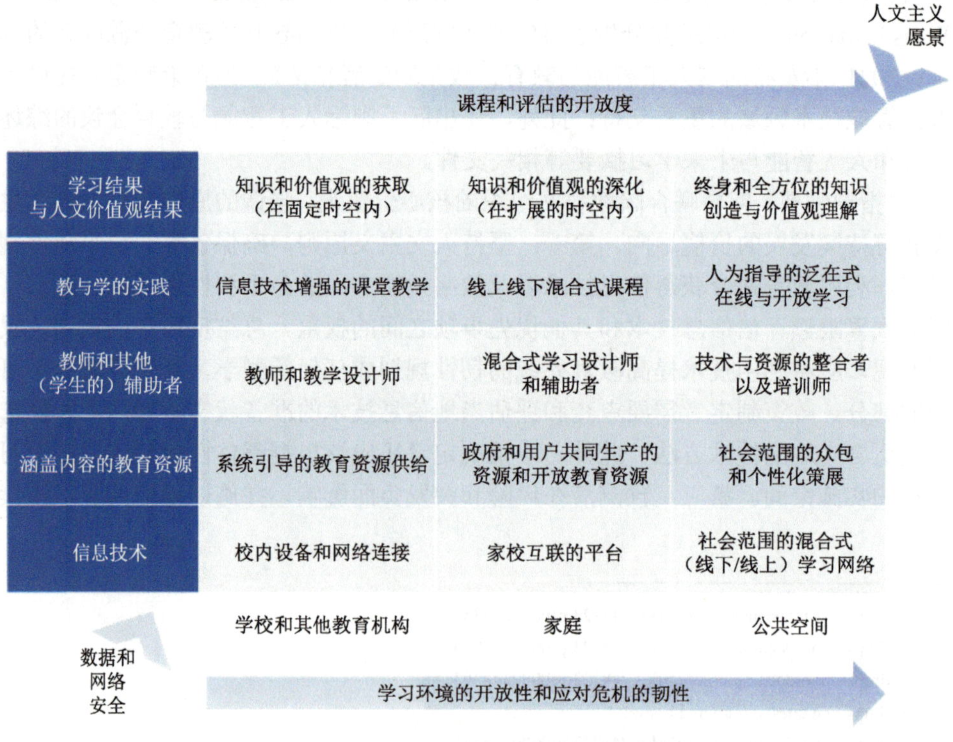

图3-1　教育信息化政策及宏观规划的指导框架

资料来源：UNESCO. Guidelines for ICT in Education Policies and Masterplans[EB/OL]. https://unesdoc.unesco.org/ark:/48223/pf0000380926?posInSet=1&queryId=06df8dc2-de45-4e4b-9d07-3baf66021356.

首先，将学习和人类发展成果作为政策目标。这些成果既是信息技术在教育领域的应用目标，也是政策规划的出发点。除了学术成果之外，政策制定还应关注个人福祉和社会发展，以结果为导向的信息技术教育规划应该从预期的学习和人类发展成果入手，而不只局限于信息技术的应用。

其次，将开放的学习空间作为增加获得教育机会的切入点。学习空间的开放意味着从校本场景转向包含家庭和学校在内的互联学习空间，进而发展为"家-校-社"跨场域智联融通的学习环境。政策规划的目的在于将信息技术从辅助性应用转变为帮助学校教育数字化转型的方法，进而为在学校、家庭或其他空间中的学习者提供处处可学的泛在学习环境。

再次，国家课程和评估的开放是利用信息技术进行教学创新的原动力。课程和评估应该从僵化的知识导向转变为素养导向。政策规划应该根据地方教育、学校和教师的实际情况具有更强的灵活性，以帮助他们选择适当的教学设计、学习资源、授课计划以及评估手段。

最后，相互关联的构成要素是实现成果的促成要素。这些要素应被视为技术赋能开放学习系统的三大支柱，即技术、学习资源和人力资源；教学实践，即教学、学习和评估等；在学术成果和人文价值方面的预期产出。

（二）教育信息化政策与宏观规划的迭代步骤

《指导纲要》介绍了教育信息化政策制定以及宏观规划编写中的程序性知识，并为制定政策提供参考，以确保政策实施过程中得到充足的支持及有效的监测。《指导纲要》提出了教育信息化政策制定的六大步骤，这些步骤互为参考、相互依赖、共同规划，并以迭代优化的思路进阶式地修改。

1. 政策制定的管理与指导

首先，成立一个规划委员会和工作小组以管理和统筹政策的设计与实施。例如，政策协调委员会、统筹委员会或高级别委员会等。

其次，规划委员会需要审查并协调跨领域法规和政策的一致性，包括考量技术和数据在教育中使用的适切性、数据获取和技术部署的方式等。

再次，初步确定政策范围、期限和建立预期政策审批机制。一是政策期限，委员会应设置特定期限（如5年）或具体的结束日期。二是政策范围、主题重点，要制定涵盖所有或大部分学段和教育类型的全领域信息化政策，或是将重点放在特定的次级部门或领域。三是建立预期政策审批机制，规划委员会应明确政策批准方和使政策生效并被认可的协议。

最后，把组织咨询作为引导合作伙伴参与政策制定的策略。为获得合作伙伴的支持，协商与合作至关重要，同时这也是在为最终确定政策和宏观规划征求意见，常用的咨询方法包括广泛公众咨询、专题小组讨论、持续的知识共享及定期会议等。

2. 政策审查与需求评估

政策制定者对以往的教育信息化或其他相关政策进行彻底审查，以决定所拟制定政策的核心。政策审查应至少包括对现有政策的分析、需求评估和形势分析。需求评估的主要目标是对需要应对的挑战进行创新和前瞻性思考，并提出应对已确定挑战的初步方法。政策审查的目的在于明确变革的方向与动因，并为公共干预和新政策议程的实施提供合理依据。

3. 确定政策愿景并制定政策框架

第一，确定政策愿景。政策愿景应该立足现在并关注未来，以人类的福祉和能力发展为中心，使人文主义原则具体化。一方面，愿景声明应具备简洁性和具体性，并为后续步骤提供方向。另一方面，愿景也应根据对现状的差距分析进行自检，并根据差距分析结果确定一个国家为实现其目标而应该实施的方案。

第二，制定政策框架。教育信息化政策至少应包括：序言或介绍、背景和现状分析、理论依据、期限范围和政策协同、指导原则、实践层面或总体层面的实施战略、愿景声明或政策声明、政策框架（重点领域及战略目标）等。

4. 构建宏观规划

宏观规划将明确需要变革的内容，并涵盖教育信息化政策及宏观规划的指导框架所示的多个要素，如学习结果和人文价值观结果、教与学的实践、教师和其他（学生的）辅助者、涵盖内容的教育资源、信息技术等。在此之前，教育信息化的宏观规划应首先涵盖关键的横向推动要素，特别是法律法规、预算规划与协调、质量保障机制、能力建设和设置激励机制等。

5. 制定有效的实施计划

在这一阶段，政策不再被视为一项计划，而是一套指标，说明为了实现总体政策目标，随着时间演进所需进行的改变。政策和宏观规划的实施需要预测和协调变化，使宏观规划中所有要素都能相互配合以成功实现愿景。

首先，政策实施方法。要使一项政策被执行者所采纳，有三种较典型的办法：一是自上而下的公共政策实施取向，考虑所有推动因素并提供系统的实施手段；二是自下而上的取向，始于对该领域从业人员的支持；三是混合模式，兼顾了上述两种方式的优势且能规避两者的劣势。

其次，通过监测和研究寻求反馈与改进。一是行政监评，监测与评估是保证政策和宏观规划实施时效与质量的必要行政规程，它需要确定关键绩效指标，并以能够可靠核对的数据或资料的现实假设为基准。二是研究，设计研究以调查政策对教学的实际影响，并将实际结果与拟议的变革理论进行比较。

再次，管理和协调实施的组织结构。宏观规划的实施需要统筹行动和跨部门进行组织协调，包括有权管理和监督政策执行的管理委员会、受权协调实施的国家信息技术教育机构、负责执行政策的工作组。

最后，制定证据导向的迭接式实施周期计划。教育信息化政策与实施宏观规划应从小规模开始，收集和分析其有效性的证据，调整政策和宏观规划，然后在宏观规划规定的政策期限内扩大实施规模。此外，应该在国家层面收集、认可并推广自下而上式的创新，以触发政策下一周期性调整。

6. 政策的审批与发布

第一，政策的最终确定和长期执行。政策制定者应修定并拟定政策和宏观规划草案，并形成一份完整的文件。规划委员会应确保获得最高权力机构对其的认可，使其具有法律约束力，此外还要制定科学合理的预算分配方案。

第二，将政策发布作为建立伙伴关系的关键策略。本阶段是从规划阶段进入实施阶段的时刻，也是启动结构性组织的时刻。委员会应与负责执行的协调机构或国家教育信息化专职管理机构共同谋划政策发布，包括发布行政指令或命令、面向主要利益攸关者的发布活动、网络研讨会及宣讲会等环节。政策发布并不是政策使命的结束，而是长期执行和不断完善的开始。

（三）教育信息化政策与宏观规划的重点领域

教育信息化政策及宏观规划涵盖所有学段和类型的教育，包括中小学教育、高等教育、职业教育、非正规教育，以及课程和评估、数字化学习资源、教育管理信息系统等。《指导纲要》对其逐一进行剖析，从明确概念、指出问题、提供行动建议等角度提供指导。

1. 中小学教育信息化的宏观规划

中小学教育的数字化转型包括教育目标、课程体系、教学方法和总体教育环境的转型，从而促使学生积极参与信息社会和数字经济。利用信息技术加强K-12[①]教育，是学校数字化转型的必要环节。它的重点是为所有学生和教师提供用于教学目的的数字设备，以提高教学质量。因此，中小学教育信息化政策的设计应与学校教育数字化转型的所有其他要素密切联系。

同时，决策者部署学校教育信息化政策时，需要应对以下挑战：教育界对信息技术应用的界定尚未达成共识；师生无法获得满足教学目的的数字设备；缺乏高质量（快速稳定）的互联网连接；教师专业发展赶不上数字环境的变化；学校对信息技术的使用不能有效促进教学法的应用。

《指导纲要》建议制定政策时充分考虑：完善数字基础设施建设，如建立数据库、监测并分析师生需求，确保数字技术能够支持并促进学与教；对学校的数字基础设施开展需求分析；培养教师专业的信息技术应用能力，并借此支持其持续

---

① K-12，教育类专用名词（kindergarten through twelfth grade），是学前教育至高中教育的缩写，现在普遍被用来代指基础教育。

的专业发展；利用信息技术提高所有学科的教学质量；等等。

2. 高等教育信息化的宏观规划

鉴于高等教育的重要性，政策制定者一直在寻求创新，以帮助提高高等教育的可获得性、可负担性、公平性和质量。高等教育的教育信息化宏观规划需要利用信息技术来支持大学的人才培养、科学研究和社会服务使命的达成。近几十年来，信息技术的发展对高等教育产生了巨大的影响，包括机构管理、行政、财务、图书馆服务、教学、科研、学生生活等方面。

决策者部署高等教育的教育信息化政策时，需要应对如下挑战：可及性和公平性，即确保人人都能享有接受高等教育的机会；效率和生产力，即复杂性随着科技生产力的提高和压力的增大而增加，需要格外关注效率和生产力；高校机构需确保教学质量、提供学术支持，以及确保学分、学历和学位的可认证转移性。

《指导纲要》建议制定高等教育信息化政策时，应充分考虑：供给信息化，扩大高等教育获取渠道，如开放远程教育；教学信息化，鼓励高等教育机构实施混合式学习，如建立多学科知识库；科研信息化，发展和维护研究网络，如相互合作产生新知识，创建灵活、综合、高效和可负担的高等教育生态系统；行政管理信息化，提高效率等；服务信息化，促进信息技术的应用，以支持公平和可持续发展，如弥合区域数字鸿沟，促进大学、产业和政府三方之间的合作。

3.职业教育信息化的宏观规划

职业教育重视信息技术如何助力建立灵活、专业的全民学习环境，以及提供有针对性培训、为学习者提供更加真实有趣的学习体验。作为教育系统的关键组成部分，职业教育致力于赋予学习者获取新知识和实践的技能，为公民提供充分受益于数字化转型的必要技能。职业教育信息化宏观规划致力于培养与信息技术相关的能力，更好地将学习与就业市场需求结合起来，加强课程与就业市场中新制造、生产和基于数据的服务之间的关联等。

决策者制定职业教育信息化政策时，需要应对如下挑战：利用信息技术来改善学习环境，如稳定的电力供应、最新的软硬件以及便利的互联网接入；优化更新教学资源，确保基于信息技术的新型学习方式与课程目标相一致；为了使教师能够充分认识到信息技术学习环境的优势，需要对设备的使用、新型学习资源和新型教学方法进行充分的培训；新的学习环境为学习者开展基于问题的、真实的和自组织的学习提供条件。

《指导纲要》建议制定政策时充分考虑：评估基础设施现状，并扩大信息技术教育服务获取渠道；确保职业教育课程能够在实际应用中实现迁移价值，如利用虚拟技术增强学习场景的情境性与真实性；提供泛在互联的学习空间以提高学习者的学习能力，如确保所有人都能够学习信息技术的相关技能、评估并更新教师培训内容等。

4. 非正规教育信息化的宏观规划

非正规教育是指根据个人需求以及具体环境和背景，相关机构所提供的灵活的结构化学习机会。非正规教育强调利用信息技术扩大所有人接受教育机会的范围、规模、质量和类型，为所有人提供终身学习的机会，帮助弱势群体，并对非正规教育所获得的知识、技能和能力给予认可与认证。

非正规教育信息化政策必须应对与可获取性、质量保证标准以及高等教育课程学习结果认证等相关的挑战。通过非正规教育信息化，一系列的教育、社会和经济问题可以在适当的条件下得到解决，如保障失学青年、残疾人和缺乏基本技能者获得学习的机会。

《指导纲要》建议制定政策时应充分考虑获取、质量和可持续性。一是利用可负担的信息技术增加某些人对非正规教育的获取机会；二是利用信息技术提升非正规教育的教育质量，如促进并支持开放教育资源的创建、使用与复用；三是确保数字化驱动的非正规教育项目具有可持续性，如建立数字化非正规教育课程的认可、验证和评估机制，并将其纳入国家的资格认证体系。

5. 信息技术在课程与评估中应用的宏观规划

课程规定了学生在正规教育中的学习内容、时间及方式。然而，由于越来越多的学生和教师能够获取并使用信息技术，传统的课程定义受到了挑战。当新的工具被引入课程时，学生学习什么（课程内容）和他们如何学习（教学法）都需要被重新审视和调整。人们认识到有必要将信息技术基本技能纳入学校课程，并改革学习评估方式，以反映信息技术的使用及其对学习成效的影响。

信息技术在课程和评估中应用的相关政策需要关切如下挑战：一是解决学生学什么、何时学以及如何学的问题，包括如何使数字能力全球框架本土化；二是如何灵活调整教学时间和教学顺序，以利用更适当的教学方法实现课程目标；三是如何开展探究式学习、项目式学习、协作式学习等。

《指导纲要》建议制定政策时充分考虑：一是数字能力融入课程体系，如厘定不同年级需达到的数字能力水平；二是指导有目的地使用信息技术以达到课程的目标，如教学法创新，并为教师推荐适切的教学工具和教学资源；三是引导使用信息技术加强对学生学习的评估。

6. 数字化学习资源的宏观规划

数字化学习资源包括一系列同国家课程体系对标的在线课程，数字化学习资源应当易于获得、管理、共享、查找，能够被监控、重复利用、评估、更新和调整，以推动教学和技术的进步。数字化学习资源中的宏观规划应确保所有师生都有权限访问优质数字学习资源，内容应包含与国家或院校课程相适应的广泛数字化内容，并根据不同的教学环境对其加以改编。

决策者制定政策时，需要关切如下挑战：一是需要财政资源来开发并定期更新覆盖所有科目、所有年级、与课程相适配的数字化学习资源；二是缺少与地方课程相关的高质量开放教育资源；三是缺少多语种本土化材料；四是终端用户往往无法及时拿到学习资料；五是偏远地区的学校难以获取高质量的学习材料；六是需要保持数字化学习资源的更新。

《指导纲要》建议制定政策时充分考虑：一是为所有学科和年级开发数字化学习资源；二是将教学原则融入数字学习资源的设计开发中；三是建立国家或院校级的数字化学习资源库；四是善用开放式教育资源；五是提升职前职后教师的数字化资源使用能力；六是利用数字化学习资源实现泛在学习。

7. 教育管理信息系统的宏观规划

教育管理信息系统提供教育系统运作的相关信息，促进数据和信息的收集、聚合、分析和使用，以用于监测、制定政策和优化实践，并实现持续性改进。教育信息化政策重视建立并定期更新以信息技术强化教育管理信息系统，为所有部门、所有类型的教育及时提供数据支持，保障规划、管理教育政策执行过程中的有效性、高效性和公平性。

教育管理信息系统的挑战来源于以下方面：一是数据收集，如缺乏具备可靠性、系统性、时效性、国际可比性的数据；二是数据聚合，如缺乏聚合数据以支持基于指标的分析；三是数据分析，如多个教育管理信息系统之间缺乏互通性；四是数据使用，许多重要的变量没有或难以被纳入系统。

《指导纲要》建议制定政策时充分考虑：一是优化教育机构数据录入与联通，利用新技术提升数据采集效率，增强解读数据的能力；二是开发数据聚合和分析指标，提高结果的可靠性和准确性；三是增强使用数据的能力，在政策制定和教与学中有效使用数据，使数据驱动教育治理。

教育信息化政策制定和施行及宏观规划，特别是当政策内容涉及日新月异的信息技术时，应通过评估进行持续性学习和改进。在每一步中，政策制定者都应该从之前的步骤中学习，并对调整和变化持开放态度，以确保政策对教与学产生最大限度的影响。通过反馈循环对宏观规划及其各个步骤进行分析，并将分析结果纳入每一次新的迭代中，其目的是确保根据质量保证基准实现目标，并在目标发生转变或可能无法实现时调整计划。持续监测和研究以正向循环的方式反馈宏观规划，可以帮助各国实现或超越其实施目标，应对不断变化的环境（如新技术或新危机），并有效地利用现有人力、技术和资金资源。

教育正处于全球性的危机中，联合国教育变革峰会呼吁教育数字化变革，以建立一个包容性、公平性、有效性和可持续性的未来。教育信息化政策规划制定与执行是教育数字化转型的核心保障。《指导纲要》启示我们认识到：第一，教育信息化应用应遵循以人为本的原则，为人类服务并提高人的素养，应避免信息技术对学生幸福感提升产生潜在负面影响。第二，信息技术本身并不能解决所有教育问题，无论是否有信息技术的帮助，都应首先解决现有教育系统内存在的问题。第三，教与学不应该由信息技术驱动，而应发展通过利用信息技术应用能力来提高学习质量的教学法，同时应该避免信息技术的不当使用及过度使用。第四，为使教师能够充分且谨慎地利用信息技术，培训是当务之急。

第 4 章

教育数字化国际理解

战争起源于人之思想，故务需于人之思想中筑起保卫和平之屏障。

——《联合国教育、科学及文化组织组织法》

确保包容和公平的优质教育，让全民终身享有学习机会。

——联合国教科文组织《教育 2030 行动框架》

当今世界，人类生活在不同文化、种族、肤色、宗教和不同社会制度所组成的世界里，各国人民形成了你中有我、我中有你的命运共同体。

——习近平，在联合国教科文组织总部的演讲《文明交流互鉴是推动人类文明进步和世界和平发展的重要动力》，2014 年智慧教育代表了智能技术变革教育的未来发展方向,如何推进教育数字化转型、如何构建智慧教育生态,是世界各国面临的共同挑战和重要机遇。2022年9月,联合国教育变革峰会[1]期间发布的《确保和提高全民公共数字化学习质量行动倡议》[2]重申,必须充分发掘数字革命的力量,确保将优质教育和终身学习作为一项共同利益和人权提供给所有人,并特别关注最边缘化的群体。联合国教科文组织发布了系列报告以引领教育数字化变革,如为教育打造新的社会契约的报告《一起重新构想我们的未来:为教育打造新的社会契约》[3]、推动人工智能与教育的报告《北京共识——人工智能与教育》[4]、为人工智能与教育政策提供支持的报告《人工智能与教育:政策制定者指南》[5]、关于人工智能伦理问题的国际准则性文书《人工智能伦理问题建议书》[6]。各利益攸关方协同打造合作伙伴关系,发布合作倡议(如《世界数字教育发展合作倡议》),并搭建了国际合作交流平台,如"教育变革峰会""世界数字教育大会""国际人工智能与教育大会""全球智慧教育大会"等。面对新一轮科技革命和产业变革的历史机遇期,全球范围内的数字化转型步伐不断加快,世界各国陆续出台数字化发展战略,并将教育数字化作为国家数字化战略的重要组成部分。从国际经验看,数字化转型是在数字化转换、数字化升级的基础上,在战略层面进行系统规划,全要素、全流程、全业务、全领域推进数字化意识、数字化思维和数字化能力的过程。智慧教育是教育数字化转型的目标形态,由智慧学习环境、新型教学模式和现代教育制度三个境界构成,"能"自环境、"慧"从师出、"变"在形态,并传递教师智慧、启迪学生智慧、孕育人类智慧。

一、为教育的未来打造新社会契约

(一)从学会生存到全球共同利益

1972年,教科文组织发布了《学会生存:教育世界的今天和明天》("Learning to Be: The World of Education Today and Tomorrow",又称《富尔报告》)[7]。基于报告对世界教育发展和各国教育政策产生的巨大影响力,2013年被教科文组织重新发布,该报告推动国际社会进入终身教育的时代,被认为是人类迈向学习型社会的重要宣言。报告指出,教育的发展是人类社会历史发展的一部分,肩负继承

---

[1] https://www.un.org/zh/transforming-education-summit.
[2] https://www.un.org/zh/transforming-education-summit/digital-learning-all.
[3] https://unesdoc.unesco.org/ark:/48223/pf0000379707.
[4] https://unesdoc.unesco.org/ark:/48223/pf0000368303.
[5] https://unesdoc.unesco.org/ark:/48223/pf0000376709.
[6] https://unesdoc.unesco.org/ark:/48223/pf0000381137.
[7] https://unesdoc.unesco.org/ark:/48223/pf0000223222.

和革新的双重使命。教育既要继承丰富的历史以及各种文明与传统，又要革新现状，适应人与社会发展的新需求。教育的最终目的，即培养完善的人。报告强调，教育应成为一个连续不断的过程，教育的成功和失败不应锁定在某一特定时间点。人的生存过程就是"一个无止境的完善过程和学习过程"。报告认为，科学技术改变了社会，把人类带入学习型社会。

1996 年，联合国教科文组织发布了《学习：内在的财富》（"Learning：The Treasure Within"，又称为《德洛尔报告》）[1]。报告继承了《学会生存：教育世界的今天和明天》中的终身教育理念，并将其发展为终身学习；从着重个体"完人"的发展开始关注个体与他者和群体之间的关系。21 世纪是知识经济的世纪，是信息化的世纪，自然也是学习的世纪。那么，21 世纪人应该学什么、怎样学呢？教育仅从数量上去满足那种无止境的"知识和技能"需求，既不可能也不合适。报告提出教育的四大支柱：学会求知、学会做事、学会合作、学会生存。所谓"学会求知"，是培养"学会学习"的能力，"求知"将是一个在认识和实践之间无数次反复、不断"完成"而又重新开始的过程。

2015 年，联合国教科文组织发布了《反思教育：向"全球共同利益"的理念转变？》（"Rethinking Education：Towards a Global Common Good？"，简称《反思教育》）[2]，在新的历史节点反思教育。报告秉承人文主义教育观和发展观，围绕三个问题展开：面对"错综复杂""矛盾冲突""紧张不安"的 21 世纪，我们需要怎样的教育？在当前社会变革背景下，教育的宗旨是什么？学习应如何来组织？为了探索问题的答案，报告运用人文主义的视角与方法，对"知识""学习""教育"的概念进行重新界定，并提出教育和知识应被视为共同利益的理念。报告认为，"学会学习"从来没有像今天一样重要过。技术发展密切了人与人之间的关联，为交流、合作与团结提供了新的渠道，学习应视为一个连续体，校内外学习应密切互动。联合国教科文组织在《反思教育：向"全球共同利益"的理念转变？》中对知识、学习和教育做了如下阐释[3]。

知识在有关学习的任何讨论中都是核心议题，可以理解为个人和社会解读经验的方法。因此，可以将知识广泛地理解为通过学习获得的信息、理解、技能、价值观和态度。知识本身与创造及再生产知识的文化、社会、环境和体制背景密不可分。

学习可以理解为获得知识的过程。学习既是过程，也是这个过程的结果；既是手段，也是目的；既是个人行为，也是集体努力。学习是由环境决定的多方面

---

[1] https://unesdoc.unesco.org/ark:/48223/pf0000102734_chi.
[2] https://unesdoc.unesco.org/ark:/48223/pf0000232555_chi.
[3] 联合国教科文组织. 反思教育：向"全球共同利益"的理念转变？[M]. 联合国教科文组织总部中文科，译. 北京：教育科学出版社，2017.

的现实存在。获取何种知识，以及为什么、在何时、在何地、如何使用这些知识，是个人成长和社会发展的基本问题。

教育可以理解为有计划、有意识、有目的和有组织的学习。正规教育和非正规教育机会意味着一定程度的制度化。但是，许多学习即便是有意识和有计划的，其制度化程度却要低得多（如果能够形成制度的话）。这种非正式教育不像正规教育或非正规教育那样有组织、有系统，可能包括发生在工作场所（如实习）、地方社区和日常生活中的学习活动，这些活动都是以自我指导、家庭指导或社会指导为基础的。

最后需要指出的是，我们在生活中学到的许多知识并非有意为之。这种非正式学习是所有社会化经验的必然体验。

（二）一起重新构想教育的未来

2021年11月，联合国教科文组织面向全球发布了有关"教育的未来"的重磅报告，即《一起重新构想我们的未来：为教育打造新的社会契约》[1]。报告旨在回应全球教育变革面临的一系列关键问题。教育可以从社会契约的角度来审视，以教育的共同愿景作为出发点，包含建构教育系统的根本性组织原则，以及为建立、维护和完善教育系统所做的分散性工作。在人类及其居住的星球都面临严重危机的今天，必须紧急重塑教育以帮助我们应对共同的挑战，去创造休戚与共且相互依存的未来，并提供必要的知识和创新，以备在社会、经济和环境正义的基础上开创面向所有人的可持续与和平的未来。

《一起重新构想我们的未来：为教育打造新的社会契约》提出[2]，人类和地球正受到威胁。我们需要共同采取紧急行动，改变发展方向，重新构想我们的未来。长期以来，教育都被认为是促进积极变革的强大力量，而现在教育面临着全新的、紧迫的和重要的任务。"教育的未来"国际委员会的这份报告在约百万人参与的全球协商进程的基础上，邀请世界各地的政府、机构、组织和公民出谋划策，为教育缔结一项新的社会契约，齐心协力地建设一个面向所有人的和平、公正和可持续的未来。

该报告深入探讨了数字技术、气候变化、民主滑坡、社会两极分化以及不确定的工作前景等问题，其目的不仅仅是让每个人参与教育对话，引发思考，而且要鞭策我们每个人都采取行动。报告认为，只有通过数以百万计的个人和集体，凭借行动力、领导力、抗压力、创造力和关爱力，我们才能改变发展方向，实现

---

[1] https://inruled.bnu.edu.cn/docs/2022-03/20220324102143015998.pdf.
[2] 一起重新构想我们的未来：为教育打造新的社会契约[EB/OL]. https://inruled.bnu.edu.cn/docs/2022-03/20220324102143015998.pdf.

教育转型，最终建设一个公正、公平和可持续的未来。

教育长期以来在人类社会变革中发挥着根本性的作用。《一起重新构想我们的未来：为教育打造新的社会契约》呼吁重新定义教育的目的，认为教育旨在团结人类，使其共同努力，塑造以社会、经济和环境正义为基础的可持续发展目标，并为其提供必要的知识、技术和创新。它必须纠正过去的不公正状态，同时为我们未来的环境、技术和社会变革做好准备。报告肯定了教育目的的公共性、正义性和超越性，即教育能促进人的发展和社会进步；同时，它也反映出教育目的的新内涵，即促进人与人之间的彼此联结、人与自然之间的生态联结、人与技术之间的创新联结。

林可、王默和杨亚雯在《教育何以建构一种新的社会契约？——联合国教科文组织〈一起重新构想我们的未来〉报告述评》中对教育目的内涵做出新的解读[①]。

人类视角下的社会契约：人与人的关系重构。教育和知识是全球共同利益。联合国教科文组织强调保障所有人可获得终身优质教育权，接纳人类知识文化的多样性，重视人类的相互依存性。教育推动"构建人类命运共同体"是人类视角的契约承诺。生态视角下的社会契约：人与自然的关系重构。未来教育倡导人类"为改造地球而学习"，人类"与地球一起学习"，旨在通过教育重构人与自然的关系，改变人类对地球无节制地控制、占有、破坏和消耗，转向人与自然的和谐共生，建立人与自然的生命共同体。构建公平包容、更有质量、适合人人、绿色发展、开放合作的数字教育体系是我国基于生态视角的契约承诺。

技术视角下的社会契约：人与技术的关系重构。数字技术蕴含巨大的变革潜能，但我们还没有找到将技术潜力转化为现实的路径。未来教育必须直面技术变革带来的一系列问题。例如，如何规避技术失范、算法滥用与人的异化。如何创造更多以人为本的体面工作。如何在人工智能时代强调人性关怀的价值。国家教育数字化战略行动是我国基于技术视角的新教育社会契约承诺。

新教育社会契约从四个维度重构人与技术的关系[②]。第一，弥合教育的数字鸿沟。当前世界范围内的教育数字化、信息化基础设施建设存在严重缺口，疫情更加暴露了数字鸿沟引发的教育鸿沟问题。数字革命与农业革命、工业革命等一样，在技术变革创造巨大利益的同时也产生了令人担忧的社会不平等与排斥现象。因此，教育事业发展既要致力于提供平等的技术资源、教育机会和信息权利，也要适应不同地区教育技术的普及程度、使用习惯和社会文化等差异。第二，提升公众数字素养。数字鸿沟问题不仅是技术鸿沟问题，还是素养鸿沟问题。广泛的

---

① 林可，王默，杨亚雯. 教育何以建构一种新的社会契约？——联合国教科文组织《一起重新构想我们的未来》报告述评[J]. 开放教育研究，2022，28（1）：4-16.

② 林可，王默，杨亚雯. 教育何以建构一种新的社会契约？——联合国教科文组织《一起重新构想我们的未来》报告述评[J]. 开放教育研究，2022，28（1）：4-16.

技术渗透和不断扩大的学习空间，对未来学习者和教育者的数字适应能力提出了挑战。在熟练使用数字技术的基础上，教师和学生还应当"有意义地使用数字技术"，理解和掌控数字社会的政治、经济、文化要素与规律，并将自身视为数字生态系统的一部分。技术不是中立的，它可以影响人类的看法与决策行为从而分裂或重塑世界。因此，我们要利用数字技术提高人的能力，而非损害人的权利。新的教育社会契约要求将数字素养作为21世纪的核心素养之一，强调为抵制错误信息的传播，应提升科学素养、数字素养和人文素养并培养辨别真伪的能力。第三，解决数字知识的排他性。数字技术的某些特性能够促进知识和信息共享，另一些特性却对知识多样性、文化包容度、社会透明度和学术自由构成重大威胁。算法不透明、平台垄断对教育的公共性和公益性造成严峻挑战。《一起重新构想我们的未来：为教育打造新的社会契约》提出，"没有生命叙事的数字，没有文化包容性的连接，没有赋权的信息以及没有清晰目标的教育技术，都不可取"。"数字技术应以支持学校为目标，而不是取而代之。"联合国教科文组织强调，亟待打破数字知识的排他性，建构符合人类数字化公共利益的新知识观。第四，警惕人类学习者遭遇"黑客"侵害。"黑客"隐喻不加约束和反思的技术发展对人类自身造成的潜在攻击。随着生物技术、神经科学等前沿学科的发展，人类基因和大脑将释放出前所未有的潜能。然而，过度使用技术手段也可能损害大脑健康、降低注意力水平，甚至危及学习者的连接权、数据权、信息权和隐私权，其中的道德危机与伦理风险管理、教育公平与可持续发展等问题变得非常紧迫。

新教育社会契约努力确保应用于教育领域的数字技术、工具和平台朝着提高人的能力、促进人性尊严与人文精神的方向发展，从而维护数字化社会的和平、正义与可持续发展。《一起重新构想我们的未来：为教育打造新的社会契约》特别强调技术变革给教育带来的巨大挑战，认为人工智能、自动化和机器人等颠覆性技术正在重塑全球就业格局，在创造许多新工作的同时也取代很多人的工作。此外，数字鸿沟广泛存在，国家之间和国家内部在教育机会和成果方面的差距扩大了。这意味着，未来教育既要积极适应智能技术的变化，激活技术应用潜能，又要主动规避技术的局限性与伦理风险。

（三）国际组织推动教育数字化变革

为应对数字变革带来的全新挑战，国际组织积极凝聚各方力量，基于以包容性、整合性为特征的全球治理原则，积极驱动和引领全球教育数字化变革：一是将政府部门、私营部门、学校、咨询机构等所有利益攸关方纳入合作伙伴关系网络，并以更广泛的公众参与团结各方力量，提升教育治理效能。二是发布战略规划、准则文件、行动共识与倡议、研究报告和标准等，应对学习危机，描绘未来教育发展愿景，凝聚全球共识，引领共同行动。三是面向政策制定者、决策者和教师等群体，研制行动指南和指导纲要，提供教育信息化"工具包"，实施能力建设项目，积极缩小"数字鸿沟""能力鸿沟"。四是开发教师与学生数字素养标准和评估工具，切实衡量和指引师生数字素养发展。五是发起推动共建共享的数字化教学、管理和资源公共平台和门户。六是组织国际会议，搭建国际对话交流平台，传播经验和分享知识。

1. 联合国教科文组织[①]

联合国教科文组织的核心使命是通过促进会员国之间在教育、科学和文化领域的合作或曰"人类智慧与道德的团结"，为世界和平与安全做出贡献，防止爆发新的世界战争。"战争起源于人之思想，故务需于人之思想中筑起保卫和平之屏障。"联合国教科文组织是主管教育的联合国专门机构，在全球和地区的教育领域发挥领导作用，以推动各国教育系统的发展，增强其韧性和能力，从而服务所有学习者。联合国教科文组织的五个基本功分别是：思想实验室（the laboratory of ideas）、标准制定者（the standard setter）、知识传播者（the clearinghouse of knowledge）、能力建设者（the capacity builder）、国际合作催化剂（the catalyst for international cooperation）。[②]联合国教科文组织通过变革性学习引领应对当今全球挑战的行动，负责领导并协调《2030 年教育议程》。教育既是实现各项可持续发展目标的关键，同时自身也是单独一项目标（SDG4[③]），即"确保包容和公平的优质教育，让全民终身享有学习机会"（Ensure inclusive and equitable quality education and promote lifelong learning opportunities for all）[④]。

作为政府间的协商共治机制，全球治理的现实目标是追求政府间协商或谈判认定的共同利益。联合国教科文组织不具备制定国际法的资质，其全球治理或管辖权限主要以其全体大会通过的国际公约、建议书和宣言或类宣言的国际上共识文件作为依据。这些条文具有一定的法律绑定效力并对所有签约国或签约团体有一定约束力，但联合国教科文组织不能干预主权国家治理体或越过国家治理体对其法律事务或公民实施长臂管辖。联合国教科文组织总部由会员国全体大会和执行局会议以及秘书处组成。该组织的全球治理流程可概括为秘书处理念塑形与动态重塑—执行局审议提案—全体大会协商决议—会员国证立决议并与秘书处合作执行[⑤]。联合国教科文组织在引领自上而下的理念探索、理念立法和政府间协商基

[①] https://www.unesco.org/.
[②] 苗逢春. 概论联合国教科文组织与全球教育治理[J]. 基础教育，2022，19（1）：5-31.
[③] SDGs 是指可持续发展目标，英文全拼是 sustainable development goals，又称全球目标，致力于通过协同行动消除贫困，保护地球并确保人类享有和平与繁荣。SDG4 即 SDGs 的第四项目标。
[④] https://unesdoc.unesco.org/ark:/48223/pf0000245656.
[⑤] 苗逢春. 概论联合国教科文组织与全球教育治理[J]. 基础教育，2022，19（1）：5-31.

础上，主要通过以下几种自下而上的正规网络或平台支持教育领域的知识传播和多边合作：教育类全球法定奖项，如教育信息化奖[①]；全球或地区专题二类中心，联合国教科文组织在教育领域共有 15 个二类中心，如设在中国的国际农村教育研究与培训中心（International Research and Training Centre for Rural Education，INRULED）、高等教育创新中心、联系学校网络国际中心和教师教育中心；教育专题性网络，如姊妹大学网络/教席；教育主题庆祝日活动。

联合国教科文组织总部通过五个专业技术（教育、文化、自然科学、社会与人文科学、通信与信息）业务部门、两个优先战略（非洲优先战略、性别平等优先战略）落实部门的合作，采取整体、综合的方式来推动信息与通信技术（information and communications technology，ICT）在教育中的应用，搭建了平台、实施了众多项目[②]。联合国教科文组织在全球的分支机构也面向会员国开展有关 ICT 促进教育发展的相关项目及活动。例如，位于莫斯科的联合国教科文组织教育信息技术研究所（Institute of Educational Information Technologies in Education，IITE）专门致力于这方面的信息交流、科研和培训；负责协调联合国教科文组织亚太地区教育事务的曼谷办公室[③]在推动亚太地区国家以 ICT 促进教育发展方面做出了突出的贡献，开展活动活跃、成果丰硕；位于亚的斯亚贝巴的联合国教科文组织非洲能力建设国际研究所[④]，则重点聚焦 ICT 促进教师专业发展（图 4-1）。

教科文组织在全球教育数字化转型变革中发挥引领作用。一是作为思想实验室，对标《2030 年可持续发展议程》，通过发布研究报告、共识倡议、战略规划、指导纲要等，积极促进并引领全球教育数字化战略行动。例如，2022 年 9 月，联合国教育变革峰会将教育数字化转型作为教育变革的五大议题之一，提出落实教育数字化转型的主要原则和实施建议，联合国秘书长古特雷斯发布关于教育变革的愿景声明[⑤]以及《确保和提高全民公共数字化学习质量行动倡议》[⑥]。二是作为标准开发者，发布《全球数字素养框架》《教师 ICT 能力框架》《人工智能与教育：政策制定者指南》等标准工具。三是作为能力建设者，注重加强与会员国政府、科技创新企业等的合作，推进教师能力建设项目，尤其关注非洲地区和妇女女童的教育数字化能力建设[⑦]，疫情学校关闭期间确保有效远程学习[⑧]。四是作为信息

---

① https://www.unesco.org/en/prizes/ict-education.

② 王荣，曾海军. 联合国教科文组织 ICT 促进教育发展相关项目分析[J]. 开放教育研究，2013，19（2）：108-120.

③ https://bangkok.unesco.org/index.php/content/unesco-bangkok.

④ http://www.iicba.unesco.org/.

⑤ https://www.un.org/sites/un2.un.org/files/2022/09/sg_vision_statement_on_transforming_education.pdf.

⑥ https://www.un.org/zh/transforming-education-summit/digital-learning-all.

⑦ https://www.unesco.org/en/education/digital/teoss.

⑧ https://www.unesco.org/en/education/digital/distance-learning-guidance.

智慧教育：政策·技术·实践

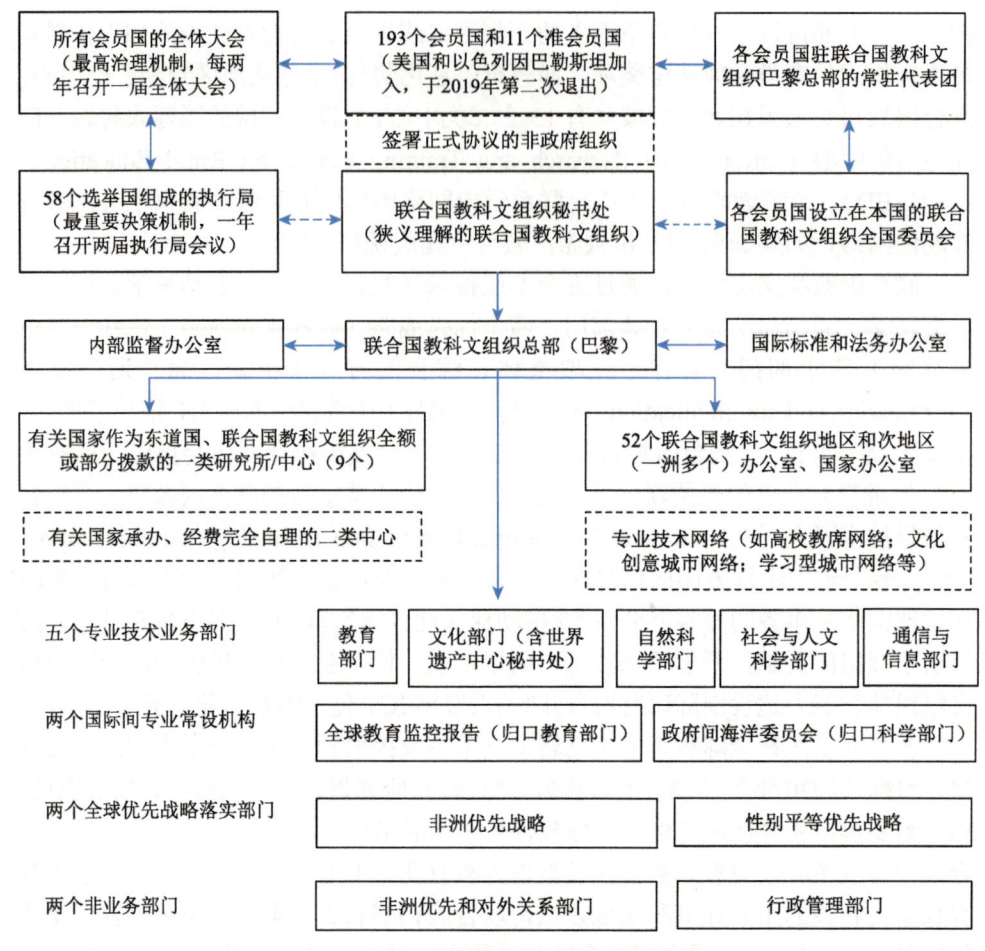

图 4-1 联合国教科文组织整体组织结构

资料来源：苗逢春. 概论联合国教科文组织与全球教育治理[J]. 基础教育，2022，19（1）：5-31.

传播者，发起开放教育资源运动，建设全球数字图书馆（The Global Digital Library）[①]和公共数字学习门户（Gateways to Public Digital Learning）[②]、传播最佳实践案例和翻译故事书等。五是作为国际合作促进者，举办国际会议，共建联盟或国际合作网络（如人工智能与教育教席），推动教育数字化国际合作与开发援助；设立教育信息化奖[③]，获奖项目见《技术在教育中的创新应用：教科文组织教育信息化大奖获奖项目分析》[④]（表 4-1）。

---

① https://digitallibrary.io/.
② https://www.unesco.org/en/education/digital/learning-platforms-gateway.
③ https://www.unesco.org/en/prizes/ict-education.
④ https://unesdoc.unesco.org/ark:/48223/pf0000383555.

第4章 教育数字化国际理解

表4-1 联合国教科文组织推动和引领教育数字化发展

维度	时间	相关文件	教育数字化方面重点部署
全球教育数字化战略行动	2015年	《教育2030行动框架》[1]	推动所有利益攸关方围绕SDG4采取行动，提出实施、资助和审核《教育2030议程》的全球性、区域性和国家性方法
	2015年	《青岛宣言》[2]	为利用ICT实现"可持续发展目标4——2030年教育"提供政策指导
	2020年	《教育数字化转型：学校联通，学生赋能》[3]	倡导加强国家基础设施建设，为学校提供安全可靠的互联网接入，为学习者提供高质量、包容的合适资源与平台
	2021年	《一起重新构想我们的未来：为教育打造新的社会契约》[4]	呼吁在全球范围内应开展教育数字化建设和转型，提升公众数字素养，变革教育系统，以应对危机、适应新的未来
	2021年	《关于教育连通性的重塑教育全球宣言》[5]	为教育数字化转型提出三项核心原则，用于指导国际、国家和地方层面的行动，使技术成为以人为本的教育的助推器
	2021年	《教科文组织教育领域技术创新战略（2022—2025年）》[6]	力图利用技术和数字创新确保更具包容性、有效性和相关性的学习
	2022年	《教育信息化政策和宏观规划指导纲要》[7]	为决策者及机构负责人在教育信息化政策制定方面提供指导框架
	2022年	《确保和提高全民公共数字化学习质量行动倡议》[8]	重申必须充分发掘数字革命的力量，确保将优质教育和终身学习作为一项共同利益和人权提供给所有人
人工智能与教育	2019年	《北京共识——人工智能与教育》[9]	提出各国要加强人工智能与教育的系统融合，开发人工智能工具以支持动态适应性学习过程
	2021年	《人工智能与教育：政策制定者指南》[10]	培养具备人工智能素养的教育政策制定者，为各利益攸关方制定人工智能与教育政策提供支持
	2022年	《中小学阶段的人工智能课程：对政府认可人工智能课程的调研》[11]	呼吁会员国为K-12阶段的学生开发人工智能课程，并通过建立更加强有力的机制，审查非政府机构提供的人工智能课程，平衡私营部门驱动的途径

---

[1] https://www.unesco.org/en/education/education2030-sdg4.
[2] https://unesdoc.unesco.org/ark:/48223/pf0000233352.
[3] https://unesdoc.unesco.org/ark:/48223/pf0000374309.
[4] https://unesdoc.unesco.org/ark:/48223/pf0000379707.
[5] https://unesdoc.unesco.org/ark:/48223/pf0000381482.
[6] https://unesdoc.unesco.org/ark:/48223/pf0000378847_chi.
[7] https://unesdoc.unesco.org/ark:/48223/pf0000380926.
[8] https://www.un.org/en/transforming-education-summit/digital-learning-all.
[9] https://unesdoc.unesco.org/ark:/48223/pf0000368303.
[10] https://unesdoc.unesco.org/ark:/48223/pf0000376709.
[11] https://unesdoc.unesco.org/ark:/48223/pf0000380602_chi.

续表

维度	时间	相关文件	教育数字化方面重点部署
人工智能与教育	2022年	《利用先进信息通信技术/人工智能促进教育数字化转型分析报告》①	对教育数字化转型领域和在教学中使用数字技术情况进行描述，分析36个数字技术案例，为教师、教育组织的领导者和教育政策制定者提供了建议
	2022年	《区块链与教育》②	介绍区块链在教育应用中的基本原则、开发和部署方案
数字安全和隐私保护	2021年	《人工智能伦理问题建议书》③	为各国法律框架内的人工智能伦理立法提供国际规则框架
	2022年	《关注数据：保护学习者的隐私和安全》④	强调数据保护是一项基本人权，每个人享有免受他人任意干涉其隐私的权利（包括个人数据）
界定和培养数字素养	2018年	《全球数字素养框架》⑤	提出包括7个素养领域的数字素养评估方案和要求
	2018年	《教科文组织教师信息和通信技术能力框架》（第3版）⑥	构建18项教师信息通信技术教育应用能力，为教师培训政策和方案的制定提供依据，促进信息技术在教育领域的创新应用
	2019年	《教育中的人工智能：可持续发展的挑战和机遇》⑦	提出人工智能时代教师需掌握的五项能力标准
开放教育资源政策	2012年	《2012年开放式教育资源巴黎宣言》⑧	共建开放教育资源大学，为全球学生提供免费的教育资源与在线课程，开展跨国、跨地区的学分认证
	2016年	《开放教育资源：政策、成本与教转型》⑨	记录并分析了15项案例研究，以指导开放教育资源政策的制定
	2019年	《开放式教育资源建议书》⑩	概述了促进开放教育资源的关键行动领域
	2019年	《开放教育资源政策制定指导纲要》⑪	提供在不同背景下制定和实施开放教育资源政策的指导方针和系统方法，以实现SDG4
应对疫情对教育带来的挑战	2020年	《应对由于新冠疫情学校停课的远程教育策略》⑫	通过各种技术组合提供远程教育，确保所有人可以持续接受课程教育，停课不停学
	2020年	《弹性教学手册：中国"停课不停学"的经验》⑬	阐述了"弹性教学"概念，总结了疫情期间中国教育面临的困境、积累的经验，并给出了实用性的建议

① https://iite.unesco.org/wp-content/uploads/2022/07/Analytical-Report_Ed_AI.pdf.
② https://unesdoc.unesco.org/ark:/48223/pf0000384003.
③ https://unesdoc.unesco.org/ark:/48223/pf0000381137.
④ https://unesdoc.unesco.org/ark:/48223/pf0000381494.
⑤ https://unesdoc.unesco.org/ark:/48223/pf0000265403.
⑥ https://unesdoc.unesco.org/ark:/48223/pf0000265721.
⑦ https://unesdoc.unesco.org/ark:/48223/pf0000366994.
⑧ https://unesdoc.unesco.org/ark:/48223/pf0000246687.
⑨ https://unesdoc.unesco.org/ark:/48223/pf0000244565.
⑩ https://unesdoc.unesco.org/ark:/48223/pf0000373755.
⑪ https://unesdoc.unesco.org/ark:/48223/pf0000371129.
⑫ https://unesdoc.unesco.org/ark:/48223/pf0000373305_chi.
⑬ https://iite.unesco.org/news/handbook-on-facilitating-flexible-learning-during-educational-disruption/.

续表

维度	时间	相关文件	教育数字化方面重点部署
应对疫情对教育带来的挑战	2020年	《新冠疫情学校关闭期间确保有效远程学习：教师指南》[1]	帮助教师了解疫情防控学校关闭期间与居家远程学习相关的关键问题，设计和促进有效的学习活动
	2021	《全球教育危机现状：复苏之路》[2]	监测和评估全球教育系统，提出促进学习数据库建设、构建公平和有韧性的教育体系的倡议
	2022	《新冠疫情期间国家远程学习项目》	总结了韩国[3]、芬兰[4]、沙特阿拉伯[5]在疫情期间国家远程学习项目的实施路径、成效与经验

资料来源：作者根据相关资料整理而成。

联合国教科文组织改版建设了数字学习与教育数字变革网站[6]，全面展示教科文组织在该领域的工作重点、出版物和报告及项目或会议动态，系统介绍了关于数字学习和教育数字变革需要了解的知识[7]，包括：为什么教科文组织认为教育数字创新很重要？教科文组织对这项工作的做法是什么？什么是开放教育资源？教科文组织如何支持人工智能在教育中发挥作用？教科文组织如何确保妇女和女童享有数字福祉？为什么技术在疫情这样的危机时期如此重要？

教科文组织数字学习和教育数字变革领域的工作重点

教育领域数字创新的重要性。数字技术确保教育是一项基本人权，已逐渐成为社会公共产品，尤其是在面临更多危机和冲突的世界中。在新冠疫情期间，一些国家因为没有足够的ICT基础设施和资源充足的数字学习系统，遭受了最严重的教育中断和学习损失。这种情况导致全球约1/3的学生在学校停课一年多的时间里无法学习。疫情导致的教育中断表明，学校教育模式迫切需要联合技术和人力资源进行变革，并建立包容、开放和有弹性的学习系统。教科文组织支持利用"数字创新"，并提供更多的教育机会，促进包容，提升学习相关性和学习质量，建立提升信息技术能力的终身学习途径，加强教育和学习管理系统建设，监测学习过程，致力于培养教师和学生的数字素养和数字能力。

---

[1] https://unesdoc.unesco.org/ark:/48223/pf0000375116.
[2] https://unesdoc.unesco.org/ark:/48223/pf0000380128.
[3] https://unesdoc.unesco.org/ark:/48223/pf0000382826.
[4] https://unesdoc.unesco.org/ark:/48223/pf0000382447.
[5] https://unesdoc.unesco.org/ark:/48223/pf0000381533.
[6] https://www.unesco.org/en/education/digital.
[7] https://www.unesco.org/en/education/digital/need-know.

教科文组织所使用的方法。教科文组织采取人性化的方法，确保技术设计符合国际商定的人权框架，为人们服务。数字技术将作为一种利益手段，助力实现SDG4——教育2030。教科文组织促进数字包容，以最边缘化的群体为中心，包括女性、低收入群体、残疾人以及语言和文化少数群体。正如2015年《青岛宣言》、2017年《青岛声明》、2019年《开放教育资源建议书》、2019年《北京共识——人工智能与教育》等所设想的那样，教科文组织指导国际社会努力帮助各国了解技术在加速实现SDG4方面可以发挥的作用，支持其会员国设计、整合和实施有效的国家数字学习政策和总体规划，确保实地活动满足每个国家和社区的需求，尤其关注弱势群体；教科文组织通过生产和传播知识与公认框架，加强其对新兴技术变革的洞察以及这些技术对教育的影响。此外，教科文组织还通过其设立的教育信息化奖，表彰在教育中使用ICT的做法，以及开放教育资源、移动学习、人工智能和教育方面的最佳实践。最后，教科文组织主办了多个包括移动学习周和国际人工智能与教育会议在内的国际会议。

开放教育资源。开放教育资源指所有人都可以免费访问的教学、学习或研究材料。教科文组织支持这些材料的开发和使用，致力于制定指标来监测和评估它们的使用和影响，并促进国家开放教育资源政策的制定。教科文组织制定并通过了国际共识和文书，包括《开放教育资源巴黎宣言》和《开放教育资源建议书》，提供了制定开放教育资源政策的指南，并为会员国制定和采用开放教育资源战略提供了技术支持。教科文组织还与合作伙伴合作，通过"全球数字图书馆和翻译故事"活动，向儿童提供公开可用的高质量母语阅读资源。

教科文组织支持人工智能在教育中发挥作用。人工智能有潜力解决教育中存在的许多重大问题，并能够促进教学实践的创新。同时，这些技术的应用必须以包容和公平的原则为指导。教科文组织支持会员国在采用以人为本的方法的同时，充分发挥人工智能的潜力以落实《2030年教育议程》。教科文组织侧重于人工智能在解决知识获取、研究和文化表达多样性方面的不平等问题，以确保人工智能不会扩大国家内部和国家之间的技术鸿沟。为配合《北京共识——人工智能与教育》，教科文组织为决策者和教育界的从业者和专业人士制定了《人工智能与教育：政策制定者指南》。

提升妇女和女童在数字领域中的地位。性别不平等在获取新技术方面产生的影响阻碍了妇女和女童在数字领域中的能力提升和未来专业发展，也导致了人工智能和技术工具开发中的性别偏见。妇女和女孩在ICT学科、行业和人工智能开发领域的代表性不足，80%的软件开发是由男性团队创建的。教科文组织利用"技术支持的全民开放学校"项目等，帮助女孩在学校尽早接触技术，为她们提供技术培训，并支持她们在人工智能和新技术方面的研究。

技术在疫情等危机时期的重要性。教科文组织一直致力于降低教育中断和学校停课的影响。有效的远程学习解决方案使教师和决策者能够使用手头的数字和技术资源继续制定国家课程计划。在这方面，教科文组织开发了多种工具，提供最佳实践、创新想法和建议，以及远程学习指南和远程学习解决方案。除了应对当前危机之外，其经验教训将为建立"后疫情时代更开放、包容和有韧性的教育系统"这一长期目标奠定基础。

资料来源：UNESCO. What you need to know about digital learning and transformation of education[EB/OL]. https://www.unesco.org/en/education/digital/need-know，2023-02-02.

为了使用内容、能力、互联网连接三大密钥，从而发掘数字学习潜能，教育变革峰会期间，联合国教科文组织和联合国儿童基金会（United Nations International Children's Emergency Fund，UNICEF）发起建立公共数字学习门户[1]，描绘和分析现有的公共平台及其内容，帮助各国建立和加强国家平台，确定和分享最佳做法，建立国际规范和标准，以指导平台的发展，促进全球教育可持续发展目标的实现。

2. 联合国儿童基金会

联合国儿童基金会[2]在世界上最艰苦的地区帮助最脆弱的儿童和青少年，保护世界每一个角落的每一名儿童的权利，尽一切努力帮助从幼儿到青春期的儿童生存、茁壮成长并能够充分发掘自己的潜能。联合国儿童基金会与联合国其他机构合作，以确保将儿童议题列入全球议程，并在开展有关儿童的全面研究的同时，也注重为儿童问题提供实际解决方案。联合国儿童基金会的工作基于实证数据、严谨的研究与细致的分析，设计项目、实施举措、开展活动，为最有需要的地方提供支持。联合国儿童基金会坚信，无论是在发展中国家还是在存在冲突和危机的地区，获得优质教育是所有儿童的权利。

优质教育需要安全友好的学习环境、合格且积极的教师，以及用学生能够理解的语言进行的教学，同时也需要相关部门对学习效果进行监测，并对教学予以反馈。由于自2019年以来疫情持续对世界各地的教育系统造成影响，数字化学习应成为一项基本服务。这意味着要将每一名儿童青少年（到2030年约为35亿人）

---

[1] https://www.unesco.org/en/education/digital/learning-platforms-gateway.

[2] https://www.unicef.org/zh.

纳入世界级的数字解决方案中，为其提供个性化学习机会，使其向更光明的未来实现跨越式发展。联合国儿童基金会在教育领域的工作主要涵盖三个方面：一是机会，从幼儿到青少年阶段，为儿童提供性别平等的优质教育，包括残障儿童、边缘化儿童以及生活在人道主义背景和紧急情况下的儿童；二是学习和技能，来自于强有力的教育体系和创新解决方案的优质学习成果与技能提升；三是紧急情况和脆弱环境，改善儿童在紧急情况和移徙中的学习状况，并为其提供保护服务。

创新能力是人类开展工作、追求成果的核心能力，联合国儿童基金会全球创新中心帮助促进经证实的解决方案在更大范围内得到应用，而专门的创新基金负责为具有前景的早期项目提供资金支持。联合国儿童基金会与当地机构密切合作，并确保国家层面的承诺得到落实。一是拓展应用数字技术，包括相关的信息管理平台，如儿童保护案例管理平台 Primero[①]和远程学习平台"学习护照"(the Learning Passport)[②]就是此类平台。二是大数据+社会公益，两者的结合可为应对灾害、疫情等的响应工作提供支持，如谷歌（Google）、IBM[③]和西班牙电信（Telefónica）均已加入联合国儿童基金会的倡议"魔盒"[④][⑤]。三是让每所学校都连通互联网，联合国儿童基金会和国际电信联盟（International Telecommunication Union，ITU）发布 GIGA 计划[⑥]，呼吁落实必要的政策、法规、技术及资金，确保让每所学校的互联网连接安全公平、可持续，从而让每个年轻人都有获取信息的机会。

联合国儿童基金会与合作伙伴提供远程学习平台与资源，发布研究报告，倡导全球教育计划[⑦]。例如，联合国儿童基金会和微软公司共同推出全球学习平台"学习护照"，儿童和青少年可以通过"学习护照"平台访问特定国家、地区的学习平台，进行在线学习；发起全民无障碍数字教科书倡议，向特殊教育群体提供在线电子学习材料，包括无障碍数字教科书和其他工具。2020 年 8 月，联合国儿童基金会基于 100 个国家的数据，对远程学习政策的潜在影响进行了全球分析，发表了报告《新冠肺炎：在学校关闭期间儿童能否继续学习？》（"COVID-19：Are Children Able to Continue Learning During School Closures？"）[⑧]，分别从学校关闭期间各国继续提供教育的方式、接触远程教育的学生数量、不同远程学习方法的

---

① https://www.unicef.org/press-releases/unicef-and-microsoft-launch-improved-scalable-technology-protect- vulnerable-children.

② https://www.learningpassport.org/.

③ 国际商业机器公司或万国商业机器公司（International Business Machines Corporation），简称 IBM。

④ https://www.unicef.org/innovation/Magicbox/telefonica-joins-initiative-big-data-for-social-good.

⑤ https://www.unicef.org/innovation/.

⑥ Connecting Every School to the Internet，即关于为每个学生配备一台信息化设备的计划，参见 https://www.unicef.org/innovation/giga.

⑦ 刘丹, 杨思帆. 疫情背景下联合国儿童基金会的教育应对、特点与趋势[J]. 教育参考, 2021, (5): 45-51.

⑧ https://data.unicef.org/resources/remote-learning-reachability-factsheet/.

潜在影响三个方面进行详细介绍，揭示了全球远程教育的严重不平等现象并提出参考性建议。联合国儿童基金会指出，在可预见的未来，远程学习仍将是一种非常重要的教育方式。2020 年 9 月，联合国儿童基金会在《不能失去新冠一代》（"Averting a lost COVID Generation"）[1]报告中发出倡议，为每个儿童制定应对、恢复和重新设想后疫情时代的六条计划，第一条便是"确保儿童学习，消除数字鸿沟"。2020 年 10 月，联合国儿童基金会在《如何更加公平地开展远程学习：127 个国家疫情期间教育应对的经验》（"Promising Practices for Equitable Remote Learning：Emerging Lessons from COVID-19 Education Responses in 127 Countries"）[2]报告中提出，教师培训需要改变，无论是在正常情况下还是危机时期，培养教师的远程教育技能都是必要的。2021 年 12 月，联合国儿童基金会发布报告《为每个儿童提供数字化学习：为包容且繁荣的未来消减差距》（"Digital Learning for Every Child：Closing the Gaps for an Inclusive and Prosperous Future"）[3]，就如何公平地扩大数字学习，并为儿童和年轻人提供其所需技能，以改善他们的发展前景和保障他们的福祉，提供了可操作性建议。报告指出，教育系统应在合理的教学方法基础上实行数字和混合学习的解决方案。

3. 国际电信联盟

国际电信联盟[4]致力于实现世界上所有人之间的互联互通——无论他们身处何方、使用何种通信手段，都应保护并支持人人享有通信权。国际电信联盟的重点行动领域包括气候变化、网络安全、数字鸿沟、应急通信、互联网、信息通信与女性、青年与学术界等（旨在支持来自发展中国家和转型期国家的儿童和青年获取、使用并了解 ICT）。国际电信联盟积极采取措施，在日益数字化的世界推进教育数字化转型。

一是发布数字化转型倡议，借助世界电信日（World Telecommunications Day[5]，每年 5 月 17 日）活动提供有针对性的战略指导与技术援助，在充满挑战的时代加速数字化转型。2020 年 9 月，联合国教科文组织、国际电信联盟和联合国儿童基金会联合发布《教育数字化转型：学校联通，学生赋能》（"The Digital Transformation of Education：Connecting Schools，Empowering Learners"）[6]，倡导学校通过普及互联网连接来缩小数字鸿沟，并将数字技术赋能学生，促使其具备满足未来需求

---

[1] https://www.unicef.org/reports/averting-lost-generation-covid19-world-childrens-day-2020-brief.
[2] https://www.unicef-irc.org/publications/1090-promising-practices-for-equitable-remote-learning-emerging-lessons-from-covid.html.
[3] https://www.unicef.org/reports/digital-learning-every-child.
[4] https://www.itu.int/.
[5] https://www.itu.int/en/history/Pages/WTISDEventsCollection.aspx.
[6] https://unesdoc.unesco.org/ark:/48223/pf0000374309.

的能力；国际电信联盟与联合国儿童基金会发起 GIGA[①]计划致力于学校间的互联网互通（表 4-2）。

表 4-2　国际电信联盟世界电信日主题（2012～2022 年）

年度	主题
2012	信息通信与女性（Women and Girls in ICT）
2013	信息通信技术与改善道路安全（ICTs and Improving Road Safety）
2014	宽带促进可持续发展（Broadband for Sustainable Development）
2015	电信与信息通信技术：创新的驱动力（Telecommunications and ICTs：Drivers of Innovation）
2016	提倡 ICT 创业精神，扩大社会影响（ICT Entrepreneurship for Social Impact）
2017	发展大数据，扩大影响力（Big Data for Big Impact）
2018	推动人工智能的正当使用，造福全人类（Enabling the Positive Use of Artificial Intelligence for All）
2019	缩小标准化工作差距（Bridging the Standardization Gap）
2020	连通目标 2030：利用 ICT 促进可持续发展目标的实现（Connect 2030：ICTs for SDGs）
2021	在充满挑战的时代加速数字化转型（Accelerating Digital Transformation in Challenging Times）
2022	面向老年人和实现健康老龄化的数字技术（Digital Technologies for Older Persons and Healthy Ageing）

资料来源：根据国际电信联盟门户网站（https://www.itu.int/en/history/Pages/WTISDEventsCollection.aspx）整理而成。

二是研制数字技能标准，推出《数字技能评估指南》（"Digital Skills Assessment Guidebook"）[②]，该文件梳理了世界上已有的数字技能类型、水平、框架，并从自我评估、基于知识的评估、基于应用的评估三个方面总结数字技能评估方式。2022 年，国际电信联盟发布的《衡量数字化发展：2022 年事实与数字》（"Measuring digital development：Facts and Figures 2022"）[③]报告显示，全球约有 2/3 的人口在使用互联网；3/4 的 10 岁及以上人口拥有手机。疫情防控期间，数字鸿沟问题进一步凸显。发达国家与发展中国家、城市与农村、不同群体之间的数字基础设施建设及互联网接入的差距持续扩大，如何确保数字化成果惠及所有人，成为各方关注的焦点。

三是为部分国家开发数字技能工具包（Digital Skills Toolkit）[④]，弥补全球数字化鸿沟，为青年提供包括人工智能和大数据、网络安全、数字创业、数字化商业、自由职业等在内的更多样的就业途径；通过能力开发计划发展技能和增长知识，提高公民的数字素养和技能，使其成为具备数字能力的公民[⑤]；发布《数字化

[①] https://giga.global/.
[②] https://www.itu.int/hub/publication/d-phcb-cap_bld-04-2020/.
[③] https://www.itu.int/hub/publication/d-ind-ict_mdd-2022/.
[④] https://www.itu.int/en/ITU-D/Digital-Inclusion/Youth-and-Children/Pages/Digital-Skills-Toolkit.aspx.
[⑤] https://www.itu.int/itu-d/sites/capacity-development/zh-hans/.

技能洞察》（"Digital Skills Insights"）[1]报告，重点关注数字转型对能力和技能发展的影响；收集和传播重要数据，建设数字化发展仪表盘（Digital Development Dashboard）[2]，跟踪和了解全球范围内的数字化转型。

4. 世界银行

世界银行（The World Bank，简称世行）[3]是一个独特的全球性合作伙伴，所属五家机构共同致力于寻求在发展中国家减少贫困和建立共享繁荣的可持续之道。世行强调智能技术在教育教学中的应用，投资各国基础设施建设，整合多方资源，推动创新应用，引导和帮助各国开展教育数字化战略行动。

从实现全民学习到降低学习贫困率，世行以一种自认为更加务实和可行的方式，对推动实现 SDG4 做出承诺，通过技术援助、结果导向融资、与多部门协同的方法加强成员国的教育体系建设三大实施杠杆，努力帮助各国增强教育的包容性与公平性，提升教育质量和促进终身学习[4]。2019 年，世行提出通过"三大支柱"以解决"学习危机"：扫盲政策一揽子计划（Literacy Policy Package）[5]、革新教育方法（Renewed Education Approach）[6]和发展学习评估平台（Learning Assessment Platform）[7]。世行一方面通过传统的资金援助方式，为各国实现可持续发展教育目标提供赠款和低息或无息贷款；另一方面不断强化自己在知识共享方面的作用，为各国的教育政策制定和改革实践提供分析与咨询服务。

世行投资教育数字化，支持各国扩大教育机会、提高教育质量，兼顾课堂内外，从而使教育惠及所有学生。例如，2019 年，在合作伙伴支持下，世行新建了"全纳教育动议"（Inclusive Education Initiative）[8]信托基金；为应对疫情教育危机，世行在 2020 财政年度为教育项目提供了创纪录的 52 亿美元，总投资超过 172 亿美元，对 63 个国家的 93 个与新冠疫情相关的教育项目进行了重组，项目总额达 23 亿美元[9]；2021 年 6 月，世行宣布向乌干达提供 2 亿美元，资助该国扩大高速互联网连接，提

---

[1] https://academy.itu.int/itu-d/projects-activities/research-publications/digital-skills-insights.

[2] https://www.itu.int/en/ITU-D/Statistics/Dashboards/Pages/Digital-Development.aspx.

[3] https://www.worldbank.org/.

[4] 丁瑞常,康云菲. 世界银行对推动实现可持续发展教育目标的承诺与行动[J]. 比较教育研究,2021,43(11)：12-21.

[5] https://thedocs.worldbank.org/en/doc/343501572615980253-0090022019/render/EndingLearningPovertyEnsurepoliticalandtechnicalcommitment.pdf.

[6] https://www.worldbank.org/en/news/press-release/2018/11/11/a-new-education-approach-is-needed-to-prepare-mena-youth-to-shape-the-future.

[7] https://www.worldbank.org/en/topic/education/brief/learning-assessment-platform-leap.

[8] https://www.worldbank.org/en/topic/socialsustainability/brief/inclusive-education-initiative-transforming-education-for-children-with-disabilities.

[9] 丁瑞常,康云菲. 世界银行对推动实现可持续发展教育目标的承诺与行动[J]. 比较教育研究,2021,43(11)：12-21.

高数字化公共服务效率；同年9月，世行批准为喀麦隆数字化转型加速项目提供1亿美元资金，以扩大喀麦隆农村地区高速网络的覆盖区域和范围，营造安全和可持续发展的有利环境；2022年5月，世行批准2亿美元用于支持加纳加速数字化转型[1]。

另外，世行关于投资教育数字化确立了五项关键原则，具体包括以下内容[2]。

第一，问为什么：制定教育技术政策和规划项目时，要明确教育变革的目标、战略和愿景；

第二，设计和实施应着眼于规模化，以期覆盖所有学习者：教育技术相关举措的设计应灵活且以用户为中心，强调公平和包容，覆盖所有学习者，并具有可持续性；

第三，增强教师能力：技术应该通过改善对内容、数据和网络的获取来加强教师与学生的互动，帮助教师更好地支持学生学习；

第四，构建利益相关者协同的生态系统：教育系统应采取政府一盘棋和多方利益相关者共同参与的做法，广泛调动各类行为主体参与支持学生学习；

第五，依托数据做出决策：借助教育技术提供的大量数据，在尊重改进、鼓励试验的基础上，基于实证研究做出决策，使数据使用更为有效、负责和公平。

2022年，世行国际金融公司（International Finance Corporation，IFC）启动高等教育数字化项目（Digital for Tertiary Education Program，D4TEP）[3]，为大学提供一套定制工具，用于制定数字化转型战略和路线图。

世行致力于探究有实证研究支持的教育数字化解决方案，并支持能力建设。2020年12月，世行发布了研究报告《人际连接再构想：世行的教育科技与创新》（"Reimagining Human Connections：Technology and Innovation in Education at the World Bank"）[4]，提出了教育数字化应遵循的原则和取向。2021年9月，发布了研究报告《引导高等教育的未来方向：成为面向所有人的有韧性的系统》（"Steering Tertiary Education：Toward Resilient Systems that Deliver for All"）[5]，介绍了世行支持发展有效、公平、高效和有韧性的高等教育系统和机构的做法。该报告中的教育数字化部分阐述了高等教育数字化以及颠覆性技术（人工智能、物联网、远程教学和在线学习技术、虚拟/增强现实技术）的重要性。例如，虚拟/增强现实技术拓宽了全球校园内和实验室内外可以做的事情的范围界限，学生利用虚拟现实

---

[1] 世界慕课与在线教育联盟秘书处. 国际组织倡导推动高等教育数字化治理变革——《无限的可能：世界高等教育数字化发展报告》节选三[J]. 中国教育信息化，2023，29（1）：24-35.

[2] 世界银行教育数字化战略行动做法[EB/OL]. https://business.sohu.com/a/601417063_121123998，2022-10-31.

[3] https://www.ifc.org/wps/wcm/connect/industry_ext_content/ifc_external_corporate_site/education/d4tep.

[4] https://www.worldbank.org/en/topic/edutech/publication/reimagining-human-connections-technology-and-innovation-in-education-at-world-bank.

[5] https://openknowledge.worldbank.org/handle/10986/36328.

和增强现实技术，可以沉浸在真实的学习情境中。教学技术（technology for teaching，T4T）是世行协助各国实施有效、可规模化的教师专业发展培训的项目，其宗旨是通过关注技术如何发挥有效作用来改进教学实践。2022年6月，世行发布了《构建有效的小组培训技术指导说明》（"Structuring Effective Group Training：Technical Guidance Note"）[1]，强调需要关注有效的小组培训，包括促进教师学习的理论和实践资源。

世行每年发布《世界发展报告》（"The World Development Report"）[2]，近几年涉及教育、学习、工作和生活等多个领域（表4-3）。例如，《工作性质的变革》（"The Changing Nature of Work"）[3]认为，信息技术的发展必然带来工作性质的变化并正在重塑工作所需的技能，呼吁各国政府和学界采取积极举措，帮助学生掌握未来工作所需要的素养和技能[4]。

表4-3　《世界发展报告》主题（2012～2022年）

年度	主题	
2022	Finance for An Equitable Recovery	金融为公平复苏护航
2021	Data for Better Lives	数据改善生活
2020	Trading for Development in the Age of Global Value Chains	在全球价值链时代以贸易促发展
2019	The Changing Nature of Work	工作性质的变革
2018	Learning to Realize Education's Promise	学习以实现教育的承诺
2017	Governance and the Law	治理与法律
2016	Digital Dividends	数字红利
2015	Mind，Society，and Behavior	思维、社会与行为
2014	Risk and Opportunity	风险与机会
2013	Jobs	就业
2012	Gender Equality and Development	性别平等与发展

资料来源：根据历年《世界发展报告》（https://www.worldbank.org/en/publication/wdr/wdr-archive）整理而成。

5. 经济合作与发展组织

经济合作与发展组织（Organization for Economic Co-operation and Development，

---

[1] https://documents.worldbank.org/en/publication/documents-reports/documentdetail/166681630357994286/technical-guidance-note.
[2] https://www.worldbank.org/en/publication/wdr/wdr-archive.
[3] https://www.worldbank.org/en/publication/wdr2019.
[4] 陈殿兵，杨新晓. 为未来而教，为未来而学——世界银行发展报告《工作性质的变革》对学校教育的述评[J]. 现代教育科学，2019，（10）：1-6.

OECD）[①]旨在共同应对全球化带来的经济、社会和政府治理等方面的挑战，并把握全球化带来的机遇。OECD 不仅关注数字创新如何赋能教育，改变教与学的方式，而且重视教育数字化在填补数字技能鸿沟和经济增长中的作用。2000 年，国际学生评估项目（Programme for International Student Assessment，PISA）[②]中首次纳入了"学生 ICT 熟悉度调查问卷"，PISA2022 对调查问卷进行了大范围的更新，以适应教育所处的不断变化的数字和技术环境。近年来，OECD 逐渐从信息化服务教育创新转向关注教育数字化转型，并把数字化转型定义为数码化（digitisation）及数字化产生的经济和社会效应。OECD 认为，智能技术是数字化基建的核心组成部分；在数字化应用方面，主要关注数字技术如何影响学生的学习以及学生对技术的应用，技术如何促进教学以及技术在除教师教学工作外其他专业实践的应用[③]。

OECD 研制了"学习框架 2030"（Learning Framework 2030）及"学习罗盘 2030"（Learning Compass 2030）[④]，认为数字素养不仅涉及人工智能、区块链等关键概念的知识，还包括编程等应用数字技术及设备的能力和算法、编码等思维方式，以及与沟通、协作、批判性、创造性等相关的社会情感能力。基于对数字素养的各项研究，通过国际成人能力评估项目（The Program for the International Assessment of Adult Competencies，PIAAC）[⑤]、PISA 等大规模国际评估项目来监测成人和学生的数字化能力。在此基础上，建立了《教学框架 2030》（"Teaching Framework 2030"）[⑥]，旨在界定教师所需的能力（知识、技能、态度和价值观），以提升学生的学习成效。

2022 年 9 月，教科文组织、联合国儿童基金会、世行和 OECD 发布了《从学校复课到教育转型》（"From Learning Recovery to Education Transformation"）[⑦]报告，研究了各国如何通过五项关键的 RAPID[⑧]政策行动在恢复和加速学习方面取得进展，并根据 93 个国家教育部的回应获取了最终调查结果。RAPID 框架旨在指导各国实施学习恢复战略和措施，其囊括了一系列政策行动，各国可以从中选

[①] https://www.oecd.org/.
[②] https://www.oecd.org/pisa/.
[③] 徐瑾劼. OECD 推动全球教育数字化转型的历程及发展[J]. 上海教育，2022，（32）：70-72.
[④] https://www.oecd.org/education/2030-project/teaching-and-learning/learning/.
[⑤] https://www.oecd.org/skills/piaac/.
[⑥] https://www.oecd.org/education/2030-project/teaching-and-learning/teaching/.
[⑦] https://www.oecd-ilibrary.org/education/from-learning-recovery-to-education-transformation_a79f55ac-en.
[⑧] RAPID：Reach every child and keep them in school（实现"惠及所有儿童"的努力）；Assess learning levels regularly（评估儿童的学习水平）；Prioritize teaching the fundamentals（优先考虑课程标准和教学）；Increase the efficiency of instruction，including through，catch-up learning（通过行之有效的措施提高教学效率）；Develop psychosocial health and wellbeing（发展儿童的全面福祉）。

择、组合并调整，以制定适合自身具体情况的学习恢复计划。

OECD 为推动教育数字化建设，发布了一系列文件，具体参见表 4-4。

表 4-4　OECD 推动教育数字化的相关文件

时间	文件	重点部署
2015 年 1 月	《教育政策展望 2015：实现改革》（"Education Policy Outlook 2015：Making Reforms Happen"）[1]	详细审视了 OECD 国家采取的约 450 项教育改革政策
2018 年 6 月	《教育政策展望 2018：以学生的学习为中心》（"Education Policy Outlook 2018：Putting Student Learning at the Centre"）[2]	分析了 43 个教育体系有关学生学习的优先教育政策
2019 年 9 月	《教育政策展望 2019：共同努力帮助学生发挥他们的潜力》（"Education Policy Outlook 2019：Working Together to Help Students Achieve their Potential"）[3]	提出教育系统中不同层次的政策战略
2021 年 11 月	《教育政策展望 2021：在变化的世界中塑造响应性和弹性教育》（"Education Policy Outlook 2021：Shaping Responsive and Resilient Education in a Changing World"）[4]	强调应通过加强信息基础设施建设形成一个有韧性的教育系统
2022 年 12 月	《教育政策展望 2022：为终身学习者变革学习路径》（"Education Policy Outlook 2022：Transforming Pathways for Lifelong Learners"）[5]	传统的线性、阶梯式学习已不再适应社会发展需求，教育系统亟待建立具有广泛性、灵活性和连贯性的教育供给机制
2019 年 5 月	《技能展望 2019：在数字世界中蓬勃发展》（"Skills Outlook 2019：Thriving in a Digital World"）[6]	强调国家应该意识到技术推动教育大规模发展的潜力，建议通过教育数字化促进社会蓬勃发展
2021 年 6 月	《技能展望 2021：终身学习》（"Skills Outlook 2021：Learning for Life"）[7]	重点强调了在促进青少年终身学习态度养成方面，教师、学校和家长应发挥的关键作用
2021 年 6 月	《数字教育展望 2021：用人工智能、区块链和机器人推动前沿》（"Digital Education Outlook 2021：Pushing the Frontiers with Artificial Intelligence, Blockchain and Robots"）[8]	强调将教师获取数字资源的能力作为其个人专业实践能力之一；建议对数据保护和算法监督采取风险管理措施
2019 年 1 月	《塑造教育的趋势 2019》（"Trends Shaping Education 2019"）[9]	建议帮助学生掌握所需的数字技能；促进教学内容、教师教学与数字化的有机整合

---

[1] https://www.oecd-ilibrary.org/education/education-policy-outlook-2015_9789264225442-en.

[2] https://www.oecd-ilibrary.org/education/education-policy-outlook-2018_9789264301528-en.

[3] https://www.oecd-ilibrary.org/education/education-policy-outlook-2019_2b8ad56e-en.

[4] https://www.oecd-ilibrary.org/education/education-policy-outlook-2021_75e40a16-en.

[5] https://www.oecd.org/education/policy-outlook/education-policy-outlook-4cf5b585-en.htm.

[6] https://www.oecd-ilibrary.org/education/oecd-skills-outlook-2019_df80bc12-en.

[7] https://www.oecd-ilibrary.org/education/oecd-skills-outlook-2021_0ae365b4-en.

[8] https://www.oecd-ilibrary.org/education/oecd-digital-education-outlook-2021_589b283f-en.

[9] https://www.oecd-ilibrary.org/education/trends-shaping-education-2019_trends_edu-2019-en.

续表

时间	文件	重点部署
2022年1月	《塑造教育的趋势2022》（"Trends Shaping Education 2022"）①	表示数字化和人工智能有望通过个性化的教与学来支持发展高质量的教育
2015年9月	《学生、计算机和学习：建立连接》（"Students, Computers and Learning: Making the Connection"）②	指出信息通信技术尚未在学校教育中得到广泛采用
2016年9月	《创新教育与教育创新：数字技术和技能的力量》（"Innovating Education and Educating for Innovation: The Power of Digital Technologies and Skills"）③	提出应构建数字技术支持下的教育创新发展体系
2017年6月	《经合组织创新学习环境手册》（"The OECD Handbook for Innovative Learning Environments"）④	强调数字技术在创新学习环境中起到不可或缺的作用
2018年4月	《教师作为学习环境的设计者：创新教学法的重要性》（"Teachers as Designers of Learning Environments: The Importance of Innovative Pedagogies"）⑤	强调线上线下教学结合，要求教师通过智能讲义、个性化资源推送实现因材施教
2019年3月	《评估2019年教育创新：教学实践的变革》（"Measuring Innovation in Education 2019: What Has Changed in the Classroom?"）⑥	指出教育系统正在探索将ICT融入学习环境的有效方法
2020年6月	《为高等教育提供资源：挑战、选择和结果》（"Resourcing Higher Education: Challenges, Choices and Consequences"）⑦	指出教育数字化可以提高学习和教学的效率，促进学生多元化和终身学习，鼓励各国政府为数字化提供有针对性的资源
2020年12月	《COVID-19教育启示：弹性教育手册》（"Lessons for Education from COVID-19: A Policy Maker's Handbook for More Resilient Systems"）⑧	指出在更有韧性的教育系统中，教育者需要提高数字技能，使教学能够在更多样的情境下进行
2020年9月	《回到教育的未来：OECD关于学校教育的四种图景》（"Back to the Future of Education: Four OECD Scenarios for Schooling"）⑨	提出在未来学校教育的个性化、多元化、开放化情境中，数字技术将扮演重要角色

6. 其他国际组织

联合国开发计划署（The United Nations Development Programme，UNDP）⑩于

---

① https://www.oecd-ilibrary.org/education/trends-shaping-education-2022_6ae8771a-en.
② https://www.oecd-ilibrary.org/education/students-computers-and-learning_9789264239555-en.
③ https://www.oecd-ilibrary.org/education/innovating-education-and-educating-for-innovation_9789264265097-en.
④ https://www.oecd-ilibrary.org/education/the-oecd-handbook-for-innovative-learning-environments_9789264277274-en.
⑤ https://www.oecd-ilibrary.org/education/teachers-as-designers-of-learning-environments_9789264085374-en.
⑥ https://www.oecd-ilibrary.org/education/measuring-innovation-in-education-2019_9789264311671-en.
⑦ https://www.oecd-ilibrary.org/education/resourcing-higher-education_735e1f44-en.
⑧ https://www.oecd-ilibrary.org/education/lessons-for-education-from-covid-19_0a530888-en.
⑨ https://www.oecd-ilibrary.org/education/back-to-the-future-of-education_32b6cdcf-en.
⑩ https://www.undp.org/.

2月15日发布了《2022—2025年数字战略》（"Digital Strategy 2022—2025"）[①]，支持各国和各群体以数字技术为抓手，推动减少不平等，提高普惠包容性，应对气候变化，并发掘更多经济发展机遇。青年是普惠性数字转型的关键行动者。要致力于提高年轻人的数字技能，确保所有人都能使用数字技术，尤其为包括女性和残障人士在内的关键群体的数字能力赋能，为其创造更多工作机会，同时推动人类发展。

亚太经济合作组织（Asia-Pacific Economic Cooperation，APEC）[②]强调要将数字技术纳入教育进程，提出超自动化是实现教育数字化转型目标的必要手段，以人工智能、机器学习、流程挖掘等多种智能技术融合创新的人机协同课堂将成为未来课堂的主要形式。《2022年亚太经合组织领导人宣言》提出，"我们将消弭数字鸿沟，提升数字基础设施可及性，支持发展数字技术和数字能力"。

二十国集团教育部长会议倡议共同引领教育数字化转型执行力，促进优质数字教育资源共享共建，推动教育生态、学校形态、教学方式变革，合力推进教育数字化转型和绿色转型。

亚欧教育部长高峰会议[③]发布《2030年亚欧教育战略和行动计划》（"ASEM Education 2030 Action Plan"），为亚欧加强区域间教育合作提出行动指南，强调要应用新的数字技术保持更广泛的沟通，以适应新科技带来的科研合作模式的转型。

中国-东盟教育部长圆桌会议通过《共建友好家园——中国东盟教育合作发展愿景与行动（2020—2030）》，提出加强数字战略对接，推动成立数字教育发展联盟，促进数字教育资源共享，推动在数字教育标准制定、网络数字空间治理等方面的合作。

东南亚教育部长组织（Southeast Asian Ministers of Education Organization，SEAMEO）[④]强调培养青年数字技能的重要性，以确保他们获得平等的教育和就业机会，提出通过创设灵活的教育环境、提供更加强调包容和交互的教育来帮助学校适应数字化转型的变革。

欧盟[⑤]《数字教育行动计划（2021—2027）》[⑥]以建立适应数字化时代发展的教育和培训系统，实现数字教育更有效、可持续和公平的发展为目标，将发展高绩

[①] https://digitalstrategy.undp.org/.
[②] https://www.apec.org/.
[③] https://asem-education.org/.
[④] https://www.seameo.org/.
[⑤] https://european-union.europa.eu/index_en.
[⑥] https://education.ec.europa.eu/focus-topics/digital-education/action-plan.

效的数字教育生态系统和提高数字化转型的数字技能与能力作为战略行动重点，制定了具体行动计划，并建立欧洲数字教育中心（更多内容见下文"欧洲国家的教育数字化战略"）。

非洲联盟（African Union，AU）[①]发布的《非洲数字转型战略（2020—2030 年）》["The Digital Transformation Strategy for Africa（2020—2030）"][②]从加强数字化技术教育、促进数字化技术应用、提高公众认识三个方面对实现数字技术与教育的融合提出政策建议，包括在小学、中学、大学和职业培训中推行数字化教育、加强职前教师和在职教师的技术培训、对提供技术培训的机构进行认证等。《非洲数字化教学政策指南》（"Policy Guidelines on digitizing teaching and learning in Africa"）[③]从数字技术连接、在线和离线学习、教师作为促进者和推动者、线上教育安全和以技能为中心的学习等方面阐述非洲数字化教学的发展方向。互联网名称与数字地址分配机构（Internet Corporation for Assigned Names and Numbers，ICANN）和非洲联盟-欧盟数字促进发展（Digital for Developpement，D4D）中心分别发布了数字非洲联盟（Coalition for Digital Africa）和"D4D Access 电子知识共享平台"倡议，促进非洲学术界能够使用自己的语言和文字访问互联网和进行知识交流。

阿拉伯国家联盟（League of Arab States，LAS）[④]发布《阿拉伯数字经济愿景》（"Arab Digital Economy Vision"）[⑤]，提出数字经济未来发展路线图和总体框架（数字基础、数字创新、数字政府、数字商业、数字公民）。在高等教育数字化转型方面，策划的重点项目包括：创建 ICT 奖学金；搭建数字高等教育平台；成立科技大学联盟；合作开发 ICT 课程；推进高科技课堂创新技术开放应用；建设点对点学习平台。

此外，全球性非政府间国际组织充分发挥自身专业性、多元化、灵活性优势，通过推出战略规划、开发专业标准、发布研究报告、组织多样活动，在教育数字化的发展战略与行动实践、学界学者与社会大众之间搭建了交流平台与桥梁，促进政策、研究与实践间的协同发展。地区性非政府间国际组织通过研发通用性微证书框架、举行研讨会议等方式驱动区域教育数字化战略行动。例如，2022 年 9 月，美国高等教育信息化协会[⑥]提出高等教育数字化学习转型框架，包括四个领域的结结构变化（组织结构、组织文化、领导和员工角色、技能）和七个方面的转型（数

[①] https://au.int/en.
[②] https://au.int/en/documents/20200518/digital-transformation-strategy-africa-2020-2030.
[③] https://au.int/en/documents/20200629/policy-guidelins-digitizing-teaching-and-learning-africa.
[④] https://www.arabmpi.org/en.
[⑤] https://arab-digital-economy.org/language/en/arab-digital-economy-vision/.
[⑥] https://www.educause.edu/.

字学习技术、教学方式、人员和支持服务、组织政策和规划、教师发展、学习者发展、伙伴关系）。

二、教育数字化变革的国际趋势

经济社会发展驱动数字技术革新，进而推动教育数字化转型的产生与发展；在科技革命加速演进、全球人才竞争加剧的背景下，面对教育不断增长的内生需求与外部冲击带来的教育韧性建设和稳定发展要求，传统的教育模式已难以适应新时代教育目标，而数字化具有无限可能，将有力地塑造教育新形态，深入推进教育理念、学校形态、育人方式、教学手段、管理与保障机制等多维度改革创新，为学习者在迅速变化的世界中学习知识、掌握技能等提供更有效的支持，同时也在助推教育数字化转型[①]。全球范围内的数字化转型步伐不断加快，世界主要发达国家陆续出台数字化发展战略，并将教育数字化作为国家数字化战略的重要组成部分[②]，教育数字化呈现出十大变化发展趋势。

（一）发布持续性教育数字化战略，引领教育系统变革

近年来，为应对教育变革趋势，许多国家不断提升战略认知，加强顶层设计，在数字战略总体框架、教育战略重点领域和教育专项规划方面积极谋划并推进教育数字化战略行动（表4-5）。需要说明的是：①各国的国情民情不同，跳出教育看教育数字化变革，各国的教育数字化战略既有相通之处，也有差异性，有些策略对我国有启示性价值，有些也要深思其社会和政策背景，不可直接照搬；②政策文件毕竟还只是"挂图作战"的图纸，并不表示已经采取了具体行动措施，实施成效还需要实践检验，甚至会在实施过程中修订规划；③不同部门发布的战略规划覆盖范围、重点领域和实施权限不同，有些是全领域的，有些则聚焦具体的分领域，有些是法令性质，有些是建议策略，效力也不同；④有些国家的教育数字化战略规划具有延续性和体系性，随时代发展体现不同阶段性特征和重点，当前的规划与发展基础息息相关，有些则体现在国家战略中，并没有成体系或独立的教育数字化战略规划，甚至只有碎片化的举措，本书也只是"管中窥豹"，甚至由于语言文化差异，未必能做到精准把握；⑤有些国家有专门的网站介绍教育数字化战略的内容、实施过程和成效，有些则难以查到具体信息，信息公开程度也侧面反映了其教育数字化成熟度。

---

① 刘宝存，岑宇. 世界教育数字化转型的动因、趋势及镜鉴[J]. 现代远程教育研究，2022，34（6）：12-23.
② 吴砥，李环，尉小荣. 教育数字化转型：国际背景、发展需求与推进路径[J]. 中国远程教育，2022，（7）：21-27，58，79.

表 4-5 典型国家教育数字化战略规划

国家		教育数字化战略规划文件或项目名称
亚洲	中国	《中华人民共和国国民经济和社会发展第十四个五年规划和 2035 年远景目标纲要》《"十四五"数字经济发展规划》《"十四五"国家信息化规划》《数字中国建设整体布局规划》《提升全民数字素养与技能行动纲要》《中国教育现代化 2035》《"十四五"时期教育强国推进工程实施方案》《新一代人工智能发展规划》
	日本	《数字政府实施计划》《数字社会形成基本法案》《个人信息保护法》《科学技术基本法》《学习指导要领》《人工智能战略》
	韩国	《教育信息化规划（1996—2000 年）》《教育信息化规划（2001—2005 年）》《教育信息化规划（2006—2010 年）》《教育信息化战略规划（2010—2014 年）》《教育信息化规划（2014—2018 年）》《教育信息化规划（2019—2023 年）》《人工智能国家战略》《绿色智能未来学校综合推进计划》
	新加坡	《教育信息化一期发展规划（1997—2002）》《教育信息化二期发展规划（2003—2008）》《教育信息化三期发展规划（2009—2014）》《教育信息化四期发展规划（2015—2020）》《教育技术计划（2020—2030）》
	印度	《国家教育政策 2020》《印度报告 2021：数字教育》
	越南	《至 2025 年国家数字化转型计划及 2030 年发展方向》
	马来西亚	《智慧学校发展路线图（2005—2020）》《马来西亚教育蓝图（2015—2025）》
	阿联酋	《阿联酋教育部战略规划（2017—2021）》
欧洲	欧盟	《欧洲数据战略》《2030 数字指南：数字十年的欧洲方式》《"地平线欧洲"2021—2024 年战略计划》《欧洲适应数字时代：人工智能》《数字服务法案》《数字市场法案》《欧洲数据治理条例》《2022 年战略前瞻报告：在新的地缘政治背景下实现绿色和数字化转型》《数字教育行动计划（2018—2020）》《数字教育行动计划（2021—2027）》《欧洲公民数字能力框架 2.2》《欧洲教育工作者数字能力框架》
	英国	《英国数字战略》《教育技术战略：释放技术在教育中的潜力》《国家人工智能战略》《国家网络安全战略》
	德国	《数字战略 2025》《数字教育倡议》《数字世界中的教育》《中小学数字教育协定》《面向数字化知识社会的教育行动》《人工智能战略》
	法国	"教育数字化计划"、"数字化校园"教育战略规划、"教育数字领地"项目
	俄罗斯	《现代数字教育环境建设项目（2016—2025）》《俄罗斯教育部活动领域相关的教育数字化战略转型方向》
	意大利	《国家数字教育方案》《国家数字能力战略行动方案》
	葡萄牙	《葡萄牙教育技术规划》《葡萄牙 2030 国家数字技能倡议》
	荷兰	《教育创新与信息通信技术加速计划》《人工智能战略行动计划》
	塞尔维亚	《2020—2025 年人工智能发展战略》《2020—2024 年数字技能发展战略》
美洲	美国	《美国创新与竞争法案》《人工智能战略》《数据战略与行动计划》《关键与新兴技术国家战略》，以及《帮助美国学生为 21 世纪做好准备：迎接技术素养的挑战》《数字化学习：为所有学生提供触手可及的世界课堂》《迎来美国教育的黄金时代：因特网、法律和学生如何变革教育期望》《变革美国教育：技术推动学习》《迎接未来学习：重思教育技术》《面向教师的国家教育技术标准》《学校领导者数字学习指南》《领航数字变革 2019：为所有学习者提供公平机会》《促进全民数字公平》
	加拿大	《数字加拿大计划 150》《2022 年数字宪章实施法案》《数字素养教育框架》
	巴西	《数字化转型战略》《国家网络安全战略》

续表

国家		教育数字化战略规划文件或项目名称
非洲	南非	《南非国家数字及未来技能战略》《加快数字与云技术发展议案》
	尼日利亚	《教育促进变革：教育部战略规划（2018—2022）》
	埃及	"埃及2030愿景"国家可持续发展战略、"数字埃及"战略、"数字埃及建设者"倡议以及《埃及ICT2030战略》《国家人工智能战略》《个人数据保护法》
大洋洲	澳大利亚	《数字教育革命》《数字教育革命中期审查报告：评估进展及潜在的未来方向》《面向未来的基础技能》《数字素养框架》《数字经济战略：在2030年实现领先的数字经济与社会》
	新西兰	《学生公平数字接入计划》《新西兰数字化战略》《数字技能和人才计划》

1. 亚洲国家的教育数字化战略

在中国，数字化已深入到教育系统各领域，从教育信息化1.0到2.0，从早期的数字校园和智慧校园建设，到"互联网+教育""人工智能+教育"，再到国家教育智慧平台、智慧教育示范区建设，我国积极引领智慧教育发展，实施国家教育数字化战略行动（更多内容见本书第2章和第3章）。

日本十分重视理科教育对"科技立国"的推动作用，2017年修订的《学习指导要领》[1]将增强现实、虚拟现实和人工智能技术融入学校教学活动中去，开展沉浸式体验和更有效的个性化知识、技能训练学习等；2019年发布《AI战略2019》[2]，之后又相继出台《AI战略2019》（2020年修订）、《AI战略2021》、《AI战略2022》，提出要借助人工智能实现人才培养，解决人才竞争力问题，构建虚拟空间与现实空间高度融合的社会系统，实现超智能"5.0社会"；2020年，修订并更名《科学技术创新基本法》[3]，强调科教融合，培养学生面向社会5.0时代的生存力，着力教育数字化转型，系统推进STEM[4]教育。

韩国系统地实施每五年一次的教育信息化规划[5]，历经基础设施建设、数字教育资源开发、个性化学习提升、技术与教育融合、智慧教育发展阶段后，正在推进实施第六个阶段的规划（2019～2023年），主题是创建以人为中心的智能化未来教育环境，推进可持续教育信息化创新，通过ICT实现定制化教育服务。2022年2月，韩国教育部发布了《2022年教育信息化实施计划》[6]，围绕新兴技术，打造

---

[1] 李婷婷，王秀红. 日本新一轮基础教育课程改革新动向——文部科学省"学习指导要领"（2017）述评[J]. 外国教育研究，2019，46（3）：103-116.

[2] 龚超，王冀. 日本人工智能教育战略的研究与分析[J]. 中国教育信息化，2022，28（6）：29-37.

[3] https://www.mext.go.jp/b_menu/hakusho/html/hpaa202201/1421221_00018.html.

[4] STEM是科学（science）、技术（technology）、工程（engineering）、数学（mathematics）四门学科英文首字母的缩写。

[5] 尉小荣，吴砥，余丽芹，等. 韩国基础教育信息化发展经验及启示[J]. 中国电化教育，2016，（9）：38-43.

[6] 罗毅，董丽丽. 教育与研究的智能化转型——韩国《2022年教育信息化实施计划》探析[J]. 世界教育信息，2022，35（6）：52-59.

以人工智能＋ICBM①为基础的教育数字化框架，开发与ICT相融合的教学和学习材料、完善中小学远程课堂操作系统（平台）、推进信息化项目等。2019年发布《人工智能国家战略》，在高校增设人工智能专业，构建实时监控系统和智能辅导系统，全程采集学生线上线下学习行为、学业成绩及心理等方面数据，为每位学生学习提供可视化诊断、分析及预警报告，精准发现学生存在的问题，提供具有个性化结果及建议的诊断方案。2021年2月，韩国教育部发布《绿色智能未来学校综合推进计划》。2022年8月，发布"培养100万数字人才"综合方案②。

新加坡采用循序渐进的方法，从1997年起每隔5年更迭教育技术发展规划，针对提高教师数字技能、推动数字化课程建设、应用数字评估等方面发布系列政策法规，目前已被"教育技术计划"③取代，旨在引导建立从小学到大学预科学习阶段的技术生态系统。基于前四阶段规划打下的基础，该计划构建了10年总体愿景（2020～2030年），旨在使教育更加自主、个性化、互联和以人为本，提出利用电子形成性评估、电子校本评估和国家电子考试进行以学习者为中心的评估，利用模拟技术和多媒体资源提高国家考试的真实性和互动性；强调教师在数字化时代应作为以技术为媒介的学习体验设计者和促进者，赋能学生成长。2018年，《数字化就绪蓝图》（"Digital Readiness Blueprint"）④基于数字素养框架提出基本数字技能课程，包括信息管理与交流、数字交易、访问政府服务、网络安全等⑤。

印度推出"数字印度"战略⑥，以应用核心信息技术促进社会变革、实现转型发展，重点聚焦数字基础设施建设、数字政府服务和公民数字教育，推动印度成为数字赋能的社会和知识经济体。印度发布《国家教育政策 2020》，提出建立印度校园业务线上平台、开源学习平台及教育信息管理系统等；发布《印度报告2021：数字教育》（"India Report Digital Education，2021"）⑦，提出在全国范围内推进数字教育、将印度建成全球知识型超级大国的战略目标。

---

① ICBM是IoT（internet of things，物联网）、cloud computing（云计算）、bigdata（大数据）、mobile（手机）四个字母的首字母缩写。

② 韩国计划在未来五年内培养100万名数字人才 | 国际动态（405期）[EB/OL]. http://finance.sina.com.cn/tech/roll/2022-08-22/doc-imizirav9222490.shtml，2022-08-22.

③ https://www.moe.gov.sg/education-in-sg/educational-technology-journey/edtech-plan.

④ https://www.mci.gov.sg/en/portfolios/digital-readiness/digital-readiness-blueprint.

⑤ 惠佳菁,董丽丽. 新加坡国民数字素养提升的具体举措与启示——基于《数字化就绪蓝图》的解读与思考[J]. 世界教育信息，2020, 33（8）：36-41.

⑥ 王雨洁,吴婧姗,朱凌. 数据赋能工程教育转型："数字印度"战略及其人才培养实践[J]. 高等工程教育研究，2022，（1）：35-41.

⑦ https://www.education.gov.in/en/india-report-digital-education-2021；马亚琴，赵磊. 印度推进数字教育的动因、措施及启示[J]. 中国医学教育技术，2022, 36（2）：221-225.

越南发布《国家数字化转型计划 2025 及 2030 发展方向》,强调教育是数字化转型的优先领域,明确到 2030 年要成为拥有合格数字公民的稳定繁荣的数字化国家,并培养适应数字社会发展所需人才。

马来西亚推出"智慧学校"计划,发布《智慧学校发展路线图(2005—2020)》;颁布《2013—2025 年教育蓝图》[1];推出《马来西亚高等教育的灵活学习途径:平衡人力资源开发和公平政策》;推进以高速信息网络普及为核心的教育"新基建";打造数字教育"新平台"[2]。

此外,阿联酋颁布《阿联酋愿景 2021 国家议程》和《阿联酋教育部战略规划(2017—2021)》,推动教育数字化转型;沙特阿拉伯积极推进国家数字化转型战略,发布《2030 愿景》,提出建立与市场需求相适应的教育体系;土耳其发布《高等教育组织的远程教育程序和原则》;以色列发布《2017—2022 年高等教育发展规划》;缅甸发布《2016—2021 年国家教育战略规划》;巴基斯坦发布《高等教育愿景 2025》;文莱发布《21 世纪的国家教育体系》《国家 ICT 人才培养方案》,推动教育改革、实施 ICT 人才培养计划。

2. 欧洲国家的教育数字化战略

欧盟早在 2010 年出台的"欧盟 2020 战略"中就将"数字欧洲"战略确定为欧洲的重要发展战略之一;对教育数字化转型的政策指引与战略规划主要来源于数字教育行动计划(Digital Education Action Plan,DEAP)。2018 年 1 月,欧盟发布《数字教育行动计划(2018—2020 年)》,呼吁更好地利用数字技术开展教育教学,发展数字能力和技能,通过数据来改进教育。2020 年 9 月,欧盟又发布了《数字教育行动计划(2021—2027 年)》[3],强调要进行数字化转型和绿色转型,促进高性能数字教育生态系统发展和增强数字化转型能力,以此来使教育系统能够真正适应数字时代。新冠疫情虽然严重影响了教育与培训,但也为学习者提供了新的学习体验、加速了教育变革,对数字技能不断增长的需求正推动教育的数字化转型。因此,《数字教育行动计划(2021—2027 年)》在基础设施、战略和领导力、教师技能、学习者技能、内容、课程、评估和国家法律框架等方面采取措施和行动,具体包括以下内容。优先事项一,即促进高性能数字教育生态系统的发展。支持其实施的行动包括:①与成员国就成功数字教育的促成因素进行战略对话;②就利用混合学习确保高质量和包容的中小学教育提出理事会建议;③构建欧洲数字教育内容框架,启动针对欧洲交流平台创建的可行性研究;④投资用于教育

---

[1] 杨正刚,洪明. 马来西亚基础教育改革新政——《2013—2025 年教育蓝图》实施背景、内容与特点[J]. 比较教育研究,2018,40(1):37-44.

[2] 洪秀敏,张明珠,陈敏睿. 发展中国家基础教育政策评估的核心指标、评估结果与启示——以 UNESCO 四个成员国为例[J]. 清华大学教育研究,2021,42(3):94-103.

[3] https://education.ec.europa.eu/focus-topics/digital-education/action-plan.

的相关数字设备；⑤支持各级教育和培训机构的数字化转型计划，就数字化教学方法和数字工具应用开展教师培训；⑥为教育工作者制定在教学中使用人工智能和数据的道德准则，并开展人工智能伦理培训。优先事项二，即提高数字技能和能力以实现数字化转型。支持其实施的行动包括：①制定通用指南，帮助教师和教育工作者通过教育和培训提升数字素养并应对虚假信息；②更新欧洲数字能力框架，将具备人工智能和数据分析等相关技能纳入其中；③开发欧洲数字技能证书；④就如何通过教育与培训来提升数字技能，理事会提出相关建议；⑤跨国收集有关学生数字技能的数据，并将之用于欧盟学生数字能力目标的制定；⑥采取措施（如数字机会培训），激励高级数字技能的发展；⑦鼓励女性参与 STEM 项目。此外，为了加强欧盟数字教育合作与交流，还建立了欧洲数字教育中心。同时，欧盟还为成员国提供支持合作、实践交流、框架、研究、建议和其他工具。如今，欧盟的数字教育改革已逐渐从侧重于提升学校宽带接入比例和增加信息化设备应用数量，转向对数字教育系统进行全面完善和提升。

英国分别于 2015 年和 2022 年发布"英国数字战略"[1][2]提出打造"数字英国"的构想，主张发展数字经济的 6 个关键领域。2019 年发布《教育技术战略：释放技术在教育中的潜力》（"Realising the Potential of Technology in Education：A Strategy for Education Providers and the Technology Industry"）[3]报告，提出构建良好的数字基础设施、培养信息素养与技能、支持基础设备采购、保护网络信息安全与防御风险、促进教育科技产业发展、支持创新以应对教育技术挑战、提升教育部门数字服务水平等七项战略行动[4]；2021 年，英国发布《2021—2024 高等教育战略》[5]，提出将数字技术和实体空间结合起来，以提高教与学的效率。2021 年，英国发布《国家人工智能战略》（"National AI Strategy"）[6]，提出要针对构建教育的人工智能生态系统的长期需求进行投资；此外，英国还发布《2022 年国家网络战略》（"National Cyber Strategy2022"）[7]，提出实施网络安全文化建设工程。

德国提出要实施教育"数字革命"[8]。2016 年，德国发布《数字战略 2025》[9]，各州文化教育部长联席会议发布了《数字世界中的教育》（"Bildung in der digitalen

---

[1] https://www.gov.uk/government/news/uk-digital-strategy-the-next-frontier-in-our-digital-revolution.
[2] https://www.gov.uk/government/publications/uks-digital-strategy.
[3] https://www.gov.uk/government/publications/realising-the-potential-of-technology-in-education.
[4] 王敏. 英国《教育技术战略：释放技术在教育中的潜力》探析[J]. 世界教育信息, 2019, 32（17）: 21-27; 尤陆颖. 英国：科技赋能教育[N]. 中国教师报, 2022-03-30（3）.
[5] https://beta.jisc.ac.uk/reports/higher-education-strategy-2021-24-powering-uk-higher-education.
[6] https://www.gov.uk/government/publications/national-ai-strategy.
[7] https://www.gov.uk/government/publications/national-cyber-strategy-2022.
[8] 刘云华, 马健生. 德国基础教育的数字教育战略举措与挑战[J]. 比较教育研究, 2022, 44（3）: 19-27.
[9] https://www.de.digital/DIGITAL/Redaktion/EN/Publikation/digital-strategy-2025.pdf.

Welt")①，内容涉及数字化教育培训、数字化设施、法律框架、教育组织和机构的数字化战略等，对德国数字教育的实践起到了重要的战略指导作用。基于《面向数字化知识社会的教育行动》和《共同建设数字化世界中的高质量职业学校》②，德国在职业教育数字化建设中取得了实质性进展。2018年，德国发布《人工智能战略》("Strategie Künstliche Intelligenz der Bundesregierung")③，提出要通过高等教育培养更多专业人才④。2019年，联邦政府和各州政府共同签署了《中小学数字教育协定》("DigitalPakt Schule")⑤，提出联邦政府和各州政府共同出资约55亿欧元用于德国中小学数字基础设施建设。2021年，德国发起《数字教育倡议》("Initiative Digitale Bildung")⑥，旨在引领数字化基础设施、个性化数字教育产品设计等顶层设计和创新研发，完善数字化教育使用机制，不断加快教育数字化的发展进程。

法国2015年制定了"数字化校园"教育战略规划⑦，从培训、资源、设备和创新方面提出了一系列措施，还给予了地方政府财政支持，并扶持试点学校，调动社会各界积极参与，推进教育数字化系统覆盖全国中小学校。2017年，法国开启了为学生全面配备可移动数字化学习设备的计划。2021年，在疫情影响下，法国设立了"教育数字领地"（Les Territoires Numériques Educatifs）项目⑧，旨在丰富教学实践，提高学生成绩；加强学校与家庭的联系和合作；增强教育系统的复原力，尤其是提高应对危机的治理能力，对教师和学生家庭的数字设备、教育内容进行全方位部署，以适应当地需求和环境、促进教育体系的转型。为了促进远程学习和混合学习，法国政府还向学生、教师和学校提供"数字工具包"，包含免费培训内容、教学软件和多样化的教学资源，家长亦可接受此类数字教学培训。

俄罗斯2016年发布《现代数字教育环境建设项目（2016—2025）》，目标是建设现代化教育基础设施（如网络、计算机教室、可视化工具等）；提供数字化教育服务（如招生、认证考试、绩效评价等）；教育领域相关业务的数字化（如人事档案、电子期刊等）；基于数据的现代化管理（如典型网站、自动报告等）；培训在数字教育环境中工作的人员，并建立了数字化成熟度框架⑨。2017年，《俄罗斯联

---

① https://www.kmk.org/themen/bildung-in-der-digitalen-welt.html.
② 李文静,吴全全. 德国"职业教育4.0"数字化建设的背景与举措[J]. 比较教育研究,2021,43（5）：98-104.
③ https://www.ki-strategie-deutschland.de/home.html.
④ 陈正. 人工智能时代德国教育变革与应对措施[J]. 世界教育信息,2021,34（1）：40-41.
⑤ https://www.kmk.org/themen/bildung-in-der-digitalen-welt/digitalpakt-schule.html.
⑥ https://www.bildung-forschung.digital/digitalezukunft/de/bildung/initiative-digitale-bildung/online-dialog-zur-initiative-digitale-bildung/online-dialog-zur-initiative-digitale-bildung_node.html.
⑦ 任一菲. 法国"数字化校园"教育战略规划概览及启示[J]. 世界教育信息,2018,31（18）：14-17.
⑧ https://www.education.gouv.fr/les-territoires-numeriques-educatifs-306176.
⑨ 王姝莉,黄漫婷,胡小勇. 美国、欧盟、德国、法国和俄罗斯教育数字化转型分析[J]. 中国教育信息化,2022,28（6）：13-19.

邦数字经济规划》提出要在数字教育和智慧城市等领域建成10余个数字平台，培育500余家开发数字技术、数字平台和提供数字服务的中小企业等。2018年，《俄罗斯国家教育方案》将"创建数字化教育环境——在校园推广数字化技术"作为联邦专项计划之一，打造俄罗斯联邦现代数字化教育环境，提供信息资源库与"一站式"服务，促进教学中的数字技术使用。2021年12月，《俄罗斯教育部活动领域相关的教育数字化战略转型方向》提出要为实施教育数字化战略转型提供法律保障，并明确六个发展方向：数字教育图书馆服务、学生数字档案服务、学生数字助理服务、家长数字助理服务、教师数字助理服务、教育机构的数字管理系统服务[1]。

此外，意大利《国家数字能力战略行动方案》将战略行动分为教育培训、就业市场、通信技术、公民素质四个维度；西班牙2020年启动了《数字教育方案》，利用人工智能开展个性化的教育；葡萄牙发布《葡萄牙教育技术规划》《葡萄牙2030国家数字技能倡议》，以加快教育数字化转型步伐；荷兰推出《教育创新与信息通信技术加速计划》《人工智能战略行动计划》；匈牙利《数字教育战略》提出，要发展数字工具以支持形成由数字设备、数字网络、数字教材等构成的教学场域；芬兰发布《国家人工智能战略》，强调编程和计算机思维教育；塞尔维亚发布《人工智能战略（2020—2025）》（"Strategy for the Development of Artificial Intelligence in the Republic of Serbia for the period 2020—2025"）[2]和《数字技能发展战略（2020—2024）》（"Strategy on Digital Skills Development in the Republic of Serbia for the period 2020. to 2024 "）[3]，提出要提高包括年轻人、老人和社会弱势群体在内的所有公民的数字知识和技能。

3. 美洲国家的教育数字化战略

美国教育信息化起步较早，从"迎接技术素养的挑战"到"重塑技术在教育中的角色"，美国政府及其教育部门都非常重视技术在教育中的作用。自1996年以来，美国教育技术办公室已推行6项国家教育技术计划（National Education Technology Plan，NETP）[4]，包括不断扩大学校的宽带覆盖范围、提高教育技术的种类和资助、改善教育技术解决方案、注重数据安全、开展教师的技术培训等。NETP2016的重点已经不是是否要在学习中使用技术，而是如何用技术来改进学习，以确保每个学生都获得高质量的学习体验；NETP2017提出，重塑技术在教育中的作用，平等获得技术以缩小数字鸿沟，并从学习、教学、领导力、评价、

---

[1] 欧柔藓. 俄罗斯教育数字化战略转型[J]. 世界教育信息, 2022, 35 (6): 45-51.

[2] https://www.srbija.gov.rs/tekst/en/149169/strategy-for-the-development-of-artificial-intelligence-in-the-republic-of-serbia-for-the-period-2020-2025.php.

[3] https://clustercollaboration.eu/content/strategy-digital-skills-development-republic-serbia-period-2020-2024.

[4] https://tech.ed.gov/netp/.

基础设施等五个方面探讨技术在服务日益多样化学生群体中的作用。2018 年 12 月，美国国家科学技术委员会发布《绘制成功之路：美国 STEM 教育战略》("Charting a Course for Success：America's Strategy for STEM Education")[1]。2019 年，美国国家教育技术总监协会[2]发布《领航数字变革 2019：为所有学习者提供公平机会》("Navigating the Digital Shift 2019：Equitable Opportunities for All Learners")[3]，关注如何通过数字化教育资源支持，实现向个性化学习的转变。2022 年 9 月，教育技术办公室发布了《促进全民数字公平》("Advancing Digital Equity for All")[4]，以消除数字鸿沟并实现技术赋能学习。在美国人工智能战略中，教育承担培养人工智能技术的研究者和使用者的两大使命[5]。

加拿大在联邦政府层面推出数字战略，以培养数字公民、推动教育数字化改革。在建国 150 周年之际推出"数字加拿大计划 150"[6]，以构建更为联通的信息社会；2022 年推出《2022 年数字宪章实施法案》(Digital Charter Implementation Act, 2022)[7]，为加快基础设施建设、提供更可靠和可负担的高速网络接入及优质在线教育资源绘制蓝图。

巴西发布《数字化转型战略》，强调数字人才培养，推动价值创造，促进经济增长。巴西颁布《国家网络安全战略》，将基础网络安全教学纳入巴西教育课程。实施"数字化加速计划""计算机普及计划""联网教育计划"[8]。此外，巴西还修订《基础教育共同课程基准》，将培养计算思维能力纳入课程要求。

4. 非洲国家的教育数字化战略

南非 2020 年发布了《南非国家数字及未来技能战略》("National Digital and Future Skills Strategy South Africa")[9]，提出有必要建立从学前教育、学校教育、学校后教育再到在职培训的完整机制，以此来推动南非数字技能的发展，试图打破数字技能供应方（学校、大学和职业院校）与数字技能需求方（企业和社区）之间的隔阂。2021 年，南非通信与数字技术部向国会提交了《加快数字与云技术

---

[1] https://www.energy.gov/downloads/charting-course-success-americas-strategy-stem-education.

[2] https://www.setda.org/.

[3] https://www.setda.org/priorities/digital-content/navigating-the-digital-shift/navigating-the-digital-shift2019/.

[4] https://learningforward.org/.

[5] 田芬. "美国人工智能计划"中的教育使命与策略——基于美国政府 2019—2020 年系列报告解析[J]. 比较教育研究, 2021, 43（3）：15-23；袁利平, 陈川南. 美国人工智能战略中的教育蓝图——基于三份国家级人工智能战略的文本分析[J]. 比较教育研究, 2020, 42（2）：9-15.

[6] http://www.ic.gc.ca/eic/site/028.nsf/eng/50023.html.

[7] https://ised-isde.canada.ca/site/innovation-better-canada/en/canadas-digital-charter/bill-summary-digital-charter-implementation- act-2020.

[8] 世界慕课与在线教育联盟秘书处.各国谋划和实施高等教育数字化战略——《无限的可能：世界高等教育数字化发展报告》节选二[J]. 中国教育信息化, 2023, 29（1）：9-23.

[9] https://www.gov.za/sites/default/files/gcis_document/202009/43730gen513.pdf.

发展议案》("Draft National Policy on Data and Cloud")①，旨在增强国家数字服务能力，提高政府数据分析研判水平，保障南非数据主权与安全；提出成立高性能计算与数据处理中心，以提供数字云服务。2022年，南非基础教育部提交了《虚拟教室远程学习解决方案》("Virtual Classroom Distance Learning Solution")②，旨在最大限度地增加农村和城市地区的学习者获取数字教育内容的机会。

尼日利亚2020年8月发布《教育促进变革：教育部战略规划（2018—2022）》["Education for Change: A Ministerial Strategic Plan（2018—2022）"]③，提出通过改善现有的基础设施、提升STEM和TVET④人员的能力、组织各种活动普及科学技术教育等措施，使学生具备相关的技能和能力，提升国家的知识竞争力；通过在各地区修建教育管理信息系统基础设施、在36个州和联邦首都区进行年度学校人口普查等措施，以提供可靠、可信和及时的教育数据并进行基于数据的教育规划；通过审查信息技术课程、建立和维持一个共同的教育信息和通信技术基础设施平台等措施，实现社会可持续发展并提高尼日利亚全球竞争力的目标。2018年8月，网龙与尼日利亚签署"非洲数字教育倡议"（Initiative of Digital Education in Africa）⑤，启动"N-Power Junior智慧教室项目"，助力当地教育技术发展。2022年9月，联合国教科文组织国际高等教育创新中心与尼日利亚在线教育国际研究所-尼日利亚国家中心签署协议，启动了"尼日利亚数字化教学政策实施赋权项目"（Project on Empowering Istitutional Policy Implementation for Digital Teaching and Learning in Nigeria）⑥。

埃及政府2016年发布了"埃及2030愿景"国家可持续发展战略，提出埃及教育数字化转型的途径和发展线上互动式教育行动的建议。据此，埃及通信和信息技术部⑦已着手建设"数字埃及"（Digital Egypt）⑧，数字化转型、数字技能和就业数字创新是其三大支柱。《埃及ICT2030战略》("Egypt's ICT 2030 Strategy")⑨提出通过建设数字埃及，助力实现埃及2030年的愿景目标。2019年，埃及成立人工智能国家委员会，负责制定和实施《国家人工智能战略》("The National AI Strategy")⑩，并成立应用创新中心促进人工智能、大数据、高性能计

---

① https://www.gov.za/sites/default/files/gcis_document/202104/44389gon206.pdf.
② https://www.education.gov.za/ArchivedDocuments/ArchivedArticles/Virtual-Classroom-Handover.aspx.
③ https://planipolis.iiep.unesco.org/sites/default/files/ressources/nigeria_education_ministerial_plan_2018-2022.pdf.
④ TVET是指职业技术教育和培训（technical and vocational education and training）。
⑤ http://www.chinadaily.com.cn/kindle/2018-08/30/content_36845524.htm.
⑥ https://punchng.com/unesco-ichei-abu-sign-pact-for-digital-education/.
⑦ https://mcit.gov.eg/en.
⑧ https://mcit.gov.eg/en/Digital_Egypt.
⑨ https://mcit.gov.eg/en/ICT_Strategy.
⑩ https://mcit.gov.eg/en/Artificial_Intelligence.

算、物联网人才、技术和产业的发展，颁布《个人数据保护法》为人工智能的监管提供法律支持。埃及推出了"基本数字技能发展计划"（Basic Digital Skills Development Programs）[①]，旨在提高埃及公民的数字能力；提出"数字埃及建设者"倡议（Digital Egypt Builders initiative）[②]，旨在充实先进技术领域的人力资源，培养青年的创新能力。

此外，莫桑比克实施"一生一计算机"计划，与华为签署《数字创新与能力建设合作谅解备忘录》；肯尼亚制定了《2030年远景规划》，其中包括积极推进教育信息化，为全国搭建网络体系，开展教育师资培训，进行课堂教学改革等[③]；坦桑尼亚发布《国家创新框架（草案）》（"Draft National Innovation Framework"）[④]，重点关注信息技术基础建设和能力建设、科学技术创新应用；埃塞俄比亚发布了《数字埃塞俄比亚战略2025》（"Digital Ethiopia 2025 Strategy"），旨在发掘该国的数字潜力，此外还制定了《数字技能行动计划2030》[⑤]，利用数字技术增加教学方法的多样性，提升高等教育和职业教育学生的数字技能，培养具有数字技能的劳动力。

5. 大洋洲国家的教育数字化战略

澳大利亚2007年发布了《数字教育革命》（"Digital Education Revolution，DER"），专注于基础设施、领导力、教师能力、学习资源四个方面的变革[⑥]，并于2013年发布了《数字教育革命中期审查报告：评估进展及潜在的未来方向》（"DER MID：Program Review：Assessing Progress of the DER and Potential Future Directions"）[⑦]。2020年，发布了《面向未来的基础技能》（"The Foundation Skills for Your Future Program"）[⑧]，构建了面向未来需要掌握的数字技能标准框架，并发布《数字素养框架》（"Digital Literacy Skills Framework"）[⑨]，进一步丰富数字技能标准框架。2021年，推出《数字经济战略：在2030年实现领先的数字经济与社会》（"Digital Economy Strategy：A Leading Digital Economy and Society by 2030"）[⑩]，展望了未来10年数字化经济与社会建设的发展蓝图，围绕发展数字经

---

① https://mcit.gov.eg/en/Human_Capacity/MCIT/Basic_Digital_Skills_Development_Programs.

② https://debi.gov.eg/.

③ 黄巨臣. 肯尼亚基础教育信息化建设：动因、措施与启示[J].现代教育技术，2021，31（3）：89-96.

④ https://www.moe.go.tz/index.php/sw/download/draft-national-innovation-framework-2022.

⑤ https://www.academia.edu/44994814/Digital_Skills_Country_Action_Plan_2030_for_Higher_Education_and_TVET_Institutions.

⑥ 陈琳，李艳. 澳大利亚教育数字化改革政策分析[J]. 中国教育信息化，2022，28（7）：32-40.

⑦ https://www.education.gov.au/australian-curriculum/resources/digital-education-revolution-program-review.

⑧ https://www.dewr.gov.au/foundation-skills-your-future-program.

⑨ https://www.dewr.gov.au/foundation-skills-your-future-program/resources/digital-literacy-skills-framework.

⑩ https://digitaleconomy.pmc.gov.au/.

济、发展新兴技术以及设定数字增长优先事项三大支柱，要求到2030年所有澳大利亚人都将习得数字技能。

新西兰2018年开始实施《学生公平数字接入计划》("Equitable Digital Access for Students")[①]，旨在让学生成为自信的、被数字连接的、主动参与的终身学习者；制定《数字包容蓝图》，旨在让每个人都可以公平地参与到信息世界，为信息世界的发展作出贡献并从中获益；实现公平数字接入愿景，每个学生都享有优质、公平获得信息技术学习的机会，并掌握成长必备技能[②]。2021年发布《新西兰数字化战略》("The Digital Strategy for Aotearoa")[③]，愿景是让新西兰的教育、经济和社会等在数字时代继续繁荣。2021年，推出《数字技能和人才计划》("Digital Tech Industry Plan for Skills and Talent")[④]，推动数字化教学变革，为教师提供示范案例；加强职业院校与企业合作，用实际工作经验帮助学生成长；培养学生的数字素养和批判精神，培养终身学习的意识，以适应信息技术的快速更迭。2022年，新西兰还发布了《数字技术领域技能提升和再培训计划》("A Plan for Upskilling and Reskilling in the Digital Technology Sector")[⑤]，旨在提升人们的数字技能。

（二）优化教育信息网络基础设施，构建智联教育环境

教育数字基础设施既包括校园网络、宽带、5G网络等，还包括用于数字教学的物理基础设施，如智慧教室、数字设备等。在教育数字化潮流下，全球教育信息网络基础设施建设驶入快车道，各国纷纷采取措施夯实校园网络、智慧教室、教学设备等数字化底座，提升数字教育韧性，构建智联教育环境。重点体现在三个方面：①加快数字访问的可及性是数字教育革命的内在要求，利用宽带网络和移动通信打通网络基础设施的"最后一公里"，重点是建设数字校园，消除学生网络接入机会的不平等。②教室是课堂教学改革的主阵地，因此应大规模数字化、网络化和智能化升级改造传统教室。③教育装备是现代教学活动的基础条件，直接作用于教育教学过程，因此应为师生配置数字装备。

1. 普及校园网络

中国重点优化网络基础设施与升级校园基础设施，"宽带网络校校通"实现了提速增智，所有学校全部接入互联网，带宽满足信息化教学需求；无线校园逐步

---

① https://www.education.govt.nz/school/digital-technology/your-schools-ict-network/enabling-home-internet-access-for-your-community/#EDA4S.
② 杨柳宁，熊涛，周岸. 新西兰《学生公平数字接入计划》解读[J]. 中国教育信息化，2022，28（6）：38-45.
③ https://www.digital.govt.nz/digital-government/strategy/digital-strategy-for-aotearoa-and-action-plan/the-digital-strategy-for-aotearoa/.
④ https://itp.nz/Our-Work/Digital-Tech-Skills-Plan.
⑤ https://itp.nz/upload/files/Final%20upskilling%20and%20reskilling%20plan.pdf.

普及，超过 3/4 的中小学、70%的职业学校、80%的高校实现无线网络全覆盖[1]。当前，我国重点推进教育新型基础设施建设，实现新网络、新平台、新安全、新资源、新校园、新应用，推进教育专网建设，提升学校网络质量，以提供高速、便捷、绿色、安全的网络服务。

美国早在 2013 年就提出"连接教育计划"，让高速网络连通学校；到 2019 年，99%的公立中小学接入光纤。2021 年，美国高等教育信息化协会发布《疫情期间美国学生在网络和技术方面的学习体验》("Student Experiences with Connectivity and Technology in the Pandemic")[2]报告，提倡要扩大校园无线网络的覆盖范围，同时制定经济援助计划以满足网络连接需求，为学生的"移动热点"（mobile hotspots）提供资金赞助。2022 年 9 月，美国教育技术办公室发布《促进全民数字公平》("Advancing Digital Equity for All")[3]报告，提出公平使用宽带的建议，以支持管理者制定数字公平计划。

英国推进高等教育教学数字化转型七大战略行动，首先就是建设良好的数字基础设施。2019 年，英国教育部发布《教育技术战略：释放技术在教育中的潜力》[4]，提出加快英国学校全面普及光纤宽带网络的步伐。作为"数字英国建设"[5]的重要项目，英国 2020 年宣布投资 50 亿英镑启动"千兆计划"[6]，致力于提供更便捷的数字访问服务，为 1200 所学校和网速缓慢的其他公共建筑提供千兆位宽带服务，使学校从快速网络中受益，让 5G 和未来网络发挥巨大潜能。同时，针对偏远农村地区，分阶段实施"共享网络计划"（Shared Network Plan）[7]，以解决网络的接入性难题。

新加坡 2006 年推出"新加坡无线服务"[8]计划，以满足在大多数公共场合免费使用无线宽带服务的需求；瑞典 2016 年发布了"国家宽带计划"（National Broadband Plan）[9]，扩大农村地区宽带覆盖面，以期到 2025 年全国都能够普及高速带宽并获得可靠的高质量移动服务；新西兰自 2018 年起就在全国范围内试点

---

[1] 中国教育科学研究院. 中国智慧教育发展报告（2022）：迈向智慧教育的中国教育数字化转型[M]. 北京：教育科学出版社，2023.

[2] https://www.educause.edu/ecar/research-publications/2021/student-experiences-with-connectivity-and-technology-in-the-pandemic/introduction-and-key-findings.

[3] https://tech.ed.gov/advancing-digital-equity-for-all/？utm_content＝&utm_medium＝email&utm_name＝&utm_source＝govdelivery&utm_term＝.

[4] https://www.gov.uk/government/publications/realising-the-potential-of-technology-in-education.

[5] https://www.gov.uk/government/organisations/building-digital-uk.

[6] https://projectgigabit.campaign.gov.uk/.

[7] https://www.gov.uk/government/news/shared-rural-network.

[8] https://www.imda.gov.sg/How-We-Can-Help/Wireless-At-SG.

[9] https://connectingdots.eu/national-broadband-plan.html.

《学生公平数字接入计划》，使学生获得稳定的校园互联网连接，确保低收入家庭学生也能够接入学校互联网；俄罗斯实施"数字化教育环境"项目，提出在 2024 年前让所有学校接入高速互联网；德国在疫情期间追加资金投入推进数字技术研发，使宽带网络全面覆盖学校，此外还不断完善网络基础设施，以实现教学方式变革；2021 年 7 月，韩国教育部将构建学校无线环境作为实现未来教育的重要基础，还专门拨款用于学校无线网建设。

互联网连接为数字学习提供了重要途径。对发达国家来说，校园网络建设起步较早，学校互联网接入已不是问题，当前的重点主要是宽带接入和无线访问。对一些发展中国家来说，"互联网连接"仍然是解锁教育数字变革的密钥，强调确保所有学校和个人都能受益于优质互联网连接带来的教育优势。此外，全球互联网可负担性存在显著差异，不发达地区的技术成本可能更高。

2. 升级智慧教室

中国的中小学多媒体教室数量超过 400 万间，99.5%的中小学拥有多媒体教室，网络多媒体教室占教室总数的比例达 73.9%；职业教育院校超过 60%的教室具备多媒体等数字化教学空间功能，师生教学用数字终端拥有率达 25%；网络多媒体教室占全国高校教室总数的比例超过 60%[①]，促进了信息技术教育教学应用。

传统教室已难以满足混合式学习的需要，许多国家加大对学校的资金投入，配备高清互动、虚拟仿真、智能感知装备，让学生可以在仿真的环境中感受充满生机和乐趣的课堂，激发其深度学习的兴趣。《2022 地平线报告（教与学版）》[②]提出，打造混合学习空间是促进高等教育数字化转型的六大技术之一。美国鼓励谷歌、微软、苹果等科技巨头企业进入教育市场，为教育数字化提供软硬件建设条件与技术支持。例如，美国卡内基梅隆大学采用视觉驱动系统开发面向教室的数字孪生环境；得克萨斯大学圣安东尼奥分校通过打造灵活的学习空间来为学生营造混合学习体验。英国牛津大学赛德商学院 2017 年正式启用"牛津国际虚拟教育中心"[③]，该教室安装了由 27 台高清显示屏组成的 U 型屏幕墙，融合机器人、人脸识别技术、4D 高清投影等多项尖端科技，为师生打造独特的沉浸式教学空间。2021 年 2 月，韩国教育部发布《绿色智能未来学校综合推进计划》，旨在实现智慧教室与教育空间革新、绿色环保、学校复合化（与社会联系）等核心要素相结合，打造未来型学校[④]。印度在中小学校积极推行"智慧教室"计划，使平板电脑、

---

① 教育部教育信息化战略研究基地（华中）. 中国教育信息化发展报告（2021）[M]. 北京：人民教育出版社，2022.

② https://library.educause.edu/resources/2022/4/2022-educause-horizon-report-teaching-and-learning-edition.

③ https://www.sbs.ox.ac.uk/about-us/venue-hire/park-end-street/oxford-hive.

④ 于佳靓. 韩国：教育信息化有哪些新动向[N]. 中国教师报，2022-05-11（3）.

笔记本电脑、交互式投影仪等介入教学活动，以改变教师的教学方式和学生的学习方式[①]。

智慧教室通常从教学内容的呈现、学习过程的管理、学习资源的获取、课堂教学的互动、情境感知与检测等五个方面进行优化和提升。美国关于智慧教室的空间设计、技术设计和教学应用等方面的研究和实践较多；中国由于政策的驱动，很多地区和学校都开展了从数字校园到平安绿色智慧校园、智慧教室的改造和升级，但标准、管理和应用模式等方面还有待提升[②]。

3. 配置数字装备

欧盟 2020 年发布《重新思考数字时代的教育》（"Rethinking Education in the Digital Age"）[③]，提出为学校配备笔记本电脑、电子书、虚拟现实装备、语音助手等高配备设施，以助力教师发挥巨大应用潜能，更好地开展线上教学与跨学科教学，提高教学效率。亚欧会议（The Asia-Europe Meeting）[④]成立数字教育专家组，2019 年出台《数字联通：促进数字时代欧亚教育合作》（ASEM Education in a Digital World：Bridging the Continents-Connecting the People）[⑤]，提出所有学生和教育工作者都须获得具有包容性的数字学习设备，以确保有不同学习需求的学生获得数字资源。

德国《中小学数字教育协定》提出每年将投入 5 亿欧元用于学校信息化平台建设，并为师生提供数字化终端设备和开展教师数字化技能培训等。俄罗斯"数字化教育环境"项目提出为学校配备笔记本电脑、扫描仪等。日本《面向教育系统信息化的环境设置装备 5 年计划（2018—2022 年）》[⑥]规划每天每个学生至少人手一台数字终端上一节课、任课教师人手一台计算机、大型电子显示屏 100%配备、超高速互联网和校园无线网 100%配备、整合型校务支持系统 100%配备、专职 ICT 支持员每 4 所学校配备一名。新加坡提出到 2024 年实现所有初一学生人手一台数字化学习设备，到 2028 年实现所有中学生人手一台个人电脑；因疫情影响，新加坡加速落实中学生数码学习计划，原定 8 年完成的发展任务压缩到 1 年完成。截至 2021 年底，韩国面向全国小学、初中和高中进行的无线基础设施建设工作也初见成效，普及了 14 300 多台无线接入点和 27.1 万多台智能终端[⑦]。南非通过实验

---

① Babuji R，Suresh T，Gunasekhar P，et al. Smart Classroom：A stepping stone in making digital India[J]. International Journal of R ecent Technology and Engineering，2019，8（4）：8775-8778.

② 杨俊锋，包昊罡，黄荣怀. 中美智能技术教育应用的比较研究[J]. 电化教育研究，2020，41（8）：121-128.

③ https://www.europarl.europa.eu/thinktank/en/document/EPRS_STU(2020)641528.

④ https://asem-education.org/about/.

⑤ https://imperia.daad.com/medien/eu.daad.de.2016/dokumente/service/medien-und-publikationen/broschueren/asem_veranstaltungsreader_2018.pdf.

⑥ https://www.mext.go.jp/content/20230116-mxt_shuukyo01-100003166_002.pdf.

⑦ 转引自于佳靓. 韩国：教育信息化有哪些新动向[N]. 中国教师报，2022-05-11（3）.

室翻新、设备升级与 ICT 升级，确保学生能够获得所需的信息工具，并在适宜的环境中学习。

在《青岛宣言》中，会员国承诺，到 2030 年确保所有女童和男童都能使用相互连通的数字设备，拥有针对性强和顺应需求的数字化学习环境。学生和教师应获得使用数字设备（如计算机、移动设备、平板电脑、打印机和机器人），以及数字工具（如文字处理器、浏览器和人工智能驱动的工具）、学习材料（如文本、音视频记录和虚拟对象）和服务（如搜索引擎和社交网络）的途径。目前，在讨论教育装备配置情况时，发达国家已较少关注生机比这个指标，说明计算机、笔记本电脑已经比较普及，它们更多地关注智能教育装备，如智能互动教学设备、智能环境感知装备、智能学习终端、教育机器人，以及智能学科教学仪器、可穿戴设备、虚拟现实/增强现实装备等。但是，对于一些不发达国家来说，计算机的普遍配置及其更新换代仍然存在可持续性资金不足的问题。

（三）建设智慧教育公共服务平台，共享优质教育资源

教育数字化转型不仅需要世界各国的共同承诺和努力，还需要世界各国之间的合作与交流，更需要联合国有关机构的指导和协调①。因此，教育变革峰会发起"公共数字学习门户"②倡议，责成联合国儿童基金会和教科文组织共同发挥引领作用，创建并维护一个全球公共数字学习门户，连通各国教育部或其他公共当局批准或推荐的公共数字学习平台，形成一个全球性公共数字学习资源网络；研究成果与证据的搜集和分享，评估不同语境下数字教育资源与平台的公平性、可拓展性、安全性和影响力；制定公共数字学习平台国际规范和标准，为各国保障数字学习平台质量、制定国家目标和基准提供参考。随着技术和网络、设备性能的发展，算力、算法、云服务为教育数字化转型注入新动能，构建大平台、大资源、大数据的教育数字化体系成为趋势。

1. 搭建国家智慧教育平台

许多国家充分发挥现代信息技术互联互通、开放共享的优势，打造国家智慧教育公共服务平台或门户、教育大数据中心，推进优质教育资源共建共享和智慧教学、在线教育，为偏远地区的学生和边缘人群提供更多学习机会与资源，并推进构建"人人皆学、处处能学、时时可学"的教育生态体系。

中国构建智慧教育平台体系，聚合起高质量、体系化、多类型的数字教育资源，为在校学生、社会公众提供不打烊、全天候、"超市式"服务，在很大

---

① 刘宝存，徐辉，饶从满，等. 教育公平、创新与变革——联合国教育变革峰会主题笔谈[J]. 比较教育学报，2022（6）：3-17.

② https://www.un.org/en/transforming-education-summit/gateways-public-digital-learning.

程度上推动了教育资源数字化与配置公平化，满足了学习者个性化、选择性需求[1]。国家中小学智慧教育平台[2]汇聚了大量优质数字教育资源，涵盖德智体美劳全面育人各方面资源，数量不断增多、种类不断丰富，质量不断提升，能够有效服务学生自主学习、教师改进教学、城乡共享优质资源、家校协同育人；国家高等教育智慧教育平台[3]汇聚了21个公共平台的优质课程资源，还链接了"icourse"[4]和"xuetangX"[5]在线教学国际平台；国家职业教育智慧教育平台[6]汇聚了职业教育约20年的数字资源积累，以及虚拟仿真实训、通识教材等特色资源。

欧盟《数字教育行动计划（2021—2027）》提出在中小学教育方面打造欧盟统一线上教学平台，在高等教育方面推进欧盟高校在线教学平台建设。目前，已建设了学校教育门户（School Education Gateway）[7]、成人学习电子平台（EPALE-Electronic Platform for Adult Learning in Europe）[8]。

法国教育部建立国家远程教育中心[9]，汇聚覆盖学前教育到高等教育的在线远程学习项目超3000个，并提供相关的教育培训资源。德国联邦教育及研究部2021年4月起投资6.5亿欧元着手建设以用户为中心、联结各平台的国家级数字教育平台，将所有教育领域和教育阶段的教学、学习与能力提升联系起来，促进建成一个面向全国的国家级平台[10]。俄罗斯的"统一窗口"系统可以提供在线课程注册、学生数字成果展示等方面的服务，"高校入学直通车"服务平台为学生提供高校搜索和比较服务，方便学生报考[11]。新加坡2018年打造了全国性在线学习平台（Singapore Student Learning Space）[12]，提供从小学到大学主要学科的相关学习资源，确保所有学生都可以根据自己的兴趣和需要灵活学习。澳大利亚建立国家数字学习资源平台（Scootle）[13]，收录了丰富的免费数字资源并在全国范围内共

---

[1] 怀进鹏. 数字变革与教育未来——在世界数字教育大会上的主旨演讲[N]. 中国教育报，2023-02-14（1）.

[2] https://basic.smartedu.cn/.

[3] https://higher.smartedu.cn/.

[4] https://www.icourse163.org/.

[5] https://www.xuetangx.com/.

[6] https://vocational.smartedu.cn/.

[7] https://www.schooleducationgateway.eu/en/pub/index.htm.

[8] https://epale.ec.europa.eu/en.

[9] https://www.cned.fr/.

[10] National Education Platform to Meet Digital Learning Challenge[EB/OL]. https://www.gtai.de/en/invest/industries/digital-economy/national-education-platform-to-meet-digital-learning-challenge-746636，2021-11.

[11] 赵宏娟. 俄罗斯教育信息化现状及特点分析[J]. 世界教育信息，2020，33（1）：12-17.

[12] https://www.moe.gov.sg/education-in-sg/student-learning-space.

[13] https://www.esa.edu.au/.

享，形成高水平的数字教育资源库。巴西建立了第二个在线教育平台 AVAMEC[①]，将人工智能教育、机器人、预防网络霸凌、创新创业等相关课程纳入平台，为学生提供具有在线互动功能的虚拟学习环境。

在新冠疫情之初，教科文组织推荐的在线学习解决方案中，汇聚了数百个国家的学习平台和工具[②]。从中可以看出：①由于国情、民情不同以及受技术和成本等因素的影响，并不是所有的国家都建有支持远程学习的国家平台；有些政府主导建立了统一的在线学习门户；还有些政府则在企业支持下建设了比较成熟的学习平台，如阿拉伯联合酋长国就建有 Alef 学习平台[③]。②有些综合集成了在线课程与学习平台，如新加坡、西班牙等都建有此类平台；有些则主要建立了在线教育资源库，如美国教育部推荐的居家学习资源（Resources for Learning at Home）[④]、摩洛哥的国家文献中心等[⑤]。③有些平台支持在线学习，主要体现在教育数字化成熟度比较高的国家；有些则主要支持基于广播电视的远程学习，如中国、肯尼亚、赞比亚等都建立此类广播电视学习平台；还有一些学习平台，如中国的国家虚拟仿真实验教学课程共享平台[⑥]、日本的未来教室（Future Classroom）[⑦]则能够支持在虚拟现实/增强现实环境和资源中创新学习。④有些为应对新冠疫情期间的在线学习，借机进行了平台升级改造，如中国升级建成了国家智慧教育公共服务平台；有些则已经无法访问或被集成到其他在线平台中，甚至联合国教科文组织的网站上汇总这些链接的网页已经无法访问，说明一些平台发生了变化。

2. 慕课平台持续发展

2019 年 12 月，联合国教科文组织通过《开放教育资源建议书》，该建议书倡导开放数字教育资源，为摆脱全球数字化教育资源不足的困境提供了具体目标和政策指引。联合国教科文组织发起开放教育资源运动，与英联邦学习共同体（Commonwealth of Learning，COL）[⑧]共同组建开放教育资源大学（Open Education Resources University，OERU）[⑨]，为全球学生提供免费的教育资源与在线课程，开展跨国跨地区的学分认证，促进不同地区间教育资源的开放交流。

慕课平台层出不穷，慕课课程数量的逐年增多，为开展校内混合式教学奠定了强大的资源基础；慕课资源与面对面教学相互配合，使得教师有机会根据培养

---

① https://avamec.mec.gov.br/.
② https://www.unesco.org/en/covid-19/education-response/initiatives.
③ https://www.alefeducation.com/.
④ https://www.greatschools.org/gk/at-home-learning-resources/.
⑤ http://www.abhatoo.net.ma/e-soutien-scolaire/.
⑥ https://www.ilab-x.com/.
⑦ https://www.learning-innovation.go.jp/newsletter/.
⑧ https://www.col.org/.
⑨ https://oeru.org/.

目标与学生特征进行个性化的调整，让教学更加有针对性。中国 2020 年发布《慕课发展北京宣言》("Beijing Declaration on MOOC Development")[1]，提出确保信息技术能在各个国家和地区，尤其是发展中国家和欠发达地区的高校得到广泛应用；我国持续推动慕课出海。自 2020 年开始，"爱课程"（iCourse）国际平台和学堂在线（xuetangX）平台推出了 400 余门英文慕课课程；2021 年实施"慕课西部行计划 2.0"，加强优质资源共享；集成的国家高等教育智慧教育平台成为全球课程规模最大、门类最全、用户最多的公共服务平台，近 80%的数字化课程资源得到有效使用。

美国布局在线课程建设，建立 edX[2]、Coursera[3]与 Udacity[4]三大慕课平台。2022 年 4 月，美国研究机构 SRI 教育发布《借助开放教育资源开展教学与学习》("Teaching and Learning with Open Educational Resources")[5]报告，该报告确定了开放教育和文化响应式教学的五个维度：学生能动性和自主权、包容性内容、协作知识的生成、批判意识、课堂文化。

韩国推出慕课平台 KOCW[6]，该平台为学习者提供由一流高校推出的高质量慕课。参与法国数字大学平台（FUN-MOOC）[7]建设的高校与研究机构超过 140 个，课程涉及 26 个类别、近 700 门。2022 年 7 月，德国联邦教育及研究部发布《开放教育资源战略》("OER-Strategie")[8]，提出六大行动领域：培养教学专业人员能力、开展开放教育资源到开放教育实践（open educational practice，OEP）合作、建立技术基础和结构、支持创新和跨场域教育、开展协同研究、汇聚倡议者和行动者。

3. 优化学习和教育管理系统

学习管理系统和虚拟学习环境在教育领域十分流行，包括 Blackboard[9]、Schoology[10]，以及开源软件 Moodle[11]。学习管理系统和虚拟学习环境的优点在于，它们具有互通性、可访问性、可复用性、持久性、可维护性和适应性，同时可收集用于教育管理信息系统的数据。受新冠疫情教育中断的影响，政策制定者和从

---

[1] https://www.globalmooc.cn/.
[2] https://www.edx.org/.
[3] https://www.coursera.org/.
[4] https://www.udacity.com/.
[5] https://achievingthedream.org/wp-content/uploads/2022/04/OER-Teaching-and-Learning-Report-04202022_Acc.pdf.
[6] http://www.kocw.net/.
[7] https://www.fun-mooc.fr/en/.
[8] https://www.bmbf.de/SharedDocs/Publikationen/de/bmbf/3/691288_OER-Strategie.html.
[9] https://www.blackboard.com.
[10] https://www.schoology.com.
[11] https://moodle.org.

业人员意识到在线学习平台的功能尚未得到充分开发，尤其是有必要启动国家公共平台以促进远程教学，不断整合平台的附加功能，并将之应用于管理课堂教学活动。

教育管理信息系统能够帮助实现数据和信息的收集、聚合、分析和使用，由此辅助监测，制定政策并优化实践。《北京共识——人工智能与教育》提出，考虑整合或开发合适的人工智能技术和工具对教育管理信息系统进行升级换代，以加强数据收集和处理，使教育的管理和供给更加公平、包容、开放和个性化。OpenEMIS[1]是教科文组织与社区系统基金会[2]在2008年合作开发的可定制开源工具包，旨在促进建立可靠的国家或机构教育管理信息系统，使系统既能适应教育管理的需求，又能支持循证政策和规划的形成。

中国的全国基础教育管理服务平台[3]基本满足教育行政部门、学校、教师、家长及学生各方日常应用需求。国家智慧教育平台建设了"服务大厅"模块，提供就业、考试、学历学位、留学等服务功能。

韩国在疫情期间推出了新的在线学习平台 SchoolOn[4]，提供在线学习平台的链接和使用手册/教学视频，另外学习管理系统 e-Hakseupteo，则提供教育信息共享、教师能力发展等综合服务。韩国国家教育信息系统（National Education Information System，NEIS）[5]为每个学校单独开发的独立客户端——服务器系统也通过互联网集成到了公共数据库并提供联网接口，其中就包含来自1.2万所学校的教师及800万名学生的数据[6]（仅能通过授权的计算机访问）。在提升行政效率、优化教师工作环境方面，NEIS是最领先的集中式教育管理信息系统之一。

印度《国家教育政策2020》（"National Education Policy 2020"）提出建立印度校园业务线上平台、开源学习平台以及教育信息管理系统等。

巴西的教育数据生态系统主要依赖于跨机构合作。巴西地理和统计研究所（Instituto Brasileiro de Geografia e Estatística，IBGE）[7]是数据的生产者，负责协调全国监测数据；国家教育研究院[8]负责基础教育和高等教育普查，为各级政府的教育政策制定提供依据；基于统计数据的研究大部分都来自巴西信息社会发展地区研究中心[9]。

---

[1] https://www.openemis.org/.
[2] https://www.data4sdgs.org/partner/community-systems-foundation.
[3] https://jjjc.zxxs.moe.edu.cn/.
[4] http://schoolon.kr/.
[5] https://neisplus.kr/.
[6] https://unesdoc.unesco.org/ark:/48223/pf0000380926.
[7] https://www.ibge.gov.br/en/home-eng.html.
[8] http://inepbrasil.com.br/.
[9] https://cetic.br/.

4. 推广新型数字教材

立体化教材、电子教材、数字教材、电子书包、智慧课程、智慧教材等概念，以及新出现的虚拟现实课件、人工智能课件、图谱课件，说明以教材为核心的资源形态在随智能技术的发展而变化。其中，数字教材是实现教育数字化转型的重要工具、核心资源和撬动因素[1]。新型数字教材是一种采用文字、图画、色彩、音频、视频、虚拟现实、游戏等"多模态"表达元素，以超链接、网状结构编排、组织和更新内容，并通过"服务器+终端"的方式发布使用的一种新型教学内容生产、发布和使用的出版形态[2]。美国现代语言协会（Modern Language Association，MLA）[3]2020 年在线出版了数字教材《人文学科中的数字教学法》（*Digital Pedagogy in the Humanities*）[4]，不仅建立一种新型的"数字教学法"的内容体系，也展示一种数字环境下新型教学法的教材形态。该教材有近 800 位作者参加编写，征集了 573 个优质"教学构件"案例，用 59 个关键词、24 类教学构件、79 种标签等元数据把优秀案例编织在一起，形成教师可以交叉、重复和混合式使用的新型教材。

韩国是世界上较早推行数字教材（数字教科书）且已有成效的国家之一。早在 2002～2006 年，韩国便开始探索建立数字教材模型；2007 年，发布《数字教材商业推广计划（2007—2011）》，开始进行数字教材试点，并注重测试其有效性；2011 年，发布"促进智慧教育的行动计划"，主要任务便是开发和应用数字教材；2013 年，发布"数字教科书开发和调整计划"，课堂上数字教材与纸质教材并行使用；2016 年，提出开发易于实施、以学习者为中心、多媒体分级的数字教材；2018 年，数字教材逐步在普通学校全面推广和应用，涵盖从小学到高中的社会、科学和英语课程，到 2021 年已经有 1 万多所中小学在使用；韩国《2022 年教育信息化实施计划》[5]提出，要开发和激活与 ICT 相融合的教学和学习材料。

美国第一个数字教材项目是 2019 年在加利福尼亚州推出的"免费数字教材计划"[6]；2012 年，美国教育部呼吁全国学校尽快采用数字教材；随后，美国教育部与联邦通信委员会发布《数字教材指导手册》（*Digital Textbook Playbook*）[7]，构建了数字教材建设的系统框架。美国国家教育技术总监协会是数字教材的主要

---

[1] 牛楠森. 数字教科书：教育转型发展的必选项[N]. 光明日报，2023-01-05（14）.

[2] 郭文革，黄荣怀，王宏宇，等. 教育数字化战略行动枢纽工程：基于知识图谱的新型教材建设[J]. 中国远程教育，2022，(4)：1-9，76.

[3] https://www.mla.org/.

[4] https://digitalpedagogy.mla.hcommons.org/.

[5] 罗毅，董丽丽. 教育与研究的智能化转型——韩国《2022 年教育信息化实施计划》探析[J]. 世界教育信息，2022，35（6）：52-59.

[6] 牛楠森. 数字教科书：教育转型发展的必选项[J]. 理论导报，2023（01）：61-63.

[7] https://www.fcc.gov/general/digital-textbook-playbook.

推动者，负责发布研究报告，提供相关数字教材资源和软件，引领和支持各州的数字教材的推广和使用[1]。

法国教育部 2016 年实施"创新的数字学校和农村计划"（Ecoles Numériques Innovantes et Ruralité）[2]，以支持农村地区小学的教育数字化创新发展，其中包括数字教材推广相关工作，如开发在线平台、组织教师培训并提供多学科课程教育资源。日本 2018 年通过《学校教育法》[3]，将能在平板电脑中使用的"数字教科书"列为正式教材，并明确带有声音、动画功能的数字教材便于学生自主扩大、缩小画面，自主检索信息，还能将数学中的立体图形进行旋转、拆解，随时进行英语发音检查，这些有助于提升学习成效。土耳其教育部自 2021 年 10 月起为义务教育阶段所有年级学生提供线上辅助教材，包括教科书、练习题、习题集等资源，并不断丰富数字教材资源内容。马来西亚于 2013 年启动全国数字教科书项目，计划于 2021～2025 年开发出版涵盖所有学科和满足特殊学生需求的数字教材，并建立国家数字教材平台。

数字教材的有效应用需要持续投入，如建设网络和配备数字设备等，需要建立开发和推广应用机制，多路径提升教师应用数字教材进行教学的能力，并循证研究其有效性。国家智慧教育平台汇聚了数十家出版单位，提供了数千册电子版教材，但数字教材并非传统纸质教材的数字化，这仅仅是第一步，还需要相应教学工具和教学法的支持。2022 年 11 月，中国实施首批中小学数字教材国家标准，包括《数字教材 中小学数字教材出版基本流程》《数字教材 中小学数字教材元数据》《数字教材 中小学数字教材质量要求和检测方法》。按照新标准的要求，数字教材中单一视频的时长有限制，小学阶段不超 20 分钟，中学阶段不超 25 分钟，且数字教材应"凡编必审"，比一般网络出版物有着更高的出版质量要求。

（四）实践信息技术赋能教学模式，创新学习支持服务

信息技术与教育教学的深度融合，推进了育人方式与教学模式的创新，"以学生为中心"的育人理念进一步得到落实，发展线上与线下相结合、实体与虚拟相结合、正式学习与非正式学习相结合等混合教学方式成为教育改革发展的重心。在由数字资源、数字工具、数字平台和数字装备等构成的数字化教学生态环境下，数字时代的教学法知识体系和实践范式正在发生快速而深刻的改变。

OECD 于 2018 年发布报告《教师作为学习环境的设计者：创新教学法的重要性》（"Teachers as Designers of Learning Environments: The Importance of Innovative

---

[1] https://dmaps.setda.org/.
[2] https://itslearning.com/fr/actualites/projet-enir-ecoles-numeriques/.
[3] https://cio.go.jp/node/2422#main-conten.

Pedagogies"）[①]，强调线上线下教学结合是六大创新教学实践的趋势之一，要通过技术创新教学实践，如通过智能讲义、个性化资源推送实现因材施教。英国开放大学每年发布研究报告，推介当今及未来10年影响学校教育的重大教学创新，每年提出10项已经有所应用但尚未对教育产生深远影响的创新教学法。2022年发布的创新教学报告[②]为后疫情时代的教育界提出10项有前景的创新教学法：混合模式、双重学习场景、微证书教学、自主教学、观看派对、影响者主导的教育、家庭教学、不适教学、幸福教育和边走边谈。谷歌《未来教育报告》（"Future of Education"）[③]提出为新的未来做准备、不断发展我们的教学方式、重塑学习生态系统理念，强调从一对多模式转变为更加个性化的学习方式，实行混合弹性学习。教育数字化带来的变革和无限的可能，为学习者开展个性化学习、终身化学习提供了更加有利的环境与条件，同时也为教育资源供给、在线学习平台建设、学习成果质量认证等带来新的需求与新的挑战。

1. 混合式教学

线上和线下教学相结合的混合式教学模式逐渐成为一种趋势，以此实现技术与数字化资源的优势最大化，根据学生的需求促进差异化教学，并推进课堂互动。新冠疫情凸显并加剧了全球范围内教育供给不足、不均衡，以及应急状态下保障持续性学习供给能力薄弱等问题，全球大量学生受到学校停课影响，传统教育教学模式难以应对，因此各国都在不断增强多元场景下的教育供给能力。疫情仿佛是混合式教学模式发展的"催化剂"，引发了全球范围内的教育数字革命。

中国在疫情期间实行"停课不停学"的紧急应对政策，学生通过多种类型在线教育平台进行学习，广泛采用国家智慧教育平台、中国教育网络电视台以及各地、各校建设的学习平台开展混合式教学。信息技术支持的弹性教学以及个性化学习、自适应学习、主动学习、按需学习等不断涌现（更多内容参见第7章中疫情期间大规模在线教育支撑"停课不停学"）。跨校跨区域在线教学、"1门慕课＋M所大学＋N个学生"协同教学、线上线下混合式教学、慕课＋小规模限制性在线课程（small private online course，SPOC）＋翻转课堂正在越来越多地走进高校课堂。2020年，教育部推出首批国家级一流本科课程，共5118门，包括1875门线上一流课程、728门虚拟仿真实验教学一流课程、1463门线下一流课程、868门线上线下混合式一流课程和184门社会实践一流课程[④]。

欧盟为"数字教育行动计划"开发的平台提供在线学习、混合移动等一站式

[①] https://www.oecd-ilibrary.org/education/teachers-as-designers-of-learning-environments_9789264085374-en.

[②] https://iet.open.ac.uk/innovating-pedagogy/future-of-education-is-identified-in-the-ou-innovating-pedagogy-report-2022.

[③] 谷歌发布最新未来教育报告！我们如何为新的未来做准备？[EB/OL]. https://learning.sohu.com/a/624266238_494598，2023-01-03.

[④] 教育部公布首批5118门国家级一流本科课程：淘汰水课，提升含金量[N]. 人民日报，2020-12-04（11）.

支持服务。线上线下混合式教学将在线教学与传统课堂教学的优势相结合，促进学习者从浅层学习转向深度学习。欧盟强调在后疫情时代加速建立以在线学习为主的新学习模式，促进教育数字化。

英国学生事务办公室 2022 年 10 月提议，高校和学院应确保在使用混合式教学方法的同时保障高质量的学术体验。例如，审查所有课程信息的准确性和及时性、混合式方法应以合理的教学原则为依据等。

德国《数字战略 2025》强调，将数字教育推广至人生各个阶段，提出慕课应更好地融入未来大学，线上学习将与面对面授课更好地结合（如混合学习），创造更灵活的和更个性化的数字化教学法。

新加坡尝试各种混合学习模式，包括在线讲座和课堂讨论，并在中学设置居家学习日，学生通过家庭和学校活动相结合的形式，利用线上、线下两种方式学习课程中所规定的内容。

巴基斯坦为推进混合式教学，致力于建设智慧教室，支持多媒体教学、本土化课件制作、跨校区资源共享、学情智能分析、教学综合管理等。

印度提出疫情期间发展在线教育，包括采用谷歌教室发放课程材料和课程相关信息、通过谷歌会议进行直播式讲座、在虚拟实验室讲授科学课程等。

马来西亚指出，新冠疫情导致马来西亚教学方式发生巨大变化，学校应尽快适应，并将开展在线教学作为新常态。

巴西接受调查的互联网用户中，2022 年约有 18%表示使用互联网参加在线课程，在线学习和接受教育是 62.1%的用户访问网络的主要原因之一[①]。

（面授和远程教学互补）的混合式学习（blended learning）以及（线上和线下融合的）混合式学习（hybrid learning）塑造了愈发以问题为导向和以学习者为中心的教学环境，并力图结合传统课堂和在线学习的优势，实现最有效的学习。2022 年 6 月，教科文组织国际教育局（International Bureau of Education，IBE）联合互联网教育智能技术及应用国家工程研究中心、中国教育创新研究院发布了《混合式教育、学习和评价指导框架》（"Hybrid Education, Learning and Assessment"）[②]，明确了为实施混合式教育、学习和评价需要采用的重要策略，为变革课程和教学等方面的实践提供指南。

2. 人机协同教学

与人工智能一起生活和工作，也称为人机协同，要想实现人机协同就需要具备一定的素养能力。《北京共识——人工智能与教育》申明，人工智能的开发应当

---

① Penetration rate of online courses among internet users in Brazil from 2017 to 2022[EB/OL]. https://www.statista.com/statistics/1085929/brazil-online-courses-penetration/，2022-08-10.

② http://www.ibe.unesco.org/sites/default/files/resources/hela_guidance_framework_chinese_version.pdf.

为人所控、以人为本；人工智能的部署应当服务于人并以增强人的能力为目的；人工智能的设计应合乎伦理、避免歧视、公平、透明和可审核；应在整个价值链全过程中监测并评估人工智能对人和社会的影响。以学习者为中心的人工智能工具作为课堂教学的新型"教师"，协助人类教师教学和管理，助力形成一种新的人机协同教学模式。

英国《教育技术战略：释放技术在教育中的潜力》，要求教师在日常授课中综合应用微课、资源包和慕课等，将智慧学伴、智能助教等融入学习环境，旨在以技术嵌入的方式减少教师工作量与提升工作效率。

新加坡要求教师认清自身角色转变，尝试人机协同课堂教学模式，利用人工智能技术从课程内容、学习资源、教学过程等方面进行数据采集、分析与应用，为不同学业水平的学生推荐个性化作业，实现不同水平学生的均衡发展。

面向学生学习提供的智慧学伴，如卡内基梅隆大学开发的 MATHia[①]，专注于数学学习，基于认知科学和人工智能提供定制化的、及时的、可视化的反馈；北京师范大学"智慧学伴"将教学助手和学习助手结合，以"双师"支持教师的教学活动和学生的学习。智能教育助理既可以是纯软件系统，也可以是软件和硬件结合的终端或智能教育机器人。教育机器人将增强师生的知识加工能力、表达能力、沟通能力和人机协作能力。推进人机协同教学，需要积极培育机器人校园服务新模式和新形态，深化机器人在教学科研、技能培训、校园安全等场景的应用。

3. **虚拟场景式学习**

数字化催生虚实场景融合的教与学，沉浸式虚拟教学创设情境性、趣味化的教学环境，为"数字原住民"学习者提供全新课堂交互体验，激发学生学习兴趣，促进有效学习的发生[②]。世行专家指出，虚拟现实/增强现实技术拓宽了学校与实验室范围，学生沉浸于仿真的学习情境[③]。虚实融合的实验环境改变了传统的理论验证实验教学模式，解决了一些实验项目中条件不具备、实际运行困难、涉及高危或极端环境、高成本、高消耗、不可逆操作等难题。元宇宙（Metaverse）逐渐兴起，学校借助虚拟现实/增强现实技术创设数字孪生校园，学生的数字化身在其中开展学习活动，为学生创设了更具沉浸感、临场感、未来感的学习环境。

中国从 2013 年开始推动全国高校开展虚拟仿真实验教学资源建设，上线了"实验空间"虚拟仿真实验教学平台。到 2022 年底，国家职业教育智慧教育平台已上线 200 余门虚拟仿真类课程，服务于课堂内外多场景下的仿真应用教学。中

---

① https://www.carnegielearning.com/solutions/math/mathia/.
② 刘德建，刘晓琳，张琰，等. 虚拟现实技术教育应用的潜力、进展与挑战[J]. 开放教育研究，2016，22（4）：25-31.
③ Chinen M，Oviedo A M. Using virtual reality to help teachers better support refugee students[EB/OL]. https://blogs.worldbank.org/europeandcentralasia/using-virtual-reality-help-teachers-better-support-refugee-students，2022-06-20.

央电化教育馆与网龙共同推出虚拟实验教学服务系统①，合作研制了实验视频、3D 交互课件、虚拟现实仿真交互课件、虚拟现实仿真测试类课件等多种形态的实验教学资源，高度还原逼真的物理、化学、生物、科学等学科实验过程，在超 2 万所学校应用，使用师生近 50 万人，产生教学应用案例 3000 余个②。

德国 2016 年启动"虚拟社会学习"（Social Virtual Learning）③项目，帮助印刷和媒体技术领域的学习者通过使用虚拟现实/增强现实技术了解机器运作的内部状况。2019 年发布《数字未来：学习·研究·知识》（"Digitale Zukunft: Lernen·Forschen ·Wissen"）④。德国还使用虚拟现实技术开发了智慧教育创新应用 Stadt-Land-DatenFluss⑤，实现互动式的虚拟化课堂教学。

2022 年 2 月，美国布鲁金斯学会发布报告《一个全新的世界：教育遇上元宇宙》（"A Whole New World：Education Meets the Metaverse"）⑥，将元宇宙定义为依托 5G、人工智能、混合现实等关键技术，融合虚拟和现实空间的超时空；而教育元宇宙则是依托元宇宙技术开展的教与学活动，鼓励教师、学习者和学校积极把握和迎接技术带来的机遇，推进学校环境建设、提升师生素养，为促进教与学的变革提供条件。2022 年 4 月，美国高等教育信息化协会发布《2022 地平线报告（教与学版）》，该文件指出，智能技术与高等教育的深度融合，催生了许多新的教学模式，如弹性混合、混合、翻转、同步、虚拟学习等。扩展现实、虚拟现实、增强现实、混合现实、元宇宙的迅速发展，将有助于创设虚拟仿真学习环境和元宇宙学习环境，让学生获得沉浸式和交互式学习体验，通过体感、触觉、技能交互等加深对智慧学习环境的具身认知⑦。元宇宙是通过数字化形态承载的平行宇宙，元宇宙的发展为未来的教育打开了一扇新窗口，教育的边界将会不断被突破。斯坦福大学 2021 年上线了首门元宇宙课程"虚拟人"（Virtual People）⑧，全程通过虚拟现实技术和设备进行教与学，打破会议系统所限制的教学与社交方式，让学生在自创的虚拟世界中学习、讨论，甚至利用空间特效实现"实地"考察。

2022 年 5 月，世界经济论坛（World Economic Forum）发布《推动"教育4.0"

---

① https://vlab.eduyun.cn/.

② 世界数字教育大会亮相哪些新科技？记者直击四大亮点[EB/OL]. https://finance.sina.com.cn/jjxw/2023-02-13/doc-imyfqieq9375571.shtml ，2023-02-13.

③ https://www.social-augmented-learning.de/.

④ https://www.bmbf.de/SharedDocs/Publikationen/de/bmbf/1/23428_Die_Digitalstrategie_des_BMBF.html.

⑤ https://www.stadt-land-datenfluss.de/.

⑥ https://www.brookings.edu/research/a-whole-new-world-education-meets-the-metaverse/.

⑦ 王运武，李袁爽，姜松雪，等. 疫情背景下高等教育数字化转型趋势——美国《2022 地平线报告（教与学版）》解读与启示[J]. 中国教育信息化，2022，28（5）：13-20.

⑧ Kornfein A. Stanford launches first class taught completely in virtual reality[EB/OL]. https://stanforddaily.com/2021/12/01/stanford-launches-first-class-taught-completely-in-virtual-reality/，2021-11-01.

全球框架：投资未来学习，实现以人为中心的复苏》（Catalysing Education 4.0：Investing in the Future of Learning for a Human-Centric Recovery）[1]报告，提出"教育 4.0"是与第四次工业革命相适应的新型教育模式，以培养高素质数字化人才为目标，必须重视新兴的学习技术，其中，3D 建模和虚拟仿真系统不仅能丰富学习者的学习体验，而且还可以辅助教师创新教学方法。

（五）打破传统学校办学模式边界，重塑未来学校形态

融合数字技术的新型办学模式，能够打破传统校园、班级、课堂、学期等时空局限，为招生方式、教学模式、管理与服务方式等带来根本性变化。传统办学模式根植于印刷技术营建的环境，课堂资料依托"教材"媒介而流传，学生档案借助"档案馆"储存，学生从入学到毕业的全流程数据，由学校不同部门分散分头管理。随着数字技术的发展，教学、管理与服务业务数字化转型简化和优化了办理流程；同时，超越学校校园边界，出现无校区办学、多校区协同办学、在线开放式学校，在线选课、教学、评价和认证等成为可能。

1. 技术驱动的开放学校

教科文组织在《反思教育》报告中指出，当今世界教育格局正在发生剧变，涉及学习内容、学习方法、学习空间等。2020 年 9 月，联合国教科文组织、国际电信联盟和联合国儿童基金会联合发布了《教育数字化转型：学校联通，学生赋能》，关注教育的数字化联通。其中就包括如下内容[2]：

其一，联通学校。①绘制学校联通地图：建立学校位置和联通数据的基础层，此静态数据集还可识别学校间差距和总需求；构建实时联通地图，实时监控互联网访问，确保提供商符合协议的服务水平，为未来的"地图"交付提供一个可持续模型。②联通学校：审查现有的联通方法；选择负担得起、财务上可行、可持续的解决方案；实施干预。③建立联通学校的财务模型：统计分析学校联通需求，减少错误信息的收集，减少分散型产品和模型，并最终降低部署或联通成本；建立学校联通、资金赞助和预期回报的成本结构；识别监管改革、需求聚合、基础设施共享和其他工具，扩大在采购、融资、实施和维持连通性项目过程中的影响力。

其二，赋能学生。①提供高质量的教学内容、解决方案、平台，如实现开放性教育资源的共享；②识别和部署高质量教学内容、解决方案和平台；③确定适合的、安全的、高质量的内容和解决方案；④提高教育资源的可访问性；⑤提高教育资源使用的有效性。

---

[1] https://www.weforum.org/reports/catalysing-education-4-0-investing-in-the-future-of-learning-for-a-human-centric-recovery.

[2] ITU，UNESCO，UNICEF. Digital transformation of education：Connecting schools，empowering learners[EB/OL]. https://unesdoc.unesco.org/ark:/48223/pf0000374309，2020-09-01.

教科文组织与华为于 2020 年启动了"全民技术开放学校"（Technology-enabled Open Schools for All）项目[1]，致力于加强能力建设，主要涉及基础设施、技术和教学技能，它有助于确保当学校再次被迫关闭时（如新冠疫情期间），年轻人可以继续接受教育。

2020 年 1 月，世界经济论坛发布《未来学校：为第四次工业革命定义新的教育模式》（"Schools of the Future：Defining New Models of Education for the Fourth Industrial Revolution"）[2]报告，提出了"教育 4.0"全球框架，其中，强调易获得和包容性的学习——从学习只局限于学校的系统转向人人都有机会学习的系统，并呈现了 16 个典型案例以展示未来学校的雏形。

2020 年 9 月，OECD 发布《回到教育的未来：OECD 关于学校教育的四种图景》（"Back to the Future of Education：Four OECD Scenarios for Schooling"）[3]报告，系统阐释了未来教育图景，包括学校教育扩展、教育外包、学校作为学习中心和无边界学习，并探讨了教育面临的七种现实挑战，包括学校教育不再是获取知识的唯一渠道，呈现出"未来已来"教育变革趋势。

传统的办学模式是在固定的校园和教室，按照固定的方案来进行人才培养。数字化办学通过网络扁平结构重新整合课程和教学，并反作用于传统的学校办学，逐步打破校园边界、院系边界、专业边界和课程边界，形成更加开放、灵活、多元、动态的办学体系，让人人皆学、处处能学、时时可学成为可能。例如，芬兰 2016 年开始在全国范围内实施"现象式教学"，通过将特定主题涉及的学科知识重新进行编排设计，促进传统分科制教学向跨学科教学转变；美国萨米特公立学校[4]、诺瓦学校[5]通过项目式学习课程、个性化学习平台培养学生的创造力；新加坡崇辉小学[6]开展一对一数字化学习、翻转课堂，并打造沉浸式 3D 虚拟空间；爱尔兰 le chéile 中学[7]是一所没有书本的学校，人手一个平板，信息技术被广泛应用于教学；日本横滨市立鸭居中学[8]利用 ICT 打造了教室之外的学习环境，即"未来教室"。中国教育科学研究院 2013 年启动"中国未来学校创新计划"，2018 年发布《中国未来学校 2.0：概念框架》，2022 年发布《中国未来学校创新计划 3.0》，联合中小学开展学习空间再造、学习方式变革、课程体系重构、组织管理转型、

---

[1] https://www.unesco.org/en/education/digital/teoss.

[2] https://www3.weforum.org/docs/WEF_Schools_of_the_Future_Report_2019.pdf.

[3] https://www.oecd-ilibrary.org/education/back-to-the-future-of-education_32b6cdcf-en.

[4] https://www.summit.k12.nj.us/.

[5] https://www.nuevaschool.org/.

[6] https://beaconpri.moe.edu.sg/.

[7] https://lecheilesecondaryschool.ie/.

[8] https://www.edu.city.yokohama.lg.jp/school/jhs/kamoi/.

技术赋能教育等方面的研究与实践工作。

美国斯坦福大学提出，到2025年创立"开环大学"，采取个性化的教学模式和灵活自由的学制，学生可选择在任意时间进入社会工作或回校学习；美国密涅瓦大学开创了全新的大学模式，利用创新技术平台打造实时小班研讨课，学生在大学期间可以去多个国家或地区开展社会实践和探索性游学。2022年9月，麻省理工学院五位教授发布《经济型教育机构的设计构想》("Ideas For Designing An Affordable New Educational Institution")[①]报告，基于近年来的趋势，为未来高校的发展制定了新框架，提出了一系列原则，如大规模采用慕课及翻转课堂；学位由微证书集合而成；鼓励团队授课；高校和雇主建立"合作社"模式等。

英国开放大学[②]在英国各大城市均设有教学中心，采用在线教学和开放式办学的模式以培养学生，到2022年底已有超过200万名毕业生。中国的国家开放大学[③]一直致力于以促进终身学习为使命、以现代信息技术为支撑、以"互联网+"为特征、面向社会大众开展终身学习、终身教育，截止到2022年累计培养学生1760多万人，"一村一名大学生计划"项目获教科文组织教育信息化奖。

2. 平台驱动的学历认证

数字化教学模式可以消除学生学校地域、层级等标签，实现选课和学习自由。世界各国正在共同搭建交流合作平台，开启全球认证，实现学习资历的互鉴、互通、互认，如学分认证、证书认证、学位认证（三者既可独立施行，也可关联施行）等，鼓励学习者通过在线学习的形式实现个性化学习并获得证书。

在学分认证方面，第一种形式是学生于在线平台上选修指定课程，考核合格的学生可自愿进行学分认定；第二种形式是高校之间为丰富学生选择，互相开放部分课程，供外校学生线上或线下学习，通过考核后进行学分认证。2022年，教育部等五部门出台《关于加强普通高等学校在线开放课程教学管理的若干意见》，针对在线开放课程质量、学分认定等进一步提出明确要求，对在线开放课程教学过程实施大数据监测。国家开放大学的"学分银行"[④]为各级各类学习成果提供认证、积累与转换服务；清华大学、美国麻省理工学院、英国曼彻斯特大学等一些高校与在线教育平台合作，实现部分课程的学分互认；学堂在线与一些大学合作，开展同等学力申硕项目。美国Coursera与不同高校合作提供完全在线的硕士学位与学士学位项目，同时提供可以替代学校学分的在线课程。英国Future Learn[⑤]平台提供从可以替代学校课程学分的微证书到完整的在线学位课程。马来西亚发布

---

① https://www.projectnei.com/_files/ugd/d859ad_d6ca8f62511b48b0a21ec6eba8e5db84.pdf.

② https://www.open.ac.uk/.

③ http://www.ouchn.edu.cn/.

④ http://cb.ouchn.edu.cn/.

⑤ https://www.futurelearn.com/study-uk.

《慕课学分转换指南》("Guidelines on Credit Transfer for MOOC")[①]，承认学习者通过慕课学习可获得学分学位，并以30%作为慕课学分认证的基线。

在证书认证方面，微认证类型主要包括数字徽章、可堆叠证书、慕课结课证书、行业认可证书，学习者在完成定制学习内容、提交符合认证标准的学习成果后，可获得代表所学技能的数字徽章等认证，认证成果可转换为学分并用来申请学位。美国全球学习联盟正在探索数字学习成果的认证，以推进增强微证书的认证效力，如《开放数字徽章认证指南》（Open Badges 2.0 Conformance and Certification Guide）[②]提供了标准化的、开放式的技术框架，以充分发挥数字徽章在推动教育和学习变革方面的潜力。欧洲慕课联盟[③]2019年发布《通用微证书框架》("The Common Microcredential Framework")[④]，为欧洲各国构建以慕课为基础的可携式高等教育认证整体标准框架，为所有新的微证书制定了课时总数、学力水平、总结性评估标准、通用微证书框架的平台验证标准、成绩单包含的内容、实践步骤等的通用标准，为欧盟成员国终身学习成果的认证提供了新途径和保障。英国高等教育质量保证局[⑤]发布《微证书特征声明》("Characteristics Statement：Micro- credentials")[⑥]，提出微证书的学分得到英国高等教育资格框架的认可，以使微证书拥有标准的质量保证机制。新西兰2018年在其学历认证框架中对微证书课程（短期职业课程）表示认可，微证书成为教育和培训体系的一部分，新西兰学历认证局[⑦]从培训计划到微证书的注册、认证和转移等发布了一系列举措[⑧]。

在学位认证方面，世界各主要慕课平台均对获得合格成绩的课程学习者颁发学习证书，给予学习成绩的认证，获得"微学位"已变成现实。根据ClassCentral的报告《慕课十年：慕课发展回顾和2021年趋势》（A Decade of MOOCs: A Review of MOOC Stats and Trends in 2021）[⑨]，截至2021年12月，慕课学习者已经达到了2.2亿名，全球主要慕课平台推出了3100多门课程和500个微证书（不包括中国的数据），全年约70个在线学位项目在运行，谷歌、微软、亚马逊和脸书等科技公司所创建的在线学位项目是主要增长点。美国佐治亚理工学院首次通过慕课平台Udacity培养硕士生，学生只需在线修完规定课程即可获得计算机科学硕士学位，随后，众多知名高校纷纷跟进。中国同济大学土木工程专业13门慕课课程

---

① https://www2.mqa.gov.my/qad/garispanduan/2017/GP%20MOOC_131017%20-%20upload%20portal%20MQA.pdf.
② https://www.imsglobal.org/sites/default/files/Badges/OBv2p0Final/cert/index.html.
③ https://emc.eadtu.eu/.
④ https://emc.eadtu.eu/images/EMC_Common_Microcredential_Framework.pdf.
⑤ https://www.qaa.ac.uk/.
⑥ https://www.qaa.ac.uk/the-quality-code/characteristics-statements/micro-credentials.
⑦ https://www.nzqa.govt.nz/.
⑧ https://www.nzqa.govt.nz/providers-partners/approval-accreditation-and-registration/micro-credentials/.
⑨ https://www.classcentral.com/report/moocs-stats-and-trends-2021/.

组成微专业，通过在线学习考核并达到学分要求者，获得土木工程专业在线学位证书。此外，美国加州理工学院、加州大学伯克利分校、加州大学洛杉矶分校和南加州大学四所大学共同发起的环太平洋联盟，推出虚拟交换生项目，面向36家合作高校共享上百门课程；清华大学依托世界慕课与在线教育联盟发起了"全球融合式课堂"（Global Hybrid Classroom）项目（表4-6）。

表4-6 全球在线教育平台发布的在线证书项目情况　　　　单位：个

提供者	类型	2018年	2019年	2020年	2021年
Coursera	Specializations	310	400	570	820
	Professional Certificate	0	13	26	55
	MasterTrack	3	6	18	22
	University Certificates	0	0	0	16
edX	Professional Certificate	89	123	176	265
	MicroMasters	51	56	67	57
	XSeries	29	40	40	52
	Professional Education	62	73	94	97
	MicroBachelors	0	0	8	12
Udacity	Nanodegrees	35	40	73	82
FutureLearn	Programs	23	32	36	15
	Microcredentials	0	0	32	52
	Academic Certificates[4]	14	17	18	16
	ExpertTrack	0	0	0	96
Kadenze	Programs	19	20	20	19

资料来源：Shah D. By The Numbers: MOOCs in 2021[EB/OL]. https://www.classcentral.com/report/mooc-stats-2021/, 2021-12-01.

（六）数据驱动深化教学评价改革，改进教育教学质量

在人工智能和大数据等技术支持下，教育质量监测与决策方式由以流程为主的传统线性范式逐渐向以数据为中心的扁平化范式转变；教学评价由经验驱动向数据驱动转变，可视化呈现数据背后隐含的教学意义和价值，借助机器学习和深度学习工具对海量的学生学习行为、作业、测验、考试成绩等数据进行分析，既有利于教师获知学生的学习状态，帮助教师进行教学反思和教学优化，从而辅助教师更精准的差异化"教"，指导学生更有效的个性化"学"；信息技术支撑的综合素质评价改革，有助于长周期跟踪学生成长过程。

1. 教育质量数字化监测

《北京共识——人工智能与教育》提出，各国要通过人工智能与教育的系统融合，发掘数据潜能，支持对学生综合能力进行多维度评价和大规模远程评价。教科文组织统计研究所开发了监测数据采集和分析工具 DataDigest，面向"教育 2030 战略"启动了 eAtlas 数据项目，旨在通过搜集整合所有可用数据，以一系列互动式数据"地图"展现教育可持续发展目标，提供一站式的教育数据可视化服务。

中国推进教育治理方式变革，建立国家义务教育质量监测平台[1]，对教育教学质量开展常态监测与分析评估，引导家长、教师、学校和社会树立正确的教育质量观，促进亿万中国儿童、青少年的身心健康发展。

美国的教学管理与教育治理紧紧围绕技术的创新应用和数据的集成整合展开。教育数字化平台不仅能整合国家的各项评估标准，形成系统的评估框架，还能依据国家教育技术标准框架对教师、学生等进行综合性测评。美国田纳西增值评价系统（Tennessee Value-Added Assessment System）[2]，通过对学生的成绩进行连续多年追踪分析来评估学区、学校、教师效能，引导教师关注学生成长状态并提供有针对性指导；俄亥俄州、宾夕法尼亚州及北卡罗来纳州等地以及全美 300 多个学区相继效仿，开发与实施增值性教学评价项目。

英国慕课平台 Future Learn 与学习平台 Open Learn 从战略管理、开放资源开发、课程设计、课程运行、教师支持、学习支持等阶段对开放教育资源开展多种形式的质量评估，并重视教学质量数据监测与分析，建立国家、区域、地市、学校等多层次质量数据监测与分析平台，推动教育决策由经验驱动向数据驱动转变。英国联合信息系统委员会（Joint Information Systems Committee，JISC）强调，数据对支持学生个性化体验、衡量高校的决策敏捷性至关重要，有利于打破传统模式屏障，开展多模式在线认证评估。

俄罗斯于 2021 年提出建立教育数字管理系统，教育评估不再基于学校的报告，而是基于数字管理系统的数据。

2022 年，新加坡发布人工智能治理测试框架和工具包 A.I.Verify[3]，旨在结合人工智能系统的技术评估和程序检查，提高评估主体与利益相关者的透明度，评估结果具有客观性并可核实。该方法为了让人工智能模型的工作与测试结果保持透明，遵循以下三个原则：透明度；人工智能系统的安全性和弹性；人工智能系统的问责和监督。

---

[1] https://eachina.changyan.cn/portalweb/index.html.
[2] https://www.tn.gov/education/districts/federal-programs-and-oversight/data/tvaas.html.
[3] https://www.pdpc.gov.sg/news-and-events/announcements/2022/05/launch-of-ai-verify---an-ai-governance-testing-framework-and-toolkit.

《无限的可能：世界高等教育数字化发展报告》创造性地提出，世界高等教育数字化发展指数包括4个一级指标、10个二级指标、18个观测点，采取多维评价技术方法，通过方阵图、世界地图、雷达图三种方式直观呈现世界高等教育数字化发展水平，实现多维精准分析。

2. 数据驱动的教学评价

2019年，世行新推出了一套能够帮助各国追踪和改进教学质量的免费课堂观察工具"教学"（Teach）[1]。它既可以作为一个系统诊断工具，帮助政府监控其政策的有效性，以改进教师的实践活动；也可以作为一个专业发展工具，用来识别教师个人的优势和劣势，并在1000多间教室进行了试点。

我国推动教学评价科学化、个性化，运用海量数据形成学习者画像和教育知识图谱，以更好地实现因材施教。超过60%的高校大数据中心能够支持课堂教学，半数以上的高校开展了数字化过程评价，约40%的高校可进行网络在线课程的学分认定[2]。华中师范大学从物理、资源、社交三个方面对教学环境进行了系统性重构，建成了60余间智慧教室，开设了超过2200门在线课程[3]，为全校师生构建了在线社交空间，学校采集每个学生在不同学习环境下的多模态数据，对学生学习习惯、课堂互动、线上交互、学业表现等多个维度进行追踪分析，从而实现综合素质的过程性评价，学校教师信息化教学能力显著提高，学生学习积极性、自主管理能力和自主学习意识大大提升。

可汗学院[4]的学习仪表盘（Learning Dashboard）将海量的学习行为数据转变为有价值的行为信息，并基于高效的数据分析帮助学生开展个性化学习，在全球范围得到广泛应用，平台课程内容被翻译成30多种语言。Knewton[5]平台能精准分析学生的优势、学习兴趣和认知投入水平，不断收集和监测学习过程数据，全球超过4000万名学生使用。DreamBox Learning[6]基于学生行为评估其数学理解能力，为教师了解不同学生发展水平提供支撑，并引导学生向正确的方向努力，已为600多万名学生服务。ALEKS[7]利用大数据为学生提供中小学数学、化学等学科的学习评估服务，已有2500多万名学生用户。

---

[1] https://documents.worldbank.org/en/publication/documents-reports/documentdetail/949541542659103528/teach-observer-manual.

[2] 中国教育科学研究院. 中国智慧教育发展报告（2022）：迈向智慧教育的中国教育数字化转型[M]. 北京：教育科学出版社，2023.

[3] 教育部副部长钟登华 | 智能教育引领未来：中国的认识与行动[EB/OL]. https://cit.bnu.edu.cn/ai4edu/zjgd/77910.html，2019-05-16.

[4] https://www.khanacademy.org/.

[5] https://www.knewton.com/.

[6] https://www.dreambox.com/.

[7] https://www.aleks.com/.

西班牙建设"未来教室"[①]，在智慧课堂安装人脸识别系统，该系统可完成课堂的自动考勤，并记录每名学生在课堂上的行为与表情，通过计算得到实时的课堂专注度，帮助教师及时对上课走神的学生进行提醒。

韩国《人工智能国家战略》提出构建包括实时监控系统、智能辅导系统等在内的一体化教育体系，全程采集学生学习行为、学业成绩及心理等方面的数据，精准发现学生存在的问题，及时提供具有个性化的诊断及建议方案。

2022年4月，在国家高等教育人工智能中心（National Centre for AI in Tertiary Education）[②]的支持下，英国联合信息系统委员会[③]将测试Graide[④]（一个基于人工智能的数字评估和反馈平台）如何帮助教师缩短评分时间并将之更快地反馈给学习者。Graide使用人工智能自动完成重复性的评分任务，为学生提供高质量反馈的同时，也为教育者优化了评分过程；提供学生形成性反馈，对班级进行综合性分析，以便教育工作者了解班级学习情况，并相应地调整教学方法。

智能时代对人的综合素质评价提出了更高的要求。人工智能技术的导入打破传统单一维度、以分数为主的评价机制，全面加强对师生动态数据的感知、采集、分析和监测，为实现学生综合素质的多维度评价提供了可能。此外，随着大数据、区块链等技术的发展，学习档案、学业评估和学历证书正从纸质化走向数字化。目前，学生综合素质评价仍存在测评体系构建难、观测指标赋值难、客观公正打分难、档案管理难、引导作用发挥难等痼疾。《关于开展信息技术支撑学生综合素质评价试点工作的通知》提出，"在中小学生综合素质评价基础较好、常态化开展信息化教学应用的区域中，遴选30个左右的区域开展试点工作"。"形成百万级规模中小学生综合素质发展基础数据库，创新评价工具，利用人工智能、大数据等现代信息技术，探索开展学生各年级学习成长情况全过程纵向评价、德智体美劳全要素横向评价，主要包括思想品德、学业水平、身心健康、艺术素养、劳动与社会实践等五个方面，形成数据驱动的学生综合素质评价解决方案，客观总结我国中小学生综合素质发展的规律，确保评价正确方向，完善评价内容，强化技术支撑，促进学生德智体美劳全面发展。"

2022年7月，美国高等教育信息化协会发布《地平线报告2022（数据分析版）》[⑤]，该报告呈现了影响全球高等教育数据分析领域的15种宏观趋势、6项关键技术与实践、4种未来发展场景、6个典型案例及专家反思观点[⑥]（表4-7）。

---

① https://auladelfuturo.intef.es/.
② https://beta.jisc.ac.uk/innovation/projects/national-centre-for-ai-in-tertiary-education.
③ https://www.jisc.ac.uk/.
④ https://www.graide.co.uk/.
⑤ https://library.educause.edu/resources/2022/7/2022-educause-horizon-report-data-and-analytics-edition.
⑥ 兰国帅，魏家财，黄春雨，等. 高等教育数据分析领域的宏观趋势、技术实践和未来场景——美国《EDUCAUSE地平线报告2022（数据分析版）》解读[J]. 中国教育信息化，2022，28（10）：18-30.

表 4-7　影响未来高等教育数据分析领域的 6 项关键技术与实践及其范例项目

关键技术与实践	范例项目 1	范例项目 2	范例项目 3	范例项目 4	范例项目 5	范例项目 6
数据管理和治理	亚利桑那州立大学"重新设想数据隐私和数据治理"	蒙哥马利学院"数据资产管理"	昆士兰大学"通过提升数据伦理改善数据治理"	兰乔圣迭戈社区学院区"现代数据系统的有效数据治理"	亚利桑那大学"机构数据治理"	圣母大学"数据圣母"
统一数据源	阿什兰大学"开放校园数据系统,全面支持'全体学生'"	佐治亚州立大学"学生参与度总仪表盘"	印第安纳大学"通过职业参与促进成功的学生结果分析"	麻省理工学院"图书馆研究数据索引"	麦吉尔大学"教室舰队仪表盘:集成数据可视化改善学习空间"	国家路易斯大学"数据湖"
现代数据架构	本特利大学"数据分析"	肯特州立大学"数据湖"	门多西诺学院"跨无限数据源的全面历史稳定性"	纽约理工学院"构建企业数据管理的综合战略"	费城骨科医学院"重新设想数据仓库:高等教育的现代数据湖"	杜克大学"开放数据平台"
数据素养培训	加利福尼亚州立大学"蒙特利湾数据素养和支持"	梅萨社区学院机构效能办公室"雷鸟数据学者"	北弗吉尼亚社区学院"数据接近实践"	圣保罗学院"设计课程成功公平性仪表盘"	墨尔本皇家理工大学"数据素养"	圣托马斯大学"数据创新者"
数据分析的多样性、公平性和包容性	山麓学院"虚拟学习:确定学生参与中的公平差距"	印第安纳大学与普渡大学印第安纳波里斯联合分校"为数据与分析办公室制定 DEI① 战略计划"	摩拉维亚大学"实现我们的使命:随着学生群体日益多样化,为快速变化的世界做好准备"	里奥萨拉多学院"数据夏令营"	密歇根理工大学"美国国家科学基金会教师权益查询工具的开发、试用和部署"	俄勒冈州立大学"利用机器学习公平地预测学生成长"
评估和改进高等教育机构数据分析能力	佐治亚理工学院"数据卓越"	格林内尔学院"数据洞察"	密苏里州立大学"关键绩效指标:注册+奖励"	西印度大学圣奥古斯丁分校"建立商业智能解决方案以提高灵活性"	不列颠哥伦比亚大学"学生流动"	北得克萨斯州大学"Insights2.0:全面的数据、分析和数据治理计划"

资料来源:兰国帅,魏家财,黄春雨,等. 高等教育数据分析领域的宏观趋势、技术实践和未来场景——美国《EDUCAUSE 地平线报告 2022(数据分析版)》解读[J]. 中国教育信息化,2022,28(10):18-30.

(七)研制数字教育领域标准规范,促进教育互联互通

标准化作为现代工业文明的重要特征,是衡量社会管理水平的重要标志,是提升行业发展水平的重要途径。当前,世界各国都在积极推动教育数字转型,把数字技术优势转化为提高教育质量的新动能。研制数字教育领域相关

---

① DEI 是指欧洲工业战略(EU industrial strategy)。

标准规范，将加快教育的数字转型与智能升级，进而能够有力地推动教育现代化的发展。

世界主要的标准化组织和机构高度重视教育数字化相关标准的研制，近年来发布了一系列数字化学习、教育大数据分析等相关标准规范，为教育数字化的推进实施提供指引。美国高级分布式学习组织[①]致力于研究数字化学习相关技术标准，发布的可共享内容对象参考模型[②]标准，为数字教育资源的规范化组织、传输和发布提供了规范支撑，在世界范围内得到广泛采用；发布的 Experience API[③] 标准现已成为国际上教育大数据分析中广泛采用的学习行为数据规范。美国全球学习联盟[④]致力于为分布式学习技术领域的应用软件和服务制定技术规范，发布的《学习资源元数据规范》("Learning Resource Meta-data Specification")[⑤]、《内容包装规范》("Content Packaging Specification")、《问题/测试互操作规范》("Question & Test Interoperability")[⑥]等标准在业内得到广泛应用。国际标准化组织（International Organization for Standardization，ISO）[⑦]联合国际电工技术委员会（International Electrotechnical Commission，IEC）[⑧]共同组成了专门负责教育数字化标准研制的技术委员会 ISO/IEC JTC1/SC36[⑨]，将信息技术支持的学习、教育和培训作为主要对象，从术语、元数据、学习者信息、学习分析互操作等方面研制发布了系列国际标准，如脑机接口、教育数字孪生、虚拟实验室等方向的标准议题成为各国标准专家共同关注和探讨的焦点[⑩]。

中国积极参与教育信息化领域的国际标准的研制工作，以教育部教育信息化技术标准委员会[⑪]为依托，在 ISO/IEC JTC1/SC36 中，积极发挥成员国作用，与全球各国合作并推进数字教育相关国际标准的研制。该组织已发布 55 项国际标准，中国牵头研制了 8 项、深度参与了 14 项，并在 3 个工作组担任召集人。近两年，中国提出并担任编辑的国际标准项目共 4 项，还就数字校园、物联网、数字孪生、

---

① https://www.adlnet.gov/.

② https://scorm.com/.

③ Experience API 是一种新一代学习技术规范，通过它可以采集（在线和离线）的学习行为数据，打破了只能记录课件阅读过程的局限；https://xapi.com/overview/.

④ https://www.1edtech.org/.

⑤ https://www.imsglobal.org/metadata/index.html.

⑥ https://www.imsglobal.org/activity/qtiapip.

⑦ https://www.iso.org/.

⑧ https://www.iec.ch/.

⑨ ISO/IEC JTC1/SC36 是 ISO 和 IEC 共建的联合技术委员会（JTC1）下的第 36 分技术委员会（简称 SC36），专门负责学习、教育和培训领域信息技术标准；https://www.iso.org/committee/45392.html.

⑩ 吴砥，李环，尉小荣. 教育数字化转型：国际背景、发展需求与推进路径[J]. 中国远程教育，2022，(7)：21-27，58，79.

⑪ http://www.celtsc.org/.

数字素养等相关议题分享了中国经验[①②]。2021年，北京师范大学牵头发布了由中国主导的教育领域第一个 ISO 国际标准《泛在学习资源组织与描述框架》（"Ubiquitous Learning Resource Organization and Description Framework"）[③]。2023年，在世界数字教育大会上，围绕平台、数据、资源、素养四个方面，教育部发布了智慧教育平台系列标准。

> **智慧教育平台标准规范（2023发布）（节选）**
>
> 在平台方面，本次发布的是《智慧教育平台基本功能要求》，明确了各级各类智慧教育平台基本功能要求，为智慧教育平台体系建设与管理提供了重要依据。
>
> 在数据方面，本次发布3项标准，分别是《教育基础数据》《教育系统人员基础数据》和《中小学校基础数据》，对教育管理中高频、通用、核心的数据元素进行提炼，全面支撑教育系统的数据汇聚和安全共享，为教育管理与决策提供基本保障，助力教育治理水平提升。
>
> 在资源方面，本次发布的2项标准是《数字教育资源基础分类代码》和《智慧教育平台数字教育资源技术要求》，从多维度细化了各类数字教育资源的建设要求和应用要求，为数字教育资源的共建共享、质量管控和长效发展提供了有效路径。
>
> 在素养方面，本次发布的是《教师数字素养》，从数字化意识、数字技术知识与技能、数字化应用、数字社会责任以及专业发展等5个维度描述了未来教师应具备的数字素养，促进数字技术与教育教学的深度融合与应用创新。
>
> 资料来源：智慧教育平台标准规范（2023发布）[EB/OL]. https://it.hznu.edu.cn/c/2023-02-15/2802339.shtml，2023-02-15.

（八）界定和培养师生的数字素养，提升数字胜任能力

人工智能正驱动人类社会快速进入以数字化应用为基础的智能时代，教育愈加注重知识教学、能力培养和素养发展相结合，以数字能力为核心的师生能力培养是全球教育数字化战略行动的重要目标。帮助学习者了解数字化学习方式、使用数字化学习工具、形成数字化学习思维成为重要的学习需求。尤其在疫情的冲

---

① 高毅哲，黄璐璐. 智慧教育平台标准规范发布[N]. 中国教育报，2023-02-14（2）.
② 智慧教育平台标准规范（2023发布）[EB/OL]. https://it.hznu.edu.cn/c/2023-02-15/2802339.shtml，2023-02-15.
③ https://www.iso.org/standard/74653.html.

击下，数字胜任力已成为世界各国研究者普遍关注的主题。国际上关于核心素养的主张频频出现，既存在广泛交集，又各有所侧重，共同汇聚成全球关于核心素养的主流观点，并进一步指向教育数字变革。2022年国际人工智能与教育会议的主题就是"引导人工智能赋能教师 引领教学智能升级"。

1. 界定和培养学生数字素养

数字素养框架既涵盖了数字时代需要的基本操作技能，同时还体现了处理数字时代引发的新问题、新危机时所需的行动能力。教科文组织发布《全球数字素养框架》[①]，提出全新的数字素养评估方案和要求，包括操作、信息、交流、内容创作、安全、问题解决和职业相关7个素养领域的内容。

表 4-8　《全球数字素养框架》

能力域和具体能力		对能力的描述
设备与软件操作**	操作数字设备实物**	确认和使用硬件工具与技术的功能和特性
	操作数字设备软件**	了解和理解操作软件工具与技术所需的数据、信息和（或）数字内容
信息与数据素养	浏览、搜索和筛选数据、信息与数字内容	阐明信息需求，在数字环境中搜索和评估数据、信息与内容，并在其间导航；创建和更新个性化搜索策略
	评价数据、信息与数字内容	分析、比较和批判性地评价数据、信息与数字内容来源的可信度；分析、解释和批判性地评价数据、信息与数字内容
	管理数据、信息与数字内容	在数字环境中组织、存储和提取数据、信息与内容；在结构化环境中对其进行组织和加工
沟通与协作	使用数字技术互动	使用数字技术互动，理解给定背景下恰当进行数字沟通的意义
	使用数字技术分享	使用数字技术，与他人分享数据、信息与数字内容；像"中介"一样穿针引线，了解引用和注明出处的方式
	使用数字技术参与公民事务	使用公共与私人数字服务参与社会事务；合理使用数字技术，寻求自我赋权和参与公民事务的机会
	使用数字技术协作	使用数字工具与技术促进协作进程以及对资源与知识的重构和再创造
	网络礼仪	了解在数字环境中使用数字技术与互动的行为规范和具体做法；制定与特定受众相匹配的沟通策略，了解数字环境中文化与代际的多样性
	管理数字身份	创建和管理一个或多个数字身份，能够保护自己的声誉，处理通过数字工具、环境与服务产生的数据
数字内容创建	创建数字内容	创建和编辑不同形式的数字内容，使用数字工具表达自己的想法
	整合和重构数字内容	修改、精练、改进信息与内容，并将其与现有的知识体系相整合，以创建相关的新内容和新知识

---

① https://unesdoc.unesco.org/ark:/48223/pf0000265403.

续表

能力域和具体能力		对能力的描述
数字内容创建	版权与许可	理解版权与许可应用于数据、信息和数字内容的步骤
	编程	规划和创建计算机系统可理解的指令,以解决问题或完成任务
数字安全	保护设备	保护设备与数字内容,理解数字环境中的险境与威胁;知道安全与安保措施,适当考虑其可靠性与保护隐私性
	保护个人数据与隐私	保护数字环境中的个人数据与隐私;理解使用和分享个人身份信息的方式,同时保护自己与他人利益不受损害;理解数字服务,将隐私政策告知用户,其个人数据将被如何使用
	保护健康与福祉	能够在使用数字技术时,避免其对身心健康造成威胁;能够在数字环境中保护自己与他人利益不受损害(如网络霸凌);了解数字技术对促进社会福祉的作用
	保护环境	了解数字技术及其使用对环境的影响
问题解决	解决技术问题	确认和解决操作设备与使用数字环境过程中的技术问题(从故障检测到解决复杂问题)
	确认需求与技术方案	评估需求,确认、评价、选择和使用数字工具与可能的技术方案以满足需求;调整和自定义数字环境以满足个人需求(如通达性)
	创造性地使用数字技术	使用数字工具与技术创造知识并创新流程与产品;独立和合作参与认知加工,以理解和解决数字环境的概念性问题及其情境
	明确数字素养差距	理解自己需要在哪些方面提升数字素养;能够支持他人提升数字素养;寻求自我发展的机会,紧跟数字化发展潮流
	计算思维**	将可计算问题转化为一系列有逻辑顺序的步骤,为人机系统提供解决方案
职业相关能力**	使用特定专业领域的数字技术**	确认和使用特定专业领域的数字工具与技术
	解释和运用特定领域的数据、信息与数字内容**	在数字环境中,理解、分析和评价特定专业领域的数据、信息与数字内容

**表示《全球数字素养框架》中未涉及的能力域或具体能力。

教科文组织 2021 年发布的《聪明的数字革命需要包容》("To be Smart, the Digital Revolutionwill Need to be Inclusive")[①]报告指出,仅有28%的工程专业和40%的计算机与信息科学专业的毕业生是女性。2022 年发布的《中小学阶段的人工智能课程:对政府认可人工智能课程的调研》("K-12 AI Curricula: A Mapping of Government-endorsed AI Curricula")[②]报告显示,有 11 个国家开发和认可了 K-12 人工智能课程,另外还有 4 个国家正在开发人工智能课程。联合国教育变革峰会强调,必须增强使用数字技术来提高学习者学习的能力,以确保教师、学习

---

① https://unesdoc.unesco.org/ark:/48223/pf0000375429.

② https://unesdoc.unesco.org/ark:/48223/pf0000380602_chi.

者及其他教育利益攸关方采用循证方式，拥有必备的数字技能和知识，从而利用数字手段进行学习。

经合组织在"学习罗盘2030"①中指出，面向2030年的核心知识、技能、态度和价值观还包括信息和数字素养、身心健康以及社交情商等的发展。在近年开展的PISA中，经合组织相继增加了数据素养、全球胜任力和社会情感学习等内容板块。

世界经济论坛在2020年发布的《未来学校：为第四次工业革命定义新的教育模式》②报告中提出"教育4.0"全球框架，新科技革命所需的核心素养主要包括全球公民素养、创新技能、数字素养和社交情商；学习能力则主要涵盖个性化和自主学习、无障碍和包容性学习、基于问题和协作的学习以及强化终身学习等。

2016年6月，国际教育技术协会（International Society for Technology in Education，ISTE）发布新版《学生教育技术标准》③，聚焦学生掌握技术的学习能力并使用技术变革学习，并提出"数字公民的九要素"的概念。

图4-2 数字公民的九要素

数字素养不仅能够支撑学生在知识层面获得发展，也有助于在技能层面培养学生适应社会、谋取发展的核心素养，日益成为学生成才的必备素养。中国发布《提升全民数字素养与技能行动纲要》，多措并举提升全民数字素养与技能，认为，"数字素养与技能是数字社会公民学习工作生活应具备的数字获取、制作、使用、评价、交互、分享、创新、安全保障、伦理道德等一系列素质与能力的集合"。教育部制定《普通高中信息技术课程标准（2017年版2020年修订）》《义务教育信息科技课程标准（2022年版）》，不断深化学生数字素养培养。2021年调查显示，

---

① https://www.oecd.org/education/2030-project/teaching-and-learning/learning/.
② https://www3.weforum.org/docs/WEF_Schools_of_the_Future_Report_2019.pdf.
③ https://www.iste.org/standards/iste-standards-for-students.

中小学生数字素养合格比例达 78.8%[①]。

美国"国家教育技术规划"强调，人应该具备自我认知、情绪调节、行为控制等元认知层面的技能，并提出应重视师生信息素养的提升。美国教育部教育技术办公室启动了"数字素养加速器计划"（Digital Literacy Accelerator，DLA）[②]，专注于数字素养提升，锻炼教师查找、评估和传达在线优质信息的能力。提升数字素养的一种有效方法是应用由具有不同生活经历和教育背景的开发人员创建的创新教育技术（EdTech）工具。DLA 的总体目标是在学校驱动的数字素养领域提供具有改进作用的干预措施，并为参与者提供实践机会，以迭代可应用于与数字素养相关的创新教育干预措施。

欧盟 2022 年发布《欧洲公民数字能力框架 2.2》[③]，包含信息和数据素养（information and data literacy）、沟通与协作（communication and collaboration）、数字内容创作（digital content creation）、安全（safety）和问题解决（problem solving）五个素养域（表 4-9）。

表 4-9　《欧洲公民数字能力框架 2.2》定义的数字能力领域

	能力领域	能力维度
信息和数据素养	浏览、搜索和筛选数据、信息、数字内容	能够阐明信息需求，在数字环境中搜索数据、信息和内容，访问它们并在它们之间切换；能够创建和更新个人搜索策略
	评估数据、信息和数字内容	能够分析、比较和严格评估数据、信息和数字内容来源的可信度和可靠性；能够对数据、信息和数字内容进行分析、解释和批判性评估
	管理数据、信息和数字内容	能够在数字环境中组织、存储和检索数据、信息和内容；能够在结构化的环境中组织和处理它们
沟通与协作	通过数字技术进行互动	能够通过各种数字技术进行互动，并了解针对特定环境的适当数字通信手段
	通过数字技术共享	能够通过适当的数字技术与他人共享数据、信息和数字内容；能够充当中间人；能够了解引用和归因的方法
	通过数字技术参与公民生活	能够通过使用公共和私人数字服务参与社会生活；通过适当的数字技术寻求自我赋权和作为公民参与的机会
	通过数字技术进行协作	能够利用数字工具和数字技术进行协作，共建、共创资源和知识
	网络礼仪	能够在使用数字技术和在数字环境中进行互动时，了解网络行为的规范和专业知识；能够根据特定受众调整传播策略并注意数字环境中文化和代际的多样性
	管理数字身份	能够创建和管理一个或多个数字身份；能够保护自己的名誉；能够处理通过多种数字工具、环境和服务产生的数据

---

① 中国教育科学研究院. 中国智慧教育发展报告（2022）：迈向智慧教育的中国教育数字化转型[M]. 北京：教育科学出版社，2023.

② https://tech.ed.gov/launching-a-digital-literacy-accelerator/.

③ https://publications.jrc.ec.europa.eu/repository/handle/JRC128415.

续表

能力领域		能力维度
数字内容创作	开发数字内容	能够创建和编辑不同格式的数字内容，并能够通过数字手段表达自己
	数字内容的整合与重新编排	能够对信息和内容进行修改、提炼和改进，并将其整合到现有的知识体系中，以创造新的、原创的和关联的内容与知识
	版权与许可	了解版权和许可证如何被应用于数据、信息和数字内容中
	编程	能够为计算机系统设计和开发一系列可理解的指令，以解决给定的问题或执行特定的任务
安全	保护设备	能够保护设备和数字内容；了解数字环境中存在的风险和威胁；了解安全及安保措施，并充分考虑环境的可靠性和隐私性
	保护个人数据和隐私	能够在数字环境中保护个人数据及隐私；了解如何使用和共享个人身份信息，同时能够保护自己和他人免受伤害；了解数字服务通过隐私政策来告知用户自身数据是如何被使用的
	保护个人健康和福祉	在使用数字技术时，能够避免影响身心健康的风险和威胁；能够保护自己和他人在数字环境中免受潜在的危险（如网络霸凌）；能够意识到数字技术可以增进社会福祉和促进社会包容
	保护环境	了解数字技术及其使用对环境造成的影响
问题解决	解决技术问题	能够在操作设备和使用数字环境时识别并解决技术问题（从故障排除到解决更复杂的问题）
	识别需求并做出技术反应	能够评估需求，识别、评估、选择、使用数字工具和可能的技术来解决问题；根据个人需求（如无障碍访问）调整和定制数字环境
	创造性地使用数字技术	能够使用数字工具和技术创造知识、创新流程和制造产品；个人和集体参与认知处理，以解决数字环境中的概念问题，并了解具有挑战性的情况
	识别数字能力差距	了解自己的数字能力需要改进或提高的方面；能够支持他人的数字能力发展；寻求自我发展的机会，并跟上数字时代的发展

　　英国将核心素养作为基础性要求，强调通过计算机课程培养学生的计算思维和创造力。英国政府网站推出交互式网络安全学习平台①，免费教授全国 11~14 岁儿童基本的数字技能，并了解网络安全相关知识。英国 2018 年 5 月宣布推动计算机科学教学，教授学生代码编写、程序设计等知识技能；英国教育标准局 2019 年发布《教育检查框架》（"Education Inspection Framework"），提出要为 5 岁以上学习者提供计算机教育，学习信息技术、数字素养和计算机科学三部分知识，理解计算机软件的逻辑构架和思维方式。2021 年，《改变：苏格兰将如何在数字世界中蓬勃发展》（"A Changing Nation: How Scotland will Thrive in a Digital World"）②，重视数字教育及技能，强调以下几项内容：确保数字知识和技能在教育中占有一席之地；建立一支技术娴熟的数字劳动力队伍；提供技能提升和再培训机会；增加数字技能库的多样性；

---

① https://www.cyberexplorers.co.uk/.

② https://www.gov.scot/publications/a-changing-nation-how-scotland-will-thrive-in-a-digital-world/.

建立数字学院以作为数字技能提供者的选择；建立公众的数字和数据专家资源部门；创建数据科学能力中心；等等。

日本的核心素养主要包括德智体，强调在智能时代人才应对人工智能与大数据应具有理解能力。日本政府还提出了面向社会 5.0 时代的"学校 3.0 构想"[①]，重新定义了信息素养，将其与语言能力、问题发现与解决能力一起作为学生应具备的三大基础能力。

新加坡通信与信息部 2018 年 6 月发布《数字化就绪蓝图》("Digital Readiness Blueprint")[②]，强调数字素养是人们融入数字社会的关键，要鼓励学生提高数字素养，增强数字参与感，融入数字社会。2020 年，新加坡专门拨款启动"国家数字素养计划"（National Digital Literacy Programme）[③]，为每位中小学生的教育储蓄账户提供一定金额的补贴，并给低收入家庭的学生发放额外津贴。

爱尔兰 2022 年发布《学校数字化战略 2027》("Digital Strategy for Schools to 2027")[④]，支持将数字技术嵌入到教学、学习和评估中，使所有学校的学生都有机会学习相关知识和技能，更好地适应不断发展变化的数字时代。德国青少年数字素养框架包括搜索、处理与存储，交流与合作，创建与展示，保护与安全行事，解决问题与采取行动，分析与反思等 6 个素养域[⑤]。荷兰 2017 年构建了数字素养的学习框架，涵盖基本的 ICT 技能、计算思维、信息素养、媒体素养四项内容。加拿大发布《数字素养教育框架》("Digital Media Literacy Framework")[⑥]，提出学生应具备的数字能力和数字素养，涵盖使用、理解和创造三个层次，每个层次均包含伦理与同情、隐私与安全、社区参与、数字健康、消费意识、搜索与确认、制作与合作七大能力。

课程是落实数字素养框架的媒介，数字化课程具有学情分析精准、学习过程数据可视、教学反馈针对性强等特点。瑞典对基础教育阶段的课程与教学大纲进行改革，将编码引入技术和数学科目中。芬兰于 2015 年尝试对 10～12 岁的儿童开设编程教育课程，并于 2016 年首次将编程教育纳入小学教学大纲中，从小学一年级开始教授编程，其"国家人工智能战略"强调编程和计算机思维教育有助于学生具备数字素养和能力。新加坡《数字化就绪蓝图》("Digital Readiness Blueprint")基于数字素养框架提出要设置数字技能课程，课程内容包括信息管理与交流、数字交

---

① https://www.mext.go.jp/b_menu/shingi/chukyo/chukyo3/002/siryo/__icsFiles/afieldfile/2018/06/20/1406021_17.pdf.
② https://www.mci.gov.sg/en/portfolios/digital-readiness/digital-readiness-blueprint.
③ https://www.moe.gov.sg/microsites/cos2020/refreshing-our-curriculum/strengthen-digital-literacy.html.
④ https://www.gov.ie/en/publication/69fb88-digital-strategy-for-schools/.
⑤ 徐斌艳. 德国青少年数字素养的框架与实践[J]. 比较教育学报，2020，（5）：76-87.
⑥ https://mediasmarts.ca/digital-media-literacy/general-information/digital-media-literacy-fundamentals/digital-media-literacy-framework.

易、访问政府服务、网络安全等。韩国 2019 年公布了"人工智能国家战略",计划从 2020 年起在高校增设人工智能专业。2022 年,韩国将软件和人工智能相关教育纳入中小学基本课程中。日本在 2018 年召开的未来投资会议上提出,将在"大学入学共同考试"中引进编程等信息技术科目,并于 2019 年将编程作为新的必修内容纳入到小学数学和科学教科书中。荷兰为学生定制个性化的数字素养课程,为中等学校制定了数字素养与课程整合的项目计划,使学生可以基于个人兴趣爱好选择课程,个性化地提高数字素养。

可通过不同的课程设计模式将数字能力整合进课程目标:①将信息技术定义为学科领域,使数字能力培养成为主流,包含适应各年龄段的、从基础到高级的信息技术知识、技能和价值观;②将数字能力培养定义为跨学科课程目标,推动利用信息技术解决问题;③信息技术与其他学科教学整合,学生可以在学习其他学科的同时学习如何使用信息技术。

2. 界定和培养教师数字素养

反复的疫情、无处不在的数字设备和培养学生数字素养的责任,都要求提升教师的数字素养。教师数字素养是实现教育数字化转型的重要条件,培养具备数字素养的新型教师已成为国际共识。

ICT-CFT[①]详细描述了教师运用 ICT 进行有效教学应具备的能力,对标 SDG4 多次修订形成了囊括 18 项教育 ICT 能力的第三个版本,鼓励教师将 ICT 融入课堂,以打破传统说教性质的教学法。教师应能够使用 ICT 支撑三个层面的学习目标和专业工作的六个方面:三个层面是指知识获取、知识深化和知识创造;六个方面是指理解 ICT 教育应用的政策、课程与评估、教学方法、数字技能应用、组织与管理以及教师的专业发展。将这六个方面与三个目标相乘,建构出一个包含 18 个模块的能力框架(表 4-10)。教科文组织教育信息技术研究所与网龙公司等联合推出在线平台"教师电子图书馆"(E-Library for teachers)[②],推动全球教师能力建设,为教育工作者提供了先进的数字资源与基于人工智能的能力提升解决方案。

表 4-10 ICT-CFT 三个层次的教师能力

实践维度	知识获取层次	知识深化层次	知识创造层次
理解 ICT 教育应用的政策	阐明如何基于机构和国家教育政策开展课堂教学实践活动	设计、修改相关机构和国家教育政策、兑现国际承诺和开展课堂实践	评价相关机构和国家的教育政策,并提出修改建议,设计改进方案,推测教育政策更新所产生的影响

---

① https://www.unesco.org/en/digital-competencies-skills/ict-cft。

② https://iite.unesco.org/highlights/official-launch-of-the-platform-e-library-for-teachers/。

续表

实践维度	知识获取层次	知识深化层次	知识创造层次
课程与评估	分析课程标准相关内容和目标，并确定如何利用ICT开展教学，从而实现课程标准规定的目标	将ICT融入学科教学和评估过程，并创造性地利用ICT强化学习环境，让学生在ICT的支持下，展示对课程标准的掌握情况	确定ICT如何融入以学生为中心的协作学习，确保学生达成多学科课程标准的要求
教学方法	选择适宜的ICT，支持特定的教学方法	设计ICT支持的项目学习活动，利用ICT帮助学生创建、实施和监测项目计划，并解决复杂问题	确定学习参数，鼓励学生在协作学习中进行自我管理
数字技能应用	使用硬件组件和常用生产力软件应用程序并能识别其功能	融合各种数字工具和资源，创造综合性数字化学习环境，培养学生高阶思维和解决问题的技能	设计知识社区并使用数字工具支持常态学习
组织与管理	创造物理环境，确保技术包容性地支持不同的学习方法	灵活使用数字工具，促进协作学习的顺利开展，管理好学习者和学习过程	发挥领导作用，为所在学校制定技术战略，使其转变为学习型组织
教师专业发展	利用ICT支持教师自身的专业发展	教师利用技术与教师专业网络开展互动，支持自身专业发展	通过开发、试验、指导、创新和分享ICT应用实践，确定如何更好地为学校提供技术服务

OECD于2021年发布《数字教育展望2021：用人工智能、区块链和机器人推动前沿》[1]，强调教师的数字技能不仅仅是掌握技术的能力，而且包括将数字技术、工具和数字资源融入教学法的能力。国际教育技术协会于2017年发布了新版"教育工作者标准"（ISTE Standards for Educators）[2]，多角度分析教师在信息时代的教育教学中扮演的角色（学习者、领导者、数字公民、合作者、设计者、促进者、分析者等），定义教师角色职责和能力标准，以促进教师应用技术创新教学。

我国教育部发布的行业标准《教师数字素养》提出了教师数字素养框架（图4-3），"规定了数字化意识、数字技术知识与技能、数字化应用、数字社会责任、专业发展五个维度的要求"。2013～2017年，我国开展实施全国中小学教师信息技术应用能力提升工程，共培训全国中小学教师1000余万名；2019年，实施全国中小学教师信息技术应用能力提升工程2.0，教师信息技术应用能力持续提升。2021年调查显示，具备信息技术应用能力的教师比例达86.5%[3]。2022年，中国在国家智慧教育平台设立暑期教师研修专题，首次面向各级各类教师同时组织开展在线学习，一个半月左右时间超过1300万人参加学习，成为世界上最大规模教师在线学习项目。

---

[1] https://digital-education-outlook.oecd.org/.

[2] https://www.iste.org/standards/iste-standards-for-teachers.

[3] 中国教育科学研究院. 中国智慧教育发展报告（2022）：迈向智慧教育的中国教育数字化转型[M]. 北京：教育科学出版社，2023.

```
                        教师数字素养框架
    ┌──────────┬──────────────┬──────────┬──────────┬──────────┐
  数字化意识  数字技术知识与技能  数字化应用  数字社会责任  专业发展
    │              │              │              │              │
 ┌──┼──┐      ┌───┴───┐    ┌──┬──┬──┐      ┌───┴───┐      ┌───┴───┐
数  数  数    数      数    数  数  数  数    法      数      数      数
字  字  字    字      字    字  字  字  字    治      字      字      字
化  化  化    技      技    化  化  化  化    道      安      化      化
认  意  意    术      术    教  教  学  协    德      全      学      教
识  愿  志    知      技    学  学  业  同    规      保      习      学
              识      能    设  实  评  育    范      护      与      研
                            计  施  价  人                    研      究
                                                              修      与
                                                                      创
                                                                      新

    ■ 框架名称    ■ 一级维度    □ 二级维度
```

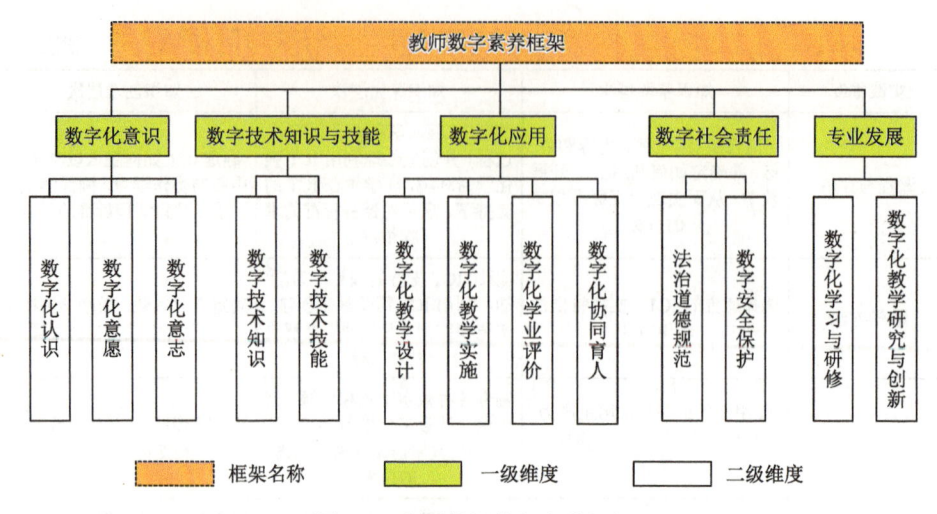

图 4-3 中国教师数字素养框架

资料来源：中华人民共和国教育部.教师数字素养[EB/OL].
http://www.moe.gov.cn/srcsite/A16/s3342/202302/W020230214594527529113.pdf，2022-11-30.

欧盟 2017 年发布的《欧洲教育工作者数字能力框架》[1][2]（图 4-4），将教育者的工作能力分为六个领域，即专业参与域、数字资源域、教学与学习域、评估域、赋权学习域、促进学习者数字素养域，使各级各类教育工作者能够全面评价和发展其数字能力。《数字教育行动计划（2021—2027）》提出要建立"欧盟数字技能认证"制度，强化教师数字技能评估。欧盟 2021 年发布的《高等教育数字与在线学习的未来》（"The Future of Digital and Online Learning in Higher Education"）[3]报告提出，教师特别需要学习如何根据特定的课程主题、教学目标和课堂活动，选取适切的数字技术来辅助教学。2022 年 10 月，欧盟委员会发布《通过教育和培训应对虚假信息和提高数字素养的教师和教育工作者指南》（"Guidelines for Teachers and Educators on Tackling Disinformation and Promoting Digital Literacy through Education and Training"）[4]。

德国 2021 年发布《教师教育的里程碑》（"Meilensteine der Lehrkräftebildung"）[5]，提出将数字化内容融入教师教育过程，明确了教师数字化教学技能包括数字化技术应用、学科数字化实践教学、数字化态度等。德国联邦政府和联邦各州为教师教育

---

[1] https://joint-research-centre.ec.europa.eu/digcompedu_en.

[2] 兰国帅，郭倩，张怡，等. 欧盟教育者数字素养框架：要点解读与启示[J]. 现代远程教育研究，2020，32（6）：23-32.

[3] https://op.europa.eu/en/publication-detail/-/publication/90c23493-7cc9-11ec-8c40-01aa75ed71a1.

[4] https://op.europa.eu/en/publication-detail/-/publication/a224c235-4843-11ed-92ed-01aa75ed71a1/language-en.

[5] https://www.bmbf.de/SharedDocs/Publikationen/de/bmbf/3/31697_Meilensteine_der_Lehrkraeftebildung.html.

第4章 教育数字化国际理解

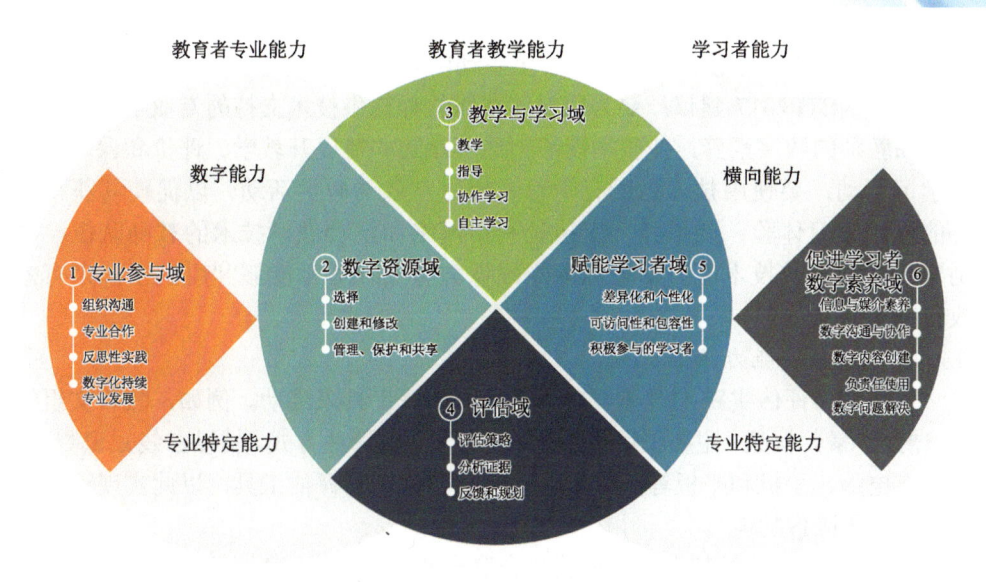

图 4-4 欧洲教育工作者数字能力框架

资料来源：Digital Competence Framework for Educators (DigCompEdu)[EB/OL]. https://joint-research-centre.ec.europa.eu/digcompedu_en，2017-11-28.

提供资金，促进"教师教育数字化"（Digitalisierung in der Lehrkräftebildung）[1]项目的研究和开发。西班牙于2020年为教师提供形式多样的数字化在线培训与学习服务，如"微型慕课"（Nano MOOC）和"教育胶囊"（EduPills），帮助教师通过技术引入和技术升级发现隐藏的现象和规律，提出独到的见解或创造性地开展研究工作。爱尔兰于2017年修订了《初级教师培训：标准和指南》（"Initial Teacher Training：Criteria and Guidelines"），将ICT作为教师必修内容纳入标准，收集了100多个中小学课堂成功使用ICT的典型实践案例，并将其制作成短视频来帮助教师快速熟悉ICT的教学应用。荷兰于2016年为中小学教师提供了媒体素养的培训课程，旨在让接受培训的教师学会如何查找信息并评估其来源的可靠性，以及如何使用网站或应用程序进行交流等。俄罗斯为提升教师数字能力对其进行培训，鼓励教师在实际工作中积极运用信息技术，加强教师继续教育在线学习平台和数字教育中心建设，通过培训项目促进教师教育教学理念的创新。

新加坡2019年发布"教育技术计划"（Educational Technology Plan）[2]，强调教师在数字时代应当作为以技术为媒介的学习体验的促进者，用技术调节学生与学习内容、教师、同伴、社区之间的互动，利用学习数据向学生提供更好的反馈

[1] https://www.qualitaetsoffensive-lehrerbildung.de/lehrerbildung/de/themen/digitalisierung-in-der-lehrkraeftebildung/digitalisierung-in-der-lehrkraeftebildung.html.

[2] https://www.moe.gov.sg/education-in-sg/educational-technology-journey/edtech-plan.

和提出有针对性的干预措施，促进学生主动学习。

美国 NETP2017 建议：要为职前和在职教师提供技术支持的专业学习服务，以提高教师的数字素养，使教师能够创造可靠的并能提升教学、评价和课堂实践的学习活动；要使用技术为所有学习者提供有效的教学活动，以促使其获得更好的网络学习体验；要培养一支擅长利用网络和混合教学技术的教师队伍；要制定一套通用的技术能力期望标准，确保教育工作者都能够利用技术，来有效改善教学质量。

3. 研制数字能力评估工具

数字素养评估实践主要基于自评工具或他评工具来推动。例如，教科文组织《全球数字素养框架》主要采用"自我报告量表"的评估方式，辅以在线知识测试，通过在电脑、手机和平板等多个平台上运行和使用的评估工具，以此实现诊断性评估的电子画像功能[1]。

"公民数字能力框架"由欧盟委员会联合研究中心[2]构建，于 2013 年[3]首次发布并成为实施各种数字教育举措的主要参考依据，2016 年更新发布"公民数字能力框架 2.0"[4]，2018 年发布了"公民数字能力框架 2.1"[5]，于 2022 年 3 月发布的"公民数字能力框架 2.2"更新超过 250 个新的知识和技能示例。2022 年 9 月，发布了《数字技能指标 2.0：衡量整个欧盟的数字技能》("Measuring Digital Skills across the EU：Digital Skills Indicator 2.0"，DSI2.0）[6]，以"数字能力框架"作为基础理论框架并进行实证验证，跟踪欧盟成员国在数字发展方面的进展。针对不同的用户对象（学生、教师和学校）的数字能力评估工具各有侧重：①技术增强的教学自评工具（technology enhanced teaching self-assessment tool，TET-SAT）[7]属于支持教育工作者数字能力的发展和认证项目[8]，旨在激励教师进行自我反思、确定学习需求并采取行动促进专业能力的提升，并为教育工作者提供了一套以职业微观概况表示的"推荐路径"。②数字能力自我评估工具（digital skills self-assessment tool）[9]，该工具可以自测数字能力的五个领域。③欧洲公民数字能

---

[1] 张恩铭，盛群力. 培育学习者的数字素养——联合国教科文组织《全球数字素养框架》及其评估建议报告的解读与启示[J]. 开放教育研究，2019，25（6）：58-65.

[2] https://joint-research-centre.ec.europa.eu/select-language? destination = /node/1.

[3] https://publications.jrc.ec.europa.eu/repository/handle/JRC83167.

[4] https://publications.jrc.ec.europa.eu/repository/handle/JRC101254.

[5] https://publications.jrc.ec.europa.eu/repository/handle/JRC106281.

[6] https://digital-skills-jobs.europa.eu/en/inspiration/resources/digital-skills-indicator-20-measuring-digital-skills-across-eu.

[7] https://eddico.eu/catalogue_items/technology-enhanced-teaching-self-assessment-tool-tet-sat/；https://eddico.eu/self-assessment/.

[8] https://eddico.eu/.

[9] https://europa.eu/europass/digitalskills/screen/home.

力框架的自我反思工具（a self-reflection tool for the european digital competence framework for citizens）[1]，通过知识、技能和态度三方面来衡量公民数字能力五个领域的水平。④创新教育技术促进有效学习的自我反思工具（self-reflection on effective learning by fostering the use of innovative educational technologies）[2]，以学校作为整体对象，从利益相关者的多元角度，考察并推动学校通过技术创新与应用实现有效教学、学习和评价。此外，特殊版本"教师自我反思工具"[3]帮助教师利用创新教育技术对有效学习进行反思；工作本位学习的自我反思工具面向职业培训学校和企业，支持其利用数字技术进行教学、学习和培训。欧盟的教育数字化政策相对成体系，但由于涉及多部门协同，完全梳理清楚亦不容易，这也启示我国在开展师生数字素养测评时要做好顶层设计，加强协同，统筹研发适用不同对象的智能化测评工具。

英国联合信息系统委员会2022年9月发布了"数字能力测评工具"[4]的更新条目，使用户更易了解其研发目标和功能。学生和教职工可以使用该工具来进行个人数字能力的自我评估，获得进一步提高技能的建议。工具使用了构建数字能力框架的六大要素（数字熟练度和生产力；数字创作、问题解决和创新；数字学习和发展；信息、数据和媒体素养；数字身份和福祉；数字通信、协作和参与），提供特定角色或重点领域的数字能力问题集。

俄罗斯基于欧洲数字能力框架，结合其教育系统的特点，研制了俄罗斯教师数字素养在线测评工具[5]，帮助教师和管理人员进行数字能力自我测评，还可以进行数字能力分析，并生成个性化能力提升的建议。

西班牙发布了"教师通用数字胜任力框架"[6]，开发了教师自评工具"自拍"和"教师数字素养档案包"，教师可自行上传其在数字素养方面取得的重要成就和相关辅助性材料（如课程、项目、奖项、出版物、制作的教学材料等），以获得数字素养的水平认证。

爱尔兰2021年更新《数字化学习框架》（"Digital Learning Framework"）[7]，鼓励学校基于框架以"确定目标—收集数据—分析数据—制定数字化学习行动计划—实践—监控行动"的思路开展自我评估，并详细阐述开展自我评估的步骤。

---

[1] https://mydigiskills.eu/.

[2] https://education.ec.europa.eu/selfie/about-selfie.

[3] https://education.ec.europa.eu/selfie-for-teachers.

[4] https://digitalcapability.jisc.ac.uk/our-service/discovery-tool/.

[5] https://nafi.ru/projects/sotsialnoe-razvitie/tsifrovaya-gramotnost-rossiyskikh-pedagogov/.

[6] https://aprende.intef.es/sites/default/files/2018-05/2017_1020_Marco-Com%C3%BAn-de-Competencia-Digital-Docente.pdf.

[7] https://www.gov.ie/en/service/8ae17-digital-learning-framework/.

英国南安普敦大学开发了一套数字素养在线测评工具①，基于 Web 2.0 技术，以在线互动的方式指导实施数字素养测评。美国肯特州立大学开发了标准化的信息素养实时评估工具 TRAILS Archive，旨在评估高校学生的信息素养，该项目被美国图书馆研究联合会认可，在美国全国范围内使用，从 2004 年到 2019 年 5 月，3.1 万名教师/图书馆员利用该工具对近 250 万名学生进行了信息素养评估②。

基于中学生信息素养评价指标体系，"义务教育阶段学生信息素养评价指标及其应用研究"项目团队设计开发了评估工具，在我国东部 S 市随机抽取多所学校开展了中学生信息素养水平评估应用研究，结果表明，中学生在信息意识与认知维度和信息道德与法律维度得分率相对较高，而在信息科学知识维度和信息应用与创新维度得分率相对较低③。

（九）完善数字技术应用伦理规则，夯实变革安全基础

全球在运用新兴技术推动教育变革过程中，陆续产生了一系列学生数据隐私、伦理安全等问题。教育数字化在带来福祉的同时，并非没有任何技术风险与成本，任何网络恶意攻击都可能威胁教育网络的稳定与个人信息的安全，破坏关键基础设施甚至威胁到更广泛的安全利益。信息技术在教育领域中的应用不应由技术驱动。技术应当为教育锦上添花，提供信息获取渠道、推动建立恰当的人际关系，使教师以最高效的方式组织教学活动。为此，政府部门和学校应支持教育数字化用户（包括学校管理者、教师、学生等），建立恰当的价值观和加深对信息技术的理解，并获取适当的数字技能，使其以合乎伦理、公平、包容且有效的方式利用信息技术开展教学活动和进行个性化学习。在推动教育数字化转型过程中，关注教育数字化数据伦理安全性问题，建立数字技术安全保护体系，成为世界各国及国际组织采取的共同举措。

1. 制定人工智能伦理准则

《北京共识——人工智能与教育》提出，要确保教育数据和算法使用合乎伦理、透明且可审核，并采用新兴人工智能技术和工具，确保教师和学习者隐私数据得到保护。2021 年 11 月，教科文组织发布全球首个针对人工智能伦理制定的规范框架《人工智能伦理问题建议书》，关注人工智能系统与教育、科学、文化、传播和信息等核心领域有关的广泛伦理影响，提出应在国家或国际层面采用多利益攸关方办法，建立适当的数据保护框架和治理机制。

---

① https://www.southampton.ac.uk/per/2017/digital-tools-for-evaluation.page.
② https://trails-archive.org/.
③ 朱莎，石映辉，蒋龙艳，等. 中学生信息素养水平评估工具的开发与应用研究[J]. 中国电化教育，2018，（8）：78-85.

《北京共识——人工智能与教育》（节选）

我们重申教科文组织在人工智能使用方面的人文主义取向，以期保护人权并确保所有人具备在生活、学习和工作中进行有效人机合作以及可持续发展所需的相应价值观和技能。

我们还申明，人工智能的开发应当为人所控、以人为本；人工智能的部署应当服务于人并以增强人的能力为目的；人工智能的设计应合乎伦理、避免歧视、公平、透明和可审核；应在整个价值链全过程中监测并评估人工智能对人和社会的影响。

确保人工智能促进全民优质教育和学习机会，无论性别、残疾状况、社会和经济条件、民族或文化背景以及地理位置如何。教育人工智能的开发和使用不应加深数字鸿沟，也不能对任何少数群体或弱势群体表现出偏见。

申明我们致力于在教育领域开发不带性别偏见的人工智能应用程序，并确保人工智能开发所使用的数据具有性别敏感性。同时，人工智能应用程序应有利于推动性别平等。

测试并采用新兴人工智能技术和工具，确保教师和学习者的数据隐私保护和数据安全。支持对人工智能领域深层次伦理问题进行稳妥、长期的研究，确保善用人工智能，防止其有害应用。制定全面的数据保护法规以及监管框架，保证对学习者的数据进行合乎伦理、非歧视、公平、透明和可审核的使用和重用。

资料来源：联合国教育、科学及文化组织. 北京共识——人工智能与教育[EB/OL]. http://www.moe.gov.cn/jyb_xwfb/gzdt_gzdt/s5987/201908/W020190828311234679343.pdf.

教科文组织致力于促进技术和创新以实现性别平等（UNESCO committed to technology and innovation for gender equality）的项目[1]正在积累在技术使用中实现性别平等的相关资源。[2]国际电信联盟发布了"全民数字包容"倡议[3]，提供了旨在促进数字公平和包容的数据和工具。

欧盟2019年4月发布了《值得信赖的人工智能伦理准则》("Ethics Guidelines for Trustworthy AI")[4]，从基本条件、基础伦理准则与关键要素三方面分析可信赖

---

[1] https://en.unesco.org/generation-equality/technology.
[2] https://en.unesco.org/generation-equality/technology.
[3] https://www.itu.int/en/mediacentre/backgrounders/Pages/digital-inclusion-of-all.aspx.
[4] https://digital-strategy.ec.europa.eu/en/library/ethics-guidelines-trustworthy-ai.

的人工智能伦理，为人工智能技术的开发、部署与使用提供指导。2022年10月，欧盟发布了《教育工作者在教学中使用人工智能和数据的伦理指南》("Ethical Guidelines on the Use of Artificial Intelligence and Data in Teaching and Learning for Educators")[1]，澄清了大众对人工智能的广泛误解，并向教育工作者和学校领导提供如何将人工智能和数据的有效使用整合到学校教育中的实用建议。法国《国家人工智能研究战略》("Stratégie Nationale en Intelligence Artificielle")[2]提出，在伦理规范上，应保障人工智能发展过程中算法、数据使用等的透明度与合理性，避免人工智能的不当发展而带来的危害或恐慌。

斯坦福大学提出"人工智能百年研究"[3]项目，旨在针对人工智能在自动化、国家安全、心理学、道德、法律、隐私、民主以及其他问题上所能产生的影响，定期开展一系列的研究。2016年9月，《人工智能与2030年的生活》("Artificial Intelligence and Life in 2030")[4]指出，如何找到通过人工智能技术来最优化整合人类互动与面对面学习将是一个关键性的挑战；2021年9月发布的报告《凝聚力量，汇聚风暴：人工智能百年研究（AI100）2021年研究小组报告》["Gathering Strength, Gathering Storms: The One Hundred Year Study on Artificial Intelligence (AI100) 2021 Study Panel Report"][5]指出，人工智能的真正危险虽然微小，但是同样令人担忧，一些危险源于人工智能的滥用、偏见和歧视等。计算社区联盟（Computing Community Consortium）[6]于2009年发布并于2013年、2016年、2020年更新了"美国机器人路线图"[7]，以应对人工智能给伦理和安全带来的挑战。2018年，来自行业和学术界的26位新兴技术专家撰写了研究报告《人工智能的恶意使用：预测、预防和缓解》("The Malicious Use of Artificial Intelligence: Forecasting, Prevention, and Mitigation")[8]，调查了人工智能恶意使用所造成的潜在安全威胁，并提出了更优化的预测、预防和减轻这些威胁的方法。

具有更强的灵活性、包容性、个性化的人工智能技术可以助力重塑学校教育，在预见人工智能技术巨大潜能的同时，也不可忽略强化道德规范、产品标准和安全规范的社会呼吁与学术研究。人工智能在教育中的应用需遵循问责原则

---

[1] https://education.ec.europa.eu/news/ethical-guidelines-on-the-use-of-artificial-intelligence-and-data-in-teaching-and-learning-for-educators.

[2] https://www.strategie.gouv.fr/actualites/strategie-nationale-intelligence-artificielle.

[3] https://ai100.stanford.edu/.

[4] https://ai100.stanford.edu/2016-report.

[5] https://ai100.stanford.edu/gathering-strength-gathering-storms-one-hundred-year-study-artificial-intelligence-ai100-2021-study.

[6] https://cra.org/ccc/.

[7] https://cccblog.org/2020/09/09/robotics-roadmap-for-us-robotics-from-internet-to-robotics-2020-edition/.

[8] https://www.cser.ac.uk/news/malicious-use-artificial-intelligence/.

（principle of accountability）、隐私原则（principle of privacy）、平等原则（principle of equality）、透明原则（principle of transparency）、不伤害原则（principle of nonharam）、身份认同原则（principle of identity）、预警原则（principle of precaution）、稳定原则（principle of stability）等（即"APETHICS"模型）[①]，明确主体责任，保护人类隐私，不偏见、不歧视，决策透明，提前布局，审慎应对，筑牢伦理底线（图4-5）。

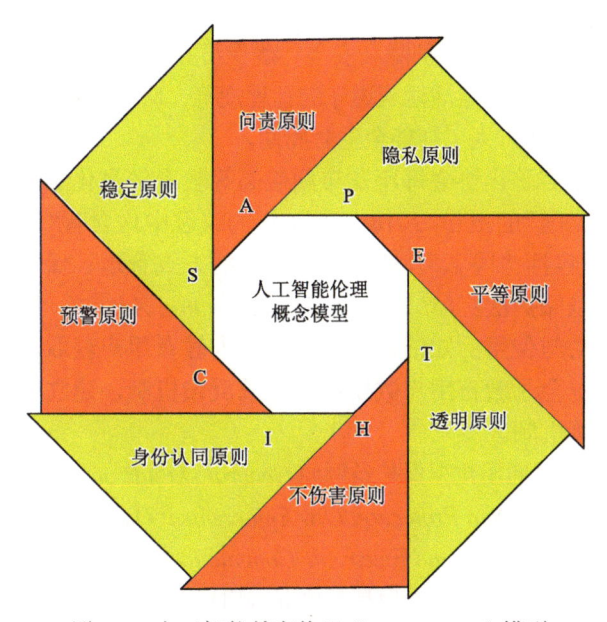

图 4-5　人工智能教育伦理"APETHICS"模型

资料来源：杜静，黄荣怀，李政璇，等. 智能教育时代下人工智能伦理的内涵与建构原则[J]. 电化教育研究，2019，40（7）：21-29.

2. 注重个人信息数据保护

教科文组织2022年发布《关注数据：保护学习者的隐私和安全》（"Minding the Data：Protecting Learners' Privacy and Security"）[②]报告，指出数据保护是一项基本人权，每个人也享有免受他人任意干涉其隐私的权利，认为必须在利用技术推进教育变革与保护个人隐私与权利之间取得平衡，呼吁采用以学习者为中心的方法来保护数据隐私。OECD发布的《数字时代的教育：健康与快乐的儿童》（"Education in the Digital Age：Healthy and Happy Children"）[③]报告强调，打击网络欺凌是各

[①] 杜静，黄荣怀，李政璇，等. 智能教育时代下人工智能伦理的内涵与建构原则[J]. 电化教育研究，2019，40（7）：21-29.

[②] https://unesdoc.unesco.org/ark:/48223/pf0000381494.

[③] https://www.oecd.org/education/education-in-the-digital-age-1209166a-en.htm.

成员国的重要政策议程，应该帮助教师将网络安全融入教学。

中国出台了《中华人民共和国网络安全法》《中华人民共和国个人信息保护法》《中华人民共和国数据安全法》等政策文件，强调应注重个人信息数据保护，提出建立数据分类分级保护制度，以更好地平衡数据使用的便捷性与数据防护的安全性，促进数据安全体系建设降本增效。2021年9月，国家新一代人工智能治理专业委员会发布了《新一代人工智能伦理规范》，提出6项基本伦理规范（增进人类福祉、促进公平公正、保护隐私安全、确保可控可信、强化责任担当、提升伦理素养），以及人工智能特定活动应遵守的管理规范、研发规范、供应规范、使用规范，旨在将伦理道德融入人工智能全生命周期。

美国高等教育信息化协会每年发布涵盖高等教育信息化领域关注焦点和前沿问题的"十大IT议题"的报告，2016~2021年的议题中均含有"信息安全"，2019~2020年的议题还包括"隐私"，建议以可持续的方式管理、保护数据和隐私。美国修订《学生权益保护法》（Student Rights Protection Act）[1]，要求充分尊重师生对于教育数据流动与使用的知情权和监督权，为教育用户获取与监管教育数据提供了开放平台，健全了教育用户数据利益诉求反馈机制，建立了教育数据利益关系风险预警与化解机制。

欧盟陆续发布了《通用数据保护条例》（General Data Protection Regulation）[2]、《数据保护执法指令》（The Data Protection Law Enforcement Directive）[3]、《隐私与电子通信指令》（Directive on Privacy and Electronic Communications）[4]等多部保护个人隐私信息的法案，规定任何机构使用个人信息都要取得用户同意，同时界定了教育数据采集、共享与流通方面的权责边界，规范了教育机构及教育管理者执行相关指令的义务。

英国2020年更新了《面向教育机构的数据保护指南》（Guidance：Data Protection for Education Providers）[5]，做出教育机构应采取风险自审、积极咨询法律意见、确保有效遵守通用数据保护条例的规定。法国2018年发布《数字化助力可信赖校园》（"La Digitalisation Pour des Campus Dignes de Confiance"）[6]，强调学生个人教育数据的信息安全必须得到更有力的保护，要求培养学生具备甄别、筛选复杂信息的能力，逐步在虚拟网络社会中形成批判性思维和独立型人格；2020年7月发布《疫情背景下教育数据使用的伦理问题》[7]报告，督促教育部

---

[1] https://www.congress.gov/bill/115th-congress/house-bill/7229/text.

[2] https://gdpr.eu/.

[3] https://eur-lex.europa.eu/legal-content/EN/TXT/? uri = CELEX%3A02016L0680-20160504.

[4] https://eur-lex.europa.eu/legal-content/EN/ALL/? uri = CELEX：32002L0058.

[5] https://www.gov.uk/guidance/eu-exit-guide-data-protection-for-education-providers.

[6] https://www.education.gouv.fr/le-numerique-au-service-de-l-ecole-de-la-confiance-308365.

[7] https://www.education.gouv.fr/media/72295/download.

门对在线教育参与者的基本自由、数字主权、平等使用权等问题进行反思和决策，以规范和优化疫情期间教育数据管理中的教育伦理问题。德国联邦各州文教部长联席会议 2016 年发布了《数字世界中的教育》（"Education in the Digital World"）战略[1]，在基础教育部分，就包括"数字世界的素养"，即数字素养框架，其中强调了"安全与保护"，内容包括培养学生了解和反思数字环境中风险的能力，提高保护个人数据和避免网络成瘾的意识等[2]；德国《数字战略 2025》亦强调加强数据安全。荷兰提出的数字素养学习框架[3]指出，小学阶段应注重培养学生数字安全与隐私的意识，要求学生能使用密码保护账户信息；中学阶段应逐步提升学生辨别、防护、应对安全隐患与隐私风险的能力，使学生的信息共享行为合乎法律法规[4]。爱尔兰《学校数字化战略 2027》[5]建议开设个人健康教育课程和初中数字媒体素养短期课程等，并提供有关网络安全和数字公民的支持服务与资源。

巴西发布《国家网络安全战略》（"National Cybersecurity Strategy"），提出将基础网络安全教学纳入巴西教育课程，并鼓励创建与网络安全相关的大学项目与初创企业。澳大利亚电子安全专员办公室针对严重的网络欺凌事件启动实施了专项报告计划。希腊、挪威和瑞士为在校儿童实施单点登录或安全登录方案。在比利时，学校会收到政府关于如何有效保护学生隐私的指导方针。

（十）构建跨区域数字教育共同体，推进国际合作交流

教育系统（教育体系）是为达到一定的教育目的，实现一定的教育、教学功能的教育组织形式整体，教育数字化转型需教育系统内部分工合作、协同发展，实现创变。同时，全球教育面临严峻挑战和学习危机，国际合作是全球教育变革特别是数字化变革的重要驱动力。

1. 多元主体协同推进机制

许多国家由政府主导推进教育数字化，同时凝聚社会组织、企业和学校等多方主体共同参与。校企与跨部门合作提供数字设备与技术、共同培养未来人才等，有助于促进利益相关者协同参与数字化建设。科研合作是知识生产的重要手段之一，有助于促进经验交流，攻克教育数字变革难题。中国在教育信息化建设中全国"一盘棋"，坚持政府和市场两条腿走路，坚持把"看不见的手"和"看得见的

---

[1] https://www.kmk.org/fileadmin/Dateien/pdf/PresseUndAktuelles/2017/KMK-Strategie_Bildung_in_der_digitalen_Welt_Zusammenfassung_en.pdf.

[2] 徐斌艳. 德国青少年数字素养的框架与实践[J]. 比较教育学报，2020，（05）：76-87.

[3] https://curriculum.nu/download/dg/Toelichting-Digitale-geletterdheid-1.pdf.

[4] 魏小梅. 荷兰中小学生数字素养学习框架与实施路径[J]. 比较教育研究，2020，42（12）：71-77.

[5] https://www.gov.ie/en/publication/69fb88-digital-strategy-for-schools/.

手"都用好，充分调动企业参与的积极性。例如，教育部同移动、电信、联通等开展战略合作，华为、腾讯、科大讯飞、阿里巴巴等一批企业也与部分省份开展了合作；智慧教育示范区建设强调汇聚学校科研机构和企业等各方力量，采用协同创新机制提升区域教育资源供给服务能力。

欧盟《数字教育行动计划（2021—2027）》提出要注重各方的密切合作，将国家和区域数字教育倡议和行动联系起来，支持跨部门合作，解决诸如共同标准、互操作性、可及性和质量保证等问题。2022年3月，欧盟委员会第一届数字教育利益攸关方论坛[①]反复强调了跨部门合作和知识共享的重要性，以促进政策、研究和实践的联结，教育技术部门提交了愿景文件《行动起来：让教育技术成为欧洲数字教育生态系统的关键驱动力》("Time for Action: Making Edtech a Key Driver in the European Digital Education Ecosystem")[②]，强调了教育科技行业的重要性和需要克服的挑战，以便在欧洲数字教育生态系统中获得更稳固的地位。

德国"职业教育4.0"引导多元主体参与，形成职业学校、企业和跨企业培训中心协作的运行机制，共建以培养适应未来数字化工作的人才为导向的专业设置机制，设置适应新产业、新技术和新模式发展的新专业。俄罗斯面对信息科技与数字化变革，于2020年提出全社会参与的数字化转型理念，以国家项目投资为契机，下放教育管理权，形成"国家—社会—学校"的民主管理机制。澳大利亚发布《澳大利亚2030：通过创新实现繁荣》(Australia 2030: Prosperity Through Innovation)[③]，整合学校教育与产业人力资源培养，鼓励高校设置人工智能、大数据分析等数字化相关专业，构建"政府+企业"或"政府+高校"的培训体系，为优秀数字人才提供职业发展渠道和相关奖励等。新加坡提出要创建一个连通的社会生态系统，加强政府、企业、学校和家庭在教育数字化领域的合作，提高学校在新技术方面的探索能力，更好地促进教育数字化发展。

2. 构建全球合作伙伴关系

数字教育为国际合作开拓了新渠道，已成为各国推进教育数字化进程中的重要内容。各国和国际组织也纷纷从全球、地区和国别层面提出数字化领域合作倡议，通过基础设施援建、经验共享、知识分享、能力建设等多种途径，参与和推动数字化领域的国际合作，促进全球优质资源均衡共享。

联合国教育变革峰会提出的主题"行动轨道"(thematic action tracks)[④]聚焦

---

① https://education.ec.europa.eu/it/news/first-digital-education-stakeholder-forum-one-year-implementing-the-digital-education-action-plan.

② https://digitaleducationstakeholderforum.eu/public/uploads/Time-for-action-making-EdTech-a-key-driver-in-the-European-digital-education-ecosystem.pdf.

③ https://www.industry.gov.au/publications/australia-2030-prosperity-through-innovation.

④ https://www.un.org/zh/transforming-education-summit/action-tracks.

需要关注的特定领域,是教育变革的关键杠杆。行动轨道将通过突出有效的政策干预措施,并利用现有的举措和伙伴关系,包括为应对疫情而采取的举措和建立的伙伴关系,寻求动员各方做出新的承诺。行动轨道将确保成员国能持续参与,并向所有利益攸关方开放,包括捐助者、政策制定者、民间社会团体、年轻人、教师网络、教育倡导者、学术界、私营部门及慈善机构等。

教科文组织 2020 年 3 月发起成立"全球教育联盟"(Global Education Coalition)[①],以支持各国推广应用最佳远程学习方案,全力确保疫情期间学生"停课不停学"。

欧盟创建欧洲数字教育中心(European Digital Education Hub)[②],加强欧盟成员国在数字教育领域的合作与交流,促进教育工作者交流教学经验,共享经认证的数字学习资源,发展具有竞争力且适应数字时代的欧洲教育。

环太平洋大学联盟[③]汇聚 60 所顶尖高校,为全球学习者提供交流机会,促进其学习知识与技能,交流思想与文化。

COL[④]专注于促进和发展远程教育和开放式学习,促进人人平等地获得高质量的终身学习。

开放教育资源动态联盟(OER Dynamic Coalition)[⑤]旨在支持实施教科文组织《开放教育资源建议书》中定义的前四个行动领域。

国际开放与远程教育协会[⑥]致力于使协会成员在国家、区域和全球层面建立合作关系,促进开放、灵活的远程学习;利用协会成员的集体专业知识和思想领导力,影响、倡导和支持全球与区域利益相关者。

金砖国家网络大学联盟(BRICS Network University)[⑦]是金砖国家高等教育领域开展交流合作的重要平台,助益金砖国家数字教育的推广。

国际教育技术协会[⑧]为会员提供获取信息机会,指导他们应对新技术所带来的挑战,并举办专业教育科技展览暨研讨会进行经验交流。

美国纽约州立大学发起的国际在线协作学习(Collaborative Online International Learning)[⑨]推动国际跨文化交流,通过行之有效的在线和虚拟参与的方式促进全球教育教学经验共享。

中国始终致力于拓展国际合作交流,贡献中国方案与中国智慧。世界慕课联

---

① https://globaleducationcoalition.unesco.org/.
② https://education.ec.europa.eu/focus-topics/digital-education/action-plan/action-14-european-digital-education-hub.
③ https://www.apru.org/.
④ https://www.col.org/.
⑤ https://www.oercongress.org/congress/dynamic-coalition/.
⑥ https://www.icde.org/.
⑦ https://we.hse.ru/en/brics/.
⑧ https://www.iste.org/.
⑨ https://coil.suny.edu/.

盟（Global MOOC Alliance）①利用互联网线上平台建立覆盖各地区的多元社区，推进高质量慕课与在线教育的发展，促成教育科技创新的国际双边和多边合作，推广公平、普惠的终身教育。全球智慧教育合作联盟（Global Smart Education Network, GSENet）②旨在建立一个由研究者、实践者、技术专家和政策制定者组成的合作组织，支持各国在国家、地区和学校层面重新思考和设计教育系统。该联盟由北京师范大学与教科文组织IITE、阿拉伯联盟教育、文化和科学组织（The Arab League Educational，Cultural and Scientific Organization，ALECSO）③、COL、国际教育技术协会、东南亚教育部长组织共同发起。世界数字教育大会发布关于建立世界数字教育联盟的倡议（initiative on the establishment of world digital education alliance）④，并发布世界数字教育发展合作倡议（Call for Global Partnership on Digital Education Development）⑤，以期凝聚全球教育发展合力，共同打造智慧教育未来新空间、新生态、新图景。

三、人工智能与教育的国际共识

人工智能技术的迅速发展对教育产生着重大影响。人工智能赋能解决方案蕴藏着巨大潜力，有望推动社会公益事业的发展和实现可持续发展目标。要使这些成为现实，离不开全系统的政策调整以及对建构健全的伦理监督机制的呼吁，也离不开全球从业人员和研究人员的深度参与。

（一）发展人工智能教育的挑战和机遇

2019年移动学习周期间，联合国教科文组织发布了报告《教育中的人工智能：可持续发展的挑战和机遇》（"Artificial Intelligence in Education：Challenges and Opportunities for Sustainable Development"）⑥，探讨利用人工智能改善学习和促进教育公平、为学习者的未来做准备，以及人工智能在教育中应用所带来的挑战和产生的政策影响⑦。

为促进教育的可持续发展，人工智能需要聚焦在两个方面：一是通过人工智

---

① https://www.globalmooc.cn/.
② http://gse.bnu.edu.cn/.
③ http://www.alecso.org/nsite/en/.
④ http://www.moe.gov.cn/jyb_xwfb/gzdt_gzdt/s5987/202302/t20230213_1044318.html.
⑤ http://www.moe.gov.cn/jyb_xwfb/gzdt_gzdt/s5987/202302/t20230213_1044287.html.
⑥ https://unesdoc.unesco.org/ark:/48223/pf0000366994.
⑦ 任友群，万昆，冯仰存. 促进人工智能教育的可持续发展——联合国《教育中的人工智能：可持续发展的挑战和机遇》解读与启示[J]. 现代远程教育研究，2019，31（5）：3-10.

能改善个性化学习,随着人工智能技术的发展,基于机器学习的人工智能系统可以用于监测异步讨论,从而为教师提供学习者讨论的有关信息,以指导学习者进行有效学习,实现学习者的个性化学习。二是数据驱动的教育管理信息系统,以及教育大数据的产生,为人工智能算法对数据进行分析提供了基础,也为学校和教育管理者做出合理决策提供了参考。

《教育中的人工智能:可持续发展的挑战和机遇》还提出,要从课程重构和能力建设两个方面发力,培养适应人工智能时代发展要求的未来人才。一是设置面向数字化和人工智能赋能世界的课程,亟待定义新的符合智能时代发展的数字胜任力和计算思维。二是通过后期教育和培训增强人类的人工智能能力,包括高等教育、职业教育、非正式学习等。该报告从六个方面探讨了发展人工智能教育所需面对的挑战与应对策略,具体包括以下内容[①]。

(1)提升制定全面的人工智能公共政策的能力。政府在制定政策时,必须建立伙伴关系,以构建人工智能生态系统;创造新的筹资机会,为人工智能专家的研究和培训开发提供支持;利用自适应性学习平台、在线评估等技术释放人工智能在教育方面的潜力;加强国际交流与合作。

(2)教育中人工智能的全纳和公平兼顾。人工智能技术也可能是一种破坏性的技术,并可能加剧现有的不平等和分歧,因为边缘化和处境不利的人口更有可能被排除在人工智能教育之外,其结果是产生一种新的数字鸿沟。决策者在制定政策时,应当考虑若干与全纳和公平相关的问题。

(3)教师与人工智能驱动的教育的双向准备。为了有效地使用人工智能技术,教师还需要习得以下新的能力:了解人工智能驱动的系统是如何改善学习的;掌握数据分析技能;能够批判性地看待人工智能和数字技术影响人类生活的方式,以及计算思维和数字技能的新框架;能够利用人工智能来完成重复性的任务;教授学习者获得那些可能不会被机器取代的技能和能力。

(4)构建开放、高质量和包容性强的教育数据系统。数据的准确性和可靠性是数据分析的前提;数据要有一定程度的开放性,并不断更新;数据还必须考虑到诸多不平等因素,如年龄、性别和社会经济背景等。

(5)发挥人工智能教育相关研究的重要价值。对人工智能的使用与教育绩效之间的关系这一悬而未决的研究问题,可以通过相关性来探索,但是必须进行相应的实证研究和实验,以建立一个有用的知识库。在研究成果进行实践转化过程中,必须立足于本国的实际诉求,以扬弃的态度合理采纳。

(6)数据收集、使用和传播伦理的关注。在人工智能教育发展中需要明确数

[①] 任友群,万昆,冯仰存. 促进人工智能教育的可持续发展——联合国《教育中的人工智能:可持续发展的挑战和机遇》解读与启示[J]. 现代远程教育研究,2019,31(5):3-10.

据收集、使用和传播方面的伦理道德。

人工智能技术的发展对人类生产、生活方式乃至组织结构的变化都起着越来越重要的作用。培养合格的数字公民对于适应人工智能时代的生存非常重要。该报告启示我国要坚持立德树人，培养具备人工智能思维的公民；消除数字鸿沟，警惕人工智能的马太效应；构建公平而有质量的人工智能教育生态系统；以跨学科融合促进高校知识生产模式转变；新技术赋能人工智能教育；重视人工智能教育发展的伦理问题。

（二）《北京共识——人工智能与教育》

2019年5月，教科文组织在中国召开了首届国际人工智能与教育大会，会议主题为"规划人工智能时代的教育：引领与跨越"，并形成关于人工智能与教育的成果文件《北京共识——人工智能与教育》[1]，主要围绕政策制定、教育管理、教学与教师、学习与评价、价值观与能力培养、终身学习机会、平等与包容地使用、性别平等、伦理问题、研究与监测等10个议题规划人工智能时代的教育。[2]

《北京共识——人工智能与教育》回应了时代背景：一是SDG4的需求，即提供包容和公平的优质教育，让全民终身享有学习机会。二是新一轮科技革命驱动，人工智能作为智能技术的代表，对人类的工作、生活和学习都产生了重大影响。三是人工智能应用的全球关注与讨论，教育作为人工智能重要的应用场景，可以帮助其消除学习机会和资源获取的障碍，实现管理进程自动化，优化教育效果。同时，《北京共识——人工智能与教育》指出了人工智能促进教育发展的核心价值，具体包括以下内容[3]。

（1）人工智能改善学习评价，助力个性化培养。宏观层面，基于人口信息、经济发展数据、地理位置信息和基础教育质量等多层次多维度的大数据，可以综合评价资源配置合理性，提高资源配置的有效性，真正落实教育公平。中观层面，人工智能可以改善学习评价，为每个学生精准"画像"，记录学习计划和成长轨迹，识别学生的学习偏好、学习障碍等。微观层面，人工智能可以对学生的知识和能力结构进行表征，可以基于对学生学习障碍的自动诊断，进行预测性分析和诊断性分析，还可以根据学生的兴趣、能力和学习障碍等，向学生推荐学习任务、学习内容、学习资源和学习策略。

---

[1] https://unesdoc.unesco.org/ark:/48223/pf0000368303.
[2] 张慧，黄荣怀，李冀红，等. 规划人工智能时代的教育：引领与跨越——解读国际人工智能与教育大会成果文件《北京共识》[J]. 现代远程教育研究，2019，31（3）：3-11.
[3] 张慧，黄荣怀，李冀红，等. 规划人工智能时代的教育：引领与跨越——解读国际人工智能与教育大会成果文件《北京共识》[J]. 现代远程教育研究，2019，31（3）：3-11.

（2）人工智能赋能教学，辅助教师工作。人技协作的"双师模式"将是教师在人工智能时代的一种典型工作方式，教师将与虚拟教学助理协同工作。人技协作带来的教学环境和工作方式变化，对教师能力也提出了新要求：教师学会基本的人工智能知识和原理，能判断哪些资源和工具使用了真正的人工智能；教师学会利用人工智能来学习，既提升教师的学科知识与能力，也提升教师的教学知识与能力；教师尝试利用人工智能开展教学，以发现人工智能对于教育教学的"实际"作用；教师将人工智能用于学习和教学的经验传递给其他教师。

（3）人工智能改善教育管理，优化教育供给。人工智能技术和数据技术可以分析和动态模拟学校布局、教育财政、就业渠道、招生选拔等演变过程，为国家教育制度、学校管理制度及教学制度提供改革方案和决策依据。人工智能可以变革教育服务的形式，创新教育服务的供给模式，使教育服务体现智慧化、个性化、多元化、系统化的特征。

人工智能助力 SDG4 的实现，需要重点关注：确保人工智能在教育领域应用的公平性和包容性；人工智能为所有人提供终身学习的机会；促进人工智能领域性别平等，增强妇女权能。报告提议，制定有效促进人工智能教育发展的政策；加强人工智能相关人才培养；建立人工智能教育的研究与监测机制；重视人工智能促进教育发展的伦理问题，确保师生的主体性，实现安全、透明、可预测、可解释、可审查、可追溯、可负责的"人工智能+教育"。

（三）《人工智能与教育：政策制定者指南》

2021 年教科文组织发布了《人工智能与教育：政策制定者指南》[1]，旨在培养教育领域具备人工智能素养的政策制定者，以期为各国政府、其他利益攸关方制定人工智能与教育政策提供支持，进而确保人工智能服务共同利益，促进教育系统变革，打造具有包容性、可持续与有韧性的未来[2]。

1. 规划人工智能时代的教育已成国际共识

当前正处于教育系统变革的关键时期，以人工智能为代表的新一代信息技术正在从影响教育变革的外在推力转化为引发教育变革的内生动力，有望解决教育现代化进程中的部分重大问题，助力形成更高质量、更公平包容、更适合每个人、更开放灵活的教育新生态。如何制定相关政策引导人工智能更全面、更协调、更系统地促进教育系统变革，是各国政策制定者面临的共同挑战。

人工智能加速发展，以及相关学科、理论、技术、软硬件等的整体推进，正

---

[1] https://unesdoc.unesco.org/ark:/48223/pf0000376709.
[2] 曾海军，张钰，苗苗. 确保人工智能服务共同利益，促进教育系统变革——《人工智能与教育：政策制定者指南》解读[J]. 中国电化教育，2022，（8）：1-8.

在引发链式突破，推动经济社会各领域从数字化、网络化向智能化加速跃升，其在教育领域中的应用市场规模预计 2024 年将达到 60 亿美元[①]，然而，人工智能发展的不确定性也给教育领域带来不公平、风险与威胁等挑战。为准确把握人工智能加速发展态势、科学应对人工智能给教育领域带来的机遇与挑战，亟待建立健全相关政策文件与伦理框架。《人工智能与教育：政策制定者指南》就为政策制定者制定有效促进人工智能与教育发展的政策提供了切实可行的方案，以实现人工智能在教育领域应用的利益最大化与风险最小化，进而助力实现 SDG4。

2. 理解人工智能在教育领域中的应用场景

政策具有指导与规范功能，在经济社会发展中发挥着重要作用，如何科学、合理地制定可操作的政策尤为重要。其中，政策制定者是否具备相关素养在很大程度上影响并制约着政策的科学化水平。《人工智能与教育：政策制定者指南》指出，政策制定者需了解并掌握人工智能的定义、底层技术、技术应用、发展趋势与局限性等必备知识，以便为制定人工智能与教育政策做好准备。

在教育领域，人工智能的技术应用主要包括以下三个方面。一是智能教学系统，由计算机辅助教学发展而来的智能教学系统可以在一定程度上代替教师对学生进行个性化指导。二是教育机器人，面向教育领域专门研发的以培养学生分析能力、创造能力与实践能力为目标的机器人，具有教学适用性、开放性、可扩展性、友好的人机交互等特点。教育机器人是机器人应用于教育领域的代表，是人工智能、语音识别和仿生技术在教育中应用的典型形态，将成为智慧学习环境的重要组成部分。三是学习分析，即利用大数据与学习分析技术采集和分析学生学习数据，帮助教师了解学生，对学生的学习做出恰当的评估与诊断，并对教学策略进行及时调整。

在新一轮科技革命与产业变革中，人工智能与各领域的深度融合具有广阔的前景与巨大的潜力，并成为教育变革的核心驱动力。人工智能可以赋能学生成长、教师发展与教育管理[②]，进而推动教育环境、资源、方式、服务、治理等数字转型与智能升级。《人工智能与教育：政策制定者指南》强调，政策制定者只有深刻领会与准确把握人工智能在教育领域中的关键应用与实践案例，才能抓住机遇、防范风险。人工智能在教育领域中的应用场景具体包括以下几个方面[③]。

一是人工智能赋能教育管理与供给。人工智能通过创建并运行教育管理信息系统，实现对学生、教师与家长，以及课程、教学等的自动化管理，涵盖招生、排课、考勤、作业监测、校务监督、家校协作等业务。在此过程中采集与存储的

[①] 曾海军，张钰，苗苗. 确保人工智能服务共同利益，促进教育系统变革——《人工智能与教育：政策制定者指南》解读[J]. 中国电化教育，2022，（8）：1-8.

[②] 黄荣怀，李敏，刘嘉豪. 教育现代化的人工智能价值分析[J]. 国家教育行政学院学报，2021，（9）：8-15, 66.

[③] 曾海军，张钰，苗苗. 确保人工智能服务共同利益，促进教育系统变革——《人工智能与教育：政策制定者指南》解读[J]. 中国电化教育，2022，（8）：1-8.

教育数据，不仅可以反映当前教育教学现状，还可以预测其未来发展，进而为教育决策提供依据。例如，人机增强智能支持下的敏捷建模平台——DMTS[①]支持以教育模型构建为核心业务的适应性学习、科学决策、精准管理、区域教育治理，可以为微观个体发展、中观学校管理与宏观区域教育治理提供专业化的解决方案。

二是人工智能赋能学生学习与评价。人工智能可以支持自主、探究与协作学习，使学习方式从班级集体学习向个性化学习转变，并为学生提供自适应测评与跟踪测评等。例如，智能导学系统根据学生对知识的理解与掌握情况，对其提供最优学习路径与个性化指导，当前全球共有 60 余个商用智能导学系统。例如，"智慧学伴"通过汇聚学生学科、心理、体育等全学习过程数据，对学生知识与能力结构进行综合建模，对学习问题进行智能诊断与精准改进，发现与增强学生的学科优势，实现学生的个性化学习，提升教师精准教学和在线教学的能力。

三是人工智能赋能教师教学与发展。人工智能可以为教师提供支持与帮助，但教师是不可替代的，尤其是其对学生高阶思维、综合能力、情绪情感、价值观等的培养是机器无法取代的。值得肯定的是，人工智能通过提供智能化管理、个性化指导与自动化评价，帮助教师减少工作量。当前较为典型的是"双师模式"，有利于向农村、边远地区传输与共享优质教育资源。与此同时，人机协同的教学环境也对教师能力提出了新要求。

3. 借助人工智能实现 SDG4 所面临的挑战

尽管人工智能具有促进教育系统变革的潜能，但具体到借助其实现 SDG4 仍面临一些挑战，还需要高度重视其可能带来的伦理与安全风险，加强前瞻预防与约束引导，最大限度地降低风险，确保教育领域中的可信人工智能应用[②]。

一是重视人工智能教育应用的数据与算法伦理风险。数据、算法与算力是推动人工智能发展的三大要素。数据可能引发关于数据所有权、使用权与个人隐私保护权等的伦理问题。若算法是由带有人类偏见的数据训练出来的，则其也会带有偏见，甚至可能会放大偏见。其实，人工智能本身不存在偏见，只有在数据有误或算法不当时，原有的或尚未发现的偏见才会出现。为保证数据的使用合乎伦理、非歧视、公平、透明、可审核，亟待构建人工智能伦理框架。

二是确保人工智能教育应用的性别平等。如果没有相关政策干预，可能会加剧女性被排除在人工智能教育之外的情况。此外，当前人工智能的某些应用场景中存在一定程度的性别歧视现象。因此，确保女性公平地接触人工智能，防止在数据与算法中出现性别歧视，不仅需要加强面向女性开展人工智能素养提升培训，

---

① DMTS 是人机增强智能支持下的敏捷模型引擎。

② 曾海军，张钰，苗苗. 确保人工智能服务共同利益，促进教育系统变革——《人工智能与教育：政策制定者指南》解读[J]. 中国电化教育，2022，(8)：1-8.

还需要在教育领域中开发不带性别偏见的人工智能系统。

三是关注人工智能教育应用的研究、监测与评估。虽然某些智能教学系统的应用已被证明有效，但仍缺乏规模化地研究探讨人工智能对教学、学习与管理的促进作用，以及具体的影响因素与程度。亟待全面系统地对人工智能应用于教育领域的影响展开研究，并考虑建立监测与评估机制。

四是审视人工智能对教师角色与学生学习的影响。为确保人工智能真正发挥作用，仍需审视人工智能时代对教师角色的定义，以及对教师能力的要求。与此同时，学生的主观能动性仍可能因过度使用人工智能而减弱，人工智能在减少师生与生生互动的同时，可能会惰化学生思维能力、影响学生独立思考，不利于其沟通、合作与批判性思维等高阶能力的培养。

4. 制定有效促进人工智能与教育发展的政策

人工智能是引领未来的战略性技术，世界各国高度关注与重视发掘人工智能的潜能与价值，并相继制定相关政策与规划。《人工智能与教育：政策制定者指南》总结了独立式、综合式与专题式三种人工智能与教育政策制定方式[1]，以期为政策制定者提供参考。

一是独立式，即制定独立的人工智能政策。例如，美国于2016年发布了《国家人工智能研究与发展战略计划》，强调利用人工智能改善教育质量与生活质量；欧盟于2018年发布了《人工智能对学习、教学与教育的影响》，阐述了人工智能的发展现状及其对学习、教学与教育的潜在影响；我国于2017年发布了《新一代人工智能发展规划》，强调要发展智能教育。

二是综合式，即将人工智能融入现有的教育或信息技术政策中。例如，我国推出了《义务教育信息科技课程标准（2022年版）》《普通高中信息技术课程标准（2017年版2020年修订）》，旨在培养学生的信息意识、计算思维、数字化学习与创新、信息社会责任等核心素养。

三是专题式，即制定关于人工智能与教育某一特定主题的专门性政策。例如，欧盟于2017年推出了《欧洲公民数字能力框架》；我国于2018年印发了《高等学校人工智能创新行动计划》，以完善人工智能领域人才培养体系。

《人工智能与教育：政策制定者指南》在借鉴《北京共识——人工智能与教育》的基础上，建议采用人本主义方法作为人工智能与教育政策制定的指导原则，确保每个人具备人工智能时代所需的价值观、知识与技能，使其能够在生活与工作中进行有效的人机协同。政策制定者需要在人文主义的指导下，审视人工智能对教育的影响，并基于此对教育系统的核心要素进行重新界定或补充，包括培养什

---

[1] 曾海军，张钰，苗苗. 确保人工智能服务共同利益，促进教育系统变革——《人工智能与教育：政策制定者指南》解读[J]. 中国电化教育，2022，（8）：1-8.

么样的技能及如何培养、教育的管理与供给、课程与结果认证，以及教学与学习的组织方式等。据此，我们对制定人工智能与教育政策提出以下具体建议[①]。

一是跨学科规划与跨部门治理。人工智能具有跨界融合特征，不仅需要调动跨学科与相关利益攸关方的领域知识，同时需要建立跨部门治理与协调机制。

二是确保公平、包容与合乎伦理地应用人工智能。审查人工智能伦理、数据与算法偏见、数据隐私与安全等问题，开发无偏见的人工智能应用程序，制定数据保护法律，等等。

三是制定在教育管理、教学、学习、评估中应用人工智能的总体规划。在教育管理方面，探索优化和整合教育管理信息系统与学习管理系统的实现路径；在教学方面，不仅需要审视教师在学生高阶思维与综合能力培养方面应发挥的作用，同时还需要为其提供人工智能培训，促进其专业发展；在学习与评估方面，支持学生自主学习与综合评价，以及进行课程改革创新。

四是试验、监测与评估，并建立实证库。为政策制定者提供循证基础，研究人工智能对教育产生的影响，开展人工智能教育社会实验。

五是促进本土化人工智能与教育创新。不仅需要建立伙伴关系与筹集资金，以应对市场失灵、教育实践的复杂性，以及落实相关政策所面临的挑战等，同时需要考虑不同国情民情世情，开发以人为本的本土化人工智能工具。

5. 对教育数字化转型和智慧教育发展的启示

在当前教育数字转型与智能升级的背景下，《人工智能与教育：政策制定者指南》引导政策制定者批判性地审视人工智能与教育的关系，制定确保人工智能服务共同利益的相关政策，为我国以教育信息化推动教育高质量发展提供了启示与思路。

一是推进教育新型基础设施建设，支撑实现教育数字化战略。《人工智能与教育：政策制定者指南》指出，以人工智能等新一代信息技术为核心驱动力，加快教育新型基础设施建设，有助于促进教育公平与质量提升。当前，以教育新基建促进线上线下教育融合发展，推动教育数字转型、智能升级、融合创新，是信息化时代教育变革的牵引力量。一方面，需要夯实基础条件建设，通过升级信息网络、融合平台体系、汇聚数字资源等，以缩小区域、城乡、校际、群体教育差距，弥合数字鸿沟。另一方面，需要深化业务系统应用，通过建设物理空间与网络空间相融合的智慧校园，以及创新教学、评价、研训、管理等应用，重构教育组织体系与服务体系，促进教育质量提升与创新发展。

二是推动科技与教育双向赋能，加快重塑未来教育形态。《人工智能与教育：政策制定者指南》指出，人工智能在赋能学生成长、教师发展与教育管理等方

---

① 2018年发布了《高等学校人工智能创新行动计划》。

面将释放出巨大潜能，在赋能学生成长方面，人工智能通过升级教育环境、共享优质教育资源与提供个性化教育服务，支持学生开展自主、探究与合作学习，并在无感式、伴随式数据采集与分析的基础上，科学评价学生综合素养。在赋能教师发展方面，人工智能可以帮助教师完成一些低阶的机械性、重复性工作，以及日常管理工作，教师则可以专注于学生高阶思维与综合能力的培养，还可以支持教师的专业发展，推动其主动适应新一代信息技术需要，更新教育理念，变革教育模式。在赋能教育管理方面，人工智能不仅为教育决策提供依据，同时为家校合作提供平台。因此，充分发挥人工智能优势，积极推进人工智能与教育深度融合，成为信息化时代教育变革的重要驱动力。在此背景下，布局一批重大科技专项，聚焦智慧教育与互联网教育等领域的关键技术研究也至关重要。只有高度重视人工智能对教育的深刻影响，践行"科技赋能教育，教育赋值科技，科技与教育共塑未来"的时代命题[①]，才能加快教育数字转型与智能升级的步伐。

三是强调数字素养与技能提升，积极顺应数字时代要求。当前，全球经济数字化转型不断加速，全民数字素养与技能日益成为衡量国际竞争力和软实力的关键指标。在新的发展阶段，如何遵循数字化发展规律，提升师生数字学习、工作、生活、创新的素养与技能，是亟待解决并值得持续关注的问题。《反思教育》指出，人工智能虽然不会导致学校与教师消失，但教师的角色、素养与技能会随之发生重大变化。为实现"人机共教、人机共育"，需要将数字素养与技能提升融入教师职业生涯全过程，开展职前与职后相结合的数字素养与技能提升工作。在学生数字素养与技能提升上，需要将数字素养与技能提升融入学科教学，开设高质量信息科技课程，逐步推广编程教育，培养具有数字意识与思维的学生，提升其数字化适应力、胜任力与创造力。

四是重视人工智能教育应用的伦理问题，确保教育领域中的可信人工智能应用。2022年3月，《关于加强科技伦理治理的意见》[②]指出，科技伦理是开展科学研究、技术开发等科技活动需要遵循的价值理念与行为规范，是促进科技事业健康发展的重要保障。随着科技与教育双向赋能成为人类教育发展史上的新命题，科教融合视野下的科技伦理问题得到普遍关注。为确保教育领域中的可信人工智能应用，促进人工智能与教育的健康发展，亟待制定有效的人工智能与教育伦理框架。该框架应以人文主义为指导原则，以科技向善为基本理念，促进人工智能与教育高质量发展和高水平安全的良性互动。同时，应确保教育数据与算法使用

---

① 黄荣怀，王运武，焦艳丽. 面向智能时代的教育变革——关于科技与教育双向赋能的命题[J]. 中国电化教育，2021，(7)：22-29.

② http://www.gov.cn/zhengce/2022-03/20/content_5680105.htm.

合乎伦理、透明且可审核，即通过建立监督与评估机制，不仅避免对学生或教师个人数据安全与隐私保护造成威胁，同时保证用于分析与预测学生学习结果数据的质量[1]。开展人工智能条件下的教育社会实验，是促进人工智能与教育健康发展的关键措施之一。

五是搭建国际交流与合作平台，深入推动多方伙伴关系。当前，面对经济危机和教育危机，国际社会迫切需要携起手来，顺应数字化、网络化、智能化发展趋势，抓住机遇，应对挑战。为进一步扩大教育对外开放，落实人工智能与教育领域国际共识，促进知识传播与分享，贡献中国智慧与方案，第一是要积极建立相关合作联盟，在政府、高校与科研机构之间传播与分享人工智能知识与技能，促进全球、区域、南北、南南合作等，以确保人工智能为更多国家所利用。例如，2022年，教科文组织依托北京师范大学设立了"人工智能与教育"教席，开展研究、培训与信息传播，建立人工智能与教育的全球合作网络。第二是要合作举办国际会议，探讨人工智能服务共同利益的价值意蕴与实现路径。第三是要持续提供教育公共产品，包括优质在线教育资源与平台、人工智能与教育的解决方案、相应的咨询与服务，帮助发展中国家实现教育数字化转型[2]。

（四）《人工智能伦理问题建议书》

2021年11月，教科文组织发布了《人工智能伦理问题建议书》[3]，这是第一份关于人工智能伦理问题的国际准则性文书。《人工智能伦理问题建议书》将为各国法律框架内的人工智能伦理立法提供国际规则框架，为解决跨国纠纷和开展国际合作提供参考框架，为各国跨部门、跨界协调制度建设提供价值观和原则引导，为社会和个体选择技术服务和开展技术应用提供伦理准则[4]。

（1）判断人工智能技术合理性的"相称性和不损害"原则。避免迷信人工智能技术的变革力量，而忽视人的主观能动性的"技术解决方案主义"。在机器决策会产生不可逆转或难以逆转的影响或者涉及生死抉择时，应由人类做最终决定。

（2）"数据隐私权保护"原则。人工智能系统的整个生命周期，尤其是数据的收集、使用、共享、归档、存储、查询和删除方式，都必须以尊重和保护隐私作为最基本原则。

---

[1] 杜静，黄荣怀，李政璇，等. 智能教育时代下人工智能伦理的内涵与建构原则[J]. 电化教育研究，2019，40（7）：21-29.

[2] 秦昌威. 深化与联合国教科文组织合作 积极参与全球教育治理[N]. 中国教育报，2020-06-19（4）.

[3] https://unesdoc.unesco.org/ark:/48223/pf0000381137.

[4] 苗逢春. 教育人工智能伦理的解析与治理——《人工智能伦理问题建议书》的教育解读[J]. 中国电化教育，2022，(6)：22-36.

（3）人工智能对环境和生态系统影响的"可持续发展原则"。以人工智能技术对人类与环境和生态系统互联共存的显性和潜在影响作为评估原则，充分考虑其对其他多方面动态可持续发展目标的综合和深远影响。

（4）"安全、安保"原则。该原则包括研发可持续和保护隐私的数据获取框架，研制可利用优质数据更好地训练和验证人工智能模型的新型算法等。

（5）"公平和非歧视"原则。该原则包括包容性、非歧视、主权国家内部平等、国际平等发展与参与、突出人工智能伦理治理中的性别平等。

（6）人工智能系统的"透明性和可解释性"原则。透明性是为保障服务对象、治理监督机构和其他利益攸关者的知情权。可解释性是指人工智能系统设计特定的流程和方法，使人类用户能够理解和溯源算法模块的输入、输出和运行及其对系统结果输出的影响。

（7）"人类监督和决策终极责任"原则。设计、控制和应用人工智能系统的人应是所有伦理问题的终极责任者。

（8）"责任和问责"原则。建立适应性治理、实际作为追责、监测问责机制。

教育系统是与其他系统密不可分的社会系统的整体组成部分，教育系统采用的人工智能技术均基于通用的智能技术基础设施和通用人工智能底层技术，并遵循相同的基于数据与算法的预测与决策过程。因此，教育系统应用智能技术过程中显现和隐藏的伦理问题与一般性人工智能伦理问题有同源的技术诱因和同质的发生机理。同时，在应用场景、作用对象以及教育对伦理的反向赋能等方面，又分化出独特的伦理问题表现形式。例如，被收集数据和被推送决策的对象以及技术应用主体涉及未成年群体；作为知识来源和课程内容的数据对真实性的要求更为严谨；教育不仅仅是人工智能应用领域，教育本身也是一种应被保护的基本人权；教育起着人工智能伦理教育的反向赋能作用。

面向所有公民普及人工智能素养教育，须首先将人工智能能力的培养纳入学校、职业教育和培训机构等各类主渠道国家课程。同时，应在终身学习系统的基础上，针对成人培训、在职培训和再就业培训等开发人工智能伦理和基本素养课程，并体现人工智能技能与人文、伦理和社会等领域的交叉融合。各国应开发有效机制和工具，以动态分析预测智能转型对本国工作岗位的影响及其引发的技能需求变化，并据此对各级各类课程培养目标和培养方式做出周期性调整，将人工智能相关技能纳入职业教育以及高等教育的资历认证体系中。各国应制定中长期规划，支持本土高等教育及研究机构强化人工智能课程和人工智能研究项目，在跨学科人工智能基础理论、系统设计、编程和开发等领域培养高端人才，为构建体现本土社会文化多样性、适合本土需求的人工智能系统培育本土专业人才。教育人工智能伦理责任主体及其相互关系，如图4-6所示。

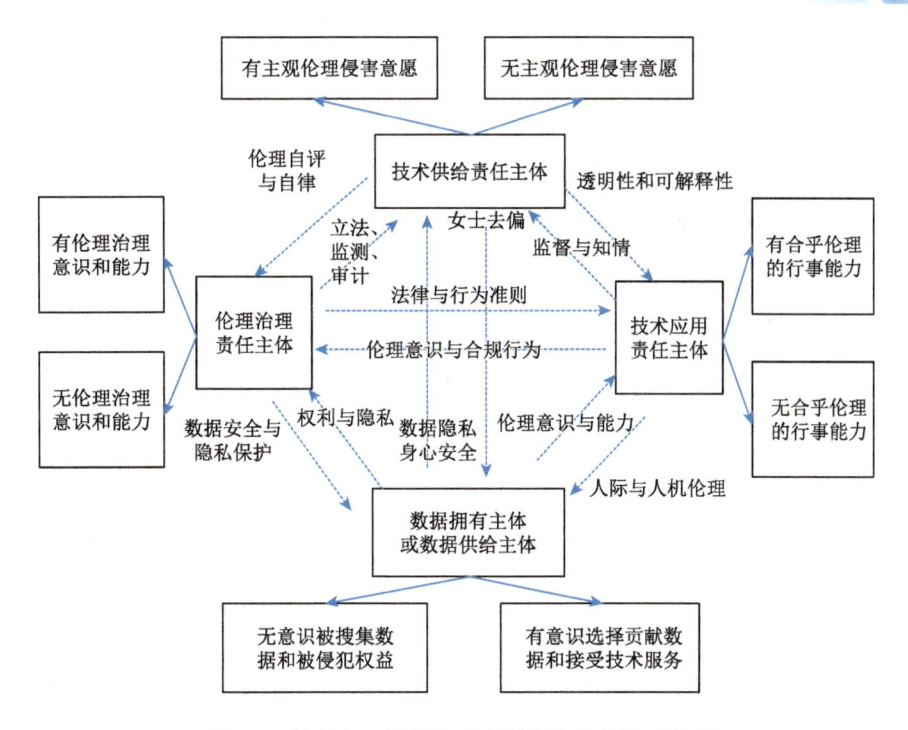

图 4-6　教育人工智能伦理责任主体及其相互关系

资料来源：苗逢春. 教育人工智能伦理的解析与治理——《人工智能伦理问题建议书》的教育解读[J]. 中国电化教育，2022，（6）：22-36.

四、世界数字教育发展对话交流

国际会议是倡导各国加强教育数字化政策对话和学术交流的重要平台，参会专家借此可以探讨新战略、新理论、新技术、新成果、新趋势，传播思想、分享案例。

（一）联合国教育变革峰会

2022年6月，教科文组织在联合国教育变革峰会预备会议上发出严正警告：学习危机和预算危机是影响当前世界教育的两大利刃。当今世界格局风云变幻，各种复杂因素与教育发展相互交织、相互影响，阻碍了教育全面可持续发展进程。联合国教科文组织总干事阿祖莱呼吁："进行全球动员，将教育置于议程的首位并实现可持续发展目标。"[①]教育变革峰会旨在超越设想、专注现实，敦促我们采取

[①] 转引自余丽丽，潘涌. 联合国召开教育变革峰会——提振教育可持续发展信心[N]. 中国教育报，2022-09-22（9）.

切实行动将蓝图设想付诸实践。

2022年9月，联合国召开教育变革峰会，旨在重申我们对教育和终身学习这项卓越的公共福利的集体承诺，为推动教育转型的政治承诺和实践行动提供了契机，有助于汇集地方、国家和全球的教育对策和方法，以改变落实SDG4不理想的状态。联合国秘书长古特雷斯发布倡议，提出教育是一项人权，是和平、宽容、其他人权和可持续发展的基础，教育正面临严重危机，亟待进行教育系统变革。

国家层面磋商旨在制定共同的愿景、承诺并采取一致的行动来缓解教育危机。每个国家依据自身国情和教育现状，主要在四个方面进行磋商：发现并解决因贫困或疫情导致的辍学、退学等教育中断问题；总结疫情期间教育复苏和创新的经验教训，结合教育实践开发新学习资源、新思维和新方法，确定教育改革的关键任务和优先行动计划；评估到2030年教育所需取得的最大进展，重新审查并规划国家教育目标；保障可持续的国家公共教育经费，并促进教育资源的公平分配。中国在《国家承诺声明》[①]中表示，将进一步实施国家教育数字化战略行动，丰富数字教育资源供给，构建广泛、开放的学习环境，加快推进不同类型、不同层次学习平台资源共享，推进新技术与教育学习相融合，加快推动教育数字化转型。其中，《国家承诺声明》[②]提到，中国国家主席习近平指出，教育是人类社会进步的基石，对促进人的全面发展、激发全社会的创造力具有决定性意义。中国政府始终把教育作为发展议程中的战略重点，努力促进教育公平，提高教育质量，努力构建更加公平、包容、优质的全民教育。中国政府将进一步落实《中国教育现代化2035》，致力于在实施《教育2030议程》中取得预期进展。

其一，优先发展教育事业。在经济社会发展规划和财政投入中优先考虑教育，在公共资源配置中优先考虑教育和人力资源开发的需要。确保一般公共预算中的教育经费逐年增长，一般公共预算中按在校学生人数平均的教育经费逐年增加，政府教育经费一般不低于国内生产总值的4%。改善各级各类学校办学条件，建设高素质专业化创新型教师队伍，为发展优质教育奠定坚实基础。

其二，发展更加公平和普惠的优质教育。坚持教育的非营利性，稳步推进各级各类教育的普及，促进学前教育的普及和普惠、安全、优质发展，推动城乡义务教育优质、均衡、一体化发展，鼓励高中阶段学校多样化发展。不断缩小城乡之间、区域之间的教育发展差距，保障进城务工人员随迁子女、农村留守儿童、残疾儿童和青少年、家庭经济困难学生等弱势群体平等接受教育的权利。

其三，培养适应未来社会的新时代人才。确保教育履行立德树人根本任务，

---

① https://transformingeducationsummit.sdg4education2030.org/system/files/2022-08/China%202022-06-20%20National%20Statement.pdf.

② National Statement of Commitment to Transform Education[EB/OL]. https://knowledgehub.sdg4education2030.org/system/files/2022-08/China%202022-06-20%20National%20Statement.pdf，2022-07-28.

加强课程教材建设，推进教育评价改革，进一步改进育人方式方法，促进德智体美劳全面培养。加强对学生科学精神、思维能力、社会责任感、生态意识、数字素养和创新创业能力的培养，促进学生全面发展和可持续发展。在全社会树立科学的教育观，构建学校、家庭、社会协同育人的机制，为少年儿童健康成长营造良好的教育生态。

其四，构建全民终身学习的教育体系。以面向全体公民、满足社会不同群体需求为目标，加快建设公平而有质量的基础教育体系，增强职业技术教育和高等教育的适应性，提高促进经济社会发展的能力。支持青年更好地掌握未来工作、生活和可持续发展所需的技能。积极发展多样化的继续教育，构建学习方式更加灵活、资源更加丰富、使用更加方便的终身学习体系。加快建设学习型社会，让人人都能随时随地学习。

其五，积极推进教育数字化转型。深入实施国家教育数字化战略行动，丰富数字教育资源供给，构建广泛开放的学习环境，加快推进不同类型、不同层次学习平台的资源共享，满足不同学习者的多样化学习需求。推进新技术与教育教学的融合，探索人才培养的新模式，加快教育治理的数字化转型。

其六，不断扩大教育领域的国际交流与合作。实施多种形式的人文交流项目，支持学校、教师、学生之间的国际交流，深化不同国家之间的人文交流和不同文明之间的交流互鉴，为构建人类未来的共同体做出贡献。构建面向全球的教育伙伴关系，积极开展与国际组织和发展中国家的国际教育合作，实施中国政府奖学金计划，资助各国优秀学生、教师和学者来华学习和交流。继续提供全球教育公共产品，为全球教育的发展做出贡献。

主题行动轨道聚焦需要关注的特定领域，是教育变革的关键杠杆。行动轨道将通过突出有效的政策干预措施，并利用现有的举措和伙伴关系，包括为应对新冠疫情而出现的新举措和伙伴关系，寻求动员各方做出新的承诺。教育变革聚焦五大行动领域，具体内容如下[①]。

行动轨道 1：包容、公平、安全和健康的学校。不断变化和充满挑战的世界发展格局加剧了教育机会不平等和教育质量低下的现象，建设包容和公平的学校是化解学习危机和确保人人享有受教育权的最有效手段。同时，在全球疫情的持续影响中，学校不仅是学习的场所，也成为儿童和青年获得身心安全和健康的场所，包括学校膳食、疫苗接种服务等。因此，教育变革既要以强有力的政治承诺、合理的规划为前提，增加对学校建设的投资，帮助所有学习者都能参与学校教育，保障他们在学校环境中免受暴力和歧视，获得安全和健康的保障，也要积极建设

---

① 联合国教育变革峰会. 行动轨道[EB/OL]. https://www.un.org/zh/transforming-education-summit/action-tracks, 2022-09-16, 有改动。

多元和包容的校园文化，鼓励交流和协作学习。

行动轨道 2：生活、工作和可持续发展的学习和技能。教育变革要赋予每位学习者完备的知识、技能、价值观和态度，使其拥有面对不确定未来的适应能力。当前年轻学习者的基础学习、读写能力和计算能力仍存在危机，而疫情的持续流行进一步加深了危机，教育变革要求学习者必须加强识字、算术等必备基础学习。同时，教育变革要贯彻可持续发展教育理念，关注环境和气候变化教育；及时培训并提高就业和创业的技能以适应数字化和信息化的劳动力市场；加强生态、跨文化和跨学科学习等，使所有学习者有能力为全球可持续发展做出贡献。

行动轨道 3：教师、教学和教学专业发展。疫情暴发后突如其来的教育中断与艰难的教育修复过程都证明，教师在维持教学连续性和引领教育变革中发挥着关键作用。然而，全球教师和教学发展始终面临着师资短缺，教师专业发展水平低，教师地位低，工作条件差，教师领导力、自主性和创新能力不足等挑战，仍有一些国家的教师缺乏基本的资质和培训。因此，教育变革要在教育政策规划和资金投入上支持教师职业发展，以改善教师地位、工作条件和报酬；在教师教育管理体制上扩大教师代理权、自主权和决策权；在教师职业发展规划中，完善教师教学初始和持续性专业化培训等。

行动轨道 4：数字学习和转型。疫情危机直接推动了数字技术的有效应用，使全球远程学习取得前所未有的创新。与此同时，区域数字鸿沟也将更多贫困人群阻拦在数字学习之外。全球近 2/3 的适龄学习者因家中无法上网而丧失学习机会。疫情危机警醒我们，系统性的教育变革需要数字技术的支持，使其更具包容性、公平性、有效性和可持续性。为此，教育变革中的数字学习和转型需要努力实现以最边缘化群体为中心的数字学习和转型；增加对免费高质量数字教育内容的投资；通过教学创新和变革将教育推向数字空间。

行动轨道 5：教育筹资。近年来全球教育支出稳步增长，但全球人口也在快速增长中，加上疫情持续流行期间的教育管理成本不断上升，导致全球教育财政缺口扩大。当前教育变革的重要内容是敦促资助者将资源重新用于教育，以缩小教育资金缺口。各国必须为实现 SDG4 大幅增加可持续性融资，同时也要公平、有效地分配资源。具体而言，解决教育资金缺口问题要采取以下几项政策性行动：积极调动更多有益的资源，尤其是国内融资资源；提高教育筹资分配和支出的效率和公平性；完善教育融资数据以改进教育融资方式；参照其他四大主题行动领域规划，明确教育融资的方向和目标。

教育变革峰会的召开是为了应对全球教育严峻挑战和学习危机，关乎教育公平、包容性、质量及针对性。这种危机通常是以缓慢而隐蔽的方式发生的，正在对全球儿童和青年的未来产生毁灭性影响。峰会重申数字学习是一种公共产品，需要采取更大胆的行动和投资，从而利用数字技术的力量，满足国家和国际社会对教育和终身学习的诉求；必须抓住数字革命这一有利契机，确保将教育作为一项公共产品和一项人权来提供。为了增强数字学习在缩小教育鸿沟方面的作用，必须重新调整政策、行动及投资，聚焦那些最需要这些机会的人。

教育变革峰会重申了教科文组织 2021 年 12 月在重塑教育峰会上发布的《关于教育连通性的重塑教育全球宣言》("The Rewired Global Declaration on Connectivity for Education")①所倡导的三个核心原则：第一，优先考虑最边缘化的群体；第二，开发免费和高质量的数字教育内容和平台；第三，加快教学创新和变革。峰会分享了系列正在实施或业已完成的项目经验，如 GIGA 计划②、Ceibal 计划③、学习护照④等，通过基于实践、基于证据、基于循证的逻辑理路，建构了"3C" [content（内容）、capacity（能力）、connectivity（互联网连接）]数字学习框架，使用三大密钥来解锁数字教学和学习的潜能，使其更加普及，成为全面教育体验的更强支柱。保障和提高全民优质公共数字学习的三大密钥包括以下内容⑤。

密钥 1——内容：必须通过数字学习平台，向所有学生、学习者、教师及照料者提供与课程相关的优质数字教学和学习内容。

提供优质内容的数字学习平台可为儿童、青年及成人的学习方式带来变革。因新冠疫情而导致停课的经验表明，大量学习者不知道去哪里或没有地方获取数字教育资源，来继续学业及满足学习需求和学习兴趣。在许多情况下，学习内容虽然确实存在，但质量得不到保证，无法通过手机访问，组织不善，需要付费，或内容所在的虚拟空间会过度收集和贩卖学生数据，并且会向学习者发送广告。最近对 150 多种教育技术产品的审查结果发现，近 90%的数据处理做法会危害或侵犯儿童的权利。还有太多的国家仍未创建公开认可的数字学习平台和内容。

密钥 2——能力：必须通过使用数字技术来提高学习的能力，以确保教师、学习者及其他教育利益攸关方采用循证方式，拥有必备的数字技能和知识，从而利用数字手段进行学习。

需要进行能力建设，以实现有效数字学习的循证方式，由此带来的好处将远不止于提升学业成绩。在世界范围内，将互联网用于教育及其他用途时，最常被提及的障碍之一就是缺乏数字技能，而被提及的频率甚至往往超过成本障碍。1/3 的人甚至缺乏最基本的数字技能，而即使对于那些拥有数字技能的人来说，教师也很少能接受相关培训，来加强他们有效使用技术的教学实践。此外，数字技能

---

① https://unesdoc.unesco.org/ark:/48223/pf0000381482.
② https://giga.global/.
③ https://www.ceibal.edu.uy/es.
④ https://www.learningpassport.org/.
⑤ 联合国教育变革峰会. 保障和提高全民优质公共数字学习[EB/OL]. https://www.un.org/zh/transforming-education-summit/digital-learning-all, 2022-09-16.

方面的性别差距仍然高得令人无法接受。成年女性和女童知道如何将数字技术用于基本目的的比例比男性低 25%。

密钥 3——互联网连接：数字化连通服务有助于确保所有学校和个人都能受益于优质互联网连接带来的教育优势。

互联网连接为数字学习提供了重要途径。然而，在全球范围内，仍有 29 亿人无法上网，其中 90%生活在发展中国家。此外，全球互联网可负担性存在显著差异，致使最贫穷的人往往要承担最昂贵的移动数据费用。富裕国家的人们使用的数字数据比贫穷国家的人们平均多 35 倍，这主要是由访问和成本差异造成的，这种在获取互联网连接方面的不平等现象，使太多年轻人和成年人失去了学习和发挥潜力的机会。

教育变革峰会从全球共同利益出发，推开公共数字学习之门，将激励并加快新一轮的数字化学习，加快教育现代化的改革步伐。然而，在憧憬擘画全球公共数字学习图景时，我们也要看到其可能面临的困境。公共数字学习本身是一个复杂的系统，需用系统性、复杂性及生态化思维共同审视其内外的教育景观。目前而言，教育变革峰会的倡议十分美好，但教育变革峰会上提出的主张在未来应如何推进以及能否落到实处，目前尚不明朗，还有待时间给出答案[①]。

（二）世界数字教育大会

为落实习近平同志在联合国大会上提出的全球发展倡议、在世界互联网大会上提出的全球数字发展道路，响应联合国秘书长古特雷斯在教育变革峰会上的愿景声明，在当下激荡万千的时代风云里，共同探寻解决全球教育危机的崭新方案，中国教育部和中国联合国教科文组织全国委员会于 2023 年 2 月 13～14 日主办了"世界数字教育大会"，以"数字变革与教育未来"为主题，重点探讨教育数字化转型、数字学习资源开发与应用、师生数字素养提升、教育数字化治理，以及基础教育、职业教育、高等教育等领域的数字化发展评估。

孙春兰[②]指出，现代信息技术对教育发展具有革命性影响。中国政府高度重视发展数字教育，经过持续努力，全国所有中小学都已接入互联网，99.5%学校有多媒体教室，建成国家智慧教育公共服务平台，汇聚 4.4 万条基础教育课程资源、6757 门职业教育精品课程、2.7 万门高等教育优质慕课和实验课，扩大了优质教育资源的覆盖面，推动教育均衡发展、促进教育公平，2.9 亿在校学生不论身处城市还是边远山区都能接受高质量的教育。各级各类学校不断丰富数字教育应用场

---

① 刘宝存，顾高燕. 推开公共数字学习之门：联合国教育变革峰会的主张、隐忧及超越[J]. 中国电化教育，2023，(1)：16-24.

② 世界数字教育大会开幕 孙春兰出席并致辞[N]. 人民日报，2023-02-14（2）.

景，推动数字技术与传统教育融合发展，创新教育理念、方法、形态，让数字技术为教育赋能、更好服务于育人的本质。

怀进鹏[①]指出，"新一轮科技革命和产业变革深入发展，数字技术愈发成为驱动人类社会思维方式、组织架构和运作模式发生根本性变革、全方位重塑的引领力量，为我们创新路径、重塑形态、推动发展提供了新的重大机遇，也带来了新的挑战，'教育何为、教育应该往何处去'也成为世界各国共同思考的命题"，数字教育应是"公平包容""更有质量""适合人人""绿色发展""开放合作"的教育。"面向未来，如何更好地帮助学习者学会学习、学会共处、学会做事、学会做人是我们面临的共同课题与时代责任。我们愿意与各国一道，以举办世界数字教育大会为崭新起点，开通智慧教育平台国际版，推动优质数字资源共建共享，研究设计国际合作新载体新机制，共同构建全面、务实、包容的伙伴关系，把数字转型时代的世界合作，推向一个新的高度。"

大会发布了《中国智慧教育蓝皮书（2022）》与2022年中国智慧教育发展指数报告，还发布了7项智慧教育平台标准规范，发起成立世界数字教育联盟倡议，发布数字教育发展合作倡议等。通过举办大会，搭建数字教育国际交流合作的机制和平台，为我国推进教育数字化注入新的动能，不断提升我国数字教育国际影响力。

世界数字教育发展合作倡议

当今时代，数字技术作为世界科技革命和产业变革的先导力量，日益融入包括教育在内的经济社会发展各领域全过程，正在深刻改变着生产方式、生活方式和社会治理方式。联合国教育变革峰会指出，全球教育面临严峻挑战和学习危机，迫切需要教育变革，必须充分发掘数字变革的力量，确保将优质教育和终身学习作为一项共同利益提供给所有人。面对数字化带来的机遇和挑战，本届世界数字教育大会呼吁国际社会加强对话交流、深化务实合作，共同推动教育数字化变革和2030年教育目标的实现。本届世界数字教育大会倡议：

一、加强政策对话沟通。政策是推动教育数字化变革的关键保障。我们倡导各国加强教育数字化政策对话，就教育数字化的新理念、新战略，以及规划、标准、监测评估等广泛深入交流，共同推动增加教育数字化投入，共同激励利益相关方积极参与教育数字化变革，共同探讨有效政策以弥合数字教育鸿沟、促进教育公平包容、提升教育质量并确保数字化应用符合安全与伦理规范。

[①] 怀进鹏. 数字变革与教育未来——在世界数字教育大会上的主旨演讲[N]. 中国教育报，2023-02-14（1）.

二、推动基础设施联通。基础设施建设是实现教育数字化变革的前提。我们倡导在数字教育基础设施体系设计，数字教育平台、智慧校园、网络学习空间建设，以及安全技术等方面加强交流合作，促进数字教育基础设施的互联互通，共同营造"人人皆学、处处能学、时时可学"的全球智慧学习环境。

三、推进数字资源共享。数字教育资源开放共享是缩小数字鸿沟和教育差距的关键一招。我们呼吁面向多样化需求，各利益相关方坚持共建共享原则，合作建设数字教育资源公共服务平台，在保护知识产权的基础上，让更多人参与数字教育资源的开发，让优质数字教育资源惠及范围更加广泛，特别是处境不利的地区和群体，确保教育公平包容。

四、加强融合应用交流。应用是教育数字化最根本最强大的动力。数字技术与教育的深度融合，具有催生新的教育形态、革新教与学关系、推动治理方式变革的巨大潜力。我们呼吁加强教育数字化应用最佳实践的交流，鼓励各国、各利益相关方协同开展数字技术教育应用循证研究，合作开展课程开发、教育教学应用创新，协作探索数字时代人才培养新方式、数字教育治理新模式，共同推动数字教育加速迭代升级。

五、开展能力建设合作。能力建设是教育数字化变革成功的有效保障。我们呼吁各国和利益相关方，在教师与管理者培训方面开展广泛交流合作，共享培训资源，合作开发教师数字化备课授课解决方案，共建学生数字能力培养课程和教师教育数字图书馆，合作开展面向妇女、女童和残障群体的数字教育的能力建设。

六、建立健全合作机制。国际合作是全球教育变革特别是数字化变革的重要驱动力。我们呼吁各方一道，共同办好世界数字教育大会，打造国际交流合作长效机制与平台；共同推动建立世界数字教育联盟，打造全面、务实、包容的高质量伙伴关系；积极开展南南合作、南北合作，优先支持发展中国家特别是非洲地区和小岛屿国家。共同关注解决数字教育发展中青年面临的问题，充分激发青年创新创造潜能，携手打造全球数字教育命运共同体，共同开创教育美好未来。

资料来源：世界数字教育发展合作倡议[EB/OL]. http://www.moe.gov.cn/jyb_xwfb/gzdt_gzdt/s5987/202302/t20230213_1044287.html，2023-02-13.

（三）国际人工智能与教育会议

各国广泛参与的国际会议是教科文组织落实政府间共识性文件和促进知识传播与分享的重要手段。2019～2022年连续召开的四届国际人工智能与教育会议，为世界各国提供了人工智能与教育领域最具代表性和影响力的知识分享平台，我国已成为国际经验分享的重要贡献者和国际规则制定的合作引领者。

1. 国际人工智能与教育大会（2019年）

为协助各会员国应对人工智能给教育系统带来的挑战和机遇，教科文组织和中国政府联合发起，2019年5月16~18日在北京举办以"规划人工智能时代的教育：引领与跨越"为主题的"国际人工智能与教育大会"。[①]习近平同志向国际人工智能与教育大会致贺信，指出人工智能推动人类社会迎来人机协同、跨界融合、共创分享的智能时代。会议研讨了人工智能演变的最新趋势及其对人类社会、经济和劳动力市场以及教育和终身学习体系的影响，审视了人工智能对于未来工作和技能培养的潜在影响，并探讨了其在重塑教育、教学和学习的核心基础方面的潜力。首个人工智能与教育全球性纲领文件《北京共识——人工智能与教育》对政策制定、理论研究、实践创新和技术研发等产生了深远影响。

会议在2030年教育议程背景下，审视构建人工智能时代教育的未来新兴政策与战略。在各国寻找新型教育和终身学习供给方式时，人工智能的最新突破为教育界研制创新性的解决方案提供了新希望。会议在借鉴已有人工智能战略的基础上，引导和确定教育人工智能政策制定的原则与政策构件。在人类智能与人工智能的互动中强调以人为本的原则。会议强调，借助人工智能赋能教师和教学，确保人际互动在教学中的核心价值。随着人工智能提供的辅助越来越智能化，并逐步替代教师承担教学中的低技能性机械重复任务，教师将更可能专注于高技能的任务，包括更有针对性地管理教育资源，研究更加有成效和高效率的教学方法，以及进行更加高效的学习成果评估。此外，运用人工智能平台和工具有效支持教学并对教学变革的赋能方面，必须从教师的需要出发，解决他们在课堂上乃至范围更广的教育环境中面临的真正挑战，而不能由供应驱动或对新技术的盲目追求所主导。会议提出，释放人工智能在改善学习成果和变革学习评价方面具有潜能，我们应应用或开发人工智能工具，发掘数据潜能，以支持学生综合能力的多维度评价和大规模远程评价。

对于教育与培训系统对智能时代的反向支持，会议预测未来工作、界定人工智能技能框架，探讨了人工智能技能在学校和教育机构课程中的培养主渠道。各国政府应将人工智能相关技能纳入中小学学校课程和职业教育以及高等教育的资历认证体系中。采用人工智能平台和基于数据的学习分析等关键技术，构建可支持人人均能随时随地进行个性化学习的综合型终身学习体系。培养人工智能专业人才，促进高等教育中的人工智能研究。

---

① 苗逢春. 引领人工智能时代的教育跃迁：2019年北京国际人工智能与教育大会综述[J]. 电化教育研究，2019，40（8）：5-14，29.

会议强调，确保人工智能在教育领域应用的公平性、包容性和透明性。具体内容包括：确保教育数据和算法的使用合乎伦理、透明且可审核；通过欠发达国家优先战略，缩小国际和社会群体间的人工智能鸿沟；促进人工智能领域性别平等并增强妇女权能；利用人工智能促进教育面向弱势个体的包容性和公平性。

针对引领人工智能教育变革的研究、检测和评估，会议就以下内容达成共识：应支持就人工智能对学习实践、学习成果以及对新学习形式的出现和验证产生的影响开展研究；构建监测和评估机制，衡量人工智能对教育、教学和学习产生的影响；在教育人工智能领域建立广泛的国际伙伴关系。

2. 国际人工智能与教育会议（2020年）

2020年12月7~8日，由联合国教科文组织与中国教育部、中国联合国教科文组织全国委员会共同举办的"2020国际人工智能与教育会议"在北京师范大学召开。会议以"培养新能力 迎接智能时代"为主题，探讨智能时代人类需要具备的核心素养，研究未来教育发展战略和育人方式[①]。

会议的议题包括：①人工智能挑战和机遇视域下教育的未来，就人工智能将如何重塑人类社会和教育的未来展开辩论，审视人工智能对学习的包容性、公平性和对学习质量可能产生的影响；②与人工智能共处和工作所需的核心素养；③智能时代的课程开发，重点关注为满足智能时代学生关键能力培养的需要，各级各类学科的课程和教材应如何转型；④合乎伦理、追求实效的人工智能教学应用，揭示各应用场景中的伦理问题，分享应对策略。

会议举办之际，全球教育在疫情冲击下受到严重影响，各国政府和教育界奋力抗疫，实施了前所未有的大规模线上教育，人工智能展示了变革教育的巨大潜能。一是在提升育人质量上着力，围绕核心素养，建立健全各学科学业质量标准和学生体质健康标准，构建现代化的课程教材体系，促进学生德智体美劳全面发展。二是在促进公平包容方面着力，完善促进城乡、区域教育协调发展的保障机制，精准帮扶弱势群体，完善数字教育资源公共服务体系，建设人人可学、人人皆学、人人乐学的学习型社会。三是在应用新技术上着力，推动教育教学方法创新，探索运用新技术开展多元化、过程化评价，不断提升教育治理效能，完善数字技术应用的安全管理与伦理规则。四是在进一步扩大教育对外开放上着力，更加深入参与全球重大教育行动与教育治理。

3. 国际人工智能与教育会议（2021年）

2021年12月7日~8日，教科文组织与中国教育部、中国联合国教科文组织全国委员会共同举办了"2021 国际人工智能与教育会议"。为落实《人工智能伦理问题建议书》《一起重新构想我们的未来：为教育打造新的社会契约》，会议主

---

① 柴葳，于珍. 承担教育使命 共同谋划教育未来[N]. 中国教育报，2020-12-08（1）．

题被确定为"确保人工智能服务共同利益 促进教育变革",旨在引导人工智能与教育的全球治理,增强各国人文主义指导下的技术创新和创新应用,引导全球人工智能的开发与应用,聚焦教育和人类的共同利益。会议议题包括:推进人工智能与教育的全球治理和国家政策的制定与实施;确保人工智能服务于教育共同利益所需的人工智能素养培养;挖掘数据,以加强教育管理和学习评估;通过引导,将人工智能创造性地应用于促进教育的包容与性别平等;促进人工智能在非洲的应用,并确保人工智能与教育领域的公平。

怀进鹏表示,中国政府始终将教育摆在经济社会发展的优先位置,坚持公平包容,坚持高质量发展,坚持改革创新,正在由人力资源大国向人力资源强国迈进。中国将加大人工智能教育政策供给,推动人工智能与教育教学深度融合,利用人工智能促进全民终身学习,致力推动教育数字转型、智能升级、融合创新,加快建设高质量教育体系。围绕推动全球教育合作,怀进鹏倡议,各国要识变应变、顺势而为,树立以科技创新促进智能时代教育发展的理念,勇于探索创新,充分利用科技赋能,加速推进人工智能与教育深度融合;要包容合作、共筑共享,达成以开放交流共筑智能时代教育的行动共识,加快教育数字转型和智能升级的步伐,共建开放、包容、有韧性的教育;要安全为基、行稳致远,统筹好安全和发展的关系,加快探索完善人工智能技术教育应用中伦理安全规则、技术与管理方式,夯实智能时代教育技术变革的安全基础,使智能技术真正促进教育发展,造福人类社会[1]。

钟登华做了题为"利用人工智能助推教育高质量发展——中国的探索与实践"的演讲。中国人工智能与教育五个领域的经验:智能技术驱动的"六位一体"的教育新基建政策规划;人工智能与教育理念、教育模式的融合实验(智慧教育示范区);教师人工智能应用能力建设(人工智能助推教师队伍建设试点);人工智能赋能教育治理现代化(人工智能条件下教育社会实验);中小学、职业教育院校和高校人工智能课程建设。人工智能对教育提出的三个挑战:智能时代对学生能力培养提出新挑战、智能时代对教师角色转变提出新要求(人机结合的教育将成为常态)、智能时代对学校治理模式提出新考验。人工智能与教育融合发展的四个重点:建立人工智能教育应用尤其是以智能技术为支撑的新型教学模式;面向基础教育、职业教育和高等教育开展人工智能普及教育、特色教育和专业教育;建立以数据驱动为核心的全业务、全流程教育治理新体系;关注人工智能教育应用的伦理安全问题。

基于国际人工智能与教育会议对有关全球共识的研讨和实践分享,针对人工

---

[1] 高毅哲. 创新技术服务教学进步 人工智能助力未来教育——2021 国际人工智能与教育会议举行[N]. 中国教育报,2021-12-09(1).

智能在教育管理、教学实践中的应用与创新，苗逢春提出如下建议：人工智能教学应用首先要保障所有学生的基本学习质量和社会情感发展；从教育公共利益出发谋求发展人工智能创新应用的关键领域；从激发师生高阶思维和能动性出发引领下一代教育人工智能创新；学界和企业界应积极参与创建相关的专业共同体，引领人工智能与教育的政策迭代、实践创新和循证研究[①]。

4. 国际人工智能与教育会议（2022年）

2022年12月5日，"2022国际人工智能与教育会议"[②]召开，主题为"引导人工智能赋能教师 引领教学智能升级"[③]。教育数字化转型需要教育各方面的系统转型，涉及各级各类教育机构和终身学习场景中的各个方面，包括教学法、课程内容、学习评价、社会情感关怀和学习的组织形式等。人工智能是教育数字化转型的重要组成部分，它在连接碎片化的决策环节以及创建作为公共产品的教育服务所需的供给流程等方面发挥着独特的作用。人工智能是数字化转型的核心技术之一，既是各领域中借助技术服务人类的模式升级的驱动力，又为模式升级提供了赋能性技术架构。在数字基础设施中有机融入人工智能技术，有助于使教育技术的架构更加可靠且更具成本效益。将人工智能辅助的解决方案融入教育和学习管理系统可以帮助优化智能化工作流程，实现基于数据的监控并以此促进有效的人类决策。

会议议题包括：①人工智能有利于推动教育数字化转型战略，探讨人工智能在教育进程中可发挥的价值，并分享借助人工智能变革学习、教育管理和教育供给方式的国家战略；②通过设计引导人工智能赋能教师，促进教学与学习的变革；③界定和培养教师在人工智能教育环境中工作所需能力，对全球教师人工智能能力框架的概念化框架进行研讨；④通过全球伙伴关系支持非洲优先及其他最边缘群体发展，寻求启动或发展关于人工智能赋能教师的全球伙伴关系，以促进知识和资源共享。

怀进鹏指出，当前，人工智能技术正在引领人类进入人机协同、跨界融合、共建分享的新时代，我们要聚焦教育数字化变革中教师面临的机遇和挑战，展望科技赋能教师的新愿景，探索人工智能变革教学的新路径，以数字化为杠杆，为教师赋能，促进教学升级，撬动教育整体变革，推动教育更加包容、更加公平、更有质量。怀进鹏表示，中国政府始终坚持将教育摆在经济社会发展的优先位置，将教师队伍建设作为教育发展的基础性工作，高度重视人工智能技术

---

① 苗逢春. 从"国际人工智能与教育会议"审视面向数字人文主义的人工智能与教育[J]. 现代教育技术，2022，32（2）：5-23.

② 高毅哲，林焕新，程旭. 引导人工智能赋能教师 引领教学智能升级——2022国际人工智能与教育会议开幕[N]. 中国教育报，2022-12-06（3）.

③ 孟文婷，廖天鸿，王之圣，等. 人工智能促进教育数字化转型的国际经验及启示——2022年国际人工智能教育大会述评[J]. 远程教育杂志，2023，41（1）：15-23.

带来的变革性影响，重视数字时代教师队伍的建设、发展和福祉保障，通过应用技术推进教育优质均衡、优化教育治理模式、赋能教师专业发展等，推动构建更加公平、全纳、富有韧性的教育体系。响应联合国秘书长古特雷斯发布的《关于教育变革的愿景声明》，怀进鹏倡议，各国要从构建人类命运共同体的高度重新审视教育数字化转型的重要意义，加强统筹规划，推进教育公平；要尊重并发挥教师在推动教育变革中的主导作用，让技术为教师所用，实现教育教学效能提高；要加强数字教育资源的建设、分享，推进数字教育实践的交流、借鉴，汇聚各国教师的智慧和力量，更好地适应数字时代教育发展新需求，共创世界美好明天。

（四）世界慕课与在线教育大会

2022年12月8~9日，"2022世界慕课与在线教育大会"[1]在线上召开，大会以"教育数字化引领未来"为主题。慕课发展10多年来，中国在线教育日新月异，慕课数量增加了上万倍，注册用户增加了上百万倍。以慕课为牵引，中国推动高校持续深化教育教学改革，在全国高校掀起了一场学习革命，正在改变教师的教、学生的学、学校的管和教育的形态。

大会发布了《无限的可能：世界高等教育数字化发展报告》。报告共分为"全球在行动""变革与挑战""共同向未来"三部分，全面汇聚了世界各国和国际组织高等教育数字化行动举措，凝练了九大行动共识、三大趋势和四大变革、六大挑战，面向未来，提出了六大倡议。报告创造性提出了高等教育数字化发展"转化、转型、智慧"三阶段论，创新性地构建了"世界高等教育数字化发展指数"，为世界各国准确观测和把握世界高等教育数字化发展进程和态势，衡量其高等教育数字化发展水平提供重要参考。

九点共识包括[2]：深化系统变革，塑造包容、公平、有韧性的教育生态；升级基础设施，夯实教育数字化转型的支撑体系；创新教学模式，引领科技赋能的课堂革命；优化支持服务，满足个性化、终身化学习需求；提升数字能力，激发教育信息技术应用的潜能；完善保障机制，打造教育提质、增效智能化助推器；直面学习危机，加强国际化多元化教育场景供给；应对复杂形势，共筑安全可信的智慧化治理体系；推动开环建设，构建跨部门跨区域数字化共同体。

世界慕课与在线教育联盟在此倡议[3]，各国政府、各国际组织、高校等共同

---

[1] 张欣，程旭. 2022世界慕课与在线教育大会举行[N]. 中国教育报，2022-12-10（1）.
[2] 世界慕课与在线教育联盟秘书处. 高等教育数字化战略行动共识——《无限的可能：世界高等教育数字化发展报告》节选四[J]. 中国教育信息化，2023，29（1）：36-43.
[3] 世界慕课与在线教育联盟秘书处. 高等教育数字化愿景目标与行动倡议——《无限的可能：世界高等教育数字化发展报告》节选七[J]. 中国教育信息化，2023，29（1）：73-81.

推进高等教育数字化转型，为构建人类命运共同体而行动。具体包括：①构建数字化转型全球高等教育共同体；②推动全面发展指向的数字化育人模式创新；③深化技术应用、培育高等教育新形态；④强化国际合作以构建开放全纳的教育体系；⑤提供更加丰富的全球数字化公共教育产品；⑥坚守数字化时代的教育规律和教育伦理。

（五）全球智慧教育大会

自 2016 年起，北京师范大学联合国际组织和国内外高校连续举办了四届"中美智慧教育大会"与三届"全球智慧教育大会"[①]，来自 50 多个国家以及国际组织的上千名教育和科技界的专家学者围绕信息技术赋能基础教育、高等教育、职业教育、智能技术变革教育、人工智能与未来教育、智慧学习与教育的未来、智能技术与教育数字化转型等前沿领域和热点问题展开了讨论，分享了智慧教育领域的创新理念和重要研究成果，展览了智能技术与教育系统融合的创新解决方案，启动了"全球未来教育设计大赛"。

为推动教育数字转型与智能升级，加强国际传播，北京师范大学联合 IITE 于 2022 年 8 月 18～20 日举办了"2022 全球智慧教育大会"。此次大会以"智能技术与教育数字化转型"为主题，共同探讨全球智慧教育领域的新理论、新技术、新成果、新趋势，传播思想、分享案例、搭建平台、共建联盟。大会公布了与国际组织合作的"国家智慧教育框架"研究成果、智慧教育优秀案例集、全球未来教育设计大赛优秀作品集等，发布了《"智慧教育示范区"建设进展》报告，并发起了"全球智慧教育合作联盟倡议"[②]，旨在建立全球最佳的合作网络联盟，为全球所有人提供一流的智慧教育。

具体活动包括：举办官方会议并发布全球智慧教育合作联盟成果，以便与全球智慧教育合作联盟成员及大众分享智慧教育创新理念和最佳实践；基于中国教育部的学术和实践经验，开发智慧教育评估和监控工具包，为全球智慧教育合作联盟成员提供智慧教育中的信息技术解决方案；发布全球智慧教育合作联盟年度报告，分享全球智慧教育合作联盟成员的国家、区域、学校层级的智慧教育发展现状；与 IITE 电子图书馆项目合作，提供相关开放教育资源，开放教育实践和智慧学习解决方案的指导，为联盟成员提供定制资源；通过建立培训中心，与全球智慧教育合作联盟成员（如北京师范大学，阿拉伯联盟教育、文化和科学组织，东南亚教育部长组织等）合作开展教师和技术人员智慧教育培训项目。

---

① http://gse.bnu.edu.cn/

② "国家智慧教育战略联合研究计划"发布研究成果并发起全球智慧教育合作联盟[EB/OL]. https://mp.weixin.qq.com/s/NI8q4ED8j4Hw6rPrmVGtlg，2022-08-18.

五、迈向智慧教育的教育数字化转型

（一）教育数字变革面临的挑战

《无限的可能：世界高等教育数字化发展报告》指出，世界高等教育数字化发展面临的挑战主要体现在四个方面[①]：在探索数字化育人方式新路径方面，教育数字化鸿沟依然存在并不断加剧、数字化建设仍需不断完善等；在再造"数字化+"教育新模式方面，全过程在线教育的办学模式改革任重道远，数字化教育缺乏灵活的学分认证与学位认证体系等；在适应数字化管理新常态方面，缺乏与高等教育数字化相适应的大学管理支撑体系等；在制定数字化时代教育保障新规则方面，产学研协同保障机制不够完善，高等教育数字化质量认证与可信安全保障需进一步加强；等等。《中国智慧教育蓝皮书（2022）》指出，中国应正视智慧教育发展面临的诸多问题和挑战，如数字化资源亟待丰富优化、教育教学融合创新有待深入、治理数字化程度仍需提高、数字人才培养亟待加强。放眼全球，教育正处于一场全球化的危机中，如基础设施缺失、重硬轻软、忽略边缘人群等，为建立一个和平、公正和可持续的未来，亟待系统变革。

（1）教育数字化鸿沟依然存在并在不断扩大。经济与社会发展阶段的差异等因素导致世界不同地区间数字化学习公平存在严重鸿沟。世界教育数字化转型处于不均衡状态。全球新冠疫情放大了数字鸿沟带来的教育不公平问题，不同地区之间的设备条件水平不均衡，对学生学习产生的影响加大；居家学习期间，学生个体以及家庭环境对学习效果的影响更为突出，由此产生了新的数字鸿沟。

（2）教师数字能力迟滞教学数字化转型。教师是教学的主导者，数字化时代无疑会深刻地改变教师的内涵及其素养要求，然而教师数字化教学能力不足成为教学数字化转型的限制因素。教师将数字技术融入教学的意识和素养、通过数字技术创新教学的能力仍有所欠缺，变革阻力仍然存在。

（3）个体和社会数字化进程准备不足。突发的疫情引发全球被迫从学校数字化直接切换到家庭和社会数字化，个体和社会的数字化准备不足，仓促之间遇到了诸如网络不畅、资源准备不足、设备落后、能力不够等诸多现实问题，个人学习者仍然缺少主动参与数字化学习的动力与能力，慕课"高辍学率、低结课率"问题持续存在，师生负担没有明显减轻，在线教育成效并没有获得社会的普遍认可。

[①] 世界慕课与在线教育联盟秘书处. 高等教育数字化变革与挑战——《无限的可能：世界高等教育数字化发展报告》节选五[J]. 中国教育信息化，2023，29（1）：44-60.

(4)传统教学方法的局限性日趋凸显。教育数字化带来了教育系统变革,但教学法创新仅仅得到"文本"重视,尚未在教学实践中得到真正验证。数字化技术的巨大变革力量引发了教育教学的思考,也引发了与传统教学法思维惯性、行为惰性和时间投入的冲突,并非所有教师都有改革动力和能力。

(5)数字教育资源共建共享程度低。优质数字教育资源在条件许可的情况下可以便捷地在一国之内甚至是全球范围内进行流动和扩散,加速教育变革。然而,全球范围仍然缺乏稳定的数字公共平台,其运维和升级也难以保证,需要建立可持续的政策保障机制、公共服务体系,以及拥有充足的技术支撑力量。

(6)缺乏与数字化相适应的数据体系。各个部门获取、处理信息的方式不同,影响了基础数据库建设和数据流转;校内外都存在着数据模型不一致、不规范的问题,影响分析结果的准确性;教育数据仅是以显性信息和结果信息为主,教学过程数据还没有被纳入管理范畴,智能感知、互联、计算和处置技术难度大。

(7)学校教育缺乏灵活的学历认证体系。数字化办学颠覆了传统的单门学科-科层制模式,课程与学科、专业等正在被重构,数字化正在重塑知识体系,挑战和突破人类已知的边界。然而,各地、各校之间存在着数字化水平发展不一致和教学质量参差不齐的问题,因此会影响学历互认。数字化转型的关键是构建灵活开放的学分、学历和学位认证体系,构建灵活开放的学分、学历和学位认证体系有利于打破学习时空的界限、破除在校生身份标签禁锢,实现学生选课自由、学习自由、流动自由和认证自由。

(8)开放式教育生态带来治理难题。随着数字化转型的深入发展,开放式教育教学必然成为一种主流,涉及课程、专业、教学、服务、平台、安全等方方面面,需要在技术、制度、政策、法律等方面进行规范和引导,也涉及跨国合作,全球面临着技术更迭速度快、教育经费危机、政策效应滞后、改革路径多变等困难,需要从宏观规划、中观部署到微观操作进行数字化治理变革。

(二)教育数字化转型的路径框架

数字化转型是使用数字技术和数字战略重构组织业务和运行流程,以改进组织运行效能的过程。数字战略是数字化转型的重要组成部分,直接影响数字技术的应用效果,甚至会导致数字化转型的失败,并产生负面效果。数字化转型是在数码化转换(将模拟格式转为数字格式)、数字化升级(自动化原有业务和流程)基础上,在战略层面进行系统规划,全面推进数字化意识和数字化思维的建立,以及数字化能力提升的过程。OECD 发布的《教育中的数字战略:探索有关数字技术的教育政策》[1]报告指出,其一半以上成员国都发布了专门的

---

[1] https://www.oecd.org/education/digital-strategies-in-education-across-oecd-countries-33dd4c26-en.htm.

数字教育战略。我国教育信息化基础设施、数字资源、信息平台的建设与应用成效显著，教育数字化转换工作取得了阶段性的突破；数字化升级工作正稳步推进，从泛在互联、数据资源、平台云化、融合创新等方面为教育赋能，解决教育难点问题能力大大增强。当前，数字化转型成为教育改革发展的重心。

教科文组织把数字技术应用于教育过程分为四个阶段：起步、应用、融合、转型。《无限的可能：世界高等教育数字化发展报告》将高等教育数字化发展划分为转化阶段、转型阶段、智慧阶段。教育数字化转型是一个复杂且持续的过程，难以通过简单的观察、量化的阈值去评估。教育数字化成熟度是一个具有基础性和引导性的工具，可以帮助教育组织评估当前数字化转型的有效性，并为组织的转型走向、路径和策略提供具体的依据。例如，欧盟制定了《欧洲数字化教育组织参考框架》("European Framework for Digitally Competent Educational Organisations")[1]，从愿景、文化、过程、技术和数据五个方面评估欧洲教育数字化转型成熟度。德勤咨询公司则从用户、策略、技术、操作、组织与文化五个方面制定了"泛组织数字成熟度模型"[2]。

教育数字化是持续利用数字化、网络化和智能化的技术及手段对教育系统进行现代化改造和功能提升，进而更新教育理念、变革教育模式、提升教育治理水平、构建智慧教育生态的过程。从促进教育系统变革和可持续的视角，黄荣怀和杨俊锋构建了全要素、全流程、全业务和全领域数字化转型框架[3]，以确保数据共享、业务互通、流程协同、全域衔接。全要素涉及教与学过程中的各个要素，包括培养目标、教育内容、教学模式、评价方式、教师能力、学习环境等；全业务涉及教育管理过程中的各个方面，包括发展规划、课程教材、教师发展、学生成长、科技支撑、教育装备、国际合作、教育督导、教育研究等；全领域则涵盖基础教育、高等教育、职业教育、成人与继续教育以及社会培训等教育领域，同时也兼顾城市和农村等地域均衡公平；全流程则是人才培养的全过程，包括招生与选拔、教学与课程、研究与管理、升学与毕业等（图4-7）。

教育数字化转型是教育信息化的特殊阶段，要实现从起步、应用和融合数字技术，到树立数字化意识和思维、培养数字化能力和方法、构建智慧教育发展生态、形成数字治理体系和机制。宏观层面是国家规划全域智慧教育生态；中观层面是部署能力建设，包括"人"和"环境"的数字化能力和科技赋能；微观创新主要体现在学校数字化转型，包括夯实数字化基础设施、强化优质数字资源应用、

---

[1] https://joint-research-centre.ec.europa.eu/european-framework-digitally-competent-educational-organisations-digcomporg_en.

[2] https://www2.deloitte.com/content/dam/Deloitte/global/Documents/Technology-Media-Telecommunications/deloitte-digital-maturity-model.pdf.

[3] 黄荣怀，杨俊锋. 教育数字化转型的内涵与实施路径[N]. 中国教育报，2022-04-06（4）.

智慧教育：政策·技术·实践

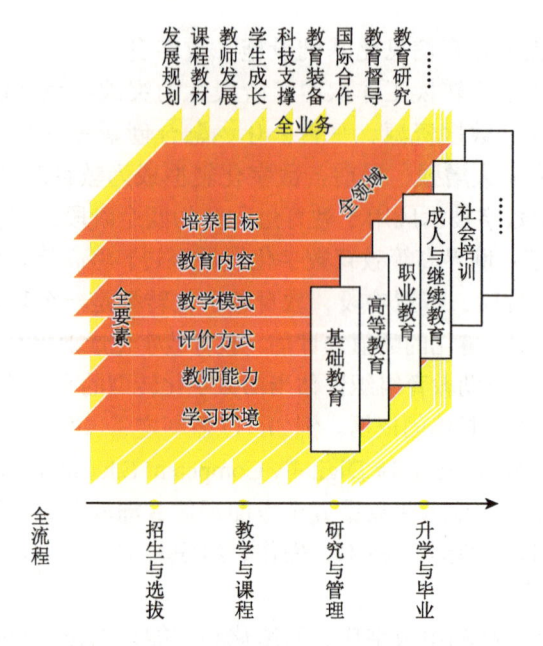

图4-7　教育数字化转型的"四全"框架

资料来源：黄荣怀，杨俊锋. 教育数字化转型的内涵与实施路径[N]. 中国教育报，2022-04-06（4）.

全面提升师生数字化能力、构建数字化课堂教学新模式、开展智能化评价、建构线上线下融合的协同教研网络等[1]。

祝智庭和胡姣[2]从进化论、催化论、应变论、嬗变论、智慧教育论分析了教育数字化转型的机理逻辑。他们认为，教育数字化转型是将数字技术整合到教育领域的各个层面，推动教育组织转变教学范式、组织架构、教学过程、评价方式等，推动全方位的创新与变革，从供给驱动变为需求驱动，实现教育优质公平与支持终身学习，从而形成具有开放性、适应性、柔韧性、永续性的良好教育生态。其价值取向建立在数字化转换和数字化升级的基础上，通过在教育生态系统中充分利用数字技术的优势促进教育系统的结构、功能、文化发生创变，使教育系统具有更强的运行活力与更高的服务价值。

教育数字化转型的机理包括以下内容[3]。

（1）进化论：教育转型的数字达尔文主义。教育数字化转型是通过持续数字化战略实现的一种生存模式进化过程，混合了自然进化与人为进化。

（2）催化论：数字技术整合的教学法创变。数字技术的功能显然不止构建学

---

[1] 黄荣怀. 加快教育数字化转型　推动学校高质量发展[J]. 人民教育，2022，（Z3）：28-32.
[2] 祝智庭，胡姣. 教育数字化转型的理论框架[J]. 中国教育学刊，2022，（4）：41-49.
[3] 祝智庭，胡姣. 教育数字化转型的理论框架[J]. 中国教育学刊，2022，（4）：41-49.

习环境一途，在考虑数字技术时，更应着眼于数字技术可以促进的学生学习和教师教学，而非数字技术本身的闪光点。

（3）应变论：数字技术赋能教育系统韧性建设。教育系统可应用技术调整教学结构和服务方式，有效应对外部干扰、抵御外部冲击，实现教育可持续发展。

（4）嬗变论：数字技术融合教育生态的蝶变。教育生态系统内嵌于社会的数字化转型实践中。技术可作为教育这一复杂系统的重要组成部分嵌入不同但互补的价值逻辑中，触发了教育数字化转型，推进教育生态系统的整体性"蝶变"。

（5）智慧教育论：智慧教育作为教育发展的高级形态，将"以人为本"的思想作为教育数字化转型实践的起点和导向，通过人本智能引领未来教育创变。

（6）社会进化、生态系统变化、学习和教学环境变化等导致教育系统转型发展的内需和外需、内因和外因的出现，最终促进教育转型的数字达尔文主义、教学法创变、教育系统韧性建设、教育生态蝶变，走向以人本智能为核心的智慧教育。

（三）智慧教育是数字化转型的目标形态

人类文明的发展史是一部科技创新史，也是一部教育进步史。现代教育体系是人类在工业化进程中创造出来的，带有明显的规模化、标准化特征。数字时代的到来，使得工业革命以来构建起的班级教学模式面临挑战。主动推进教育数字化转型，是应对时代之变的战略选择，是推进中国式教育现代化的重要内容。智慧教育是教育数字化转型的目标形态，可理解为一种智慧教育系统，是一种由学校、区域或国家提供的高学习体验、高内容适配性和高教学效率的教育行为（系统），它能利用现代科学技术为学生、教师和家长等提供一系列差异化的支持和按需服务，能全面采集并利用参与者群体的状态数据和教育教学过程数据来促进公平、持续改进绩效[1]。

智慧教育是数字时代的教育新形态，与工业时代教育形态有着质的差别，新在五个维度：核心理念、体系结构、教学范式、教育内容、教育治理[2]。从现代教育系统的构成要素来看，智慧教育系统包括现代教育制度、现代教师制度、数字一代学生、智慧学习环境和教学模式五大要素，其中，教学模式是智慧教育系统的核心要素。若将教学模式、现代教师制度和数字一代学生合并为新型教学模式，则智慧教育系统可转化为由智慧学习环境、新型教学模式和现代教育制度三个层面（三重境界）构成，具体包括以下内容[3]。

智慧学习环境，是指一种能感知学习情景，识别学习者特征，提供合适的学

---

[1] 黄荣怀. 智慧教育的三重境界：从环境、模式到体制[J]. 现代远程教育研究，2014，（6）：3-11.
[2] 中国教育科学研究院. 中国智慧教育发展报告（2022）：迈向智慧教育的中国教育数字化转型[M]. 北京：教育科学出版社，2023.
[3] 黄荣怀. 智慧教育的三重境界：从环境、模式到体制[J]. 现代远程教育研究，2014，（6）：3-11.

习资源与便利的互动工具，自动记录学习过程和评测学习成果，以促进学习者有效学习的学习场所或活动空间。其技术特征主要体现在记录过程、识别情境、联接社群、感知环境等四个方面，其目的是促进学习者轻松、投入和有效的学习。

新型教学模式已突破了学校教育所提供的正式学习，而走向正式学习和非正式学习的融合，更加倾向于任意时间（any time）、任意地点（any where）、任意方式（any way）、任意步调（any pace）的 4A 模式。在这种新型教学模式下，学生的多样性以及个体差异性得以重视，使得"以人为本"的教育理念得以实现，并呈现出智慧学习的三个基本特征：轻松地学习、投入地学习、有效地学习。

人工智能和大数据将在现代教育制度的形成过程中起到关键的作用，为国家教育制度、学校管理制度、教学制度以及人才培养制度提供改革方案和决策依据，促进和管理区域、城乡和校际之间的教育公平，提升人才培养质量，促进教育创新与变革，以孕育人类"智慧"。

总之从本质上讲，智慧教育，"慧"从师出；智能教育，"能"自环境；未来教育，"变"在形态[①]。

技术与教育的深度融合赋予了智慧教育全新的特征，体现为一个国家或区域智慧教育生态的表现性特征，即智慧教育的"发展目标"应符合共识性、指向性和稳定性原则，具体表现为[②]：以学生为中心的教学、全面发展的学习评估、泛在的智慧学习环境、持续改进的教育文化、教育包容与公平的坚守。这也是智慧教育的五个关键特征。智慧教育系统的建构性特征，即智慧教育的实践途径应符合操作性、阶段性和多样性原则，具体表现为：积极性学生社交社群建构、教师发展的优先支持计划、合乎科技伦理的技术应用、可持续的教育改革规划、有效的跨部门跨域协同。这也是智慧教育的五个辅助特征。定义价值及明晰路径是智慧教育生态构建的必要条件（图 4-8）。

智慧教育是适应新一轮科技革命、契合未来智慧社会发展的教育新形态。它以信息技术为手段，以数字化为基础，融入教育本质，推动教育理念、教育模式、教育体系的深层次变革和整体性重构，并形成教育新范式。智慧教育的本质特征主要有感知、适配、关爱、公平、和谐，具体来讲就是：①学习环境的感知性，采用各种技术、各类传感器以及各种量表来感知外在的学习环境与人的内在学习状态，为按需推送、按需学习提供基础；②学习内容的适配性，让教育资源能够根据学生个性化的需求而获取和使用，教与学可以按需开展，达成"因材施教"的美好愿望；③教育者对学生的尊重和关爱，教师通过共情、关注、可依性、尊

[①] 黄荣怀，田阳. 发展智慧教育须着眼于教育生态的整体发展[J]. 教育家，2020，（2）：20-21.

[②] 黄荣怀，刘梦彧，刘嘉豪，等. 智慧教育之"为何"与"何为"——关于智能时代教育的表现性与建构性特征分析[J]. 电化教育研究，2023，44（1）：5-12，35.

第4章 教育数字化国际理解

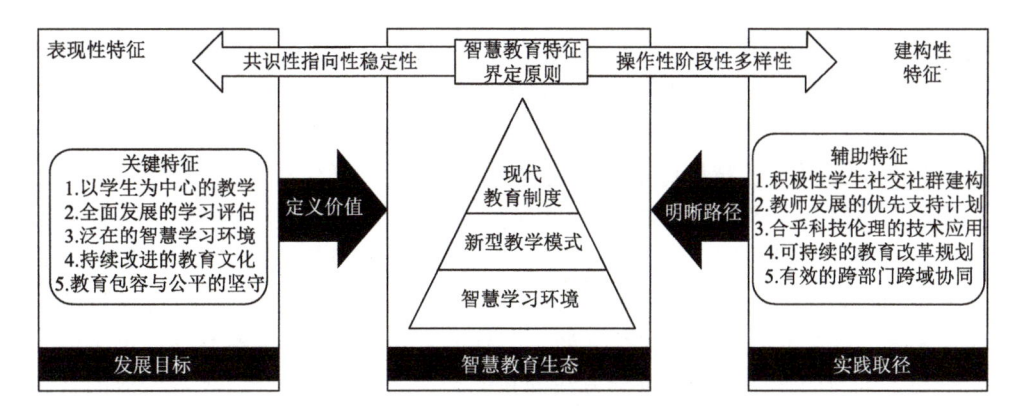

图4-8 智慧教育生态的特征界定

资料来源：黄荣怀，刘梦彧，刘嘉豪，等. 智慧教育之"为何"与"何为"——关于智能时代教育的表现性与建构性特征分析[J]. 电化教育研究，2023，44（1）：5-12，35.

重、肯定等行为，在与学生互动过程中与学生建立并维持信任和支持关系；④受教育群体之间的教育公平性，受教育者在受教育过程中在教育权利、教育机会、教育资源和教育质量方面享有平等权利；⑤教育系统要素的有机整合及其和谐关系，是人对教育的主观追求和美好理想，也是构建和谐社会的深厚动力。智慧学习环境传递教育智慧，新型教学模式启迪学生智慧，现代教育制度孕育人类智慧（图4-9）。

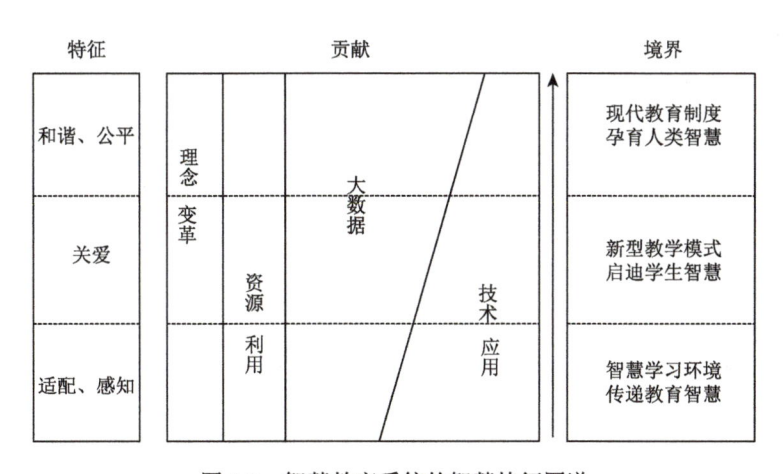

图4-9 智慧教育系统的智慧特征图谱

资料来源：黄荣怀. 智慧教育的三重境界：从环境、模式到体制[J]. 现代远程教育研究，2014，（6）：3-11.

教育信息化、教育数字化是智慧教育形成的必经阶段和重要前提。教育信息化是在教育中普遍运用现代信息技术、开发教育资源、优化教育过程，并培养和提高学生的信息素养，促进教育现代化的过程；教育数字化是将数字技术整合到教育全过程和各环节，推动教育理念、教学模式、人才培养、教育管理等方面的数字化转型。智慧教育不是简单的"+信息化"的概念，是教育信息化的高级阶段。祝智庭[①]认为，智慧教育是信息技术支持下为发展学生智慧能力的教育，旨在利用适当的信息技术构建智慧学习环境（技术创新）、运用智慧教学法（方法创新）、促进学习者开展智慧学习（实践创新），从而培养具有良好的价值取向、较高的思维品质和较强思维能力的智慧人才（人才观变革），落实智慧教育理念（方法创新），深化和提升信息时代、知识时代和数字时代的素质教育。智慧教育研究框架涵括基于技术创新的智慧环境、基于方法创新的智慧教学法、基于人才观变革的智慧评估三大要素[②]（图4-10）。

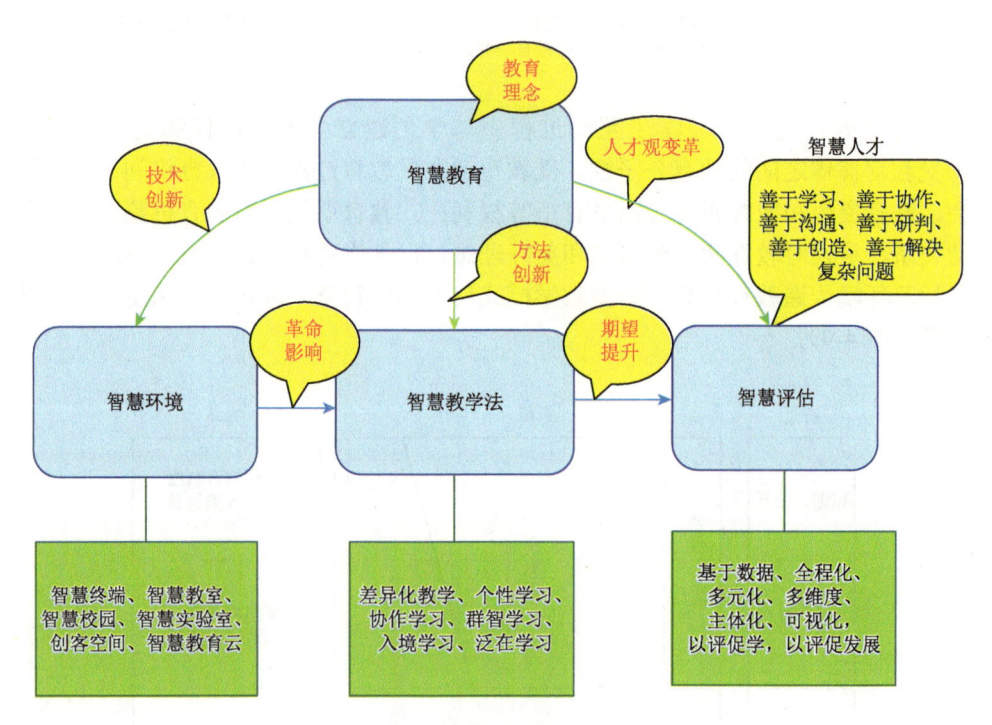

图4-10 智慧教育的理论框架

资料来源：顾小清，杜华，彭红超，等. 智慧教育的理论框架、实践路径、发展脉络及未来图景[J]. 华东师范大学学报（教育科学版），2021，39（8）：20-32.

[①] 祝智庭. 以智慧教育引领教育信息化创新发展[J]. 中国教育信息化，2014，（9）：4-8.
[②] 顾小清，杜华，彭红超，等. 智慧教育的理论框架、实践路径、发展脉络及未来图景[J]. 华东师范大学学报（教育科学版），2021，39（8）：20-32.

（四）国家智慧教育战略框架研究

在"2020 全球智慧教育大会"开幕式上，教科文组织 IITE、COL、国际教育技术协会、俄罗斯国家研究型高等经济大学和北京师范大学联合发起了"国家智慧教育战略联合研究计划"。具体包括：①面向未来教育的教育信息化政策评估，探索技术与教育融合的基本途径；②国家层面的智慧教育技术框架，为国家层面制定智慧教育发展规划提供参考；③国家智慧教育指数（评价与监测），基于技术框架确定监测国家智慧教育状况的指标；④智慧学习的国家公共服务体系，探索智慧学习国家公共服务体系的功能、定位、结构、工作机制和数据中心建设指南；⑤智慧校园的技术与标准，探索智慧校园的技术架构和智慧校园的建设解决方案。

在"2021 全球智慧教育大会"开幕式上，发布了阶段性研究成果《国家智慧教育战略框架》[1]，涵盖三个维度：一是智慧教育的市域层面、区域层面和国家层面等三个层次；二是建设需关注的三个方面，即数字化学习基础设施、技术支持的教学创新、前瞻性治理和政策举措；三是各方面均需考虑的三个要点，即全纳与公平、可持续发展的文化、多部门协同与合作。

在"2022 全球智慧教育大会"开幕式上，发布了"国家智慧教育战略联合研究计划"研究成果，包括国家智慧教育框架、智慧教育政策分析、国家智慧教育评估指标、面向智慧教育的国家公共服务体系、面向未来教育的智慧校园[2]。

（1）国家智慧教育框架。面向《教育 2030 议程》和可持续目标，基于智慧教育的三重境界，提出了涵盖四个杠杆点的国家智慧教育框架，包括数字化学习基础设施、技术支持的教学创新、前瞻性治理和政策举措，以及以上三个方面均需考虑的三个要点，即全纳与公平、可持续发展的文化、多部门协同与合作，每个杠杆点均包含 3 个核心指标，由此共形成 12 个指标。

（2）智慧教育政策分析。在充分考虑了历史、文化、社会、经济、政治、环境因素和不断增长的全球教育科技市场等因素，以及智慧教育政策的愿景、价值目标和关键原则的前提下，提出了国家智慧教育政策的分析框架。该框架还确定了在所有政策中贯穿始终的六个相互关联的重要主题，即基础设施、数字资源和平台、课程和教学、数字能力、技术治理、教育行政管理六个政策主题，以及跨部门协同、资源配置及评估激励三项机制。

（3）国家智慧教育评估指标。该指标既可以作为全球教育监测的一部分，也

---

[1] 发展智慧学习 重塑教育未来——2021 全球智慧教育大会在京召开[EB/OL]. http://gse.bnu.edu.cn/202108/3134.html，2021-08-18.

[2] "国家智慧教育战略联合研究计划"发布研究成果并发起全球智慧教育合作联盟[EB/OL]. https://mp.weixin.qq.com/s/NI8q4ED8j4Hw6rPrmVGtlg，2022-08-18.

可以独立实施。在设计国家智慧教育监测方案时可以从多个维度，如投入和过程、国家、学校、教师等方面加以考虑。未来，还将构建评估系统和工具，以评估和监测教育数字化转型在教学、学习、学校管理和部门治理等方面的推进情况。

（4）面向智慧教育的国家公共服务体系。智慧教育公共服务主要包括信息基础设施、数字教育资源、学与教支持、教育信息管理、生涯规划与就业、教师专业发展等。提供方包括发起者、资助者、建设者、运营者、评估者和监督者。此外，构建智慧教育公共服务体系也是满足国家教育数字化转型需求的解决方案之一。

（5）面向未来教育的智慧校园。5G、Wi-Fi6、云计算、人工智能等新兴技术正在加速进入校园，未来设计智慧校园需要凸显以下五个特征：环境全面感知、网络无缝连接、人工智能和大数据支持、开放学习环境、个性化服务。作为新一代学习环境，智慧校园将为学生和员工提供多样化的智慧教育服务。依据提供服务的技术模式，可分为三类：独立智慧校园、云智慧校园、混合智慧校园。混合智慧校园正在成为未来校园技术架构的新趋势。学校的数字化转型日益成为未来校园发展的新趋势。智慧校园建设过程中涌现了诸多典型应用案例，如双师教室、直播教室、智慧教室、智慧评价、虚拟和仿真实验、绿色校园和学校管理等。

在世界数字教育大会上发布的《中国智慧教育发展报告（2022）：迈向智慧教育的中国教育数字化转型》[①]立足智慧教育发展处于起步阶段的客观实际，探索建立了由4个一级维度、12个二级维度构成的评价指标体系，为有效推进智慧教育提供参考（表4-11）。

表4-11 智慧教育发展评价指标体系

一级维度	二级维度	评价指标
基础环境	设施设备	接入互联网的学校比例/%
		无线网络全覆盖的学校比例/%
		网络多媒体教室占教室总数比例/%
		每百名学生拥有学习用数字终端数/（台/百人）
		师均教学用数字终端数/（台/人）
	数字教育资源	人均公共数字教育资源量/（条节/人）
		每百名学生数字化课程资源量/（课时/百人）
		公共数字教育资源覆盖率/%
	网络学习空间	开通网络学习空间的教师比例/%
		开通网络学习空间的学生比例/%

---

① 中国教育科学研究院. 中国智慧教育发展报告（2022）：迈向智慧教育的中国教育数字化转型[M]. 北京：教育科学出版社，2023.

续表

一级维度	二级维度	评价指标
教学实施	教师数字素养	具备信息技术应用能力的教师比例/%
	资源交互应用	公共数字教育资源有效使用率/%
		数字化课程资源有效使用率/%
		公共数字教育平台用户活跃度/（次/人）
		公共数字教育资源推送触达率/%
	教学方式变革	混合式教学普及率/%
		网络研修普及率/%
		在线个性化学习普及率/%
		利用在线视频学习的网络用户比例/%
	教学评价数字转型	数字化过程评价普及率/%
		智能化评价普及率/%
教育治理	数据基座	教育基础数据的覆盖率/%
		教育基础数据的共享率/%
	治理水平	教育一体化在线管理服务的普及率/%
		数字化教育督导普及率/%
		建立信息化工作和管理制度学校比例/%
		开展管理信息基础数据应用的学校比例/%
	网络与数据安全	具备网络安全管理制度的学校比例/%
人才培养	学生数字素养	学生数字素养合格比例/%
		数字化相关学科毕业生比例/%
	劳动者数字技能	数字化人力资本水平
		经济活动人口的数字技能水平

资料来源：中国教育科学研究院. 中国智慧教育发展报告（2022）：迈向智慧教育的中国教育数字化转型[M]. 北京：教育科学出版社，2023.

《无限的可能：世界高等教育数字化发展报告》从数字化育人、数字化办学、数字化管理和数字化保障四个核心要素入手，构建高等教育数字化发展指数，包含4个一级指标和10个二级指标以及18个具体测量指标[①]，旨在评估世界高等教育数字化发展进程和态势，衡量世界各国高等教育数字化发展水平，为世界各国编制高等教育数字化发展战略提供依据（表4-12）。

---

① 世界慕课与在线教育联盟秘书处. 世界高等教育数字化发展指数构建——《无限的可能：世界高等教育数字化发展报告》节选六[J]. 中国教育信息化，2023，29（1）：61-72.

表 4-12　世界高等教育数字化发展指标

一级指标	二级指标	具体测量指标	数据说明	数据计量	数据主要来源
数字化育人	接入条件	国家公共数字化学习平台数量	访问次数百万次以上的慕课平台数量	统计绝对数值	统计各国慕课平台及联合国教科文组织所发布的信息
		建有或使用校级数字化学习平台的学校比例	高校建有或使用数字化教学平台（包括在线课程平台、虚拟仿真教学平台等）的比例	抽样中建有或使用数字化教学平台的高校数量占总抽样高校数量的比例	统计高水平高校
		校均数字化学习空间数量	高校拥有数字化教室、数字化实验室、仿真软件等各类数字化教学环境的数量	抽样中各国高校拥有数字化学习空间（数字化教室、数字化实验室、仿真软件等各类数字化环境）的平均数	统计高水平高校
		人均移动终端数	每百人移动蜂窝订阅数	各国每百人移动蜂窝订阅的数量	国际电信联盟
		数字化带宽	4G移动网络技术的人口覆盖率	比例	国际电信联盟
	育人资源	慕课数量	高校提供选学人数超过500人的慕课数量	统计绝对数值	ClassCentral网、联合国教科文组织所发布数据
		校均电子数据库拥有量	高校图书馆电子文献资源数据库的数量	抽样中各国高校电子数据库拥有量的平均数	统计高水平高校图书馆
		数字化学科工具软件数量	高校拥有数字化学科工具软件的数量	分四类等级统计：0，1，2~4，≥5	统计高水平高校
	教师素养	教师数字化素养	高校接受数字化素养培训的教师人次比	抽样中各高校接受数字化素养培训的教师人次比的加权平均数	统计高水平高校
数字化办学	教学模式	生均线上学习时间	大学生平均线上学习时间	ClassCentral网中各国学生生均线上学习时间的平均数	ClassCentral网或各国慕课平台
		开展规模化应用在线课程、混合式教学及翻转课堂的学校比例	高校应用在线课程、混合式教学及翻转课堂开展教学实践的比例	抽样中应用在线课程、混合式教学及翻转课堂开展教学实践的课程占总课程比超过5%的高校数量占总抽样高校数量的比例	统计高水平高校
	学位认证	实现在线授予学位的专业数量	高校通过在线课程学习授予学位的专业总数，包括学士、硕士和博士学位（不同高校同一专业可重复累计）	统计绝对数值	StudyPortal网
数字化管理	内部治理	数字化管理制度	出台了数字化管理制度的高校占比（包括校务全流程线上办理、教师全方位职业能力测评等）	抽样中拥有数字化管理制度的高校数量占总抽样高校数量的比例	统计高水平高校

200

续表

一级指标	二级指标	具体测量指标	数据说明	数据计量	数据主要来源
数字化管理	内部治理	数字化管理平台	建设了数字化管理平台的高校占比（包括网络资源平台、师生管理平台、教务平台/学生全过程管理平台、课程资源平台等）	抽样中拥有数字化管理平台的高校数量占总抽样高校数量的比例	统计高水平高校
	外部治理	信息安全法规	国家层面是否有针对网络信息安全保障的法律法规	统计分值（是＝1，否＝0）	国际电信联盟
数字化保障	政策保障	战略规划	是否有高等教育数字化发展规划（包括聚焦新兴技术、5G/6G、物联网、人工智能等的国家战略、政策或倡议）	统计分值（是＝1，否＝0）	国际电信联盟
	财力保障	经费投入	高等教育数字化经费投入平均占比	抽样中各国高校数字化建设经费占经费总支出的均值	统计高水平高校
	人力保障	人员配比	每千名师生拥有的信息技术教学支持人员、信息技术辅助教学人员的比例	抽样中各国高校中信息教学支持人员、信息技术辅助教学人员数量占全校师生数量（每千名）的均值	统计高水平高校

资料来源：世界慕课与在线教育联盟秘书处. 世界高等教育数字化发展指数构建——《无限的可能：世界高等教育数字化发展报告》节选六[J]. 中国教育信息化，2023，29（1）：61-72.

此外，为科学引导智慧教育示范区建设，做好示范区绩效评估工作，教育部科技司制定了绩效评估办法和指标（表4-13）。评估指标不要求"面面俱到"，不搞"一刀切"，力争在一些关键点上取得重大突破。

表4-13 "智慧教育示范区"创建项目绩效评估指标（试行）

建设任务	代表性观测点	基本要求
以课程和实践为核心建构师生信息素养全面提升的途径和机制	学生信息素养评测结果	40分
	教师信息素养测评结果	60分
	开设信息技术类综合实践课的学校比例	80%
	开展创新教育课程和活动的学校比例	50%
	开设人工智能教育课程和实验项目的学校比例	30%
探索新型教学模式以推动信息技术与教育教学实践的深度融合	是否应用系统支撑开展信息化教学	是
	应用网络学习空间开展教学的师生比例	50%
	经常应用智能教学助手类软件的教师比例	30%

续表

建设任务	代表性观测点	基本要求
依托学习过程数据提高学生综合素质评价的精准性	伴随性采集学生学习过程数据的试点班级	5个
	提供学生学情分析报告的试点班级	5个
	是否应用系统支撑综合素质评价	是/否
构建数据互联融通的个性化教学支持服务环境	是否实现教育数据与政府数据中心的有效对接	是
	教育应用系统是否实现统一身份认证	是/否
	支持开展数字校园建设的学校比例	50%
采用协同创新机制提升区域教育资源供给服务能力	师生是否可以方便地从国家数字教育资源公共服务体系获得所需资源	是/否
	教师在"三个课堂"中承担的教学和教研任务是否纳入工作量计算	是/否
	参与资源汇聚应用的社会机构或企业	2个
利用人工智能、大数据等新技术提升教育治理能力	应用大数据辅助科学决策和治理的教育业务	5项
	参与人工智能条件下教育社会实验的学校	3个
	是否应用系统支撑实时获取校园安全数据	是/否
领导体制和工作机制	教育行政部门是否明确教育信息化职能部门	是/否
	是否印发示范区建设实施方案或行动计划	是/否
	是否落实"智慧教育示范区"专项建设资金	是/否
	主动联系专家开展针对性指导	5人次
创新和特色	自定义	

资料来源:教育部开展"智慧教育示范区"建设项目2021—2022年度绩效评估工作[EB/OL]. https://learning.sohu.com/a/659747963_121124010.2023-3-27.

教育数字化转型与智慧教育没有现成的经验可以借鉴，没有既定的道路可以因循，这是一项具有开创性和挑战性的工作，它既承载着对当前教育变革的期望，又承载着对未来教育发展的期盼。中国的教育和欧美的教育不一样，国情不同、面临的问题不同、教育体系也不同，不能简单地照搬照抄、盲目跟踪模仿、跟着别人的议题话题跑。教育数字化与智慧教育研究和实践要"自信"，既要学习借鉴国外先进的教育经验，又要立足中国国情和教育实际，到一线去，真思考，解决真问题，加强对国内生动、鲜活教育实践的研究，努力成为智慧教育的国际引领者，为世界提供中国方案，贡献中国智慧。

现对智慧教育未来发展提出五点具体建议[①]。其一，教师、管理者和利益相关者应认识到智慧教育对于教育可持续发展和实现《教育 2030 议程》至关重要。通过数字技术和人工智能等变革教育，加速发展包容、公平和优质的教育，应成为全社会的共识。其二，各国政府应根据其治理结构和具体情况，转变教学方式、构建智慧学习环境、研制前瞻性政策等三个战略杠杆，促进智慧教育发展，并统筹考虑公平和包容、持续改进的文化和多部门的合作。其三，政策制定者应从信息基础设施、数字教育资源和平台、课程和教学法、数字能力、技术治理、教育行政管理等方面，以智慧教育为目标来审查、分析和制定相关国家教育政策。其四，地方政府和学校领导应从学习效果、办学效率、数字工具和资源的效能等方面，设计智慧校园和新一代学习环境；在区域和学校层面，应创新技术支持的学与教的方式，促进个性化学习和差异化教学，并监测学与教的过程和质量。其五，各利益相关方应在智慧教育战略驱动下推动和加强合作，以构建智慧教育公共服务体系，如义务教育阶段必修课程供给、学习与技术支持、基于大规模开放学习平台的学习分析服务、跨区域的开放教育资源应用实践等。

---

① "国家智慧教育战略联合研究计划"发布研究成果并发起全球智慧教育合作联盟[EB/OL]. https://mp.weixin.qq.com/s/NI8q4ED8j4Hw6rPrmVGtlg ，2022-08-18.

第 5 章

教育智能技术图谱

在智能增强时代，人机协同将成为新常态，并能够有效链接物理世界与数字信息世界。

——《智能增强时代推进新一轮学习革命——访中国科学院院士吴朝晖教授》

VR 具有 4I 特征，即沉浸感（Immersion）、交互性（Interaction）、构想性（Imagination）和智能化（Intelligence）。

——《虚拟现实：教育技术发展的新篇章——访中国工程院院士赵沁平教授》

文明之初，"结绳记事"是我们记录数据的一种方式；文字发明以后，"文以载道"，记录了人类发展史；到了近现代，"数据建模"成为我们认识客观世界的一种科学方法。

——《大数据时代的教育：若干认识与思考——访中国科学院院士梅宏教授》

智能技术是以人工智能为代表，能够了解人类需求，模仿人类进行操作、辅助决策，延伸和扩展人的智能的理论、方法、技术及应用系统。教育智能技术不仅包含情境感知、模式识别、教育机器人等显性的智能技术，还包括大数据、云计算、物联网等教育智能化的支撑技术，以及专门用于教育教学的教学设计、教育测评、智能教育助理等教育技术。教育智能技术的核心目的是基于对教育教学全过程的多模态信息采集，通过面向教育教学场景的智能计算，提供个性化、情景化和智能化的教育教学服务，从而促进教育教学创新。从智能技术促进教育教学创新的技术价值来看，以智能"人"隐喻，教育智能技术分为基础支撑、感官获取、中枢思维、数据传输和展示服务等技术种群，并形成了教育智能技术图谱，融入了智慧教育生态，构建了智慧教育解决方案。

一、技术驱动教育变革

智能技术的快速发展，驱动和引领新一轮科技革命与产业变革，赋能经济发展和社会进步，重新定义了人类的思维方式，以及知识生产、获取和传授方式，引发了教和学关系的革命性变化，深刻影响着学校的教育理念、教学方式、学习方式、教育治理模式乃至教育形态，对教育教学创新提出了新要求。"技术颠覆教育说法""技术解决方案主义"一直存在，但是推动第三次工业革命的技术只是给教育的某些方面带来了一些变化。智能技术产生于非工业生产环境，也就是其并非源于工业生产效率的提高，智能技术面向整个社会领域，已经给社会其他领域带来了一些巨大的变化，在可预见的未来对教育也将带来革命性的变革或至少有这样的潜能。但也要避免陷入技术解决方案主义"误识"，即假设根深蒂固的社会问题，如缺少高质量且有经验的教师，能够完全依靠技术解决。教育未必对这一切负责，但教育必须对此有所作为。

社会需求变化是教育变革的重要原动力。从历史发展来看，工业化时代的产业结构相对稳定，生产相对标准化，社会对人才的要求自然较低，所以教育通常只需要做某一或某些方面的调整就可以适应社会发展变化。智能技术推动经济发展方式的转变和经济结构的调整，导致人力资源市场和传统工作模式发生变化，职业转换速度不断加快，社会对人才能力的要求随之提高。智能技术的兴起和应用虽然不会导致工作岗位数量减少，但是会导致工作岗位和工作内容发生变化[1]。人工智能使传统工作性质发生改变，数以亿计的人因暂时不能适应该变化而感到焦虑，为了使更多的人适应该变化，我们应秉承"为未来而教、为未来而学"

---

[1] Ionescu L，Andronie M. The Future of Jobs in the Digital World[C]. Bucharest：International Conference on Economic Sciences and Business Administration，2019.

的理念，加大对教育的投入力度[①]。简单、重复、程式化和标准化的技能未来可能由智能机器来完成，而面对复杂问题时所需要的解决能力、设计能力等，以及直觉、情感等则最能体现人的优势。

智能技术的快速发展，促使社会对人才的需求也发生了变化，不同领域、岗位需要不同层次、类型和特点的人才，如需要具备良好学术素养的研究型人才、具备研发和制造能力的工程技术型人才、具备数字经济和金融知识的互联网人才、具有国际视野的外向型人才、具有智能素养的复合型人才、具备设计思维和艺术审美的专业人才等。人才需求侧发生了巨大变化，作为供给侧的学校要与时俱进，更新教育教学理念、目标和方案，优化专业设置、课程体系和教学内容，深化教学模式改革，创新教学环境、教学管理和服务方式，培养学习者的社会责任、创新精神、实践本领、合作能力等核心素养。

科技革命促进社会转型，社会转型对教育变革提出新的需求，教育变革又为科技发展提供新动力，它们相互赋能。社会、科技、教育系统中的环境、学校、课堂、教材、课程、教师、学生、管理者及家长等要素相互影响、相互作用。智能技术的发展使得信息量呈现爆炸式增长，知识更新、传递和转化速度加快，交叉学科应运而生。教育向数字化、网络化和智能化发展，教学方式从线下转向线上线下融合、从学校转向多场域，教师角色转变为学生的学习伙伴、学习活动的设计者和指导者，甚至出现智能化的虚拟教师，教与学的关系发生改变，人机协同的教与学渐显。"物理-社会-信息"三元空间的融合构建了新的学习和知识空间，为人类带来了新的认知通道、感知模式、互联方式、计算方法和处置技术，形成数据驱动、人机协同、开放智联的"人机物环"生产关系。智能技术将成为智慧教育生态重塑的关键因素和重要变量。

从技术革新教育角度，六次教育革命之说分别源自口语、文字、印刷术、电子模拟信息技术、多媒体网络交互技术、智能信息技术等六次人类信息传播技术革命[②]。四次教育革命之说源自四次工业革命：工业 1.0 以蒸汽机改良推进机械化生产为特征，对应的教育没有发生多大变化；工业 2.0 以电能的突破和应用实现劳动分工及批量化生产为特征，为适应机器大生产的需求，以班级授课为主要形式的标准化教育成为常态；工业 3.0 进入信息化和自动化时代，教育变革主要体现信息技术在教育中得到广泛应用；工业 4.0 进入智能技术大爆炸时期，产业结构的变化对人才的数字能力和终身学习能力提出更高要求，教育将因应这种需求而变革[③]。在教育 4.0

[①] 陈殿兵，杨新晓. 为未来而教，为未来而学——世界银行发展报告《工作性质的变革》对学校教育的述评[J]. 现代教育科学，2019，(10)：1-6.

[②] 胡钦太，刘丽清，郑凯. 工业革命 4.0 背景下的智慧教育新格局[J]. 中国电化教育，2019，(3)：1-8.

[③] Sharma P. Digital revolution of education 4.0[J]. International Journal of Engineering and Advanced Technology (IJEAT)，2019，(9)：2249-8958.

阶段，人工智能扮演重要角色，学生真正处于教育生态系统的中心，创新和数字技术驱动学习走向个性化[①]。

在智能时代，智能技术赋能学生，将更加注重培养学生的创新精神和合作精神（从人人合作到人机协同），提高其个性化学习能力和协作学习能力；赋能教师，将转变教师角色、转变教学方式；赋能学校，将改变其组织形式和办学形态。智能技术提升了人类的感知和识别能力、远程传输和交互能力、计算和存储能力[②]，人们对智能技术融入教育教学领域的前景抱有美好的期待。

二、人工智能技术概览

（一）人工智能底层技术

人工智能的每种应用都依赖一系列复杂的底层技术。在过去几十年里，比较早期的人工智能或传统人工智能技术，随着在医疗诊断、信用评级和生产制造等领域的广泛应用，此类基于规则的人工智能"专家系统"得到发展。这类"专家系统"建立在"知识工程"的基础上。"知识工程"涉及解析和模拟某一具体领域的专家知识。典型的专家系统包含数百条规则，其逻辑尚算有迹可循。然而，随着各种规则之间的相互作用成倍增加，一旦想要修改或改进，那么对于专家系统来说是颇具挑战性的。

从自然语言处理到人脸识别、无人驾驶汽车……许多新近的人工智能技术进步都离不开基于机器学习的计算方法。机器学习不去运用规则，而是分析大量数据，从中发现规律，在此基础上构建模型，用来预测未来数值。如今，机器学习非常普遍，甚至被视为人工智能的同义词，但其实它只是人工智能的一个子集。目前，仍有许多人工智能应用并不采用机器学习方法，或者说，至少这些应用背后存在某种有效的老式人工智能（基于规则或符号的人工智能）的身影。若无有效的传统人工智能要素协助，机器学习无法创建完整的人工智能。另外，机器学习既不是真的像人类学习一样，也不能独立地学习。相反，机器学习完全依赖于人：是人在选取、清理和标记数据；是人在设计和训练人工智能算法；也是人在管理、解读和评判输出结果。

人工神经网络是一种灵感源自生物神经网络（即动物大脑）结构的人工智能技术。人工神经网络包含三类相互连通的人工神经元层，即输入层、隐藏的中间计算层、产生结果的输出层。在机器学习过程中，赋予神经元连接的权重会在强

---

① Sadiku M N O, Omotoso A, Musa S M. Essence of education 4.0[J].International Journal of Trend in Scientific Research and Development，2020，4（4）：1110-1112.

② 刘德建，杜静，姜男，等. 人工智能融入学校教育的发展趋势[J]. 开放教育研究，2018，24（4）：33-42.

化学习和"反向传播"环节有所调整,方便人工神经网络计算新数据的输出值。隐藏的中间计算神经元层是评价人工神经网络能力的关键所在,但也会是一个重大约束因素。人们通常没有办法质询深度神经网络,从而无法判定它是如何求解的,即决策不可知、算法不透明。

深度学习指包含多个中间层的人工神经网络方法。正是由于深度学习方法,近年来许多令人瞩目的人工智能应用才成为可能,人类社会才迎来人工智能发展的新浪潮。深度学习的新兴模型包括:①深度神经网络找到有效的数学运算法则,将输入变成所需的输出;②循环神经网络使数据可以流向任意方向,能够处理输入序列,可应用于语言建模等领域;③卷积神经网络,用于处理多维数据;④生成式对抗网络和判别式网络,两个深度神经网络彼此竞争,生成式网络创建可能的输出,而判别式网络负责评价这些输出,由此产生的结果用于下一次迭代。

(二)人工智能技术

人工智能是智能技术的典型代表,研究和开发用于模拟、延伸和扩展人的智能的理论、方法、技术及应用系统。上述底层技术共同催生了一系列人工智能技术的应用,越来越多地以"人工智能即服务"的形式呈现出来[①](表 5-1)。

表 5-1 人工智能技术

人工智能技术	典型应用	主要底层技术	发展情况
自然语言处理	人工智能自动生成文本和解释文本,包括进行语义分析	机器学习和深度学习、回归分析和 K 均值算法	自然语言处理、语音识别和图像识别均已达到 90%以上的精确度
语音识别	智能手机语音功能、人工智能个人助理和对话机器人	机器学习,特别是"长期短时记忆"的深度学习循环神经网络方法	
图像识别和处理	人脸识别、手写识别、图像处理以及无人驾驶等	机器学习,特别是深度学习卷积神经网络	
自主代理	计算机游戏角色、智能助教、虚拟伴侣、智能机器人等	有效的老式人工智能和机器学习(比如,深度学习自组织神经网络、进化式学习和强化学习等)	聚焦于涌现智能、协作活动、情境性和具身化等受相对简单生物生命形式启发的特性
情绪检测	文本、行为和面部情绪分析	贝叶斯网络和机器学习,特别是深度学习	全球多种产品正在研发中,但这些技术的应用通常颇具争议

---

① https://unesdoc.unesco.org/ark:/48223/pf0000376709.

续表

人工智能技术	典型应用	主要底层技术	发展情况
用于预测的数据挖掘	财务预测、诈骗侦测、医疗诊断、天气预报、业务流程和智慧城市等	机器学习(特别是有监督学习和深度学习)、贝叶斯网络和支持向量机	数据挖掘应用程序正在呈指数级增长
人工创作	创作新照片、新音乐、新艺术作品或新故事的系统	深度学习生成式对抗网络	ChatGPT可以生成令人惊叹的"类人"文本

资料来源：苗逢春，Holmes W，黄荣怀，等. 人工智能与教育：政策制定者指南[EB/OL]. https://unesdoc.unesco.org/ark:/48223/pf0000376709，2021-12-07.

通俗地来说，人工智能有"弱"和"强"的说法，当前总体还处在"弱人工智能"阶段，专注于且只能解决特定领域的问题，可预测、可应对；"强人工智能"像真正的"人"一样有知觉、有思维、有意识、有情感。另外，还有"超人工智能"的说法，即超越人类、无所不能。虽然人工智能科学家一开始是想要打造类人的通用人工智能，称为"强人工智能"，但上述应用其实都是专用人工智能，也称"弱人工智能"。这类专用人工智能应用涉及的领域均受到严格的约束和限制，而且无法直接应用于其他领域。尽管这些应用程序不是人类意义上的"智能"，但是在效率和耐力上的表现往往胜人一筹，而且能够识别海量数据中存在的显著规律。

我们应该认识到，人工智能技术仍然处于起步阶段。虽然人工智能在某些功能方面的表现超越人类专家，但在某些方面，人工智能的表现甚至不如两岁孩童。对人工智能潜能和局限性应采取批判性态度：①代表"真实、迅速的技术进步"的人工智能技术，主要专注于"感知能力"，包括基于扫描的医疗诊断、语音转文本以及深伪技术等；②"日趋完善"的人工智能技术，主要围绕自动判断，包括垃圾邮件及言论检测和内容推荐；③"在根本上备受质疑"的人工智能技术，主要集中在预测社会发展情况。

虽然深度神经网络已经训练有素，能够完成一些不可思议的任务，但是有很多事情是它们无法做到的。其实，这些技术只是从统计数据中归纳出规律。这些规律或许更加隐晦、更加间接甚至比历史方法更加自动化，能够反映更加复杂的统计现象，不论这些结果有多么令人惊叹，但是仍然只是数学的化身，而不是有智力的实体。此外，若是机器学习方法涉及成千上万个数据变量或功能，因而需要大量资源来对之进行计算，那么与仅使用少数功能且能耗少得多的简单线性回归方法相比，这些复杂方法或许好不了多少。

与以往技术革命相比，如今人工智能技术的突出之处在于其发展速度和普遍性：速度快到几乎每天都会涌现出新技术和新的转型方式，并且几乎影响着生活、学习和工作的每个方面，而且将随着算力、算法、芯片技术的发展而快速发展。

人类与人工智能之间的关系越来越复杂微妙，导致有人呼吁重新构建或重新命名人工智能，将其称为"增强智能"。在智能增强时代，人机协同将成为新常态，并能够有效链接物理世界与数字信息世界[1]。

（三）新一代人工智能关键共性技术

《新一代人工智能发展规划》指出，"人工智能发展进入新阶段。经过60多年的演进，特别是在移动互联网、大数据、超级计算、传感网、脑科学等新理论新技术以及经济社会发展强烈需求的共同驱动下，人工智能加速发展，呈现出深度学习、跨界融合、人机协同、群智开放、自主操控等新特征。大数据驱动知识学习、跨媒体协同处理、人机协同增强智能、群体集成智能、自主智能系统成为人工智能的发展重点"。

> **《新一代人工智能发展规划》（节选）**
>
> 1. 大数据智能理论。研究数据驱动与知识引导相结合的人工智能新方法、以自然语言理解和图像图形为核心的认知计算理论和方法、综合深度推理与创意人工智能理论与方法、非完全信息下智能决策基础理论与框架、数据驱动的通用人工智能数学模型与理论等。
>
> 2. 跨媒体感知计算理论。研究超越人类视觉能力的感知获取、面向真实世界的主动视觉感知及计算、自然声学场景的听知觉感知及计算、自然交互环境的言语感知及计算、面向异步序列的类人感知及计算、面向媒体智能感知的自主学习、城市全维度智能感知推理引擎。
>
> 3. 混合增强智能理论。研究"人在回路"的混合增强智能、人机智能共生的行为增强与脑机协同、机器直觉推理与因果模型、联想记忆模型与知识演化方法、复杂数据和任务的混合增强智能学习方法、云机器人协同计算方法、真实世界环境下的情境理解及人机群组协同。
>
> 4. 群体智能理论。研究群体智能结构理论与组织方法、群体智能激励机制与涌现机理、群体智能学习理论与方法、群体智能通用计算范式与模型。
>
> 5. 自主协同控制与优化决策理论。研究面向自主无人系统的协同感知与交互，面向自主无人系统的协同控制与优化决策，知识驱动的人机物三元协同与互操作等理论。
>
> 6. 高级机器学习理论。研究统计学习基础理论、不确定性推理与决策、分布式学习与交互、隐私保护学习、小样本学习、深度强化学习、

---

[1] 沈阳，田浩，黄云平. 智能增强时代推进新一轮学习革命——访中国科学院院士吴朝晖教授[J]. 电化教育研究，2020，41（8）：5-10.

无监督学习、半监督学习、主动学习等学习理论和高效模型。

7. 类脑智能计算理论。研究类脑感知、类脑学习、类脑记忆机制与计算融合、类脑复杂系统、类脑控制等理论与方法。

8. 量子智能计算理论。探索脑认知的量子模式与内在机制，研究高效的量子智能模型和算法、高性能高比特的量子人工智能处理器、可与外界环境交互信息的实时量子人工智能系统等。

资料来源：新一代人工智能发展规划[EB/OL]. https://www.gov.cn/zhengce/content/2017-07/20/content_5211996.htm，2017-07-20.

新一代人工智能关键共性技术的研发部署以算法为核心，以数据和硬件为基础，以提升感知识别、知识计算、认知推理、运动执行、人机交互能力为重点，形成开放兼容、稳定成熟的技术体系。

建立新一代人工智能关键共性技术体系

围绕提升我国人工智能国际竞争力的迫切需求，新一代人工智能关键共性技术的研发部署要以算法为核心，以数据和硬件为基础，以提升感知识别、知识计算、认知推理、运动执行、人机交互能力为重点，形成开放兼容、稳定成熟的技术体系。

知识计算引擎与知识服务技术。重点突破知识加工、深度搜索和可视交互核心技术，实现对知识持续增量的自动获取，具备概念识别、实体发现、属性预测、知识演化建模和关系挖掘能力，形成涵盖数十亿实体规模的多源、多学科和多数据类型的跨媒体知识图谱。

跨媒体分析推理技术。重点突破跨媒体统一表征、关联理解与知识挖掘、知识图谱构建与学习、知识演化与推理、智能描述与生成等技术，实现跨媒体知识表征、分析、挖掘、推理、演化和利用，构建分析推理引擎。

群体智能关键技术。重点突破基于互联网的大众化协同、大规模协作的知识资源管理与开放式共享等技术，建立群智知识表示框架，实现基于群智感知的知识获取和开放动态环境下的群智融合与增强，支撑覆盖全国的千万级规模群体感知、协同与演化。

混合增强智能新架构与新技术。重点突破人机协同的感知与执行一体化模型、智能计算前移的新型传感器件、通用混合计算架构等核心技术，构建自主适应环境的混合增强智能系统、人机群组混合增强智能系统及支撑环境。

自主无人系统的智能技术。重点突破自主无人系统计算架构、复杂动态场景感知与理解、实时精准定位、面向复杂环境的适应性智能导航等共性技术，无人机自主控制以及汽车、船舶和轨道交通自动驾驶等智能技术，服务机器人、特种机器人等核心技术，支撑无人系统应用和产业发展。

虚拟现实智能建模技术。重点突破虚拟对象智能行为建模技术，提升虚拟现实中智能对象行为的社会性、多样性和交互逼真性，实现虚拟现实、增强现实等技术与人工智能的有机结合和高效互动。

智能计算芯片与系统。重点突破高能效、可重构类脑计算芯片和具有计算成像功能的类脑视觉传感器技术，研发具有自主学习能力的高效能类脑神经网络架构和硬件系统，实现具有多媒体感知信息理解和智能增长、常识推理能力的类脑智能系统。

自然语言处理技术。重点突破自然语言的语法逻辑、字符概念表征和深度语义分析的核心技术，推进人类与机器的有效沟通和自由交互，实现多风格多语言多领域的自然语言智能理解和自动生成。

资料来源：新一代人工智能发展规划[EB/OL]. https://www.gov.cn/zhengce/content/2017-07/20/content_5211996.htm，2017-07-20.

三、教育智能技术

智能包括智慧和能力，或者知识和智力，前者作为智能的基础，后者强调产生智慧或获取知识的能力。人类智能包括语言智能、数学逻辑智能、空间智能、身体运动智能、音乐智能、人际智能、内省智能等[1]。机器智能是新一代自动化技术的延伸，基础是计算，核心是会学习的机器，用来辅助人类。智能技术被认为是模拟和扩展人类智能的新一代信息技术，包括但不限于用关键词"IMABCDE"所指代的技术，并且随着时代的发展将会越来越丰富。IMABCDE 具体包括以下内涵。

I（internet of things，物联网）：将各种信息传感设备与网络结合起来而形成的一个巨大网络，目的是实现"万物互联"。

M（mobile communications，移动通信）：移动体之间的通信，或移动体与固定体之间的通信，目前我们已迈入 5G 时代。

A（artificial intelligence，人工智能）：研究和开发用于模拟、延伸和扩展人的智能的理论、方法、技术及应用系统。

B（blockchain，区块链）：本质上是一个共享数据库，存储于其中的数据或信息"不可伪造""全程留痕""可以追溯""公开透明""集体维护"。

---

[1] 加德纳. 多元智能新视野（纪念版）[M]. 沈致隆，译. 杭州：浙江人民出版社，2017.

C（cloud computing，云计算）：分布式计算的一种，通过网络云将巨大的数据计算处理程序分解成无数个小程序，然后通过分布式服务器进行处理和分析并将结果反馈给用户。

D（data technology，数据技术）：数据感知、采集、互联、计算、分析和处置技术，比较典型的是大数据技术。

E（edge computing，边缘计算）：在靠近物或数据源头的一侧，利用集网络、计算、存储、应用核心能力为一体的开放平台，就近提供最近端服务。

2022年4月，美国高等教育信息化协会发布《2022地平线报告（教与学版）》[①]，从重塑未来教与学的五大趋势、教与学六项关键技术、四大教与学场景、应对举措四个维度描绘了未来教与学[②]。其中，六项关键技术包括：用于学习分析的人工智能、用于学习工具的人工智能、混合学习空间、混合/远程学习模式主流化、微认证、混合/远程教学的专业发展（表5-2）。

表5-2 "地平线报告（教与学版）"内容要点比较（2020～2022年）

维度		2020年	2021年	2022年
重塑未来教与学的五大趋势	社会趋势	幸福与心理健康；人口变化；公平与公正	远程工作/学习；数字鸿沟的扩大；心理健康问题	混合和在线学习；技能学习；远程工作
	技术趋势	人工智能；技术含义；下一代数字学习环境；数据分析与隐私问题	混合学习模式的广泛采用；更多地使用学习技术；在线教师发展	学习分析和大数据；重新定义教学模式；网络安全
	经济趋势	高等教育成本；未来的工作和技能；气候变化	高等教育经费减少；对新的、不同的劳动力技能的需求；经济模型中的不确定性	大学学位的成本和价值；数字经济；财务赤字
	环境趋势	学生人数变化；其他教育途径；在线教育	气候变化；减少工作旅行；可持续发展	改善校园物理环境；可持续发展目标；星球健康
	政治趋势	教育经费减少；高等教育的价值；政治两极分化	网络全球化的增长；民族主义的兴起；高等教育公共基金	政治不稳定导致教育的不确定性；影响教育学的政治意识形态；公共资金的减少
教与学六项关键技术		自适应学习技术	人工智能	用于学习分析的人工智能
		人工智能/机器人学习教育应用	混合和混合课程模式	用于学习工具的人工智能
		学生成就分析	学习分析	混合学习空间
		教学设计、学习工程和用户体验设计的提升	微认证	混合/远程学习模式主流化
		开放教育资源	开放教育资源	微认证
		扩展现实（虚拟现实、增强现实、混合现实、触觉）技术	高质量的在线学习	混合/远程教学的专业化发展

---

① https://library.educause.edu/resources/2022/4/2022-educause-horizon-report-teaching-and-learning-edition.
② 王运武，李袁爽，姜松雪，等. 疫情背景下高等教育数字化转型趋势——美国《2022地平线报告（教与学版）》解读与启示[J]. 中国教育信息化，2022，28（5）：13-20.

续表

维度		2020 年	2021 年	2022 年
四大教与学场景	增长	高等教育持续蓬勃发展	混合和在线课程日趋常态化	混合和在线学习更加规范，使用学习分析和大数据更加广泛
	约束	高等教育更加追求效率和可持续性价值观	高等教育分化加剧，倾向于创新教育模式，以实现效率和公平	高等教育机构实践与决策越来越关注维护和改善地球健康这一核心目标
	崩溃	原有高等教育基本崩溃，取而代之的是新的教育生态系统	高等教育经费减少，缺乏关键基础设施和师资发展资源	世界各地政治分歧加剧，高等教育机构需要调整使命和实践活动
	转型	气候变化和数字技术驱动教育变革，学习者选择灵活的入学方式和个性化的学位	采用新的学习技术和混合学习模式，通过泛在学习模式让更多人有机会攻读学位和获取证书	重构高等教育形式和功能，以更好地适应行业和未来劳动力的需求
教与学应对举措		大数据作为变革和颠覆教育的科学方法；开放教育解决优质教育资源不平等问题；物理空间和虚拟空间演变形成无边界学习空间；将公平和包容视为真正的实践	针对数字化颠覆加快数字转型；利用开放教育资源缩小数字鸿沟；提升在线学习质量	重新思考传统教育；重新定义教学模式；混合和在线学习模式的主流化；提供多种学习方式和不同类型的微型证书；创造有利的学习环境

资料来源：王运武，李袁爽，姜松雪，等. 疫情背景下高等教育数字化转型趋势——美国《2022 地平线报告（教与学版）》解读与启示[J]. 中国教育信息化，2022，28（5）：13-20.

教育智能技术不仅包含情境感知、模式识别、教育机器人等显性的人工智能技术，还包括大数据、云计算、物联网等支持教育智能化的支撑技术，以及专门用于教育教学的教学设计、教育测评、智能教育助理等教育技术。教育智能技术的核心目的是基于对教育教学全过程的多模态信息采集，通过面向教育教学场景的智能感知和计算，提供个性化、情景化和智能化的教育教学服务，从而促进教育教学创新。从智能技术促进教育教学创新的技术价值来看，以智能"人"隐喻，教育智能技术分为基础支撑、感官获取、中枢思维、数据传输和展示服务等技术种群，并形成了教育智能技术图谱[①]。

（一）基础支撑技术

基础支撑技术种群是指为数据、资源和信息提供存储、组织、管理、计算以及安全保障的支撑技术，是教育智能技术的"骨骼"，包括教育大数据技术（采集、清洗、存储、查询和分析等）、基础计算技术（云计算、图形处理器 GPU、中央处理器 CPU 等）、知识组织技术（如知识工程、知识图谱）和安全保障技术（信息安全、区块链技术等）。云计算是提升智能算法执行效率和准确率的基石；知识图谱从语义层面组织教学数据，增强数据间的语义联系和可解释性，能够支持适

[①] 刘德建. 智能技术促进高校教育教学创新研究[M]. 北京：科学出版社，2022.

应性学习诊断、个性化学习推荐以及智能教育机器人的发展等；区块链实现了去中心化、可追溯和高信任度的教育数据管理方式。

文明之初，"结绳记事"是我们记录数据的一种方式；文字发明以后，"文以载道"，记录了人类发展史；到了近现代，"数据建模"成为我们认识客观世界的一种科学方法。如今，人类社会迈入大数据时代，数据呈现爆炸式增长的趋势[①]。教育大数据可以理解为教育领域的大数据或大数据技术在教育教学中的应用[②]。大数据技术为存储和计算教育场景中的教学、科研、管理、服务等多种类、多结构、多模态的数据提供数据基础服务。我国超大规模的学校、教师、学生在管理、教学和学习过程中，每天都将产生海量数据，这些数据与学生学籍、教师专业发展、学校状态数据等基础数据有机结合，以广泛应用于教育教学过程的优化和管理决策的支持服务。教育基础数据主要源于行政管理部门的信息管理系统及其基础数据库和队列；教育状态数据源自学校等教育机构的运行过程，通常需人工记录或传感器感知；教育资源数据指用于各种形式的教学与培训的数字化学习资源；教育行为数据来自日志记录和行为感知，可用于综合素质评价、学习路径规划、学习资源推荐、教学行为预测与干预等。

（二）感官获取技术

感官获取技术种群是指对教学过程中学生、教师和其他参与者的行为、轨迹以及图像、声音、文本等多模态数据进行感知和采集的技术，是教育智能技术的"五官"，智能感知、互联、计算和处置是智慧教育的本质特征之一。对学习环境、学习过程、学习轨迹、学习者生物特征等的感知，可以实现对学习者以及学习过程的精准刻画，为进一步提供智能学习服务做准备。典型技术包括物联网传感技术、视音频采集技术、生物特征采集技术、脑机接口和可穿戴设备等。物联网传感技术可以感知学习场所的温度、声音、光线等环境指标，使得学习空间中的声光电、温湿度等可以根据学习者的需要和喜好进行个性化定制；视音频采集技术可以定向记录学习者的对话、表情、情绪、活动轨迹等行为，描绘师生画像；脑机接口技术可以有效识别学生学习状态、注意力水平以及学习动机等内在信息；可穿戴设备可以获取学习者的脉搏、血压、心跳、生物电、脑电、眼动等生物特征信息。

（三）中枢思维技术

中枢思维技术种群是指对教育大数据进行处理、分析并进一步做出决策的智

[①] 沈阳，田浩，曾海军. 大数据时代的教育：若干认识与思考——访中国科学院院士梅宏教授[J]. 电化教育研究，2020，41（7）：5-10.

[②] 方海光. 教育大数据：迈向共建、共享、开放、个性的未来教育[M]. 北京：机械工业出版社，2016.

能技术，是教育智能技术的核心，充当着"大脑"的角色。以机器学习、深度学习技术为核心，一方面包括模式识别、情感计算、计算机视觉等人工智能技术，另一方面包括面向教育生态的学习分析、教育测评、教学设计等教育技术。机器学习和深度学习是中枢智能技术的关键，利用数据或以往经验，建立数据模型和算法，通过分析学习样本数据的内在规律和表示层次，以解释声音、文本、图像等不同数据，完成智能推理；在机器学习和深度学习的赋能下，通过模式识别、情感计算、计算机视觉等人工智能技术可以实现对教学主体表情、动作、语言等的识别，促进传统教育技术向数据化、智能化转变。中枢思维技术是教育智能计算引擎构建的关键技术，涉及环境改革、认知计算、行为计算以及教育大数据的可视化，由此构建教育大脑。

（四）数据传输技术

数据传输技术种群是指在教育生态中为各个智能技术之间的海量数据传输提供稳定、安全和快捷的数据传输技术，是教育智能技术的"血管与神经"，包括5G技术、全光网络技术、Wi-Fi、蓝牙等网络通信技术。随着教育场景的多样化、泛在化和混合化，以及教育智能技术对多模态、实时性和大规模的数据要求越来越高，教育中需要传输的数据量也在快速增长。传输技术架构的不断优化和普及，以及互联网通信技术的不断优化与全面覆盖，使得网络更通畅，海量多模态数据得以快速传输，教育智能技术的实时效果得到提升；网络带宽和支持的节点不断增加也让在线直播、沉浸式虚拟学习环境等成为可能；移动通信技术支撑学生在非固定和非预设的地点进行移动学习，学校与社会学习场域实现泛在无线接入，打造随需随用的移动学习环境。

5G具有高速率、低时延、大规模连接等特征，正在逐渐渗透到人类社会各领域，其应用已从"经典的流量服务"向"全要素生态链"模式转变[①]，触发新一轮互联网及经济的"蝶变"，也为教育教学生态重构提供了技术支撑。5G与虚拟现实/增强现实和物联网的融合，可以满足场景式、沉浸式、体验式学习的现实需要。5G赋能人工智能与大数据，有助于自适应个性化学习，助力"人-机-物"三元空间融合，实现线上线下、虚实融合的分布式学习。基于5G打造万物互联的智慧校园和智慧教室，突破校园边界和时空维度，强化学校与家庭、社会多学习场域的衔接，将课内课外、正式学习和非正式学习、校内教育和校外培训相融通。"5G＋"教育体现在拓展应用场景上，如出现了跨校区远程教学、大型活动直播、全息课堂、远程督导、平安校园巡防等新的应用场景。教育网络作为新基建的先

---

① 赵兴龙，许林，李雅瑄.5G之教育应用：内涵探解与场景创新——兼论新兴信息技术优化育人生态的新思考[J]. 中国电化教育，2019，（4）：5-9.

导基础，正跨入以 10G PON 全光接入、200G/400G OTN[①]为代表的第五代固定网络（the 5th generation fixed networks，F5G）全光时代，从源节点到终端用户节点之间的数据传输与交换的整个过程均在光域内进行，即端到端的完全的光路。

（五）展示服务技术

展示服务技术种群是指为学生、教师、管理者以及其他用户提供终端支持服务的技术，是教育智能技术的"手和脚"，是直接与用户接触、展现智能技术服务的窗口，为提供虚实结合的泛在智能学习环境，以及个性化、情境化的学习服务提供必要支持，包括以可视化技术、智能推荐技术为代表的个性化学习服务技术，以虚拟现实技术或增强现实技术、全息投影技术为代表的沉浸式媒体技术，以及以机器人为代表的新型人机交互技术等。沉浸式媒体是近年来教育领域应用的新兴技术，可以提供高沉浸度与真实性的虚实结合环境，增强学习者的临场感，激发学习者的学习兴趣。个性化学习服务技术则可以为学生提供个性化指导，为教师教学提供智能化辅助，在降低学生认知负荷的同时提升教师的教学效果与效率。大数据可视化服务技术则可以为教育数字化治理提供"一目了然"的现状、诊断和趋势分析图表，以辅助决策。

随着智能技术的发展，虚拟现实的 3I 特征[②]新增智能化（intelligence），演变为 4I 特征[③]。虚拟现实教育应用的潜力源于与智能技术融合构建虚实场景，有助于沉浸式、体验式和场景式学习，增强学生的学习体验和激发其学习兴趣，此外它还在技能实训、虚拟仿真实验、语言学习、科学教育和特殊教育等方面具有突出优势[④]。虚拟仿真实验教学可以为高危或极端环境中做不了的实验、没有实验设备和不具备实验条件的项目，以及不可逆操作的大型或综合训练项目提供必要的操作条件。虚拟现实教育的核心是沉浸式学习，交互性能助力提升知识建构水平，想象力能助力增强学生的学习兴趣和好奇心。虚拟仿真实验的可信度认知是一个不可回避的基本教学问题，环境拟真度、操控可信度和用户体验度可以从学生视角考察虚拟仿真实验教学系统和项目。

教育是一个复杂的生态系统，各个要素对教育教学的影响不是简单地叠加而是互相影响和制约的。理解智能技术在教育教学中的形态和特征，需要对智能技术在教育生态的存在方式具有全局性的认识，系统地了解智能技术与教育教学生

---

① OTN 是指光传送网（optical transport network）。
② 3I 是指 immersion（沉浸感）、interaction（交互性）、imagination（构想性）的首字母。
③ 沈阳, 逯行, 曾海军. 虚拟现实：教育技术发展的新篇章——访中国工程院院士赵沁平教授[J]. 电化教育研究, 2020, 41（1）：5-9.
④ 刘德建, 刘晓琳, 张琰, 等. 虚拟现实技术教育应用的潜力、进展与挑战[J]. 开放教育研究, 2016, 22（4）：25-31.

态中的要素及其之间的关系，即它们是如何相互协调、相互影响和相互促进，共同维持教育教学生态的动态平衡和动态发展的。从宏观来说，科技革命促进社会转型，社会转型对教育变革提出新的需求，教育变革又为科技发展提供新动力，三者相互赋能、相互促进；从微观来说，教与学的核心是教师、学生和管理者之间的互动，外部与学校、课堂、教材、课程、家长和环境等要素相关。在智能技术支持下，人类的社会环境除了传统的自然环境和人为的物理环境外，计算机、手机、可穿戴设备和传感器等越来越多的电子设备构成了宏大的信息环境，使得信息生产速度快速增长和类型快速增多，信息获取和利用方式发生变革，传统的"物理-社会"二元空间结构向"物理-社会-信息"三元空间结构转变[1]。空间变化带来了认知的新通道、新计算、新交互、新门类。信息空间的成长和壮大使得智能技术走向成熟和普及，使得社会组织方式、生产方式以及生活需求等方面发生了巨大变化。现代社会呈现出生活需求个性化、社会服务情景化、技术基础数据化、生产方式协同化等特征。在三元空间背景下，教育生态作为社会生态的一个子系统也呈现出新的形态和特征。在万物感知、互联、群智的智慧社会中，"人-机-物"协同重构教育教学新生产关系。教育智能技术对教育教学生态产生了重要影响，主要表现在以下几个方面[2]。

智能技术是教育教学生态的"新物种"，丰富了其内涵。智能技术主动参与新的教育教学生态的动态发展，并与社会、教育等其他要素进行互动。智能技术是一类技术"物种"的集合，可以自我进化与繁衍。

智能技术是教育教学生态的"工具箱"，拓展了其中各主体的行为。智能技术可以增强学习者在学习中的主动性和参与感；智能技术为教师和管理者提供更多个性化的教学与管理手段，提升教学效率、精准度与科学性。

智能技术是教育教学生态发展的"催化剂"，推动了教育教学生态向情境性、个性化和数据驱动三个新特征的演化。

四、互联网教育智能技术

加快推进"互联网+教育"发展，有利于激发创新活力和培育新兴业态，主动适应和引领经济发展新常态，形成经济发展新动能，有利于推动教育高质量发展。为此，教育系统和科研机构需要聚焦"四个面向"，突破制约互联网教育发展的关键技术难题[3]。例如，针对优质教育资源分布不均衡，研究学习资源生成进化

---

[1] 潘云鹤. 人工智能2.0与教育的发展[J]. 中国远程教育，2018，(5)：5-8，44.
[2] 刘德建. 智能技术促进高校教育教学创新研究[M]. 北京：科学出版社，2022.
[3] 黄荣怀，陈丽，田阳，等. 互联网教育智能技术的发展方向与研发路径[J]. 电化教育研究，2020，41（1）：10-18.

和规模化场景式应用技术，以扩大优质教育资源覆盖面；针对个性化学习服务能力不足，研发教育大数据敏捷建模和人机协同教学服务技术，实现规模化教育和个性化培养有机结合；针对数字化学习产品及服务泛滥，攻克互联网教育通用服务产品开发、测评和治理技术，构建安全有序的教育信息化环境。发展互联网教育，要解决传输交互层、学习资源层、教学行为层、学习环境层、治理和服务层的关键技术研发和工程化问题，构建"互联网+教育"大平台。

（一）远程教学交互技术

如何将传输与互动技术，按照教育的规律进行部署与应用，还存在非常多的问题，需要研发交互理论和模型、基于普世计算的自然交互技术、多模态数据融合以及基于多网融合/多点互动的远程实时高速传输技术等[①]。

交互理论和模型：侧重对教学交互的理论和分层模型进行研究，发展新一代教学交互模型，揭示互联网环境下，师生和学生间社会交互的新规律和新特征。

基于普世计算的自然交互技术包括体感计算、情感计算和脑机接口等，以及各类自然交互技术在智能学习空间中的应用，实现普适计算环境中的高沉浸感、多模态情境感知和交互互动。

多模态数据融合技术：着重研究数据集成交换标准及有效的数据融合算法，使各类新型自然交互技术所获得的信息具有更高的精确度和容错性。

基于多网融合/多点互动的远程实时高速传输技术：重点研究多网融合、5G、全光网络技术、融合通信等新一代通信系统在教育传输和交互中的应用。

通过构建交互活动组件开放平台、自然交互技术集成示范平台和多网融合/多点互动远程实时高速传输平台，分重点探索并验证多种网络环境（尤其是农村地区网络环境）下交互与传输服务，形成适合不同区域实际情况的宽带网络连接与无线、光网传输解决方案。交互活动组件开放平台主要聚焦交互理论和模型、多模态数据融合技术，通过集成各类远程交互组件，满足在线学习时师生多样的交互需求，从而形成实时性交互活动的开放式平台。该平台集成传统远程交互组件、运动感知、情感计算、脑机接口等全新交互组件和专业软硬件设备，提供开放的 API 接口和友好的 UI 界面，面向个人用户和行业企业开放，可以进行教学交互，还可以依据自身的个性化交互需求设计添加新的交互组件，集成新的软硬件交互产品，丰富在线学习中交互活动类型，可以简化在线学习用户对平台的接口调用和可视化图形用户界面，打通交互需求设计、交互模式创新、多模态数据融合的全流程。

[①] 黄荣怀，陈丽，田阳，等. 互联网教育智能技术的发展方向与研发路径[J]. 电化教育研究，2020，41（1）：10-18.

（二）知识建模与分析技术

推进本体知识库以及学习资源模型的建设优化，需要着重开展学科知识建模技术、知识分析智能技术及知识服务智能技术的研究。具体包括以下几个方面[①]。

其一，学科知识建模技术：研究科学的学习资源描述方法，表征学习资源与知识的对应关系，研究学习资源适合的学习情境和教学方法，并能够表示资源在使用过程中的生命历程以及积累的学习智慧。

其二，知识分析智能技术：基于本体匹配等各种技术，解决各级各类知识、不同来源、不同时间、不同子模型结构知识的融合过程中出现的如知识重复、冗余、歧义、矛盾、不完整、不匹配等问题，研究相应的处理技术。以知识点为核心将有关资源汇聚在一起的技术，以及资源内容的调整和完善、资源内外结构的优化技术，使资源可以像生命体一样在内部"基因"的控制下持续地进化和成长。

其三，知识服务智能技术：研究内容生成技术和形式（界面）生成技术，从内容生成来说，研究知识空间生成和特征计算技术；从形式生成来说，研究知识图自动生成技术、知识点自动布局算法、知识图自动分层技术、知识图界面友好研究、知识图与不同特点学习者认知负荷自动协调技术等。

在此基础上，研发与学科知识、数字化学习资源相关的系列规范、图谱、模型和工具。例如，互联网教育智能技术及应用国家工程研究中心攻克了面向基础教育的非结构文本学科知识图谱编著及可视化技术，研发了知识本体构建、众包标注、知识抽取、本体映射、知识融合和知识链接等 9 个环节的技术，建立了学科知识的本体概念模型，构建了覆盖 K-12 学段的 9 门学科的基础教育知识图谱，拥有 2200 万条三元组、180 余万个实例、2000 多种知识属性[②]。

通过知识分析智能技术的研发突破，实现各知识库的优化整合；通过知识服务智能技术的研究，实现资源的友好呈现和检索推荐等，最终为受众提供基于本体知识库的智能知识服务平台以及优质学习资源自适应服务平台。首先，从课程标准、教材目录抽取学科核心知识点以及知识点之间的层级关系，形成以学科知识点为核心的本体概念模型；其次，对教材内容进行深层次处理与分析，基于自然语言处理、概念标注以及关系抽取技术，自动化获取知识点之间复杂的逻辑关系，形成本体知识库中的实例数据；再次，研发辅助教育专家的半自动化知识库构建工具，提供可视化、交互式的用户界面，将自动抽取的结构化信息按置信度排序，并提交给用户进行验证和修改；最后，用户验证和修改后的数据在添加到

[①] 黄荣怀，陈丽，田阳，等. 互联网教育智能技术的发展方向与研发路径[J]. 电化教育研究，2020，41（1）：10-18.

[②] https://www.edukg.cn/intro.

知识库之后，将作为训练样例对自动化抽取模型进行再训练，逐步提高自动化标注与抽取结果的准确度，由此构建学科知识图谱。

（三）学习者建模与学习分析技术

基于教育数据采集、学习者建模和学习分析领域的智能技术，以互联网时代学习者的个体特征、知识、心理和学习行为等为核心，研究构建学习者模型，并通过大规模样本数据构建学习者的各类常模。在此基础上，研发学生成长监测实验系统和教学过程监测与学习分析系统，为学习者适应性学习服务提供技术应用、组织机制与服务模式示范。与此过程相适应，需要解决的关键技术有教学数据采集技术、学习者建模技术、学习者常模构建、基于教育大数据的学习分析技术，通过敏捷模型引擎技术快速构建能真正理解教育场景的可解释教育模型，并开展大规模学生成长跟踪研究。

学习者建模与学习分析技术研发方向包括以下几个方面[1]。其一，教学数据采集：基于各类智能终端设备，通过语音识别、图像识别、手写识别、OCR扫描识别等技术实现各类教学场景下的过程化教学数据采集。其二，学习者建模技术。重点针对学习者学习成长历程的复杂性和多元性，基于教育学、心理学、信息科学和数据科学等多个学科，整合个体特征、知识、心理和行为数据，构建学习者成长模型，对学习者能力与素养进行综合评价。其三，学习者常模构建：以大规模学习者样本特征数据为依托，借助具有良好信效度的测评工具，对不同学习者群体所表现的学习特征进行刻画，可以描述各种亚群体的学习发展特征，比较个体或群体学习发展在特定群体中的相对位置，满足不同使用者的多样化需求，同时通过对大样本学习者的持续追踪，实时收集和动态更新相关特征数据，实现中国学习者发展常模的动态生成。其四，基于教育大数据的学习分析技术：通过测量、收集、分析和汇报教学主体与教学过程数据，应用模型和分析工具表征教学过程、挖掘影响因素、推荐教学资源、评测教学绩效，探索教学行为与师生特征、教学设计和教学绩效之间的关系，揭示深层次教育规律，建立教学过程监测、评估、诊断和预测技术体系。

学习者建模与学习分析技术可划分成三大研究系统：教育数据采集系统的建设需要解决采集方式和来源多样、数据采集业务标准和技术标准不统一的问题，通过开发基础数据模块、应用数据模块、系统日志模块，实现数据采集接口的统一，保障教育数据的抽取、清洗、汇集以及管理；在学习者模型常模数据库建设方面，建立我国中小学生身心健康的诊断模型、学习者认知模型和能力表征机制，

---

[1] 黄荣怀，陈丽，田阳，等. 互联网教育智能技术的发展方向与研发路径[J]. 电化教育研究，2020，41（1）：10-18.

开发学习者建模工具并构建典型学习者模型；在教学过程监测与学习分析系统方面，根据互联网教育教学规律和学习分析方法，建立基于数据的教学过程监测、评估、诊断和预测技术体系，探索教学行为与师生特征、教学设计和教学绩效之间的关系，揭示深层次教育规律，为此开发学习过程模型工具、教学与学习综合评测诊断工具、学科能力表现评测与诊断的可视化工具、学习分析模型开放服务平台、适应性学习服务推理引擎等。

（四）学习环境设计与评测技术

智能时代，学习时空高速演变，传统学习环境需要进行智能化升级改造，利用云边端智联、计算和协同提供多维度智能，实现数据共享、设备协同、知识互联、群智融合，使学习环境能自适应/自优化地运行，使学习更轻松、更投入、更有效。重点在于突破学习空间的增强技术、新型学习空间中的认知规律及学习体验技术、学习空间评估评测技术、设计优化技术、形成标准体系和服务能力，推动数字学习环境行业领域及产业的发展。例如，智慧教室的内容呈现、环境管理、资源获取、及时互动、情境感知等关键技术；教育机器人和智能教育助理的认知地图、学习者模型、问答与对话系统、学习情绪和专注度计算、认知外包等关键技术，以支撑人机共教、人机共育。

学习环境设计与评测技术研发方向包括以下几个方面[①]。其一，学习空间增强技术：研究面向学习的虚拟现实技术、虚拟实验技术环境等典型学习情景的具体增强技术。研究学习空间增强方法，采用 SMART[②] 模型，在教室的物理学习环境中，对教学内容呈现、物理环境管理、数字资源获取、师生及时互动、情境自动感知五个维度进行增强。其二，新型学习空间中的认知规律及学习体验：研究内容认知负荷及自我认同规律，在感知、反馈、绩效三个体验层次，面向在线学习环境、虚拟现实环境、虚拟实验环境三种典型环境，研究学习空间中学习体验特点；研究学习空间中的认知负荷，包括学习空间中事物的数量及布局，多元媒介的组织和呈现方式以及学习者的先备知识水平；研究虚拟自我与身份认同对学习者在网络学习空间和真实世界中的表现产生的影响，包括认知、态度和行为。其三，学习空间评测技术：构建学习空间评估、监测体系，通过对教室环境进行评测，评测内容和角度涵盖教学内容呈现、物理环境管理、数字资源获取、师生及时互动和情景自动感知五个维度的评价，对学习空间进行评测。其四，基于学习者体验的学习空

---

① 黄荣怀，陈丽，田阳，等. 互联网教育智能技术的发展方向与研究路径[J]. 电化教育研究，2020，41（1）：10-18.

② SMART（S=specific、M=measurable、A=attainable、R=relevant、T=time-bound）是为了利于员工更加明确高效地工作，更是为管理者将来对员工实施绩效考核提供了考核目标和考核标准，使考核更加科学化、规范化、更能保证考核的公正、公开与公平。

间设计优化技术：研究四类学习空间（智慧教室、虚拟实验室、网络在线课堂和网络专递课堂）的各类有效环境配置方案，形成需求、条件与环境匹配模型，总结学习空间建设的规律；建设学习空间设计中的 3D 模型库；研究学习空间环境体验评测工具；研究学习空间设计技术。其五，研究学习空间建设指南和标准：分别研制网络学习空间和物理学习空间的建设指南。研究智慧教室标准规范，形成包括物理建筑、信息网络、供配电系统设计、音频系统设计规范、视频系统设计、虚拟现实系统设计的建设规范；形成智慧教室环境建设的质量方针、目标、职责和程序。

为此，需要进行大量的试验探索和应用检测，不仅需要建立虚拟课堂技术实验室，同时还需要建立虚拟现实与智慧学习空间工程化验证与试验基地，通过在智慧教室、虚拟实验室、网络在线课程以及远程专递课堂四种学习空间中的技术、标准应用情况，检验技术、发现问题，以进行持续性更新优化，最终输出优质的环境设计与测评方案。搭建智慧教室测评实验室、虚拟现实教学增强实验室、虚拟课堂数据采集与分析实验室，分别解决学习空间测评、增强以及优化等方面的问题。面向教育行业需求，建立虚拟现实教育资源生成与共享平台、学习空间设计优化与测评平台，以开放共享实现虚拟现实教育资源、学习空间优化方案等研究成果的推广应用，并推动相关建设指南及标准的制定。

（五）教育数字化治理技术

针对教育结构调整、教育资源配置、办学绩效评估等宏观和中观教育治理的核心任务，提出互联网技术解决方案，实现对教育发展状况的动态监测、教育现象深层逻辑的深度洞察、教育发展走向的有效预测，需要在教育治理动态监测和预警技术、教育信息可视分析与决策支持技术两方面实现研究突破。

教育数字化治理技术的研发方向包括以下几个方面[1]。其一，教育治理动态监测与预警技术：研究针对教育治理需求的、切实可操作的、能够深化落实教育改革的诊断性指标体系，促进学校、教师、教育行政部门及时了解情况，为教育决策提供依据。研究面向不同区域、各级各类的教育管理部门和教育机构，获取多平台、多时相、多波段和多源数据，实时掌控教育动态变化情况，构建基于关键指标的预警模型，实现对各种教育管理业务和教育专项工程的智能预警，确保各项教育指标按需实现。研究针对教育发展和教育管理业务中的问题，运用优化方法、预测方法、蒙特卡洛方法等分析手段，构建教育宏观政策决策模型和教育管理业务决策模型，开展教育管理智能决策。其二，教育信息可视分析与决策支持

---

[1] 黄荣怀，陈丽，田阳，等. 互联网教育智能技术的发展方向与研发路径[J]. 电化教育研究，2020，41（1）：10-18.

技术：对海量教育数据分析、挖掘和建模结果进行可视化分析和交互式呈现，用以辅助教育决策和教育研究、公众的教育政策咨询、教育信息获取和应用，以及教育政策宣传与普及等。研发基于 GIS[①]环境下的可视化治理工具，以国家、省级为单位研究各级各类教育机构的空间配置决策系统，利用空间分析方法，将 GIS 空间分析方法应用于教育资源配置过程，对各级各类教育发展规模进行空间分析及决策支持。

数据及数据库的建设是动态监测及科学决策的基础。开发能接纳多样化数据源的数据模块，通过数据上报和数据交换实现结构化教育数据的采集与更新，建设教育治理决策所需的基础数据库；开发教学行为、学习行为、教师教研、学生成长、教师发展、学校和区域教育发展等方面的教育数据模块，建设教育治理决策所需的教育状态数据库；开发包含网页信息、社交信息、报刊信息等多途径和渠道信息的数据模块，建构教育治理决策所需的社会舆情数据库。同时，研发教育系统监测与评估平台、决策支持工具，包括教育需求预测模型及工具、教育资源配置评价模型及工具、教育质量监测与评价工具、教育信息可视化表征工具、教育治理仿真系统、教育治理地图等。

科技创新和智能技术发展给互联网教育发展带来了无限可能。为贯彻落实《关于积极推进"互联网＋"行动的指导意见》，着力提高"互联网＋"领域自主创新能力，国家发展改革委于 2017 年组建了互联网教育智能技术及应用国家工程实验室（2021 年纳入国家工程研究中心新序列），主要任务是针对我国优质教育资源分布不均衡、个性化学习服务能力不足等问题，围绕优质教育资源共享和智能教育服务的迫切需求，建设互联网教育智能技术应用研究平台。

五、教育大数据应用技术

我国高度重视大数据发展，2015 年国务院印发了《促进大数据发展行动纲要》，明确指出"数据已成为国家基础性战略资源"，全面推进我国大数据发展和应用，加快建设数据强国，其中就明确提出"教育文化大数据"。2022 年，《关于构建数据基础制度更好发挥数据要素作用的意见》指出，数据作为新型生产要素，是数字化、网络化、智能化的基础，已快速融入生产、分配、流通、消费和社会服务管理等各环节，深刻改变着生产方式、生活方式和社会治理方式。

---

① GIS 指地理信息系统（geographic information system 或 geo－information system，GIS），有时又称为"地学信息系统"。

第5章 教育智能技术图谱

> **教育文化大数据（节选）**
>
> 完善教育管理公共服务平台，推动教育基础数据的伴随式收集和全国互通共享。建立各阶段适龄入学人口基础数据库、学生基础数据库和终身电子学籍档案，实现学生学籍档案在不同教育阶段的纵向贯通。推动形成覆盖全国、协同服务、全网互通的教育资源云服务体系。探索发挥大数据对变革教育方式、促进教育公平、提升教育质量的支撑作用。
>
> 资料来源：国务院印发《促进大数据发展行动纲要》[EB/OL].http://news.cntv.cn/2015/09/05/ARTI1441439001725457_2.shtml，2015-09-05.

大数据是具备海量、高速、多样、可变等特征的多维数据集，需要通过可伸缩的体系结构实现高效的存储、处理和分析。大数据是人类认识复杂系统的新思维、新手段，是促进经济转型增长的新引擎。习近平同志指出，善于获取数据、分析数据、运用数据，是领导干部做好工作的基本功[1]。大数据应用的三个层次包括：描述性分析，关注"发生了什么"，并呈现事物的发展历程；预测性分析，关注"可能发生什么"，呈现事物的发展趋势；指导性分析，关注"选择做什么"，呈现不同决策的后果。

在教育领域，"数据驱动学校、分析变革教育"[2]已成为教育改革和发展的共识。教育大数据为优化教育政策、创新教育教学模式、变革教育测量与评价方法等提供了客观依据和崭新的视角。教育系统、教育业务的复杂性和独特性使得教育大数据的来源更加多样化，数据采集具有更强的实时性、连贯性和全面性，分析处理更加复杂和多样，应用需求更加多元、深入。面向教育数字化战略行动，应以集成创新为主导，以技术研究与工程开发为核心，以大数据为驱动要素，增强教育大数据创新应用效应，完善教育大数据产业生态。

（一）教育数据采集与汇聚技术

针对不同教育场景和多样的数据类型，对教育数据的全面、动态和持续的采集和汇聚是构建教育大数据的基础与前提。第一，面向各级各类、线上线下的教育教学场景，解决单一数据来源问题，实现教育数据全景化采集；第二，针对教育领域信息多元化、高度异构、极其复杂的特征，解决数据孤岛问题；第三，从学习者、教师、资源、教学环境等方面建立教育大数据应用技术标准体系，为教

---

[1] 习近平在中共中央政治局第二次集体学习时强调 审时度势精心谋划超前布局力争主动 实施国家大数据战略加快建设数字中国[N]. 人民日报，2017-12-10（1）.

[2] 徐鹏，王以宁，刘艳华，等. 大数据视角分析学习变革——美国《通过教育数据挖掘和学习分析促进教与学》报告解读及启示[J]. 远程教育杂志，2013，31（6）：11-17.

育大数据的采集、汇聚、交换与共享提供依据。

在教育数据采集方面，现有的教育数据采集主要面向在线教学环境和教育管理系统，对于课堂教学、户外学习等物理空间中的教学场景和教育活动，教育数据采集和数据分析仍然主要依赖人工观察、基于量表的主观自评和第三方评估以及问卷调查等传统数据采集方法和调查手段。在多源异构数据处理和汇聚方面，已经形成了较为成熟的针对通用数据格式的解决方案和各信息系统、数据库间的数据映射方法，但未能实现对非结构化和半结构化数据的信息提取；由于教育教学过程的复杂性，并未建立一套有效的面向多场景、跨平台、跨系统的数据汇聚机制。在各类新型传感器、穿戴设备的普及以及模式识别技术的支持下，教育数据采集将扩展至教育教学全过程，真正实现面向不同教育场景、覆盖线上线下、跨平台、跨系统的多源异构教育数据汇聚，从而构建面向个体和整体的教育教学全景视图。

多源异构教育数据采集和汇聚技术研发方向包括以下几个方面。其一，教育大数据采集技术：面向线上线下、不同应用场景的数据提供方，开发数据采集代理，实现多源数据采集；研究环境参数感知和采集信息自动标识技术，并实现数据自动上传和存储；研发面向教育大数据的采集装备。其二，多源异构数据预处理技术：包括数据清洗、数据验证、规范化处理等，为数据建模、分析与应用提供可用、可信任的数据来源。其三，多源异构数据汇聚技术：包括对结构化、非结构化和半结构化数据的自动信息提取、数据存储和检索以及语义融合等，实现教育数据信息提取、关联和汇聚，使处理后的数据能够满足数据分析和建模等应用的需求，并实现数据融合和增量式数据采集。其四，教育大数据管理技术：构建教育大数据存储与管理系统，实现多源异构教育大数据的分布式存储与高效管理。其五，教育大数据标准体系：针对教育大数据非结构化、分布式、异构性、来源分散等特点，在学习科学和教育教学相关理论的指导下，制定一系列教育大数据规范标准。

（二）数据驱动的监测评估与决策技术

系统化监测评估与决策技术是在现代教育治理理念的指导下，运用科学的方法采集和分析相关数据，进而对特定的教育事实做出精确判断，并服务于教育决策和实践的一种专业活动。第一，如何构建全面的、可持续的系统化监测机制，实现监测模式智能匹配和监测指标自动筛选，从而支持动态演进的教育评估模型，伴随性地从教育教学过程中采集学生成长、教与学过程、教育质量、教育管理等相关的监测数据；第二，如何基于已测量的教育数据，结合数据挖掘技术与专家系统，系统性地组合、优化和动态演进教育评估模型和教育决策模型；第三，如何实现教育决策模拟预演，为决策过程推断提供数据依据；第四，如何制定教育动态监管预警机制，实时掌握教育动态。

互联网普及为我国教育监测与评估提供了便捷的数据采集方式和数据分析技术，为实现数据驱动的教育督导、精准评估和科学决策奠定了基础。但监测数据的采集仍然存在周期长、成本高、可信度低和指标适应性不强等问题；难以针对不同的评估主题组合模型、方法对评估问题得出精确的评估结论；教育决策过分依赖于经验、直觉甚至流行趋势。数据驱动的监测评估与决策技术，有利于推动教育治理由"粗放式"向"精细化"转变，重塑教育数字化治理体系。

系统化监测评估与决策技术研发方向包括以下几个方面。

其一，教育评估指标体系：面向不同场景和主题，构建教育评估体系和监测指标，主要包括学生成长、教育质量和教育发展等三类评估指标。其二，教育动态监测技术：构建大规模的教育系统化监测机制，实现对师生发展、教学过程、基础设施、教学资源、学校治理和区域教育投入及效益等全方位持续性监测；实现监测模式智能匹配和监测指标自动筛选，支持教育评估模型动态演化，形成全面的、可持续的系统化监测机制。其三，教育评估与决策建模技术：基于教育大数据监测系统中获取的数据，运用聚类分析、规则推理、时间序列分析、神经网络等技术，构建支持智能优化和动态演进的教育评估模型和教育决策模型，及其动态演化方法和评估方法。其四，教育决策模拟预演技术：构建动态演化的模拟预演模型，模拟教育政策实施和教育管理业务的演变过程，预测并推断实际决策可能产生的结果和影响。其五，教育动态监管预警机制：基于多平台、多时相和多源数据，构建动态监管机制，实时掌控教育动态变化情况；研究基于关键指标的预警模型，实现对各种教育管理业务和教育专项工程的智能预警，为区域均衡发展、教育信息化建设与应用水平、教育资源配置等提供管理决策支持。

（三）教学过程建模与分析技术

教学过程建模与分析技术是综合运用数据科学、教育科学、信息科学和心理科学的理论和方法，在合理量化与全面收集教学系统各种数据的基础上，采取恰当的模型、方法或技术，对教学系统中的学习者、教师和学习资源等元素及其关系进行形式化建模与量化分析，旨在理解和优化教学系统。第一，如何利用学习行为分析技术来提取教学系统中基本元素的关键信息；第二，如何利用教与学过程中动态产生的多维数据来构建增量的、可计算的学习者模型；第三，如何针对各类应用需求，采用合适的方法和技术构建可计算的数据模型，以实现模型和参数的最优化以及应用服务的价值最大化。

适应性学习通过记录、挖掘和深入分析学习行为历史数据，评估学习过程、发现潜在问题和预测未来表现，进行个性化干预，促进有效学习的发生，通常包括学习者建模、领域知识建模、自适应模型、自适应引擎和呈现模型等。学习干预技术通过分析、挖掘学习过程中的大量数据，了解学习者的学习情况并及时发现学习中存在或可能存在的问题，以此对学习者进行提示或预警，并引导学习者进入正确的学习轨道，学习干预模型一般包括干预目的、干预内容、干预方式和干预结果等。教育教学决策支持模型一般分为采集过程性数据、智能分析与预测、结果可视化、形成决策和实施管理等。基于大数据的教学过程建模与分析技术的核心价值是通过汇聚与分析海量的教学过程性数据，有利于实现教学过程的全程追踪与监测，使教学质量评价从当前的结果导向、阶段性评估逐渐过渡到过程与结果兼顾、全时空监测的评价方式，使教学决策从经验判断到数据驱动。

教学过程建模与分析技术研发方向包括以下几个方面。其一，领域知识协同建构技术：通过从知识资源文本中挖掘出领域知识概念及概念关系、知识点及其关联、元数据等，在此基础上，生成能够体现知识多层次、多粒度以及内在关联关系的知识图谱。涉及的技术主要有：元数据抽取、概念与概念关系获取、知识点及其关联关系抽取、知识图谱生成与融合。其二，教学过程特征提取技术：按不同的学习过程以及数据结构，定义相应的教学过程特征，主要包括学习环境、学习任务、学习方式和学习者特征。通过采集与汇聚海量的教学过程数据，利用视频分析、话语分析、文本挖掘和日志分析等技术，实现教学过程特征信息的自动提取。其三，教学过程建模技术：针对课堂教学、在线教学、正式学习和非正式学习等典型教学场景，定义教学过程的基本单元"学习活动"，提取其基本元素，既包括学生、教师、资源和环境等元素，又包括学习目标、学习进程、学习结果等因素。通过梳理学习活动元素之间的交互关系，厘清教学过程数据的类型与关联关系，构建学习者模型与教学过程模型。其四，教学过程分析与服务技术：基于领域知识模型、学习者模型和教学过程模型，开展数据驱动的教学过程分析与服务，包括面向学习者的学习预测与干预、面向教师的教学改进支持以及面向管理者的教学过程质量评估服务。

（四）教育大数据可视化技术

数据可视化技术是计算可视化技术的延伸与扩展，其可视化对象仍为空间数据，只是将抽象数据直观地表达出来，与信息可视化、知识可视化既有交叉又有不同。第一，将海量的、复杂的、实时的数据转换为动态的图像，让生成的大量数据变得更加易于理解并反馈于教学；第二，多终端跨平台的可视化显示，助力于教育教学场景的可视化体验；第三，具有强交互性的可视化技术和工具，支持师生、管理者与海量复杂信息之间的快速交流。利用数据可视化技术和工具，教师可以为学生直观呈现知识，及时了解学生学习状况，进行课堂教学、教学干预、教学评价等；学生可以自我评估，及时发现自己的学习问题，并形成知识框架与互联体系，促进知识表达与内化；教育管理者可以掌握教师教学效果和学生学习情况，以此来调整教育管理与决策的目标、方法和策略。

教育大数据可视化技术研发方向包括以下几个方面。其一，多学科知识图谱可视化技术：呈现直观化的知识，使得枯燥的学习内容变得形象化，加深学生对于知识的掌握程度。其二，学生学习成长数据可视化技术：对学习过程数据的可视化处理结果，可以作为学生自我评估的参照。其三，教学过程数据可视化技术：利用数据收集工具和可视化分析工具，帮助教师直观获得学生的学习绩效、学习过程以及学习环境的信息，为教师设计课程、开展教学活动提供依据。其四，多层次教育管理数据可视化技术：展示教育的多个维度，提供管理、监测、决策支持和预测预警服务。

（五）教育大数据服务技术

面向教育大数据合理应用和高效服务的技术旨在解决教育教学过程中面临的开放共享、服务发现、服务组合、安全管理、隐私保护、有序运营等诸多难题。教育大数据服务技术作为整个教学研究分析的底层支撑技术，其具有的海量存储和快速计算能力将大幅度提升精准教学的体验、优化教学流程、促进教学变革。目前，传统的数据共享技术并没有考虑教育场景中的数据多样性和复杂性；基于固定的业务流程模型进行服务组合，无法处理柔性多变的业务流程。

教育大数据服务技术研发方向包括以下几个方面。其一，教育大数据服务模式研究：涉及监管、运营、资源、技术、标准、接入和用户等部分。其二，教育服务发现与组合研究：为服务操作增加语义信息，提出基于本体论和词汇语义相似度的服务发现方法，使服务分类、聚类、排序等具有可操作性，为服务发现提供数值计算方法，提高服务查准率、查询效率和查全率。其三，教育大数据共享技术及机制研究：利用资源目录、交换目录、交换总线实现数据整合，建立元数据、数据资源目录、交换目录、交换平台等。其四，教育大数据伦理研究：建立教育大数据安全和隐私保护标准，构建面向教育大数据研究应用的伦理模型，并有效约束和规范技术的使用。

为贯彻落实《促进大数据发展行动纲要》，着力提高大数据领域自主创新能力，国家发改委于2017年组建了教育大数据应用技术国家工程实验室（2021年纳入国家工程研究中心新序列），主要任务是针对学生成长监测、教学过程质量管理、教育管理智能决策不足等问题，建设教育大数据应用技术研究平台。同年，国家发改委立项了38个大数据发展重大工程支持项目，北京师范大学承担了"基础教育大数据研发与示范工程项目"。该项目坚持"数据是基础、平台是支撑、分析是核心、服务是根本、效益是必然"发展理念，承担建设国家级教育数据库，探索建立数据开放、随时采集与汇聚机制。

"基础教育大数据研发与应用示范工程项目"结题情况汇总如下[①]。

2021年6月11日，受国家发改委委托，教育部科信司组织相关领域专家开展了"基础教育大数据研发与应用示范工程项目"的结项验收工作。

项目研发了教育数据综合采集技术、学习者建模技术、教与学分析评价技术、个性化教学支持技术、教育系统监测与评估技术等五类技术，并制定了教育数据标准，形成了教育大数据应用的底层关键共性技术支持；在北京和合肥搭建了"一体化+双中心"平台，搭建了基于教育大数据的各类应用平台，开展了优秀研发成果的转化与应用；在洛阳、合肥、金华、清镇、青岛西海岸新区等区域开展了区域示范应用，并通过技术和模型转化应用于相关教育信息化产品。

专家组组长杨宗凯教授肯定了在加强基础教育大数据研发与应用方面做出的努力和取得的成绩。他指出，未来应推动社会平台与学校教育等多元数据的融合，大力推进产业化和推广应用。他希望，项目组突出问题导向，找准薄弱环节，有目标、有方向、有自信、有着力点，进一步推动研发与应用工作。

项目负责人陈丽教授指出，项目实施以来，在针对性、创新性、有效性等方面均有所突破，探索并利用大数据技术解决教育问题，是系统、创新且多方整合的实践。她强调，以此次评审为契机，规范和强化数据资源的多方汇集共享和深度挖掘利用，高度重视数据安全和隐私保护，助推大数据产业发展，努力在系统性、共享性、服务性上有所提升，更好地释放大数据价值。

六、智慧教育技术方案

目前，支撑智慧教育发展的各类技术日渐成熟。例如，支持识别情境的认知建模、情感计算、认知工程等；支持记录过程的学习分析技术、评测技术、视频识别、语音识别、编码技术等；支持感知环境的物联网技术、传感器技术、GPS技术等；支持联结社群的社会网络、移动互联网技术等。智慧学习环境是智慧教育生态建设的关键，支持技术包含四种类型：面向学习时空的环境感知、情境感知和学习适应技术；面向教学活动的教学评价与学习支持技术；面向学习活动的动态跟踪与学习分析技术；面向学习内容的知识组织与重构技术（图5-1）。智慧教室作为智慧学习环境中的典型场景，是各类新技术应用最多、技术融合度最深、体验最直接的场所，常见的智慧教室建设支撑技术包含网络技术、呈现技术、体验技术、智能技术和反馈技术等。

---

① [成果]北师大承担的国家发改委"基础教育大数据研发与应用示范工程项目"结题[EB/OL]. https://news.bnu.edu.cn/zx/xzdt/123063.htm, 2021-6-18.

第5章 教育智能技术图谱

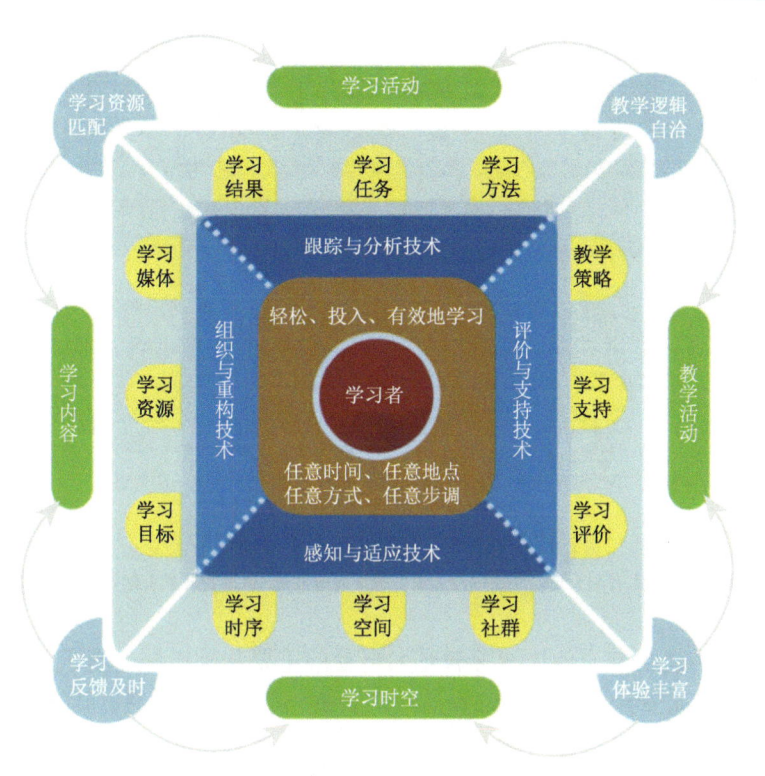

图 5-1 智慧学习环境技术框架

　　智慧教育技术方案的云、网、端架构可以概括为智慧云、智能网、数字底座、应用连接器（APP框架）、智慧屏。具体包括基础设施层、数字平台层和智慧应用层，融合采用开放化、模块化、移动化、面向服务的设计架构，横向实现各业务系统的融合互通，纵向实现云上云下、软件业务系统和硬件设备等的全面融合以及学习空间全覆盖，构建智慧教育大平台，服务教师、学生、家长、教育管理者和社会公众五类用户，有效支撑智慧教学、智慧学习、智慧管理、智慧文化，构建区域智慧教育可持续发展生态（图5-2）。例如，《区域智慧教育建设技术指南》[1]重点探讨了智慧教育顶层设计、关键技术、体系架构、重点工程、典型场景和应用案例等，助力区域智慧教育高水平建设。

（一）智慧教育"云"

　　云服务指通过网络以按需、易扩展的方式获得所需服务，如阿里云、华为云、腾讯云、百度智能云、天翼云、移动云、金山云等提供的云服务器和云计算。智

---

[1] "懂行"入局——智慧教育示范区建设经验交流研讨会成功举办[EB/OL]. http://news.sohu.coma// 477885585_99975515，2021-07-16.

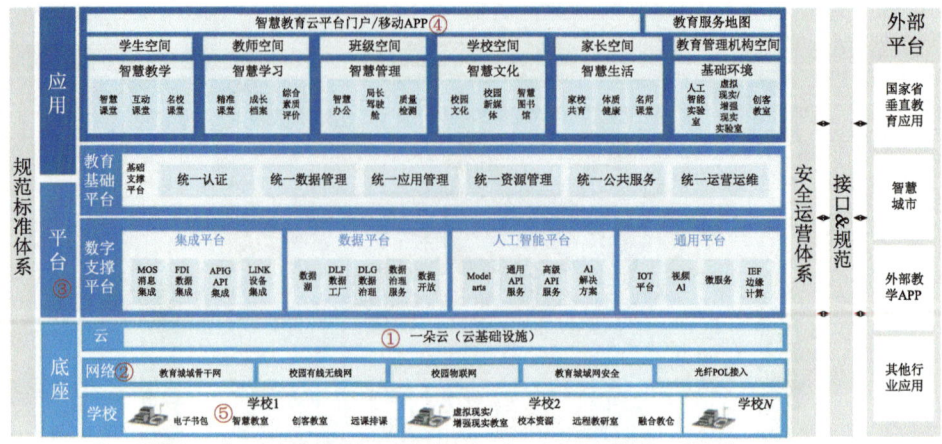

图 5-2 智慧教育技术方案总体架构

资料来源：华为技术有限公司，北京师范大学智慧学习研究院. 区域智慧教育建设技术指南[R]. 2020.

慧教育云是构建区域一体化智慧教育大平台的重要基础设施，基于云全球布局、云网端一体化、安全可靠的基础设施，云上统一承载各类教育、教学和管理业务，构建一朵"会管、惠教、慧学、汇数"的智慧教育云，将不同基础设施服务商接入教育网，并提供集基础设施即服务、平台即服务、数据即服务、软件即服务等一体化的云资源服务，各类教育单位按需选择并充分利用教育网的高速可靠互连，统筹建设本地和云上信息化基础设施，通过集约化服务降低总体信息化基础设施投入成本，通过统一管理更好地建立安全立体防护体系。同时，智慧教育云还将以云模式部署网站群、数据交换、认证服务等基础应用平台。

依托云、网、端、芯全栈能力，建设一朵支持各类资源的智慧教育云，平台采用云计算模式，按照"平台+应用+服务"的总体建设思路，利用大数据、分布式、内存计算等多种技术，整合各类软硬件资源，采集、整合和汇聚各级各类信息资源，建立开放式云服务平台，为各级教育行政部门和学校提供软硬件服务。采用"云网融合"的智慧教育，旨在深化信息技术与教学内容、学生学习、教学能力、学校管理、社会公众服务的融合，推进智慧学习、智慧教学、智慧科研、智慧评价、智慧管理及智慧校园一体化建设与应用，打造"人人皆学、处处能学、时时可学"的智慧教育环境。

区域智慧教育云建设工程是在区域现有教育信息化建设基础上，结合流媒体能力、云视频点播、视频直播、大数据、人工智能等服务，在混合云底座之上构建智慧教育数字底座，构建面向业务与数据相融合的业务中台和数据中台，实现教育领域的业务数据化与数据业务化。首先，要以混合云的形式存在，这样既能利用公有云的弹性扩展特性，又可以充分利用前期信息化建设构建的数据中心资源，避免前期信息化投资浪费。其次，使用混合云架构，云上云下各类服务共享架构，便于实现应用在云上云下间无缝迁移。最后，混合云可实现远程运营维护，降低用户运维工作难度及工作量。

区域教育大数据中心结合教育云大数据服务，海量数据通过数据系统接入，存储在并行或分布式文件系统中，通过大数据计算、分析后，提供知识图谱、学生画像、智能推荐、数据挖掘等大数据服务，为在线作业、学习路径规划、区域学习报告、学习效果评价等前端业务提供大数据支持。区域在线学习中心通过视频转码、点播、直播等云服务，汇聚优质教学资源，学生可以在互联网进行同步学习、学科测试、学情诊断、名师答疑、个性化辅导等。

（二）教育智能"网"

智慧教育生态下，远程教育、数字图书馆、视频会议等多种业务需要统一承载，越来越依赖大数据的分析和数据的灵活传输。教育网络面临着带宽不足、可靠性低、现网设备种类多、管理复杂、新业务开通时间长等一系列问题，随着数字的洪峰的到来，建设一张超宽、弹性、智能的网络才能从容应对，以实现泛连接、高效转发、便捷管理、智能运维、多业务融合。

依托 5G、光传输、Wi-Fi 6 等技术，增强承载云计算和云上应用的连接能力，把有线网络、无线网络、办公网络、物联网络等有机整合，通过数据中心网络、教育城域网、互联网进行智能互联，使得一张物理网络可以承载多样化的业务，它将网络从一个静态资源系统，演变成为一个灵活、智能、动态的系统，实现网络策略与业务同步，构建一张真正以用户体验为中心的教育智能专网，提升业务系统的承载能力，显著改善用户体验。

随着教育应用场景更丰富，对网络安全监管机制和学习产品评价审查机制要求更高。使用拥有自主管理的自治网络系统、统一管理的 IP 地址和全球域名的教育专网，是保障网络绿色、安全行之有效的办法。教育专网是区域智慧教育的核心骨干设施，向上和三大运营商、教育网、多样的云资源互联互通，打通云资源和互联网的通路；向下连接着区域教育职能部门和学校，打通区域内部教学、教务、管理等相关环节。因此，构建一个长期稳定、高可靠、支持多样接入方式、安全可信的专网是智慧教育建设的基础。

智能化、一体化的区域网络，实现统一认证，统一运维。以万兆核心、Wi-Fi 6、多速率设备融合接入，实现千兆到终端。有线、无线、物联网融合一张网，充分利用网络设施的性能，做到有线无线统一管控调度。光纤接入设备提供多种类型业务端口。无线物联网设备通过和 AP 共站址统一接入，AP 设备需要支持多种可物联网接入的方式，包括蓝牙、Zigbee、RFID[①]等。

　　自动化部署和主动式运维，用户策略自然语言配置并自动下发到设备中。无线分析器采用 Telemetry 技术实现用户体验指标的秒级采集，实现全网有线无线网络的精细化运维。同时，通过大数据和人工智能算法对采集的数据进行智能分析，可以有效识别网络运维中的典型故障，进行原因分析并提供修复建议。主动式运维模式有利于减少网络故障、解放运维人力、改善用户网络体验。

　　校园网络面对越来越多的智能终端和物联网终端，必须提高网络性能，提升师生网络体验，因此面向泛在的承载是校园融合网络建设的核心任务。全业务融合的校园全光网络推动有线网、无线网、监控网、广播网、物联网等一体化融合，建设统一智能的机房设施和网络平台，支持泛在接入各种终端和传感器，统一承载全业务流量，简化整网运维管理，实现网络状态智能管理与分析，提供主动安全防御等网络服务，实现区域运维联动，为校园内各角色提供差异化网络服务和高品质网络体验，实现校园网络提速增智（图 5-3）。

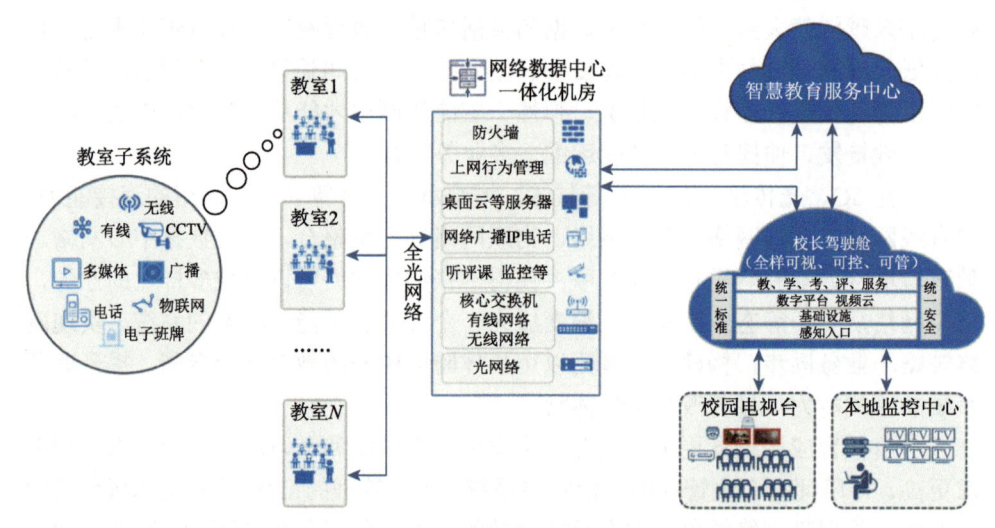

图 5-3　智慧校园全光网架构

资料来源：华为技术有限公司，北京师范大学智慧学习研究院. 区域智慧教育建设技术指南[R]. 2020.

　　5G 带来的并不仅是网络速度的加快，而且是实现泛网络的连接，实现"万物皆可联"，能够充分结合人工智能、云计算、移动互联网等新一代信息技术的集成应用，打造安全、舒适、便利的智慧学习环境。5G 技术的普及，将带来虚拟现实教育、全息投影、4K/8K 高清视频、可穿戴设备、智慧教室等教学形态及沉浸式教学方式在教育场景下的广泛应用。

---

① RFID 指射频识别技术。RFID 是 radio frequency identification 的缩写。

第 5 章　教育智能技术图谱

（三）教育数字底座

数字底座是智慧教育建设体系架构中重要的公共平台，是各种应用系统共同的基础，是实现数据互联和业务协同的基石，它承上启下，由数字支撑平台和教育基础平台组成。通过数字底座，实现跨云、跨网、跨设备、跨系统进行数据交换与共享，打通信息孤岛，进行数据建模、数据训练、数据治理、数据分析、数据呈现，让数据发挥更大的价值，并融合大数据、物联网、视频、GIS 等云化服务，结合端到端的人工智能和安全能力，为数字应用提供技术支撑。

智慧教育数字平台（图 5-4）连接基础设施和应用系统，汇聚应用系统的各类数据，为教育教学各类业务提供可靠的平台服务，实现区域教育业务的数字化和智慧化。基于智慧教育数字平台，可为区域内学校提供在线教学平台，汇集区域

图 5-4　智慧教育数字平台架构

资料来源：华为技术有限公司，北京师范大学智慧学习研究院. 区域智慧教育建设技术指南[R]. 2020.

优质教学资源。在业务中台之上，可以构建"三个课堂"、远程协同教研、人工智能辅助教研等多种业务应用。在数据中台之上，充分利用"互联网＋"教育大数据采集分析优势，采集学生学习过程性数据，通过智能分析形成学生数字画像，为学生提供多元化、个性化的教育服务供给。同时，数据中台还可以实现区域内关键教育指标监测，为区域教育教学科学决策和综合治理提供数据支持。

业务中台主要承载教育业务实现所需要的通用类能力，以网络应用程序的设计风格对外开放，供上层应用调用。例如，华为教育中心、联想智慧教育开放平台、腾讯WeLearning、阿里教育业务中台等均属于业务中台。业务中台将业务应用的通用能力进行抽象提取，构建提供通用能力的七大中心：用户中心、身份认证中心、消息中心主要提供应用的基础能力；教学中心提供流媒体服务能力；资源中心与知识中心主要提供教学资源标注的能力和知识能力标签体系管理能力；人工智能能力中心则以提供语音和图像的智能识别能力为主（图5-5）。

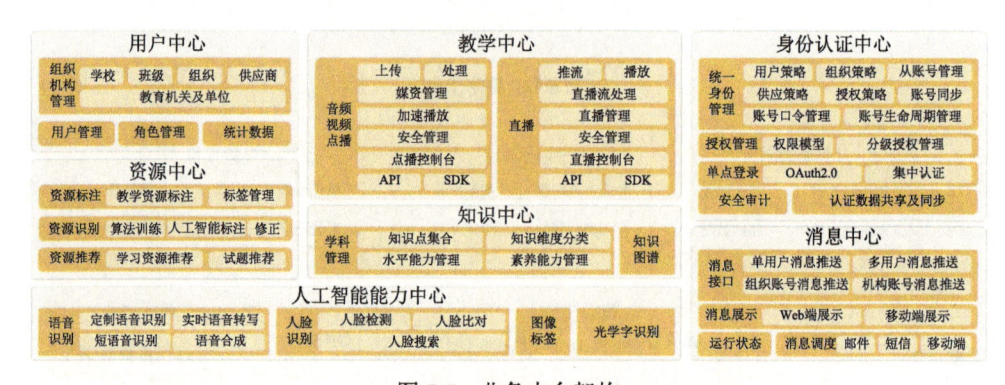

图 5-5　业务中台架构

资料来源：华为技术有限公司，北京师范大学智慧学习研究院. 区域智慧教育建设技术指南[R]. 2020.

数据中台着重于将散落于各数据孤岛的结果性数据和教学过程性数据采集汇聚起来，构建教育业务主题库与专题库，通过API对上层应用开放数据服务，以提供数据全生命周期的管理能力为主，包括数据采集、数据治理、数据建模与分析、数据服务等全流程的能力，通过数据中台实现数据业务化，以数据服务的形式赋能教育教学应用向智慧化演进（图5-6）。例如，华为与东软联合发布的智慧教育数据中台、阿里云教育数据中台、中国移动数据中台等均属此类。

（四）智慧教育"屏"

智慧教育屏是指针对教育主体需求的智能交互终端，用于采集和呈现数据，承载各大应用。不同场景的屏包括交互白板、平板电脑、PC、电子班牌、会议终端、智慧黑板、校园LED大屏等显示和交互终端。其中，平板电脑作为电子书包

第5章 教育智能技术图谱

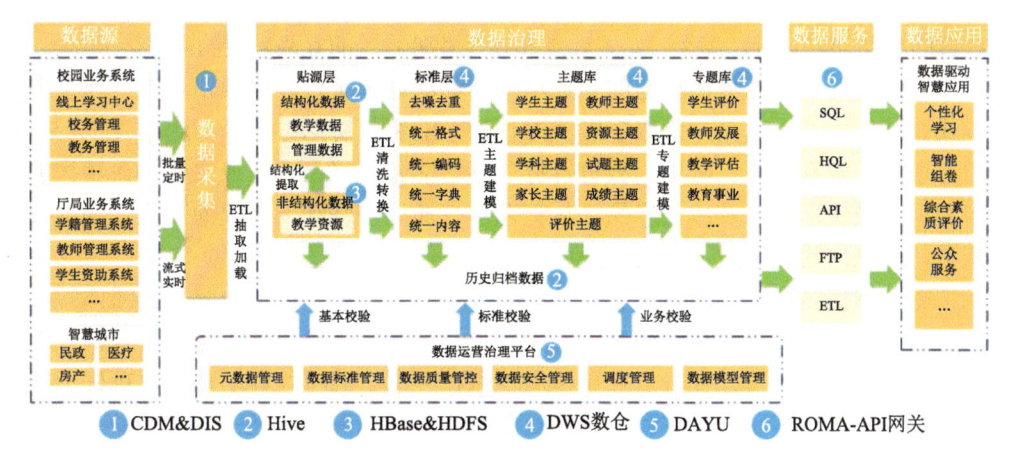

图 5-6 数据中台架构

资料来源：华为技术有限公司，北京师范大学智慧学习研究院. 区域智慧教育建设技术指南[R]. 2020.

的主要载体，也承载了智慧课堂中学生学习的主要终端功能，在线学习、采集学生数据等，进行智能教学的交互都可实现。智慧大屏可用于文化展示、智能书写、极清投屏、视频会议、课堂互动教学，可以满足会议室、主题活动室、开放学习区等多场景的智慧教育需求。电子班牌是智慧教室的组成部分，可以承载信息发布、走班排课终端、考勤刷卡、交流互动、校园文化展示等功能。会议终端可支持远程协同办公、协同指挥、高清视频会议、协同教研、多终端同屏分享等功能。它们组成了智慧教育的末梢神经，也构建了人机交互的终端界面。例如，普罗米休斯（Promethean）[1]提供互动白板和教学工具，为全球师生提供交互式教学技术方案。华为智慧屏是大屏设备在全场景智慧化时代的全新升级，并搭载鸿蒙（HarmonyOS）系统。

（五）教育应用连接器

基于开放性、扩展性和安全性的教育应用连接器，可构建统一的智慧教育入口，打破各个软件应用的信息孤岛，例如 WeLink、钉钉、企业微信等。

WeLink 具备连接人、连接业务、连接知识、连接设备的能力，同时具备即时通信、移动办公、业务集成和宣传等多种服务功能，同样适用于教育部门和学校。WeLink 基于云 IP 层能力构建，具备完善的安全、智能、开放连接能力，成为开放的服务化平台，所提供的认证、邮件、联系人、业务应用及知识等基础办公服务均可以与客户已有信息系统进行集成，起到连接器的作用，学校也可以自行基于 We 码平台/H5 开发建立自己独特的轻应用。通过 WeLink 构建全面覆盖师生的工作、学习、生活场景的移动校园门户，建立校园学习＋校园服务＋校园生活＋校园管理相结合的智慧

---

[1] https://www.prometheanworld.com/.

教育的移动开放平台，满足一站式登录和各类业务系统的互联互通的需求。

钉钉是阿里巴巴集团打造的企业级智能移动办公平台，引领未来新一代工作方式，是新生产力工具，是数字经济时代的企业组织协同办公和应用开发平台，同样适用于教育系统。其中，教育钉钉包括智能备课平台、在线课堂、在线智能作业、班级管理，以及局校产品，从管理层打通局校联动，为教师赋能，为家长减负，家校沟通更高效，有利于持续布局数字化普惠教育。

企业微信是腾讯打造的企业通信与办公工具，具有与微信一致的沟通体验、丰富的 OA 应用和连接微信生态的能力，可帮助企业连接内部、连接生态伙伴、连接消费者。在教育行业，企业微信通过家校互联、局校互联的功能，更好地连接教育局、学校和家长，并且提供丰富的校内管理和局校管理工具，帮助教育局和学校更高效地处理内部事务。

此外，为方便教师、学生、家长等用户随时随地开展教学活动、自主学习、家校协同和互动交流，国家中小学智慧教育平台上线了移动端"智慧中小学 APP"，与 Web 网站协同提供资源和互动服务。

（六）智慧校园应用

《智慧校园总体框架》明确规定要采用云计算架构来部署智慧校园。智慧校园逐步向校园环境智能化、教与学模式创新、信息系统互联互通演进。具体实施工程主要包含校园基础支撑环境和学校通用平台建设以及智慧应用等，以实现精细化管理、协同化支撑、个性化服务（图 5-7）。

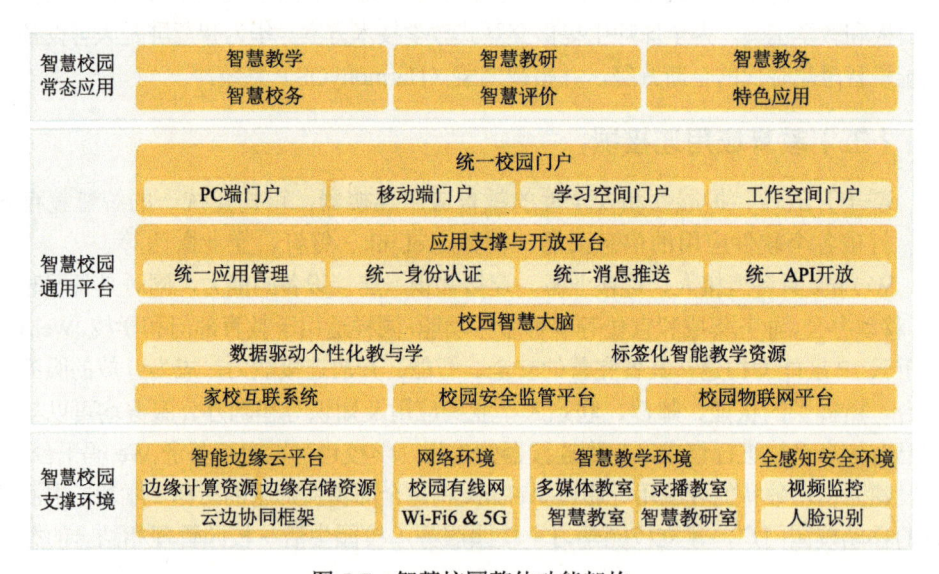

图 5-7 智慧校园整体功能架构

资料来源：华为技术有限公司，北京师范大学智慧学习研究院. 区域智慧教育建设技术指南[R]. 2020.

第 5 章 教育智能技术图谱

支撑环境建设是智慧校园构建的基础，主要包括学校智能边缘云平台、网络环境、智慧教学环境、全感知安全环境等[①]。其中，智能边缘云平台：建设学校边缘计算节点，通过云边协同的方式，承载常态化应用和高带宽应用，以提升用户体验，降低网络带宽消耗；本地计算存储节点可以实现校本资源的高效构建与存储；学校安全敏感数据经过边缘节点脱敏后再行上云，避免信息安全风险。网络环境：选择网络运营商链路，实现校园有线网络全覆盖、全接入。通过 Wi-Fi6 与 5G 实现无线网络重点区域覆盖，配备统一上网管理系统，确保网络和信息安全，依托教育云数据中心，满足校园各级各类信息和服务全面上云的需求。智慧教学环境：以现有多媒体教室、录播教室、教育实验室环境为基础，全面提升教室的智能化水平，为教师教学和学生学习创造更富有智慧的学习环境，覆盖教学考评全流程的智慧教学应用。全感知安全环境：建设可感知、可监测的智能化校园环境安全体系，重点区域高清数字视频监控全覆盖，配置数字大屏实时显示监控状态，校园主要出入口部署一卡通或人脸识别设备，全面提升校园安全设施智能化水平。

打造开放的、创造的、协作的和智能的学校通用服务平台，面向教师、学生、家长、管理者等不同角色提供个性化服务。智慧校园的通用服务平台包括以下内容[②]。

（1）统一门户及工作（学习）平台：包含校园门户网站、校园公众号、网络学习或工作空间、咨询公告及相应的后台管理。由区域统一建设，可提供定制化服务，有助于加强区域、校网站集群的统一管理和互联互通。

（2）应用支撑与开放平台：作为校园智慧应用的承载中心，由统一应用管理中心、统一身份认证管理、统一消息推送及 API 开放门户构成。基于区域平台统一应用接入标准接入，支持用户按需获取应用。

（3）校园智慧大脑：汇聚学校、学生、老师、教育资源等数据资产并进行数据治理，同时以 API 服务形式共享各类应用系统，支持课前、课中、课后、课外的数字教学资源智能适配和推送，实现个性化的教与学。

（4）家校互联系统：构建即时通信系统，加强区域、学校、学生及家长间的及时沟通，包含通讯录、即时通信、消息通知、班级圈等应用。

（5）校园安全监管平台：建设集人防、物防、技防于一体的全方位、立体化现代校园治安防控体系；对校园重点区域实时监控，针对异常行为及事件识别及警告，事前主动预防，事中快速响应，事后精准协查，从而提高校园安保工作效率。

（6）物联网统一连接应用：建设区域统一的校园物联网终端连接管理平台，支持多种物联协议接入，支持大并发、大容量应用，并实现集中管理。

---

① 华为技术有限公司，北京师范大学智慧学习研究院. 区域智慧教育建设技术指南[R]. 2020.
② 华为技术有限公司，北京师范大学智慧学习研究院. 区域智慧教育建设技术指南[R]. 2020.

基于智慧校园基础支撑环境和学校通用服务平台，建设与之适配的智慧教育应用和资源，覆盖教、学、管、评、研等教育全流程的应用，构建智慧校园教育应用生态，服务于育人模式创新、课程体系创新和课堂教学创新。智慧校园的应用场景具体包括以下内容[①]。

（1）智慧教学：开展网络化、数据化、智能化的教与学，支持师生多维互动和便捷获取资源，促进学科教与学模式创新和学生核心素养提升。建设集远程视频会议、网络听评课、双师课堂于一体的远程互动平台，实现课堂教学内容实时传递、同步互动和优质资源共享。开展各学科的智能测试和纸笔测试、自动改卷、成绩智能分析等。基于大数据和人工智能技术全面采集教与学过程数据，可视化呈现教师、学生、班级数字画像，为教师教学反思提供精准的数据参考，支持常态化学业质量过程监测，并基于此适配推送个性化的学习资源。

（2）智慧学习：通过学生智能终端实现辅导资源推送、学习数据即时反馈、学习评估、数据分析等功能，提供个性化的学习服务，实现多种课堂学习新模式，如翻转课堂、项目式学习、探究学习、协作式学习等。建设集听、说、教、学、考、评于一体的智慧测评应用，建设与教材适配的教学资源和考试资源，支持区域日常测试或模拟联考，生成个人学情报告和考情报告，可视化呈现个人知识与能力结构，帮助学生建立自我学习认知。

（3）智慧管理：利用智能技术优化学校资源配置，提高学校行政和组织效率，对学校教育教学进行预测和规划。围绕教务管理、行政管理、财务管理、人事管理、资产管理等展开智慧管理，全面涵盖学校日常事务性工作。

（4）智慧评价：主要围绕教师发展性评价、学生发展性评价和学校发展性评价进行。基于评价模型，汇聚各业务场景下的信息数据，实现评价过程智能化、评价结果数据化，形成完整科学的评价体系，结合综合素质、学业质量、教学质量自动生成多维度的分析报告，对教育质量监测的各类评价指标进行管理。

（5）智慧教研：应用智慧研修、协同备课、在线巡课、智慧科研等工具，开展教师、学校、区域组织的线上线下教研、研修活动，促进区域各校教师交流合作、资源共建共享，形成区域教师发展共同体。

智慧校园服务提供视频监控、周报防护、视频巡逻、人脸通行、一卡通行、智能考勤、访客管理、智慧停车、环境监控等应用服务，建设平安绿色智慧校园。例如，利用人脸检测和识别技术精确识别身份，快速反馈识别结果；实现门禁更高的通行吞吐率、校园安全自动化管理；通过入侵检测、徘徊检测、遗留物检测等技术对受控区域进行监控。智慧校园管理构建的可视化综合服务系统，将校园资源的空间数据、属性数据与业务数据统一管理，提供智慧校园运营、校园综合

---

① 华为技术有限公司，北京师范大学智慧学习研究院. 区域智慧教育建设技术指南[R]. 2020.

态势、综合安防，以及人、车、环境、碳排放足迹等可视化、智能化管理，为智慧校园的资源规划及合理调度提供可靠依据。

（七）智慧课堂应用

智慧教学服务基于智能化教学环境，打造个性高效的教学模式。通过教学云平台（如国家智慧教育平台），融合远程教学、在线学习、虚拟课堂等多种功能，提供统一的管理和维护平台，方便资源管理和维护。利用智能双路导播和移动接入技术，提供从平台到教室，再到个人的端到端解决方案，主要实现"三个课堂"、点播课堂、直播课堂、互动课堂、远程协同等应用场景。

三个课堂

"专递课堂"强调专门性，主要针对农村薄弱学校和教学点缺少师资、开不出开不足开不好国家规定课程的问题，采用网上专门开课或同步上课、利用互联网按照教学进度推送适切的优质教育资源等形式，帮助其开齐开足开好国家规定课程，促进教育公平和均衡发展。

"名师课堂"强调共享性，主要针对教师教学能力不强、专业发展水平不高的问题，通过组建网络研修共同体等方式，发挥名师名课示范效应，探索网络环境下教研活动的新形态，以优秀教师带动普通教师水平提升，使名师资源得到更大范围共享，促进教师专业发展。

"名校网络课堂"强调开放性，主要针对有效缩小区域、城乡、校际之间教育质量差距的迫切需求，以优质学校为主体，通过网络学校、网络课程等形式，系统性、全方位地推动优质教育资源在区域或全国范围内共享，满足学生对个性化发展和高质量教育的需求。

资料来源：教育部关于加强"三个课堂"应用的指导意见[EB/OL]. http://www.moe.gov.cn/srcsite/A16/s3342/202003/t20200316_431659.html, 2020-03-03.

"三个课堂"解决方案以教育平板为核心，打造智慧教育第一入口；以视讯系统为基础，同时辅助互动教学直播、录播、音视频套件等外围设备，提供高清音视频体验。教育平板依托云与计算能力，满足智慧课堂、分组讨论、远程互动等多媒体智能化教学需求。视频会议系统为了实现"三个课堂"场景，需要支持双流传输、双屏显示。一路视频流显示摄像机画面，一路视频流显示课件画面；教室双屏显示，一屏显示课件/白板，一屏显示多个教室状况。

专递课堂是指多间教室加入一个虚拟课堂，实现多方参与的互动教学，使偏远地区开不齐课、上不好课的农村学校与拥有相对丰富教育资源的城市中心学校同上一堂课，以共享优质教育资源，提高教学质量。专递课堂由一整套远程同步课堂技术解决方案作为支撑，保障课堂再现授课教师真人大小、高保真图像及声音，简单易用，授/听课双端一键进入直播，高清流畅不中断，实现师生互动，学生便捷享受名师资源（图5-8）。

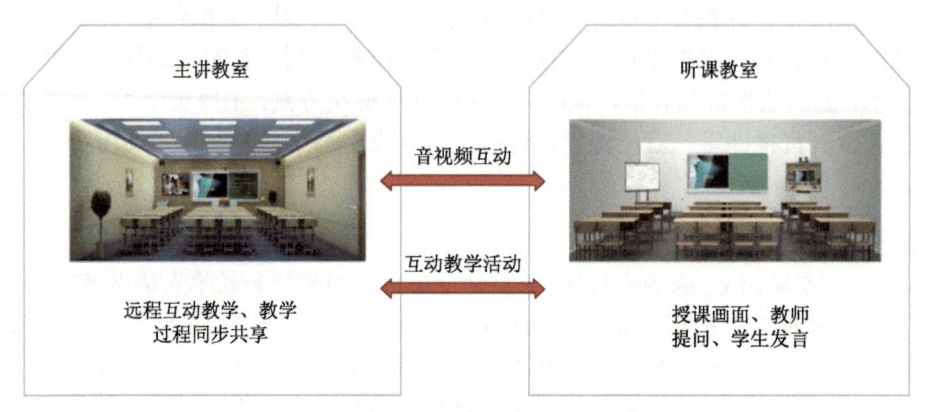

图 5-8　专递课堂应用

资料来源：华为技术有限公司，北京师范大学智慧学习研究院. 区域智慧教育建设技术指南[R]. 2020.

名师课堂支持多个教研组之间的远程教研活动。平台端自动生成一个教研互动课堂虚拟编号，参研教师可通过教室的终端设备直接参与教研，未在教室内的老师可以通过具有视频摄像头的移动端设备加入，以便教师在各种环境下均可参与教研活动。整个教研活动过程均可录制下来，以便进行回顾（图5-9）。

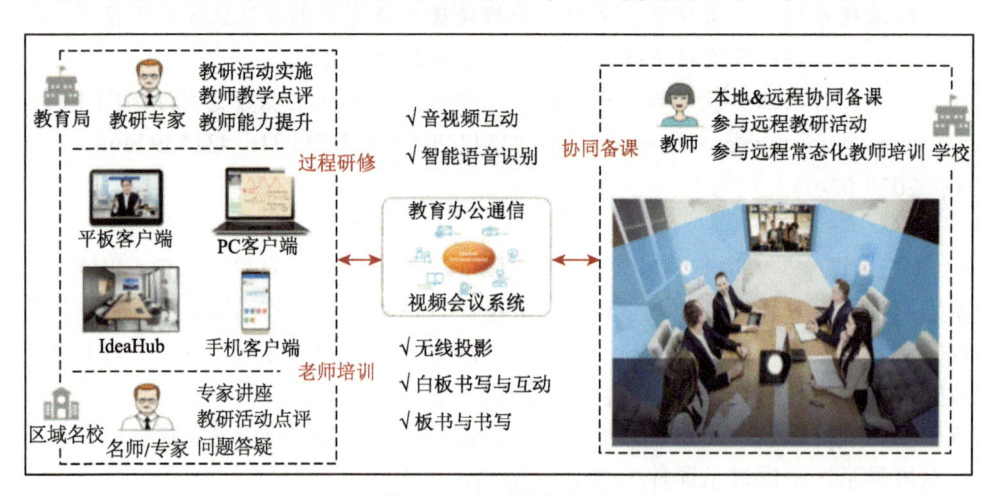

图 5-9　名师课堂应用

资料来源：华为技术有限公司，北京师范大学智慧学习研究院. 区域智慧教育建设技术指南[R]. 2020.

名校网络课堂可实现开展大规模网络课堂直播教学，将学校间的优质教育资源进行大范围辐射，有利于激发区域活力。名校网络课堂生成的相关直播课程资源，自动保存在"三个课堂"应用平台资源中心。针对区域名校，通过"三个课堂"应用平台的基础支撑，结合提供的服务，对名校相关资源进行整理收集，形成视频、文档、试卷等多维度的电子化资源（图5-10）。

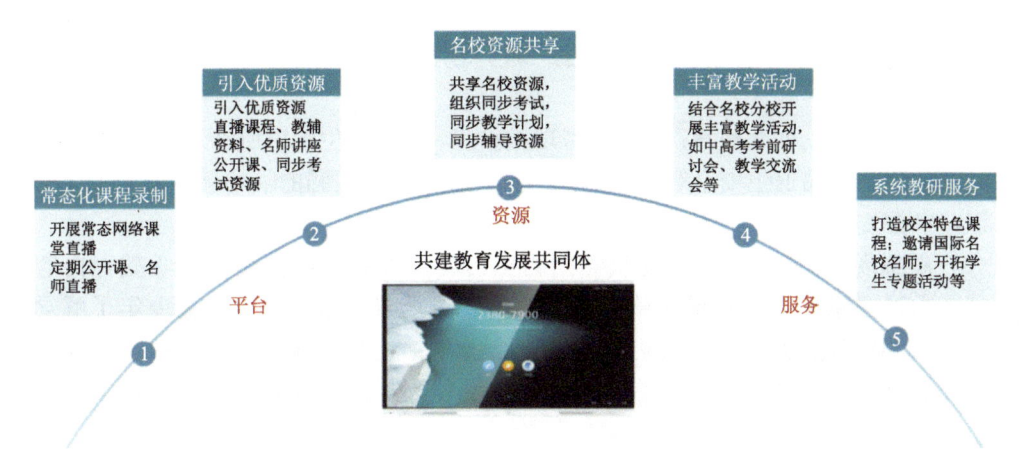

图 5-10　网络名校课堂应用

资料来源：华为技术有限公司，北京师范大学智慧学习研究院. 区域智慧教育建设技术指南[R]. 2020.

此外，业界还有点播课堂、直播课堂、互动课堂、云课堂等不同的提法。①点播课堂基于点播服务的精品教育资源共享平台，教师授课视频上传至云端在线学习平台，不同地区的学生可通过点播享受到优质的名师资源，成为学校、教师、学生以及家长之间互联的网络社区。②直播课堂基于虚拟在线课堂，可以在同一时间将身处不同教室里、电脑旁，甚至是家中或在途中的师生连接到同一个在线课堂，创造身临其境的课堂氛围，提升教学便利性和资源利用率。③互动课堂基于云互联网音视频的实时互动服务，保障互动课堂的教学体验，支持一对一视频、多人视频的互动，适用于一对一教学、一对多小班课、双师课堂等多样化的教学形式。④云课堂利用桌面虚拟化技术，使得之前利用物理机教学变成了利用虚拟机教学，在提供完整虚拟桌面服务和丰富教学软件功能的同时，最大限度地降低多媒体教室的管理工作量，支持多个校园集中部署，使得多个学校共享教学资源，节省经济成本。

（八）5G + Cloud XR 教育应用

5G + Cloud XR 教育方案通过虚拟现实直播、云渲染等形式为师生提供全新体验的教育服务模式，如专题教育、全景直播、全息智慧教学等。区域和学校通过虚拟现实云平台，按专题和学科知识点分类，聚合适合专题教育的内容资源，进行以下专题教育场景应用[①]。

虚拟现实+K12学科教育：含小学、初中、高中语数外、物理、生物、化学、地理、信息科技等学科内容，通过虚拟现实沉浸式、体验式互动学习方式，变抽象为具象，改善学生知识学习体验。

虚拟现实+科普教育：通过虚拟现实沉浸式、体验式的互动学习方式，创设身临其境的科学场景，激发其科学探索兴趣，创新科学知识呈现方式，丰富科学知识认知。

虚拟现实＋安全教育：通过虚拟现实技术，将日常生活中所涉及的安全危险、灾害危险、食品卫生安全等知识虚拟仿真，让学生在较强的临场感中学习安全知识，掌握安全技能。

虚拟现实+德育教育：提供党团历史内容、红色主题内容、国学教育内容等，通过虚拟现实技术重现革命历程中的经典场景与事迹，帮助青少年了解党史国情和发扬自强不息、艰苦奋斗的革命传统；让学生体验式学习中国经典文化和民族智慧，从而增强语言能力、陶冶品格、提高人文素养，创新数字德育教育模式。

虚拟现实直播服务通过 5G 网络，提供远程教学内容，视角不再局限，获取的内容更加精准可靠，现场的教学景象与信息都可实时获取，身临其境，有利于提升学习效率；直播教学内容在云端完成存储，可作为点播内容。

混合现实学习创造一个全息空间，在空间内学生可看到自己所处的真实环境，也能看到以虚拟形式呈现的立体教学内容。混合现实协同互动可以将学生的学习画面、教师的教学画面共享到智慧黑板，投影到大屏终端，及时查看学习效果，可以直接使用手势姿态、语音、眼睛凝视来操作虚拟教学内容，自由释放教师双手，赋予教学更多的灵活性和新意。Cloud MR 应用集终端、应用系统、平台、内容于一体，将虚拟场景与实景空间混合，结合学生自主动手和协作互动，为学习者打造高度开放、可交互、沉浸式的三维学习环境，使教学场景不再局限于有形的课堂和实验室，教学和动手操作的空间和时间得到无形扩展，可以产生超越现实的奇幻效果，带来更多想象空间和认知角度。

基于上述智慧教育的技术方案和应用场景，区域智慧教育建设以区域统筹为主，在满足区域需求的同时兼顾各学校的个性化需求，建设可按基础构建、数据汇聚、智慧赋能三步走，构建智慧学习环境，开展智慧教学、管理和服务应用。智慧校园建设需要结合各地市、区县已有建设平台，综合考虑各个方面的建设情况，科学规划，分步实施，以提升校园智能化水平。

---

① 华为技术有限公司，北京师范大学智慧学习研究院. 区域智慧教育建设技术指南[R]. 2020.

七、从元宇宙到 ChatGPT

如果说 2021 年是元宇宙元年，那么 2023 年则是 ChatGPT 元年。

元宇宙是人类运用数字技术构建的、由现实世界映射或超越现实世界、可与现实世界交互的虚拟世界，具备新型社会体系的数字生活空间。元宇宙本身并不是新技术，而是集成了一大批现有技术，包括 5G、云计算、人工智能、虚拟现实、区块链、数字货币、物联网、人机交互等。

教育元宇宙具有交互性、沉浸性、多元性三个核心特征，教育元宇宙为研究教育系统的复杂性和教育的发生发展规律打开了另一扇大门[1]。教育元宇宙创新人才培养模式、赋能智慧教育环境、提供多样化教育资源、支持多元化学习活动以及实现智能教学评估[2]。教育元宇宙教学场域包括物理层、软件层、应用层、分析层四层架构，关键设备与技术包括 5G 网络、沉浸式虚拟现实设备及其对应的软件系统、高性能计算机及其相应的元宇宙系统、生物数据采集设备及其数据分析算法等[3]。然而，元宇宙形态将走向何种未来以及面临何种挑战，产生何种社会影响，亟待"热炒作"下的"冷思考"[4]。

在我们还没有弄明白（教育）元宇宙之际，ChatGPT 海啸来了！

2023 年 1 月，美国 OpenAI 公司推出的 ChatGPT 月活跃用户突破 1 亿人，被视为史上用户数增长最快的消费者应用，且影响热度持续上升。随着谷歌、微软、亚马逊、百度、腾讯等国内外科技巨头加快布局，预计 ChatGPT 将带动人工智能领域新一轮科技竞赛和发展浪潮，教育必然不可能置身事外。

ChatGPT 是一种开源的自然语言工具，准确地说是一个自然语言聊天生成的预训练转换器。与传统聊天机器人相比，它具有更大的参数规模（GPT-3 是 1750 亿个参数，而 GPT-2 是 15 亿个参数）、更大的训练数据集，以及生成更类似于人类的文本。这种自然语言处理和基于深度学习的生成式人工智能技术，使 ChatGPT 能够生成类似人类的文本、保持会话风格、更真实的自然对话。

与此同时，ChatGPT"侵入"校园、ChatGPT 被教育界"封杀"、美国多所高校禁用 ChatGPT、国内高校有学生用 ChatGPT 写论文等教育热点话题频发，引起

---

[1] 蔡苏，焦新月，宋伯钧. 打开教育的另一扇门——教育元宇宙的应用、挑战与展望[J]. 现代教育技术，2022，32（1）：16-26.

[2] 刘革平，高楠，胡翰林，等. 教育元宇宙：特征、机理及应用场景[J]. 开放教育研究，2022，28（1）：24-33.

[3] 华子荀，黄慕雄. 教育元宇宙的教学场域架构、关键技术与实验研究[J]. 现代远程教育研究，2021，33（6）：23-31.

[4] 翟雪松，楚肖燕，王敏娟，等. 教育元宇宙：新一代互联网教育形态的创新与挑战[J]. 开放教育研究，2022，28（1）：34-42.

了社会各界的普遍关注和热烈讨论。教育领域中 ChatGPT 应用将带来以下三方面的挑战：一是降低了作弊和学术不规范的成本；二是要求用户对信息具有更高的甄别能力；三是使用过程中会涉及教育数据的隐私问题。

当前，教育领域面临着如何正确使用 ChatGPT 的问题，部分机构采取相对消极的方式，如一些学校禁止在教育网络上使用 ChatGPT，以避免学生作弊；一些学术出版机构禁止将 ChatGPT 列为合著者，也不接受其生成的任何文本。作为科技发展的产物，ChatGPT 是一把双刃剑，如何发挥其作用取决于使用者，学界应当分析如何将其作为学校教学的有效工具，而不是简单地禁止它。比如，学习管理系统 Moodle 已经将 ChatGPT 集成到平台中，作为插件帮助学习者在线学习时获取即时信息。微软已经将 ChatGPT 技术的升级版本集成到搜索引擎和浏览器中，这些行为将对其自身发展产生事半功倍的效果。基于 ChatGPT 的有效性，政府和教育主管部门应该制定更多的政策，以促进教育领域对 ChatGPT 在教育评估、教学辅助等方面的应用。

ChatGPT 在席卷全球的同时，也对教育提出了一个重大挑战，即当前的教育应当培养什么样的人才。ChatGPT 能够成为一种技术，说明机械化的文本写作已经不再是个体能力的体现，这也提示我们，当前的教育理念和方法需要进行深层次的变革，教育应当更加关注培养学生的逻辑和批判性思维等能力，也应当转变教学方式，如使用口头辩论来评估学生提出的论点的合理性和准确性，以及论据的说服力。同时众所周知，使用 ChatGPT 不需要太多的 ICT 技能，但需要具备批判性思维和提问能力才能获得最佳使用结果，因此教育的重心应当转向培养学生有效使用智能化工具的能力，以及探索培养这些能力所应使用的方法和路径。

无论 ChatGPT 未来前景如何，我们都需要先熟悉"它"、拥抱"它"。因此，我们需要注意以下几点：其一，拥抱国际开源运动，开展有关开放科学的研究，并制定相关政策以支持智能时代的教育和创新；其二，研究教育中的人机协作变得至关重要，以支持中小学和大学的人机协同教学实践；其三，重塑学生核心技能，培养智能时代公民，研究如何实现"协作智能"，以确保人类教师和智能机器能够共享他们的智能并有效地共同工作；其四，智能时代会将大量人工智能技术引入教育，其中大多数技术都是双刃剑，但是不能因为这些技术的缺点而不使用它们，我们必须重新思考和改变我们的教育方式，从容应对，发展数字教学法，修正教育改革方向；其五，通过社会实验来研究人工智能技术在教学过程中的真实影响，以帮助我们判断出新技术在教育中是否有效；其六，智能学习公共服务有助于实现教育公平、规模化教育和个性化学习，延展教学公共服务，提升数字教育质量，在智能技术产品进入学校的过程中，政府既需要建立包容审慎的准入制度，还需要提供支持试用的公共学习服务，同时开展循证研究以主动应对和科学决策。

第 6 章

智慧教育理论探索

  我们必须坚持解放思想、实事求是、与时俱进、求真务实，一切从实际出发，着眼解决新时代改革开放和社会主义现代化建设的实际问题，不断回答中国之问、世界之问、人民之问、时代之问，作出符合中国实际和时代要求的正确回答，得出符合客观规律的科学认识，形成与时俱进的理论成果，更好指导中国实践。

  ——习近平：高举中国特色社会主义伟大旗帜 为全面建设社会主义现代化国家而团结奋斗——在中国共产党第二十次全国代表大会上的报告

  强力支撑高水平科技自立自强；要以"四个面向"找准方向；以有组织的科研汇聚人才和创新能量；要以创新体系和学术生态厚植土壤。

  ——怀进鹏，在新一轮"双一流"建设推进会上的讲话，2022 年 4 月 13 日

  我们之所以要大力倡导、宣传和推广"中国特色创新型教育信息化"的理论与实践，是因为它具有极为重大而深远的意义，并将对全球教育信息化发展产生至关重要而深刻的影响。

  ——何克抗，《中国特色创新型教育信息化理论与实践》，2019 年

科学技术变革推动着生产力和生产关系的发展，与此同时，产生了与社会发展、科技发展和人类需求相适应的知识观、学习观、教学观和课程观。智能技术的发展带来了教育环境、教育内容、教学方式和师生关系的改变，我们应以相应的教与学理论做指导，既需要吸纳建构主义学习理论、信息加工学习理论、认知外包理论等相关内容，又需要进一步丰富智能技术促进有效学习的理论（如按需学习理论）。人才培养是学校的基本功能、根本任务和内涵发展的核心内容，我们应利用智能技术促进人才培养模式创新，以形成适应新教学关系的教学模式（如人机协同教学模式、弹性教学模式）、适应学生特征的学习方式（如泛在混合式学习方式、按需学习方式），以及相应的教学管理与支持服务方式。

一、智能时代的教育观

（一）智能时代的知识观

按照辩证唯物主义的认识论观点，知识从人类学习、实践中获得并经过系统总结和提炼，以反映客观事物本质属性及内在联系规律性[1]。知识是人类大脑对客观世界（真实世界和虚拟世界）的属性及其联系的能动反映。知识是教学的背景、内容与要素，也影响着教学的目标和效果[2]。知识观具体指对知识的态度、怎样理解知识、如何应用知识，影响着学习和教学过程。建构主义认为，知识是认知主体的经验、解释和假设，由学习者自己建构知识的意义[3]，强调知识不是被"发现"而是被"发明"的[4]。知识建构不是一蹴而就的，而是在认知主体与认知对象、环境之间的互动中逐渐生成[5]。乔治·西蒙斯提出软知识和硬知识的分类[6]，认为稳定性是区别软知识和硬知识的重要指标。智能时代，知识从内容到形式的更新、迭代、混合、嬗变成为常态[7]，由静态层级变成动态网络和生态，由抽象变为具象，由硬变软，由整体变为碎片，由单纯依靠人类变为人机合作[8]，更重视情感、态度、价值观和精神层面的学习。从口耳相传、师徒传承到后来的学校教育、智慧教育，互

---

[1] 何克抗. 也论"新知识观"——到底是否存在"软知识"与"硬知识"[J]. 中国教育科学, 2018, 1（2）: 36-44, 137.
[2] 鲁子箫. 智能时代的教学知识观——从知识立场到生命立场[J]. 当代教育科学, 2020, （12）: 24-29.
[3] 刘儒德. 建构主义: 知识观、学习观、教学观[J]. 人民教育, 2005, （17）: 9-11.
[4] 郑太年. 知识观·学习观·教学观——建构主义教育思想的三个层面[J]. 全球教育展望, 2006, 35（5）: 32-36.
[5] 范文翔, 赵瑞斌. 具身认知的知识观、学习观与教学观[J]. 电化教育研究, 2020, 41（7）: 21-27, 34.
[6] 乔治·西蒙斯. 网络时代的知识和学习——走向连通[M]. 詹青龙, 等译. 上海: 华东师范大学出版社, 2009.
[7] 王竹立. 面向智能时代的知识观与学习观新论[J]. 远程教育杂志, 2017, 35（3）: 3-10.
[8] 王竹立. 新知识观: 重塑面向智能时代的教与学[J]. 华东师范大学学报（教育科学版）, 2019, 37（5）: 38-55.

联网和人工智能丰富了知识的内涵、类型、载体、生产方式和传播方式，知识从符号化信息回归到全社会的人类智慧的汇聚、共享，生长类知识应运而生[①]。《反思教育》认为，信息、原理、技能、态度和价值观等都是知识。知识生产和知识传播在同一个过程中发生，生产者也是传播者和受益者，学习是要产知识、解问题，教学是给学生搭支架、创情境，课程是动态的，知识空间包括物理空间、网络空间和虚拟空间，资源包括全社会各类教育资源，教育服务从供给驱动型向消费驱动型转变。

综上所述，智能时代的知识是指人或人工智能通过与所处环境的交互而获得的信息或进行的意义建构；知识可以分为事实性（陈述性）知识、过程性（程序性）知识和元认知知识；知识不再是专属人类的智慧成果，大量的知识通过人机协同的方式生产出来，人工智能具备了深度学习能力之后，也可以独立产生知识；知识形成不再是一个个单独事件，而是个体依托由内在神经网络、社会网络和概念网络构成的知识网络进行的联通学习，是与个体的身体和所处的环境密切关联的具身认知，以及结合了深度学习和强化学习的机器学习；知识生产方式是基于数字平台的大规模用户协作，具有问题导向性、跨学科性、异质性、社会责任感和人本主义等特点，知识传播是基于智能算法推荐的人机协同和多向交互，将会对个性化学习和终身学习产生促进作用。

（二）智能时代的学习观

学习观是指学习主体对知识、经验和学习过程的直观认识，学习经验、教学、学校以及社会文化背景等因素影响其形成。学习观可以看成学习者对知识和学习的认识论，涉及对知识的生成、传递、获取以及学习性质、方式、过程与环境等的直觉认识[②]。学习观是指人们在长期的学习及工作过程中形成的关于学习目的、内容及方法的基本观点。建构主义强调学习是主动地生成自己的经验、解释和假设的过程，关注内部生成、社会化学习、情境化学习[③]。学习是零存整取、碎片重构的过程，在学中创新和创新中学[④]。智能时代，学生的学习目的、学习内容、学习方式都应该更加适应时代发展潮流。

在学习目的方面，一是更加强调内在学习需要。身处于智能时代中的学生，在数字驱动的智能化环境下，在开放教育生态的基础上，更需要通过不断的积累、运用和创造知识来建立自信和提升能力，适应瞬息万变的社会。学生从自身生存与发展的视角出发，通过内在需求和外部压力来激发学习的主体性、主动性和自

[①] 陈丽. "互联网+教育"：知识观和本体论的创新发展[J]. 在线学习，2020，(11)：44-46.
[②] 刘儒德. 学生的学习观及其对学习的影响[J]. 教育理论与实践，2005，(9)：59-62.
[③] 张建伟. 从传统教学观到建构性教学观——兼论现代教育技术的使命[J]. 教育理论与实践，2001，(9)：32-36.
[④] 王竹立. 新知识观：重塑面向智能时代的教与学[J]. 华东师范大学学报（教育科学版），2019，37（5）：38-55.

主性[①]。学生的学习态度将由被动学习转变为主动学习，更加尊重学习者意愿、关注学习者需求和重视学习者能力。二是要将个人与国家紧密结合，学有所成不仅是为了自身发展，而且是关乎党和国家强大、社会进步和责任的大事情。学习的目的是促进个人终身发展和服务经济社会可持续发展。

智能时代的学习内容将更加偏向多元、综合和智能。智能时代教育面临的机遇与挑战并存。一方面，新技术频现，产业变革，职业岗位更新，就业机会更加多样；另一方面，技术被恶意利用，给人类增加了很多不同性质、数量庞杂的知识，知识呈现出了多元化和碎片化趋势，对创新人才培养模式提出了新要求[②]。人工智能时代的智慧型人才要具备知识素养、能力素养、科学素养和信息素养，要掌握人工智能技术，学会适应人工智能应用趋势，提升人机协同能力，具备"三元"空间中认知发展、社会参与、融入自然、安全健康的数字化学习生存能力，具有学习能力、自控力和好奇心。因此，学习内容从单一分隔走向多元融合，不局限于某一领域的知识和经验的学习以及技能培训，而是学习全面、系统且时代发展潮流所需的内容，注重专业领域的深度研究与深度学习，学习富有探索性的内容，让学习者在学习过程中激发思维活力。

在学习方式方面，一是泛在学习环境下的个性化学习，随着人工智能技术支持下的学习环境变得更加智能化，学习资源更加开放、学习服务无处不在，促成了多场域协同的精准教学，对学生个体来说，便促成了超越时空、场域、形式和途径限制的个性化学习[③]。二是探索创新的深度学习，在人工智能技术的支持下，机器的深度学习与学生的深度学习良性互动，让学习者获得更多的、更有效的学习体验及成果。三是多方协同的智慧学习，体现在学习空间的虚实融合、教师与教师协同、学生与学生协同、教师与学生协同以及人机协同。

综上所述，学习者可以通过与他人或智能机器等的合作互动，参与学习共同体的实践活动来内化知识，掌握技能和工具，从而使学习发生；学习的目的是成为全面发展的人，应对不确定性、模糊性和复杂性，主动参与世界文明进程；事实性知识学习的重要性相对降低，程序性知识的学习和元认知的学习变得越来越重要；将更加注重学习者的个性化学习与体验式学习；人机协作学习更加盛行，依赖于人独特自然属性的具身认知学习将成为特有的学习方式。

（三）智能时代的教学观

教学观是人类大脑对教育及其影响因素的倾向性认识。智能时代，我国的教

[①] 崔铭香，张德彭. 论人工智能时代的终身学习意蕴[J]. 现代远距离教育，2019，(5)：26-33.
[②] 畅肇沁，陈小丽. 基于人工智能对教育影响的反思[J]. 教育理论与实践，2019，39（1）：9-12.
[③] 傅蝶. 人工智能时代学校教育何去何从[J]. 现代教育管理，2019，(5)：52-57.

育也要符合党、国家和社会的公共利益，立德树人，培养德智体美劳全面发展的社会主义建设者和接班人。根据建构主义的知识观和学习观，教学不只是传递知识，更要创设环境和给予支持，促进学习者主动建构知识[1]。情境认知下的教学观倡导情境性、协同建构、合作分享、实践共同体和全息性教学评价[2]。新建构主义教学法体现分享、协作和探究[3]。

教育要适应社会的发展，社会对教师也逐渐提出了更高、更新的要求，教师的角色也随之发生变革。随着教育格局的变化，教师从"知识的守门人"转变为"学习的编舞者"，从传道、授业、解惑到对学生情感、态度、价值观的引导。未来教师是激发者、指导者、设计师、帮助者、学习共同体，即激发学生的主体性和主动性，为学生获取和处理信息提供帮助和指导，为学生推荐个性化学习计划和路径，帮助学生理解和解决疑难问题，人机协同，与学生形成学习共同体[4]，教师与人工智能协作共存，人工智能来"教书"，教师来"育人"[5]。

教育培养的目标要有变化，科学技术日新月异，教学的本质要培养学生的创新思维、设计思维、人机协同能力和实践能力，改变思维以适应变化的社会[6]。注重培养学生的软素质和数字智能，软素质包括坚毅品格、自省能力、交往能力、创造力和想象力等[7]，数字智能是一种可以与智商、情商相提并论的智能商[8]。注重由"补短教育"转向"扬长教育"。

在教学模式方面，一是弹性教学（又称灵活性教学）的可选择性展现出很大优势，将是未来重要的教学形态。二是线上线下融合模式，突破实体教学与虚拟教学的边界，"双管齐下"培养学生学习的兴趣、热情以及动手、动脑和创新能力。后疫情时代，线上线下教育教学的紧密融合逐渐形成趋势。

综上所述，智能时代的教学将在智能技术充分赋能的教育环境下，利用数字化学习资源，充分发挥学生主体作用，帮助学习者全面发展，重点提升数字化思维和数字化能力。智能时代的人类教师主要以育人为主，人工智能教师有利于人类教师能力的补充、增强和延伸。在智能技术的支撑下，智能时代的教学模式呈现出多维融合、强连接与人机互动的特点。

---

[1] 刘儒德. 建构主义：知识观、学习观、教学观[J]. 人民教育, 2005, (17): 9-11.
[2] 陈柏华. 从认知到情境认知：课程教学观的重要转向[J]. 教育发展研究, 2011, 33 (20): 75-78.
[3] 王竹立. 新知识观：重塑面向智能时代的教与学[J]. 华东师范大学学报（教育科学版）, 2019, 37(5): 38-55.
[4] 顾明远. 互联网时代的未来教育[J]. 清华大学教育研究, 2017, 38 (6): 1-3.
[5] 余胜泉, 王琦. "AI + 教师"的协作路径发展分析[J]. 电化教育研究, 2019, 40 (4): 14-22, 29.
[6] 顾明远. 中国教育路在何方：顾明远教育漫谈[M]. 北京：人民教育出版社, 2016.
[7] 蔡连玉, 韩倩倩. 人工智能与教育的融合研究：一种纲领性探索[J]. 电化教育研究, 2018, 39 (10): 27-32.
[8] 祝智庭, 徐欢云, 胡小勇. 数字智能：面向未来的核心能力新要素——基于《2020儿童在线安全指数》的数据分析与建议[J]. 电化教育研究, 2020, 41 (7): 11-20.

（四）智能时代的课程观

课程是学科总和及其进程与安排，是教学内容、学习内容和教学活动、学习活动的主要载体及其基本依据。教育变革大多从课程开始，课程随时代进步与技术发展而调整和改变，包含课程目标、课程内容、课程形态和课程评价等要素。课程具体体现教育目的和人才培养目标，课程目标是课程实施和教学组织的基本依据，课程内容、教学方法和学习活动都要围绕课程目标[①]。智能时代的课程目标是"转知成智"，关注人的全面发展，通过课程的设计、组织与实施，帮助学习者建立从无知到知、从知识到智慧的认识过程，将客观、外在的知识转化为内化、个体自身的价值智慧、理性智慧、思维智慧和实践智慧[②]，由成为"知识人"向成为"智慧人"转变，通过转识成智培育智慧主体[③]。

课程内容是学习的对象，包括学科领域和课程资源中特定的理论、经验、方法和解决方案，源于社会并不断发展变化。智能技术变革知识的内涵、类型、载体、生成方式、传播方式与受众群体[④]，也使课程内容发生变化，呈现时代性、定制化、开放性、生成性等特征。随着知识边界不断扩展，知识在高速增长与更新换代，确保课程内容的现代化和时代性显得尤为重要[⑤]。专业课程与通识课程之间协调与整合、课程中的结果导向与过程导向融合。课程内容由统一编排走向按照学习特征和学习需求定制化课程，在教师、学生、媒体以及环境之间的多维复杂互动中，共同推动智慧课程的生成[⑥]。

课程形态是内容、载体、媒体和编排的动态组合方式，具有复杂性、整体性和发展性特点[⑦]。课程逐渐从平面、单维、静态走向立体、综合、动态，涌现出网络开放课程、精品课程、慕课、微课、智慧型课程、虚拟仿真实验、数字教材等多种新型课程形态[⑧]。课程形态将由教育信息化初期推崇的混合式教学跃迁到全维融合，包括虚拟现实、线上线下的融合，理论与实践的融合，以支持泛在学习和个性化学习需要[⑨]。基于多网、多终端接入，新时代的课程将无缝链接全球资源，

---

① 于颖，解月光. 从英国ICT课程变革反观我国信息技术课程目标与内容建设——基于知识、人本与社会三维融合的视角[J]. 电化教育研究，2014，35（7）：92-97.
② 靖国平. "转识成智"：当代教育的一种价值走向[J]. 教育研究与实验，2002，(3)：11-16，72.
③ 邵晓枫，刘文怡. 智慧教育的本质：通过转识成智培育智慧主体[J]. 中国电化教育，2020，(10)：7-14.
④ 孙立会，王晓倩. 智能时代下信息技术与课程整合的解蔽与重塑——课程论视角[J]. 河北师范大学学报（教育科学版），2020，22（4）：118-124.
⑤ 玛雅·比亚利克，查尔斯·菲德尔. 人工智能时代的知识：核心概念与基本内容[J]. 金琦钦，盛群力，译. 开放教育研究，2018，24（3）：27-37.
⑥ 罗生全，王素月. 智慧课程：理论内核、本体解读与价值表征[J]. 电化教育研究，2020，41（1）：29-36.
⑦ 牛瑞雪. 从口耳相传到云课程：课程形态视域下的课程演变史[J]. 课程·教材·教法，2013，33（12）：18-23.
⑧ 王娟. 智慧型课程：概念内涵、结构模型与设计流程[J]. 现代远距离教育，2017，(3)：25-33.
⑨ 陈耀华，陈琳. 智慧型课程特征建构研究[J]. 开放教育研究，2016，22（3）：116-120.

连接虚拟与现实情景,融入交互式、情景化和个性化的智慧学习空间[1]。

课程评价是对课程需求、课程标准、课程设计、教材、资源以及课程实施情况等做出价值判断,通过评价能够实现对教与学的反馈,调节和完善课程活动。外部评价标准长期盛行,强化评价的区别、筛选和竞争功能,主要关注学生的学习成绩,重结果而轻过程。智能时代的课程评价将充分应用人工智能、大数据、学习分析和可视化技术,进行过程性和发展性的评价,诊断和指导学生智慧学习和成长,既让学习者量化自我[2],又让教师改进教学。

综上所述,以知识为本位的课程将转变为以人为本位的课程,变成师生间、人机间对话、会谈、研究、共享、批判和转变的过程;更加关注每个学习者个体,从群体性课程走向个体式课程;从分科的课程走向融合式、情境性的课程;更加开放多元,跨国、跨区域、跨时空的课程成为常态。

二、智能时代的学习理论

教学理论主要研究教学的现象、问题和规律以及教学方法和策略。教学理论源自教学实践并指导教学实践,关注"怎么教"和"如何促进学习"。学习理论描述学习的性质、过程和影响因素,阐明"学什么""怎么学""学到什么"。何克抗认为,指导我国教育教学创新的教育思想是"主导-主体相结合"[3],学教并重的学习理论吸纳"以教为主""以学为主"之所长。我国学者探索提出了建构主义学习理论、信息加工学习理论、认知外包理论、技术促进有效学习理论、教学交互层次塔理论、协作学习理论、按需学习理论等。这些理论等既具有普适性,又具有在智慧学习环境中指导智慧学习的特殊性。智能技术与教育教学融合,教育观发生改变,相关学习理论与教学模式也将随之改变。

(一)建构主义学习理论

个体建构主义学习理论认为,学习是一种自我建构,强调内因和外因的相互作用(同化与顺应)。社会建构主义学习理论认为,学习是一种"社会"建构,在认知过程中强调基于社会背景的"活动"和"社会交往"。

建构主义学习理论辩证地看待教师的作用,认为知识不全是通过教师传授得到的,同时认可教师在学习过程中对学生的指导作用,即学生从教师那里得到帮

---

[1] 胡钦太,张晓梅. 教育信息化 2.0 的内涵解读、思维模式和系统性变革[J]. 现代远程教育研究,2018,(6):12-20.

[2] 陈然,杨成. 量化自我:大数据时代教育领域研究新机遇——2014 年地平线报告研究启示[J]. 现代教育技术,2014,24(11):5-11.

[3] 何克抗. 中国特色教育技术理论的建构与发展[M]. 北京:北京师范大学出版社,2012.

助，教师是意义建构的帮助者和促进者。对于教学来说，同样强调教师的主导作用，而且在智能技术的支持下，能够延伸和提升教师的教学智能，知识传授类工作可以借助智能机器和智能系统使教学活动更高效；对于学生的帮助和指导，智能教学助手也可以参与其中；教师将实现角色的转变。

建构主义学习理论强调学生的认知主体作用，以学生为中心，学生在学习过程中是主动地进行信息加工和意义建构，主动地获取资源，而不是被动地接受外部刺激。当然，学生需要借助他人的帮助，既可能来自教师和学习伙伴，也可能来自智能教学助手和智慧学伴，以有利于实现人机协同学习。

学习在一定的情境，即社会背景下发生，并与周围环境相互作用。在智能技术支持下，有可能构建虚拟仿真的学习情境，学习在虚实融合的智慧学习环境中发生，师生共同构建网上学生社群和教师社群，并提供数字资源和在线学习支持服务。学习资源既可以是学生主动获取的，也可以是教师提供的，抑或是由智慧学伴精准推送的。因此，智能技术不仅没有削弱"社会建构"的本质，而且创造了更多促进"社会建构"的条件，增强了学习体验和提升了学习效果。

在建构主义学习理论指导下，常见的教学策略包括支架式教学策略、抛锚式教学策略、随机进入式教学策略、自我反馈教学策略等。在智能技术赋能下，教师可以在其擅长的环节优化教学过程。

建构主义学习理论常被用于指导信息技术教育应用、在线教育和数字化学习。得益于何克抗对建构主义学习理论的解读和传播[1]，建构主义学习理论在信息化教学领域应用得比较普遍。建构主义学习理论强调学生的主体作用和教师的主导作用，这里的教师包括人类教师和智能教学助手。智能技术支持下特别是有智能教育助理参与的学生学习可以看做人机协同建构知识的过程。建构主义学习理论得到进化，即知识不全是通过教师传授得到的，而是在社会文化背景或虚拟仿真情境中，学生作为主体，借助他人（包括教师、学习伙伴及智能教育助理）的帮助，利用人机协同的方式，主动利用必要的或精准推送的学习资源及提供的智能服务，在智慧学习环境中通过意义建构的方式而获得，即增加了智能元素，实现了从被动到主动的人机协同学习。在此基础上，刘德建在《智能技术促进高校教育教学创新研究》中提出了智能技术支持下的建构主义学习理论。该理论包括以下内容[2]。

（1）强调以学生和学为中心。在学习过程中，学生是主体，强调发挥学生的主动性、创新精神和思维，如果学生不主动，智慧学伴要及时提醒、引导和鼓励；创造多种机会和必要条件，学生在创设的情境下去应用知识，即将知识外化；学

---

[1] 何克抗. 建构主义——革新传统教学的理论基础（上）[J]. 电化教育研究，1997，（3）：3-9.
[2] 刘德建. 智能技术促进高校教育教学创新研究[M]. 北京：科学出版社，2022.

生可以根据自身行动的信息反馈,或借助智慧学伴基于大数据分析提供的信息反馈,形成认识客观事物和解决真实问题的方法,即实现自我反馈,在这个过程,智慧学伴也可以作为学习者或学习伙伴促进学习者深度学习。

(2)强调情境。强调创设实际情境或者构建虚拟情境,学生与情境发生相互作用,基于原有认知结构及经验,去同化及索引新知识,整合和赋予新知识以某种意义,增加认知结构的数量;如果不能引起同化,则改造和重组原认知结构,引起顺应,改变认知结构的性质。通过同化与顺应、在"平衡—不平衡—平衡"的循环中达到对新知识的意义建构。在传统的课堂教学讲授中,由于不能提供生动性、丰富性、多样化的按需创设的实际情境,学习者对知识的意义建构存在困难,而智能技术恰好可以解决,既可以丰富和完善实际情境,又可以虚拟仿真情境,如虚拟实验情境、游戏化学习情境。

(3)强调协作学习。对知识意义建构的关键是学生与环境的交互作用。在教师的组织和引导下,学生之间建立协作学习小组(特定主题的学习群体),智慧学伴可成为其中的一员,一起参与小组活动(讨论和交流),学习者群体(包括师生、智能教育助理)共同完成对所学知识的意义建构。智能教育助理不仅可以充当学习伙伴、扮演角色,实现人机协作学习,还可以作为智能教学助手,协助教师组织和指导小组活动,基于大数据对学习行为和成果进行分析评价。

(4)强调学习环境。学习环境是学生进行意义建构的场所,学生可以利用学习环境中的网络、设备、媒体、工具和资源,开展协作学习,完成学习任务,实现学习目标。在学习环境创设和应用过程中,学习者不仅能得到教师的帮助与指导,而且学生之间、学生与智慧学伴之间也可以相互协作和支持。智能技术既可以智能化改造传统的校园和教室环境,又可将学习场所拓展到家庭、社区、场馆等多个场域,甚至拓展到网络学习空间,形成人、物理、信息"三元"空间融合的学习环境,教育机器人将作为学习环境的重要组成部分参与学习。

(5)强调信息资源。适切的信息资源有助于支持学习者在学习过程中主动探究和完成意义建构。在智能技术支持下,多媒体和多模态的信息资源更加丰富和适切并能够增加资源服务价值,主要用于支持学生的自主学习和协作学习。在学习过程中,智能技术既可以实现信息资源的主动精准推送,还可以由智能教育助理协助教师指导学习者便捷获取和有效利用信息资源。

(6)强调学习过程的最终目的是完成意义建构。教学设计、情境创设、协作学习、资源提供和环境构建都要紧紧围绕"意义建构"这个目的而展开。智能技术可以创设传统教学方式无法创设的教学情境,丰富学习方式、学习资源和学习环境,优化学习过程,并由智能教育助理参与提供学习支持。

（二）信息加工学习理论

信息加工学习理论认为，学习过程类似计算机信息处理过程，包括接受刺激、引起行为、习得知识等过程，因此可以用人脑加工信息来解释人类的认知过程。美国著名的教育心理学家加涅结合行为主义与认知主义的学习理论，用信息加工模式来解释学习活动，提出信息加工学习理论。学习是学生和环境相互作用的结果，在智能技术支持下，学习环境演化为虚实融合的智慧学习环境。学习过程是信息的接受、处理和使用的过程，智能技术为学习过程提供更丰富的信息加工策略和学习方法。信息加工学习理论提倡"有指导地发现学习"，此外还强调学生的主体作用和教师的主导作用，具有很强的实践性。有效的教学和学习要求教师根据学生的内部学习条件，在智能技术支持下创设适当的外部条件和学习环境，以促进学生有效的学习。

加涅的九段教学法（引起注意、告诉学习者目标、刺激对先前学习的回忆、呈现刺激材料、提供学习指导、诱引行为、提供反馈、评定行为、增强记忆与促进迁移）广为流传，智能技术介入其中，有助于优化其流程。例如，富媒体技术对于引起注意、呈现刺激材料等更具有优势，智能教学助手可以协助教师为学生的学习提供指导，数据驱动的教学评价更精准。加涅提出八类学习（信号学习、刺激-反应学习、动作连锁、言语联想、辨别学习、概念学习、规则学习、问题解决或高级规则学习），学生借助智能技术进行学习，将有助于促进学生进行有效学习。对于五类学习结果（言语信息、智慧技能、认知策略、动作技能、态度）来说，智能技术能够明显增强前四类学习成果。所以，信息加工学习理论对于智能技术促进教育教学创新具有指导价值。

（三）认知外包学习理论

分布式认知理论认为，认知过程不局限于个体的大脑，而是分布在个体内、个体间，以及媒介、环境、文化、社会等之中，是对内部和外部表征的信息进行加工的过程。智能技术、机器及其系统逐渐成为辅助学习的重要工具，为人类认知方式的改变带来新的契机，辅助人类处理超越个体认知极限的复杂情境、海量信息和大数据，应对日益复杂多变的教育教学行为。将人类认知能力上的不足外包给外部智能技术、机器及系统的行为，可以形象地理解为"认知外包"[1]。认知外包的核心是连接。互联网、移动通信、物联网等技术，以及基于网络的大数据服务是认知外包连接的介质，在此基础上可以实现大规模的社会化协同；作为认知外包连接的主体，人脑构成的内部认知网络和智能机器构成

---

[1] 余胜泉，王琦．"AI＋教师"的协作路径发展分析[J]．电化教育研究，2019，40（4）：14-22，29．

的外部认知网络，两者之间相互作用、相互增强。认知外包包括连接计算信息的外包、感知信息的外包、认知信息的外包、社会网络的外包，人机协同有利于实现计算、感知、认知和社会智能的优势互补。人机协同的教学将遵循认知外包理念，强调由智能技术、智能机器和智能系统来提升教师的教学智能，承担或部分替代教师的工作；人机协同的学习，就是强调利用智能技术构建外部认知网络，辅助学生的内部认知发展（图6-1）。

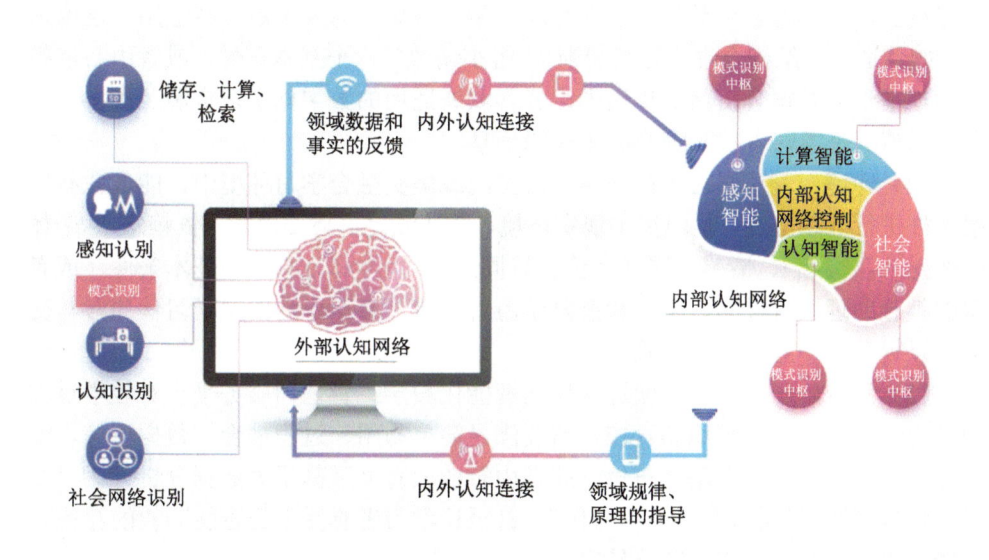

图6-1 认知外包理论框架

资料来源：余胜泉，王琦."AI + 教师"的协作路径发展分析[J]. 电化教育研究，2019，40（4）：14-22，29.

（四）技术促进有效学习理论

智能时代，相对于可进行深度学习的智能机器而言，人脑在单纯知识记忆上的优势将丧失[1]，培养诸如批判能力、合作能力、设计能力、问题解决能力、创新创业能力等更为高阶的智能，成为新的需求，推动着教育教学目标和模式的调整，围绕人才培养进行与时俱进的学习理论研究成为内在需要。智能技术在教育教学中的有效应用不仅需要各类设备、设施等硬件建设，还需要课程、教材等软件建设，更需要理论、思想等"潜件"建设[2]。

技术为创新教学方式和学习方式提供了应用前景和潜在可能性，但实际效果

---

[1] 钱颖一. 人工智能将使中国教育优势荡然无存[J]. 商业观察，2017，（8）：88，90.
[2] 南国农. 信息技术教育与创新人才培养（上）[J]. 电化教育研究，2001，（8）：42-45.

并不像所期望的那样成功。技术促进学习（technology-enhanced learning，TEL）[①]的五定律指出，如果想实现技术对有效学习的促进作用（假设），就需要满足资源、环境、系统、设计、用户等五个方面的条件（定律）。在智能时代，上述五个方面随智能技术的发展而有所变化，新增了智能教育助理，强调人机协同的价值，并通过智能技术更好地满足条件。由此，刘德建提出了智能技术促进有效学习的六个假设与条件[②]，具体包括以下内容。

（1）资源。若要学习者主动搜索、"遍历"或深度利用数字化学习资源，有效支持线上自主学习甚至获得优于面对面教学的效果，需要满足内容适用、难度适宜、媒体适当、结构合理、导航清晰、"短小精致"六个基本条件，或者由智能教育助理基于大数据分析精准推送学习者喜欢或适用的数字化学习资源及服务，更理想的情况是学习者参与资源的生成和分享。

（2）环境。若要学习者在网络学习空间或虚实融合学习环境中，能像在教室中一样进行互动交流，甚至优于现实环境，需要满足群体归属感（依赖感）、个体成就感（获得感）、情感认同感（价值认同感）、兴趣满足感四个基本条件，或者智能教育助理及时提醒、引导和鼓励学习者交流，甚至作为虚拟学习伙伴参与交流，以提升学习者的学习体验。

（3）系统。若要教师能通过一体化智能化教学、管理和服务平台对教学过程和学习过程进行有效组织和管控，需要满足简单易用、过程耦合、数据可信、绩效提升、习惯养成五个基本条件，或者由智能教育助理基于大数据分析代为"复杂操作"，教师只需进行"简单操作"，甚至让学习者感受不到智能助教的存在，智能技术会使系统越来越简单易用。

（4）设计。设计一定要考虑学习者的心理、思维习惯、行为习惯和原始需求，要想让学习者清晰理解和无感知地体验课程资源、学习平台、管理系统和工具集等，需要利用"隐喻""常识""地图"，建立简单明了的文档，进行统一标示和必要的"宣传"，关注视听觉体验和触屏操作，或者由智能教育助理主动识别和引导用户体验，设计方法论有助于设计优质的智能教育系统。

（5）用户。无论线上线下，要让学习者遇到困难时主动向教师或同伴求教，需要满足适当的外部压力、通畅的沟通渠道、教师的亲切感、及时有效的反馈四个条件，或者由智能教育助理主动"答疑解惑"，引导其解决问题。

（6）智能教育助理。要想让师生主动爱用智能教育助理，需要满足方便获取、界面友好、操作简单、绿色安全，以及支持与多终端、多空间和常用社交软件互联五个条件，并重视角色扮演和游戏化场景设计，像真人一样伴随。

---

① 黄荣怀，陈庚，张进宝，等. 关于技术促进学习的五定律[J]. 开放教育研究，2010，16（1）：11-19.
② 刘德建. 智能技术促进高校教育教学创新研究[M]. 北京：科学出版社，2022.

有效学习是相对于低效学习、无效学习或虚假学习而言的，我们应该提倡主动性、批判性和创新性的有意义学习和按需学习。智能技术促进有效学习将学习情境从单个线下的学习事件，丰富为系列线上线下融合的学习事件、主题或活动，综合包含时间、地点、人物、事务等四个学习要素，典型情境包括集体类课堂听讲、慕课学习、边做边学、讲座学习、工作中学习，个体类的个人自学、自我练习，小组类的研讨性学习、项目式学习、人机协作学习等。有效学习活动是指学习者在预定标准和时间内，按照既定方式和流程，积极主动地参与学习过程，完成学习任务，实现预期学习目标甚至超过既定目标。从智能技术促进有效学习可以看出，实施有效的学习活动需要具备六个基本条件，即明确的目标、真实问题或学习任务，这是学习的起点；学生具有强烈的学习动力，有意愿和兴趣积极参与；外显的学习活动体验；内隐的分析和思考；人机协同的指导与反馈；智慧学习环境，即学习活动实施的场所。

（五）教学交互层次塔理论

互联网教育是智能技术促进教育教学创新的表现形式之一，其中时空分离带来的问题，需要通过适合的教学结构和教学交互模式加以解决。教学交互的内涵是发生在学生和学习环境之间的事件，远程学习的教学交互层次包括学生与媒体之间的操作交互、学生与教学要素之间的信息交互、学生头脑中新旧概念之间的交互，三个层次的交互使学习者产生同化与顺应，形象地揭示了远程学习的教学交互本质[1]。随着智能技术的发展，互联网教育的特征也在发生变化，媒体和环境也随之发生了变化，交互手段更加丰富，教学要素特征发生变化，特别是人机协同逐渐成为一种趋势。因此，教学交互模型将得到进化，主要在操作交互、信息交互之上增加人机交互，最终也是为了实现概念交互。人机交互包括学生与智慧学伴交互、教师与智能助教交互、智慧学伴与智能助教交互，如果从教学组织的角度，还可以实现师生与智能管理助手的交互。在智能技术支持下，四要素（教师、学生、教材和媒体）中增加了环境要素，或将环境要素归为媒体要素，即实现学生与媒体或环境的交互。

教学交互也是联通主义学习理论的核心和取得成功的关键。在信息大爆炸背景下，联通主义学习理论从全新的角度解释知识和学习，知识存在于连接中（符合互联网连接一切的特征），即联通化知识，学习就是连接的建立和知识网络的形成[2]。知识源自各实体的交互和连接的建立，课程内容在交互过程中动态生成，流通是学习的目的，学习依赖网络交互，即与特定的节点和信息资源建立连接，学

---

[1] 陈丽. 远程学习的教学交互模型和教学交互层次塔[J]. 中国远程教育，2004，(5)：24-28，78.

[2] Siemens G. Connectivism: A learning theory for the digital age[J]. International Journal of Instructional Technology & Distance Learning，2005，2（1）：3-10.

习的核心能力是发现领域、观点和概念之间的关系[1]，通俗地说，就是类似网络学习空间中的知识图谱、头脑风暴。

自然交互技术可以提供更加自然的人机交互方式，可以提高学习者的学习兴趣，也可以采集更加丰富的学生数据。人机交互技术朝着以计算技术为核心的多模态情境感知方向发展，拓展出了体感计算、情感计算、脑机接口等技术分支，呈现出智能化、高沉浸感和多模态化的技术特征。

（六）协作学习理论

在智能时代，同样强调协同知识的建构和协作学习。智能技术提升了个人和社会的认知水平，给人类的知识生产活动带来了巨大的影响，形成了具有时代特征的知识生产[2]，即协同、跨界、综合、集成。协作学习指学生之间形成合作小组，协同分工，围绕共同的学习目标，共享学习资源，同步学习过程，取得一致的学习成效[3]。计算机支持的协作学习是协作学习方式与计算机技术（尤其是多媒体和网络技术）的汇合[4]，强调学习是一个技术支持下的社会化的过程，而不仅仅是个体大脑内部的信息加工过程[5]。在智能时代，人与智能机器的协作学习变得越来越重要，人机协作学习在人人、人网协作学习的优势之上，增加了智能的成分，协作学习小组既有人的参与，也有智能机器的参与[6]。在智能技术支持下，协作学习理论得到进化，即学习者在智慧学习空间中，以小组形式参与、由智慧学伴作为小组中的一员（扮演学习伙伴），为达到共同的学习目标，在一定的激励机制下以及教师和智能助教的帮助下，为实现个人和小组的有效学习而合作互助的一切相关行为。协作学习理论强调协作学习方式与智能技术的融合，特别是在智慧学习空间，智慧学伴和智能助教参与协作学习过程，促使人与人、人与机器、机器与机器之间的合作。

人机协作学习同样包括五个关键要素。①正互赖性。大数据分析有助于使目标更清晰，智慧学伴可以扮演小组成员角色，实现资源的众智众创、智能化匹配和精准推荐，支持相互依存的小组学习任务的顺利完成。②个体职责。智慧学伴提醒和引导学习者了解任务、明确职责、积极分享信息，并给予及时评价。③小组成长。在智慧学习环境中更容易进行组内沟通，大数据提供学情分析有助于个人反省和评价。④社交技能。智慧学伴扮演学习伙伴的角色，根据学习者的特征建组，并提升其社交技能。⑤互动。学习者和智慧学伴完成阐述、共享、聆听、

---

① 王志军，陈丽. 联通主义学习理论及其最新进展[J]. 开放教育研究，2014，20（5）：11-28.
② 劳凯声. 智能时代的大学知识生产[J]. 首都师范大学学报（社会科学版），2019，（2）：1-6.
③ 黄荣怀，刘黄玲子. 协作学习的系统观[J]. 现代教育技术，2001，（1）：30-34，41，76.
④ 黄荣怀. 计算机支持的协作学习：理论与方法[M]. 北京：人民教育出版社，2003.
⑤ 任剑锋. 计算机支持的协作学习：策略与工具[M]. 北京：首都师范大学出版社，2014.
⑥ 王竹立. 论智能时代的人-机合作式学习[J]. 电化教育研究，2019，40（9）：18-25，33.

创造等互动过程，人人互动、人机交互达到共同的学习目标。

（七）按需学习理论

我国教育面临的主要矛盾是标准化的学校班级、接受式的教学方式，与灵活、多样、开放、优质、终身、个性化的教育需求之间的矛盾。教育数字化转型既关注教育供给侧改革，也注重学习者的按需学习。供给与需求相互依存、相互转化，社会发展对教育的宏观需求、教学的组织方对学习者的中观需求，以及学习者动态认知与自我实现的微观需求也在动态变化。教育工作者需要适时感知学习者的真实需求所在，并进行供需匹配式教学，强调学习者完成从"被动接受未来"到"主动塑造未来"的学习思维、学习能动性上的转变，降低第一次学习的代价，兼具了学习者的主体性、跨场域学习的连续性、学习时间随意性、学习内容的个性化、学习过程的多样性和学习程度的变化等。

马斯洛的需求层次塔是从生理需求逐一向上递增为安全需求、社交需求、尊重需求，直到自我实现的需求。美国心理学家克雷顿·阿尔德弗在此基础上，提出了生存–关系–成长（existence-relatedness-growth，ERG）理论，将人的需求分为三种：生存需求（生理与安全的需求）、关系需求（有意义的社会人际关系）、成长需求（人类潜能的发展、自尊和自我实现）。低层次的需求满足后，就会上升到更高一层次的需求，且高层次的需求会长久增强激励的力量。

参考上述需求理论，从低阶到高阶导出"学习需求层次塔"。第一层需求为低阶的学习需求，表现为学习者对基础知识的摄取需求、应试需求、拥有良好的身心状态需求、没有妨碍学习过程的物理性障碍需求。向上递进一层，即第二层需求为基于安全性的学习需求：学习环境对任何背景、任何年龄段的学生都能满足其安全性需求，以及有毕业保障、就业保障、生活保障、与他人和谐交流的需求；第三层需求为学习者的社会归属感需求：学习者需要来自教育者和同伴的关心、激励的需求，学习环境应当具备有归属感的亲和性，能够满足学习者丰富业余学习生活的需求；第四层需求为来自学习者自尊、希望受到尊重的需求：个人特质、能力被发现、挖掘，被领导重用、被团队认可的需求；而塔尖的第五层需求为来自学习者自我价值和终身实现的需求，对应着现实世界里获得成功人生的需求：学习者能充分发挥个人潜能，实现自我驱动，拥有学习的自主权和决策权。

按需学习是指学习者在自然情景中，根据多样化的学习需求，满足多层次的学习目标进阶要求，以智能技术促进有效学习理论为指导，有效连接教学资源、环境与服务，跨越地点、时间或社会环境的一种学习范式[①]。按需学习兼具了学习

---

① 刘德建，费程，刘嘉豪，等. 智能技术赋能按需学习：理论进路与要素表征[J]. 电化教育研究，2023，44（4）：17-25.

机会惠普性、需求动态生成性、学习场景驱动性、学习目标进阶性、过程交互进化性、教学服务适配性、学习时空灵活性等优势，是对未来学习理想样态的描述。在按需学习过程中，人机协同通过多种参与方式、多种表征体现、多种行动策略完成对教与学范式的重塑（动因—构建—内化—目标）。

人机协同式的按需学习是以学生作为主体，立足于智能时代的学生认知和行为习惯完成具身范式的知识建构，利用虚拟融合的学习空间，实现尊重学习者差异的个性化学习需求。学习内容转向按需适配，助力学习者个性化学；学习方式转向跨平台联通，引导交互式学习行为；教学方式转向人机协同，实现差异化教；教学管理转向数字化资源共建共享，实现动态监测；学习环境转向多维度场景融合，增强学习体验，体现学以致用的思想，让学习更加轻松，让生活更加美好。按需学习的理念与模式可以贯通基础教育、职业教育、高等教育以及终身教育体系，成为全人类的学习模式。

三、智能技术支持的教学模式

教学模式是系统化、理论化的且具有时代特点的教学范式。教师在教学思想和教学理念指导下，在教学环境和教学条件支持下，围绕教学目标和教学主题，以一定的程序、策略和方法实施教学活动。在教学中普遍应用或被提及较多的教学模式可划分为以下几类[①]：其一，信息加工类教学模式，即把教学看做创造性的信息加工过程，以此来认知问题、解决问题、获得对世界的感知和认识，如认知发展教学、先行组织者教学、信息加工教学、归纳教学、范例教学、主体-主导教学；其二，个体发展类教学模式，强调个人的主观能动性，注重个别化教学、个性的发展，如非指导性教学、掌握学习教学、意识训练教学、创造工学教学、概念系统教学；其三，社会交往类教学模式，以社会互动理论为指导，强调学习群体构建、社会联系，以及人与人之间、人与机器之间的相互影响，如合作教学、探索发现式教学、社会调查教学；其四，行为系统类模式，以行为主义心理学理论为指导，如程序教学、最优化教学。

互联网教学模式源自互联网技术的发展和网络学习空间的构建，其基本特征也将体现互联网的思维与开放、连接、互动的特征。讲授、个别辅导、协作、探究、讨论是基于互联网的典型教学模式[②]。按照教学组织形式进行分类可分为个体、小组和集体，学习过程管理也是从被动到主动，在这两个维度的坐标中，相应的

---

① 托马斯·H. 埃斯蒂斯，苏珊·L. 明茨. 十大教学模式[M]7 版. 盛群力，等译. 上海：华东师范大学出版社，2019.

② 余胜泉，何克抗. 基于 INTERNET 的教学模式[J]. 中国电化教育，1998，(4)：58-61.

网络教学模式可以找到对应的位置[1]。在智能时代，教学模式之所以要创新，是因为在智能技术支撑下，人才培养目标发生了变化，教学条件与环境也发生了变化，教师将转变角色，学生特征也发生了很大的变化。当前的学生群体被称为"数字一代""数字土著"，智能技术塑造了他们新的认知、态度、思维和行为习惯。科学技术日新月异，教学的本质在于培养学生的创新思维、设计思维、人机协同能力和实践能力，以适应变化的社会[2]。社会对教师也逐渐提出了更高、更新的要求，教师的角色也随之发生改变。

在智能技术支持下，教育教学超越时空边界，加强了学校、课堂、师生和社会、大众之间的联系，师生在课堂上传递和生成的信息和知识，很快就会在社会上产生响应，同样，社会上的新信息、新知识在网络和技术手段下也可以及时在课堂上呈现，形成新的知识；课堂与社会以及互联网上形成的教学、科研和文化资源更容易汇聚并实现常态化交互，并从教育专用资源向"大资源"体系转变。在开放互联和多场域协同的学习空间中，学生的学习不再局限于学校和课堂，还可开展社会化的学习，在科技场馆、图书馆和网络学习空间学习。学生的学习路径和行为习惯是个性化的，既有线性的或被设定的路径，又有从线下到线上、从线性到网状交叉的学习路径。这就需要教师转变教学观念、思维方式和教学习惯，主动求变，探索新型教学方式、创新教学模式。

智能技术支持下的新型教学模式创新体现在变革学习环境、教学方式、学习内容、学习方式等方面。人机协同的教学模式，将充分体现人类智能和人工智能的各自优势，智能教育助理逐渐被广泛应用；弹性教学的可选择性展现出较大优势，将是未来重要的教学形态；新冠疫情期间，大规模在线教学有力地保障了"停课不停学"的顺利实施，后疫情时代，线上线下教学紧密融合的混合式教学模式逐渐形成趋势；讲授型教学在很长时期仍将是教学的主流形式，但智能技术将支撑构建更加智能化的教学环境，并优化教学过程；虚拟仿真实验教学将推进场景式、体验式和沉浸式学习。

（一）人机协同教学模式

在建构主义学习理论指导下，逐步形成了与理论相适应的建构主义教学模式。何克抗构建了主导-主体教学模式[3]。在智能技术支持下，可以将主导-主体教学模式丰富为人机协同的"双主双辅"教学模式。"双主"是指仍然以学生为主体、以教师为主导，"双辅"是指由智慧学伴辅助学生学习、由智能助教辅助教师教学，

---

[1] 董艳，黄荣怀. 浅析基于网络的远程教学模式[C]. 北京：全球华人计算机教育应用大会，2002.
[2] 顾明远. 中国教育路在何方：顾明远教育漫谈[M]. 北京：人民教育出版社，2016.
[3] 何克抗. 建构主义的教学模式、教学方法与教学设计[J]. 北京师范大学学报（社会科学版），1997，(5)：74-81.

从而实现人机协同、优势互补。

基于大数据分析技术，智能教育助理帮助教师提取教学目标，从学生的学习过程中分析学生的学习习惯和学习特征，设计适合学生认知能力的学习任务与情境问题，精准确定教学起点；在发现式教学过程中，智慧学伴在虚实融合的环境下创设接近真实情境的学习情境；智能技术及智慧学伴能够主动精准推送学习资源，并优化资源结构和形态；同时，智慧学伴也是一种认知工具，能够帮助和引导学生设计自主学习策略，并作为虚拟合作伙伴参与协作学习。在强化练习和学习效果评价方面，智能技术不仅能够实现智能评价，还可以提供学情分析报告。在传递-接受教学过程中，智能助教和人工智能课件可以协助教师备授课和分析学生的学习行为，支持形成性评价等。

智能教学助手主要协同教师处理教学过程中的备授课、作业批改、答疑解惑、学习分析等工作，并为学生推荐资源和提供学习支持等。教学助手类工具软件将提高备课的效率和质量，增强课堂互动氛围和效果，节省作业批改和阅卷时间，可以更方便地获取教学资源，丰富和优化教学模式。

（二）弹性教学模式

弹性教学又被称为灵活性教学，是一种以学生为中心，为学生提供灵活、多样、可选择性的学习时间、地点、环境、内容、资源、方法、活动和支持服务等的教学模式[1]。在智能技术的支持下，弹性教学更具弹性。一是在教学活动中更高效地利用教学时间，智能技术协助进行时间管理和任务分配，把更多的时间交给学生；二是激活教学空间，改变多学习场域割裂、封闭的情况，实现线上线下教学融合，打破教学空间的限制；三是以智能教育助理为中介，连接物理环境与虚拟空间。当人类进入人机协同、跨界融合、共创分享的智能时代，任意时间、地点和方式的学习成为可能。

新冠疫情期间，弹性教学被广泛应用。例如，通过广播、电视台专门播放教育类节目，以及以电子教材、融媒体的方式传播数字教学内容；通过国家、区域和学校数字教育资源平台获取资源；通过录播和直播式课程，以及政府、学校和企业建设的慕课，开展在线教学。实践表明，弹性教学是一种有效的教学组织形式，在外界客观限制下（如疫情影响），适应师生主客观需求，在教学组织中（以大规模在线教学组织为主）的各要素不拘泥于固有模式（从课堂学习转变为以居家学习为主），需要借助更加灵活的学习时空（以在线为主）、教学计划（不完全按照课表）、学习资源（以数字资源为主）、教学方法等，教学实施过程可以根据

---

[1] 黄荣怀，汪燕，王欢欢，等. 未来教育之教学新形态：弹性教学与主动学习[J]. 现代远程教育研究，2020，32（3）：3-14.

第 6 章　智慧教育理论探索

实际情况特别是网络条件灵活变通（如直播或录播），从而完成教学任务并达到轻松、投入和有效学习的效果。为此，需要以真实问题为起点，学习任务明确；提醒、引导和鼓励到位，激发学生的学习兴趣或学习动机，强调自律性和主动性；学生可自主选择合适的学习方式，注重学习活动设计和学生体验；对学习任务和作业及时评阅和反馈指导，促进学生辩证思维的发展；明确学习任务的时间表和产出形式，提供成果提交的畅通渠道。综合来看，弹性教学强调十大要素，智能技术在其中也发挥了积极的促进作用（表 6-1）。

表 6-1　弹性教学的十大要素

	弹性要素	智能技术的促进作用
关键要素	可选的时间安排	根据学生的需求，学生可以选择适合其习惯的学习时间，甚至还可以定制自己想与他人互动或学习的时间，智能技术确保其在学习期间获取资源和提供异步学习支持
	灵活的学习地点	学生参与学习活动和获取学习材料的地点是可选择的，如课堂学习、校园学习、居家学习等，智能技术促进学习突破课堂和校园的边界
	重构的学习内容	学生根据自己的需求、学习途径、课程定位等，通过内容模块化来确定内容的章节和顺序，智能技术促进教学内容精准分析、重组和推送
	多样的教学方法	在智能技术支持下，教师可以采用多样化的方法来组织学生学习，如有指导的讲座、自学、小组讨论、辩论、探究学习、教育游戏等，智能助教也可代替教师部分职能
	多维的学习评价	既可以采取灵活多样的评价方式，如汇报、小论文、团队项目和标准化测试等，又可以使用学习分析技术，如收集并分析学生在学习系统内的学习轨迹，以提供实时评估、诊断和干预
辅助要素	适切的学习资源	教师可以借助工具自制的教学资源，图书馆、来自网络的高质量学习资源也可被用于教学中，学生之间可以分享资源，学习资源的形式可以是播客，也可以是录制的讲座报告等，开放的教育资源也可以支持弹性教学
	便利的学习空间	物理环境和虚拟空间融合，学生可以通过不同的智能技术（如增强现实技术）体验校园学习、网络学习或两者混合的学习
	合理的智能技术工具	合理的智能技术工具的应用，如可以建立便捷的学习管理系统或借助智能教育助理等助力学生学习、教师教学和学校管理，使教学及管理更加灵活
	有效的学习支持	智能技术提供教师在线教学支持服务和学生在线学习支持服务
	异质的学生伙伴	学生在认知能力、性别、性格等方面存在差异，与智慧学伴组建异质学习小组，有助于学生之间的思想碰撞，并激发其创新思维，促进互助

资料来源：黄荣怀，汪燕，王欢欢，等. 未来教育之教学新形态：弹性教学与主动学习[J]. 现代远程教育研究，2020，32（3）：3-14.

随着线上教育与线下教育的深度融合，基于弹性教学时空和多元教学方法的弹性教学以及面向个性化培养的主动学习将成为未来教育的新"常态"（图 6-2）。弹性教学为学习者从被动学习向主动学习的转变创造条件，而主动学习有助于自主学习能力的养成，是迈向未来教育的基本动力。

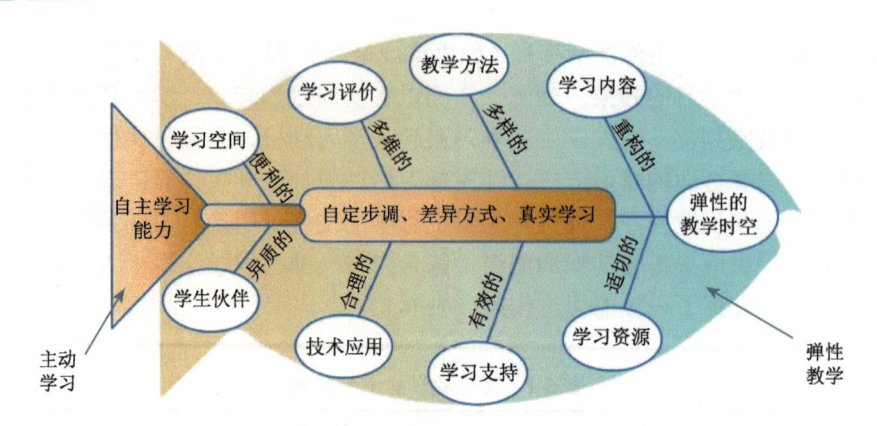

图 6-2　未来教育之教学形态

资料来源：黄荣怀，汪燕，王欢欢，等. 未来教育之教学新形态：弹性教学与主动学习[J]. 现代远程教育研究，2020，32（3）：3-14.

（三）在线教学模式

从开放课件到慕课，再到新冠疫情触发的在线教学的普及，在线教学模式被广泛应用。新冠疫情防控期间，各类学习平台和工具得到广泛使用，教师开展了大规模在线教学，有力地保障了"停课不停学"政策的顺利实施，各类基于新技术的教学创新不断涌现，成为推动课堂革命的重要契机[1]。新冠疫情终将过去，世界终将继续前行，教育教学也会继续向前发展，教与学也将发生改变。后疫情时代，教育教学将充分利用智能机器和智能系统等，也将更加普及在线教学模式，并趋向线上线下教学融合，形成开放智联、灵活多样的智能化教学和学习体系，支持差异化的教和个性化的学。

实践表明，智能技术将促进流畅的通信平台、适切的学习资源、便利的学习工具、多样的学习方式、灵活的教学组织、有效的支持服务、密切的政企校协同等在线教学关键要素的实现，并更加智能化[2]（表 6-2）。对于在线教学模式来说，学界对如何选择直播教学或录播教学讨论得较多。直播教学具有与课堂教学近似的临场感，但对网络质量、技术支持和学生参与度、自律性要求较高。录播教学则可以解放教师，使其把更多精力投入到教学组织、活动设计和学习支持服务上，且可避免网络故障。线上线下融合模式将成为在线教学的重要发展趋势之一，为此，需要重新设计并建构学习环境、全面提升师生的信息素养、规划部署教育专网和系统、制定数字资源的准入机制、养成弹性教学和主动学习的习惯。

---

[1] 雷朝滋. 智能技术支撑教学改革与教育创新[J]. 中小学数字化教学，2021，(1)：5-7.

[2] 黄荣怀，张慕华，沈阳，等. 超大规模互联网教育组织的核心要素研究——在线教育有效支撑"停课不停学"案例分析[J]. 电化教育研究，2020，41（3）：10-19.

第6章 智慧教育理论探索

表 6-2 大规模在线教学的关键要素

关键要素	要素描述	智能技术的促进作用
流畅的通信平台	主要用来支持网络直播、在线点播、视频会议、资源浏览下载、社会交互等教学活动的开展	CERNET 及网络运营商提供的互联网通信平台，以及云计算、云存储等支持的教育云平台
适切的学习资源	优质的学习资源并不等同于有效的学习，学习资源的适切性要考虑内容、难度、结构、媒体、资源组织的适切	电子教材、电子书、人工智能课件、开放视频、慕课、专题学习网站、虚拟实验室、工具性资源等
便利的学习工具	学习工具是指有益于学习者查找、获取和处理信息，是交流协作、建构知识、评价学习效果的中介	一类是专门设计和开发，并用于支持人们学习的各种工具；另一类是并非为支持人们的学习而设计和开发，但能够很好地满足人们某种学习需求的工具
多样的学习方式	在线教学的有效开展需要学生具备较高的自主学习能力，需要教师的适时引导及及时反馈	利用虚拟现实技术、增强现实技术，以及智能学习空间和学习体验中心等，推进场景式、体验式和沉浸式学习
灵活的教学组织	师生通过网络技术和各种媒体设备开展异地同步或异步教与学，教与学的过程被分割成紧密相连的各个阶段，共同促进教学目标的达成	不必局限于固定的时空，根据学习内容和目标、技术环境、学生特征等要素，灵活选择最适合的教学组织形式或对多种教学组织形式加以整合
有效的支持服务	包含学术性支持服务（即知识、认知和智力等方面的支持）和非学术性支持服务（即情感和社会性支持）	基于大数据技术分析师生对支持服务的需求，人机协同按需精准推送
密切的政企校协同	大规模在线教育是一项复杂的系统工程，需要政府、学校、企业、家庭、研究机构、社会等的协同参与	汇聚社会资源和工具，发挥互联网教育公共服务大平台和企业平台的协同作用

资料来源：黄荣怀，张慕华，沈阳，等. 超大规模互联网教育组织的核心要素研究——在线教育有效支撑"停课不停学"案例分析[J]. 电化教育研究，2020，41（3）：10-19.

（四）混合式教学模式

对混合式教学有多种理解，如面授教学与在线教学结合、多种技术手段结合、SPOC 与慕课结合[①]、传统课堂与翻转课堂结合等。从广义上可以理解为在线学习与面授教学的混合，从强调技术应用到强调技术整合，再到当前强调学习体验与教学的交互[②]。在智能技术支持下，构建以学生为中心的线上线下融合的学习环境，扩展了虚实融合的学习空间，丰富了人人、人机交互方式。

混合式教学模式一般从学习环境与教学方式两个方面体现不同的混合方式。学习环境强调物理环境和虚拟空间的融合，从物理特性视角，分为线下主导型、线上主导型和完全融合型，与课堂面授教学、网络在线教学、移动学习等相对应。从教学特性视角，混合式教学模式分为讲授式、自主式、交互/协作式，并由此将

---

① 苏小红，赵玲玲，叶麟，等. 基于 MOOC + SPOC 的混合式教学的探索与实践[J]. 中国大学教学，2015，（7）：60-65.
② 冯晓英，孙雨薇，曹洁婷. "互联网＋"时代的混合式学习：学习理论与教法学基础[J]. 中国远程教育，2019，（2）：7-16，92.

混合式教学模式划分为九类[①]。讲授式混合教学，教师主要采用以讲授式为主的教学法，目前仍然是课堂教学的主要方式之一；自主式混合教学，学生主要自定学习步调、自选学习方式，在虚实融合的学习环境中，体现自我计划、自我监控、自我评价，表现出不同程度的主动学习；交互/协作式混合教学，交互体现在线上线下的人际互动和人机交互活动。例如，翻转课堂通过优化教学结构与教学流程，体现出线下主导型、交互/协作式教学。

在智能技术的支持下，新型混合式教学模式将融合面授教学与在线教学的优势，强调以学生为中心，改变"重教轻学""满堂灌"等模式，借助数字平台、数字资源与教学工具促进课程教学，为在线学习的内容传递和资源共享提供支持，促进师生在线互动和人机交互，主要包括学习环境构建、课程设计、课堂教学、在线教学和教学评价等环节[②]。课程设计是混合式教学成功的关键因素之一，包括前端分析、活动与资源设计和教学评价设计等环节[③]。在智能时代，在线教学不再仅仅是课堂教学的补充，而逐渐成为和课堂教学同样不可或缺的教学形式，课堂教学与在线教学将走向融合。

（五）讲授型教学模式

讲授法可以简单地理解为"教师讲、学生听"，通常与其他教学方法相互配合。讲授法不是万能的，但没有讲授法是万万不能的[④]。讲授型教学模式来自传统的课堂教学模式，在智能技术支持的虚实融合学习环境中，讲授型教学模式将得到改进，并突破时空和班级规模的限制，主要分为异步式讲授和同步式讲授。同步式讲授模式的教学程序同传统的课堂教学类似，讲授可以在课堂或在线进行，课程教学资源以富媒体的方式呈现；异步式讲授通常借助互联网和数字资源实现，学生可以在线与教师、同学或智慧学伴交流。

在智能技术的支持下，教学目标是通过教师讲授，传递知识、启迪思维。教学活动仍然以创设情境、复习、讲授、交互、练习、巩固和评价等为主，但各个环节得到优化。例如，虚拟现实技术可以模拟仿真情境；知识讲授类工作可以由教师完成，也可以由智能助教代替，教学交互不仅体现在师生、生生之间，还可能体现在人机之间；数据驱动的教学评价更精准和及时。讲授型教学要顺应智能技术的发展，教学条件优化体现在教育教学环境的智能化，并提供必要的教学工

---

① 冯晓英，王瑞雪，吴怡君. 国内外混合式教学研究现状述评——基于混合式教学的分析框架[J]. 远程教育杂志，2018，36（3）：13-24.
② 余胜泉，路秋丽，陈声健. 网络环境下的混合式教学——一种新的教学模式[J]. 中国大学教学，2005，(10)：50-56.
③ 黄荣怀，马丁，郑兰琴，等. 基于混合式学习的课程设计理论[J]. 电化教育研究，2009，(1)：9-14.
④ 丛立新. 讲授法的合理与合法[J]. 教育研究，2008，(7)：64-72.

具和资源支持。对于效果评价而言，主要考察学习任务的完成情况和教学目标的达成情况，信息素养是达成教学目标的支持性指标，学生的参与度和专注度也颇为重要[①]。目前，讲授型教学模式主要以信息化、智能化教学方式进行，智能技术可以更多地承担内容呈现、人机互动、学习指导等可替代的程式性工作；教师则更多地专注于更具创新性和启发性的教学行为。

（六）虚拟仿真实验教学模式

虚拟现实技术具有的4I特征有助于创设虚实融合的教学情境，对于激发学生的学习动机、增强学习体验具有明显的优势。虚拟仿真环境设计，有助于学生获得在真实世界中无法获得的体验、操作真实环境中危险而不能触碰的设备[②]。虚拟现实技术适用于观察性、操作性、社会性和探究性学习。虚拟仿真实验教学依托虚拟现实技术、人机交互技术、富媒体技术以及虚拟实验环境、虚拟实验对象开展实验，如模拟性实验、探究性实验、实证性实验。

虚拟仿真实验教学打破传统课堂中"教师讲、学生听"惯性思维，赋予学生探索学习的机会，延伸实验教学的时空，但也面临着一些挑战，如并非适用于所有类型的实验项目。因此，考虑"认知负荷"问题，构建沉浸性虚拟仿真学习环境、呈现富媒体学习材料要避免冗余和注意力分散问题；需要有效的学习监控工具和评估工具的支持，正确认识虚拟身份与真实身份的交互作用。

虚拟现实技术教育教学应用将促进体验式、场景式和沉浸性学习，交互性将助力提升知识建构水平，想象力助力增强学习兴趣和好奇心。虚拟实验教学课程主要从学生视角考察虚拟仿真实验教学系统和项目的环境拟真度、操控可信度和用户体验度。基于问题学习是虚拟仿真实验教学项目的基本线索，目标、任务、过程、产出和反思是其基本要素，建模工具和仿真算法有利于提升学生学习过程的科学性。教师需要根据任务特征和学生水平制定不同的教学策略，兼顾"书本知识"和"真实学习"的诉求，促进学生获得更广泛和更深入的学习体验。

四、智能技术支持的学习方式

人机协同的学习是以学生为主体，立足于智能时代学生认知和学习行为规律，以具身范式来促进知识建构，利用虚实融合的学习空间，满足学生的个性化学习

---

① 于颖，周东岱，钟绍春. 从传统讲授式教学模式走向智慧型讲授式教学模式[J]. 中国电化教育，2016,（12）：134-140.

② 刘德建，刘晓琳，张琰，等. 虚拟现实技术教育应用的潜力、进展与挑战[J]. 开放教育研究，2016, 22（4）：25-31.

需求。在学习过程中,学生以智能技术为媒介,目的是超越人工智能本身以获得更高水平的思维能力和实践能力[1]。在人机协同的教与学过程中,需要培养师生的人机协同意识和能力[2]。智慧学伴不仅可以作为学生的学习助手或学习伙伴,而且可能作为独立的学习者参与学生的学习活动[3]。学习助手类工具软件有助于学生完成作业,学生从中可以及时得到答疑辅导,更方便地获取学习资源,从而提高了学习效率和成绩,使学习方式更灵活。

在人机协同的学习方式中,智能机器强大的数据加工能力和丰富的交互手段,能够模仿和增强人类的学习能力,学习组织由学生群体扩展到学生与智能机器的共同体,学习方式丰富为个性化主动学习、社群化互动学习、人机协同学习、泛在混合式学习[4],以及按需学习等方式,智能机器和系统特别是智慧学伴在学习过程中,与学生合作,发挥各自不同的优势,共同促进学生成长。

(一)个性化主动学习方式

个性化主动学习是相对于统一步调、地点、路径和内容的学习而言的,在智能技术支撑的智慧学习环境中,学生自定步调、自选地点、自我规划学习路径,按需选择学习内容,并得到智慧学伴的帮助,如学习路径引导、学习过程提醒、学习资源服务、学习评价诊断与反馈等,以高质量地完成学习任务,达到有效学习的目标。学生会积极地或体验式地参与学习过程,根据参与程度的差异,表现出不同程度的主动学习。在学习过程中,智能技术的价值特征主要体现在精准性方面:一是基于学生"画像"精准推送学习内容和资源。二是数据驱动为学生提供精准的学习路径导航和学习支持服务,针对问题适时提供学习策略指导、提醒鼓励、答疑解惑和技术指导等。三是智慧学伴及时精准的评价反馈有助于激发学生的学习动机和学习兴趣。

(二)社群化互动学习方式

社群化互动学习是一个学生在虚实融合的智慧学习环境中,与学生同伴和智慧学伴组建学习社群,进行协作交互的学习过程,智能技术提供及时高效的交互支持,从而实现学生之间、人机之间的高效交互,协同完成知识建构,达成有效学习的目标。在社群化互动学习过程中,智能技术的价值特征主要体现在交互性

---

[1] 艾兴,赵瑞雪. 人机协同视域下的智能学习:逻辑起点与表征形态[J]. 远程教育杂志,2020,38(1):69-75.
[2] 汪时冲,方海光,张鸽,等. 人工智能教育机器人支持下的新型"双师课堂"研究——兼论"人机协同"教学设计与未来展望[J]. 远程教育杂志,2019,37(2):25-32.
[3] 何文涛,张梦丽,路璐. 人机协同的信息技术教育应用新理路[J]. 教育发展研究,2021,41(1):25-34.
[4] 余亮,魏华燕,弓潇然. 论人工智能时代学习方式及其学习资源特征[J]. 电化教育研究,2020,41(4):28-34.

方面：一是支持教学交互的学习环境和学习工具。智能技术支撑构建交互式学习环境，如智慧课堂、虚拟现实体验中心等，其为师生交互、生生交互、人机交互提供多样化的交互空间。学习工具支持学生查找、获取和处理信息，以及交流协作和建构知识。二是交互性学习支持服务。交互性学习支持服务体现在学习社群与环境的数据流动和信息反馈上，并可以据此调整学习活动进程和支持服务方式。三是交互产生生成性知识与学习资源。在交互过程中，通过讨论、交流甚至辩论，由个体隐性知识向集体显性知识过渡，促进学生个体知识建构和群体知识网络的联结与共享，并产生生成性知识和学习资源。

（三）人机协同学习方式

智能技术在教育领域的应用促使人机协同的学习共同体的形成。人机协同学习强调学生与智能机器之间的合作，智慧学伴以学习助手和小组成员的角色参与协作学习各环节，辅助学生分析问题、识别情境、获取资源、评价和反思等，同时，基于学习行为、过程和结果数据分析，智慧学伴能够深化学生之间、人机之间的关联，促使其调节和改进协作学习行为、进程和效果。在协作学习过程中，智能技术的价值特征主要体现在提供生成性学习内容、学习支持服务和学习资源上。智慧学伴作为拟人化的学习助手和学习伙伴，同时也是学习内容和学习资源的载体，在合作过程中根据学生的学习状态和学习进程，按需调整和更新学习内容，并搜索、获取和适时推荐学习资源；智慧学伴扮演小组成员的角色参与学习活动，提供的学习支持服务具有生成性；人机协作学习是一个动态交互的过程，将由此积累和生成大量过程性记录信息和数据，并将逐渐转化为生成性学习资源。

（四）泛在混合式学习方式

与弹性教学对应的是灵活学习，与混合式教学对应的是混合式学习，学习方式的多元化体现出混合式学习的趋势。混合式学习是在适当的时间，通过应用适当的学习技术向适当的学习者传授适当的能力，从而使其取得最优化的学习效果的学习方式，这样做可以把传统学习方式的优势和人机协同学习的优势结合起来。广义上的泛在学习指任何人在任何地方、任何时间、使用任何可用设备，以任何可能的方式获取所需的任何信息和学习支持的学习方式。混合式学习强调各学习要素的多元化和深度融合，以实现最"适当"的选择；而泛在学习强调"任何"，体现无处不在、无处不有。而实际上无论是"适当"还是"任何"，在智能技术支持下，都为选择"适当"的方式提供了"任何"可能性，因此，泛在混合式学习可以理解为由多个人机协同的学习共同体构成的无处不在的社群学习网络，师生开展多元化学习，以达到最优化的学习效果。在学习过程中，智能技术的价值特征主要体现在其联结性方面：一是所有参与者形成开放和动态的知识网络，学生按需联结适切的学习内容和资源。二是学习支持服务来自智能机器、其他学生和教师。三是学生与学生之间、学生与教师之间、学生与智能教学助手和智慧学伴之间、智能教学助手和智慧学伴之间联结形成人际、人机交流网络，构建虚实融合的学习空间，有利于激发学生的学习兴趣和学习积极性，提升学习体验。

（五）按需学习方式

智能技术从学习内容、学习方式、教学方式、管理方式、学习环境五个方面赋能按需学习，帮助学生学以致用，实现理想化的教育。

学习内容转向按需适配，助力学习者个性化学。按需学习的学习内容要围绕学习目标而展开，智能时代的专业设置、课程模式和教学内容随时代需求而变，从面向大班集体化统一讲授相同学习内容的标准课程走向个体式课程。同时，数字学习资源要强调多媒体和富媒体的使用，既有传统教材和参考书作为辅助，也有数字教材和人工智能课件进行查缺补漏，为学习者提供适切、多元、个性的学习资源，同时也要让学生选择学习的内容和方式，调节学习进度，帮助学习者在学习倾向性上有更多的自主权。

学习方式转向跨平台联通，引导交互式学习行为。按需学习的学习方式强调要以学习者作为主体、人机协同的学习方式。例如，使用智能学伴进行陪伴式学习，在多工具、跨平台、多要素的协同作用下实现个性化的学习行为，技术工具要对学习者的操作和行为做出系统的响应；学习者可以通过与人工智能机器人的协作达成学习目标，根据学习者的行为、知识和特征呈现智能化的节点信息；智能技术允许学习者偏离设定的顺序开展学习，访问方式多元化，可以使用自然语言、图像等开放式传播手段表达自我；减少学习的畏难感。

教学方式转向人机协同，实现差异化教。按需学习下的教学方式强调应用智能技术改进教学方法和教学手段，提升教师的专业素养与建立人机协同教学理念，实现对教学过程和学习者学习过程的全程监测，及时对学习者的表现质量与如何提升表现水平给出反馈。同时，在智能技术加持的教学方式变革中，教师也正在转变传统角色，特别是在智能化教学助理的辅助下，实现差异化教学，人工智能将对人类教师的能力进行补充和延伸。

教学管理转向数字化资源共建共享，形成动态监测。管理方式是针对管理要素而言的，其核心为对教学环节、流程等进行评价和质量监测。利用大数据技术构建的智能化教学管理和服务一体化平台，洞察教育现象和学习行为的深层逻辑，既说明学习效果，又优化解决教学管理难题。例如，智能排课系统帮助教师制定课程规划，在教与学过程中为师生建立数字"画像"和档案袋。

学习环境转向多维度场景融合，增强学习体验。学习环境主要强调的是物理空间与信息空间、虚拟空间的融合，重塑人机物环的关系，从校园、教室、家庭等实体环境到网络学习空间，形成多场景协同式的学习支持环境，实现对学习者学习状态的自动分析与诊断，按需提供适应性的学习环境，有效地支持教学管理和服务活动，形成动态的、相互关联的、不断优化的生态环境。

教育的与时俱进不仅要求教育工作者做好传统的教学工作，更要求教育工作者与学校之外的真实世界接轨，帮助他们以最短路径解决现实问题。按需学习范式能促进学习者进行深度适切性的学习体验，创造和提供更多学习的自由，是对未来学习理想样态的整合型描述。

教育系统是指为达到教育目的、实现教育教学功能的教育组织体系，由诸多要素构成，如支撑教学活动和学习活动的教学环境，相互作用的教育目的、教学内容、教学组织形式和教学评价方式，教与学关系中的教师和学生，这些要素相互联系、相互作用而构成有机整体，并随生产力和生产关系的发展而演变，体现出不同的时代特征，并生成智慧教育理论。

第 7 章

智慧教育实践创新

广大科技工作者要把论文写在祖国的大地上，把科技成果应用在实现现代化的伟大事业中。

——习近平，在全国科技创新大会、中国科学院第十八次院士大会和中国工程院第十三次院士大会、中国科学技术协会第九次全国代表大会上的讲话，2016 年 5 月 30 日

实践是检验真理的唯一标准。

——《光明日报》特约评论员文章，1978 年 5 月 11 日

中国构建智慧教育平台体系，聚合起高质量、体系化、多类型的数字教育资源，为在校学生、社会公众提供不打烊、全天候、"超市式"服务，极大推动了教育资源数字化与配置公平化，满足了学习者个性化、选择性需求，更为全民终身学习提供了强大广阔的数字支撑。

——怀进鹏，在世界数字教育大会上的主旨演讲，2023 年 2 月 13 日

教育科学研究和实践要"自信"，既要学习借鉴国外先进的教育经验，更要立足中国国情和教育实际，到一线去，真思考，加强对国内生动、鲜活教育实践的研究。

——雷朝滋，在"智慧教育示范区"创建项目第二次工作会上的讲话，2020 年 9 月 17 日

深入发展智慧教育没有现成的经验可资借鉴，没有既定的道路可以因循，这是一项具有开创性和挑战性的工作，它承载着我们对当前教育变革的期望，也承载着对未来教育的期盼。发展智慧教育要立足自主创新和教育自信，要实现从跟跑、并跑到领跑的超越，走具有中国特色的智慧教育发展道路。国内的教育信息化发展和数字化转型是智慧教育研究和实践的"沃土"。一是作为教育数字化战略行动的标志性成果之一，国家智慧教育平台升级上线，扩大了优质教育资源覆盖面，为在校学生、社会公众提供不打烊、全天候、"超市式"服务；二是智慧教育示范区因地制宜地进行了大胆的探索和有益的尝试，在环境、模式、服务和治理等方面形成了一些亮点；三是"互联网+教育"示范区的建设与实践探索；四是建立了基于教学改革、融合信息技术的新型教与学模式实验区；五是人工智能教育社会治理实验；六是疫情防控期间的大规模在线教育实践，其规模之大、效果之显著、影响之深远受到全球瞩目，涌现出大量鲜活的案例和具有推广价值的经验；七是 5G+智慧教育试点工作，树立一批可复制推广、可规模应用的发展标杆；八是人工智能助推教师队伍建设试点工作；九是北京、上海、浙江、湖南等地积极探索教育数字化转型的实施路径。

一、国家智慧教育平台

中国紧扣时代脉搏和现实国情，重视信息技术对教育的革命性影响作用，通过基础设施建设、技术改造升级、技术融合应用，着力推动教育现代化。教育信息化 1.0 和 2.0 为数字转型和智能升级奠定了基础。2022 年，以国家教育数字化战略行动实施为新起点，智慧教育从萌芽迈向国家战略，积极探索智慧教育新理念、新路径、新实践，助力实现更加公平、更高质量的教育。2022 年 3 月 28 日，国家智慧教育平台升级上线，这是教育数字化战略行动取得的阶段性成果，是以实际行动为构建网络化、数字化、个性化、终身化教育体系迈出的重要一步。平台体系包括国家、省、市、县、学校"五级贯通"的智慧教育平台，由国家中小学智慧教育平台、国家职业教育智慧教育平台、国家高等教育智慧教育平台等三大基础平台和集就业服务、考试服务、学历学位和留学服务于一体的服务大厅构成，初步形成"三横三纵""3+1"统筹推进模式，基本形成了世界第一大教育资源数字化中心和服务平台。

国家智慧教育平台[①]是国家教育公共服务的综合集成平台，通过整合各级各类教育平台入口，汇聚政府、学校和社会的优质资源、服务和应用，聚焦学生学习、教师教学、学校治理、赋能社会、教育创新等五大核心功能，一体谋划基础教育、职业教育、高等教育三大基础板块，全面覆盖德育、智育、体育、美育、劳动教

---

① https://www.smartedu.cn/.

育，为师生、家长和社会学习者提供"一站式"服务。国家智慧教育平台致力于成为学生学习与交流的平台、教师教育教学与备课交流的平台、学校科学治理的平台、社会教育与服务的平台、推动教育改革发展研究的平台。目标定位是全国师生学习交流的第一门户，中国教育的国际名片。

在平台启动仪式上，怀进鹏指出，持续推进建设并充分运用国家智慧教育平台，将进一步缩小"数字鸿沟"，有助于我们深刻思考新形势下"教育何为"的问题，有助于把数字资源的静态势能转化为教育改革的动能，有助于把制度优势和规模优势转化为教育发展的新优势。怀进鹏强调，要以平台开通为契机，紧紧抓住数字教育发展战略机遇，以高水平的教育信息化引领教育现代化。[1]自国家智慧教育平台正式上线以来，各类优质数字资源供给不断扩大，浏览量持续增加。数据显示[2]：①上线近一年来，平台总浏览量超过 67 亿次，访客量超过 10 亿人次；②汇聚 4.4 万条基础教育课程资源、6757 门职业教育精品课程、2.7 万门高等教育优质慕课和实验课，是世界最大的教育资源中心；③累计共享就业岗位 1370 万个，让人才供给和市场需求更加有效对接；④推进 15 个整省试点省级平台接入国家门户，初步形成上下贯通的国家智慧教育平台体系；⑤经过 7 次迭代升级，形成了"三平台、一大厅、一专题、一专区"的平台架构，门户视觉效果持续优化，用户体验持续提升。

（一）国家中小学智慧教育平台

2022 年 3 月 1 日，教育部在国家中小学网络云平台基础上改版升级为国家中小学智慧教育平台[3]，并于 3 月 28 日正式上线。平台围绕德育、课程教学、体育、美育、劳动教育、课后服务、教师研修、家庭教育、教改经验、教材等内容，汇聚专业化、精品化、体系化的优质中小学数字教育资源，有效服务学校课程教学、学生自主学习、教师改进教学、农村地区优质教育资源共享、家校协同育人、"停课不停学"等应用。4 月 28 日，平台的移动端智慧中小学 APP 也正式上线，方便教师、学生、家长等用户随时随地开展教学活动、自主学习、家校协同和互动交流。

通过改版升级，国家中小学智慧教育平台资源总量得到大幅增加，在原有专题教育和课程教学两个资源版块的基础上，新增加了课后服务、教师研修、家庭教育和教改实践经验等板块；资源功能注重全面育人，资源内容广泛，着力提高学生综合素质，促进德智体美劳全面发展、健康成长，着力支撑"双减"等重大

---

[1] 高毅哲. 教育数字化战略引领未来——教育部举行国家智慧教育平台启动仪式[N]. 中国教育报，2022-03-29（1）.

[2] 数字之光照亮教育未来——数说国家教育数字化战略行动一年来工作成效[N]. 中国教育报，2023-02-13（1）.

[3] https://basic.smartedu.cn/.

任务，着力实现课上课下、校内校外全过程育人；资源质量体现精品化，坚持系统谋划、精心设计、严格标准、强化审核，切实把好政治关、坚持科学性、注重规范化、广泛遴选、好中选优；坚持集成共建[①]。平台运行以来，教育部进一步加强了应用部署，各地各校高度重视，资源得到广泛应用，普遍反映平台使用便捷、响应速度快、无卡顿。

截至平台上线满月（4月28日），中小学平台资源总量由上线前的10752条增至28568条，累计浏览总量达到了22.2亿次[②]。教育部关于国家智慧教育平台的第三场新闻发布会（7月14日）介绍，中小学平台有资源3.4万条，是上线前的3.1倍，上线以来，日均浏览量达到2891万次以上，5月份疫情比较严重的时候最高日浏览量达到8997万，有效服务了各地"双减"提质增效，有力支撑了各地抗击疫情"停课不停学、停课不停教"[③]。世界数字教育大会介绍，平台注册人数7251万，汇聚全国最优质的基础教育数字资源，涵盖10个板块、53个栏目、4.4万条资源，让远在边疆、身处农村的孩子和大城市的孩子"同上一堂课"，身临其境，共享共用[④][⑤]。国家中小学智慧教育平台的应用场景见表7-1。

表7-1 国家中小学智慧教育平台九大应用场景

场景	应用	对象	场地	时间
自主学习	在教师远程指导下，学生根据教师安排，独立进行课程学习并完成教师布置的作业等，教师则可通过在线答疑的方式对学生进行相应的辅导	教师、学生	教师家中（办公室）、学生家中	停课不停学期间、假期
教师备课	教师在课堂授课前使用平台备课工具，结合平台资源进行自主备课，同时还可以引导学生进行课前预习	教师	教师办公室、教师家中	日常授课课前阶段
双师课堂	教师通过大屏，利用平台中的"我的授课"功能，播放国家优质课程，结合线下教学活动开展课堂教学	教师、学生	课堂	日常授课
作业活动	教师在授课后通过平台发布作业活动，学生完成作业活动并提交后，教师可批阅并统计提交内容，学生也可根据批阅进行改错	教师、学生	教师办公室、学生家中	日常授课课后阶段
答疑辅导	学生在学习过程中，可以将自己的疑问通过提问、群聊等功能发给教师，或者发到师生群中，教师可以私信方式回复学生，也可以通过群聊对学生的共性问题统一回答，学生之间也可以互助答疑	教师、学生	教师办公室、学生家中、学校	日常授课课后阶段

---

① 吕玉刚. 建好用好国家中小学智慧教育平台[N]. 中国教育报，2022-06-06（4）.
② 张欣，焦以璇. 国家智慧教育平台"满月"广受好评[N]. 中国教育报，2022-04-29（1）.
③ 高毅哲，程旭. 国家智慧教育平台总浏览量超30.3亿次[N]. 中国教育报，2022-07-15（1）.
④ 世界数字教育大会开幕 孙春兰出席并致辞[N]. 人民日报，2023-02-14（2）.
⑤ 怀进鹏. 数字变革与教育未来——在世界数字教育大会上的主旨演讲[N]. 中国教育报，2023-02-14（1）.

续表

场景	应用	对象	场地	时间
课后服务	学校管理员利用平台专项功能中的课后服务工具，发布课后服务课程，供学生选择	教师、学生、家长	居家、学校	课后服务时间
教师研修	区域或学校可利用教研群组建教研共同体，使用平台工具和平台资源开展集体备课、学科教研、培训交流、专家指导、名师引领、课题研究等教研活动	教师	居家、学校	教师研修时间及寒暑假
家校交流	依托家校群，家长之间、家长和教师之间就学生教育情况进行交流，教师也可以组织家长会，共同助力学生健康成长	教师、家长	学校、学生家中	家长会期间及其他时间
区域管理	平台提供省、市、县多层级管理，方便各级教育部门组织各类活动、各类项目；平台可以管理本校各类信息，查看本校教师账号认证情况，参与培训情况，还可以查看本校班级情况	部门、校长	教育部门、学校	任何时间

为了发挥国家平台、国家品牌规模化和示范引领作用，教育部坚持继续推进平台的建设和应用工作，为广大中小学校、师生、家长提供更好的服务。具体包括以下内容：持续丰富平台资源，完善资源建设机制，不断汇聚各类优质资源；不断拓展平台功能，逐步实现对资源使用的跟踪反馈、过程性数据收集分析、个性化资源推送等；大力推动平台应用，强化应用部署和培训，健全应用激励机制，抓好应用试点，推广一批典型经验，推动资源常态化应用。

此外，平台还丰富了思政课、体育、美育、劳动教育、家庭教育、科学教育资源，并增加了院士讲堂、名师名校长讲堂等内容。2022年暑期首次面向各级各类教师设立专题开展在线研修，超过1313万教师参加学习，约占全国专任教师数的71.2%[1]，开创了世界上最大规模的教师在线学习项目。

（二）国家高等教育智慧教育平台

为推动高等教育数字化转型，在总结以往中国高校慕课与在线教学发展经验基础上，广泛汇聚优质课程资源，教育部建设了"国家高等教育智慧教育平台"[2]。该平台是全国性、综合性高等教育教学资源服务平台，以提供公共服务为目的，以优质资源教与学为主线，面向高校师生和社会学习者，汇聚课程、教材、实验、教师教研、课外成长、研究生教育等方面优质资源，满足个性化学习需求，促进学习范式、教学范式和科研范式创新；汇聚线上教与学大数据，加强课程监管，推动高校教学管理数字化转型。

---

[1] 王鹏，施雨岑，徐壮. 以教育数字化支撑引领教育现代化——写在世界数字教育大会召开之际[N]. 中国教育报，2023-02-13（2）.

[2] https://higher.smartedu.cn/.

第 7 章　智慧教育实践创新

中国慕课从 2013 年起步，遵循高校主体、政府支持、社会参与的发展模式，教育部支持各方建设了 30 余家综合类和专业类高等教育公共在线课程平台和技术平台，系统推进慕课与在线教学的"建、用、学、管"；成立了在线教育研究中心，发起了世界慕课与在线教育联盟，举办了中国慕课大会、世界慕课大会，发布了《中国慕课行动宣言》《慕课发展北京宣言》《无限的可能：世界高等教育数字化发展报告》；推出了两个在线教学国际平台。慕课发展 10 年来，慕课数量和学习人数均居世界第一，并保持快速增长的态势。特别是疫情期间，教育部组织全国高校利用慕课与在线教学开展了一场史无前例的大规模在线教学实践活动，不仅成功应对了疫情带来的停教、停学危机，而且审时度势、化危为机，掀起了一场高等教育领域的"学习革命"。

我国高等教育已经进入普及化阶段，高质量发展成为时代主题，高校师生及社会学习者对优质在线教育资源、高品质在线教育服务、规范化在线教学管理的需求日益强烈。国家高等教育智慧教育平台旨在解决各类学习者在使用中遇到的资源分散、数据不通、管理不规范等问题，实现全国高等教育在线资源的便捷获取、高效运用、智能服务，为高等教育数字化改革和高质量发展提供有力支撑。平台汇聚国内外最好大学、最好老师建设的最好课程，成为全球课程规模最大、门类最全、用户最多的大平台。同时，面向教育行政部门和高校管理者，提供师生线上教与学大数据监测与分析、课程监管等服务。

平台采用了先进的智联网引擎技术，实现了技术创新与突破：一是服务智能化，平台依托大数据、云计算、人工智能等技术，通过快捷搜索、智能推荐等方式，为学习者提供多种符合个性化学习要求的智慧服务，优化了用户体验；二是数据精准化，平台对课程信息及学习数据进行实时采集、计算、分析，为教师教学与学生学习提供定制化、精准化分析服务；三是管理全量化，将所有在线课程平台的学分课程纳入管理范围，集中反映我国在线课程发展全貌，具备门户的汇聚集中能力、开关控制能力，实现"平台管平台"。

平台上线满月时，浏览量已经接近 900 万人次，访问用户覆盖了全球 129 个国家[①]。到第三场新闻发布会（7 月 14 日）时，平台用户覆盖到 143 个国家和地区，在首批上线 2.7 万门慕课课程基础上，新增课程资源 850 门，新增课件等其他资源 6.5 万余条[②]。截至 2022 年 11 月底，我国慕课数量已经达到 6.2 万门，并提供了近 10 万种教材及 300 多个虚拟仿真实验，用户覆盖 166 个国家和地区，平台与课程服务平台累计访问 292 亿次，选课学习接近 5 亿人次。"慕课西部行计划"累计向西部高校提供 17.29 万门慕课及定制化课程服务，帮助西部地区开展混合

---

① 张欣，焦以璇. 国家智慧教育平台"满月"广受好评[N]. 中国教育报，2022-04-29（1）.
② 高毅哲，程旭. 国家智慧教育平台总浏览量超 30.3 亿次[N]. 中国教育报，2022-07-15（1）.

式教学327.24万门次，学生参与学习达3.76亿人次，西部地区教师参加应用培训171.4万人次。"慕课出海"行动开设168门全球融合式课程，推出了8门英文全球公开课，吸引全球学习者730万人[①②]。世界数字教育大会介绍，平台拥有7.6万名高等院校名师名家、2.7万门优质慕课课程、1800门国家一流课程[③]，实现了"一个平台在手、网尽天下好课"。平台将成为数字化时代高等教育的学习范式、教学范式创新的重要载体，将深刻改变教师的教、改变学生的学、改变教育的管、改变教学的形态，为持续推进高等教育领域的学习革命、质量革命，加快实现高等教育强国梦做出历史性贡献。

为了扎实推进高等教育数字化战略行动，国家高等教育智慧教育平台将持续在内容和技术上进行升级迭代，发力点主要体现在以下五个方面[④]。

一是汇聚全国金师金课，成为在线"金课堂"。致力于建立覆盖高等教育所有学科专业的一流核心课程体系、核心教材体系、核心实验实训体系，汇聚名家名师名课，打造中国高等教育永远在线的"金课堂"。

二是提供便捷的一站式服务，让全网好课尽在眼前。对大学生来说，可以突破高校的物理围墙，实现"一个平台在手，网罗天下好课"；对于广大社会学习者来说，让时时、处处、人人皆可学的愿景梦想成真；对大学老师来说，平台提供的全方位大数据分析和互动服务，给老师装上了"千里眼"和"顺风耳"，帮助老师可以时时了解学生的学习状态、学习进度和学习效果。

三是提质量推公平，实现优质资源开放共享。致力于促进"好校建好课"，高水平大学共建优质课程，分享线上线下混合式教学改革经验，提高教学质量。同时，推动"强校带弱校"，深入实施"慕课西部行计划"，帮助西部高校提升教育教学水平，推进教育公平。

四是扬帆出海，为世界高等教育贡献中国力量。平台链接了"爱课程"和"学堂在线"两个在线教学国际平台，向世界提供多语种课程。同时，在世界慕课与在线教育联盟组织推动下，开展国际学分互认，开设全球融合式课程。

五是试点示范，推进高等教育数字化战略行动走深走实。依托平台，在全国选取部分省份和本科高校开展高等教育数字化改革试点建设，在平台建设应用、智慧场景搭建、教育数据治理等方面先行先试，探索教育理念与模式、教学内容与方法的改革创新，示范引领高等教育数字化融合创新发展。

---

① 吴岩. 以数字化转型引领高等教育高质量发展[N]. 中国教育报，2022-12-10（2）.
② 2022 世界慕课与在线教育大会在线上举行[EB/OL]. http://www.moe.gov.cn/jyb_xwfb/gzdt_gzdt/s5987/202212/t20221209_1028748.html，2022-12-09.
③ 怀进鹏. 数字变革与教育未来——在世界数字教育大会上的主旨演讲[N]. 中国教育报，2023-02-14（1）.
④ 吴岩. 扎实推进高等教育数字化战略行动[N]. 中国教育报，2022-06-06（4）.

（三）国家职业教育智慧教育平台

加快职业教育数字化步伐是提升职业教育治理体系和治理能力现代化的关键举措，是推动职业教育高质量发展的必由之路。国家职业教育智慧教育平台[①]汇聚职业教育领域专业教学资源库、精品课程、规划教材、虚拟仿真实训等优质资源，面向学生、教师、社会公众提供职业教育优质教育资源和个性化服务，面向教育行政管理部门等提供职业教育多维度数据挖掘和分析服务，增强职业教育适应性，促进职业教育服务便捷化、管理精准化、决策科学化，支持高素质技术技能人才、能工巧匠、大国工匠培养。一是有助于逐步形成"数治职教"治理新模式，解决好管理部门多、工作链条长、信息衰减快的问题；二是有助于构建以学习者核心素养为导向的教育测量与评价体系，实现实时采集、及时反馈、适时干预，促进学习者的全面发展；三是有助于突破传统的院校"围墙"限制，为学生提供智能开放教学及实训环境，实现泛在学习；四是促进城乡之间、区域之间、校际之间、师生之间优质职业教育资源的均衡。

平台体现多主体开发建设、多维度个性应用、多层次提供服务特点，由四大板块组成：一是专业与课程服务中心，服务学习者享有优质便捷的职业教育数字化资源，提高资源使用效率；二是教材资源中心，服务职业教育教材开发、选用、监管和评价等需要；三是虚拟仿真实训中心，服务职业教育实训教学、技能鉴定和竞赛考试等应用需要；四是教师服务中心，服务职业教育干部职工培训内容优化、培训质量提升。

国家职业教育智慧教育平台于 2022 年 6 月底完成迭代升级。到 11 月底，平台已接入国家级、省级专业教学资源库 1014 个，精品在线开放课程 6628 门，视频公开课 2222 门，各类资源 556 万余条，累计访问 30.98 亿人次，总访客 2.77 亿人，有力地促进了优质资源的集成共享[②]。世界数字教育大会介绍，平台上线专业教学资源库 1173 个，在线精品课 6700 余门，视频公开课 2200 余门，覆盖专业近 600 个，215 个示范性虚拟仿真实训基地培育项目分布全国[③]，助力培养技术技能人才，服务学生的全面发展和经济社会的高质量发展。

《关于深化现代职业教育体系建设改革的意见》提出了新阶段职业教育改革的一系列重大举措，可以概括为"一体、两翼、五重点"。"五重点"之一是"提升职业学校关键办学能力"，其中包括遴选一批国家级职业教育专业教学资源库、在线精品课程和虚拟仿真实训基地，"做大做强国家职业教育智慧教育平台，建设职

---

① https://vocational.smartedu.cn/.
② 林焕新. 勇立教育数字化时代潮头——我国教育数字化工作取得积极成效综述之一[N]. 中国教育报，2022-11-30（1）.
③ 怀进鹏. 数字变革与教育未来——在世界数字教育大会上的主旨演讲[N]. 中国教育报，2023-02-14（1）.

业教育专业教学资源库、精品在线开放课程、虚拟仿真实训基地等重点项目，扩大优质资源共享，推动教育教学与评价方式变革。面向新业态、新职业、新岗位，广泛开展技术技能培训，服务全民终身学习和技能型社会建设"。目标是"升级平台、充实资源、完善机制"，建构以"1个职教大脑·数字驾驶舱系统、2个二级平台、4个子系统和4个分中心"为主体的国家平台①。

（四）服务大厅

为促进高校毕业生就业，教育部积极推进教育数字化战略行动，在原有教育部新职业网和24365智慧就业平台基础上，全新升级建成国家24365大学生就业服务平台。2022年7月8日，国家智慧教育平台二期增设了"服务大厅"②和"地方平台"专区。

"服务大厅"是实施"互联网+教育政务服务"的重要载体。以人民为中心深化教育领域放管服改革，综合集成就业、考试、学历、学位、留学等各类教育政务服务事项和应用，为社会公众提供一体化、全时化、均等化、便捷化的办事和查询服务，显著提升教育服务供给能力和水平。服务大厅共推出四大服务专区，即就业服务、考试服务、学历学位、留学服务。

国家24365大学生就业服务平台是教育系统及有关部门开展高校毕业生就业服务、就业指导与就业管理的综合性平台，通过打造24小时365天全时化、智能化平台，为毕业生和用人单位提供更优质的互联网+就业服务，推动有效市场和有为政府更好结合，进一步完善高校毕业生市场化社会化就业机制，促进毕业生更加充分、更高质量的就业。

国家24365大学生就业服务平台的主要功能

平台是教育系统及有关部门开展高校毕业生就业服务、就业指导与就业管理的综合性平台。平台有PC端和手机端，主要提供以下服务内容：

一是面向高校毕业生。高校毕业生是平台的主要服务对象。围绕毕业生在求职就业过程中的所需所求，平台主要提供求职服务、就业指导、重点引导等服务。

求职服务方面，毕业生可在线进行就业意愿登记、简历填写、职位检索等，获取职位推荐、专场招聘、网上签约等服务。就业指导方面，平台为毕业生提供生涯规划课程、学业与职业指南、师兄师姐去哪儿查询、就业培训、职业测评等，帮助毕业生明确目标、树立信心，提升求

---

① 陈子季. 依托数字化重塑职业教育新生态[N]. 中国教育报，2022-06-06（4）.
② https://www.smartedu.cn/special/ServiceHall.

职技能和就业能力。重点引导方面，毕业生可根据自己的职业规划和求职意愿，获取基层项目、重点领域就业等多方面的信息服务。

二是面向用人单位。用人单位在平台注册后，可便捷地参加招聘活动，发布岗位信息、筛选简历，与毕业生线上互动，达成意向后可直接网上签约；也可通过平台查询生源信息，了解意向学校和专业的毕业生总体情况。

三是面向就业战线。地方教育部门和高校通过平台可动态监测就业进展，调查和分析就业形势。全国6万余名毕业班辅导员和2万余名就业工作人员，全部在平台注册，教育部和省级教育行政部门的工作部署可一键直达，实现扁平化管理。

四是面向公众及所有用户。平台提供大量政策资讯、工作动态、高校就业质量报告等信息，用户也可通过平台链接到各地和高校的就业网站以及主要的社会招聘平台。

资料来源：教育部高校学生司. 国家24365大学生就业服务平台建设和应用情况介绍[EB/OL]. http://www.moe.gov.cn/fbh/live/2022/54324/sfcl/202203/t20220329_611588.html, 2022-03-29.

国家24365大学生就业服务平台着力体现政策信息的权威性、就业服务的公益性、岗位资源的开放性、功能使用的便捷性，体现信息真实、互联共享、一站服务、监测反馈的特点。到上线满月时，平台汇聚岗位信息累计达640万个，联合发布岗位2855万个，毕业生注册人数达到了418万人，注册和使用平台的用人单位48万家[1]；截至7月12日，累计汇聚岗位资源达到1124万个，毕业生累计注册519万人，累计推送岗位信息达到了1.03亿次[2]；到11月底，累计共享就业岗位1370万个[3]。围绕促进高校毕业生更加充分、更高质量就业，平台优化将聚焦七个方面[4]：一是明确平台服务定位，把满足高校毕业生就业需求作为平台建设的出发点和落脚点；二是着力加强统筹协调，大力推进政府、社会、高校、企业之间形成合力、良性互动；三是广泛汇聚就业资源，实现优质岗位资源充分互联、共建共享；四是促进供需精准对接，将供给侧的高校毕业生信息与需求侧的用人单位岗位精准匹配和有效对接；五是确保信息安全准确，实现高校毕业生和用人单位供需双方的信息可信可靠；

---

[1] 张欣，焦以璇. 国家智慧教育平台"满月"广受好评[N]. 中国教育报，2022-04-29（1）.

[2] 高毅哲，程旭. 国家智慧教育平台总浏览量超30.3亿次[N]. 中国教育报，2022-07-15（1）.

[3] 林焕新. 勇立教育数字化时代潮头——我国教育数字化工作取得积极成效综述之一[N]. 中国教育报，2022-11-30（1）.

[4] 王辉. 深入推动就业工作数字化升级[N]. 中国教育报，2022-06-06（4）.

六是加强数据分析反馈，分析人才成长规律、学校学科专业布局、就业与产业的匹配情况，为人才培养模式改革、学科专业调整、招生计划安排等提供决策支持；七是通过试点推广、专题培训、典型示范、经验交流等方式，提升战线数字化应用能力。

一是进一步丰富岗位资源，扩大岗位覆盖地域范围、专业类别等，强化用人单位资质审核，确保岗位信息真实准确，加大专项招聘活动组织力度；二是提升平台使用便捷度，加大研发力度，用好大数据等技术，优化岗位搜索、人岗精准推送等功能；三是确保平台运维安全，实时监测处置平台运行安全相关情况，并针对就业歧视、欺诈等问题及时发布警示提醒。

考试服务专区公开高考招生政策，公示特殊类型考生名单，提供中小学教师资格考试、大学英语四六级考试、普通话水平测试等成绩查询和证书发放功能；学历学位专区为社会公众提供国内高等教育学籍查询、学历学位证书查询、认证等服务；留学服务专区提供国（境）外学历学位认证、公派留学人员派出、自费留学人员存档、留学人员回国安置等服务。

为了推进国家智慧教育平台优质资源的深度应用与有效供给，建立上下贯通的平台体系，教育部于4月19日启动了国家智慧教育平台试点工作。试点分为整省试点和分项试点，综合考虑已有工作基础、实际需求，兼顾区域区位，确定由北京、上海、江苏、浙江、安徽、福建、江西、四川、青海承担整省试点，河北、吉林、黑龙江、山东、河南、广西承担中小学平台分项试点，湖南承担职业教育平台分项试点，广东、陕西承担高等教育平台分项试点，全国所有省份都开展就业服务平台试点。例如，河北省结合推广应用国家平台，助力解决某些地区开不齐、开不足、开不好课的问题；浙江省积极把地方平台与国家平台对接，逐步形成"1+3+1"架构。

孙春兰指出，国家智慧教育平台扩大了优质教育资源覆盖面，城乡学生共享全国名师、名家、名校、名课资源，帮助农村地区教师线上协同教研、备课辅导，缩小区域、城乡、校际教育差距，促进了教育均衡发展。要建好用好国家智慧教育平台，坚持公益性的导向，加强平台运营维护和用户行为管理，进一步汇聚优质教育资源、优化教育公共服务，不断提升教育质量、促进教育公平。要深入研究不同学段学生的认知习惯和行为特征，提高线上教育资源的研发质量，严把课程内容关，以优质教育资源吸引人[①]。

二、智慧教育示范区

2018年4月，教育部印发《教育信息化2.0行动计划》，在八大实施行动

---

① 孙春兰强调 打造国家教育公共服务平台 服务高质量教育体系建设[N]. 人民日报，2022-07-09（2）.

中提出"智慧教育创新发展行动"。智慧教育示范区建设是面向区域的创新引领示范工程，旨在积累可推广的先进经验与优秀案例。2019 年 1 月，《教育部办公厅关于"智慧教育示范区"建设项目推荐遴选工作的通知》发布，决定遴选一批地方积极、条件具备的地区，开展智慧教育示范区建设。经遴选推荐、综合评议、集中公示等环节，教育部分两批确定了 18 个智慧教育示范区创建区域和 2 个培育区域。为了保证创建项目的顺利实施，教育部成立了智慧教育示范区创建项目专家组，对示范区建设开展有针对性的指导，给予咨询意见。专家组秘书处设在北京师范大学互联网教育智能技术及应用国家工程研究中心。2021 年 1 月，依托北京师范大学，成立了教育部教育信息化战略研究基地（北京），聚焦智慧教育、人工智能教育应用和教育信息化国际比较研究等领域开展战略研究（表 7-2）。

表 7-2　智慧教育示范区名单

省份	2019 年度	2020 年度
北京市	东城区	海淀区
上海市	闵行区	
河北省	雄安新区	
山西省	运城市	
四川省	成都市武侯区	成都市成华区
湖北省	武汉市	
湖南省	长沙市	
广东省	广州市	深圳市
天津市		河西区
江苏省		苏州市
浙江省		温州市
安徽省		蚌埠市
福建省		福州市
江西省		南昌市
山东省		青岛市
重庆市		璧山区（培育区）
甘肃省		兰州市（培育区）

教育部开展智慧教育示范区建设与实践探索，就是为了推动区域教育数字转型、智能升级和融合创新发展，实现教育理念与模式、教学内容与方法的改革创新，提升区域教育水平，探索积累可推广的先进经验与优秀案例，形成支撑和引领教育现代化的新途径和新模式。作为一项新的工程，它肩负着重要的使命，自

创建项目启动以来，围绕六大重点任务（图7-1），因地制宜地进行了大胆的探索和有益的尝试，在环境、模式、服务和治理等方面形成了一些亮点。

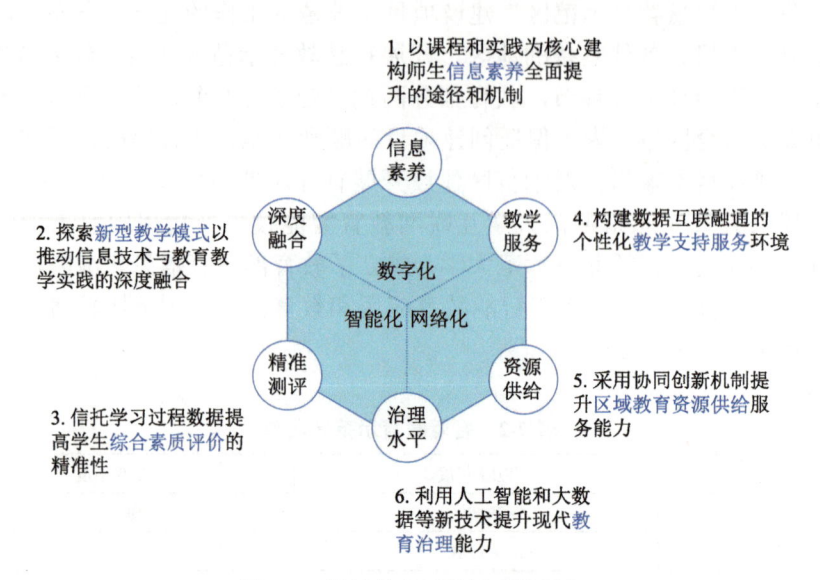

1. 以课程和实践为核心建构师生信息素养全面提升的途径和机制

2. 探索新型教学模式以推动信息技术与教育教学实践的深度融合

3. 信托学习过程数据提高学生综合素质评价的精准性

4. 构建数据互联融通的个性化教学支持服务环境

5. 采用协同创新机制提升区域教育资源供给服务能力

6. 利用人工智能和大数据等新技术提升现代教育治理能力

图7-1　智慧教育示范区建设任务

（一）着力提升师生数字能力，促进智能技术创新应用

智能时代对人才培养目标和规格提出了更高要求，强调在课程和实践教学中提升数字素养。智慧教育示范区全面落实信息技术和信息科技课程标准，提升学生的信息意识、计算思维、数字化学习与创新、信息社会责任等核心素养。打造优秀在线课程，应用信息技术创新解决教学的痛点、难点，提升教师信息化教学能力。广泛开设信息技术类综合实践课，以及人工智能教育课程等，有效提高学生信息技术应用和创新能力。开展创客教育、STEM教育等多种形式的创新教育，培养学习者跨学科解决问题能力和创新能力。

> **案例分析**[①]
>
> **着力提升师生数字素养与技能**
>
> 青岛市成立国际人工智能教育联盟，构建了"纲要—课程—实验室—竞赛—评估"人工智能教育模式，推进"课程体系、基础环境、教育资源、教师队伍"建设，提高人工智能素养和推动专业人才发展；温州

[①] 本书"案例分析"部分均为作者根据相关材料自行整理而成。

市打造"一校一 AI 课程、一校一 AI 团队、一校一创新项目、一校一智能空间、一校一品牌活动"的人工智能教育生态体系，开展"青少年创客文化节""科创春'玩'""人工智能追梦营"等科创活动；北京市东城区建立了"1+N+8+X"青少年"学院制"课程体系和实践基地，引领青少年探索人工智能技术领域；运城市构建创客教育课程体系，实践以学生探究为主的 5E（engagement、exploration、explanation、elaboration、evaluation）教学模式；长沙市支持有条件的学校以兴趣小组、校队等方式开设无人机、3D 打印、智能制造、增强现实/虚拟现实等校本特色课程；广州市建设集平台、资源和预制教学情景于一体的中小学人工智能教育平台，提供 1~8 年级人工智能教育普及托底资源，746 所学校利用平台开设人工智能课程，共建人工智能实验室 127 间。

长沙市部署智慧研训系统和智能化课堂分析系统，组建网络教研联盟和网络名师工作室，推动线上线下教研有机整合，实现跨地域、多元化、高效率研修，帮助教师精准诊断教学，推动教师由"教书匠"向育人导师的角色转型；蚌埠市探索线上线下相融合的"研训一体"的教师专业发展模式，"以赛促用、以用促研、以研促升"；北京市海淀区、东城区以共同体建设为抓手，探索开展专家引领的跨地区、跨学校、跨年级、跨学科网络教研，大力提升学科教师的数字素养。

武汉市遴选 1000 多名首席信息官（chief information officer，CIO），并构建 CIO 管理能力和应用能力监测评价体系，加强各类专项培训和考核；温州市成立未来教育技术学院，在中小学实施 CIO 微团队制度、数字专员制度以及教师数字素养全员研训体系，开展"智慧提升·送培下乡"活动 50 余场；同样，成都市武侯区、成华区也落实了学校 CIO 制度。

武汉市编制中小学校长、教师（教研员）和学生信息素养标准，打造师生信息素养"测、评、培"完整的闭环链条，开展基于数据、面向过程的校长、教研员、师生信息素养发展水平监测，绘制市、区信息素养地图；北京市海淀区将学生数字素养纳入综合素质评价体系；上海市闵行区问卷调查显示，教师数字素养随着使用教育 APP 的时间增长而提升，学生通过一定年限使用智慧教育终端学习，数字素养得以提升，进而带动了自身学习能力的提升和思维方式的转变。

广州市建设智慧阅读平台，依托学生阅读大数据分析学生线上线下阅读情况，依据学生所在学段、心理特征、阅读能力，推送个性化阅读资源，帮助学生培养阅读兴趣、养成阅读习惯、提升阅读能力。同样，蚌埠市、南昌市、成都市成华区等利用智慧阅读平台在中小学推进开展线下读书活动，引导学生爱读书、读好书、会读书。

（二）深入推动课堂教学改革，构建新型教学模式

创新人才的培养需要依靠学校教育，推进"课堂革命"是示范区创建过程中重点关注的问题之一。课堂是教育改革的主战场，只有构建符合"数字土著"认知特征的新型教学模式，才能促进学习者主动学习、释放潜能、全面发展。信息化教学有助于实现规模化教育与个性化培养的有机结合。示范区深化信息技术与课堂教学的创新融合，以评价为导向提倡教师创新应用信息技术改进教学，强化以学生为本的教学实践，促进课堂教学改革的实现；鼓励应用协同建构式学习、能力引导式学习、基于设计的学习等新型教学方式，推动学生合作、实践、创新能力等综合素质能力的全面提升；挖掘应用信息技术解决教学痛点的典型案例，发挥优秀教师的引领示范作用。

案例分析

深入推动课堂教学变革

长沙市联通国家智慧教育平台和湘教云平台，实现了人人建空间、人人用空间，构建了线上线下结合、虚实融合、校内外协同的智慧"五育"新场景，在课堂教学中广泛应用智能教学助手、智慧学伴、仿真实验、智能纸笔等新技术，156所学校常态开展智慧课堂教学，推行沉浸式、情境化教育，伴随式数据采集支撑因材施教，形成了"三阶九步""三环五步"等教学模式；开展"云思政"网络创新，遴选思政精品课355节，推行"课程+文化+活动+实践"四位一体的德育，让德育"看得见、摸得着"；构建了智慧跳绳、智慧足球、智慧跑步、智慧游泳等项目，利用大课间、寒暑假全面开展体育云赛；打造数字美育教室，联通省市博物馆、美术馆、剧院、非遗馆等场馆的数字资源，支撑线上线下沉浸式教学；构建了"云网+场馆"的智慧劳动与社会实践新格局。南昌市突出"红色、绿色、古色"三色文化，促进教育链与文化链、产业链、创新链等深度融合；天津市河西区实施"同上一堂课、特色课程平台"项目；蚌埠市探索运行智慧音乐、智慧体育等素质教育培养模式。

上海市闵行区以教师备课、学生作业等核心环节为抓手，推广智慧纸笔、闵智作业平台，实现中小学校线上教学备、讲、练、辅、评、研、管的全场景闭环，探索"虚拟班"形式的复习课分层教学；长沙市研发作业管理系统，方便作业统筹、学生反馈、作业监控和评估，实现作业智能批改、大数据分析，避免机械"刷题"；长沙市、南昌市、青岛市、北京市东城区、天津河西区等以智慧作业系统平台为基础，通过点阵笔、

高拍仪、高速扫描仪等方式采集学情动态，推动学生学习方式转变和作业减负增效；温州市聚焦作业改革，全域推广"云阅卷"系统，开启从学业"一分三率"的分析到分类分层再到个体的分析演变。

福州市、武汉市等借助央馆虚拟现实教学服务系统，围绕科学、物理、化学、生物学科，实现了从一支粉笔、一块黑板、一张嘴、一本书的三尺讲台到虚拟实验、虚拟助教的转变；苏州市基于未来教室、翻转课堂、同步课堂等移动互联学习场域创设互动、探究、协作的课堂，苏州市工业园区构建学教管评测一体化的智能系统，太仓中等职业学校采用数字化教学管理监控系统实现"双元制"学生培养全过程；运城市开展了面向教学、学习、管理、教研、校园生活与文化、家校互动等业务领域的主题式空间融合应用，课堂教学走向"互联网+"形态；广州市实践智慧课堂组织范式，即课前摸查、把握重点，课堂呈现、小组探究，精准教学、因材施教，课堂巩固、互助提升；成都市武侯区采用"双线融合式"的"三段式"课堂范式，即课前自主学习、课中合作学习、课后拓展学习；蚌埠市形成了"1+M+N"的"数据驱动规模化因材施教"教学模式体系，即1个数据驱动精准教学范式，M个学科，N个具体教学模式；上海市闵行区形成了数据驱动的差异化教学课堂教学模式，实现基于学情诊断的教学设计和课堂教学实施；深圳市重点培育百所实验校，提炼融合信息技术的新型教与学模式；北京市东城区实施双师课堂、融合课堂，探索建立一案一包制度、一课一包双师课堂制度。

苏州市以"1+N"的模式开展"互联网+同城帮扶"行动，即1所优质公办校与N所外来工子女学校结对，通过线上帮扶直播实现"专递课堂"，通过帮扶课程+线上教研实现"名师课堂"和"名校网络课堂"，通过课堂教学同标同频、教学资源同享实现公办和民办结对学校同步发展；青岛市支持270余个城乡结对学校采取线上线下"1+1"模式开展同课异构和网络教研等；长沙市遴选132所优质学校作为网络联校主校，采用"1+N"和"N+N"的方式，为392所农村学校开设"三个课堂"；天津市河西区发挥5G高速度大带宽优势，采用线上直播+录播形式，跨区域教学场景提供多样化课程供给；运城市垣曲县构建学校"三联团队"、教师"三共团队"、学生"三同团队"，利用"名优教师线上主讲+本校教师线下辅助"，为乡镇学校学生常态化开展课前预习、课堂教学、作业辅导等教学活动；蚌埠市在皖疆帮扶活动中，通过专递课堂实行语文、数学、英语、思政、班会等科目同步上课。

（三）数据驱动教育评价改革，支撑学生综合素质评价

智能时代，新技术的应用改变了传统教学中单一的、以分数为主的评价标准，强调学生综合素质的多维评价。示范区创新评价工具，深化教育大数据应用，分析学习过程，改善教学服务供给与学习需求的匹配度，优化教学服务质量和效率，实现教育服务的有效优质供给。积极参加信息技术支撑学生综合素质评价试点工作，利用数据驱动的学生综合素质评价解决方案，探索开展学生各年级学习成长情况全过程纵向评价、德智体美劳全要素横向评价。

案例分析

数据驱动教育评价改革

南昌市将智慧考试模式从普通高中所有学科合格性的学业水平考试延伸至初中生物、地理学科的学业水平考试（"中考"），基于人工智能、大数据分析等技术闭环管理题目征集、试题组卷、应答应试、考务监管、等次评定、成绩反馈、学业分析等全链条考试环节，使基于题库的机考标准化流程具备可复制性；北京市海淀区推进 678 个高考考场应用国家教育考试管理云平台，试卷流转全周期可视化跟踪，保密环节全智能信息化管理，考试终端全过程电子化留痕，视频巡查全方位智能化监控；武汉市实施中考理化生实验操作智能化标准化考试、普通高中通用技术学业水平考试机考；深圳市制定出台初中理科实验教学与测评装备标准，开展初中理化生实验考试信息化试点。

广州市构建了智慧阳光评价系统，利用信息技术手段实现数据采集科学化、数据筛选自动化、数据分析智能化、测评报告交互化，面向全市学生开展学业成就、学习产出等大规模在线抽测；长沙市推进全市教育质量综合评价改革，构建从入口看出口、从起点看变化的立体多维增值评价体系，挖掘"教学研管评测"全链条大数据，发布全样本学校教育质量综合评价报告和电子地图，呈现学生学业成长表现、教师教学效能、学校发展增量；武汉市编制面向学生、教师、学校、区域教育发展等评价体系，刻画其发展情况；苏州市注重加强人机协同评价、过程评价和综合评价，开发和应用相关软件系统，探索学生学科评价与素养评价相结合的科学评价方式；上海市闵行区以电子书包为载体，进行学生学习过程数据的伴随性采集；北京市东城区实现学校管理"一校一档"、教师发展"一师一档"、学生成长"一生一档"，精准指引师、生、校实现个性化多样发展；天津市河西区基于大数据

平台开展体质健康数据调查、数字体育中考、综合素质过程性评价等。

长沙市基于智能化综合素质评价模型和管理系统实施小初高一体化学生综合素质评价，依托"人人通"空间将综合素质评价与劳动和社会实践、体质健康和在线学习等13个系统有效对接，伴随式采集学生成长过程性数据，实现写实记录、整理遴选、自评互评、抽样插标、公示审核全流程信息化，智能生成学生数字画像；青岛市建成了学生综合素质评价系统，服务学生体质健康、艺术发展、劳动技能、心理测量等；温州市实施青少年"明眸"工程，为全市中小学生建立视力健康档案，开展常态化筛查和及时干预活动，中小学生总体近视率逐年降低；北京市海淀区搭建心理测评平台，并构建中小学心理危机管理系统，为学校提供十大领域自助式的心理测评服务。

（四）夯实学习环境智联融通，打破家校社协同育人壁垒

师生行为及其互动是影响教育教学效果的主要因素，智慧学习环境能塑造师生的行为习惯。随着人工智能、物联网等技术的发展，学习环境已经从封闭的物理空间向开放、虚实结合的空间转变。示范区以数据智能为驱动，将智慧教育纳入到智慧城市、智慧乡村和智慧社会建设中，打破学校、家庭和社会之间的数据信息壁垒，促进教育数据的全方位的挖掘和整合，促进各级各类数字平台间的数据融通；利用学习分析、教育数据挖掘等手段，改善教学服务供给与学习需求的匹配度，实现精准推送，优化教学服务质量和效率。

案例分析

夯实学习环境智联融通

温州市教育城域网实现万兆互联，千兆到桌面，无线校园网建成率达100%，智慧校园建设覆盖率超40%；苏州市教育城域网实现了万兆进校园、千兆到班级、百兆到桌面，无线校园覆盖率超过90%，90%学校达到省级智慧校园标准；长沙市利用5G与高清远程互动教学技术，推进"千群万课"农村网络联校群建设；青岛市引入IPv6、5G等技术，中小学实现万兆接入，幼儿园实现光纤入网；福州市依托"5G+智慧教育应用示范项目"，在124所试点打造了近200个不同类型的"5G+智慧教育"应用场景。

武汉市培育39所五星级智慧校园，持续打造120所四星级智慧校园，建成240间智慧教室、120间人工智能实验室、240间智慧图书馆；苏州

市积极推进江苏省智慧校园合格和示范校建设，同步推进苏州市智慧校园发展水平（三星级、四星级）星级评估；长沙市分批次建设智慧校园212所、网络学习空间优秀学校33所、未来学校创建校80所；成都市武侯区试点"一网通用"，以1张基于5G的物联网和1张软件业务网，在4个学段探索"1+1+N"的智慧校园建设模式；南昌市采用云服务模式，坚持"一区一典型、一校一特色"，培育30所智慧教育示范校；雄安新区遴选建设7个智慧校园和16个智慧教室。

北京市海淀区构建了绿色、安全、自主、可控的"云-网-端"一体化信息支撑体系，夯实数字教育基座：铺设区域教育光缆专网1133.9公里，实现全区教育网络万兆骨干、千兆桌面的四级联通互动；统筹推进教育系统各单位互联网集中接入，共享40G带宽；大规模升级改造近8000间普通教室；搭建标准化的英语口语考试测试环境；采用恰当的中小学、幼儿园智慧校园建设区域标准大规模建设新增学位。

（五）推进智慧教育平台应用，优化区域公共服务能力

区域智慧教育发展的关键在于建立政府、科研机构、企业等多方参与的协同创新机制，开展有组织教育系统变革。示范区依托数字教育资源公共服务体系，特别是国家智慧教育平台，汇聚学校、科研机构和企业等各方力量，大力推进教育资源数字化建设，探索资源共享和服务供给新机制，采用智能技术汇聚优质教育教学资源，扩大优质教育资源覆盖面，有效支撑学校和师生开展信息化教与学应用，全面提升区域教育数字化公共服务能力。

案例分析

优化区域公共服务能力

苏州市明确国家、省级、市级智慧教育平台贯通协同思路，向国家平台提供453节课程及对应的"任务单"和"练习题"，指导6所学校"一校一案"推进试点工作，利用国家智慧教育平台资源对接薄弱学校、农村留守儿童教与学需求；青岛市推进国家智慧教育平台应用全域覆盖1102所中小学和12.5万教师，活跃设备量超240万；长沙市、武汉市和温州市等完善了具有地方特色的智慧教育云平台，上联国家和省级平台，下接区县和学校，融通各类应用管理系统，实现单点登录，全网使用；广州市建设了覆盖全学科全学段课程的"广州共享课堂"，涵盖扫码查看知识点二维码、课件回放、习题讲解、互动答疑等功能；兰州市依托"兰州智慧教育·名师在线"帮助

学生自主选择优质名师课程；雄安新区统筹优势企业力量建设智慧教育数字化大平台，提升"一网通办"能力；成都市武侯区教育智汇云平台汇聚知识类和工具类资源供给；上海市闵行区智慧教育云平台通过"三中台一平台"，提高数据应用和服务能力。

北京市东城区打造区域"1+7+N"智慧教育体系，即1个数据大脑、7大示范工程、N所未来学校，普及"互联网+"教与学模式及数据服务型学校管理模式；上海市闵行区整体部署推进数据驱动下大规模因材施教的"1258工程"，即打造1个垂直服务的教育云平台，依托智能教学和智慧学伴两种应用助手开展个性化教学，面向学生、家长、教师、管理者和市民五类用户提供精准服务，聚焦八项业务场景丰富应用需求；温州市构建区域智慧教育"12465"创建体系，确立"一条主线"，建立"两个赋能机制"，落实"四项任务"，实施"六大行动"，实现"五高目标"；福州市在"数字福州"规划下确定了"1+4+N"的福州智慧教育生态框架；重庆市璧山区聚焦"双减"，以"智慧课堂、智慧评价、智慧治理"三大任务为抓手，实施十大行动系统推进；深圳市打造了"1+100+50"的未来学校模式创新与智慧应用的生态集群；广州市形成"一核六维九翼"智慧教育模式，即以区域教育高质量发展为核心，在师生发展、课堂教学、学校管理、教育行政、社会参与等六个维度形成九大机制；雄安校区结合《雄安新区智慧教育五年行动计划（2021—2025年）》，确定了三期建设方案，推进"1+8"工程；运城市以市县校三级集约化、规范化建设推动智慧教育体系发展，深入推进"5+1"工程，即教育专网项目、智慧教育云平台项目、数字资源体系优化项目、智慧校园引领项目、信息化人才培养项目和协同发展中心项目。

蚌埠市"智慧学校"建设采用"总集成、总服务"机制，拓展"交钥匙工程"为"派驻服务工程"，不仅要"建设好"，关键要"运用好"，变"一次性买卖"关系为"长期可持续"发展关系；北京市海淀区成立了海淀区互联网教育研究院，建立教育数字化转型的产学研联盟；北京市东城区、运城市、温州市等建立了政产学研用协同发展新机制和智慧教育"大共同体"；深圳市云端学校实现了学校组织制度、智慧教育形态、教师队伍建设和学习方式变革创新实践，通过"总部校区+N所入驻学校"学校共同体，云校实现常态化的直播互动的"主讲+辅讲"双师教学。

（六）智能技术赋能教育治理，推动教育组织形态变革

形成全社会共同参与的教育治理新格局，推进教育治理体系和治理能力现代化成为全面深化教育改革的关键。智能技术赋能教育治理，将推动教育组织形态

和管理模式变革创新，促进教育决策的科学化和资源配置的精准化。示范区建立健全大数据辅助的科学决策和教育治理机制，合理运用国家教育基础数据库及城镇发展数据，有效支持教育的各项决策，提升教育数字化治理水平和服务能力；开展教育动态模拟研究，采用机器学习、模糊数学等方法建立模型，动态模拟教育决策实施的结果，为教育决策提供科学依据；充分利用智能技术感知、预测和预警校园基础设施和安全运行情况，及时把握师生认知及身心变化情况，主动、及时、精准做出决策。疫情期间，各示范区充分发挥区域信息化公共服务支撑体系优势，统筹规划，部署"停课不停学"的相关教学活动安排，走在了这场史无前例的教育信息化社会实验的前列。

案例分析

智能技术赋能教育治理

南昌市应用义务教育智慧入学数字平台，共享汇聚教育与公安、自然资源等10个部门的政务数据，打造地段代码、学区地图等数据基座，通过生源判定、学位分配等数据引擎，重塑招生业务流程，智能核验（比对）学籍、户籍、婚姻、房产等入学资格信息，智能获取学区和生源类别等学位信息，无感化"掌上秒办"入学服务；成都市成华区联通"智慧蓉城·智慧成华"城运平台，挖掘利用全市教育大数据和政务大数据，融通全区25个部门、11个街道，共享户籍适龄儿童区域分布、区域产业布局、土地供给等9大类综合数据；温州市整体部署教育"数字大脑"和"好学温州"智慧教育云平台，形成了"1+3+X"建设体系，教育"数字大脑"实现了户籍、婚姻、居住证、社保、不动产等各类数据联通汇聚，建设教育数据驾驶舱21个；苏州市在"数字苏州驾驶舱"建设"苏州市教育事业发展概况""双减和规范民办义务教育发展工作"看板，梳理157个指标提交"苏政优"平台；上海市闵行区"激活数据要素潜能"和"加快释放数字红利"，多用数字基座、用好数字基座、成为数字基座，把"数据要素"转化成"数字生产力"，让公众享受"数字红利"。

北京市海淀区以大数据技术助力义务教育教师交流轮岗，建立7个维度分析、75个数据模型，形成17个学区、36所集团校、134所学校的精准画像，锁定符合输出要求的集团校和非集团校、可轮岗教师；北京市东城区采用"提供数据、数据回流"机制建设了"数据大脑"，构建了基于数据可视化的"一张图"教育治理新模式；长沙市建设了教育大数据决策指挥中心，汇聚师生数据、教学数据、招生数据、评价数据、舆情数据、安全数据以及"人人通空间"应用数据等，为教育质量、教

> 育公平、教育规模、教育投入、校园安全监管等决策提供大数据支撑；武汉市构建了横向贯通、纵向融合的教育大数据应用生态，建成学生、教师、组织机构、环境设施4个基础数据库，印发2800余个教育可信数字身份证书，探索教育可信数字身份认证与数据确权机制，形成10个落实"双减"工作典型案例；青岛市打造了智慧教育数据底座"青岛教育e平台"，整合各类业务系统90余个，实现"一人一号，一网全通"。

在智慧教育示范区创建项目工作推进会上，杨宗凯[①]认为，示范区重在融合创新，各区域应结合自身教育发展的实际情况，展现个性化特征，要在课堂教学改革、学生素养提升、创新能力培养等方面得出具有量化指标的成果，并将这些产出运用到学生综合评价和中高考改革中。黄荣怀[②]建议，示范区创建工作应明确目标、注重实效、突出特色、着眼未来，各区域应对创建工作进行可行性分析和风险评估，积极利用本地师范院校、教育学院等科研机构的力量，带动自身发展。郭绍青认为，各区域应坚持产学研协同发展，建设智慧教育资源，改变教育服务供给方式，发展机器智能与人类教育相融合的智慧教学。雷朝滋[③]强调，未来的建设应重点从人才培养、应用实践、特色发展、新基建等方面着力。一是要推动人才培养模式的改革和创新。利用智能技术把课堂教学从过去简单的"舞台剧"变成"大片"，帮助学生提高学习兴趣，提高学习的主动性，提高学习效率，培养更多具有"从0到1"的创新思维、德才兼备的创新型人才。二是要突出人工智能的创新应用实践。坚持示范区建设与人工智能社会治理实验相结合。以学校为单位，探索人工智能校本实践课程，构建人工智能教育校本课程体系；以智能终端为载体，探索STEM和人工智能的结合；以网络研修共同体的形式，探索基于大数据测评的精准教研模式，助推教育优质均衡发展。三是要坚持特色发展与区域协同相结合。各区域要立足本位，找准自身特点，充分发挥自身优势，形成各具特色的智慧教育发展之路。同时，要积极构建区域间协同发展的新机制，打造智慧教育发展的生态圈。四是要大力发展教育新基建，持续提升教育信息化支撑能力。利用新一代信息技术，建设面向教育领域、服务教育现代化事业发展的新型基础设施体系。

《"智慧教育示范区"建设进展报告》[④]对优秀的案例、成果及时进行总结提炼，

[①] 杨宗凯.示范区要突出自身特点[J]. 中国教育网络，2019，(9)：66.
[②] 黄荣怀. 智慧教育促进教育系统变革[J]. 中国教育网络，2019，(9)：74-75.
[③] 转引自"智慧教育示范区"创建项目专家组秘书处组."智慧教育示范区"建设进展报告[M]. 北京：科学出版社，2022.
[④] "智慧教育示范区"创建项目专家组秘书处组."智慧教育示范区"建设进展报告[M]. 北京：科学出版社，2022.

形成可复制、可分享的经验或范式，以期为区域智慧教育发展提供参考。为落实教育数字化战略行动，深入推进智慧教育发展，加强智慧教育优秀案例传播和经验分享，"智慧教育示范区"创建项目专家组秘书处联合教育部教育信息化战略研究基地（北京、华中、西北）开展了智慧教育优秀案例征集活动。经过申报或推荐、撰写培训、修改、专家遴选、公示等环节，共征集到644个案例，最终共确定123个智慧教育优秀案例，其中区域建设类30个、学校实践类77个、解决方案类8个、研究成果类8个（名单见附录）[①]（表7-3）。同时，专家组秘书处联合中国教育电视台推出《智慧教育大讲堂》系列特别节目（表7-3），通过深度对话，探讨深入推进智慧教育发展的理论和路径。节目紧紧围绕技术的新型教学模式、学生综合素质评价、师生数字素养、智慧教育平台应用、智慧学习环境、教育数字化治理、科技赋能等方面，访谈专家思想，分析现状、挑战和趋势，提出对策思考和建议，深入推进智慧教育发展。节目聚焦各具特色的一线创新探索，加强对国内生动、鲜活教育实践的研究和传播，互学互鉴，打造智慧教育"样板工程"，为智慧教育发展贡献教育智慧。

表7-3　《智慧教育大讲堂》节目清单

序号	主题	访谈嘉宾
1	搭乘"互联网＋"快车 推动教育数字化蝶变	陈丽、范贤睿、王骋
2	推动教育数字化转型 构建智慧教育新生态	黄荣怀、张宪国、熊秋菊
3	智能技术如何赋能智能教育	吴飞、嵩天
4	主动应对数字化转型新挑战	钟秉林
5	构建新型教学模式 助力教育教学提质增效	钟绍春、孙众、曹晓明
6	智能技术赋能教师教育发展	桑国元、闫寒冰、方海光
7	人工智能助推教师队伍建设	余胜泉、顾小清、段元丽
8	数字化学习与评价创新	吴砥、蔡可
9	数字化时代呼唤提升师生数字素养与技能	熊璋、樊磊
10	深化网络学习空间创新应用 助推教育教学变革	王珠珠、郭炯
11	加强智能学习环境建设和应用 构建教育教学新样态	武法提、周跃良、杨俊达
12	加强智慧校园建设与应用 推动智慧教育创新发展	李葆萍、王运武、曲飞
13	发挥数字教育资源优势 构建公平优质教育体系	李玉顺、柯清超
14	发挥人工智能教育和创客教育作用 赋能教育发展	尚俊杰、傅骞

---

① 教育部"智慧教育示范区"创建项目专家组秘书处. 关于公布 2022 年度智慧教育优秀案例名单的通知 [EB/OL]. https://mp.weixin.qq.com/s/tDEUoaWa7UF4HAoVRS2jTA，2022-08-17.

续表

序号	主题	访谈嘉宾
15	提升教育数字化治理能力 实现教育高质量发展	童莉莉、吕明杰、李兵
16	构建智慧教育新生态 推动教育优质均衡发展	吴颖惠、缪雅琴
17	从传统教学到智慧教育 科技如何赋能教育创新	陈光巨、吴文峻、李华
18	挖掘教育大数据的价值潜能 推动教育系统创新与变革	黄磊、杨现民
19	当教育遇上虚拟现实和元宇宙 带来哪些教育教学新形态	刘革平、蔡苏
20	智慧教育为农村教育带来"数字春风"	郭绍青、曾晓东
21	加强智慧教育国际交流 构建智慧教育新发展格局	薛二勇、杨俊锋

面对教育数字变革新趋势，区域智慧教育发展仍面临一些挑战。例如，普遍存在面面俱到现象，特色不鲜明；区域大多以"摸着石头过河"的方式发展智慧教育，科技支撑不足；对已较为成熟且取得较好成效的新模式与新途径宣传推广不够，未能产生以点带面、从线到片的辐射带动作用，社会对智慧教育认知度还不够高。为了深入学习贯彻党的二十大精神，全面贯彻党的教育方针，落实立德树人根本任务，推进教育数字化，建设全民终身学习的学习型社会、学习型大国，专家组秘书处联合《中国教育报》智慧教育专刊组织了"学习贯彻党的二十大精神 我为智慧教育发展建言献策"主题征文活动。

推进教育数字化，构建区域智慧教育新生态，需要立足自主理论与实践创新，走具有中国特色的智慧教育发展道路，实行如下几项重点举措[①]：

一是加强循证研究与指导，深入推进"智慧教育示范区"创建项目。示范区是智慧教育研究与实践的"沃土"。对实践成效，可以考虑以"应用数据"为核心，构建智慧教育发展指数和测评工具，对示范区进行绩效评估，同时充分发挥专家的指导咨询作用，深入一线开展循证研究，有针对性地开展实践指导和成效分析；扩大示范区范围，坚持特色发展与区域协同、问题导向与创新引领相结合，把拔尖创新人才培养作为核心目标与突破口；充分发挥科研机构与智库作用，研究适合世情、国情、民情的区域智慧教育发展路径，为区域智慧教育发展提供理论指导与解决方案。

二是推进国家智慧教育平台在区域的示范应用，扩大优质教育资源覆盖面。国家智慧教育平台是推进教育数字化战略行动的一项重大工程，加强国家智慧教育平台在区域的推广、普及、应用已成为推进区域智慧教育发展的重要举措。对示范区来说，需要将分散的数字平台与国家智慧教育平台互联互通，打造国家与

---

① 曾海军. 以数字化推进区域智慧教育新生态构建[N]. 中国教育报，2023-04-08（4）.

区域贯通的教育公共服务数字底座；构建双向协同的优质教育资源众创共享机制，鼓励学校与师生向国家智慧教育平台输送优质教育资源；围绕国家智慧教育平台教育资源、应用场景、主要功能、操作方法等开展培训，推进学生、教师、学校、家长常态化使用国家智慧教育平台。

三是优化教育科技创新项目的规划布局，推动科技与教育双向赋能。

智慧教育是利用智能技术支撑教育全领域、全要素、全业务、全流程的数字转型与智能升级。针对智慧教育的科学问题与技术短板，需要设立引导性项目，采取"揭榜挂帅"方式，确定具有优势的研究、实践、技术主体单位，开展有组织的科研活动；对推进教育数字化与智慧教育有显著成效的地方、单位、学校、平台予以重点支持，打造"样板工程"；充分利用"社会治理与智慧社会科技支撑""科技创新 2030——新一代人工智能"等国家重点研发计划项目的理论、模型、技术、平台、装备等研发成果，率先在区域开展试点示范应用。

四是深化区域智慧教育发展机制创新，服务经济社会高质量发展。智慧教育发展是一项系统变革工程，需要政府、学校、科研机构、企业等形成上下贯通、一体推进的工作机制，提升教育服务经济社会发展能力。政府在政策与资金等方面支持区域与学校大胆尝试，建立长周期跟踪研究机制；企业开展技术创新、服务创新，研发区域智慧教育发展解决方案；科研机构与智库积极开展人工智能条件下教育社会实验，为实践探索提供理论依据，并将教育科技成果在区域转化与应用。

五是打造区域智慧教育品牌，传播先进经验与优秀案例。

立足中国国情与教育"自信"，增强对国内智慧教育研究与实践的国际传播。征集与汇编智慧教育优秀案例，通过电视节目、报刊、新媒体、研讨会等方式推广典型经验与解决方案；成立区域智慧教育发展合作联盟，通过旗舰项目、专题培训、资源共享，打造区域智慧教育发展生态圈与共同体；加强国际交流合作，互学互鉴，为世界智慧教育发展贡献中国智慧与中国方案，努力成为智慧教育的国际引领者。

三、"互联网+教育"示范区

2018 年 7 月，教育部发文同意宁夏建设"互联网＋教育"示范省（区），旨在推动实现学校宽带网络的提速增智，优质数字教学资源和管理服务极大丰富，资源平台和管理平台融合发展，人工智能技术助推教师信息素养提升，基本构建起"互联网＋教育"环境下的人才培养新模式、基于互联网的教育服务供给新模式、信息时代教育治理新模式。

第 7 章　智慧教育实践创新

宁夏贯彻新发展理念，融入新发展格局，以建设高质量教育体系为主题，推进"互联网＋教育"改革创新，解决了一系列多年来想解决而难以解决的问题，形成了新时代宁夏教育的新形态、新模式、新业态。宁夏成立了部区共建工作领导小组，出台了建设规划和实施方案，建设"互联网＋教育"大平台，升级建设宁夏智慧教育平台，培育"互联网＋教育"示范县 10 个、标杆校 158 所，建成数字化教室 2.9 万间，建设中小学在线课堂教室 4600 多间[1]。

宁夏通过深入推进"互联网+教育"示范区建设以数字化转型支撑教育高质量发展，主要采取了以下几项措施[2]。

注重系统设计，完善协同联动推进机制。一是加强组织领导。成立部区共建示范区领导小组及自治区领导小组，召开示范区建设推进会、"互联网+教育"领导干部研讨会等，统筹协调推进项目规划、经费保障、应用管理等重点任务落实。建立政府考核、专项督导、第三方绩效评价等工作机制，将"互联网+教育"纳入自治区党委对市、县（区）的效能目标管理考核和自治区政府教育专项督导范围，推动区、市、县、校四级协同联动、形成合力。二是加强规划引领。坚持"一张蓝图绘到底"，制定示范区建设规划、实施方案和多个行动计划，细化示范区建设的总体思路、主要目标、工作举措等，明确提出"两步走"发展路径和阶段目标。出台教育专网、智慧校园、资源共享、达标县建设等 10 余项规范标准，推动构建从基础建设到融合应用、从素养培育到能力提升、从学校个体发展到县域整体发展、从共享开放到安全管理的全方位立体化规范标准体系，实现"互联网+教育"建、用、管等环节全覆盖。三是加强政策配套。创新运营与管理模式，鼓励企业积极参与"互联网+教育"基础建设、资源开发、设备运维、技术服务等。优化教育经费支出结构，设立专项资金，推动构建区、市、县三级资金保障体系。完善引才聚智政策，成立国家数字化学习工程技术研究中心宁夏分中心和华中师范大学宁夏人工智能教育研究院，组建专家组，汇聚全国有关方面专家 200 多人次入校开展建设与应用指导。持续优化信息技术教师配置、应用考核激励、网络安全保障等方面专项政策，着力保障"互联网+教育"健康可持续发展。

聚焦数字转型，打造智慧教育平台基座。一是建好"一朵云"。统一建设覆盖全区各级各类教育的"宁夏教育云"，注册用户覆盖教职员工、学生、家长等群体，推动实现知识生产、学习支持、监测评价、管理决策等"云上通办"，人员、信息、资源、应用等一站检索、一键触达、一网统管，为全区 160 余万名师生在线上课提供有力保障。二是织就"一张网"。实施学校联网攻坚行动，通过统谈统付、以

---

[1] 宁夏建设"互联网＋教育"大平台[N]. 人民日报，2023-02-21（12）.
[2] 宁夏回族自治区深入推进"互联网＋教育"示范区建设 以数字化转型支撑教育高质量发展[EB/OL]. http://www.moe.gov.cn/jyb_sjzl/s3165/202211/t20221104_891444.html，2022-11-04.

租代建等方式，大力推进教育专网建设，打通偏远地区乡村学校网络接入通道，形成 1 个省级核心节点、28 个市县枢纽节点的专网体系。自治区各学校互联网 200M 以上带宽接入率、无线网络覆盖率均达到 100%，推动实现全区学校网络高速互联、信息高效互通、资源高度互享。三是普及"一块屏"。实施"班班通"全覆盖和在线课堂教室全覆盖建设行动，推动建设在线课堂教室、配备智能教学设备，搭建网上结对"桥梁"、开辟云端互助"通道"。实施达标县（区）创建行动，持续加强数字校园和智慧校园建设，加快校园环境、教育资源、教学方式、教育管理等数字化转型升级，努力推动"互联网+教育"全域达标。

强化资源共享，推动城乡教育均衡发展。一是推进数字资源广泛覆盖。建立数字教学资源引入、动态更新和共享开放机制，在接入国家资源库、整合本地资源库的同时，每年动态引入全国优质数字教育教学资源 2500 余万件，实现中小学全学段全学科覆盖。二是推进城乡学校结对帮扶。出台"三个课堂"建设与应用指南，推动专递课堂、名师课堂、名校网络课堂等常态化应用。建立健全跨县跨校帮扶机制，按照"区带市县、市县带乡镇、乡镇带村组"工作思路，推动区内城乡学校结对互助，开展远程同步备课、同步授课、同步教研等活动，有效缓解农村学校英语、音体美教师结构性短缺等问题。三是推进名师资源在线共享。组织开展"5G+"教师智能研修，举办"1+N""1+N+M"远程评课、协同研修和网格化精准研训等，促进薄弱学校教师信息化应用能力提升。积极推动名师在线教学辅导，打造宁夏数字学校，鼓励名校名师开通云端网校、名师讲堂等，面向全区学生开展网上课堂教学、辅导答疑等活动，进一步满足学生个性化、差异化学习需要。

坚持创新引领，释放教育改革强大动能。一是加强教师队伍建设。深入推进人工智能助推教师队伍建设国家试点，实施"人工智能+教师"等 9 大行动，探索人工智能赋能教师管理、教师教育改革、教育教学创新的新路径新模式。实施"互联网+教育"人才培育工程，分级分类开展教师培训，研发教师信息素养网络测评系统，对校长、教师、教研员开展全员测评，引导广大干部教师不断提升信息素养与新技术应用能力。二是深化教学模式变革。推进"互联网+"课堂革命，积极开展问题导学、小组互学、探究引学、技术助学和线上线下混合式教学，加强师生、生生、亲子和家校互动，形成"博雅智慧课堂""3571 讲学稿""3333 翻转课堂""产教融合双师课堂"等一批"互联网+教学"创新典型案例，以技术赋能课堂教学质量和效率提升。三是创新教育治理模式。探索"互联网+"教育治理，推动实现入学转学、办学审批、资格认定、证书办理等 100 多个政务服务事项线上"一网通办"，大幅提升教育政务服务能力和水平，努力为推动教育高质量发展提供有力保障。

作为全国首个"互联网+教育"示范区，宁夏扎实推进，教育信息化发展取得了全面跨越式进步，形成了示范引领的工作经验：一是强化平台建设统筹管理，统一建设宁夏教育云平台，各地不再重复建设，全部整合接入省级教育云平台；二是强化"三个课堂"应用激励；三是强化专家包县入校指导；四是强化标杆示范试点培育，建立动态调控机制；五是强化政府教育督导评估。

但是，宁夏也还存在一些问题需要"接续奋斗"。例如，"互联网+"与德育、体育、美育和劳动教育深度融合不够，效果还不突出；人工智能、区块链、5G 等新技术应用效能不高，智慧校园建设仍需加强；泛在化、智能化的现代教学体系还不完善；大数据辅助教育科学决策和教育治理机制尚需创新，师生和教育管理者应用动力有待进一步激发。面对新问题、新形势、新需求，宁夏开始谱写教育数字转型的新篇章：一是优化数字教育资源供给方式，推动教育云应用普及化，扩大优质资源覆盖面，提高"互联网+教育"支撑服务学习型社会建设的能力。二是深化信息技术与教育教学融合发展，加大师生信息素养培养培训力度，推进课堂革命，形成数字化教与学的新样态，不断提高教师教学和学生学习效率。三是大力推广新技术在教育治理中的应用，提升智治能力，实现决策支持科学化、治理过程精细化、政务服务即时化，让"互联网+教育"成果更多惠及人民群众。四是探索总结示范区建设经验成果，完善应用、管理、服务等标准，为全国提供可复制可推广的"互联网+教育"经验模式。

四、基于教学改革、融合信息技术的新型教与学模式实验区

为深入落实立德树人根本任务，在积极实施课程改革、教学改革前提下，以学生发展为中心，遵循学生身心发展规律、学习规律、教育规律和信息技术应用规律，探索信息技术、智能技术支撑下适应本地区经济社会和教育发展实际需要的教与学模式，推进信息技术与教育教学的深度融合，变革教与学方式，提高区域教育教学质量，《教育部办公厅关于公布"基于教学改革、融合信息技术的新型教与学模式"实验区名单的通知》确定了 90 个"基于教学改革、融合信息技术的新型教与学模式"实验区（表 7-4），与"智慧教育示范区"并称"双区"。

表 7-4 "基于教学改革、融合信息技术的新型教与学模式"实验区名单

序号	省份	实验区
1	北京市	朝阳区、海淀区、房山区、通州区、密云区
2	天津市	和平区、河西区、武清区
3	河北省	石家庄市裕华区、廊坊市

续表

序号	省份	实验区
4	山西省	朔州市朔城区、晋中市、长治市、运城市盐湖区
5	内蒙古自治区	兴安盟、鄂尔多斯市
6	辽宁省	沈阳市和平区、大连市西岗区、大连市甘井子区
7	吉林省	长春市农安县、长白山保护开发区
8	黑龙江省	哈尔滨市南岗区、哈尔滨市阿城区
9	上海市	浦东新区、黄浦区、徐汇区、普陀区、虹口区、杨浦区
10	江苏省	南京市鼓楼区、徐州市云龙区、常州市、苏州工业园区、泰州市姜堰区
11	浙江省	杭州市上城区、杭州市萧山区、嘉兴市嘉善县、金华市东阳市、衢州市柯城区、台州市三门县
12	安徽省	淮北市濉溪县、蚌埠市
13	福建省	福州市鼓楼区、厦门市思明区
14	江西省	上饶市婺源县、吉安市井冈山市
15	山东省	济南市、青岛西海岸新区、淄博市、枣庄市滕州市、烟台市、潍坊市
16	河南省	郑州市金水区、三门峡市卢氏县
17	湖北省	宜昌市伍家岗区、荆州市沙市区、威宁市威安区
18	湖南省	长沙市芙蓉区、长沙市天心区、长沙市雨花区
19	广东省	广州市越秀区、深圳市、佛山市南海区、东莞市
20	广西壮族自治区	南宁高新区、柳州市鱼峰区
21	海南省	海口市美兰区
22	重庆市	江北区、沙坪坝区、南岸区
23	四川省	成都市、德阳市旌阳区、宜宾市南溪区
24	贵州省	贵阳市、遵义市、安顺市西秀区
25	云南省	昆明市西山区、临沧市沧源佤族自治县
26	陕西省	西咸新区、杨凌示范区
27	甘肃省	金昌市、酒泉市敦煌市
28	青海省	西宁市城东区、西宁市城中区
29	宁夏回族自治区	银川市、中卫市沙坡头区
30	新疆维吾尔自治区	乌鲁木齐高新区、克拉玛依市
31	新疆生产建设兵团	第一师、第十二师

资料来源：关于"基于教学改革、融合信息技术的新型教与学模式"实验区名单的公示[EB/OL]. http://www.moe.gov.cn/jyb_xxgk/s5743/s5745/A06/202007/t20200702_469865.html, 2020-07-02.

信息化教学实验内容不求大而全，但求精准、有效、可持续，注重教与学各环节的有效衔接，可以选择但不限于下面某个或几个方面的内容：一是面向学科教学和跨学科教学的信息化融合应用，探索学生跨学科思维与创新能力提升；二是面向学校课堂教学方式变革，推动课堂教学与信息化的深度融合，注重思维达成度、学习参与度、合作学习有效性、课堂开放性、技术应用有效性等；三是面向区域信息化融合创新机制探索，推动区域课堂教学协同创新发展。四是面向"互联网＋"的教师专业能力提升，助力教师专业发展，推动跨校、跨区县的教师学习培训和专业研修；五是面向促进学生个性化全面发展的成长路径，推动大数据在精准教学和评价方面的应用。

专家组组长李有增[1]认为，教学是教育的核心和主要实施途径，教师层面的专业力、学生层面的学习力直接影响着教学质量，这是需要我们关注的重点和核心工作。对教师来说，通过实验区建设改善育人环境、丰富育人资源，有利于打好提高人才培养能力的基础；整体提升教师队伍素质，抓好提高人才培养能力工作是关键。对学生来说，首先带来了高质量的学习，可以精准分析学生出现问题的根源，精准资源推送，智慧测评，进一步提升教学针对性；其次，深度学习的高阶思维培养渐显成效，学生由原来的被动学习，转变为教师引导下的主动学习、多样化学习，利用数字化学习资源和工具解决问题。

五、人工智能教育社会治理实验

为了最大限度地发挥人工智能对社会进步的推动作用，消除人工智能技术的负面效应，实现对人工智能的有效治理，一些区域和学校开展了人工智能教育社会治理实验。人工智能教育社会治理实验是一项从 0 到 1 的具有开创性的工作，具有长周期、大规模、综合性等特征，涉及多个层面和多个领域，既要体现战略性、前瞻性和综合性，又要注意实践性、应用性和可靠性，主要通过人工智能对教育模式、教育对象、社会的影响等方面开展社会实验：第一，针对不同教育情境，形成适切的融合人工智能的教育教学模式，有效提升教育质量、促进教育均等化。第二，形成人工智能教育应用对青少年成长和代际公平的影响及其作用机理。第三，分析教育与其他领域信息推介目的的差异性，探索建立基于学生能力、知识、情感等综合水平的智能决策系统的有效途径，构建适合教育应用的推介规则。第四，推动构建符合中国国情的人工智能教育应用和服务体系，为教育智能产品的准入、评估提供支撑和基本引导。

在教育部的统筹协调下，先期在宁夏"互联网＋教育"示范区、湖南教育信息化2.0试点省，以及"智慧教育示范区"开展人工智能教育社会治理实验研究，

---

[1] 转引自黄璐璐，王强. 融合新技术 变革教与学——专访教育部"基于教学改革、融合信息技术的新型教与学模式"实验区专家组组长、首都师范大学副校长李有增[N]. 中国教育报，2022-03-02（4）.

具体研究指导工作由教育部教育信息化战略研究基地（北京）承担。例如，宁夏提出的实验任务是人工智能产品用于学校教学和学生学习（含家庭教育环境）相关研究；北京市东城区从大规模实证研究的角度研究智能技术影响下的学习行为、教学行为、教材重构、考试评价和家校关系的演化；武汉市加强人工智能教育基础环境建设，构建人工智能教育课程体系，全面提升人工智能素养，探索构建人工智能＋教育治理新模式；成都市武侯区研究人工智能基础教育的实现逻辑和对青少年学业成就、认知与行为变化的影响。

2021年9月，中央网信办等八部门公布了国家智能社会治理实验基地名单[特色基地（教育）]19家（表7-5）[①]，明确指出通过社会实验的科学方法体系，超前探索智能社会的运行模式，打造一批智能社会治理的样板，加快推动数字社会的建设。基地建设强调夯实三个主体：技术主体、应用主体、研究主体。

表7-5 国家智能社会治理实验基地[特色基地（教育）]

排序	实验地区/单位	申报单位
1	浙江大学	浙江大学
2	华中师范大学	华中师范大学
3	清华大学	清华大学
4	宁夏回族自治区	宁夏教育信息化管理中心
5	湖南省长沙市雨花区	区教育局
6	湖北省武汉市	市教育局
7	重庆两江新区	两江新区管委会
8	东南大学	东南大学
9	北京大学	北京大学
10	广东省广州市	广东省广州市
11	北京市东城区	区教委
12	安徽大学	安徽大学
13	四川大学	四川大学
14	复旦大学	复旦大学
15	四川省成都市	成都信息工程大学、四川省委网信办、成都双流区人民政府
16	河北雄安新区	雄安新区公共服务局
17	华东师范大学	华东师范大学
18	南京农业大学	南京农业大学
19	黄河水利职业技术学院	黄河水利职业技术学院

资料来源：中央网信办等八部门联合公布国家智能社会治理实验基地名单[EB/OL]. http://www.cac.gov.cn/2021-09/29/c_1634507963276896.htm?ivk_sa=1024320u，2021-09-29.

[①] 中央网信办等八部门联合公布国家智能社会治理实验基地名单[EB/OL]. http://www.cac.gov.cn/2021-09/29/c_1634507963276896.htm?ivk_sa=1024320u，2021-09-29.

社会实验的"控制—对照—比较"研究逻辑、"随机—重复—干预"属性继承了自然实验中的科学范式，需在中间实验、探索实验、对比实验、协作实验的理论设计和实践反馈上去丰富和创新。人工智能教育社会治理实验是对某一教育行为过程或技术变革进行长周期的观察记录、宽口径的协同调节、多学科的数据分析，从而发现和认识人才成长规律的过程，主要围绕"实验目标—环境组织—方法体系—测量工具—应用反馈"环节来落实[①]。

一是实验目标：搭建智能教育治理典型场景库；出台智能教育治理的标准、规范和政策；助力高质量教育治理体系的能力形成。

二是环境组织：随着信息社会智能化推进，家庭、学校、社会三者之间将越来越融合地支持服务于数字教育资源共享、个性化育人、多彩课余活动等。其中，诸如智能技术与学科的适配性、认知差异对教学设计的影响性、家庭结构对代际公平的影响、区域科技资源丰富度与青少年创新潜质之间的关联性等，都需要宽口径、多学科融合的社会实验予以深入研究。

三是方法体系：学校是育人的主阵地，有良好的行政管理机制保障，可以参照白箱模型设计实验。家庭是相对私密的生活环境，在提炼显性化家庭结构、半隐性亲子关系等基础上按照黑箱/灰箱模型设计实验。社会是更复杂的巨系统，需要信息传播领域、系统科学领域的复杂巨系统模型提供技术路径。

四是测量工具：社会实验的计算基础来源于社会计算和智能算法领域，包括无监督/监督算法、迁移学习/领域适应算法等服务于不同的训练数据。可行的社会科学测量工具包括结构方程模型、信息传播模型和智能算法集。

五是应用反馈：社会实验是一种手段，其研究结果要呼应育人目标的落实路径。比如，学校场景下的实验产出应解决的问题包括"数字教育资源选用标准""中小学电子产品应用标准"等，家庭场景下的实验产出应解决的问题包括"智能时代的代际公平策略""家长学校建设方案建议"等，社会场景下的实验产出应解决的问题包括"馆校协同机制""共享资源产权保护机制"等。

从实验设计的角度看，促进计算智能与认知规律的匹配需求通过"测量工具"环节来促成；协同多个教育场景的需求通过"环境组织"环节来促成；兼顾安全与发展的需求通过"方法体系"和"应用反馈"环节来促成。实践应用层面包括以下参与者。①教育行政部门是指导单位，统筹把握实验目标拟定、实施团队管理、实验过程组织、数据应用、实验结果的决策支撑作用等全过程。②教育研究机构是研究主体，关注实验方法体系和测量工具，迭代适切方案，学理层面推进教育社会实验能够面向真实问题。③青少年学习者、学校教师/管理者、家长是参

---

① 童莉莉，张晨，黄荣怀，等. 教育社会实验：人工智能融入教育的研究新探索[J]. 中国电化教育，2022，(3)：62-68.

与主体和应用主体，提供实验环境，接受实验指导，还原真实教育情境，关注通过实验为改进教育活动提供的建议。④智能技术方案提供商是技术主体，提供底层数据和测度算法，接受实验指导。

在迈向智能时代之际，教育所处的外部社会环境更加复杂，不确定、不稳定因素增多，变化成为常态。教育领域内产生了新的系统性变化，使其显著区别于传统教育，迫使教育研究方法需要不断创新。基于对传统教育实验研究和评价理论的继承和发展，黄荣怀等提出了教育社会实验研究方法，包含研究设计、发现进程、解释现象三个阶段，目的是在大规模、长周期的数据上对教育实践活动的隐形进程进行深入挖掘，诠释教育教学实践，发现教育教学规律，并利用研究发现形成干预措施，促进教育教学实践的改进。研究过程中迭代和循环的思想以及对技术工具的利用，有助于扩大研究规模，提高研究结论的有效性和可靠性，从而为突破传统实验研究方法的局限性提供思路①。

六、疫情期间大规模在线教育支撑"停课不停学"

疫情期间，全球大部分学校被迫关停，大规模在线学习成为"停课不停学"的必要选择。这次超大规模的在线教育实践，呈现出以弹性教学和主动学习为基本特征的新型教育教学形态，不仅凸显了教育信息化的价值，也成为我们共同定义"未来教育"的一个契机。"要总结应对新冠肺炎疫情以来大规模在线教育的经验，利用信息技术更新教育理念、变革教育模式。"②

疫情防控期间，北京师范大学智慧学习研究院和互联网教育智能技术及应用国家工程研究中心积极探寻特殊情况下的全球教育对策，与教科文组织合作发布了《弹性教学手册：中国"停课不停学"的经验》《学校关闭期间学生居家主动学习指南：如何提升自主学习技能》《新冠疫情学校关闭期间确保有效远程学习：教师指南》《高校校园关闭期间的弹性教学指南：如何确保高质量的高等教育》等10多个研究报告和指南手册，总结并分享了疫情期间中国教育的实践经验，就如何最大限度地保持教学的连续性提供了实用性建议。实践经验体现在七个核心要素：流畅的通信平台、适切的数字资源、便利的学习工具、多样的学习方式、灵活的教学组织、有效的支持服务、密切的政企校协同③（图7-2）。

---

① 黄荣怀,王欢欢,张慕华,等. 面向智能时代的教育社会实验研究[J]. 电化教育研究, 2020, 41（10）: 5-14.
② 习近平.在教育文化卫生体育领域专家代表座谈会上的讲话[N]. 人民日报, 2020-09-23（2）.
③ 黄荣怀,张慕华,沈阳,等. 超大规模互联网教育组织的核心要素研究——在线教育有效支撑"停课不停学"案例分析[J]. 电化教育研究, 2020, 41（3）: 10-19.

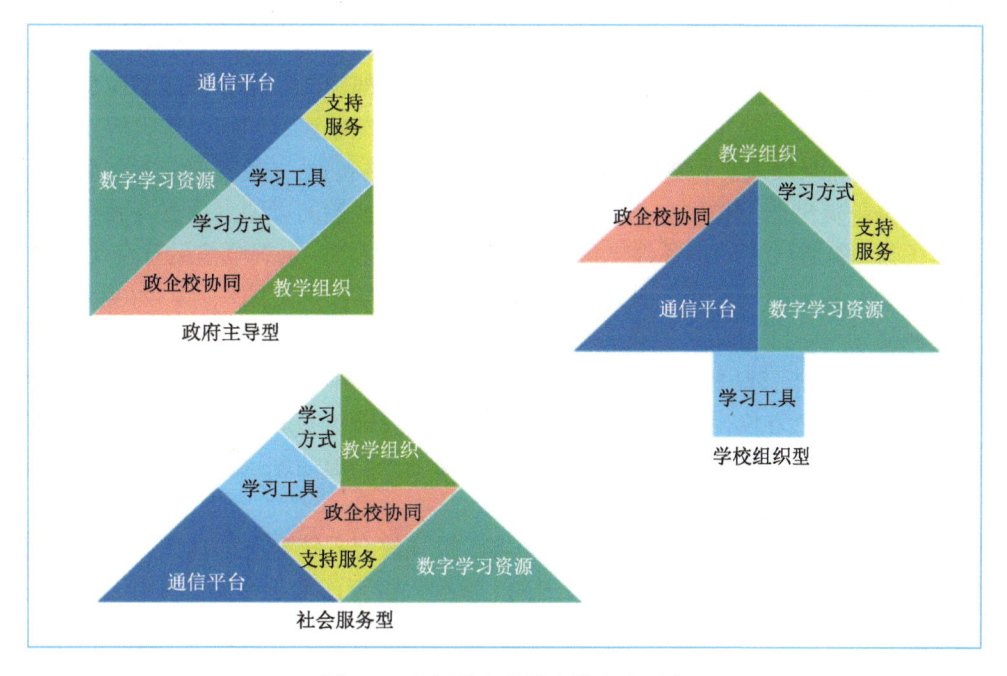

图 7-2　大规模在线教育的七大要素

资料来源：黄荣怀，刘德建，Tlili A，等. 弹性教学手册：中国"停课不停学"的经验[R]. 北京:北京师范大学智慧学习研究院. 2020.

（一）流畅的通信平台

网络通信平台，如 CERNET 及中国移动、中国电信、中国联通、中国卫通等运营商提供的互联网通信平台，以及云计算、云存储等支持的教育云平台等主要用来支撑网络直播、在线点播、视频会议、资源浏览下载、社会交互等教学活动的开展。网络通信平台的信息传输质量在物理链路层主要受物理带宽、吞吐量、帧传输延时等影响，在网络层主要受包转发率、包损失率、包传输延时和传输带宽等影响，在传输和应用层主要受包损失率、包传输延时、响应时间、数据延时和延时抖动等影响。因此，流畅的通信平台是指当用户在使用网络直播、在线点播、视频会议等应用平台时，网络系统能够及时响应用户的各种应用需求，确保使用过程中视音频信号的实时稳定传输，避免因数据延时、延时抖动等出现视音频卡顿或者忽快忽慢，影响教学效果。

疫情之初的在线教育，受制于网络质量，一些在线教育平台出现崩溃，某些课程的直播授课以失败告终。可见，当初的网络通信平台尚不能够有效支撑超大规模的在线教学的开展，特别是大规模直播教学的开展。大量师生同时直播、点播和下载资源，高峰时段易出现网络拥堵。对于那些互联网尚未接入或带宽不足的边远地区，开展在线教学存在更多困难。

为了保障疫情期间的在线教育，教育部与工信部建立了平台保障与应急工作机制，要求百度、阿里、中国电信、中国移动、中国联通、网宿、华为等企业全面提供技术保障支持，协调服务器和带宽，确保网络畅通。《教育部应对新型冠状病毒感染肺炎疫情工作领导小组办公室关于疫情防控期间以信息化支持教育教学工作的通知》将改善网络条件支撑作为当时的首要任务，组织电信运营企业，"加强对国家和各地教育资源公共服务平台、各级各类学校网络的保障，为各地各校开展网络教学、师生和家长获取教育资源、开展在线学习提供快速稳定的网络服务"。例如，中国移动协助四家云服务商完成带宽扩容，实现资源储备待用，扩容移动云主机，全方位提高远程教育服务。为解决网络信号弱或有线电视未通达的偏远农村地区学生的学习问题，中国教育电视台4频道通过直播卫星平台提供电视直播课程。

为了满足未来大规模在线学习的需求，提升教育系统自身的抗风险能力，教育专网的建设迫在眉睫。"建设教育专网"被列入教育部等十一部门《关于促进在线教育健康发展的指导意见》、国家发改委等七部门《关于促进"互联网+社会服务"发展的意见》。教育专网是网络强国建设的重要组成部分，是推进"互联网+教育"的基础性、先导性工程，是由教育主管部门统一管理，连接全国城乡各级各类学校和教育机构，适应不同阶段教育需求，支撑信息时代创新人才培养的教育行业专用网络。教育专网具有三个基本属性：一是自主管理的自治网络系统；二是拥有统一管理的公共 IP 地址；三是拥有统一管理的全球域名。依托教育专网，在基础设施层面为各地各级学校提供专门的网络通信基础设施；在资源管理层面，通过配套完善的资源准入机制实现数字资源的高效协同、开放共享；从根本上确保在线教育享有快速、稳定、可控的网络服务和绿色安全的网络环境，也确保边远地区得到网络服务保障。

（二）适切的学习资源

数字化学习资源主要包含数字教材、电子书、视频资源（如网络公开课的开放视频）、课程资源（如慕课课程）、专题学习资源（如专题学习网站以及数字博物馆）、虚拟实验室（如国家虚拟仿真实验教学项目）以及一些辅助学习的工具性资源。教育信息化 1.0 和 2.0 的发展，特别是"三通两平台""一师一优课，一课一名师"、国家精品课程、视频公开课及资源共享课、国家精品在线开放课程、国家智慧教育平台等一系列优质教育资源共建共享工程的开展，无论是基础教育还是高等教育、职业教育领域都已经积累了丰富的优质教育资源。此外，一些高校和中小学在信息化建设中也积累了丰富的校本资源，一些在线教育企业，如 101 教育 PPT、网易公开课、智慧树等与学校合作也提供了大量优质的教育资源。此外，全球范围已经累积了超大规模的开放教育资源[①]。

然而，优质的学习资源并不等同于有效的学习。学习资源需要与教学目标和内容密切关联，需要与学习者的身心特征相匹配，只有这样才能够促进有效学习的发生。在学习资源的选择和使用方面，一定要考虑不同地区、不同学校、不同学段的学生对学习资源的需求差异，特别是一些特殊群体的需求。适切的学习资源是在线教育有效开展的前提和基础，要考虑如下五个方面：内容的适切性，即学习资源一定是与学习目标和内容高度相关，且是学生感兴趣的资源，或是学生解决问题所必需的资源；难度的适切，即内容难度适中且规模适度，不会让学生产生"过载"的认知负荷；结构的适切，即学习内容结构简明、组织合理，不会导致学生思维的"混乱"；媒体的适切，媒体的呈现形式是学生，特别是低龄段的学生容易接受的，以防产生视觉疲劳；资源组织的适切，即对所选择的不同类型的学习资源（如视频、电子教材、虚拟实验等）进行有效的组织，确保导航布局清晰、深度适中，学生不会迷失路径。

（三）便利的学习工具

学习工具是指有益于学习者查找、获取和处理信息，交流协作，建构知识，以具体的方法组织并表述理解和评价学习效果的中介。学习工具主要有两大类：一类是专门设计和开发的用于支持人们学习的各种工具，如 Edmodo、Moodle、Classin、雨课堂等学习管理系统；另一类是并非为支持学习而设计和开发，但其应用能够很好地满足人们某种学习需求的各种工具，如微信、QQ 等社交软件，以及钉钉、腾讯会议、Welink、ZOOM 等远程办公和会议软件。疫情防控期间，各种直播、点播、录课、班级管理工具成为在线学习的主要学习工具。此外，在日常学习中常用的学习工具还包括帮助师生、生生互动的各种社交工具，促进学生认知发展的思维导图/概念图工具，以及帮助学生做笔记的各种笔记工具，还有方便师生存储和下载资源的各类网盘工具，等等。为了方便各级各类学校的教师快速方便地选择各种学习工具支持在线教学的顺利开展，表 7-6 按照工具对教学过程中各个环节、不同活动的支持作用将学习工具划分为八大类。

表 7-6　支持在线教学过程应用场景的学习工具分类列举

工具分类		适合的场景	代表性工具
资源制作工具	PPT 录制软件	适合以 PPT 作为辅助的讲授式教学视频录制	Power Point、WPS、Keynote
	屏幕捕获软件	支持视频编辑，适合软件操作类课程的视频制作	Camtasia Studio、QuickTime

[①] https://www.oercommons.org/

续表

工具分类		适合的场景	代表性工具
资源制作工具	视频制作软件	快速制作微课视频	Educreations、ShowMe、汗微·微课宝
	资源制作软件	适合教学资源丰富的课程	101教育PPT、101创想世界
支持同步教学的直播类工具	各种直播软件，包括教学互动类软件、社交类软件、远程办公类软件、在线课程平台	适合需要开展直播教学的课程，可根据直播中对互动性、网络质量、使用便捷性等灵活选择不同类型软件进行直播教学	教学互动类：雨课堂、腾讯课堂、超星学习通、Classin、CCtalk、UMU；社交类：QQ群、微信群；远程办公类：Welink、钉钉、ZOOM、飞书
支持异步教学的在线课程平台	国家、区域、学校以及企业推出的各种在线教学平台	适合需要开展异步教学的课程，可根据所在学校的要求和课程的需求选择合适的网络教学平台	课程共享平台：国家智慧教育平台、省级智慧教育平台；慕课平台：中国大学MOOC、学堂在线、好大学在线、优课联盟、华文慕课；企业在线课程平台：智慧树、优学院
支持自主学习的学科教学工具	各学科学习类APP	适合需要引导学生在线自主学习的课程，学生使用学习工具完成预习或课后复习或基于某个主题自由探索	语文：三余阅读、快乐拼音；英语：微软小英、Duolingo；数学：洋葱数学、网络画板；物理：NB物理实验室、物理大师；化学：NB化学实验室、土豆化学；生物：形色、土豆生物；历史政治：学习中国、掌上故宫
支持学生知识建构的工具	认知工具、协同编辑工具、虚拟仿真工具等	适合需要学生协作学习完成知识建构的课程，可结合课程内容选择工具，设计学习活动，支持学生的知识建构	认知工具：思维导图、图形计算器；协同编辑工具：Knowledge Forum、wiki、石墨文档、腾讯文档；虚拟仿真工具：PhET、沙盘、VR编辑器
支持学情分析的工具	支持数据分析的APP、网站、课堂互动软件	适合基于数据的精准教学的开展，如翻转课堂前的自学环节，计算机支持的协作学习	APP：智慧学伴、智学、阿凡题；网站：智学网、学科网、极课大数据；课堂互动：雨课堂、智能教学助手
支持练习与测评的工具	适合教育教学评价和自我测评的工具	适合需要大量的操练促进学生学习和掌握的学习内容，以及对学生学习结果的测量	高等教育：问卷星、腾讯问卷；基础教育：猿题库、作业盒子、一起作业
支持资源和课堂管理的工具	学习管理系统、班级管理APP、微信小程序和社交软件	适合学习资源丰富、学生人数较多、学习任务较多的在线教学的有效组织	学习管理系统：Moodle、学习元；班级管理APP：班级优化大师、班级小管家；社交软件：QQ群、微信群；搜索引擎：百度、Bing

资料来源：黄荣怀，张慕华，沈阳，等．超大规模互联网教育组织的核心要素研究——在线教育有效支撑"停课不停学"案例分析[J]．电化教育研究，2020，41（3）：10-19．

学习工具的选择要考虑工具的便捷性，即工具要能帮助教师方便快捷地制作和管理资源、发布通知和管理学生；帮助学生方便快捷地获取资源、参与学习活动；帮助师生、生生方便快捷地实时互动交流；帮助教师、家长、学校及时了解学生的学习动态和家校互通情况。同时，要考虑工具的有利性，一方面要利用工具创设一种有利于学生交流互动的虚拟学习环境，另一方面要利用工具促进学生的高阶思维发展和协同知识建构。利用工具创设虚拟学习环境时，要能够营造一种群体归属感，获得学生的信任，让学生感受到是"该来"的地方；要能够支持学生表达自我和获取来自教师和他人的反馈，最终促进学生获得个体成就感；要能够支持学生的社会交互，并在交互中获得情感上的认同感。

利用工具促进学生的认知发展和协同知识建构方面，可以考虑从以下几方面入手：综合利用信息检索工具、思维导图工具、文献管理工具、演示工具、社交工具等帮助学生获取信息并对不同的观点、看法和世界观加以比较，表达自己的观点、理解和看法，并形成组织化、多媒化的个人知识库。综合利用即时通信工具、社交工具、学习社区等帮助学生与小组成员或学习共同体成员一起讨论、争辩、达成共识，并在讨论或在线协作互动中完成知识建构。综合利用各种即时反馈和测评工具、学情分析工具等帮助学生通过反思学习结果和学习过程进行内部协商和意义建构，促进个人化的意义建构，最终支持高阶思维的发展。此外，学习工具的选择和使用要考虑各种工具平台上数据的互通性，要考虑工具使用中的知识产权问题，以及个人信息保护和网络安全问题。

（四）多样的学习方式

学习方式是指学习者在各种学习情境中所采取的具有不同动机取向、心智加工水平和学习效果的一切学习方法和形式，既包含关注学生个体层面的学习方法和策略，又包含涉及教师和学生主体双方的学习形式。互联网络催生了移动学习、泛在学习、碎片化学习等多种学习方式。慕课和 SPOC 推动了在线学习方式和线上线下结合的混合式学习方式的流行。大数据、学习分析和自适应学习技术推动了个性化学习、按需学习的逐步落地。创客教育运动的发起和各种先进技术设备的支持推动了基于 STEM 的众创学习。物联网、可穿戴设备、虚拟现实等技术催生了具身学习，即通过技术支撑让学生的身体感觉运动系统与物理空间、虚拟空间和混合现实空间进行具身互动，促使学习者的认知、情感和心理水平发生变化，从而促进有效学习的生成。

相比传统的学校学习和课堂学习，"互联网＋"时代的学习方式一定是多样化的，既可以是个体层面的学习，也可以是小组层面、社群层面的学习；既可以是基于某种学习工具或资源的学习，也可以是基于终端设备的学习；既可以是针对某个学科内容或某项技能的自主学习，也可以是跨学科、跨领域的基于某个项目或问题的协同学习。疫情防控期间，各级各类学校可根据具体教育场景，指导学生选用合适的学习方式（表 7-7）。

表 7-7 不同参与主体和心智加工水平维度下的学习方式分类列举

参与主体	学习行为	心智加工水平	适用教育场景
个人	基于视频点播/直播的自主学习	低阶学习	适用于所有学科事实性内容的快速获取
	基于学科工具的自主学习	低阶学习 高阶学习	适用于特定学科事实性内容的精准掌握及实验操作技能类的学习

续表

参与主体	学习行为	心智加工水平	适用教育场景
个人	基于学习资源网站的自主探究式学习	高阶学习	适用于跨学科的开放性、综合性主题内容的学习
	基于人工智能/虚拟现实/增强现实等终端设备的自主学习	低阶学习 高阶学习	适用于对学习情境或体验要求高的经验性内容或技能类的学习
小组	基于社交工具/在线论坛的小组讨论	高阶学习	适用于有争议的话题或开放性问题的学习,以及情感态度内容的习得
	基于协作学习工具的小组在线协作	高阶学习	适用于在短时间内可以完成的任务或主题
	基于项目/课题的研究性学习	高阶学习	适用于需要较长时间内完成的内容涵盖较广、操作复杂的任务或主题
社群	基于学习社区/学习共同体的协同知识建构	高阶学习	适用于对复杂概念或前沿性知识的习得,以及情感态度内容的习得

资料来源:黄荣怀,张慕华,沈阳,等.超大规模互联网教育组织的核心要素研究——在线教育有效支撑"停课不停学"案例分析[J].电化教育研究,2020,41(3):10-19.

不论采用何种学习方式,在线教学的有效开展都需要学生具备较强的自主学习能力,需要教师的适时引导和及时反馈。不同类型的学习方式对学习者的投入度、教师反馈的及时性等要求不同,最终能够达成的学习效果也不同。例如,基于学习资源网站的自主探究式学习的投入度要比基于视频点播/直播的自主学习的投入度要求高很多,同时也需要教师提供及时的反馈来促进学生一步步深入探究,当然学习的效果也会相对较好。因此,在学习方式的选择上需要综合考虑学习者的特征、学习投入度的要求、教师反馈及时性的需求、认知加工水平的要求等,并据此灵活地选择适合学习者特征、适合学习目标和内容、适合不同教育场景的学习方式。此外,"数字原住民"对在线学习方式的接受度较高,需要提供多样的学习方式来引导和培养学生的自主学习能力。

对于疫情期间的学习方式,"停课不停学"绝不是简单地给学生一套网课,对着屏幕从早看到晚,而是提倡本校教师、班主任结合学生学习的特点,筛选学习资源,指导学习内容。教师要加强对学生的线下指导,特别是借助这个契机,引导学生努力尝试线下的自主学习。学校需要结合学生的年龄特点,对众多的学习指导资源进行必要的筛选,把筛选出的学习资源按年级分类推荐给教师;教师要将学校筛选出的学习资源过目了解,结合所教年级学生的心理特点和认知特点,结合学生居家学习遇到的实际问题,拟定出学习策略和方法,并将之推荐给学生;确保学生获得及时的线上指导,以便有更多时间用于线下自主学习。

（五）灵活的教学组织

教学组织是联系教师的教和学生的学的纽带，是根据一定的教学思想、教学目的和教学内容及教学主客观的条件来组织安排教学活动的方式。不同于传统的班级授课组织，在线教学中师生处于空间分离状态，教师与学生通过网络技术和各种媒体设备开展异地同步或异步教与学，教与学的过程被分割成紧密相连的各个阶段，共同促进教学目标的达成。技术的支持使得教学组织形式不必局限于固定的时空，而是可以根据学习内容和目标、技术环境、学习者特征等要素灵活地选择某一种最适合的教学组织形式或对多种教学组织形式加以整合。总体来讲，在线教学的组织形式要遵循弹性教学的原则，必须有明确的学习任务、相应的激励机制，提供多样的学习方式和给予及时的反馈。

疫情防控期间，所有的教学活动都必须在线上完成，加之不同学龄段的学生的身心特点、不同类型课程自身的学科特点各不相同，如何组织在线教学成为当前一线教师面临的一大难题。教师需要结合学习者特征和教学内容的特征，选择合适的工具组织在线教学，结合交互方式和教学活动发生的时间特性，分类组织网络教学（表 7-8），并对预期效果和潜在风险进行分析。学校需要从教学资源的建设情况、当地网络基础设施的建设情况，让教师根据自身信息化教学能力和学生的学龄情况与综合素质，针对不同的学习内容，灵活地选择适合的教学组织形式。例如，宁夏银川市兴庆区回民第二小学依托宁夏教育云平台、教育云直播系统和移动端 APP 等，建构了"教师教、学生学、家长参与"的完整直播课堂环路，形成了课前微课预习、课上互动反馈和课后辅导答疑的在线教学形式，组织了教学、技术和服务保障团队，教师每天进行教学反馈，取得了比较好的教学效果。武汉市育才实验学校名师工作室通过"网教通"平台和武汉教育云搭建"空中课堂"，选择"录播为主＋直播为辅"的教学组织形态，同时加强"直播种子教师"的示范引领作用，以全面培养教师的在线教学能力。

直播教学和录播教学各有优势。直播教学可以带来与课堂教学相近的"临场感"，有助于师生之间和生生之间的实时互动，但是容易受网络质量差、学生参与度低等因素影响，刚开始一段时间开展的直播教学大都成了"翻车现场"，让大家对直播教学产生了质疑。其实，用直播技术来支持在线教学，重点不是考虑要不要选择用直播的方式进行教学，而应该考虑什么时候选择直播教学更合适，效果更好。直播可以让师生不受时空的限制随时随地开展交流，但是直播并不适合知识的单向传授，除非学习者有很强烈的学习动机。直播教学是需要学生带着兴趣、疑问、计划、反思等认知或情感加工参与的线上教学活动，是适合师生以双向对话的方式参与的教学活动，也是在线教学中增进师生感情、营造集体氛围的重要实践场。因此，在线教学离不开直播教学活动的组织，但要选择合适的时机开展直播教学，方能为学生提供良好的学习体验，产生显著的教学效果。录播教学则可以让教师把更多的精力投入到教学组织和学习支持服务中，也可以避免多人同时在线造成的网络瘫痪而对教学秩序形成冲击。

表 7-8 基于交互方式和教学活动时间维度的在线教学组织形式列举

时间特性	组织形式	技术手段	学习资源	学习内容	对师生的要求	预期效果	潜在风险
同步教学	直播讲授	直播平台	已有教学课件或讲稿	适合讲授型的内容	教师要具备利用直播工具在线教学的能力，学生需要在屏幕前保持长时间的注意力	达到类似课堂集中讲授的基本效果	对网络质量、学习终端要求高；在线讨论交流不充分，学生体验不佳
	线上实时互动教学	课堂教学互动软件	提供课前的学习资料和引导问题	教学中的重难点知识点	教师要具备引导和组织在线互动的能力，学生需要主动与教师线上交流	达到面对面讨论交流的效果	
异步教学	辅以实时互动答疑的网络自主学习	网络学习平台和教学工具	慕课课程或自制课程资源	适切的学习资源，完整的学习活动	教师要能够制作或优化课程资源，设计在线学习活动；学生要有较强的自主学习能力	学生的自主学习能力提升	学生的集体归属感缺乏，自主学习能力差的学生易掉队
	教师指导的在线合作学习	网络学习空间、协作学习平台、学习分析工具	专题学习网站、资料库、学习工具	个人活动和小组活动/任务	教师具备数据分析结果和诊断问题、及时干预的能力；学生具备与他人合作和自主学习的能力	学生的合作学习能力提升	小组之间的效果差异大，个别学生参与度低

资料来源：黄荣怀，张慕华，沈阳，等. 超大规模互联网教育组织的核心要素研究——在线教育有效支撑"停课不停学"案例分析[J]. 电化教育研究，2020，41（3）：10-19.

（六）有效的支持服务

有效的支持服务是确保在线教育质量的关键。在线教育的支持服务包含面向教师在线教学的支持服务和面向学生在线学习的支持服务两大体系，具体体现在协同政府、学校、企业、家庭、社会等为教师在线教学和学生在线学习提供正向促进作用的政策、管理、资源、技术、设施、环境等支持服务。在线教育中各种支持服务的核心在于提供优质的学习支持服务，即指导、帮助和促进学生自主学习的各种支持服务，主要包含学术性支持服务（即知识、认知和智力等方面的支持）和非学术性支持服务（即情感和社会性支持）两大类。学习支持服务的有效性体现在能够促进学生的有效学习和个性品质发展两个层面。有效学习，即学生在知识、认知、智力、技能等方面的增长和提升；个性品质的发展则主要涉及积极的人生态度、良好的思维品质、基本的沟通协作能力、规则意识、诚信、坚毅、创新精神等的培养。

为支持在线教学的有效开展，确保在线教学效果，结合居家网上学习的特点，长沙市采取市区统筹、学校组织、年级授课、班级管理的方式组织落实在线教学的有效开展，通过课程学习与疫情防控知识学习相结合的方式，带领学生开展探索性研究和实践性研究，促进有效学习的发生，同时加强了对学生的科学防疫教育、爱国主义教育、生命教育、生活教育和心理健康教育。为满足学生的个性化学习需求，各个学校在学校的网络空间及在线学习中心开设在线答疑专栏，以及时回复学生疑问。为确保在线教学的网络服务质量，教育局还协调相关企业、运营商提升网络服务质量，确保通信平台网络畅通，同时要求各级各类学校对网络教学进行自查、改进，及时了解家长在辅助学生在线学习时遇到的技术问题，有针对性地给予帮助和指导。

除了提供有效的学习支持服务，面向教师在线教学的支持服务也不可或缺，核心是提升教师的信息素养。为服务和保障在线教学的开展，教育部组织多方力量制作了教师在线教学能力提升培训资源包并免费开放共享，内容包括在线教学攻略、信息技术应用、学校防疫案例、地方师训案例等资源，以促进教师在线教学能力的快速提升。此外，北京师范大学教育学部联合多部门成立教师在线教育教学支持共同体，为一线教师提供在线教育教学理念、平台、资源、技术、工具等方面的高水平、专业化支持。

（七）密切的政企校协同

在线教育是一项复杂的系统工程，需要政府、学校、企业、家庭、研究机构、社会等多方的协同参与。在线教育面临的问题复杂，如参与度低，在线学习效果不佳；在线教育课程与用户实际需求脱节；亟待建立有效的学习成果认证；大规模在线教育还存在技术瓶颈等。要解决上述问题，需要多方密切协同和通力合作，只有这样才能使在线教育在内容质量、师资配备、技术支持等方面得到保障，以及在学习成果认证等环节形成良性循环。密切的政企校协同体现如下特征：弹性教学，自主学习；按需选择，尊重差异；开放资源，科技支撑；政府主导，学校组织；家校联动，社会参与。

为支持各地做好"停课不停学"工作，帮助学生居家学习，教育部整合国家、有关省市和学校优质教学资源，在延期开学期间升级国家中小学网络云平台，上线国家智慧教育平台，播放中国教育电视台空中课堂，为全国中小学生线上学习提供支持服务。各类平台提供的教学内容以部编教材及各地使用较多的教材版本为基础，覆盖所有年级，教学内容以教学周为单位组织，并建立符合教学进度安排的统一课程表，提供网络点播课程。各级各类学校既可以采用平台上设计好的模块化课程教学，也可以利用平台提供的工具组织本校教师根据网上学习资源清单，结合本校学生的实际需求，形成灵活课程表，推送给学生自主点播学习。除了直播和点播学习，平台还具有多种互动功能，以加强师生互动。为丰富网上优质学习资源，教育部还协调北京、上海等地教育部门和一些知名中小学将本地本校网络学习资源免费向社会开放，供广大中小学生自主选择使用。同时，人民教育出版社推出了义务教育教科书、普通高中教科书等出版物的电子版供广大师生免费使用，还将"人教点读"数字教学资源库免费向社会开放。此外，教育部还公布了 10 条给中小学生的居家学习生活建议，有效指导家长如何为学生的居家自主学习提供支持。互联网教育智能技术及应用国家工程研究中心牵头发起《互联网教育科技机构切实做好疫情防控，有效服务"停课不停学"的倡议》，主动分享有关互联网教育资源、平台、工具、模式和服务等信息，帮助区域和学校选好课、用好课、讲好课。

七、5G＋智慧教育试点

5G 技术的三个应用场景，即增强移动宽带（enhanced mobile broadband，eMBB）、高可靠低时延连接（ultra reliable low latency communication，uRLLC）以及海量物联（massive machine-type communications，mMTC），与教育技术的最新发展相结合，能从移动学习体验、交互沟通方式、沉浸互动环境等方面提升教育教学效果。5G 技术的教育应用有助于构建三维立体、游戏化、虚拟现实、高密度高热点、大规模低时延、可靠物联等特征的学习环境。5G 时代支持智慧教育的智能技术主要有基础支撑技术（如物联网、大数据、区块链等）、计算分析技术（如云计算、人工智能、机器学习等）、教学呈现技术（如扩展现实、全息投影等），从环境感知、数据获取、数据安全等方面为智慧教育提供基础支撑，利用虚拟现实、全息投影等技术优化教学内容的呈现，创设虚实融合的学习空间，助力智慧教育的发展。

2021 年 9 月，工信部、教育部联合发布《关于组织开展"5G＋智慧教育"应用试点项目申报工作的通知》，征集并遴选一批利用 5G 网络的教育信息化最佳实践和解决方案，培育一批以 5G 为代表的新一代信息通信技术与教育教学创新融合的典型应用，树立一批可复制推广、可规模应用的发展标杆，为推动"5G＋智慧教育"创新发展提供经验。第一批共 109 个项目入选"5G＋智慧教育"应用试点，分为 7 个方向（表 7-9）。

表 7-9 "5G＋智慧教育"应用试点项目（2021 年）

序号	项目名称	牵头单位
方向一：5G＋互动教学（共 31 个）		
1	"5G＋智慧交通人才培养"融合应用创新项目	北京交通大学
2	构建 5G＋元宇宙的全息生态环境学习空间，助力"四新"人才培养	华东师范大学
3	5G＋在线直播全场景互动教学的实现	东南大学
4	基于 5G 的互动教学场景建设与应用探索	江南大学
5	合肥工业大学"5G＋智慧互动教学试点"	合肥工业大学

续表

序号	项目名称	牵头单位
6	5G+生态文明教育示范建设	中国地质大学（武汉）
7	5G+机械类专业实习智慧教学	湖南大学
8	基于5G的智慧课堂研究与应用	电子科技大学
9	5G+中国人民公安大学教学练战一体化平台项目	中国联合网络通信有限公司
10	面向教师教育的5G+智慧教学模式创新与应用研究	河北师范大学
11	吕梁学院5G+智慧矿山示范性仿真教学项目	吕梁学院
12	辽宁工业大学5G+虚拟仿真与验证实训中心建设工程	辽宁工业大学
13	5G环境下异空间多人协同虚拟仿真云交互学习系统试点建设	东北农业大学
14	上海市徐汇中学5G+虚拟现实科创智慧教室	上海市徐汇中学
15	基于5G网络超高清多场景互动教学应用示范	上海工程技术大学
16	基于5G专网的智慧化教学项目	南京财经大学
17	5G+智慧教师教育示范基地建设与研究	安徽师范大学
18	5G+沉浸式教育场景融合应用创新项目	郑州西亚斯学院
19	5G+信息通信技术人才培训平台	武汉烽火技术服务有限公司
20	5G+临床胜任力互动教学生态系统建设	南华大学
21	海南省中小学"5G+同步/递递课堂"应用试点项目	海南省电化教育馆
22	5G数智赋能智能建造与信息技术类专业虚拟仿真实训多场景教学应用平台研究	重庆建筑工程职业学院
23	地方师范大学"5G+智慧教育"创新与应用	重庆师范大学
24	5G+四川云教	四川省教育信息化与大数据中心（四川省电化教育馆）
25	轨道交通虚拟仿真5G智能交互实验实训平台建设及应用	兰州交通大学
26	基于5G的高原农牧区基础教育技术创新与应用试点	青海师范大学
27	基于5G网络的智能研修示范应用	宁夏回族自治区教育信息化管理中心
28	新疆医科大学5G+云上新医智慧教育项目	新疆医科大学
29	第五师5G+数字校园建设+互动教学+教育指挥中心	新疆兵团第五师双河市教育技术装备和信息服务中心
30	青岛市西海岸新区5G+智慧教育应用——实验教室及科普角建设项目	讯飞幻境（北京）科技有限公司
31	深圳大学基于5G+算力网络构建的国家级半导体材料虚拟仿真实验互动教学示范项目	深圳大学
方向二：5G+智能考试（共6个）		
1	5G赋能下的大规模在线智慧考试体系构建	国家开放大学

续表

序号	项目名称	牵头单位
2	普通高校招生艺术类标准化智能考试	教育部考试中心
3	基于5G及MEC技术在移动式标准化考点方面的创新应用	辽宁省高中等教育招生考试委员会办公室
4	上海市教育考试院5G+智慧考务项目	上海市教育考试院
5	"5G+智慧化"体育考试管理系统	浙江省教育考试院
6	基于5G的在线智能考试应用	河南财政金融学院
方向三：5G+综合评价（共3个）		
1	5G+智慧教育综合评价系统	天立泰科技股份有限公司
2	江西省"5G+智慧综素融合实践"应用试点项目	中国电信股份有限公司江西分公司
3	5G+教师综合评价	四川省教育评估院
方向四：5G+智慧校园（共10个）		
1	北京大学5G专网建设及智慧教学创新应用	北京大学
2	上海外国语大学基于5G的泛在融合智慧校园建设项目	上海外国语大学
3	5G+新农科智慧教学科研基地	南京农业大学
4	基于5G+智能交通协同的创新实验示范应用	西南交通大学
5	5G赋能智慧校园建设的南航模式探索与实践	南京航空航天大学
6	基于5G技术的实体与虚拟校园全时空安全管理及服务	北京工业大学
7	5G+全时空智慧校园	南京信息工程大学
8	福州大学5G+智慧校园项目	福州大学
9	5G+智慧校园绿色能源管理	山东工商学院
10	基于5G的网络协同制造技术教育培训和推广应用平台	兰州理工大学
方向五：5G+区域教育管理（共1个）		
1	5G+区域教育管理智慧平安校园建设项目	天津开放大学
方向六：其他自选方向（共2个）		
1	"5G+互动教研与情境性评价"跨区域实验项目	北京教育科学研究院
2	5G+中华优秀传统文化传承与创新	华侨大学
方向七：融合类（共56个）		
1	5G+智慧育人综合应用试点项目	北京师范大学
2	"5G+智慧教育"助推涉农类高校人才培养	中国农业大学
3	"智创赋能慧教育人"——新时代5G智慧教育场景化融合创新与实践	北京邮电大学
4	华北电力大学"5G+零碳智慧校园"应用试点	华北电力大学
5	5G融合校园网下的新一代智慧教育应用	大连理工大学

第7章 智慧教育实践创新

续表

序号	项目名称	牵头单位
6	人工智能赋能的5G+三全育人智慧校园构建及应用试点	同济大学
7	基于5G的世界一流特色研究型大学智慧校园探索与实践	河海大学
8	基于5G的"云网数端一体、多元场景融合"的智慧教育建设与示范	浙江大学
9	中国海洋大学西海岸新校区5G+智慧校园建设	中国海洋大学
10	基于5G+的"云上川大"智慧教育建设	四川大学
11	5G赋能教考评管技术创新及智慧教育示范应用	西安交通大学
12	西北农林科技大学5G+智慧教育试点项目	西北农林科技大学
13	西安电子科技大学"5G+智慧教育"探索实践	西安电子科技大学
14	基于5G的郑州大学"新生态智慧校园"的探索与实践	郑州大学
15	基于5G的智慧北航探索	北京航空航天大学
16	面向新时代教育改革创新的多跨度"5G+智慧教育"一体化平台研究与实践	哈尔滨工业大学
17	跨组织协同5G+智慧教育应用试点	哈尔滨工程大学
18	基于5G的"四融合"智慧学习空间构建	西安邮电大学
19	构建"5G+无边界松江大学城",助力复合型人才培养	中国电信股份有限公司
20	基于5G+虚拟现实技术的产教融合校联体探索与实践	中国移动通信有限公司
21	5G支撑下核心素养导向的混合式教学	中国教育科学研究院
22	"5G+智慧教育"应用促进教育高质量发展	首都师范大学
23	基于5G的校园融合管理及区域教育大数据平台建设项目	中国联合网络通信有限公司天津分公司
24	基于"5G+智慧校园"的产学研融合创新生态体系及平台建设	天津中德应用技术大学
25	"5G+智慧教育"新基建服务体系	河北冠林数字出版有限公司
26	内蒙古地域特点下5G+智慧教育创新应用与标准研究	内蒙古电子信息职业技术学院
27	5G+智慧实验教考体系及体育测评	吉林省教育技术装备中心
28	长春工业大学5G+智慧教育应用试点项目	长春工业大学
29	推进"5G+教育"融合应用,建设"一核两翼三转四联"的智慧校园	黑龙江大学
30	基于虚拟仿真实验的智能化物理实验教学	黑龙江工程学院
31	5G赋能智能制造产业人才培养	上海第二工业大学
32	基于5G的教师教育"一网三训"融合创新	江苏师范大学
33	基于5G专网的智慧教育环境建设	江苏科技大学
34	5G+基于数据融合的智慧教学质量保障体系	南京紫金山智慧城市研究院有限公司

续表

序号	项目名称	牵头单位
35	构建区域教育高质量发展的技术基座——衢州市5G+智慧教育项目	中国移动通信集团浙江有限公司衢州分公司
36	基于5G+AI的智慧教育新生态建设与应用	阜阳师范大学
37	"5G+数字课程教材"综合服务体系	中教云智数字科技有限公司
38	以美育德，以美启智，以美践行——基于"5G+4K"智慧美育协同创新基地建设	山东艺术学院
39	5G+智慧校园教学管评一体化融合创新	济宁学院
40	周口师范学院5G+智慧教育教学项目	中国电信股份有限公司河南分公司
41	5G+可视化孪生智慧校园	黄淮学院
42	湖南省5G+乡村智慧教育创新融合工程	中南出版传媒集团股份有限公司
43	面向5G智慧校园的AI伴随式综合评价生态体系	广东工业大学
44	中金育能5G+智慧体育教育体系构建与应用	广州中金育能教育科技有限公司
45	5G云网融合引领广西智慧教育新发展	中国电信股份有限公司广西分公司
46	5G+高职院校教育资源互通新模式建设	中国联合网络通信有限公司重庆市分公司
47	面向未来教育空间的巴蜀中学5G智慧教育教学的研究与应用	重庆市巴蜀中学
48	基于5G的两江新区智慧教育融合实践	重庆两江新区教育发展研究院
49	基于人工智能技术的"5G+智慧教育"示范应用	重庆邮电大学
50	贵州医科大学融合运用"5G+智慧医学教育"的创新与实践	贵州医科大学
51	云南省全域5G+固移融合教育网建设与应用探究	云南省电化教育馆
52	西藏自治区教育厅5G+智慧教育标杆校项目	西藏自治区电化教育馆
53	基于5G网络的优质基础教育资源均衡配置及应用——西安高新一中云校智慧教育服务体系	西安高新第一中学
54	5G场景下的中小学人文素养智慧教育平台	大连厚仁教育科技有限公司
55	面向一流科学城的光明区"5G+智慧教育"应用示范项目	深圳市光明区教育科学研究院（深圳市光明区教师发展中心）
56	5G未来教育试点建设项目	中国电信股份有限公司宁波分公司

资料来源：2021年"5G+智慧教育"应用试点项目公示名单[EB/OL].https://www.miit.gov.cn/cms_files/filemanager/1226211233/attach/202112/474255a92b184112a6a5d63b955d590a.pdf，2022-01-27.

2022年11月，在"5G赋能 育见未来"智慧教育高峰论坛上，发布了5G+超高清直播互动课堂、5G+虚拟仿真实验/训、5G+云考场等14个典型应用场景的"5G+智慧教育"代表性案例（表7-10）。

第 7 章 智慧教育实践创新

表 7-10　"5G＋智慧教育"典型案例（2022 年）

序号	案例名称	5G＋应用场景	案例单位
1	5G＋超高清直播互动课堂——腾讯会议在北邮、吉大的落地实践	超高清直播互动课堂	腾讯云计算（北京）有限责任公司，北京邮电大学，吉林大学
2	古蔺县 5G＋双师课堂创新实践项目	双师课堂	中国移动通信集团四川有限公司泸州分公司，古蔺县教育和体育局，中国移动通信有限公司政企客户分公司
3	跨组织协同"智能工厂"实践教学场景	增强现实/虚拟现实沉浸式教学	哈尔滨工程大学，中国联合网络通信有限公司黑龙江省分公司，华为技术有限公司，中国船舶重工集团公司第 703 研究所，西门子工业软件（上海）有限公司
4	电子科技大学 5G＋虚拟仿真实验项目	虚拟仿真实验/训	电子科技大学，中国移动通信集团四川有限公司成都分公司，中移（成都）信息通信科技有限公司
5	上海市卢湾高级中学和遵义市第五中学以 5G＋全息技术为依托的党史思政互动课堂	全息课堂	中国联合网络通信有限公司上海市分公司，联通数字科技有限公司
6	宁夏中小学数字教材资源与服务项目	在线泛在学习	中教云智数字科技有限公司
7	广东省 5G＋考试智能综合系统	智慧考务	中国电信股份有限公司广东分公司，中数通信息有限公司
8	5G 智慧云考场	云考场	中国移动通信集团北京有限公司，中移（成都）信息通信科技有限公司
9	5G＋AI 智慧体育考试	智能体育考试	中移（成都）信息通信科技有限公司，恒鸿达科技有限公司
10	网易有道"5G＋智慧教育"解决方案	学生学习情况评价	网易有道信息技术（北京）有限公司
11	5G＋千兆光网赋能区域开放式体育运动管理平口	学生体质健康评价	中国电信股份有限公司杭州分公司，浙江省公众信息产业有限公司，杭州联禾体育科技有限公司
12	5G 守护校园安全	平安校园	中国移动通信集团安徽有限公司亳州分公司，中移（成都）信息通信科技有限公司，亳州芜湖现代产业园区管委会
13	中国联通 IOC 平台助力西安电子科技大学"5G＋绿色校园"	绿色校园	联通数字科技有限公司，中国联合网络通信有限公司陕西省分公司，西安电子科技大学
14	5G＋大数据精准教学与管理	教育管理	中国电信股份有限公司柳州分公司，柳州高级中学，广州云蝶数据科技有限公司，广州云蝶科技有限公司，爱立信（中国）通信有限公司

资料来源：2022 年度"5G+智慧教育"典型案例发布 [EB/OL]. https://mp.weixin.qq.com/s/KmggKDF56dWBY0HdTe22rg, 2022-11-17.

国家发展改革委、工信部着力推进新型基础设施建设，持续完善城区光缆网络，加快建设新型 IP 城域网、光传送网、5G 承载网、云专网等。支持的重点包括开展 5G＋智慧教育应用示范，即基于 5G、增强现实/虚拟现实、4K/8K 超高清视频等技术，打造百校千课万人优秀案例，探索 5G 在远程教育、智慧课堂/教室、校园安全等场景下的应用，重点开展 5G＋高清远程互动教学、增强现实/虚拟现实沉浸式教学、全息课堂、远程督导、高清视频安防监控等业务。2020 年，福建联通携手网龙华渔教育启动了新基建领域的"5G＋智慧教育应用示范"项目，联合探索 5G 在远程教育、智慧教室、校园安全等场景下的应用。

2019 年 4 月，中国移动发起成立 5G 智慧教育合作联盟，首批成员包括北师大、华为、科大讯飞、好未来、网龙、戴尔、拓维等 40 家通信、互联网、教育等领域的企业、高校和科研机构。联盟以打造 5G 网络下智慧教育教、学、产、研、投合作体系为宗旨，以推动 5G 与智慧教育技术发展和融合为目标，共同开展 5G 环境下的智慧教育标准制定、关键技术研究、业务试点示范、交流合作、创新孵化等方面工作，实现各方协同创新、融合共赢[①]。

"绽放杯"5G 应用征集大赛着力凝聚全社会的力量与资源，发掘企业及个人的创新设计，进一步探索 5G 应用需求、业务形态和商业模式，构建 5G 应用生态，促进 5G 产业发展，树立 5G 行业应用标杆。从第四届大赛开始，设置了智慧教育专题赛，以"5G 赋能教育，科技启迪未来"为主题，培育孵化 5G＋智慧教育创新技术和产品，推动行业融合创新，激发 5G 全新动能。参赛项目涵盖教育教学、教育管理、校园生活等与 5G 相关的创新解决方案和应用实践。

5G 时代教育发展需要及时应对五大战略挑战：一是亟待拓展 5G 教育应用场景，加快应用场景探索，增强对新场景的辨识度和接受度；二是需要充分利用 5G 技术特性，增强师生的自然交互，强化在线教育中的临场情感交互；三是亟待针对 5G 技术的风险特点，识别安全漏洞，强化网络安全防护，建立 5G 网络安全防御体系，加强个人隐私与多模态传输中的数据安全防护；四是需要在支撑 5G 产业发展的相关专业增设 5G 技术课程，加快培养将 5G 技术融于教育教学的专业人才；五是 5G 引发的变革将促使教育数据呈现爆发式增长，推动全民教育诉求和教育教学过程的动态监测，促进建设全景式教育治理生态体系。建议推动我国 5G＋教育的纵深发展，赋能智慧教育，培育教育服务新业态，进而"反哺"我国 5G 行业整体发展，激发产业新经济增长点。

为了加快推进 5G+智慧教育的发展，建议采取以下几项措施[②]。

（1）加快推进 5G+智慧教育环境建设试点，切实服务教育教学过程。以新基

---

① 5G 智慧教育合作联盟成立[J].中小学信息技术教育，2019，(6)：5.
② 教育"十四五"规划研究课题《5G 时代教育面临的新机遇新挑战研究》课题组. 5G 时代教育面临的新机遇新挑战研究报告[R]. 北京：北京师范大学智慧学习研究院，2020.

第 7 章 智慧教育实践创新

建、"双千兆"网络协同发展行动计划等为契机,加快推进 5G 与 Wi-Fi6 融合,超前部署教育网络,率先建成 5G 教育网络环境。基于切片技术按需定制逻辑网络,为教育教学提供基于边缘计算的实时、可靠和泛在的服务。加快推进 5G+智慧校园建设,建设"万物互联"(智能互联)的智能教学环境,提供集中化、智能化的教师研修、教育治理、教育督导、学生生活、咨询和学习、家校协同等方面的支持服务。加快推进 5G+智慧教室建设,形成新型 5G 教育形态;加强 5G 测试环境建设,为教育提供合适的 5G 技术解决方案;加强 5G 集成技术研发,加快 5G 与增强现实、虚拟现实等技术的融合,开发一批适合教育应用场景的教育媒体和设备;加快探索基于 5G 和物联网技术的触觉互联网,实现人机智能互联。

(2)加强 5G 教育应用场景探索试点,满足学习方式多样化需求。加强 5G 在教育中五个核心场域(即学校、家庭、社区、公共场所、工作场所)和四个拓展场域(即教室、学区、场馆和农村)的应用场景探索。学校(教室)场域中的应用场景主要有 5G 智慧校园、5G 增强互动教室、超高清互动教学、远程与虚拟仿真实验、线上线下融合的教学等;公共场所场域的应用场景主要是借助 5G 便携终端的无缝学习环境构建;家庭场域的应用场景主要是智能机器人学伴;社区(乡村)场域的应用场景可以是 5G 移动式智慧教室;工作场所场域的应用场景可以是基于触觉互联网的技能学习;5G 还能赋能智慧博物馆,提供沉浸式体验,推动场馆学习。

(3)加快推进 5G + 教育教学形态,促进教育教学形态变革。加快推进 5G 支持的在线教育、OMO[①](Online-Merge-Offline)混合式教育等新教育形态。加快推进 5G+8K 超高清大规模互动直播教育、超高清慢直播教育、超高清"三个课堂"直播教育、5G+3D+人工智能合成主播直播教育、5G+全息互动直播教育等直播教育形态。研制出台 5G+直播教育国家标准和产业标准;加快建设 5G+直播教育课程资源库,打造直播教育课程资源平台;建立 5G+直播课程质量保障体系,加强直播课程监测与评价,打造 5G+直播教育金课;加强 5G+直播教育课程的知识产权管理,保护直播教育隐私。

(4)加快 5G 公共服务平台建设,助力创新智慧教育示范区服务业态。加快建设与 5G 技术适切的各类数字教育资源库和教育教学数据中心。智慧教育示范区率先建设 5G 公共服务平台,利用大规模、长周期的教育社会实验方法先行探索基于 5G 技术的教育服务模式改革,形成 5G 教育服务新业态,以点带面促进教育系统全面改革创新。充分利用 5G 技术特性,借力大规模、多模态、细粒度的教育数据高速传输与大数据融合分析、人工智能技术支持的智能决策,加强国家

---

① 这是一种行业平台型商业模式,作用是实现行业的效率最大化。

紧急时期的教育治理，确保危机期间教育系统有效运转。

（5）加快 5G 技术知识传播和专业技术人才培养，助力乡村教育振兴。乡村学校借助 5G 微基站、5G 直播背包等实现 5G 网络的部署，快速搭建微型 5G 智慧学习环境，实现优质资源的共建共享。加快 5G 技术人才培养，尤其是 5G 应用型人才。借助 5G 支持的"三个课堂"等多种远程学习方式，实现按需灵活开课、深度实时互动，推动远程授课的普及应用。

八、人工智能助推教师队伍建设行动试点

新技术不断发展，在教育中的应用不断拓展，这对教师的能力素质提出了新的要求，教师如何应对智能时代教育新变革被提升到了更高的战略层面。《关于全面深化新时代教师队伍建设改革的意见》提出，"教师要主动适应信息化、人工智能等新技术变革，积极有效开展教育教学"。《中国教育现代化 2035》强调，"加快培养熟练应用信息技术的新型教师。适应信息化、人工智能等新技术变革，实施人工智能助推教师队伍建设行动，推动教师积极转变角色定位，做学生学习的指导者、支持者"。教育部在实施全国中小学教师信息技术应用能力提升工程的基础上，针对新技术与教师工作的融合做出了新的部署，2018 年 8 月在宁夏和北京外国语大学启动了第一批人工智能助推教师队伍建设行动试点。2021 年 9 月，教育部印发《教育部关于实施第二批人工智能助推教师队伍建设行动试点工作的通知》，在 100 个单位开展第二批试点工作，深入推进人工智能等新技术与教师队伍建设的融合，推动教师主动适应信息化、人工智能等新技术变革，积极有效开展教育教学（表 7-11）。

表 7-11 教育部第二批人工智能助推教师队伍建设试点单位

类型	试点单位
高等学校	北京大学、中国农业大学、东北大学、上海交通大学、华东师范大学、厦门大学、华中师范大学、陕西师范大学、国家开放大学、北京协和医学院、哈尔滨工业大学、海南大学、云南大学、首都师范大学、天津师范大学、河北师范大学、太原师范学院、山西机电职业技术学院、长治幼儿师范高等专科学校、内蒙古师范大学、内蒙古机电职业技术学院、沈阳工业大学、长春大学、吉林工程技术师范学院、上海大学、南京师范大学、浙江师范大学、杭州师范大学、安徽大学、安徽师范大学、三明学院、江西师范大学、江西中医药大学、山东财经大学、齐鲁师范学院、河南师范大学、河南开放大学、湖北第二师范学院、湖南第一师范学院、华南师范大学、广东第二师范学院、广西师范大学、广西建设职业技术学院、海南师范大学、重庆邮电大学、重庆工业职业技术学院、成都师范学院、贵州师范大学、贵州师范学院、贵州理工学院、云南师范大学、西藏民族大学、西北师范大学、青海师范大学、新疆师范大学
地市	内蒙古自治区包头市、吉林省吉林市、江苏省连云港市、安徽省合肥市、安徽省蚌埠市、福建省厦门市、江西省新余市、山东省潍坊市、河南省焦作市、湖北省宜昌市、湖南省长沙市、湖南省湘西自治州、广东省广州市、广西壮族自治区柳州市、四川省绵阳市、云南省玉溪市、陕西省榆林市、青海省西宁市、新疆维吾尔自治区和田地区、新疆生产建设兵团第八师

续表

类型	试点单位
区县	北京市西城区、北京市海淀区、北京市大兴区、河北省秦皇岛市海港区、河北省邢台市威县、辽宁省沈阳市和平区、吉林省通化市梅河口市、黑龙江省哈尔滨市松北区、上海市宝山区、江苏省南京市建邺区、江苏省南京市江北新区、浙江省杭州市富阳区、江西省上饶市铅山县、山东省青岛市西海岸新区、河南省洛阳市汝阳县、广东省清远市清城区、重庆市渝中区、重庆市沙坪坝区、四川天府新区、四川省成都市武侯区、四川省泸州市古蔺县、云南省昆明市五华区、陕西省西安市高新区、青海省海西州格尔木市、新疆阿克苏地区库车市

资料来源：教育部关于实施第二批人工智能助推教师队伍建设行动试点工作的通知[EB/OL]. http://www.moe.gov.cn/srcsite/A10/s7034/202109/t20210915_563278.html,2021-09-07.

第一批试点中，宁夏围绕基础教育教师队伍建设，构建了"云-网-端"一体化服务体系，实现了教师智能研修全员覆盖，推动教师广泛应用智能助手，常态化开展了"双师课堂"，探索建立了教师大数据。北京外国语大学创设智能教育环境，支持教师进行教学方式改革；建设了教师发展智能实验室，创新教师发展模式；开展了高校教师人工智能素养提升培训，提升教师能力素质；建设了教师大数据平台，支持教师管理评价改革。

第二批试点工作扩大了范围，立足新发展阶段、贯彻新发展理念、构建新发展格局，强调坚持创新驱动，坚持问题导向，坚持系统推进，服务急需。第二批试点将人工智能支持教师教育教学创新、教师教育改革、教师管理评价改革、乡村学校与薄弱学校教师发展作为重点，针对地市和区县、师范院校、非师范院校分别确定了不同的工作重点[①]。

（1）地市和区县的重点工作：一是推动教师应用智能助手，创新教学方式与学习方式；二是创新教师培养模式，培养未来教师；三是开展教师智能研修，推进精准培训；四是提升教师智能素养，支持智能化教育探索；五是建设与应用教师大数据，支持教师管理评价改革；六是智能引领乡村学校与薄弱学校教师发展，支持乡村振兴战略。

（2）师范院校的重点工作：一是创建智能教育环境，支持师范院校教学方式改革；二是建设教师智能教育体系，促进师范生培养模式改革；三是教师大数据建设与应用，支持师范院校教师管理评价改革；四是服务地方教育教学改革与创新，支持师范院校开发建设或引进教师智能研修平台。

（3）非师范院校重点工作：一是智能教室建设，支持高校教师教学方式创新；二是智能教育素养提升，培养高校教师应用新技术的意识与能力；三是教师发展智能实验室建设，促进高校教师发展；四是教师大数据建设与应

---

① 黄璐璐. 以新技术开辟教师队伍建设新路子——专访教育部教师工作司司长任友群[N]. 中国教育报，2021-09-15（4）.

用，支持高校教师管理评价改革。

第二批试点工作还特别建立了上下联动机制，建立实验区、实验校、实验基地；建立政企校企合作机制，注重引进信息化和人工智能等领域企业或专业机构，参与技术创新、产品设计、平台开发、资源建设等工作，确保技术的先进性、引领性、适用性。

在 2022 年国际人工智能与教育会议上，任友群[①]介绍，北京外国语大学等高校、安徽省蚌埠市等地区，积极打造智能化学习工具和系统，支持教师精准分析学情，开展个性化教学；河北省邢台市威县持续探索多类型的线上线下"双师"教学，不同区域、学校间教师共同备课、同步上课、研训交流；华东师范大学、华中师范大学通过"人工智能＋教师教育"的实训教学、教研平台，支持生成精准、高效的教学报告和教师能力数字画像，服务教师终身发展；北京大学、东北大学建设教师电子档案和大数据中心，汇聚、分析教师教研、科研、社会服务数据，创新教师评价方式。任友群指出，技术在教育中的价值不是由技术决定的，而是由人决定的。他呼吁各国各界携手并进、共同探索，推进人工智能技术与教师专业发展深度融合，共绘智慧教育美好明天！

九、教育数字化转型试点

（一）北京市：推进数字教育工作

2022 年 3 月，《北京教育信息化"十四五"规划》发布，到 2025 年，北京教育信息化将实现"七个全面"的发展目标。通过科技赋能教育，推动人才培养模式变革，提升教育质量，助力减负增效，促进教育公平。北京市的教育数字化战略措施，体现在：一基，即北京教育云；六景（应用场景），即教、学、管、评、研、育；三空间，即数字用户、智慧教育决策、智慧教育办公。

2022 年 4 月，北京市数字教育工作推进会举行，对人工智能与基础教育融合发展试点工作进行部署，要求统筹规划、集成创新、成熟先上、急用先行，应用为王、服务为先，政企合作、协同推进，鼓励试验、全面探索。

人工智能与基础教育融合发展试点的主要任务包括以下内容[②]。

（1）赋能教师专业发展：搭建市级人工智能教研大平台，试点配备人工智能导师，研发人工智能助教。

（2）赋能学生个性化发展：升级开放型在线辅导答疑平台，以学生需求为导

[①] 任友群. 人工智能赋能教师队伍建设与教学创新[N]. 中国教育报，2022-12-07（5）.
[②] 2022 北京市数字教育工作推进会暨一零一中学现场会召开"京学通"上线[EB/OL]. https://t.ynet.cn/baijia/32647058.html，2022-04-21.

向筛选和甄别教师，形成实时动态更新的辅导教师库。

（3）赋能教学质量提升：升级优化空中课堂内容，全面推进"双师课堂"200所试点校建设，按照"一区一批学校、一校多种模式"，支持试点校开展双师教案、课程设计和大屏、互动平台改造活动，推动形成百花齐放的特色双师局面。

（4）赋能多维度评价：改革高中综评，增强选拔人才的科学性，加强作业评价，精准体育评价。

（5）坚持引领示范：打造未来学校成熟样板，支持有基础的学校改革、试验人工智能与教育融合发展，遴选部分新布局学校建设全新未来学校。

"北京市教育大数据平台"是按照全市大数据建设部署，构建的一套汇聚市、区、学校三级数据的教育全息数据库，包含了学生体质健康、教师队伍分析、学位预测、学校加工能力评价、大数据驾驶舱等专题应用，实现了教育数据多源汇聚、动态更新、深度融合、智能分析和场景式应用。"京学通"是北京智慧城市建设的重要组成部分，将面向学校、教师、学生及家长提供全量教育信息服务，可以通过电脑端和手机端，及时便捷地查询教育政策、招生入学、学习成绩、社会实践、体质健康、个人成长等多种信息。

北京市教委打破原有学校壁垒，构建了开放型在线智能辅导平台，"智慧学伴"汇集了高质量的、具有专家标记的微课、讲义、习题等资源，从而在学生在线学习过程中，利用学习分析技术对其在各个教学知识点的掌握情况做出评价。以学科能力分析体系为底层支撑，探索个性化教育服务，实现"物找人"的转变。学科能力以课程标准中学科的核心主题及概念为抓手，按照学习理解、应用实践、迁移创新三大同一维度进行设计，融合了九大学科相对个性的 3×3 学科能力分析体系。为满足学生的个性化需求，北京市教委组织城区优质教师实行线上坐班，在线回答学生的问题。平台依据学生的薄弱知识点和教师讲授强项，向学生智能推荐答疑教师，向教师展现学生情况简报，帮助教师迅速形成对学生的了解。"智慧学伴"个性化的学习路径主要包括个性化测评和个性化资源，为学习者设计了与其学习进度匹配的个性学习任务，包括作业、测评、微课资源，针对知识点状态自适应推荐相应的学习资源。

（二）上海市：整体性推进教育数字化转型

2021 年 9 月，《上海市教育数字化转型实施方案（2021—2023）》发布；2022 年 3 月，《上海市教育数字化转型"十四五"规划》发布，为上海整体性推进教育数字化转型、全方位赋能教育综合改革、革命性重塑高质量教育体系、服务国家战略和上海城市发展擘画了新的蓝图（图 7-3）。

为推动教育数字化转型安全、科学、有效的个性化、常态化、可持续发展，积极探索教育"新环境、新体系、新平台、新模式、新评价"建设，上海明确了

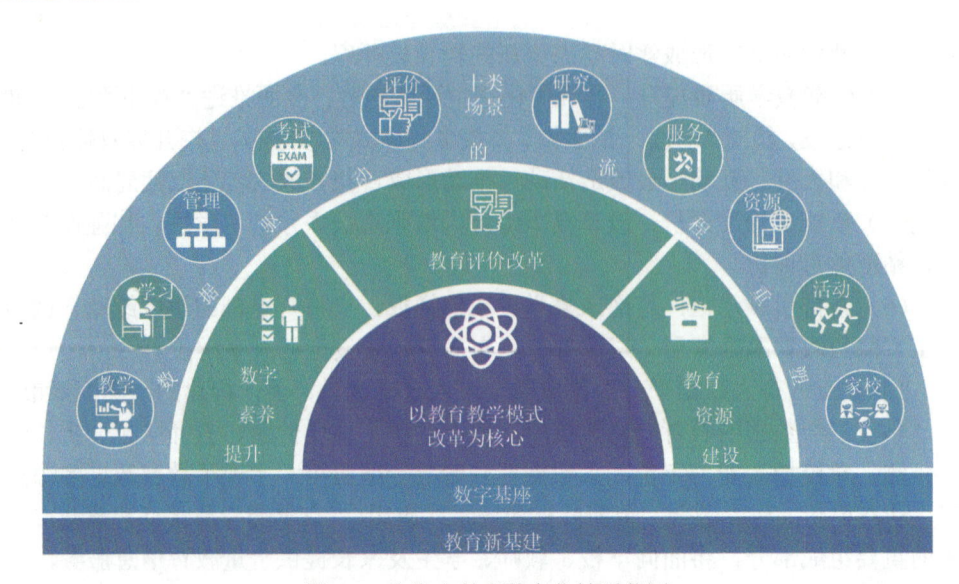

图 7-3　上海市教育数字化转型蓝图

资料来源：李永智. 教育数字化转型的战略构想与实践探索[R]. 北京：2022 全球智慧教育大会.2022.

八项主要任务：①实施数字素养提升工程，健全数字素养培育体系；②以数字化转型提升全民学习力，引领学习方式转型；③以数字化转型赋能课堂，助推教学模式创新；④以数字化转型赋能教育评价改革，激发评价驱动力；⑤建设教育数字基座，完善教育治理新体系；⑥推进校园数字化建设与应用，构建学校发展新生态；⑦升级数字校园基础设施，打造数字化发展新环境；⑧塑造开放融合的新发展格局，促进教育数字化转型高质量发展。

上海市坚持统筹规划与示范引领相结合的发展策略，坚持以数据为核心，数字基座为关键，生态为目标，购买服务为基本方式，力求从技术、制度、生态、文化、思维等方面，实现全方位、多维度的跨越发展。例如，长宁的"1234N 蓝图"、宝山的"未来宝"与其支撑的"未来学校"、徐汇的"5 汇工程"等将成为推动上海教育未来数字化变革区级先行先试的鲜活方案[①]。

长宁区"教育数字化转型实验区"围绕"数据""基座""生态"，区域整体设计标准，学校建设应用场景，师生探索教与学方式的全面变革，实现"深刻改变教育教学模式，高质量、深层次、全方位地推进教育数字化转型工作"的整体目标，擘画了教育数字化转型的"1234N"蓝图："1"即构建一个基于数据、技术、应用协同的智慧教育生态圈；"2"为建设"区-校"两级数字基座；"3"是扩充标准化、开放性接口和仓库数据等三类数字资源；"4"是实现智慧空间、智慧学习、

---

① 上海市推进教育数字化转型试点区建设[J]. 智慧教育资讯，2022，（1）：38-40.

智慧评价、智慧治理的四大功能转型；"N"是打造涵盖教育评价、教学管理、行政办公、教辅后勤、信息服务的 N 个应用场景。

宝山区"教育数字化转型实验区"主要承担数字基座和知识图谱等应用场景，推动形成数字化全面赋能教育综合改革的新格局：一座 1 生态，打造一个惠及区域内所有学校的数字基座，构建物联、数联、智联三位一体的智慧教育生态系统；一数 2 画像，着眼于学生核心素养培育和教师专业发展，构建学生和教师数字画像，通过数字化的方式进行客观、多维度评价；一技 3 赋能，落实"双减"政策下的教育教学模式创新，以信息技术赋能教师因材施教，赋能学生个性化学习、减轻学生课业负担，赋能管理者科学决策。宝山区将应用多种智能技术构建教育大脑，逐步形成虚实结合的未来学校。

徐汇区打造全天候、全覆盖、全媒体在线教育模式，创新数字教育资源供给机制，重点建成"5 汇"工程："汇"数字基座，以数字新基建为切入点，试点配套物联设施、部署 5G 新型网络，推进 5G + 云网融合；"汇"民生应用，聚焦教育公共事务，以数据驱动破解教育领域急难愁盼问题；"汇"课堂教学，以教学模式改革为核心，积极推动信息技术与课堂教学深度融合；"汇"教育治理，聚焦教育行政事务，深化"高效办成一件事"理念；"汇"决策评价，以大数据有力支撑学校综合评价、教师发展评价和学生素养评价改革。

（三）浙江省：实施"教育魔方"工程建设

浙江省坚持以全域性数字化改革为总牵引，出台《浙江省教育领域数字化改革工作方案》，启动实施"教育魔方"工程建设[①]，按照"综合集成、整体智治"原则和"教育大脑 + 智慧学校"思路，统筹推进数字技术与教育管理、教学实践的深度融合，推动数字教育新基建、新模式、新格局和新生态建设。"教育魔方"工程建设路径按照分析、综合、迭代的逻辑思维，构建 1 个主体单元、完善 3 大支撑体系、提升 6 项关键能力、创新 X 个场景应用[②]。

（1）构建 1 个主体单元——教育大数据仓。数据是现代教育体系建设过程中的重要生产要素和核心驱动力。基于教育行业云构建教育大数据仓，实现各类教育数据资源的集成汇聚，促进不同地区、不同层级之间教育数据的贯通共享，驱动业务创新、服务创新、管理创新。

（2）完善 3 大支撑体系——工作体系、标准体系、技术体系。工作体系包括数字化改革的政策、制度与工作规范，是推动全省教育系统协同开展数字化改革

[①] 浙江省实施"教育魔方"工程 大力推进教育数字化改革[EB/OL]. http://www.moe.gov.cn/jyb_sjzl/s3165/202107/t20210723_546441.html，2021-07-23.

[②] 浙江省教育领域数字化改革工作方案[EB/OL]. https://zjjcmspublic.oss-cn-hangzhou-zwynet-d01-a.internet.cloud.zj.gov.cn/jcms_files/jcms1/web3096/site/attach/0/fbadda0cd7834b99a9a3ba324f79bcaf.doc.

的重要保障。标准体系包括教育数字化数据标准、装备标准、业务规范等，是实现教育治理业务全面数字化的关键遵循。技术体系包括行业云、数字校园等教育数字基础设施，是支撑数字教育高质量发展的底座基石。

（3）提升6项关键能力——智能感知、主动服务、精准管理、科学决策、立体监督、高效协同。提升感知、服务、管理、决策、监督、协同六个方面的数字化、智能化水平，实现治理业务全在线和治理数据全贯通，加快推动感知从"局部"到"全景"的转变，服务从"需求"到"供给"的转变，管理从"碎片"到"整体"的转变，决策从"经验"到"模型"的转变，监督从"单一"到"多元"的转变，协同从"有界"到"无限"的转变。

（4）创新X个场景应用。围绕制定教育规划、改善办学条件、保障教育投入、优化教师队伍、提升教学质量、促进学生发展、落实督导监管、推进政务协同等教育领域核心业务，系统设计教育治理数字化场景，打造跨层级、跨地域、跨系统、跨部门、跨业务的典型应用，为教育数字化应用生态体系注入发展动能。

（四）湖南省：加快推动教育数字化转型

湖南省以国家教育信息化2.0试点省建设为契机，创新推动教育数字化转型[①]，加快构建高质量教育体系。

一是探索教育数字化转型新路径。省委省政府将教育信息化2.0试点省建设和教育数字化转型摆在突出位置，出台《湖南省"互联网+教育"行动计划（2019—2022年）》，建立"互联网+教育"工作领导小组和联席会议等制度，明确将教育数字化转型作为省、市、县三级"教育厅局长突破项目"。制定"培育教育数字化新势力，再倒逼传统教育进行数字化转型"的"两步走"策略，明确"落实立德树人、促进教育均衡、探索教育未来"三项使命，坚持"需求牵引、应用为王、实效至上、持续发展"四项原则，实施"新校园、新网络、新资源、新平台、新应用"五项工程。设立教育信息化战略研究基地、数字教育资源建设应用中心、智能课堂与教育大数据研究应用中心等5个专门机构，组建8个专业团队。按照"政府主导、企业参与、社会协同、生态成长"的思路，建立部门之间、政企之间等新型关系，与宣传、团委、文化等部门共建教育数字化项目50余个，与基础电信企业和出版传媒企业共同打造教育数字化品牌20余个，探索"内容双品牌""生态双循环"的多元合作模式。

二是打造教育数字化转型新基座。实施"学校联网攻坚行动"和"多媒体教室攻坚行动"，联通7000余个农村教学点，将网络条件较差的9000余所农村学校

---

① 湖南省加快推动教育数字化转型——2022年全国教育工作会议经验交流之十一[EB/OL]. http://www.moe.gov.cn/jyb_sjzl/s3165/202204/t20220401_612709.html，2022-04-01.

带宽全部提升到 100M 以上，配备 22 万余间多媒体教室，实现 99.93% 的学校拥有多媒体教室，扎实推进学校环境数字转型和智能升级。建成 22 个农村网络联校实验县、101 所现代化芙蓉学校、540 所新型网络联校，打造"上联名校、下联村小"的城乡数字教育共同体，不断推进线上线下结合、优质资源共享的数字教育均衡体系建设。集成 19 个资源服务平台，建成 28 个融合应用实验区、300 余个名师网络工作室、400 余个名校网络课堂、7000 余个新型资源教学点，形成"湘教云"数字资源新体系和资源供给新模式。整合 43 个管理系统、11 个政务服务平台，建成教育基础数据库、教育管理总线、教育服务一体化模块，提供 56 项在线服务和 10 个电子证照，开展教育融媒体试点，形成"湘教通"数字治理新体系。组织 12 个区域、27 所高校和 500 余所中小学校广泛开展新资源、新课堂、新教研、新管理等智慧教育试点，重点打造"智慧教育示范区""融合应用实验区""人工智能教育社会实验区"等项目，推动长沙市创建全国"智慧教育示范区"。

  三是务求教育数字化转型新突破。创立"我是接班人"网络大课堂，全省一盘棋、共上一堂课，每月一堂思政大课、每周一堂主题活动课，单节课学习人次突破 3000 万，单个平台学习人次突破 1 亿，总学习人次突破 10 亿，探索推进思想政治教育数字化转型。打造涵盖 1500 余名智趣名师、9000 余套智趣资源的"智趣新课堂"，线上互动学习用户并发量高达 66 万，持续推进知识学习数字化转型。联合医疗资源，创新"互联网+医教协同"学生健康体系，为青少年打造专属的健康成长顾问，合力破解"小胖墩""小眼镜"等难题，积极推进学生健康教育数字化转型。创立学生、老师、企业三方互动的"大国长技"数字化学习社区，试点推出 15 个主题社区、8 个虚拟仿真实训场、1200 余套活页式数字教材，推进职业教育数字化转型。依托"人人通"空间对学生发展和教育质量进行伴随式评价，每年分析数据 8000 余万条、访问运用超过 6 亿次，实现评价来源更智能、评价内容更全面、评价结果更可信，扎实推进教育评价数字化转型。

  我国智慧教育经过长期持续探索，各级政府、学校、教师开展一系列创新实践，不断丰富发展理论，推动教育数字化转型，形成智慧教育良好发展的局面。实践经验体现在以下五个方面：一是坚持立足国情，将教育数字化、智慧教育纳入国家战略，将中国特色社会主义制度优势转化为智慧教育发展的不竭动力，集中力量办大事，建设世界最大的教育资源数字化中心和服务平台；二是坚持惠及全民，将教育数字化作为促进教育公平的重要抓手，不断扩大优质教育资源覆盖面，让更多人实现终身学习、可持续发展；三是坚持应用至上，将信息技术与教育教学深度融合摆在突出位置，充分发挥数字资源的倍增效应和溢出效应，持续提升教师信息技术应用能力，探索新型教与学模式，撬动教育改革创新，支撑高质量教育体系；四是坚持试点先行，边建设、边应用、边完善，通过先行试验积累发展经验、引领整体改革，推动智慧教育的科学有序发展；五是坚持开放合作，注重搭建智慧教育国际平台。

第8章

科技赋能智慧教育

科学技术是第一生产力。

——邓小平

  我们要坚持教育优先发展、科技自立自强、人才引领驱动,加快建设教育强国、科技强国、人才强国,坚持为党育人、为国育才,全面提高人才自主培养质量,着力造就拔尖创新人才,聚天下英才而用之。

——习近平:高举中国特色社会主义伟大旗帜 为全面建设社会主义现代化国家而团结奋斗——在中国共产党第二十次全国代表大会上的报告

  坚持创新在我国现代化建设全局中的核心地位,把科技自立自强作为国家发展的战略支撑,面向世界科技前沿、面向经济主战场、面向国家重大需求、面向人民生命健康,深入实施科教兴国战略、人才强国战略、创新驱动发展战略,完善国家创新体系,加快建设科技强国。

——中华人民共和国国民经济和社会发展第十四个五年规划和2035年远景目标纲要

第8章 科技赋能智慧教育

教育、科技、人才是全面建设社会主义现代化国家的基础性、战略性支撑。随着全球数字化的演进，科技与教育正逐渐形成系统性融合的新格局，科技为教育赋能、教育为科技赋值。教育具有基础性、先导性、全局性的地位和作用，为国家生产力储能、赋能；科技的创新驱动作用，助力和支撑教育高质量发展。国家科技创新基地是围绕国家目标，根据科学前沿发展、国家战略需求以及产业创新发展需要，开展基础研究、行业产业共性关键技术研发、科技成果转化及产业化、科技资源共享服务等科技创新活动的重要载体，是国家创新体系的重要组成部分。互联网教育智能技术及应用国家工程研究中心、教育大数据应用技术国家工程研究中心，以及教育部教育信息化战略研究基地等聚焦"四个面向"，在数字化转型和智慧教育战略研究以及关键技术与装备、系统平台和解决方案等方面构建理论、技术、应用和产业全链条的创新体系。国家重点研发计划项目、国家自然科学基金项目、国家社会科学基金项目等围绕科技支撑教育现代化，立项支持了智慧教育领域的战略性、基础性、前瞻性重大科学问题、重大共性关键技术研究和产品研发，科技助力智慧教育发展。

一、科技与教育的系统性融合

随着全球数字化的演进，技术在助力学生成长、教师发展与学习环境优化等方面的潜能已成国际共识。在科技进步、社会转型与教育变迁三者的动态相互作用下，科技与教育正逐渐形成全领域、全要素、全链条、全业务等系统性深度融合的新格局，呈现出范围广泛性、方式多样性、价值丰富性等特征，科技变革教育的探索实践也正从单一的科技赋能拓展至社会转型、科技赋能、教育变革及变革有序四个维度[1]。

科教融合需要在各教育场景中按照"需求—融入—演化—治理"的顺序有序推进与迭代发展（图8-1）。第一，科技变革教育的需求、路径与成效依赖于在不同场景中的推进，在社会转型中识别变革场景是定义教育新需求的前提。第二，新一轮科技革命以人工智能为核心与重要驱动力，科技赋能是智能技术融入教育的核心价值。第三，教育是最为复杂的重要社会系统之一，存在较大的差异性与较多的不确定性，开展变革推演是科技赋能教育价值体现的具体表征。第四，智能技术在教育中的不当使用将带来伦理、隐私保护与安全等风险，只有通过有效的技术治理才能保障教育系统变革的有序推进。

---

[1] 黄荣怀. 论科技与教育的系统性融合[J]. 中国远程教育，2022，(7)：4-12，78.

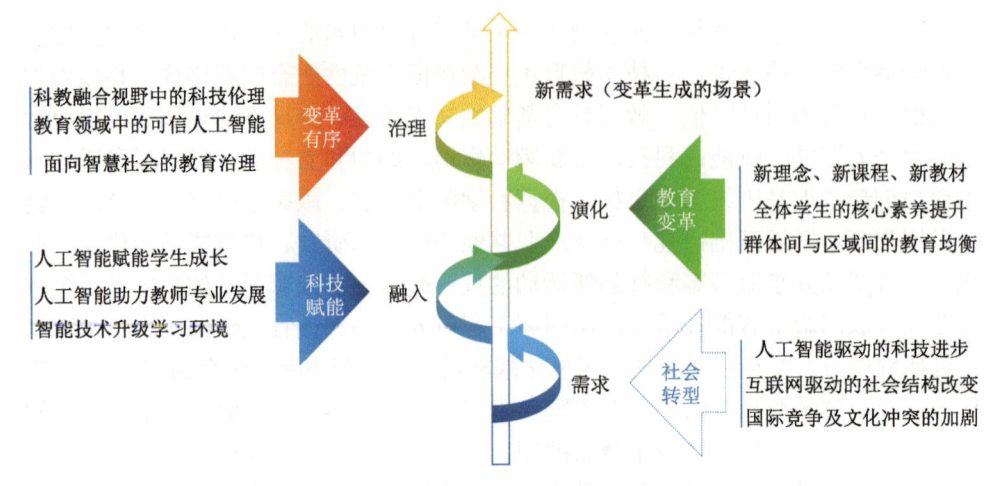

图 8-1 智能技术赋能教育的螺旋式发展

资料来源：黄荣怀. 论科技与教育的系统性融合[J]. 中国远程教育，2022，（7）：4-12，78.

（一）识别变革场景是定义教育新需求的前提

变革场景模糊源于教育变革外驱力持续增强与教育改革内生动力不足。教育内外环境已发生深刻变化，我们需要跳出教育看教育、立足全局看教育、放眼长远看教育。转型期的社会格局主要包括以下三个方面的形塑。一是人工智能驱动的科技进步。人工智能作为新一轮科技革命的核心驱动力，会进一步释放历次科技革命与产业变革积蓄的能量，通过生产、分配、交换与消费等环节的数字转型与智能升级，实现社会生产力的整体跃升。二是互联网驱动的社会结构改变。互联网推动形成人类社会、物理空间与信息空间交叉融合的三元空间，形成以资源共享化、信息众筹化、行为数据化、时空灵活化与关系网络化等为特征的新型社会格局。三是数据赋能的社会治理。数据是新型生产要素，数字教育的发展不仅积聚优质资源，也会沉淀海量数据宝藏，推动教育数字化治理，实现业务协同、流程优化、结构重塑、精准管理。四是国际竞争与文化冲突的加剧。当前新兴领域竞争激烈、地缘政治争夺严重、文化冲突较量不断、气候变化危害加重与粮食危机加剧等全球性挑战叠加共振，国际政治经济秩序受到全方位影响。复杂性、不确定性、易变性、模糊性的社会转型期对教育产生巨大外推力，教育实践开始与社会巨系统深度嵌连。

教育改革内生动力与持续强化的社会转型外推力尚不协调。教育、社会与科技的发展存在一个相对的闭环，可称其为"内驱轮"，即教育领域培养的人才输出到社会，优秀人才构成的"社会"孕育着"科技"的发展，"科技"进步又为教育领域提供优质教师队伍，充实"教育"系统并优化教育教学行为，在"内驱轮"

第 8 章 科技赋能智慧教育

运转下螺旋式迭代发展；新一轮科技革命正推动社会快速转型，社会转型后的全新社会发展格局引发了新的人才需求，并催发教育教学环境与教育系统行为的重塑，这样从科技革命、社会转型到教育变革形成了另一反向闭环，可称其为"外驱轮"（图 8-2）。从全球教育数字化现状看，存在科技革命的加速与教育改革内生动力不足的现象，教育—社会—科技"内驱轮"似乎与科技—社会—教育"外驱轮"的耦合机制不协调。增强教育改革内生动力的关键要素是需求的洞察与挖掘，因此，在社会转型过程中探寻与定义教育需求尤为重要。

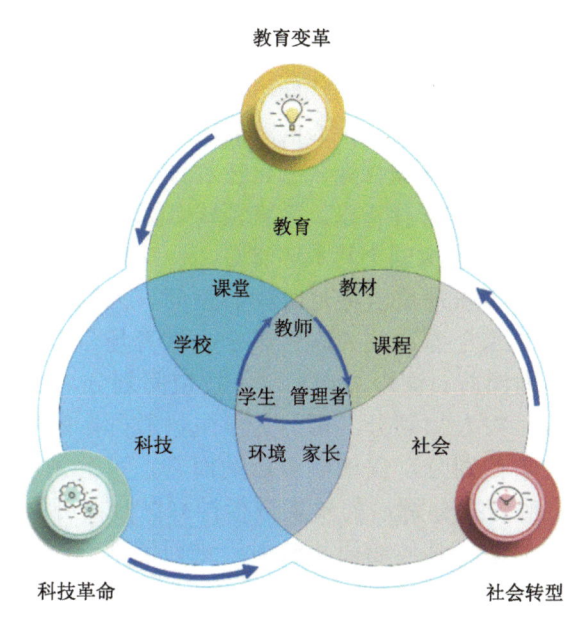

图 8-2 教育、社会与科技的双轮"互动-阻尼"关系图

资料来源：黄荣怀. 论科技与教育的系统性融合[J]. 中国远程教育，2022，（7）：4-12，78.

应用场景泛化是信息技术教学应用与教育变革的瓶颈。重硬件、轻软件，重平台、轻内容，重采购、轻应用，重建设、轻服务是教育信息化发展过程中的积弊。信息技术教育应用容易出现简单的"加法"思维，叠加式地引入新技术作为教育领域的解决方案，并没有区分区域、校际与班级差异，也没有区分学习者与学习环境的差异，在尊重学生发展规律方面也没有予以充分重视。在教育研究与技术产品开发方面，缺乏对社会转型深刻影响的认识，以及教育改革与发展过程中真实问题与需求的关注，普遍出现了应用场景泛化的现象，即技术提供方或技术开发者对其技术与产品的潜在应用场景不确定、不明确，甚至出现无限扩大的现象。这是当前教育教学一线反映技术与产品达不到实践要求、学术界反映信息技术对教育教学的作用不显著、社会各界反映教育信息化投入大与效果不明显的重要原因之一，俨然已经成为信息技术促进教育变革的瓶颈。

为突破教育变革的瓶颈，需要认识到挖掘需求与定义场景是系统性变革的主要动力来源，技术应用场景的谋划、设计、开发与效果评估就是一个技术变革的过程，场景对于理解、探究与预测相关主体的行为至关重要。在教育信息化进程中，识别具体的场景是洞悉教育变革需求的前提，只有根据教育主体、教学环境及信息化基础设施的现实情况，准确描述、表征与建构具体的应用场景，切实发挥新一代信息技术的特点与优势，并在应用过程中，持续优化、有序迭代，才能促进教育系统变革。"5G+智慧教育"项目就是应用示范实例。

场景识别与新场景生成的循环迭代助力定义教育新需求。场景识别注重理解人类深层次需求，强调以"人"为中心的精准化技术服务。场景识别是落实应用效果的前提，通过加强应用场景探索，强化技术与教育融合创新，以满足学习方式、教学方式与治理方式多样化需求。教育领域中的场景识别存在描绘场景、需求洞悉、技术适配与迭代生成四个基本环节[①]。

第一，描绘场景。场景是由特定时间、空间、人物与事件等要素构成的统一体，是各要素的综合描述及关联性整合。教育场景要素可进一步分解，按时间划分，可分为课前、课中与课后等；按空间划分，可分为社会、学校、家庭与虚拟空间等；按人物划分，可分为学生、教师、家长、教育管理者与教育研究者等；按事件划分，仅就学习活动而言，可分为集体听讲、小组研讨与个体自学等。对这些分解后的要素进行排列组合，可以与"教、学、考、评、管"等环节中的某一具体场面相映射，进而清晰地刻画出全覆盖的场景图谱。

第二，需求洞悉。需求是技术促进教育变革的逻辑起点，洞悉需求是提供适切服务的前提。一是需求信息的可信性与可靠性，即真实度；二是需求信息的清晰性与具体性，即准确度；三是需求信息满足相关主体的多样化需求，即全面度；四是需求信息随现实变化的适应性更迭，即及时度。

第三，技术适配。技术服务是需求识别的落脚点，应在需求的牵引下找到适切的技术解决方案。技术服务有序地消融于教育生态是一个缓慢而复杂的过程，除了技术本身的成熟度与对场景的适配度之外，根据技术接受模型，仍需考虑相关主体对其的主观评价，包含感知易用性与感知有用性。

第四，迭代生成。技术在场景中的应用，既可能产生积极作用，也可能产生负面效应，甚至可能是颠覆性变化，场景的要素就会随之改变，从最初的场景变为叠加技术方案后的场景。在新场景中，各个相关主体又会产生新的需求，继而

---

① 黄荣怀. 论科技与教育的系统性融合[J]. 中国远程教育，2022，(7)：4-12，78.

要求制定新的解决方案。因此，根据各主体的反馈与评估，需要进行新一轮的"场景识别"，进入下一轮科技赋能、变革推演与技术治理的过程。

（二）科技赋能是智能技术融入教育的核心价值

教育信息化是指在教育中普遍运用现代信息技术，开发教育资源，优化教育过程，以培养与提高学生的信息素养，促进教育现代化的过程。回溯教育信息化的历史进程，其遵循"自下而上"式的底层发展逻辑，大致可分为工具辅助、整合应用与融合创新三个阶段。纵观教育信息化历史进程，其核心价值在于创新与变革。赋能指激发主体自身的能力实现既定目标，形成新方法、新手段与新路径。随着新一代信息技术的链式突破，科技赋能被认为是实现行业系统性升级与变革的关键变量。教育信息化可以广义地理解为科技通过"赋能"这一核心机制，促进学习方式、教学模式与教学组织形式等发生全方位、多层次、成体系的变革。在教育信息化相关政策的推动下，我国教育信息化工作取得了阶段性突破，信息技术已在学习空间、教与学方式、学习内容等方面发挥作用，充分彰显出科技重塑未来教育生态系统的巨大潜能。

近期人工智能的迅速发展主要得益于算力提升、算法创新与特定场景的规模化有效应用。特定场景中的人工智能就是要实现其中的事务及流程自动化处理，这就要以数字化为基础，在特定的环节或部分实现，并进一步模拟、延伸或拓展人的智能来处理关键事务或流程。从数字化到智能化，需要经历机器自动化、自动化平台、认知计算与真人工智能等阶段，其演进的历程通常是业务的过程形态从"触发机制"迈向支持"自然语言交互"，信息的组织形态从能处理"结构化信息"进化至"非结构化信息"的处理。

鉴于人们在教育教学中使用数字化工具的经验及面临的困境，与"教育软件生产力悖论"及"非显著性差异现象"一样，人们对人工智能进入学校后的影响存在两种典型观点：一是期待人工智能的潜力能迅速发挥，往往会高估人工智能的即时作用；二是认为无论人工智能发展到何种程度，仍仅是工具，其成效只取决于教师与学生本身，可能会低估人工智能的长期效应。尽管从人工智能本身发展来看，从人类"适应"机器，到机器"真正"服务人类，尚存在一定距离。但因技术创新队伍的扩大、资本的持续加持与各类场景的大规模尝试等，智能技术正持续迭代与加速发展，再加上当前人工智能的研究不再仅以研究机器智能为主，脑科学及人类心智的研究也正并行发展与相互支撑。因此，我们需要正确认识人工智能等科技对教育变革的作用，在持续关注相关伦理与安全问题的前提下广泛实践并深入研究其特征、机理、场景与途径。

随着智能技术生态的持续升级，科技对学生成长、教师发展与学习环境升级等方面的赋能将释放出巨大潜能。一是服务于学生的适应性成长。智能技术能够通过拓展学习资源形态、按需配置资源、支持个性化推荐、增强互动体验、引导社会性参与和开展智能学习测评等途径促进学生发展。二是助力教师发展。智能技术可以支持差异化教学、精准教学与人机协同教学等新型教学形式，同时可以服务教师自身专业发展，更新教学观念、提升综合素养。三是支持学习环境的智能升级。利用智能技术搭建智联融通的学习环境，创设虚拟现实与真实情境、家-校-社、正式教育与非正式教育有机融合的学习空间，为学生提供跨场域的连通性与情境性学习体验，逐渐形成线上线下融合、智能互联、人机共融、无边界的未来新样态。

（三）变革推演是科技赋能教育价值体现的具象表征

教育学知识生产与理论发展的根本旨归在于改变与优化教育实践。然而，在教学领域，理论与实践的关系似乎特别紧张，教育实践工作者常对教育理论著作敬而远之、束之高阁，抱怨理论"中看不中用""脱离实践"的声音不绝于耳，根本原因在于教育理论对教育现象与规律的解释乏力。传统教育理论生产方式包括哲学思辨、经验总结与微观实验等。思辨与总结的研究主观性较强，观点难辨真伪，常常出现"概念丛林""集体独白"或低水平重复的现象，对教育现象与规律缺乏普适意义的解释力、预测力。一线教师、企业技术开发者以及教育政策制定者都似乎感觉到，在"百年未有之大变局"与当代社会转型中已有教育理论对教育教学实践、教育政策制定和教育变革的指导乏力。

教育理论需要观照教育变革的全域性与复杂性。教育生态系统表现出教育本质的多尺度性、教育主体的差异性、教育环境的多样性、教育目的的双重性与教育活动组成因素的可变性，以及由此带来的教育活动过程的动态性与教育结果的不确定性等特征。教育系统变革更是多因素、非线性的动态演化过程，具有全域性与复杂性的特征，一方面，教育变革不仅是某个或某几个因素的条件性变革，还是教育本身作为复杂系统的全方位、多层次、立体化的全面重塑。另一方面，教育变革不单是自上而下、由外而内的变革，还是教育内外多因素交互作用的结果。教育研究与决策不能仅仅就事论事探讨教育中暂时性或表象性的问题，而需要仔细探究变革背后的结构性原因与内隐性规律。

当前存在诸多关切已久却未得到彻底回应的现实诉求。一是新理念、新课程与新教材动态匹配机制的问题。智能时代的教育观将发生全新改变，包括众创共享的知识观、智联建构的学习观、融通开放的课程观与人机协同的教学观等。然而，无论是教材的编制还是课程的实施，都存在一定程度的滞后性，新课程与新教材亟待伴随新理念形成适应性的更迭机制。二是全体学生核心素养提升的问题。提升学生核心素养是全球教育改革的重要内容，欧盟及中国、美国、英国、日本等国家和地区都相继发布了各自的核心素养框架体系。然而，核心素养理念的实践落地是教育界所面临的共同困境，全体学生核心素养的提升亟待形成切实有效的实践路径。三是群体间与区域间教育均衡的问题。高质量的教育公平一直是我国教育发展所追求的目标，但受政策、经济、地缘、历史、文化与资源等多因素交织影响，教育机会公平、教育过程公平与教育公平感等的实现依旧充满障碍，当前亟待构建群体间与区域间均衡发展的教育生态。

事物一般规律的发现往往基于对偶然性进行大量的概括。社会实验与仿真模拟是教育变革演化与干预的重要基础。传统教育实验往往受限于观察范围与变量类型，无法进行大规模、长周期的数据累积，一般仅能基于静态的、局部的、零散的、滞后的数据，围绕单一因素与严格的控制变量开展"局限性"探索。面向智能时代，教育研究需要累积海量的、长期的数据，以知识计算、认知计算、行为计算与环境计算等教育智能计算为依托，以社会实验与仿真模拟为抓手，表征并预测可验证、可落地的一般规律（图 8-3）。

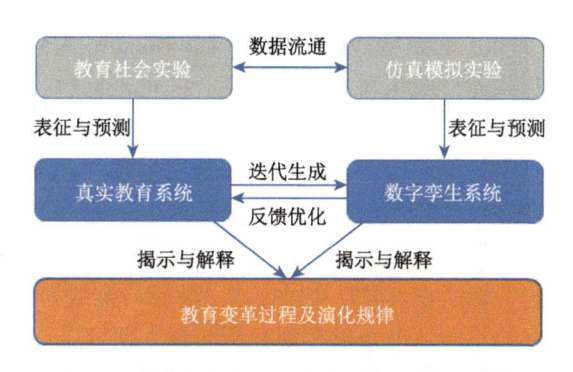

图 8-3 教育变革中的社会实验与仿真模拟研究

资料来源：黄荣怀. 论科技与教育的系统性融合[J]. 中国远程教育，2022，(7)：4-12，78.

社会实验是研究特定政治、经济与科技等因素被引入真实社会情境所产生效应的方法论，旨在从广域视角研究隐形进程。智能时代的教育社会实验场景提供了多元化、多维度、多渠道的证据来源，拓展了微观实验的规模，纠正了小样本的被试偏差。教育社会实验包括研究设计、发现进程与解释现象三个阶段，旨在基于大规模、长周期的数据，深入挖掘教育教学实践活动的隐形进程，发现教育教学规律，进而形成干预措施，实现教育教学实践的改进。

仿真模拟实质上是模拟建立与真实系统相对应的"平行系统"，对复杂性系统进行试验性研究，延展了传统教育研究的边界。首先，对教育系统进行仿真建模，即通过提取真实教育系统中的关键要素及要素间的关系与规则，将各类变量纳入仿真系统进行建模，形成数字孪生系统。其次，深度挖掘与模拟分析各类变量之间的交互作用，通过参数演化、自动化、快速生成大数据，可视化呈现教育系统的运行状态与变化趋势。再次，实施可重复性的教育实验研究，对复杂的教育变革过程进行推演，进而迭代优化教育数字孪生系统。最后，揭示教育演化机理，预测教育变革趋势，指导并优化真实教育系统。

（四）智能技术治理保障教育系统变革的有序推进

科技伦理是开展科学研究、技术开发等科技活动需要遵循的价值理念与行为规范。彰显人性、尊重人性、保障人的基本权利、增进人类福祉是科技伦理的重要原则，也是科技融入教育的核心考量向度。科技伦理问题一般指的是科技活动中出现的一系列理论与实践问题，具体包括以下内容。一是不公平问题，即不同国家、地区、人群与阶层之间享有技术权利的不平等。二是风险问题，即技术系统变得日益复杂，技术的方法与目的之间发生断裂，难以预料的技术风险正在系统中产生。三是威胁问题，技术发展产生的威胁，包括对人、人际关系与自然物的重塑引发大量的伦理争议与监管难题。例如，新技术可能改变教学中社会关系（如师生关系、生生关系）的结构。不公平、风险与威胁三大问题的关系并非完全独立，而是相互影响共同形成了科技与教育融合的伦理问题，其产生、累积与扩散又呈现出随机性高、覆盖面广、影响力大的特征。

人工智能教育应用的伦理值得高度关注，现实生活中出现了一些智能技术教育应用的负面案例。例如，算法推荐导致信息茧房、短视频沉迷影响注意力、"拍照搜题"惰化思维能力等。促进人工智能等新一代信息技术规范而有序地融入教育生态是社会各界的关切所在，需要从以需求、潜能与挑战为代表的效应三要素，以及融合度与可信度的不同环节予以客观分析与深入研究。

教育领域可信人工智能的要素与环节主要包括以下三大方面：一是人工智能赋能教育的效应三要素，人们已经普遍意识到了由科技进展、社会转型与竞争加剧衍生出的新需求，也认识到了人工智能在发展学生素养、赋能教师教学、升级学习环境等方面的潜能，但对人工智能的教育应用存在的挑战，即科技伦理中的不平等问题、风险问题与威胁问题尚未引起足够关注。二是人工智能与教育场景的融合度，不同地区、学校与师生群体在实际应用过程中可能存在过度使用、不当使用与逃避使用等三类典型行为，融合度既受对人工智能潜能认知的直接影响，又与对人工智能作用的负面认知及应用过程中遇到的挑战密切相关。三是人工智能的可信度，教育领域的人工智能应是合乎伦理的、合法合规的以及鲁棒的，可信度在一定意义上能与融合度互相转化，能激发人工智能赋能教育的潜力，也能促进各界人士对时代背景下教育需求的再认知。人工智能与教育的融合是必然趋势，可信人工智能是确保教育生态健康发展的关键所在，人工智能应用于教育的治理框架亟待制定（图8-4）。

第8章 科技赋能智慧教育

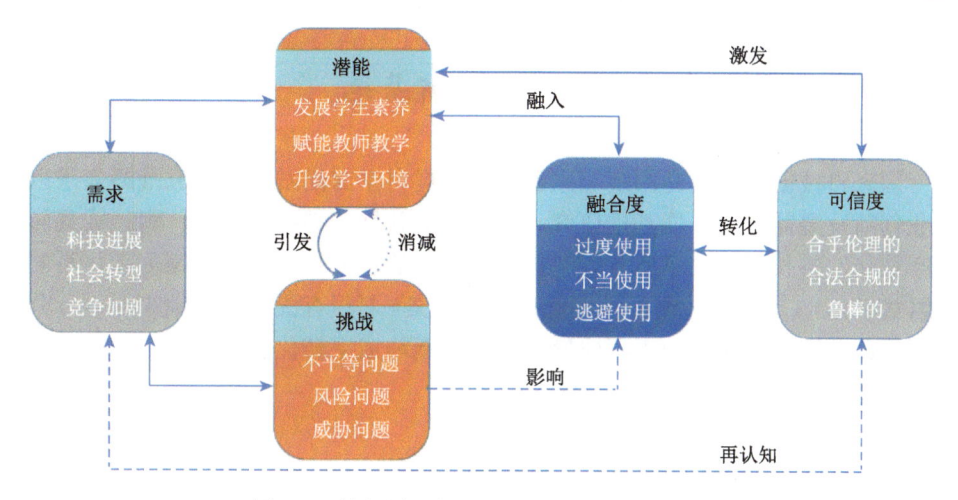

图 8-4 教育领域中可信人工智能的演化模型

资料来源：黄荣怀. 论科技与教育的系统性融合[J]. 中国远程教育，2022，(7)：4-12，78.

"治理"指各种公共或私人的个人与机构管理其共同事务的诸多方式的总和，是使相互冲突或不同的利益得以调和并采取联合行动的持续过程，"技术治理"是当前全球社会治理的重要趋势。在技术的推动下，传统社会治理模式正逐渐向智能化的社会治理新模式转型。智能时代的社会治理通常包括科技进步中的技术治理与治理转型中的技术治理，两者互为手段与目标。教育作为社会的子系统，面向智慧社会的教育治理同样具有这两方面内涵。其一，教育中的智能技术治理，即确保智能技术融入教育生态的规范性与有序性。一方面，将科技伦理要求贯穿科学研究、技术开发等科技活动全过程，覆盖教育科技创新各领域，加强监测预警与规制应对。另一方面，当前人工智能教育应用的伦理机制尚不清晰，针对性的算法与数据的治理体系亟待形成，有效发挥人工智能的潜能、避免其消极影响，需要实施教育领域中的可信人工智能。其二，教育治理中的智能技术，即智能技术促进教育治理的精准化、长效化。利用智能技术实现大规模、多模态、跨领域数据的实时采集、集成分析与可视计算，支撑教育智能决策，助力"凭借经验的粗放管理"向"依靠数据分析的集约治理"转变，进而形成安全有序的教育治理环境、联动高效的教育治理机制、动态调适的教育治理过程与包容公平的教育治理格局。

综上所述，新时代已经凸显科技与教育融合发展的态势，科技变革教育的需求、路径和成效依赖于在不同场景中的推进，在社会转型中识别变革场景是定义教育新需求的前提，科技赋能是智能技术融入教育的核心价值，开展变革推演是科技赋能教育价值体现的具象表征，同时，只有有效的智能技术治理才能保障教育系统变革的有序推进。

二、智慧教育领域的科技创新基地

国家科技创新基地是围绕国家目标,根据科学前沿发展、国家战略需求以及产业创新发展需要,开展基础研究、行业产业共性关键技术研发、科技成果转化及产业化、科技资源共享服务等科技创新活动的重要载体,是国家创新体系的重要组成部分。《国家科技创新基地优化整合方案》对现有国家级基地平台进行分类梳理,归并整合为科学与工程研究、技术创新与成果转化和基础支撑与条件保障三类,并对之进行布局建设(图8-5)。

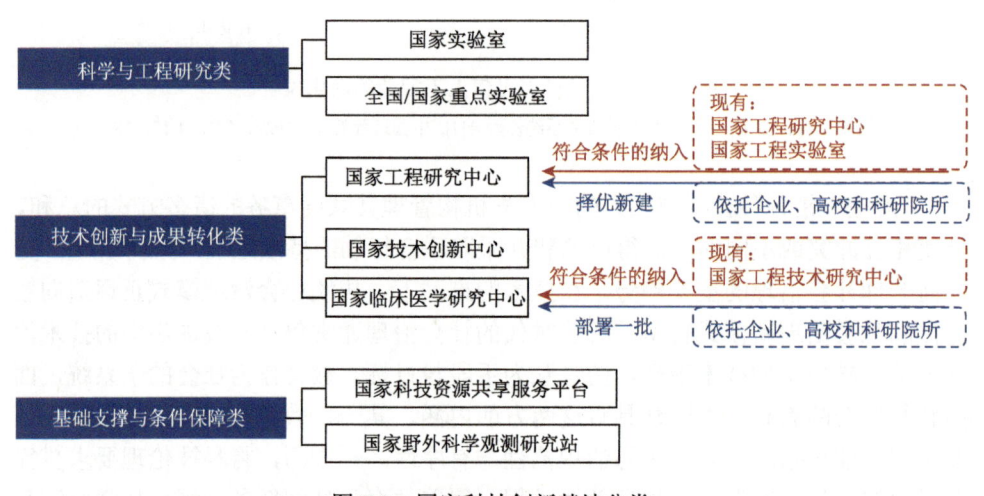

图8-5 国家科技创新基地分类

资料来源:科技部 财政部 国家发展改革委关于印发《国家科技创新基地优化整合方案》的通知[EB/OL]. https://www.gov.cn/xinwen/2017-08/24/content_5220163.htm,2017-08-24.

科学与工程研究类国家科技创新基地定位于瞄准国际前沿,聚焦国家战略目标,围绕重大科学前沿、重大科技任务和大科学工程,开展战略性、前沿性、前瞻性、基础性、综合性科技创新活动,主要包括国家实验室、全国/国家重点实验室。其中,国家实验室体现国家意志、实现国家使命、代表国家水平的战略科技力量,是面向国际科技竞争的创新基础平台,是保障国家安全的核心支撑,是突破型、引领型、平台型一体化的大型综合性研究基地。国家同步辐射实验室等5个首批国家实验室,至2000年底全部通过验收。2000~2003年,科技部陆续批准了5个国家实验室的试点。随后,又于2006年启动10个第二批国家实验室试点建设。

教育领域还未见专门的国家实验室或全国重点实验室布局。教育是智能技术应用的重要场景，有一些智能技术领域实验室的研究方向和成果可能涉及教育。例如，北京信息科学与技术国家研究中心[①]聚焦人工智能基础理论与方法、互联网体系结构、空间网络通信与全域感知、微纳器件芯片与系统集成、自主无人系统、工业设计基础软件、计算机系统、光电智能技术、数基生命与智能健康等九个重点研究领域，实现并突破引领信息科学与技术学科发展。鹏城实验室[②]是突破型、引领型、平台型一体化的网络通信领域新型科研机构，聚焦宽带通信、新型网络、网络智能等国家重大战略任务以及粤港澳大湾区、中国特色社会主义先行示范区建设的长远目标与重大需求。上海人工智能实验室[③]是我国人工智能领域的新型科研机构，突破人工智能的重要基础理论和关键核心技术，其中包括探索人工智能技术在城市、交通、医疗、教育、文旅、金融、制造业等行业的应用，关注新领域，开展共性技术平台的研发。之江实验室[④]主攻智能感知、人工智能、智能网络、智能计算和智能系统五大科研方向，抢占支撑未来智慧社会发展的智能计算战略高点。

国家重点实验室面向前沿科学、基础科学、工程科学等，开展基础研究、应用基础研究等，推动学科发展，促进技术进步，发挥原始创新能力的引领带动作用。2018年6月，科技部发布《关于加强国家重点实验室建设发展的若干意见》，到2020年，实验室数量总量保持在700个左右。《中华人民共和国2021年国民经济和社会发展统计公报》显示：截至2021年年末，正在运行的国家重点实验室533个。2022年1月1日起施行的《中华人民共和国科学技术进步法》规定"建立健全以国家实验室为引领、全国重点实验室为支撑的实验室体系"。"全国重点实验室"被誉为"国家重点实验室"的升级版，代表了一国相关领域的顶尖科技水平。有一些全国/国家重点实验室的研究方向或成果可能涉及教育信息技术（表8-1），其中就包括认知神经科学与学习国家重点实验室、虚拟现实技术与系统全国重点实验室等。

表8-1 国家重点实验室名单（部分，可能涉及教育）

序号	国家重点实验室名称	依托单位
1	认知神经科学与学习国家重点实验室	北京师范大学
2	脑与认知科学国家重点实验室	中国科学院生物物理研究所
3	脑与认知科学国家重点实验室	香港大学
4	神经科学国家重点实验室	中国科学院上海生命科学研究院
5	脑机智能全国重点实验室	浙江大学

① https://www.bnrist.tsinghua.edu.cn/.
② https://www.pcl.ac.cn/.
③ https://www.shlab.org.cn/.
④ https://www.zhejianglab.com/.

续表

序号	国家重点实验室名称	依托单位
6	认知智能全国重点实验室	科大讯飞、中国科学技术大学
7	虚拟现实技术与系统全国重点实验室	北京航空航天大学
8	智能技术与系统国家重点实验室	清华大学
9	机器人技术与系统国家重点实验室	哈尔滨工业大学
10	机器人学国家重点实验室	中国科学院沈阳自动化研究所
11	计算机软件新技术国家重点实验室	南京大学
12	软件工程国家重点实验室	武汉大学
13	软件开发环境国家重点实验室	北京航空航天大学
14	计算机辅助设计与图形学国家重点实验室	浙江大学
15	计算机科学国家重点实验室	中国科学院软件研究所
16	多模态人工智能系统全国重点实验室	中国科学院自动化研究所
17	复杂系统管理与控制国家重点实验室	中国科学院自动化研究所
18	信息光子学与光通信国家重点实验室	北京邮电大学
19	移动通信国家重点实验室	东南大学
20	无线移动通信国家重点实验室	电信科学技术研究院
21	网络与交换技术国家重点实验室	北京邮电大学
22	微波与数字通信技术国家重点实验室	清华大学
23	光纤通信技术和网络国家重点实验室	武汉邮电科学研究院
24	媒体融合与传播国家重点实验室	中国传媒大学
25	传播内容认知全国重点实验室	人民日报社人民网
26	媒体融合生产技术与系统国家重点实验室	新华通讯社新媒体中心
27	超高清视音频制播呈现国家重点实验室	中央广播电视总台
28	移动网络和移动通讯多媒体技术国家重点实验室	深圳中兴通讯股份有限公司
29	无线通信接入技术国家重点实验室	华为技术有限公司
30	软件架构新技术国家重点实验室	东软集团股份有限公司

资料来源：根据相关资料自行整理而成。

技术创新与成果转化类国家科技创新基地定位于面向经济社会发展和创新社会治理、建设平安中国等国家需求，开展共性关键技术和工程化技术研究，推动应用示范、成果转化及产业化，提升国家自主创新能力和科技进步水平，主要包括国家工程研究中心、国家技术创新中心和国家临床医学研究中心。本书主要围绕国家工程研究中心、国家技术创新中心进行介绍。

第8章 科技赋能智慧教育

国家工程研究中心是指国家发展改革委根据建设现代化经济体系的重大战略需求，以服务国家重大战略任务和重点工程实施为目标，组织具有较强研究开发和综合实力的企业、科研单位、高等院校等建设的研究开发实体，是国家创新体系的重要组成部分。《国家科技创新基地优化整合方案》规定：对现由国家发展改革委管理的国家工程研究中心和国家工程实验室，按整合重构后的国家工程研究中心功能定位，合理归并，符合条件的纳入国家工程研究中心序列进行管理。结合国家重大工程布局和发展需要，依托企业、高校和科研院所，择优建设一批国家工程研究中心。根据《国家发展改革委办公厅关于印发纳入新序列管理的国家工程研究中心名单的通知》，目前已纳入新序列管理的国家工程研究中心191个。互联网教育智能技术及应用国家工程研究中心、教育大数据应用技术国家工程研究中心分别属于"互联网+教育""教育大数据"领域；其他一些国家工程研究中心，如下一代互联网核心技术国家工程研究中心的研究方向和成果可能涉及教育领域（表8-2）。

表8-2 纳入新序列管理的国家工程研究中心名单（部分，可能涉及教育）

序号	国家工程研究中心名称	牵头建设单位
1	互联网教育智能技术及应用国家工程研究中心	北京师范大学
2	教育大数据应用技术国家工程研究中心	华中师范大学
3	网络安全应急技术国家工程研究中心	国家计算机网络与信息安全管理中心
4	大数据分析系统国家工程研究中心	中科院计算技术研究所
5	大数据系统软件国家工程研究中心	清华大学
6	大数据协同安全技术国家工程研究中心	北京奇虎科技有限公司
7	电子信息产品标准化国家工程研究中心	中国电子技术标准化研究院
8	复杂系统仿真技术应用国家工程研究中心	中国航天科工二院
9	机器人技术国家工程研究中心	中科院沈阳自动化研究所
10	机器人视觉感知与控制技术国家工程研究中心	湖南大学
11	计算机软件国家工程研究中心	东北大学
12	软件工程国家工程研究中心	北京大学
13	社会安全风险感知与防控大数据应用国家工程研究中心	中电科电子科学研究院
14	深度学习技术应用国家工程研究中心	北京百度网讯科技有限公司
15	视觉信息与应用国家工程研究中心	西安交通大学
16	视频与视觉技术国家工程研究中心	北京大学

续表

序号	国家工程研究中心名称	牵头建设单位
17	提升政府治理能力大数据应用技术国家工程研究中心	中电科大数据研究院有限公司
18	网络安全等级保护与安全保卫技术国家工程研究中心	公安部第三研究所
19	无线网络安全技术国家工程研究中心	西安西电捷通无线网络通信股份有限公司
20	下一代互联网核心技术国家工程研究中心	清华大学
21	下一代互联网接入系统国家工程研究中心	华中科技大学
22	下一代互联网宽带业务应用国家工程研究中心	中国联通网络技术研究院
23	新一代移动通信测试验证国家工程研究中心	中国信息通信研究院
24	新一代移动信息通信技术国家工程研究中心	中国移动通信集团有限公司
25	信息内容安全国家工程研究中心	中科院信息工程研究所
26	信息内容分析技术国家工程研究中心	上海交通大学
27	移动互联网安全技术国家工程研究中心	北京邮电大学
28	移动专用网络国家工程研究中心	北京交通大学
29	语音及语言信息处理国家工程研究中心	科大讯飞股份有限公司
30	云网基础设施安全国家工程研究中心	中国电信集团有限公司

资料来源：根据相关资料自行整理而成。

国家技术创新中心定位于实现从科学到技术的转化，促进重大基础研究成果产业化，以关键技术研发为核心使命，产学研协同推动科技成果转移转化与产业化，为区域和产业发展提供源头技术供给，为科技型中小企业孵化、培育和发展提供创新服务，为支撑产业向中高端迈进、实现高质量发展发挥战略引领作用，分为综合类和领域类。《国家科技创新基地优化整合方案》规定：面向国家长远发展和全球竞争，依托高校、科研院所、企业部署一批战略定位高端、组织运行开放、创新资源集聚的综合性和专业性国家技术创新中心。对现由科技部管理的国家工程技术研究中心加强评估考核和多渠道优化整合，符合条件的纳入国家技术创新中心等管理。综合类创新中心，如京津冀国家技术创新中心、粤港澳大湾区国家技术创新中心、长三角国家技术创新中心等已揭牌成立；领域类创新中心，如国家高速列车技术创新中心、国家新型显示技术创新中心、国家第三代半导体技术创新中心等也已组建。此前组建了346个国家工程技术研究中心，如教育信息化领域的国家数字化学习工程技术研究中心，以及信息与通信领域的数字家庭、并行计算机、国家多媒体软件、高性能计算机、宽带网络与应用、平板显示、数据广播、数据通信、数字交换系统、网络新媒体等国家工程技术研究中心等的研究方向和成果亦可能涉及教育。

（一）互联网教育智能技术及应用国家工程研究中心

互联网教育智能技术及应用国家工程研究中心[①]（原互联网教育智能技术及应用国家工程实验室）于2017年经国家发展改革委批复成立，由北京师范大学作为承担单位，联合清华大学、中国移动、网龙华渔教育和科大讯飞等单位共同组建，2021年通过国家发改委和教育部组织的验收和优化整合评价，被纳入国家工程研究中心新序列管理。中心的主要任务是针对我国优质教育资源分布不均衡、个性化学习服务能力不足等问题，围绕优质教育资源共享和智能教育服务的迫切需求，建设互联网教育智能技术应用研究平台，支撑开展远程教学交互、知识建模与分析、学习者建模与学习分析、学习环境设计与评测、教育数字化治理和数字资源公共服务等技术的研发和工程化。通过建立支撑互联网教育的试验平台，形成国内一流的科研环境，主动承担国家和行业重大科研项目，在学习资源生成进化和智慧学习环境等方面取得一批智能技术成果并成功转化，构建互联网教育智能技术领域的自主知识产权和标准体系，形成可持续的产学研协同创新机制，促进教育公平、教育质量提升和学生个性化发展，为推动互联网教育智能技术的进步和产业发展提供技术支撑。

围绕制约互联网教育服务产业发展的"卡脖子"关键技术难题，工程中心聚焦"四个面向"，在互联网教育教学原理、关键技术与装备、系统平台和解决方案等方面取得了重大进展，突破了认知计算、知识图谱编著及可视化、教育大数据采集和敏捷建模、虚拟仿真实验空间构建、教育通用服务开发等关键技术，形成了支撑互联网教育和智慧教育发展的技术体系，在"互联网＋教育"示范区、智慧教育示范区、基础教育大数据应用示范区、人工智能教育社会治理实验基地等进行了工程示范与推广应用，支持了乡村教育扶贫、"双减"以及疫情防控期间的在线教育，形成了互联网教育理论、技术、应用和产业全链条的完整创新体系。工程中心构建新型教育服务供给方式，支撑"互联网＋"行动和网络强国战略；推进区域智慧教育创新发展，支撑智慧社会和乡村振兴战略；推进教育新型基础设施建设，支撑人工智能和数字中国战略。工程中心围绕建设高质量教育体系，提高互联网教育服务行业经济质量效益和核心竞争力，推动技术转移和扩散，搭建研究和产业化"桥梁"，培养高端人才，推动国际交流与合作，助力互联网教育行业高质量发展。

（二）教育大数据应用技术国家工程研究中心

教育大数据应用技术国家工程研究中心[②]（原教育大数据应用技术国家工程实

---

① https://cit.bnu.edu.cn/.
② http://nerc-ebd.ccnu.edu.cn/.

验室）于2017年经国家发展改革委批复成立，由华中师范大学为牵头单位，联合教育部教育管理信息中心、中央电化教育馆、浙江大学、浪潮软件集团有限公司、武汉天喻信息产业股份有限公司、江苏金智教育信息股份有限公司、北京慕华信息科技有限公司等企业共同建设。中心的主要任务是针对我国学生成长监测、教学过程质量管理、教育管理智能决策不足等问题，围绕改进学习与评价方式、提升教育质量与管理效能的迫切需求，建设教育大数据应用技术研究平台，支撑开展教育大数据标准体系、教育情境感知与学习追踪、教育数据汇聚与融合共享、综合建模与学习分析、教育智能管理与决策、教育智能服务与可视化等技术的研发和工程化。通过建立由"一个数据中心＋五大研发平台＋七大研究中心＋九大示范基地"所构成的面向大数据与教育深度融合的政产学研用一体化创新研究应用平台，形成国内一流的科研环境，主动承担国家和行业重大科研项目，在个性化学习、教育人技环境、智能化管理等方面取得一批关键技术成果并成功转化，构建教育大数据应用技术领域自主知识产权和标准体系，形成可持续的产学研协同创新机制，促进教育质量提升和人才培养模式的改善，为推动教育大数据应用的技术进步和产业发展提供技术支撑。

此外，国家数字化学习工程技术研究中心[①]也依托华中师范大学组建，是我国教育信息化技术研发、产品推广、产业示范的重要基地，以技术原始创新和集成创新为导向，以服务中国教育信息化和现代化为宗旨，致力于提高我国教育信息化领域的理论研究水平和技术创新能力，推动研发成果的产业化发展。

（三）认知神经科学与学习国家重点实验室

人脑是自然界最复杂的系统，集成了一系列高级认知功能，赋予了人类特殊的智能，学习能力及可塑性是这种智能的核心。人脑及其智能在环境和遗传共同作用下的发展变化规律成为当今科学研究最具战略性、前瞻性、全局性和带动性的问题之一，直接关系到一个国家能否基于科学规律而有效提升教育质量、促进国民脑智与心理健康、推动人力资源开发，进而增强国际竞争力。为了抢占这一科学前沿，揭示中国人群的脑智发育与学习规律，2005年，科技部在北京师范大学布局成立了认知神经科学与学习国家重点实验室[②]。实验室聚焦人脑发育规律和认知发展与学习机理，以服务国家教育、健康等重大需求为牵引，打通基于动物模型的微观、介观研究和基于人类被试的大脑皮层神经网络和认知行为研究，重点开展脑发育规律及其与个体综合智力、各种学习能力以及心理行为发展关系的基础理论研究，并推进针对不同年龄段人群和特殊群体的认知学习能力提升和积

---

① http://nercel.ccnu.edu.cn/.
② https://brain.bnu.edu.cn/.

极心理健康促进的应用转化。自成立以来，实验室取得了快速发展并带动了国内的认知神经科学研究，建立了跨学科、文理交融的优秀人才队伍，建设了具有国际一流水平的脑智发育与学习研究平台，如磁共振脑成像中心、脑电实验平台、功能近红外成像实验平台、脑功能调控实验平台、行为数据采集实验平台、实验动物平台、脑影像数据高性能计算平台、磁共振脑成像中心等，具备了原始创新能力、国际竞争力和国内外影响力，成为我国在脑与学习研究领域的重要科技创新及人才培养基地。

（四）虚拟现实技术与系统全国重点实验室

虚拟现实技术与系统国家重点实验室[①]（虚拟现实技术与系统全国重点实验室）于2007年5月批准建设，总体定位于虚拟现实的应用基础与核心技术研究，强调原始创新、重视系统研发，发挥实验室多学科交叉、军民应用背景突出的优势，为虚拟现实技术的发展和应用做出基础性、示范性、引领性贡献。实验室围绕航空航天、国防军事、医疗手术、装备制造和文化教育等五个领域的重大应用需求，瞄准虚拟现实国际发展前沿，深入进行理论研究、技术突破、系统研制和应用示范；培养和凝聚高层次创新人才，加强实验室科研条件和环境建设；积极开展国内外学术交流和产学研合作，使实验室成为我国虚拟现实领域条件好、水平高、有影响的国家级科研基地。

（五）互联网教育数据学习分析技术国家地方联合工程实验室

互联网教育数据学习分析技术国家地方联合工程实验室[②]是国家发展和改革委员会于2016年批准建设的科研平台，设有人工智能教育应用研究室、教育大数据战略研究室、交互设计与产品创新研究室、学习分析与评测关键技术研究室、教学知识可视化关键技术研究室、VR/AR教育资源研发室、混合现实学习环境研究室、教育信息化战略研究室等。工程实验室秉承多学科融合、产学研合作的建设理念，围绕互联网教育云服务关键技术、自适应数字教育资源研发和教育信息化决策与咨询服务三个研究方向形成了由教育技术、心理学、电子工程、软件工程等多学科专家构成的、稳定的研究团队。

（六）中国基础教育质量监测协同创新中心

2011协同创新中心全称高等学校创新能力提升计划，分为面向科学前沿、面向文化传承创新、面向行业产业和面向区域发展四种类型。目前，两批共认定38个

---

① http://vrlab.buaa.edu.cn/.

② http://gcsys.nwnu.edu.cn/.

协同创新中心。其中，中国基础教育质量监测协同创新中心[①]是我国教育学和心理学领域唯一的国家级协同创新中心。中心由北京师范大学牵头，华东师范大学、华中师范大学、东北师范大学、西南大学、陕西师范大学、中国教育科学研究院和科大讯飞股份有限公司等7家机构作为核心协同单位共同建立。中心使命是构建具有中国特色、国际可比的国家基础教育质量监测体系，科学、准确、及时"把脉"全国基础教育质量状况；推动教育管理和决策的科学化，引导全社会树立和践行科学的教育质量观；推动我国基础教育质量水平不断提升，促进亿万儿童青少年全面健康发展；全面提升我国人力资源开发水平，为建设教育强国和人力资源强国奠定坚实基础。主要协同任务包括：国家基础教育质量标准体系研究；国家基础教育质量监测体系构建与相关制度建设；基础教育质量大数据采集、存储与分析平台建设；国家基础教育决策支持；基于监测与诊断的基础教育质量提升。

此外，按照省部共建协同创新中心工作的总体部署，在各地培育推荐基础上，经专家评审、统筹考虑，教育部认定了一批省部共建协同创新中心（表8-3）。例如，信息化与基础教育均衡发展省部共建协同创新中心、教师教育省部共建协同创新中心、人工智能省部共建协同创新中心等。

表8-3　省部共建协同创新中心认定名单（部分，可能涉及教育）

序号	省部共建协同创新中心名称	依托高校
1	信息化与基础教育均衡发展省部共建协同创新中心	华中师范大学
2	教师教育省部共建协同创新中心	东北师范大学
3	首都教育发展省部共建协同创新中心	首都师范大学
4	立德树人省部共建协同创新中心	南京师范大学
5	语言能力省部共建协同创新中心	江苏师范大学
6	人工智能省部共建协同创新中心	浙江大学
7	新一代信息网络与终端省部共建协同创新中心	重庆邮电大学
8	机器人与自动化装备省部共建协同创新中心	哈尔滨工业大学
9	宁夏大数据与人工智能省部共建协同创新中心	宁夏大学
10	中国特色社会主义道德文化省部共建协同创新中心	湖南师范大学
11	儒家文明省部共建协同创新中心	山东大学
12	西藏信息化省部共建协同创新中心	西藏大学
13	西藏文化传承发展省部共建协同创新中心	西藏民族大学
14	藏区历史与多民族繁荣发展研究省部共建协同创新中心	青海师范大学
15	中华多民族文化凝聚与全球传播省部共建协同创新中心	四川大学

资料来源：根据相关资料自行整理而成。

---

① https://cicabeq.bnu.edu.cn/.

（七）省部级工程研究中心和重点实验室

教育部先后组织实施了高等学校"创新能力提升计划""关键领域自主创新行动""基础研究珠峰计划"等一批重大战略行动和乡村振兴、"一带一路"、人工智能、碳中和、区块链等一系列科技创新专项行动计划；组织高校建设了一批国家重点实验室、国家工程（技术）研究中心，主动布局建设前沿科学中心、集成攻关大平台，成建制、体系化建设了688个教育部重点实验室和448个教育部工程研究中心，形成了层次清晰、结构合理、支撑有力的高校科技创新体系，高校科技创新服务能力稳步提升[①]。

教育部工程研究中心是高等学校科技创新体系的重要组成部分，是高等学校面向世界科技前沿、面向经济主战场、面向国家重大需求，组织工程技术研发、促进科技成果转化、推动学科建设发展、培养集聚创新人才、开展国际合作交流的重要基地。例如，主要聚焦教育信息化领域的教育信息技术、数字学习与教育公共服务、数字化学习支撑技术、数字化学习技术集成与应用、智能技术与教育应用、大数据云边智能协同等教育部工程研究中心等均属此类。

表 8-4　教育部工程研究中心名单（部分，可能涉及教育）

序号	教育部工程研究中心名称	依托单位
1	数字学习与教育公共服务教育部工程研究中心	北京师范大学
2	虚拟现实应用教育部工程研究中心	北京师范大学
3	智能技术与教育应用教育部工程研究中心	北京师范大学
4	大数据云边智能协同教育部工程研究中心	北京师范大学
5	教育信息技术教育部工程研究中心	华中师范大学
6	数字化学习支撑技术教育部工程研究中心	东北师范大学
7	数字化学习技术集成与应用教育部工程研究中心	国家开放大学
8	计算机网络技术教育部工程研究中心	清华大学
9	超算工程软件教育部工程研究中心	中山大学
10	创新科学仪器教育部工程研究中心	复旦大学
11	大数据智能教育部工程研究中心	福州大学
12	多媒体通信教育部工程研究中心	宁波大学
13	高性能计算应用软件技术教育部工程研究中心	湖南大学
14	广播电视数字化教育部工程研究中心	中国传媒大学
15	机器人智能交互技术教育部工程研究中心	青岛大学

---

① 张欣，程旭.十年，高校科技创新能力大幅提升[N]. 中国教育报，2022-07-20（1）.

续表

序号	教育部工程研究中心名称	依托单位
16	可信人工智能教育部工程研究中心	暨南大学
17	区块链数据管理教育部工程研究中心	华东师范大学
18	人工智能技术与系统教育部工程研究中心	电子科技大学
19	视觉控制技术与应用教育部工程研究中心	湖南大学
20	数据存储系统与技术教育部工程研究中心	华中科技大学
21	数字家庭教育部工程研究中心	中山大学
22	数字媒体技术教育部工程研究中心	山东大学
23	数字社区教育部工程研究中心	北京工业大学
24	数字图书馆教育部工程研究中心	浙江大学
25	文本计算与认知智能工程教育部工程研究中心	贵州大学
26	物联网技术应用教育部工程研究中心	江南大学
27	新一代智能搜索与推荐教育部工程研究中心	中国人民大学
28	学习型智能系统教育部工程研究中心	天津理工大学
29	知识驱动人机智能教育部工程研究中心	吉林大学
30	智能与数字治理教育部工程研究中心	天津大学

资料来源：根据相关资料自行整理而成。

教育部重点实验室是高等学校组织高水平科学研究、培养和集聚创新人才、开展学术合作交流的重要基地。其主要任务是面向科学前沿，聚焦国家战略需求和行业、区域发展需求，开展创新性研究，提升高等学校创新能力，推动学科建设发展，以高水平科学研究支撑高质量高等教育。例如，现代教学技术教育部重点实验室、民族教育信息化教育部重点实验室等均属此类（表8-5）。

表8-5　教育部重点实验室名单（部分，可能涉及教育）

序号	教育部重点实验室名称	依托单位
1	现代教学技术	陕西师范大学
2	儿童发展与学习科学	东南大学
3	认知与人格	西南大学
4	民族教育信息化	云南师范大学
5	计算语言学	北京大学
6	服务计算技术与系统	华中科技大学
7	符号计算与知识工程	吉林大学
8	高可信软件技术	北京大学

续表

序号	教育部重点实验室名称	依托单位
9	过程优化与智能决策	合肥工业大学
10	机器感知与智能	北京大学
11	机器智能与先进计算	中山大学
12	计算机视觉与系统	天津理工大学
13	计算机网络和信息集成	东南大学
14	计算智能与信号处理	安徽大学
15	计算智能与中文信息处理	山西大学
16	媒介音视频	中国传媒大学
17	普适计算	清华大学
18	嵌入式系统与服务计算	同济大学
19	青少年健康评价与运动干预	华东师范大学
20	全光网络与现代通信网	北京交通大学
21	数据工程与知识工程	中国人民大学
22	图像信息处理与智能控制	华中科技大学
23	系统控制与信息处理	上海交通大学
24	先进设计与智能计算	大连大学
25	新型显示技术及应用集成	上海大学
26	信息存储系统	华中科技大学
27	信息系统安全	清华大学
28	智能感知与图像理解	西安电子科技大学
29	智能计算与信息处理	湘潭大学
30	智能网络与网络安全	西安交通大学

资料来源：根据相关资料自行整理而成。

根据《教育部-中国移动集团公司签署的新一轮战略合作框架协议》，遴选建设了教育部-中国移动联合实验室，如"车联网""移动医疗""移动学习"联合实验室等。"移动学习"联合实验室于2013年由教育部、北京师范大学、中国移动通信集团联合组建，属于教育部重点实验室系列。实验室结合中国移动5G和人工智能的技术优势与北京师范大学的教育理论、教育技术和实践创新优势，通过产学研用结合，助力技术与教育双向融合，创新传统教育理念、模式与方法，推动教育教学、管理、科研等方面的深入发展与变革，支撑和引领教育创新发展，提高教育质量，促进教育公平。实验室聚焦泛在教育规律、移动学习模式和移动学习技术三个研究方向，开展持续深入的理论研究、技术创新、原型实现、系统孵化与测试评估、应用示范及人才培养等工作。

为落实《高等学校基础研究珠峰计划》，教育部决定在高等学校培育建设一批前沿科学中心。根据《前沿科学中心建设管理办法》，前沿科学中心是"探索现代大学制度的试验区，要充分发挥在人才培养、科学研究、学科建设中的枢纽作用，深化体制机制改革，面向世界汇聚一流人才，促进学科深度交叉融合、科教深度融合，建设成为我国在相关基础前沿领域最具代表性的创新中心和人才摇篮，成为具有国际'领跑者'地位的学术高地"。例如，脑科学前沿科学中心（复旦大学）、脑与脑机融合前沿科学中心（浙江大学）、移动信息通信与安全前沿科学中心（东南大学）等均属此类。

此外，地方政府部门批复建设了一批省级科研平台，如教育技术学北京市重点实验室（北京师范大学）、未来教育高精尖创新中心（北京师范大学）、上海数字化教育装备工程技术研究中心（华东师范大学）、广东省智慧学习工程技术研究中心（华南师范大学）、江苏省教育信息化工程技术研究中心（江苏师范大学）、智慧教育重庆市高校工程研究中心（西南大学）等。未来教育高精尖创新中心由北京市政府支持建设。核心使命是从国家重大教育实践问题出发，推进人工智能+教育的深度融合，研究智能时代的认知科学规律，研发智能教育技术与产品，推动人才培养模式的转型和变革，创新智能教育公共服务，孵化面向未来的教育新生态，打造教育高地，建设智慧教育示范标杆，促进学生全面而有个性的发展。

为改革高校哲学社会科学科研组织模式，提升高校哲学社会科学原始创新和"四个服务"能力，推动高校哲学社会科学高质量发展，全面繁荣高校哲学社会科学事业，加快构建中国特色哲学社会科学，教育部启动了哲学社会科学重点实验室试点建设工作。入选实验室要服务国家战略和区域发展，瞄准学术前沿，推进学科交叉融合，创新研究范式和方法，充分利用现代信息技术和先进实验手段，开展战略性、前瞻性、实践性研究，推动高校哲学社会科学研究的现代化。首批教育部哲学社会科学实验室含试点 9 个，如清华大学计算社会科学与国家治理实验室、合肥工业大学数据科学与智慧社会治理实验室、武汉大学文化遗产智能计算实验室，以及上海师范大学、上海市教育科学研究院教育大数据与教育决策实验室等；培育 21 个，如华东师范大学智能教育实验室、北京师范大学汉字汉语研究与社会应用实验室、北京外国语大学人工智能与人类语言实验室、复旦大学国家发展与智能治理综合实验室、南京大学数据智能与交叉创新实验室、华南师范大学儿童青少年阅读与发展实验室等。

此外，自 1999 年以来，教育部在高校相继设立了 151 所教育部人文社会科学重点研究基地[①]，按照"一流"和"唯一"的标准进行建设，其中就包括教育学科

---

① 教育部人文社会科学重点研究基地工作会在京召开[EB/OL]. https://www.gov.cn/gzdt/2007-10/10/content_772399.htm，2007-10-10.

第 8 章 科技赋能智慧教育

类的有北京大学教育经济研究所、北京师范大学比较教育研究中心、北京师范大学教师教育研究中心、华东师范大学课程与教学研究所、华东师范大学基础教育改革与发展研究所、厦门大学高等教育发展研究中心、清华大学高校德育研究中心、东北师范大学农村教育研究所、南京师范大学道德教育研究所、华南师范大学心理应用研究中心、郑州大学中国公民教育研究中心等。

三、教育部教育信息化战略研究基地

国家高端智库是国家最高水平的决策咨询机构，紧扣党和国家战略需求，突出问题导向、应用导向，增强决策研究的前瞻性、针对性、有效性，提升服务中央决策的能力水平。目前，共有两批 29 家高端智库入选国家高端智库建设试点名单[1]。其中，北京师范大学中国教育与社会发展研究院[2]是以教育政策研究和社会治理创新为研究特色的新型高校智库。研究院坚持以习近平新时代中国特色社会主义思想为指导，面向国家重大战略和区域发展，聚焦教育政策研究和改革发展、社会治理创新等研究领域，开展具有前瞻性、针对性的多学科交叉综合研究，形成特色鲜明的咨询研究方向和研究领域。

教育部教育信息化战略研究基地是教育信息化领域重要的政策研究与决策咨询机构。基地以建设世界一流的教育信息化智库为目标，推动教育理念与模式、教学内容与方法的改革创新，跟踪、分析、研究国内外教育信息化发展规律，提出发展战略与政策建议，为教育信息化决策提供咨询与参考，形成更加完善、更加全面、更加科学的教育信息化研究支持体系。

为扎实推进教育信息化 2.0 行动计划，保障教育信息化科学发展，《教育部关于设立教育部教育信息化战略研究基地（北京、西北）的通知》[3]提出增设 2 个教育部教育信息化战略研究基地。

（1）教育部教育信息化战略研究基地（北京），依托北京师范大学建设，聚焦智慧教育发展、人工智能教育应用、教育信息化国际比较研究等领域开展战略研究。

（2）教育部教育信息化战略研究基地（西北），依托西北师范大学建设，聚焦网络学习空间建设与应用、民族地区教育信息化等领域开展战略研究。

---

[1] 新增国家高端智库建设试点单位名单公布：浙江大学区域协调发展研究中心入选[N]. 浙江大学学报，2020-03-27（1）．

[2] http://www.esidea.bnu.edu.cn/.

[3] 教育部关于设立教育部教育信息化战略研究基地（北京、西北）的通知. http://www.moe.gov.cn/srcsite/A16/s3342/202101/t20210115_509930.html[EB/OL].2021-01-05.

教育信息化领域还有一些协会组织，如中国教育技术协会、中国教育装备行业协会、中国教育学会中小学信息技术教育专业委员会、中国高等教育学会教育信息化分会、中国高等教育学会智慧教育研究分会、中国职业技术教育学会教育数字化工作委员会等，开展相关领域的研究与咨询服务工作。教育部成立了一些专家组织，充分发挥专家学者在教育信息化规划、重要政策以及重大问题上的研究、咨询、指导作用，如教育部教育信息化专家组[①]、教育部教育管理信息化专家组[②]、教育部人工智能科技创新专家组[③]、教育部"智慧教育示范区"创建项目专家组[④]等均属此类。此外，教育部基础教育教学指导专业委员会信息化教学指导专委会[⑤]、教育部高等学校教学指导委员会教学信息化与教学方法创新指导委员会[⑥]、全国行业职业教育教学指导委员会工业和信息化职业教育教学指导委员会[⑦]、教育部职业院校教学（教育）指导委员会信息化教学指导委员会[⑧]等对信息化教学工作发挥研究、咨询、指导、评估和服务作用。

四、国家重点研发计划项目

国家重点研发计划由原来的国家重点基础研究发展计划（"973"计划）、国家高技术研究发展计划（"863"计划）、国家科技支撑计划、国际科技合作与交流专项、产业技术研究与开发基金和公益性行业科研专项等整合而成。国家重点研发计划由中央财政资金设立，面向世界科技前沿、面向经济主战场、面向国家重大需求，重点资助事关国计民生的农业、能源资源、生态环境、健康等领域中需要长期演进的重大社会公益性研究，事关产业核心竞争力、整体自主创新能力和国

[①] 教育部关于教育信息化专家组换届的通知[EB/OL]. http://www.moe.gov.cn/srcsite/A16/s3342/202006/t20200615_465966.html，2020-05-27.

[②] 教育部办公厅关于成立教育管理信息化专家组的通知[EB/OL]. http://www.moe.gov.cn/srcsite/A16/s3342/201612/t20161230_293511.html，2016-12-14.

[③] 教育部办公厅关于成立教育部人工智能科技创新专家组的函[EB/OL]. http://imap.caa.org.cn/article/207/1341.html，2018-09-06.

[④] 教育部办公厅关于公布2019年度"智慧教育示范区"创建项目名单的通知[EB/OL]. http://www.moe.gov.cn/srcsite/A16/s3342/201905/t20190517_382370.html，2019-05-05.

[⑤] 教育部办公厅关于公布教育部基础教育教学指导专业委员会委员名单的通知[EB/OL]. http://www.moe.gov.cn/srcsite/A06/s7053/202101/t20210126_511113.html，2021-01-15.

[⑥] 教育部办公厅关于推荐2018-2022年教育部高等学校教学指导委员会委员的通知[EB/OL]. http://www.moe.gov.cn/srcsite/A08/s5653/201803/t20180314_330023.html，2018-03-08.

[⑦] 教育部办公厅关于推荐全国行业职业教育教学指导委员会（2020—2024年）委员的通知[EB/OL]. http://www.moe.gov.cn/srcsite/A07/moe_953/201912/t20191227_413755.html，2019-12-23.

[⑧] 教育部关于公布全国行业职业教育教学指导委员会（2021—2025年）和教育部职业院校教学（教育）指导委员会（2021—2025年）组成人员和工作规程的通知[EB/OL]. http://www.moe.gov.cn/srcsite/A07/moe_953/202112/t20211209_586131.html，2021-11-22.

家安全的战略性、基础性、前瞻性重大科学问题、重大共性关键技术和产品研发，以及重大国际科技合作等，加强跨部门、跨行业、跨区域研发布局和协同创新，为国民经济和社会发展主要领域提供持续性的支撑和引领。

我国在国家重点研发计划"社会治理与智慧社会科技支撑"重点专项、"文化科技与现代服务业"重点专项、科技创新2030——"新一代人工智能"重大项目、科技创新2030——"脑科学与类脑研究"重大项目等中布局了一批科技支撑智慧教育项目，其他有些专项也布局了少量涉及教育的项目（表8-6）。

表8-6 国家重点研发计划中的智慧教育相关项目

专项名称	国家重点研发计划项目	年度	牵头承担单位	项目负责人
社会治理与智慧社会科技支撑	大规模学生跨学段成长跟踪研究	2021	北京师范大学	陈丽
	农村地区教师教学能力智能评测与教学精准辅助技术研究	2022	北京师范大学	余胜泉
	互联网教育应用的行为感知与风险监测关键技术研究	2022	北京师范大学	童莉莉
	儿童异常行为自然监测、筛查与干预关键技术	2022	—	—
	教育大数据驱动的个性化学习关键技术研究与应用示范	2023	—	—
	超常儿童早期发现与创新能力培养评价关键技术研究	2023	—	—
	面向外交和商务的小语种多模态语料库构建与场景化智慧学习关键技术研究	2023	—	—
	平安绿色校园群智联动与协同防控关键技术研究	2023	—	—
	体育锻炼促进青少年身心成长的关键技术研究与应用示范	2023	—	—
	知识赋能的多空间协同智慧学习关键技术研究与应用示范	2023	—	—
	未成年人网络空间沉迷行为监测与治理技术研究	2023	—	—
文化科技与现代服务业	数字教育众筹众创的个性化服务平台研发与应用示范	2017	华中师范大学	杨宗凯
	民族民间文化资源传承与开发利用技术集成与应用示范	2017	陕西师范大学	吴晓军
	面向终身学习的个性化"数字教师"智能体技术研究与应用	2021	科大讯飞	陈恩红
科技创新2030——"新一代人工智能"重大项目	混合增强在线教育关键技术与系统研究	2020	西安交通大学	郑庆华
	复杂版面手写图文识别及理解关键技术研究	2020	首都师范大学	刘杰
	新一代人工智能科教创新开放平台	2021	浙江大学	肖俊
	学习环境智联计算关键技术研究及应用示范	2022	北京师范大学	李艳燕
	面向智慧教育的可解释学习认知理论与方法	2022	华中师范大学	杨宗凯

续表

专项名称	国家重点研发计划项目	年度	牵头承担单位	项目负责人
科技创新 2030——"脑科学与类脑研究"重大项目	婴幼儿社会情绪与交流能力发展的脑机制	2021	—	—
	儿童青少年情绪问题预防和干预的原理和技术	2021	—	—
	脑智异常的脑白质发育机制	2021	—	—
云计算与大数据	教育大数据分析挖掘技术及其智慧教育示范应用	2018	西安交通大学	刘均
	面向异构体系结构的高性能分布式数据处理技术与系统	2018	华东师范大学	周傲英
	多模态自然交互的虚实融合开放式实验教学环境	2018	杭州师范大学	潘志庚
智能机器人	面向我国工业机器人职业培训的教育机器人系统	2019	浙江大学	
高性能计算	基于国家高性能计算环境的HPC[①]教育实践平台 2.0	2018	中山大学	吴迪

资料来源：根据相关资料自行整理而成。

（一）社会治理与智慧社会科技支撑重点专项

"社会治理与智慧社会科技支撑"重点专项的总体目标是：落实《关于加强科技创新支撑平安中国建设的意见》，围绕"平安中国"的战略总目标，构建智慧社会理论体系，研究共性关键技术与装备，开展行业应用示范，构建一体化社会安全体系，提升防范化解重大系统性风险能力，提升科学监管和服务能力，为推进社会治理体系和治理能力现代化、建设智慧社会提供科技支撑，切实增强人民的安全感、获得感和幸福感。其主要围绕社会安全、智慧司法、社会治理、科学监管和智慧（教育）服务等方向布局项目。

1. 大规模学生跨学段成长跟踪研究[②]

需求目标：针对学生综合素养测评中对数据采集的技术、规范和伦理需求不断增强，测评结果未综合发挥导向、鉴定、诊断、调控和改进作用等问题，建设百万级规模的长周期、多场域、多维度学生跨学段成长的知识库、常模库和评估体系。具体需求目标如下：构建学生综合素养测评的理论、模型及指标体系；发展学生群体多维度、多场域信息采集技术；发展各类学生素养多模态数据智能处理技术；发展长周期学生发展因素画像与成长溯源技术；建立规范化操作流程，制定大样本、长周期、多场域、多维度学生队列的建设标准；等等。

2022 年 4 月 24 日，北京师范大学牵头承担的国家重点研发计划"社会治理与智慧社会科技支撑"2021 年度"揭榜挂帅"项目"大规模学生跨学段成长跟踪

---

① HPC 一般指高性能计算 (high performance computing) 是利用超级计算机实现并行计算的理论、方法、技术以及应用的一门技术科学。

② 申报指南仅国家科技管理信息系统注册用户登录可见，下同。

研究（2021YFC3340800）"启动暨实施方案论证会举行①。项目由教育学部、互联网教育智能技术及应用国家工程研究中心陈丽教授领衔，联合了中央电化教育馆、教育部教育管理信息中心、中国科学技术馆、华中师范大学、华中科技大学、北京理工大学、中南大学、科大讯飞股份有限公司、字节跳动有限公司9家单位承担，研发周期为2021年12月至2026年11月。

项目将针对当前我国教育综合评价中科学性和客观性不足的"卡脖子"问题，通过有组织的跨单位协同集中科研攻关方式，研发基于大数据和人工智能技术的中国学生综合素养测评方案，采集多场域、多模态的学生数据，建设百万级规模学生队列资源，探索我国学生跨学段综合素养成长的规律，为综合评价改革提供智能解决方案。

北京师范大学校长董奇、教育部科学技术与信息化司司长雷朝滋、科学技术部社会发展科技司二级巡视员王小龙、中国21世纪议程管理中心副主任柯兵等出席会议并发言。项目咨询专家组11名专家，北师大教育学部、信息网络中心、科研院等单位相关负责同志，项目团队成员通过线上线下方式参加了会议。

专家组认真听取了项目及下设的5个课题的实施方案，高度肯定了前期充分的准备工作，一致认为项目总体实施方案完整，具有可行性。专家组建议，项目应高举高打，争取教育部将该项目建设成果作为学生综合素质评价的核心基础库，以确保项目数据的数量和质量；应强化各课题的衔接联动及对总项目的支撑配合，持续提升课题与总项目的耦合性，保证项目目标的达成。

2. 农村地区教师教学能力智能评测与教学精准辅助技术研究

研究内容：针对我国农村地区教育教学环境复杂、教师结构性缺失和教学能力不足、优质教学资源供给不足等问题，研究农村学校课堂教学行为感知与教学能力智能评测技术；研究农村地区网络联校教学场景测绘、监测及计算支撑技术；研究优质教学资源差异化选择与协同汇聚、多模态融合与挖掘、优化存储与访问、智能导学及评估反馈技术；研究课堂教学活动建模、教案自动生成与教学智能协同支持技术；构建农村地区教师教学评测与教学服务支撑平台，并开展示范应用。

2023年1月13日，北京师范大学牵头承担的国家重点研发计划"社会治理与智慧社会科技支撑"重点专项"农村地区教师教学能力智能评测与教学精准辅助技术研究"项目启动暨实施方案论证会在线举行②。该项目是由北京师范大学牵头，北京理工大学、西安交通大学、北京世纪好未来教育科技有限公司、华南师

---

① 国家重点研发计划项目"大规模学生跨学段成长跟踪研究"启动暨实施方案论证会召开[EB/OL].https://news.bnu.edu.cn/zx/zhxw/127497.htm，2022-04-28.

② 北师大举办农村地区教师教学能力智能评测与教学精准辅助技术研究项目启动暨实施方案论证会[EB/OL]. https://news.bnu.edu.cn//zx/zhxw/131480.htm，2023-01-16.

范大学、陕西师范大学、浙江师范大学、暨南大学、广州市奥威亚电子科技有限公司等八家单位联合承担。

北京师范大学副校长周作宇教授指出，项目的实施将为学校的重大战略"强师工程"注入新的活力。以科技赋能乡村教师的课堂，提升乡村教师的教学能力，促进智能技术与乡村教育教学的深度融合，这对于建设乡村"强师"来说是创新教育模式享受科技力量的智能帮扶，是由"经验传授型"向"数据诊断型"转变的数智赋能的科学帮扶，是由"输血式"向"造血式"转变而实现自我赋能的深度帮扶。他表示，作为项目牵头单位将大力支持项目落地实施，将汇聚学校的优势资源为项目的实施提供良好的支撑。

中国21世纪议程管理中心社会事业处副处长王顺兵提出期望：一是充分认识项目重要性，项目是科技与教育领域的融合项目，是针对社会民生中乡村教育的短板开展的科教协同攻关，解决乡村教育痛点与难题，有助于教育公平和优质均衡发展。二是落实法人主体的责任，做好任务管理、经费利用。三是加强与上级主管部门的沟通联系，获取各级教育系统的支持，"边研究、边实施、边应用、边示范"。四是请专家积极提出宝贵意见、科学把脉。

教育部教师工作司副司长（援青）、青海教育厅党组成员、副厅长宋磊指出，项目服务农村教育，对推进教育数字化和学习型社会具有重大理论意义和实践价值：一是精准辅助，弥补农村教师课堂教学能力的短板。二是人机协同，形成农村地区教师教学胜任力提升的系统解决方案，构建农村教师教育的新形态。三是人工智能助推教师队伍建设，促进人机协同教育理念践行。

教育部科学技术与信息化司处长任昌山指出，项目聚焦研究"机器智能的教学嵌入"范式与支撑技术，聚力支持农村教育振兴，是数字中国建设的重要探索方向。项目推进中要把握三个方向：一是注重科教融合，积极推动教育现代化建设。二是聚焦农村教育需求，实现关键技术与农村教育问题的结合。三是优化技术手段，有效发挥智慧教育平台价值。

围绕课题目标与考核指标、课题研究框架与内容、研究方法与技术路线、课题任务分解与统筹、课题年度计划与指标、课题组织实施与保障内容，项目总负责人北京师范大学教授余胜泉作项目整体汇报，五个子课题负责人分别汇报。

中国科学院空天信息创新研究院研究员赵忠明主持项目论证。专家组对照项目及子课题的考核目标、研究任务、技术路线、预期成果等方面提出中肯建议。项目设计清晰、框架构建良好，逻辑关系紧密，建议项目团队在研究边界细化、内容指标压缩、农村特色加强、资源统筹安排、应用推广措施等方面调整优化。

北京师范大学教育学部部长朱旭东总结认为，乡村教师是发展更加公平更有质量乡村教育的基础支撑，是推进乡村振兴、实现中华民族伟大复兴的重要力量。相信项目作为服务国家教育和社会发展重大现实需求的重要布局，定能够取得培养新时代乡村"强师"的实效。

3. 互联网教育应用的行为感知与风险监测关键技术研究

研究内容：研究互联网教育应用的多模态内容审查技术，自动标记和筛查偏离教学规律的不当内容和影响青少年成长的不良信息；研究互联网教育应用的个人信息保护审查技术，自动侦测和审查个人信息处理的策略、规则、方式与范围；研究互联网教育应用的用户行为建模、画像与算法分析技术；研究互联网教育应用中的适应性认知发展评估与人机协同诊断技术；研究互联网教育应用的风险监测和预警处置技术，建立风险预警体系架构，搭建综合监管平台，开展规模化应用示范。

2022 年 12 月 24 日，北京师范大学牵头承担的 2022 年度国家重点研发计划项目"互联网教育应用的行为感知与风险监测关键技术研究"实施方案论证暨启动会以线下线上相结合的形式召开[①]。本项目由北京师范大学牵头，联合了教育部教育技术与资源发展中心（中央电化教育馆）、中国信息通信研究院、北京理工大学、西南大学、北京邮电大学、福建省华渔教育科技有限公司、科大讯飞股份有限公司、深圳市龙华区教育科学研究院共 9 家单位承担。

北京师范大学副校长康震表示，学校已安排科研院专人跟进、资产处与项目组协同完成监管平台招标、财务处做好经费专项管理等具体工作，希望项目组所有成员单位能齐心攻关，顺利启动并完成关键技术攻关目标。

科技部社会发展科技司调研员陈振强调，项目需聚焦互联网教育应用的治理症结，与前序立项的学生发展追踪项目和同年立项的教师资源类项目形成专项内的数据共享、机制协同、应用联动，促进智慧教育在"安全"与"发展"的原则下科学发展。

教育部科学技术与信息化司副司长舒华希望，研究团队要深刻认识到互联网环境中的学习行为精准感知和风险监测技术对推进教育数字化的重要意义，聚焦真问题多出好成果。在"内容审查-信息保护-算法智能-认知适用-风险可控"的系统性思路指导下，以教育部已经出台的内容审查有关规范、教育 APP 管理制度为基础，促进算法设计契合育人规律、实现互联网学习环境对真实健全人格的培养作用。

国家信息中心信息化和产业发展部主任单志广、首都师范大学教授方海光、工业和信息化部产业政策与法规司政策研究处处长李琰、北京国嘉瑞联合会计师事务所所长徐胜怀、北京理工大学教授嵩天等项目责任专家和特邀专家指导项目与课题实施方案的论证环节。

项目负责人北京师范大学教育学部童莉莉副教授就当前互联网教育应用网络场景杂、监管覆盖面缺、评价精度低的问题，介绍了 4 类公共数据集建立、5 项

---

① 2022 国家重点研发计划项目"互联网教育应用的行为感知与风险监测关键技术研究"实施方案论证暨启动会召开[EB/OL]. https://news.bnu.edu.cn// zx/zhxw/131290.htm, 2022-12-26.

核心技术性能提升、1个综合监管平台对接支撑国家智慧教育平台的项目实施方案。各子课题负责人分别汇报了实施方案。

北京师范大学原副校长陈光巨教授代表项目组在会议总结环节中表示，项目将围绕"平安中国"战略总目标，聚焦智慧教育理论体系、互联网教育应用的风险监测关键技术体系，开展智慧教育示范区/教育特色型国家智能社会治理实验基地等典型区域的示范应用，构建事前-事中-事后闭环的互联网教育应用监管平台，突破多模态内容审查技术、个人信息保护溯源技术、用户行为建模/画像与算法感知技术、认知发展评估与人机协同诊断技术和复杂行为序列风险监测等5项关键技术，推进互联网教育应用业态的健康有序发展，促进在线教育关联主体的获得感和安全感，助力互联网教育治理能力的现代化。

4. 儿童异常行为自然监测、筛查与干预关键技术

研究内容：研究面向多通道无扰式交互的儿童异常行为智能感知与分析技术，无感化采集自闭症、抑郁症等儿童典型生理、心理与行为数据；研究基于脑电信号多节律溯源与耦合的儿童异常行为监测技术，突破动态高维脑电大数据非线性特征分解、交叉频率耦合、脑源活动信息重构等关键技术；研究多模态数据驱动的儿童异常行为智能化筛查技术，建立筛查指标体系和预警模型；研究人机协同的儿童适应学习干预技术，攻克学习状态深度追踪、学习路径动态规划与学习资源精准适配等关键技术；研发儿童异常行为筛查、干预设备和大数据平台，并进行应用示范。

（二）文化科技与现代服务业重点专项

"文化科技与现代服务业"（"十三五"期间为"现代服务业共性关键技术研发及应用示范"）重点专项总体目标是：面向文化科技与现代服务业生态集聚的新趋势、服务消费升级的新需求和服务场景创新的新特征，结合文化科技与现代服务业数字化、专业化、智能化和生态化的发展趋势，系统布局共性基础技术研究，媒体融合、数字文化、文旅融合、文化遗产保护等文化科技场景服务技术创新与应用，生活服务、科技服务、生产服务等现代服务业场景服务技术创新与应用，促进文化产业数字化转型升级，提升国家文化软实力；支撑现代服务业健康快速发展，培育经济发展新动能。

1. 数字教育众筹众创的个性化服务平台研发与应用示范

研究内容：研究个性化教育创新服务模式；制定数据驱动下的个性化教育服务标准规范；突破多场景教学过程量化与数据采集、优质教育资源的众筹众创、智能化教学环境创设、个性化教与学服务等共性关键技术与服务集成技术，构建众筹众创的个性化教育服务与运营支撑平台；围绕课内课外、线上线下相结合的个性化教与学、资源供给的众筹众创等，开展多层级、全方位的规模化应用示范，建设可持续发展的个性化教育服务创新体系。

2018年7月9日，国家重点研发计划"现代服务业共性关键技术研发及应用示范"重点专项"数字教育众筹众创的个性化服务平台研发与应用示范"项目启动与实施方案咨询会在华中师范大学举行[①]。项目由华中师范大学牵头，联合中央电化教育馆、浙江大学、南京邮电大学、华中科技大学、西安交通大学等17家单位共同承担。

华中师范大学副校长彭南生表示，学校高度重视国家重点研发计划项目的组织申报和管理实施工作，学校将按照国家重点研发计划相关规定，在人、财、物等方面给予项目大力支持，确保项目顺利开展和各项任务圆满完成。

科技部高技术研究发展中心副处长张金国从组织管理、法人责任、实施方案编制、过程管理等方面介绍了重点研发计划管理办法，并表示作为项目牵头单位，工作量大，协调难度高，希望项目组增强相关责任意识，建立有效且常态化的管理机制，加强新技术的融合和创新。

教育部科技司信息化处处长舒华表示，华中师范大学在我国的教育信息化建设及相关的科技项目中发挥了重要作用，该项目能够较好地支撑教育信息化2.0行动计划，希望项目团队继续发扬创新精神，产出一批高质量的研究成果，助力于推动"三全两高一大"发展目标的实现。

湖北省科技厅处长孔庆成表示华中师范大学对于湖北省数字教育服务业的发展做出了重要贡献，省科技厅将一如既往地支持该项目工作，共同推动湖北省现代服务业的创新发展。

教育大数据应用技术国家工程实验室副主任刘三女牙教授作为项目技术负责人，从立项背景、研究目标、研究内容、任务分解、技术路线、实施计划、管理机制以及预期成果等方面进行了详细汇报。项目责任专家和咨询专家对项目规划和实施方案的可行性给予了肯定，并分别从参与单位协作、验收指标、成果呈现方式等方面给出了建设性的意见和建议。

项目负责人华中师范大学教育大数据应用技术国家工程实验室主任杨宗凯教授表示，项目组将围绕项目整体目标，进一步加强团结协作，落实各项任务时间节点，共同做好项目实施工作，确保项目顺利通过验收。

科技部高技术研究发展中心副处长任静滨建议，项目要在技术上大胆创新，在管理上追求卓越，充分发挥科技创新的带动和支撑作用，引领我国现代服务业的创新发展。

2. 面向终身学习的个性化数字教师智能体技术研究与应用

研究内容：面向终身学习个性化服务场景，研究基于多模态行为数据的用户画像生成和迭代更新模型，研究行业知识体系的构建和生命周期管理技术、

---

① 国家重点研发计划"数字教育众筹众创的个性化服务平台研发与应用示范"项目启动与实施方案咨询会举行[EB/OL]. http://nercel.ccnu.edu.cn/info/1009/4299.htm, 2018-07-10.

互联网教学资源与行业知识图谱的语义映射技术，研究自适应教学与学习路径规划、跨媒体智能推荐等个性化学习技术，研究信息化和多元化的综合竞争力测评体系构建技术，研究针对特殊群体的语音识别、语音合成、手势识别等智能交互技术。研发服务全民终身学习的数字化智能体系统，在数字世界为学习者构建一位陪伴终身的专属智能教师，有效完善终身学习教育体系并推动学习型社会的建立。

2022年4月15日，由科大讯飞牵头承担的国家重点研发计划"文化科技与现代服务业"重点专项"面向终身学习的个性化数字教师智能体技术研究与应用"项目启动暨实施方案论证会召开[①]。该项目聚焦我国建立学习型社会、构建全民终身学习体系的战略部署和需求，针对学情杂、寻径难、资源散等挑战，研发面向全民终身学习的数字化智能体系统，为学习者构建陪伴终身的专属数字教师，并在农业、人工智能、医疗等代表性行业开展示范应用。

科大讯飞副总裁、研究院副院长王士进表示，科大讯飞高度重视教育业务的发展，一直致力于教育教学模式创新，为学习者提供智能化服务，有信心保障项目后续的顺利实施，圆满完成项目目标。科技部高技术研究发展中心项目主管王元原就国家重点研发计划项目管理办法进行解读。项目负责人、科大讯飞教育事业群首席科学家、中国科学技术大学教授陈恩红就项目概况、预期成果、技术方案、计划安排、组织管理及阶段进展进行详细汇报，重点阐述了项目示范应用形式、各课题间支撑关系及任务协同推进计划，向与会专家展现了本项目清晰的实施路径、明确的任务衔接及有效的组织管理。

专家组肯定了前期充分的准备工作，一致认为实施方案内容详尽，示范应用具有可行性。浙江大学尹建伟教授建议完善项目组整体架构，并谋划项目标志性成果，凸显社会影响力；中科院自动化研究所张文生研究员认为在完成考核指标的基础上，应思考如何实现超越；北京邮电大学杜军平教授指出作为示范应用类项目，应提早试运行，从而反馈修正实现迭代；中国海洋大学丁香乾教授强调，项目应厘清在成果上存量和增量的关系，并落实技术、标准、模式等方面的创新。

（三）科技创新2030——"新一代人工智能"重大项目

科技创新2030——"新一代人工智能"重大项目的总体目标是：以推动人工智能技术持续创新和与经济社会深度融合为主线，按照并跑、领跑两步走战略，围绕大数据智能、跨媒体智能、群体智能、混合增强智能、自主智能系统等五大方向持续攻关，从基础理论、支撑体系、关键技术、创新应用四个层面构筑知识

[①] 陈恩红教授负责的国家重点研发计划项目"面向终身学习的个性化数字教师智能体技术研究与应用"顺利启动[EB/OL].http://bigdata.ustc.edu.cn/class_4/news/news_20220415.html，2022-04-15.

群、技术群和产品群的生态环境，抢占人工智能技术制高点，妥善应对可能带来的新问题和新挑战，促进大众创业万众创新，使人工智能成为智能经济社会发展的强大引擎。

1. 混合增强在线教育关键技术与系统研究

研究内容：针对在线教育存在情境多变难感知、用户体验难适配、认知过载易迷航等难题，研究虚实结合的体验式、沉浸化学习技术与环境；研究学习行为分析、意图理解、认知状态追踪等学习认知模型，实现学习认知过程的多维度、跨学科跟踪；综合多模态人机交互、知识图谱、强化学习等方法，研究面向个性化伴学的智能导学方法，打通学习规划、内容推荐、辅导答疑等环节，构造因材施教、教学相长的虚拟智能助教和导师；研究基于人机混合智能的群体化学习组织、激励、评测、辅导和优化方法，建立支撑群体化课程学习和在线实践的智能平台；研究混合增强在线教学质量综合分析和优化方法，探索数据驱动的智慧教育新范式。

2021年7月10日，科技创新2030——"新一代人工智能"重大项目2020年度"混合增强在线教育关键技术与系统研究"项目启动暨实施方案论证会召开[①]。项目面向远程教育与人工智能交叉领域，为我国信息产业培养高层次人才，培育具有国际竞争力的企业，有望取得明显的经济和社会效益。

西安交通大学科研院常务副院长黄忠德代表项目牵头单位介绍了学校在项目相关研究领域扎实的科研基础，并表示将全方位支持项目开展，保障项目顺利实施并取得突出成果。会议承办方联想副总裁王茜莺博士介绍了联想集团的业务发展、科研布局以及联想近年来在智能化转型方面的工作，特别是联想在智慧教育领域的研究进展和国内外基础教育的应用情况。

科技部高技术研究发展中心信息处丁莹副处长围绕重点专项相关过程管理要求，介绍了专项总体情况、过程管理规范和流程、实施方案编制要求、管理经验和项目实施中的常见问题等，重点强调了项目责任主体下放落实到法人单位的转变、实施方案编写的必要性与重大意义、项目的管理组织具体落实到位对项目开展的深远意义，要求各方高度重视，做好统筹协作，高标准完成项目目标。

项目负责人西安交通大学副校长郑庆华教授从项目概要、组织管理、实施计划、成果与考核方式及保障措施等五个方面对项目实施方案进行了详细介绍。围绕项目研究目标，项目总体组郑庆华教授、唐九阳教授、杨易教授、刘三女牙教授、副总王冬冬介绍了项目与各自课题任务分解、技术路线、时间节点、考核指标，明确了各课题的任务分工与相互联系，同时对项目的组织管理保障机制也进行了介绍。

---

① 科技创新 2030——新一代人工智能重大项目"混合增强在线教育关键技术与系统研究"项目启动暨实施方案论证会召开[EB/OL]. http://news.xjtu.edu.cn/info/1219/137764.htm，2021-07-14.

与会专家重点围绕项目的核心技术创新点、项目实施期间可能出现的技术风险、项目组织管理方案的落实、课题与承担单位接口等方面进行了质询，并提出了具体意见和建议。专家组认为项目实施方案与项目任务书要求一致，项目阶段目标和分工明确，技术路线和计划安排基本合理，实施方案合理可行，一致同意通过项目的实施方案论证。

2. 复杂版面手写图文识别及理解关键技术研究

研究内容：聚焦千万教师日常担负大量试卷和作业阅卷工作的减负迫切需求，开展多学科多题型纸笔考试和作业的智能阅卷技术研发，基于教育大数据、跨媒体分析及自然语言理解等，突破面向纸笔考试及作业的复杂版面分析、手写图文及公式识别、作文自动评分、文科答案语义理解评分、理科解题步骤分析评分及抄袭检测等智能阅卷关键技术，实现和教师阅卷能力协作的增强型高可用智能阅卷系统研发。

3. 新一代人工智能科教创新开放平台

聚焦新一代人工智能大规模在线科研社区发展、人才培养和产教生态培育等重大需求，面向人工智能科教领域中"教育教学"、"人才培养"和"科研创业"三个主要维度，针对人才培养模式及能力评测标准不清晰、科教资源建设及共享标准规范不全、一体化服务环境及跨学科创新支撑不足等三个重大挑战，积极探索创新人才培养模式与评价标准，建立科教资源模型与开放共享机制，研发新型科教案例评测部署演化工具链并设计科教资源服务模式，最终建设大规模人工智能开放科教平台及生态社区，并面向高校和企业开展大规模应用示范。围绕上述目标，设立了面向科产教融合的人工智能人才培养模式及能力评测体系构建、软件定义的科教资源共建共享支撑平台、科教案例一体化服务关键技术与环境、面向跨域云资源的科教任务智能调度以及人工智能开放科教平台及社区建设等五个重点任务[①]。

4. 面向智慧教育的可解释学习认知理论与方法

研究内容：研究影响学习的关键认知与情感因素及相互作用机理与动态变化过程，构建可解释的学习者认知与情感模型；研究基于文本、音视频、行为及生理信号等多模态学习活动时序数据的智能分析、因果推断、具身及情境认知反演方法，探索数据驱动和内嵌跨尺度认知与情感规律相结合的表征模型架构和训练优化方法；研究基于学习者认知与情感模型的规律挖掘方法与工具体系，为挖掘不同典型场景下的学习者认知与情感规律提供支撑；研究虚拟现实/增强现实环境下个性化可交互的学习场景构建，探索物理-社会-信息三元空间典型场景中的知识与技能生成规律，形成一套可指导、能操作的学习者认知规

---

① https://aiplusx.com.cn/innovation.

律和技能发展体系；以中小学及职业教育阶段的学习者为对象就典型问题开展验证性研究。

5. 学习环境智联计算关键技术研究及应用示范

研究内容：研究云边端协同的学习环境多模态感知与监测技术，通过物联网设备与虚拟学习空间增强学习环境，动态监测学习环境应用状态、质量和效果；研究多场景的学习过程记录与分析技术，非介入和无感地采集和汇聚多维度、全过程的学习活动行为数据，跨媒体计算和自动识别学与教行为；研究跨场域的学习场景建模与内容、路径、服务推荐技术，智能推荐学习资源；研究人机协同的学习社群建构与支持技术，自动识别与诊断学习者、参与者及学习环境之间的交互行为，自动绘制时空环境、知识资源和认知行为深度融合的网络拓扑；研究学习环境设计、评测与集成构建技术，研发智慧学习环境计算引擎和规模化智慧教室监测平台，构建立体综合教学场，开展示范应用。

2023年5月30日，由北京师范大学教育学部、互联网教育智能技术及应用国家工程研究中心教授李艳燕主持的国家科技创新2030——"新一代人工智能"重大项目"学习环境智联计算关键技术研究及应用示范"项目启动暨实施方案论证会在北京师范大学召开[①]。该项目由北京师范大学牵头，联合了北京航空航天大学、清华大学、浙江大学、北京理工大学、南京师范大学、教育部学校规划建设发展中心、北京爱德思网络科技有限公司、北京达佳互联信息技术有限公司、杭州海康威视数字技术股份有限公司9家单位共同承担。该项目将针对高质量教育体系建设中学习环境智能升级的迫切需求开展理论与技术攻关，研发智慧学习环境计算引擎和规模化智慧教室监测平台，构建立体综合教学场，形成自主可控、安全可信的学习环境智联计算解决方案。项目的实施将深化我国新一代人工智能发展规划指引下的智能教育创新应用，服务"数字中国"战略和教育强国战略。

科技部高技术研究发展中心副主任袁建湘、项目主管孟召宾，教育部科学技术与信息化司教育信息化与网络安全处处长任昌山，北京师范大学校长助理汪明，华东师范大学教授贺樑、浙江天猫技术有限公司研究员李飞飞、清华大学教授朱文武、北京航空航天大学教授吴文峻、北京国嘉瑞联合会计师事务所所长徐胜怀，以及北师大科研院、教育技术学院、互联网教育智能技术及应用国家工程研究中心等单位相关负责同志和70余名项目团队成员参加会议。汪明代表北师大致辞，他希望该项目的研究工作为科技教育深度融合提供样本，为教育的高质量发展贡献力量。任昌山表示，该项目的实施是教育、科技、人才一体化的重要结合点和

---

① 科技创新2030——"新一代人工智能"重大项目"学习环境智联计算关键技术研究及应用示范"项目启动暨实施方案论证会在北京师范大学召开[EB/OL]. https://news.bnu.edu.cn/zx/zhxw/8f6ae500389443c39119226554647b05.htm，2023-06-07.

发力点，将进一步深化科教融合，为推动教育现代化建设做出贡献。袁建湘讲解了项目的管理要求，并对项目的组织实施提出了建议。

项目负责人李艳燕从项目概要、任务分解、技术路线、时间节点、组织管理、成果与考核方式等方面对项目实施方案进行了介绍。专家组对项目的研究目标、科学问题、设计内容、技术路线和实施方案等提出了指导意见和建议。

（四）科技创新2030——"脑科学与类脑研究"重大项目

科技创新2030——"脑科学与类脑研究"重大项目围绕脑认知原理解析、认知障碍相关重大脑疾病发病机理与干预技术、类脑计算与脑机智能技术及应用、儿童青少年脑智发育、技术平台建设5个方面开展研究。2021年度共部署指南方向59个，其中儿童青少年脑智发育方面3个。

1. 婴幼儿社会情绪与交流能力发展的脑机制

研究内容：开展0～6岁聚合交叉队列研究，绘制婴幼儿脑发育动态连接图谱，解析遗传和环境交互作用对婴幼儿语言及社会情绪发展的影响；研究婴幼儿不同发育阶段大脑语言以及社会情绪中枢发育模式，为面向婴幼儿社会情绪与交流问题的精准干预、脑智发育整体提升等提供理论依据。

2. 儿童青少年情绪问题预防和干预的原理和技术

研究内容：研究儿童青少年情绪问题与认知能力的相互影响及其脑机制；结合机器学习等多种手段，研发儿童青少年情绪问题的筛查工具和早期预警体系；鼓励医教结合，开发面向儿童青少年情绪问题的心理干预和调控工具，并建立基于学校、医疗等多层级系统的儿童青少年心理危机监测与干预平台。

3. 脑智异常的脑白质发育机制

研究内容：以脑智异常儿童及动物模型为研究对象，揭示脑白质发育异常在儿童智力障碍中的预警作用和原理，阐明髓鞘形成少突胶质细胞发育对神经功能可塑性和高级认知功能的作用和机制；建立基于脑白质发育调控的脑智促进技术和策略。

2021年度项目申报指南设立青年科学家项目，如儿童青少年执行功能发育的机制与干预研究；儿童青少年注意困难的脑影像评估和综合干预原理、技术；青少年焦虑发生发展的早期预防及脑机制；青少年违规行为的认知神经机制与调控；儿童青少年游戏成瘾的脑机制与干预；儿童青少年脑电时空网络分析方法研究；基于脑认知发育规律的儿童青少年脑智开发理论和技术等。

（五）云计算与大数据专项

"云计算与大数据"专项的总体目标是：形成自主可控的云计算和大数据技术体系、标准规范和解决方案；在云计算与大数据的重大设备、核心软件、支撑平台等方面突破一批关键技术；基本形成以云计算与大数据骨干企业为主体的产业生态体系和具有全球竞争优势的云计算与大数据产业集群；提升资源汇聚、数据收集、存储管理、分析挖掘、安全保障、按需服务等能力，实现关键核心技术自主可控。专项围绕云计算和大数据基础设施、基于云模式和数据驱动的新型软件、大数据分析应用与类人智能、云端融合的感知认知与人机交互4个创新链（技术方向）部署研究任务，专项实施周期为2016～2020年。

1. **教育大数据分析挖掘技术及其智慧教育示范应用**

研究内容：研究教育知识图谱构建与导航学习关键技术；面向用户的个性化教育资源融合关键技术；研究在线学习助手关键技术；研究基于大数据的教学绩效评价技术。构建出互联网智慧教育平台，具有教育知识图谱构建、导航学习、在线学习助手、精准化教育评价、虚实融合教学场景、多模态智能交互等功能或特点。依托该平台及上万门慕课资源，开展面向基础教育与高等教育的互联网智慧教育示范应用。

2018年10月，国家重点研发计划"云计算和大数据"专项"教育大数据分析挖掘技术及其智慧教育示范应用"项目启动会暨项目实施论证会在西安交通大学召开[①]。项目由西安交通大学牵头，旨在以智慧教育中的智能导学、精准推荐、群体互助、精细评价等需求为牵引，以教学行为数据与海量知识资源为对象，拟综合运用深度学习、自然语言处理、认知负荷、教育心理学等相关理论与方法，突破教育大数据分析挖掘中的关键技术，形成该领域自主可控的技术体系，并开展平台研制与示范应用。

西安交通大学副校长王铁军表示，学校高度重视国家重点研发计划申报和组织管理工作，将会积极配合科技部和项目管理专业机构做好项目的实施与推进工作。科技部高技术中心处长傅耀威介绍了国家重点研发计划项目实施细则，强调了项目管理的重要性，详细解读了项目管理制度、财务制度、验收事项等内容。

项目负责人刘均教授汇报了项目实施方案，对项目的总体思路、研究目标、任务与进度安排等做了全面陈述。项目组表示，会精心组织项目的实施，严格按照任务书推进项目的各项任务，认真完成项目的预期目标。项目专家组认真听取了项目汇报对项目和课题的进度安排、管理措施等进行了探讨，充分肯定了项目总体实施方案，一致表决通过。

2. **多模态自然交互的虚实融合开放式实验教学环境**

研究内容：建立支持云端融合和多模态自然交互的虚实融合实验课堂教学环境，研制具备视觉、听觉、触觉等感知能力的交互模块基础件，以及相应的实物

---

① 国家重点研发计划"教育大数据分析挖掘技术及其智慧教育示范应用"项目在西安交大启动[EB/OL]. http://dwxcb.xjtu.edu.cn/info/1002/9236.htm, 2018-10-25.

交互套件；建立支持中学教育主要课程的虚拟实验开放式开发平台和界面工具，支持教师自主生成虚实融合互动实验教学资源；围绕未来课堂核心概念，研制支持多模态人机交互的智能化实验学习环境，通过分析历史数据和实时交互行为，支持针对不同能力学生的精准化教育；建立新型探究式学习的全面评价体系，通过对学习过程与结果的智能识别与分析，汇集和提炼学习者的行为、心理和生理等多维度特征，实现对学习者多层次、精准化的客观评价。

（六）智能机器人重点专项

"智能机器人"重点专项的总体目标是：构建适合我国国情的智能机器人技术体系，推动技术与产品持续创新；实现产业链高级化、产品与系统应用高端化，推动我国机器人技术与产业高质量发展；支撑国民经济主战场、国家重大需求、人民生命健康等相关行业/领域自主发展。专项从机器人基础前沿理论、共性技术、关键技术与装备、应用示范四个层次，围绕智能机器人基础前沿技术、新一代机器人、关键共性技术、工业机器人、服务机器人、特种机器人六个方向部署实施。其中，2019年度项目申报指南中布局了1个项目涉及教育，即面向我国工业机器人职业培训的教育机器人系统。

研究内容：针对国产工业机器人操作维护、安装调试、系统集成等应用人才的需求和职业教育领域缺乏工业机器人教学资源的现实问题，研制基于国产工业机器人的编程、操作、二次开发、集成应用等技能知识的工业机器人实训系统和教学软件；研发工业机器人技术资源服务平台，建立国产机器人应用实训体验基地，在职业教育领域开展示范应用。

（七）高性能计算重点专项

"高性能计算"重点专项总体目标是：围绕促进重大科学发现、促进传统产业转型升级、提高人民生活水平等各领域重大挑战性问题，持续推动高性能计算技术创新与应用，带动自主可控基础软硬件技术与产业的跨越式发展，为建设科技强国奠定坚实基础。其中，2018年度项目申报指南中布局了1个项目涉及教育，即基于国家高性能计算环境的HPC教育实践平台2.0。

研究内容：面向大学生和研究生教育，研发高性能计算教育实践平台支撑软件和教育实践内容软件，建立高性能计算实践服务平台，为大学生和研究生教育提供高性能计算实践的环境和免费机时，培养和提高在校学生的计算技能，促进跨学科高水平人才的培养，为高性能计算应用的普及与提高奠定人才基础。

此外，从"字面"上理解，国家重点研发计划"物联网与智慧城市关键技术及示范""区块链""网络空间安全治理""智能传感器""基础科研条件与重大科学仪器设备研发"等重点专项也有可能或应该布局教育科技项目。

五、国家自然科学基金项目

国家自然科学基金作为我国支持基础研究的主渠道，在国家创新体系中发挥着基础引领作用。在"新一轮科技革命和产业变革的重大突破期、国民经济高质量发展的动力转换期、科技与经济发展的深度融通期、全球科技创新版图的深度调整期、增强源头创新能力的重要攻坚期"叠加的新阶段，国家自然科学基金确定了"鼓励探索，突出原创；聚焦前沿，独辟蹊径；需求牵引，突破瓶颈；共性导向，交叉融通"的新时代科学基金资助导向。

国家自然科学基金自2018年起设立专门代码F0701（教育信息科学与技术），集聚各方力量开展互联网教育和智慧教育科学研究，吸收并整合自然科学的研究范式去探索教育领域的关键科学问题，实现"教育情境可计算、学习主体可理解、学习服务可定制"[1]。

从2018～2022年申报和立项情况看，教育信息科学与技术领域受资助项目数量逐年增长，面上项目、青年科学基金项目、地区科学基金项目的综合资助率逐年提升[2]。5年累计资助项目414项，其中，面上项目的资助数量最多，达到221项、占比53.38%；重大、重点项目资助取得了突破性进展，资助项目6项（表8-7）。

表8-7 国家自然科学基金教育信息科学与技术领域项目申请和资助情况（2018～2022年）

年度	申请数/项	资助数/项	资助率/%	面上	青年	地区	重大	重点	优青
2018	737	61	8.28	38	17	4			1
2019	556	82	14.75	45	26	10		1	
2020	480	86	17.92	45	31	9		1	
2021	487	96	19.71	47	38	9		2	
2022	428	89	20.79	46	33	8	1	1	
总计	2688	414		221	145	40	1	5	1
				53.38%	35.02%	9.66%	0.24%	1.21%	0.24%

资料来源：郑永和，王一岩，吴国政，等. 教育信息科学与技术研究的现实图景与发展路向——2018—2022年F0701资助情况分析[J]. 现代远程教育研究，2023，35（1）：10-19. 有改动

从资助项目研究方向来看，"教育大数据分析与应用""学习分析与评测""自适应个性化辅助学习"三个研究方向资助数量较多，原因在于这三个研究方向所

---

[1] 刘三女牙，杨宗凯，李卿. 计算教育学：内涵与进路[J]. 教育研究，2020，41（3）：152-159.
[2] 郑永和，王一岩，吴国政，等. 教育信息科学与技术研究的现实图景与发展路向——2018—2022年F0701资助情况分析[J]. 现代远程教育研究，2023，35（1）：10-19.

涵盖的研究范畴比较广泛，且均是教育科学研究的热点话题，因此得到了行业内诸多学者的关注和支持；"教育信息科学基础理论与方法""在线与移动交互学习环境构建""虚拟与增强现实学习环境"三个方向的受资助数量处于中间水平；"教学知识可视化""教育认知工具""教育机器人""教育智能体"四个方向资助数量较少，原因在于研究体量庞大、技术难度较高，但从2021年开始，教育信息科学与技术领域逐渐开始关注"教育神经科学"的相关研究，由此带来"教育认知工具"方向的资助数量也有明显提升（表8-8）。

表8-8 国家自然科学基金教育信息科学与技术领域面上/青年/地区资助项目研究方向分布
（2018～2022年） 单位：项

研究方向	合计	2018年	2019年	2020年	2021年	2022年
教育信息科学与技术领域	407	60	81	85	94	87
教育信息科学基础理论与方法	39	7	11	9	7	5
在线与移动交互学习环境构建	41	13	8	11	4	5
虚拟与增强现实学习环境	29	7	7	6	4	5
教学知识可视化	11	1	2	2	3	3
教育认知工具	19	0	1	2	11	5
教育机器人	7	2	0	0	4	1
教育智能体	15	1	1	3	5	5
教育大数据分析与应用	82	15	18	16	16	17
学习分析与评测	82	8	19	19	16	20
自适应个性化辅助学习	60	6	13	14	15	12
其他	22	0	1	3	9	9

资料来源：郑永和，王一岩，吴国政，等. 教育信息科学与技术研究的现实图景与发展路向——2018—2022年F0701资助情况分析[J]. 现代远程教育研究，2023，35（1）：10-19.

2018～2022年，教育信息科学与技术领域在重点项目的组织方面取得了突破性进展，共有5项重点项目获得立项。2022年，教育信息科学与技术领域首个重大项目也获得立项，即由华中师范大学杨宗凯教授主持的"人工智能赋能教与学的理论与关键技术研究"（表8-9）。

表8-9 国家自然科学基金与教育科学研究相关的重大重点项目

项目名称	类别	年度	牵头单位	负责人
人工智能赋能教与学的理论与关键技术研究	重大	2022	华中师范大学	杨宗凯
课堂流媒体跨模态知识元协同解析与评估方法	F0710重点	2022	广东工业大学	胡钦太

续表

项目名称	类别	年度	牵头单位	负责人
面向教育的数据驱动学习行为建模与可解释性分析	F0701 重点	2021	华东师范大学	钱卫宁
在线教育跨媒体智能问答的可解释推理方法研究	F0701 重点	2021	西安交通大学	郑庆华
面向在线教育的群体智能支持下人机协同学习研究	F0701 重点	2020	浙江大学	吴飞
多空间融合下的大学生个性化学习与智能教育服务关键技术研究	F0701 重点	2019	华中师范大学	杨宗凯
"互联网+"时代教育改革与创新管理研究	重点	2018	北京师范大学	陈丽
基础教育公平实现机制与服务均等化研究	重点	2015	华中师范大学	熊才平
中国教育资源配置理论与重大现实问题研究	重点	2011	北京师范大学	钟秉林

资料来源：根据科学基金网络信息系统（https://grants.nsfc.gov.cn/pmpweb/login）整理。

国家自然科学基金重大项目面向科学前沿和国家经济、社会、科技发展及国家安全的重大需求中的重大科学问题，超前部署，开展多学科交叉研究和综合性研究，充分发挥支撑与引领作用，提升我国基础研究源头创新能力。例如，2022 年，国家自然科学基金委员会发布了"人工智能赋能教与学的理论与关键技术研究"重大项目指南[1]。

"人工智能赋能教与学的理论与关键技术研究"重大项目指南

人工智能赋能教与学是世界各科技强国推动教育创新的重要战略举措。人工智能技术与实际教学融合过程中还面临着认知机理不明晰、教学资源难适配、人机混合难融通等瓶颈问题。开展人工智能赋能教与学的理论与关键技术研究，揭示学习认知新机理，发展人机协同教学新技术，面向科学教育开展规模化示范应用，可以为我国人工智能促进教与学的创新发展提供理论、技术与人才支撑。

一、科学目标

针对人机协同教学环境下的学习认知机理与适应性策略的科学问题，围绕场景能理解、资源能适配、过程能调节的总体目标，揭示智能教学情境下的学习认知机理，研究人机协同关键技术与环境设计理论，提出跨媒体资源理解与个性化导学方法，揭示智能教学策略与调节机制，研发智能教学平台，面向科学教育开展规模化示范应用，形成人机互适的教育教学新模式，提升混合增强智能的共频能力。在认知机理揭示、智能环境构建、资源理解等方面达到国际领先水平。

---

[1] 国家自然科学基金委员会关于发布国家自然科学基金"十四五"第二批重大项目指南及申请注意事项的通告 [EB/OL]. https://www.nsfc.gov.cn/publish/portal0/tab442/info87115.htm，2022-08-25.

二、研究内容

（一）智能教学情境下的学习认知机理。解析学习者在智能教学中对信息的编码、解码和记忆、巩固等动态认知过程，阐明学习行为的大脑神经环路及其可塑性基础，建立多场景学习认知智能计算模型，揭示智能教学中有效学习的神经机制及其认知机理。

（二）人机协同关键技术与环境设计。发展神经表征与解译、视觉重构方法，研究非侵入式多通道协同的教学场景感知、认知临场感唤醒与自适应干预技术，建立语义增强的多层状态识别模型，探究人机协同演进机制，解析环境具身智能对教学主体认知的作用机理。

（三）跨媒体资源理解与个性化导学。针对教学资源跨媒体特点，探索跨媒体表征新方法，构建小样本场景下的资源深度理解模型，研究规则引导的跨媒体高阶推理机制及其数理基础，发展难度可控的问题生成、可解释自动解答、精准化适配方法，实现个性化导学。

（四）智能教学策略设计与调节机制。探索师、机、生多主体教学交互规律，建立多重知识表达机制，研究知识引导下的智能学情诊断、活动编排、共享调节等方法，构建教学模式挖掘、策略生成、归因评测等归纳和演绎模型，实现对教学策略与过程的自适应调节。

（五）智能教学平台构建与示范应用。构建智能教学平台，面向小学科学教育，开展大规模、长周期的循证研究和应用示范，形成支持常态与非常态化时期（如疫情防控）的人机互适教育教学新模式，有效提升人工智能赋能教与学的成效，助力教育高质量发展。

资料来源：国家自然科学基金委员会关于发布国家自然科学基金"十四五"第二批重大项目指南及申请注意事项的通告（附件6. 信息科学部重大项目指南） [EB/OL]. https://www.nsfc.gov.cn/publish/portal0/tab442/info87115.htm ，2022-08-25.

此前，在国家自然科学基金委员会管理科学部亦有教育相关重点项目。例如，2018年度，北京师范大学陈丽教授承担了重点项目"'互联网+'时代教育改革与创新管理研究"，研究"互联网+教育"的动因、内涵、特征，分析其对未来教育资源形态、教学形态、学校形态和社会形态带来的影响，以及跨界融合下的课程开放、教学方式、学习方式、评价模式、适应性演进原理、教育管理变革与学校组织管理创新等。2015年度，华中师范大学熊才平教授承担了重点项目"基础教育公平实现机制与服务均等化研究"。2011年度，北京师范大学钟秉林教授承担了重点项目"中国教育资源配置理论与重大现实问题研究"。

5年间，教育信息科学与技术领域共有130所学校和科研院所获得资助，其中，有 20 所高校获得 5 项以上的项目资助[①]，以师范院校为主，其中华中师范大学和北京师范大学占据教育信息科学与技术领域资助项目总数的前两位。此外，理工类院校也有专家学者关注教育领域的研究，且理工类院校的项目资助率整体高于师范类院校（表 8-10）。

表 8-10　国家自然科学基金教育信息科学与技术领域资助项目依托单位分布及资助率

学校名称	申请项目数量/项	资助项目数量/项	资助率/%	资助数量占比/%
华中师范大学	220	74	33.64	17.9
北京师范大学	140	41	29.29	9.9
陕西师范大学	60	13	21.67	3.1
浙江大学	43	13	30.23	3.1
华东师范大学	88	12	13.64	2.9
江西师范大学	50	11	22.00	2.7
华南师范大学	86	10	11.63	2.4
东北师范大学	39	8	20.51	1.9
北京航空航天大学	23	7	30.43	1.7
清华大学	21	7	33.33	1.7
西南大学	28	7	25.00	1.7
天津大学	20	6	30.00	1.4
西北师范大学	26	6	23.08	1.4
浙江师范大学	26	6	23.08	1.4
北京理工大学	10	5	50.00	1.2
桂林电子科技大学	11	5	45.45	1.2
江苏师范大学	29	5	17.24	1.2
南京邮电大学	19	5	26.32	1.2
西安交通大学	13	5	38.46	1.2
中南大学	10	5	50.00	1.2

资料来源：郑永和，王一岩，吴国政，等．教育信息科学与技术研究的现实图景与发展路向——2018—2022 年 F0701 资助情况分析[J]．现代远程教育研究，2023，35（1）：10-19．

教育信息科学与技术研究的核心特征在于利用"信息科技手段"和"教育数据要素"推动教育科学研究范式的转型升级，利用物联网、大数据、人工智能等智能技术手段来改善教育环境、刻画教育主体、挖掘教育规律、优化教育服务、变革教育实践。国家自然科学基金设立专门代码 F0701，搭建了一个优质的学术

---

① 郑永和，王一岩，吴国政，等．教育信息科学与技术研究的现实图景与发展路向——2018—2022 年 F0701 资助情况分析[J]．现代远程教育研究，2023，35（1）：10-19．

交流平台，凝练了教育科学研究的重点方向，培育了一支相对成熟的研究团队。面向未来，教育信息科学与技术研究的开展应该面向我国教育改革发展的新形势、新问题、新需求，立足教育数字化转型的目标愿景，构筑教育数字化转型智慧大脑，重视智能教育产品的研发与应用，构建教育科学研究的创新生态[①]。

六、国家社会科学基金项目

国家社会科学基金用于资助哲学社会科学研究和培养哲学社会科学人才，重点支持关系经济社会发展全局的重大理论和现实问题研究，支持有利于推进哲学社会科学创新体系建设的重大基础理论问题研究，支持新兴学科、交叉学科和跨学科综合研究，支持具有重大价值的历史文化遗产抢救和整理，支持对哲学社会科学长远发展具有重要作用的基础建设，等等。全国哲学社会科学工作办公室作为全国哲学社会科学工作领导小组的办事机构，负责国家社科基金日常管理工作。其中，教育学、艺术学和军事学3个单列学科的申报，分别由全国教育科学规划办、全国艺术科学规划办、全军社科规划办另行组织。

全国教育科学规划课题体现鲜明的时代特征、问题导向和创新意识，着力推出代表正确方向、体现国家水准的研究成果。基础研究密切跟踪国内外学术发展和学科建设前沿动态，着力推进学科体系、学术体系、话语体系创新，具有主体性、原创性和较高的学术思想价值；应用研究立足党和国家事业发展需要，聚焦教育发展全局性、战略性和前瞻性重大理论和现实问题，具有现实性、针对性和较高的决策参考价值（表8-11）。

表8-11 国家社科基金教育信息化相关重大重点项目（2017～2022年）

课题名称	课题类别	负责人	工作单位	立项年度
信息化促进新时代基础教育公平的研究	国家重大	胡钦太	华南师范大学	2018年
		祝智庭	华东师范大学	
人工智能促进未来教育发展研究	国家重大	顾小清	华东师范大学	2019年
面向未成年人的人工智能技术规范研究	国家重大	吴永和	华东师范大学	2021年
以教育信息化推进教育精准扶贫研究	国家重点	左明章	华中师范大学	2017年
教师核心素养和能力建设研究	国家重点	王光明	天津师范大学	2017年
互联网背景下教育舆情研究	国家重点	王保华	中国传媒大学	2017年
人工智能与未来教育发展研究	国家重点	黄荣怀	北京师范大学	2019年

① 郑永和，王一岩，吴国政，等. 教育信息科学与技术研究的现实图景与发展路向——2018—2022年F0701资助情况分析[J]. 现代远程教育研究，2023，35（1）：10-19.

续表

课题名称	课题类别	负责人	工作单位	立项年度
学生信息素养的内涵、标准与评价体系研究	国家重点	吴砥	华中师范大学	2020年
以教育新基建支撑高质量教育体系建设研究	国家重点	罗江华	西南大学	2021年
线上与线下教育融合难点与突破路径研究	国家重点	田爱丽	华东师范大学	2021年
智能技术赋能教育评价改革研究	国家重点	吴龙凯	华中师范大学	2022年
人工智能教育场景应用的伦理与限度研究	国家重点	杨俊锋	杭州师范大学	2022年

资料来源：根据全国哲学社会科学工作办公室网站（http://www.nopss.gov.cn/）和全国教育科学规划领导小组办公室网站（http://onsgep.moe.edu.cn/）整理而成。

可以看出，国家社科基金教育学重点课题，对教育信息化的关注点比较广泛，包括宏观的教育公平、教育扶贫、人工智能与教育、在线教育等，也聚焦一些热点，如素养与能力、标准、评价、新基建和伦理等。

2022年3月5日，国家社会科学基金教育学重点课题"人工智能与未来教育发展研究"成果报告会在北京师范大学智慧学习研究院举行。

北京师范大学智慧学习研究院黄荣怀教授在汇报中介绍了课题研究的背景、问题、方法、过程和成果。在为期两年多的研究中，课题组探索人工智能与未来教育的关系，探讨人工智能在教育变革中的作用，分析人工智能教育应用的特征和规律，审视人工智能融入教育的潜在风险及应对策略。专著《人工智能与未来教育发展研究》分析了人工智能对未来社会发展的影响，针对智能时代社会和教育面临的重大问题与挑战，阐述了人工智能变革教育系统的潜力和机制，总结了智能时代的知识观、教学观、学习观和课程观，勾勒出智能时代的教育特征，并从学生、教师、环境与伦理层面对前沿问题做出论述，提出人工智能赋能教育，教育赋值人工智能，人工智能与教育共塑未来。

课题组提出了10个主要结论：①教育领域人工智能将从关注智能技术的应用转到人机协同系统发展，呈现从弱人工智能到强人工智能的发展趋势；②智能时代的教育观将发生全新改变，包括众创共享的知识观、智联建构的学习观、融通开放的课程观与人机协同的教学观；③智能时代人们除了应具有基本的生活和工作技能外，还应具备数字素养、深度学习、探究与创造能力、与他人和智能机器协作的能力；④教师要逐步适应人机协同的教学环境，具备领域知识及学科追踪能力、教学知识与多场域促学能力、技术知识与创新应用能力、成长意识和专业发展能力、协同意识与教学场景适应能力；⑤基于智能基础设施的新一代学习环境是虚实融合、开放智联、动态演进的生态环境系统，能感知、识别、计算、分析和评价学习情境、过程以及学习者特征，并提供个性化的资源、服务和工具；⑥人工智能促进学生发展的要点包括拓展学习资源形态、按需配置资源、支持个性化推荐、提供支持服务、增强互动体验、满足多样化需求等；⑦人工智能赋能评价改革的关键路径是以证据为中心，构建基于大数据的学业成就评价模型；⑧人工智能助力教师发展的关键是促进职前职后有效衔接，缩短职前培养与教学场景及体验之间的距离；⑨人工智能重构学习环境的着力点为建设人工智能赋能教育的支撑环境及智慧教育公共服务平台，实现学校教室、实验室、图书馆等的泛在智联，并强化支持师生互动、提供丰富学习体验、富于人文关怀和美学特征的课堂环境设计；⑩确保人类的共同基本权利是可信人工智能的基本出发点，应从伦理、法律、法规和鲁棒性层面加强社会实验和治理。

全国教育科学规划领导小组办公室常务副主任张彩云希望，课题组从研究完成度、成果关联度、成果创新度、团队紧密度以及业界影响度进一步完善研究成果，为相关部门提供咨询建议。教育部科学技术与信息化司任昌山处长认为，课题组的研究工作对教育部的重大项目起到了有力支撑作用。国家教育咨询委员会委员钟秉林教授、中央电化教育馆原馆长王珠珠教授、清华大学教授孙茂松、北京师范大学武法提教授、华中师范大学吴砥教授等组成的专家组听取了课题组的汇报，审阅了相关成果，认为该课题定位准确，具有前瞻性和现实性，研究方法合理且有创新，团队管理有效，研究工作在系统性与深入性之间实现了较好平衡，很好地完成了既定研究目标，取得了丰硕的研究成果，对推进教育研究与实践、推动教育改革和发展具有重要意义①。

教育部哲学社会科学研究重大课题攻关项目支持高等学校适应国家经济社会发展的需要，把握学科前沿，开展深入、系统的创新性研究。其中，也有一些有关教育信息化和数字化转型的研究项目（表8-12）。

表8-12　教育部哲学社会科学研究重大课题攻关项目（涉及教育信息化）

课题名称	投标单位	首席专家	年度
"互联网+"教育体系研究	北京师范大学	余胜泉	2016
雄安新区公共服务体系与教育发展规划研究	河北大学	郭健	2017
世界主要国家教材建设研究	北京师范大学	李芒	2018
新时代加强教师队伍德师风建设研究	首都师范大学	孟繁华	2018
人口变动与教育资源配置研究	北京师范大学	钟秉林	2019
"一带一路"国家与区域教育体系研究	北京师范大学	刘宝存	2019

---

① 研讨|国家社会科学基金教育学重点课题 "人工智能与未来教育发展研究"成果报告会在北师大举行[EB/OL].http://sli.bnu.edu.cn/a/xinwenkuaibao/yanjiudongtai/20220315/2465.html，2022-03-15.有改动

第8章 科技赋能智慧教育

续表

课题名称	投标单位	首席专家	年度
网络算法分发模式与大学生价值观引导研究	电子科技大学	申小蓉	2021
新时代教育评价改革的实现路径研究	西南大学	朱德全	2022
教育数字化转型的国际比较研究	华中师范大学	吴砥	2022
"双减"背景下基础教育课堂形态与高质量发展研究	东北师范大学	吕立杰	2022

资料来源：根据教育部网站（http://www.moe.gov.cn/）整理而成。

七、智慧教育相关研究成果

智慧教育相关研究成果体现在期刊及论文、著作、研究报告、政策建议、奖项、标准、专利和解决方案等之中，并通过传统媒体和新媒体传播。

（一）教育技术论文

检索中文社会科学引文索引（Chinese social sciences citation index，CSSCI）期刊目录（2021~2022年）可以得到以下结果，教育学期刊共37本，其中与教育技术相关的期刊包括《电化教育研究》《中国电化教育》《现代教育技术》《开放教育研究》《现代远程教育研究》《远程教育杂志》《中国远程教育》《现代远距离教育》等。此外，教育部教育管理信息中心主办的"三刊"（《中国教育信息化》《基础教育参考》《世界教育信息》）建立以刊促研、以研促刊、刊研结合的发展新模式，在教育数字化领域影响力逐步提升。"智慧教育"相关研究论文主要发表于上述期刊但不限于上述期刊。

以"智慧教育"为篇名的关键词，从中国知网选取高被引、高下载的50篇论文进行分析，关于"智慧教育"的研究主题主要包括智慧教育的内涵与特征、智慧教学与智慧学习教育教学模式、智慧学习环境、科技赋能智慧教育、国际理解等方面，基本上回应了智慧教育"三境界""五创新""三要素"。表8-13则以高被引、高下载的10篇论文为例进行分析。

表8-13 篇名含"智慧教育"论文被引TOP10

序号	题名	作者	来源	发表时间	被引	下载
1	智慧教育：教育信息化的新境界	祝智庭 贺斌	电化教育研究	2012-12-1	1478	28766
2	智慧教育新发展：从翻转课堂到智慧课堂及智慧学习空间	祝智庭	开放教育研究	2016-2-5	1084	29564

续表

序号	题名	作者	来源	发表时间	被引	下载
3	信息时代智慧教育的内涵与特征	杨现民	中国电化教育	2014-1-10	625	17704
4	智慧教育的三重境界：从环境、模式到体制	黄荣怀	现代远程教育研究	2014-11-25	464	12025
5	智慧教育体系架构与关键支撑技术	杨现民 余胜泉	中国电化教育	2015-1-10	335	16062
6	教育信息化2.0：智能教育启程，智慧教育领航	祝智庭 魏非	电化教育研究	2018-8-31	289	17254
7	深度学习：智慧教育的核心支柱	祝智庭 彭红超	中国教育学刊	2017-5-10	248	9313
8	以智慧教育引领教育信息化创新发展	祝智庭	中国教育信息化	2014-5-5	227	5127
9	学习分析学：智慧教育的科学力量	祝智庭 沈德梅	电化教育研究	2013-5-1	204	7235
10	面向智慧教育的微课设计研究	陈琳 王运武	教育研究	2015-3-15	201	8435

资料来源：中国知网（https://www.cnki.net）；检索时间：2023年1月27日。

在上述祝智庭、黄荣怀关于智慧教育境界的论述之外，陈琳[1]、杨现民[2]、曹培杰[3]、钟晓流[4]、钟绍春[5]、胡钦太[6]等从不同视角丰富了智慧教育的概念、内涵与特征，以及智慧教育生态，形成了中国特色的智慧教育理论体系。在智慧教学与学习研究方面，一些专家研究了智慧教育视域中的精准教学[7]、思维教学[8]、教师教育[9]，以及智慧型课程[10]、微课[11]等主题，并探索了现代教学模式。在智慧学习环境研究方面，黄荣怀、胡永斌和杨俊锋等论述了从数字化学习环境到智慧学

---

[1] 陈琳. 智慧教育创新实践的价值研究[J]. 中国电化教育，2015，(4)：15-19.
[2] 杨现民. 信息时代智慧教育的内涵与特征[J]. 中国电化教育，2014，(1)：29-34.
[3] 曹培杰. 智慧教育：人工智能时代的教育变革[J]. 教育研究，2018，39(8)：121-128.
[4] 钟晓流，宋述强，胡敏，等. 第四次教育革命视域中的智慧教育生态构建[J]. 远程教育杂志，2015，33(4)：34-40.
[5] 钟绍春，唐烨伟，王春晖. 智慧教育的关键问题思考及建议[J]. 中国电化教育，2018，(1)：106-111，117.
[6] 胡钦太，刘丽清，郑凯. 工业革命4.0背景下的智慧教育新格局[J]. 中国电化教育，2019，(3)：1-8.
[7] 彭红超，祝智庭. 以测辅学：智慧教育境域中精准教学的核心机制[J]. 电化教育研究，2017，38(3)：94-103.
[8] 祝智庭，肖玉敏，雷云鹤. 面向智慧教育的思维教学[J]. 现代远程教育研究，2018，(1)：47-57.
[9] 祝智庭，魏非. 面向智慧教育的教师发展创新路径[J]. 中国教育学刊，2017，(9)：21-28.
[10] 陈琳，陈耀华，李康康，等. 智慧教育核心的智慧型课程开发[J]. 现代远程教育研究，2016，(1)：33-40.
[11] 陈琳，王运武. 面向智慧教育的微课设计研究[J]. 教育研究，2015，36(3)：127-130，136.

习环境的变革[1]以及智慧校园[2]、智慧教室[3]、智慧教育云[4]建设；祝智庭研究了智慧课堂及智慧学习空间[5]，引导了典型学习场域建设在科技赋能智慧教育研究方面，众多专家研究了智慧教育体系架构[6][7]，以及面向智慧教育的学习分析技术[8]、深度学习技术[9]、大数据技术[10][11][12]、人工智能技术[13]、5G[14]、知识图谱[15]，涉及技术研发及应用的方方面面。在国际理解方面，马玉慧[16]、陈耀华[17]、张立新[18]等解读了国际战略规划和研究报告对我国智慧教育的启示。

社会科学引文索引（social sciences citation index，SSCI）由美国科学信息研究所（Institute for Scientific Information，ISI）创建，是可以用来对不同国家和地区的社会科学论文的数量进行统计分析的大型检索工具。截至 2021 年，SSCI 来源期刊 300 多本，发文约 2.46 万篇，其中，中国作者发文约 1700 篇，占比接近 7%。期刊名包含 technology、technologies、computer、computing、media、information、internet 或 distance 的期刊 25 本，可视为与教育技术相关的期刊。此外，科学引文索引（science citation index，SCI）、中国科学引文索引（China science citation index，CSCI）来源期刊，亦可能发表智慧教育相关研究成果。

---

[1] 黄荣怀，杨俊锋，胡永斌. 从数字学习环境到智慧学习环境——学习环境的变革与趋势[J]. 开放教育研究，2012，18（1）：75-84.

[2] 黄荣怀，张进宝，胡永斌，等. 智慧校园：数字校园发展的必然趋势[J]. 开放教育研究，2012，18（4）：12-17.

[3] 黄荣怀，胡永斌，杨俊锋，等. 智慧教室的概念及特征[J]. 开放教育研究，2012，18（2）：22-27.

[4] 张进宝，黄荣怀，张连刚. 智慧教育云服务：教育信息化服务新模式[J]. 开放教育研究，2012，18（3）：20-26.

[5] 祝智庭. 智慧教育新发展：从翻转课堂到智慧课堂及智慧学习空间[J]. 开放教育研究，2016，22（1）：18-26，49.

[6] 杨现民，余胜泉. 智慧教育体系架构与关键支撑技术[J]. 中国电化教育，2015，（1）：77-84，130.

[7] 胡钦太，郑凯，胡小勇，等. 智慧教育的体系技术解构与融合路径研究[J]. 中国电化教育，2016，（1）：49-55.

[8] 祝智庭，沈德梅. 学习分析学：智慧教育的科学力量[J]. 电化教育研究，2013，34（5）：5-12，19.

[9] 祝智庭，彭红超. 深度学习：智慧教育的核心支柱[J]. 中国教育学刊，2017，（5）：36-45.

[10] 柯清超. 大数据与智慧教育[J]. 中国教育信息化，2013，（24）：8-11.

[11] 杨现民，李新，邢蓓蓓. 面向智慧教育的教学大数据实践框架构建与趋势分析[J]. 电化教育研究，2018，39（10）：21-26.

[12] 吴文峻. 面向智慧教育的学习大数据分析技术[J]. 电化教育研究，2017，38（6）：88-94.

[13] 郑庆华，董博，钱步月，等. 智慧教育研究现状与发展趋势[J]. 计算机研究与发展，2019，56（1）：209-224.

[14] 杨俊锋，施高俊，庄榕霞，等. 5G+智慧教育：基于智能技术的教育变革[J]. 中国电化教育，2021，（4）：1-7.

[15] 李艳燕，张香玲，李新，等. 面向智慧教育的学科知识图谱构建与创新应用[J]. 电化教育研究，2019，40（8）：60-69.

[16] 马玉慧，柏茂林，周政. 智慧教育时代我国人工智能教育应用的发展路径探究——美国《规划未来，迎接人工智能时代》报告解读及启示[J]. 电化教育研究，2017，38（3）：123-128.

[17] 陈耀华，杨现民. 国际智慧教育发展战略及其对我国的启示[J]. 现代教育技术，2014，24（10）：5-11.

[18] 张立新，朱弘扬. 国际智慧教育的进展及其启示[J]. 教育发展研究，2015，35（5）：54-60.

此外，科学杂志排名 SJR 官网[①]评价分析显示，由北京师范大学主办的《计算机教育应用期刊》（Journal of Computers in Education）的 2021 年科学杂志排名指数为 1.039，在教育和计算机科学应用两个维度均入围了榜单 Q1 行列。国际智慧学习环境协会（The International Association of Smart Learning Environments，IASLE）主办的期刊《智慧学习环境》（Smart Learning Environment），2021 年科学杂志排名指数为 0.9，在教育维度入围了榜单 Q1 行列（表 8-14）。

表 8-14 与教育技术相关的国际期刊（2021 年）

序号	国际期刊	ISSN	影响因子	分区	中国作者发文
1	Computers & Education	0360-1315	8.538	Q1	21
2	The Internet and Higher Education	1096-7516	7.178	Q1	1
3	International Journal of Computer-Supported Collaborative Learning	1556-1607	5.108	Q1	2
4	International Journal of Educational Technology in Higher Education	2365-9440	4.944	Q1	10
5	British Journal of Educational Technology	0007-1013	4.929	Q1	11
6	Computer Assisted Language Learning	0958-8221	4.789	Q1	18
7	Learning，Media and Technology	1743-9884	4.682	Q1	
8	Language Learning & Technology	1094-3501	4.313	Q1	
9	Interactive Learning Environments	1049-4820	3.928	Q1	72
10	Journal of Computer Assisted Learning	0266-4909	3.862	Q1	18
11	IEEE Transactions on Learning Technologies	1939-1382	3.72	Q1	4
12	Educational Technology Research and Development	1042-1629	3.565	Q1	28
13	Educational Technology & Society	1176-3647	3.522	Q1	9
14	Journal of Educational Computing Research	0735-6331	3.088	Q2	17
15	Australasian Journal of Educational Technology	1449-3098	3.067	Q2	9
16	Distance Education	0158-7919	2.952	Q2	3
17	Education and Information Technologies	1360-2357	2.917	Q2	24
18	Journal of Computing in Higher Education	1042-1726	2.627	Q2	
19	Technology，Pedagogy and Education	1475-939X	2.529	Q2	5
20	Journal of Science Education and Technology	1059-0145	2.315	Q2	1
21	International Journal of Technology and Design Education	0957-7572	2.177	Q3	11
22	Journal of Research on Technology in Education	1539-1523	2.043	Q3	7
23	Journal of Special Education Technology	0162-6434	1.886	Q3	
24	Computer Applications in Engineering Education	1061-3773	1.532	Q3	22
25	ACM Transactions on Computing Education	1946-6226	1.526	Q3	1

资料来源：根据 Social Sciences Citation Index – Clarivate（https://clarivate.com/zh-hans/solutions/ssci/）查询整理。

[①] https://www.scimagojr.com/.

（二）教育技术丛书

丛书是由很多书汇编成集的一套书，按一定的目的，在一个总名之下，将各种著作汇编于一体的一种集群式图书。在一些教育学丛书中，会有教育技术相关著作；还有一些丛书，全套书都属于教育技术领域，涉及教育信息化、智慧教育、人工智能与教育、互联网教育、教育大数据等（表 8-15）。

表 8-15 教育技术丛书及相关著作

序号	丛书名	丛书主编	出版社	相关著作或主题
1	中国教育改革开放 40 年丛书	钟秉林	科学出版社	《学前教育》《义务教育》《高中教育》《高等教育》《农村教育》《教育信息化》《民办教育》《学校德育》《高考改革》《职业教育》
2	中国教育现代化 2035 战略与政策研究丛书	朱旭东	人民教育出版社	10 个主题：把握中国教育现代化的形势与任务、发展中国特色世界先进水平的优质教育、推动各级教育高水平高质量普及、实现基本公共教育服务均等化、构建服务全民的终身学习体系、提升优秀人才培养与创新能力、建设高素质专业化创新型教师队伍、推进信息时代的教育发展与变革、开创教育对外开放新格局、推进教育治理体系和治理能力现代化
3	人工智能与智能教育丛书	袁振国	教育科学出版社	《复杂网络技术》《机器学习》《深度学习》《数据挖掘与教育》《因果推断》《群体智能》《协作学习中的群体感知》《智能推理与决策》《游戏化学习》《智能时代的教师》《自适应学习》《教育机器人》《计算机化自适应测验》《智能教育的风险》《学习分析》
4	高等学校教育技术学专业精品教材丛书	武法提	北京师范大学出版社	《教育技术学基本原理》《脑与学习科学基础》《教学媒体理论与实践》《教学系统设计》《在线教育原理》《教育传播学》《教育信息化概论》《设计与学习》《网络学习环境设计》《信息技术与学科教学融合》《课程开发理论与实践》《教育数据挖掘与学习分析》《教育软件架构设计》《教育软件教学设计》《教育软件开发技术》《数字学习资源开发》《网络课程设计与开发》《移动学习设计》《混合式学习设计》《学习体验设计》《数字校园设计》《项目式学习的原理与操作》《绩效技术基础》《在线学习支持服务理论与方法》《技术支持的教师专业发展》《人工智能教育应用》《虚拟现实技术教育应用》《SPSS 数据分析及定量研究》《C 语言程序设计》
5	教育云建设与应用丛书	王珠珠	教育科学出版社	《网络空间支持下的信息化教学》《小学微课资源开发与应用》《初中微课资源开发与应用》《"人人通"的实践路径和方法——教育云规模化应用案例》《国家教育资源公共服务平台应用指南》
6	智慧课堂与信息化教育研究丛书	张屹 刘清堂	华中师范大学出版社	《智慧课堂中的教学创新——APT 视域下的教学案例及理论解析》《智慧课堂教学研究的方法与案例》《智慧教室中基于 APT 教学的小学生深度学习研究》《我国高等教育信息化水平测评与发展预测研究》《我国教育信息化实证测评与发展战略研究》

续表

序号	丛书名	丛书主编	出版社	相关著作或主题
7	未来学校创新计划系列丛书	王素	机械工业出版社	《未来教师的教学策略》《未来教师的研究素养》《未来教师的成长型思维养成法》《未来教师的项目化学习设计》《未来教师的数字化资源制作与管理》《未来教师的测评数据处理与分析》《未来教师的大概念教学设计》
8	数据驱动的智慧教育丛书	方海光	电子工业出版社	《教育大数据——迈向未来学校的智慧教育》（全1册）、《数据驱动的技术基础》（全4册）、《数据驱动的智慧学校》（全4册）、《数据驱动的智慧课堂》（全4册）、《数据驱动的教育研究》（全4册）
9	互联网+教育丛书		电子工业出版社	《中国MOOCs建设与发展》《未来学校》《产业平台》
10	中国未来教育研究丛书		教育科学出版社	《面向智能时代：教育、技术与社会发展》《可持续发展教育：理论、实践与评估》

资料来源：根据相关资料整理而成。

此外，北师大在施普林格（Springer）出版社策划了三套英文丛书（New Frontiers of Educational Research、Lecture Notes in Educational Technology、Smart Computing and Intelligence），联合国际知名专家共同主编，来自全球40多个国家的百余位专家参与编写，已出版74部著作，总下载量超过500余万次，并被收录至Scopus、Web of Science、Book Citation Index等数据库（表8-16）。

表8-16 Book series：Lecture Notes in Educational Technology

序号	书名	作者	年份
1	Case Studies of Information Technology Application in Education:Utilising the Internet, Big Data, Artificial Intelligence, and Cloud in Challenging Times	Yang Shen, Xin Yin, Yu Jiang, Lingkai Kong, Sheng Li, Haijun Zeng	2023
2	Applied Degree Education and the Shape of Things to Come	Christina Hong, Will W. K. Ma	2023
3	Smart Education in China and Central & Eastern European Countries	Rongxia Zhuang, Dejian Liu, Demetrios Sampson, Danimir Mandic, Siyi Zou, Yu Huang, Ronghuai Huang	2023
4	Science Education in Countries Along the Belt & Road：Future Insights and New Requirements	Ronghuai Huang, Bing Xin, Ahmed Tlili, Feng Yang, Xiangling Zhang, Lixin Zhu, Mohamed Jemni	2022
5	Trends on Active Learning Methods and Emerging Learning Technologies	Francisco José García-Peñalvo, María Luisa Sein-Echaluce, Ángel Fidalgo-Blanco	2022
6	Pedagogy, Didactics and Educational Technologies:Research Experiences and Outcomes in Enhanced Learning and Teaching at Cadi Ayyad University	Khalid Berrada, Daniel Burgos	2022

续表

序号	书名	作者	年份
7	Resilience and Future of Smart Learning:Proceedings of 2022 International Conference on Smart Learning Environments	Junfeng Yang，Dejian Liu，Kinshuk，Ahmed Tlili，Maiga Chang，Elvira Popescu，Daniel Burgos，Zehra Altınay	2022
8	Applied Degree Education and the Future of Learning	Christina Hong，Will W. K. Ma	2022
9	Digital Literacy for Teachers	Łukasz Tomczyk，Laura Fedeli	2022
10	Women in STEM in Higher Education:Good Practices of Attraction，Access and Retainment in Higher Education	Francisco José García-Peñalvo，Alicia García-Holgado，Angeles Dominguez，Jimena Pascual	2022
11	STEM，Robotics，Mobile Apps in Early Childhood and Primary Education:Technology to Promote Teaching and Learning	Stamatios Papadakis，Michail Kalogiannakis	2022
12	Radical Solutions in Palestinian Higher Education:Research from An-Najah National University	Daniel Burgos，Saida Affouneh	2022
13	Learning How to Learn Using Multimedia	Deepanjali Mishra，Yuangshan Chuang	2021
14	Data-Driven Design for Computer-Supported Collaborative Learning:Design Matters	Lanqin Zheng	2021
15	Emerging Technologies for Next Generation Learning Spaces	Bosede Iyiade Edwards，Nurbiha A. Shukor，Adrian David Cheok	2021
16	Radical Solutions for Digital Transformation in Latin American Universities:Artificial Intelligence and Technology 4.0 in Higher Education	Daniel Burgos，John Willian Branch	2021
17	Radical Solutions for Education in Africa:Open Education and Self-directed Learning in the Continent	Daniel Burgos，Jako Olivier	2021
18	Technology Supported Active Learning:Student-Centered Approaches	Carlos Vaz de Carvalho，Merja Bauters	2021
19	Radical Solutions for Education in a Crisis Context:COVID-19 as an Opportunity for Global Learning	Daniel Burgos，Ahmed Tlili，Anita Tabacco	2021
20	Expanding Global Horizons Through Technology Enhanced Language Learning	Yun Wen，Yi-ju Wu，Grace Qi，Siao-Cing Guo，J. Michael Spector，Shobhana Chelliah，Kinshuk，Yu-Ju Lan	2021
21	Radical Solutions and eLearning:Practical Innovations and Online Educational Technology	Daniel Burgos	2020
22	Non-Formal and Informal Science Learning in the ICT Era	Michail Giannakos	2020
23	Radical Solutions and Learning Analytics:Personalised Learning and Teaching Through Big Data	Daniel Burgos	2020
24	Radical Solutions and Open Science:An Open Approach to Boost Higher Education	Daniel Burgos	2020
25	Applied Degree Education and the Future of Work	Christina Hong，Will W. K. Ma	2020

续表

序号	书名	作者	年份
26	Comparative Analysis of ICT in Education Between China and Central and Eastern European Countries	Dejian Liu，Ronghuai Huang，Bojan Lalic，Haijun Zeng，Nikola Zivlak	2020
27	ICT in Education and Implications for the Belt and Road Initiative	Chee-Kit Looi，Hui Zhang，Yuan Gao，Longkai Wu	2020
28	Current State of Open Educational Resources in the "Belt and Road" Countries	Ronghuai Huang，Dejian Liu，Ahmed Tlili，Yuan Gao，Rob Koper	2020
29	Educational Technology:A Primer for the 21st Century	Ronghuai Huang，J. Michael Spector，Junfeng Yang	2019
30	Digital Turn in Schools—Research，Policy，Practice: Proceedings of ICEM 2018 Conference	Terje Väljataga，Mart Laanpere	2019
31	Foundations and Trends in Smart Learning:Proceedings of 2019 International Conference on Smart Learning Environments	Maiga Chang，Elvira Popescu，KinshukNian-Shing Chen，Mohamed Jemni，Ronghuai Huang，J. Michael Spector，Demetrios G. Sampson	2019
32	Seamless Learning:Perspectives，Challenges and Opportunities	Chee-Kit Looi，Lung-Hsiang Wong，Christian Glahn，Su Cai	2019
33	The Development of MOOCs in China	Qinhua Zheng，Li Chen，Daniel Burgos	2018
34	Challenges and Solutions in Smart Learning: Proceeding of 2018 International Conference on Smart Learning Environments，Beijing，China	Maiga Chang，Elvira Popescu，Kinshuk，Nian-Shing Chen，Mohamed Jemni，Ronghuai Huang，J. Michael Spector	2018
35	Authentic Learning Through Advances in Technologies	Ting-Wen Chang，Ronghuai Huang，Kinshuk	2018
36	Frontiers of Cyberlearning:Emerging Technologies for Teaching and Learning	J. Michael Spector，Vivekanandan Kumar，Alfred Essa，Yueh-Min Huang，Rob Koper，Richard A. W. Tortorella，Ting-Wen Chang，Yanyan Li，Zhizhen Zhang	2018
37	An Analysis of Two Decades of Educational Technology Publications:Who，What and Where	Gloria Natividad，J. Michael Spector，Nicholas Evangelopoulos	2018
38	A Theory of Creative Thinking:Construction and Verification of the Dual Circulation Model	Kekang He	2017
39	Smart Learning in Smart Cities	Dejian Liu，Ronghuai Huang，Marek Wosinski	2017
40	User Interface Design of Digital Textbooks:How Screens Affect Learning	Elena Aurel Railean	2017
41	Learning Path Construction in e-Learning:What to Learn，How to Learn，and How to Improve	Fan Yang，Zhenghong Dong	2017

续表

序号	书名	作者	年份
42	Innovations in Smart Learning	Elvira Popescu, Kinshuk, Mohamed Koutheair Khribi, Ronghuai Huang, Mohamed Jemni, Nian-Shing Chen, Demetrios G. Sampson	2017
43	Open Education: from OERs to MOOCs	Mohamed Jemni, Kinshuk, Mohamed Koutheair Khribi	2017
44	The Future of Ubiquitous Learning: Learning Designs for Emerging Pedagogies	Begoña Gros, Kinshuk, Marcelo Maina	2016
45	New Theory of Children's Thinking Development:Application in Language Teaching	Kekang He	2016
46	Mobile Learning Design:Theories and Application	Daniel Churchill, Jie Lu, Thomas K.F. Chiu, Bob Fox	2016
47	ICT in Education in Global Context: Comparative Reports of Innovations in K-12 Education	Ronghuai Huang, Kinshuk, Jon K. Price	2016
48	State-of-the-Art and Future Directions of Smart Learning	Yanyan Li, Maiga Chang, Milos Kravcik, Elvira Popescu, Ronghuai Huang, Kinshuk, Nian-Shing Chen	2016
49	ICT in Education in Global Context: The Best Practices in K-12 Schools	Jinbao Zhang, Junfeng Yang, Maiga Chang, Tingwen Chang	2016
50	Ubiquitous Learning Environments and Technologies	Kinshuk, Ronghuai Huang	2015
51	Smart Learning Environments	Maiga Chang, Yanyan Li	2015
52	Emerging Issues in Smart Learning	Guang Chen, Vive Kumar, Kinshuk, Ronghuai Huang, Siu Cheung Kong	2015
53	The New Development of Technology Enhanced Learning: Concept, Research and Best Practices	Ronghuai Huang, Kinshuk, Nian-Shing Chen	2014
54	ICT in Education in Global Context: Emerging Trends Report 2013-2014	Ronghuai Huang, Kinshuk, Jon K. Price	2014

资料来源：根据 Springer 网站（https://www.springer.com/series/11777/books）查询整理。

（三）教育信息化报告

研究报告对行业相关各种因素进行具体调查、研究、分析并提出建设性意见和对策建议，为决策者和政策制定者提供参考。教科文组织、世行、经合组织、联合国儿童基金会等国际组织以及国际上的研究机构定期会发布有关教育数字化变革和未来教育发展的研究报告，以引领行业发展。例如，本书第四章就提到了一些有影响力的研究报告。国内研究机构长期深入开展教育信息化和智慧教育研究与实践，积淀形成了系列研究报告。例如，北京师范大学智慧学习研究院、互联网教育智能技术及应用国家工程研究中心、联合国教科文组织国际农村教育研究与培训中心、未来教育高精尖创新中心、教育部教育信息战略研究基地等联合发布了相关研究报告（表 8-17）。

表 8-17 教育信息化与智慧教育相关研究报告列举

主题	报告名称	简介
国际比较	"国际教育信息化发展报告"（2013—2014；2014—2015；2015—2016）、"国际教育信息化典型案例"（2013—2014；2014—2015；2015—2016；2016—2017）	北师大和华中师大等编制：各国教育信息化政策、项目行动、研究计划、创新教育应用进展和启示，以及典型案例
	《新媒体联盟中国基础教育技术展望：地平线项目区域报告》（2016）、《新媒体联盟中国高等教育技术展望：地平线项目区域报告》（2017）、《中国职业教育技术展望：地平线项目报告》（2018）	北京师范大学智慧学习研究院与新媒体联盟编制：新技术在中国基础教育、高等教育、职业教育应用中的9大关键趋势、9项重大挑战和12项技术发展
	《智能技术变革教育：中美比较研究》（2019）	北京师范大学智慧学习研究院、互联网教育智能技术及应用国家工程研究中心与北得克萨斯大学编制：通过迭代方法对比中美两国人工智能教育应用，提出智能技术变革教育的架构模型
	《"一带一路"国家教育发展报告》《"一带一路"国家教育信息化发展报告》	北京师范大学中国教育与社会发展研究院与北京师范大学智慧学习研究院、国际农村教育研究与培训中心编制：涵盖各级各类教育以及跨领域的7大议题
	《阿拉伯地区教育发展概览》	北京师范大学智慧学习研究院与阿拉伯联盟教育、文化和科学组织编制：阿拉伯地区教育的发展情况、机遇与挑战
	《全球智慧教育动态》	教育部教育信息化战略研究基地（北京）与北京师范大学智慧学习研究院编制：7个栏目，全球资讯
学习环境	《中国智慧学习环境白皮书》（2015；2016）、《中国城市智慧学习环境指数报告》（2016）	北京师范大学智慧学习研究院牵头编制："市民宜居体验"与"城市创新活力"并称智慧城市建设和发展的"双引擎"
	《全球教育机器人发展白皮书》（2016；2019）	北京师范大学智慧学习研究院与互联网教育智能技术及应用国家工程研究中心编制：教育机器人学术研究成果、产业现状及趋势、教育应用情况
	《全球中小学人工智能教育支撑环境白皮书》	北京师范大学智慧学习研究院与互联网教育智能技术及应用国家工程研究中心编制：K-12人工智能教育支撑环境的现状、影响因素和发展趋势
	《未来学校学习空间蓝皮书》	未来教育高精尖创新中心编制：未来学校的五类典型空间建设、技术、场景、建议
	《微实读本：虚拟仿真实验教学的概念、技术、架构和应用》	北京师范大学智慧学习研究院编制：虚拟仿真实验教学的概念、技术、架构和应用
互联网教育	《中国互联网发展报告》（2016；2017；2018；2019；2020；2021；2022）、《中国互联网20年发展报告》、《世界互联网发展报告》（2016；2017；2018；2019；2020；2021；2022）	中国网络空间研究院等编制：立体呈现中国互联网发展的新实践、新成就，梳理总结世界互联网发展情况

第 8 章　科技赋能智慧教育

续表

主题	报告名称	简介
互联网教育	《互联网教育服务产业研究报告》（2017）	北京师范大学智慧学习研究院与互联网教育智能技术及应用国家工程研究中心编制：产业发展现状与趋势，互联网产品对教育的贡献程度
	《中国互联网教育产品发展指数报告》（2016）、《中国互联网教育产品测评与分析报告》（2021）	
	《中国互联网学习发展报告》（2021）、《中国互联网学习白皮书》（2014；2015；2016；2017；2018；2019；2020）	教育部教育管理信息中心、北师大与百度文库等编制："互联网＋教育"时代学习的规律、特点和范式，中国教育信息化发展进程，中国互联网学习创新实践
	《混合式教育、学习与评价指导框架》	教科文组织国际教育局、互联网教育智能技术及应用国家工程研究中心、北师大中国教育创新研究院编制：概念、要素、模型
	《信息化课堂教学行为分析》	北京师范大学智慧学习研究院与网龙编制：教学、学习行为及常用技术分析、案例
	《国际开放教育资源发展研究报告》	北京师范大学智慧学习研究院编制：开放教育资源的兴起、现状、趋势、研究热点、建议及启示
	《中国 MOOCs 建设与发展白皮书》	北师大远程教育研究中心、北京师范大学智慧学习研究院与果壳网编制：十大特点、八大挑战、策略建议
疫情防控	《弹性教学手册：中国"停课不停学"的经验》（中英文；阿拉伯语；韩语；葡萄牙语）、《高校校园关闭期间的弹性教学指南：如何确保高质量的高等教育》（中英文）	IITE 与北京师范大学智慧学习研究院编制：弹性教学理念、七大核心要素、经验与建议
	《学校关闭期间学生居家主动学习指南：如何提升自主学习技能》（中英法；阿拉伯语）	北京师范大学智慧学习研究院、IITE 与国际农村教育研究与培训中心等编制：SCIENCE 主动学习模式理论
	《联合国教科文组织开放教育资源建议书指导下的疫情期间开放教育实践指南》（中英文；阿拉伯语；土耳其语；罗马尼亚语）	北京师范大学智慧学习研究院、IITE 与国际农村教育研究与培训中心等编制：开放教育实践应用背景和开放教育实践应用方法
	《在新冠疫情学校关闭期间确保有效的远程教育：教师指导手册》（中英法文）	联合国教科文组织与北京师范大学智慧学习研究院编制：居家远程学习的关键问题、学习活动设计
	《人工智能助力新冠肺炎疫情防控网络互动读本》（中英文）	北京师范大学智慧学习研究院编制：人工智能在疫情防控中的应用场景，基于人工智能的抗击疫情解决方案
	《学校关闭期间残疾学生的开放及远程学习指南》（英文；阿拉伯语；土耳其语）	北京师范大学智慧学习研究院与国际农村教育研究与培训中心编制：利用计算机、智能手机、数字化学习资源开展在线学习
	《在线学习中的个人数据和隐私保护：面向学生、教师和家长的指导手册》（中英文）	北京师范大学智慧学习研究院、IITE 与国际农村教育研究与培训中心编制：概念、法律法规、框架、政策、建议

续表

主题	报告名称	简介
教育数字化	《数字中国发展报告》（2020；2021）；《数字中国建设发展进程报告》（2017；2018；2019）	国家互联网信息办公室等编制：跟踪监测各地区、各部门数字化发展情况，开展数字中国发展水平评估工作
	《无限的可能：世界高等教育数字化发展报告》	教育部高教司编制：九大行动共识、三大趋势和四大变革、六大挑战、六大倡议
	《中国智慧教育蓝皮书（2022）——迈向智慧教育的中国教育数字化转型》	中国教育科学研究院：智慧教育五个新维度，即核心理念、体系结构、教学范式、教育内容、教育治理
	《中国教育信息化发展报告》（2013；2014；2015；2016；2017；2018；2019；2020；2021）	教育部教育信息化战略研究基地（华中）牵头编制：教育信息化发展状况、公共支撑环境、人才队伍建设和体制机制建设，记录教育信息化发展路径，描绘发展趋势
	《国家智慧教育框架》《智慧教育政策分析》《国家智慧教育评估指标》《面向智慧教育的国家公共服务体系》《面向未来教育的智慧校园设计》	IITE、COL、ISTE、俄罗斯国立高等经济大学和北京师范大学编制：智慧教育经验、发展战略、建议
	《教育数字化转型的发展机遇白皮书》	华为编制：各国教育数字化转型战略和实践成果、智慧教育概念和框架定义
	《高等教育教学数字化转型研究报告》《混合教学改革手册》《高等教育教师发展手册》《职业教育教师发展手册》	教科文组织高等教育创新中心与清华大学教育研究院编制：数字化转型的内涵及框架、核心要素、挑战与对策
	《职业教育信息化发展报告》（2021）	清华大学教育研究院、腾讯、教育部职业院校信息化教学指导委员会编制：六大维度剖析现状，应对挑战，提出对策
	《"智慧教育示范区"建设进展报告》	秘书处与教育部教育信息化战略研究基地编制：进展、特色、优秀案例、经验
	《智慧教育资讯》	教育部教育信息化战略研究基地（北京）与北京师范大学智慧学习研究院编制：观点、数据、案例
	《中国智慧教育区域发展研究报告》（2020；2021）	教育部教育管理信息中心、《中国教育信息化》杂志、腾讯等编制：智慧教育概念、评价维度、发展脉动和趋势、总体图景
人工智能教育	《中国新一代人工智能科技产业发展报告》（2019；2020；2021；2022）	中国科学技术发展战略研究院、科技部新一代人工智能发展研究中心等编制：回顾发展现状，对中国人工智能科技产业发展的基本特征和趋势进行概括和总结
	《人工智能与教育：政策制定者指南》	联合国教科文组织与北京师范大学智慧学习研究院编制：为成员国教育政策制定者和利益攸关方提供指导
	《人工智能+教育蓝皮书》（2018）	未来教育高精尖创新中心编制：技术进展、典型场景、发展趋势、典型问题和建议
	《人工智能教育蓝皮书》（2022）	华东师大、中国教育科学研究院与腾讯编制：中小学人工智能教育有效路径参考

续表

主题	报告名称	简介
人工智能教育	《中国基础教育大数据发展蓝皮书》（2015；2016—2017；2018—2019）	未来教育高精尖创新中心、江苏省教育信息化工程技术研究中心与北京拓思德科技有限公司编制："用数而思""因数而定""随数而行"
农村教育	《中国农村教育发展报告》（2016；2017—2018；2019；2020—2022）	东北师大中国农村教育发展研究院编制：乡村教育发展指标、乡村教育改革
农村教育	《中国教育扶贫报告》（2016；2017；2018—2019；2020—2021）	北师大编制：政策制度及其落实情况、进展与成效、实例
	《中小学数字教育调查：城乡案例研究》	国际农村教育研究与培训中心编制：城乡学校信息化管理与应用、资源与环境、人员支持、教师培训

资料来源：根据北京师范大学智慧学习研究院网站（http://sli.bnu.edu.cn/）等相关资料整理而成。

表 8-17 仅仅枚举了一些研究机构发布的报告，实际上还有很多咨询公司发布的研究报告。报告"铺天盖地"，有些与智慧教育关联度高，有些主要还涉及不同领域教育信息化的现状和趋势分析；有些报告发布具有持续性，每年都发布，还有一些报告则专题性比较强，偶尔发布一次或两次。另外，从国际组织发布报告的经验来看，报告研究要建立平台和数据库，形成持续发布的机制，才有助于扩大报告的影响力，而且，报告还需要有针对性地转化为政策建议才更有价值。

（四）教育信息化奖项

"国家三大奖"（国家自然科学奖、国家科学技术进步奖、国家技术发明奖）获奖成果中很少有直接涉及教育的，但一些获奖成果具有在智慧教育领域推广应用的潜能。例如，近年来的国家自然科学奖"面向多义性对象的新型机器学习理论与方法""深度学习处理器体系结构新范式""视觉运动模式学习与理解的理论与方法""分布式动态系统的自学习优化协同控制理论与方法""互联网视频流的高通量计算理论与方法"，国家技术发明奖"超高清视频多态基元编解码关键技术""知识增强的跨模态语义理解关键技术及应用""移动高清视频编码适配关键技术""面向突变型峰值服务的云计算关键技术与系统""面向一体化无线网络的多域资源认知与虚拟化关键技术"，国家科学技术进步奖"智能型科技情报挖掘和知识服务关键技术及其规模化应用""国家超级计算基础设施支撑软件系统""支持互联网级关键核心业务的分布式数据库系统"等均属此类。

近年来，高等学校科学研究优秀成果奖（科学技术）中，与教育信息化关联度较高的获奖成果有"有效学习的认知神经机制""智能云端一体化学习关键技术与应用""面向多义性对象的新型机器学习理论与方法""基于数据驱动算法的认知理论验证、建立与预测"等，但并不多见。高等学校科学研究优秀成果奖（人文社会科学）中，涉及教育信息化的获奖成果不少，如《融合与创新：教育信息化理论发展》《论信息技术与当代教育的深度融合》等。全国教育科学研究优秀成果奖中，有关教育数字化和智慧教育的获奖成果则更多，如《中国特色创新型教育信息化理论与实践》《信息化促进优质教育资源共享的理论与实践》《从辅助教学到重塑生态：教育信息化发展之路》等。

国家级教学成果奖是教育部为了奖励取得教学成果的集体和个人，鼓励教育工作者从事教育教学研究，提高教学水平和教育质量而设立的最高级别的奖励。例如，华中师范大学"深度融合信息技术的高校人才培养体系重构与探索实践"获2018年高等教育国家级教学成果特等奖。在2018年国家级教学成果奖中，基础教育领域的上海市电化教育馆"研究型课程大规模实施智能支持平台研发及实施模式探索"、重庆市沙坪坝区树人景瑞小学校"'兰韵'智慧学习模式构建实践"、江苏省常州市教师发展中心"信息技术支持初中语文单元整体教学的研究与实践"，职业教育领域的深圳职业技术学院"深职院—华为培养信息通信技术技能人才'课证共生共长'模式研制与实践"、国家开放大学"职业教育国家学分银行制度的系统构建"、湖南广播电视大学"基于网络学习空间精准培养农民大学生的创新实践"等与教育信息化相关。在2022年国家级教学成果奖项目中，亦有大量与教育数字化和智慧教育相关的教学成果，如北京师范大学"知行合 E 厚植良师：互联网+循证教师教育模式"、北京大学"基于虚拟仿真的线上线下混合式地学本科课程教学改革"、常州信息职业技术学院"'融合创新、数据赋能'智慧教学模式的探索与实践"、上海市黄浦区卢湾一中心小学"数智技术与情感教育双驱动的小学育人模式实践探索"和北京师范大学"基于互联网的教育公共服务模式创新——中学教师开放型在线辅导计划"等。

"联合国教科文组织教育信息化奖"主要奖励将 ICT 应用于教育和教学领域并做出突出贡献的个人、机构和非政府组织。2020年，国家开放大学"一村一名大学生"计划获得该奖项。该计划使用人工智能为农村和偏远地区的学习者提供优质学习机会，依托智能学习平台，通过语音和语义分析、自动反馈、自动文章评分和大数据分析，使越来越多的农村和偏远地区的学习者可以获得优质学习体验。此前2008年，"变数字鸿沟为数字机遇——中国上海电视大学市民数字化终身学习系统建设"亦获得该奖项。

此外，"南国农信息化教育奖"是西北师范大学发起的南国农信息化教育发展基金颁发的奖项。前两届个人成就奖获得者：何克抗（北京师范大学教授）、李克东（华南师范大学教授）；杰出贡献奖获得者：李运林（华南师范大学教授）、程建钢（清华大学研究员）。

（五）教育技术标准

全国信息技术标准化技术委员会教育技术分技术委员会暨教育部教育信息化技术标准委员会[①]负责组织全国教育信息化、教育技术相关标准的研制、标准符合性测试认证和标准应用推广工作，以及对口承担我国教育信息化在 ISO 与 IEC 联合成立的 SC36 的国际标准化工作。截至 2021 年 12 月，已发布推荐性国家标准 52 项，如《智慧校园总体框架》《电子书包总体框架》；教育行业标准 12 项，如《交互式电子白板 教学功能》；信息化行业标准 4 项，此外，世界数字教育大会围绕平台、数据、资源、素养发布了 7 项智慧教育平台系列标准；6 项中国主导的国际标准，如《泛在学习资源组织与描述框架》（"Ubiquitous Learning Resource Organization and Description Framework"）、《虚拟实验框架》（"Virtual Experiment Framework"）等（表 8-18）。

表 8-18　教育技术国家标准与行业标准

序号	标准号	标准名称
1	GB/T 21364-2008	信息技术 学习、教育和培训 基于规则的 XML 绑定技术
2	GB/T 21365-2008	信息技术 学习、教育和培训 学习对象元数据
3	GB/T 21366-2008	信息技术 学习、教育和培训 参与者标识符
4	GB/T 26222-2010	信息技术 学习、教育和培训 内容包装
5	GB/T 28823-2012	信息技术 学习、教育和培训平台 与媒体分类代码 XML 绑定规范
6	GB/T 28824-2012	信息技术 学习、教育和培训 数字权利描述语言
7	GB/T 28825-2012	信息技术 学习、教育和培训 学习对象分类代码
8	GB/T 29801-2013	信息技术 学习、教育和培训 学习管理系统规范
9	GB/T 29802-2013	信息技术 学习、教育和培训 测试试题信息模型
10	GB/T 29803-2013	信息技术 学习、教育和培训 学习技术系统体系结构
11	GB/T 29804-2013	信息技术 学习、教育和培训 平台与媒体分类代码
12	GB/T 29805-2013	信息技术 学习、教育和培训 学习者模型
13	GB/T 29807-2013	信息技术 学习、教育和培训 学习对象 元数据 XML 绑定规范
14	GB/T 29808-2013	信息技术 学习、教育和培训 高等学校管理信息
15	GB/T 29809-2013	信息技术 学习、教育和培训 内容包装 XML 绑定
16	GB/T 29810-2013	信息技术 学习、教育和培训 测试试题信息模型 XML 绑定规范
17	GB/T 29811.1-2013	信息技术 学习、教育和培训 学习系统体系结构与服务接口 第 1 部分：抽象框架与核心接口

[①] http://www.celtsc.org/.

续表

序号	标准号	标准名称
18	GB/T 29811.2-2018	信息技术 学习、教育和培训 学习系统体系结构与服务接口 第2部分：教育管理信息服务接口
19	GB/T 29811.3-2018	信息技术 学习、教育和培训 学习系统体系结构与服务接口 第3部分：资源访问服务接口
20	GB/T 30265-2013	信息技术 学习、教育和培训 学习设计 信息模型
21	GB/T 33782-2017	信息技术 学习、教育和培训 教育管理基础代码
22	GB/T 34994.1-2017	教育卡应用规范 第1部分：教育卡技术要求
23	GB/T 35298-2017	信息技术 学习、教育和培训 教育管理基础信息
24	GB/T 36095-2018	信息技术 学习、教育和培训 电子书包终端规范
25	GB/T 36096-2018	信息技术 学习、教育和培训 虚拟实验构件服务接口
26	GB/T 36097-2018	信息技术 学习、教育和培训 虚拟实验构件元数据
27	GB/T 36098-2018	信息技术 学习、教育和培训 虚拟实验构件封装
28	GB/T 36342-2018	智慧校园总体框架
29	GB/T 36347-2018	信息技术 学习、教育和培训 学习资源通用包装
30	GB/T 36348-2018	信息技术 学习、教育和培训 虚拟实验框架
31	GB/T 36349-2018	信息技术 学习、教育和培训 虚拟实验数据交换
32	GB/T 36350-2018	信息技术 学习、教育和培训数字化学习资源语义描述
33	GB/T 36351.1-2018	信息技术 学习、教育和培训 教育管理数据元素 第1部分：设计与管理规范
34	GB/T 36351.2-2018	信息技术 学习、教育和培训 教育管理数据元素 第2部分：公共数据元素
35	GB/T 36352-2018	信息技术 学习、教育和培训 教育云服务：框架
36	GB/T 36354-2018	数字语言学习环境设计要求
37	GB/T 36366-2018	信息技术 学习、教育和培训 电子学档信息模型规范
38	GB/T 36436-2018	信息技术 学习、教育和培训 简单课程编列 XML 绑定
39	GB/T 36437-2018	信息技术 学习、教育和培训 简单课程编列
40	GB/T 36438-2018	学习设计 XML 绑定规范
41	GB/T 36447-2018	多媒体教学环境设计要求
42	GB/T 36449-2018	电子考场系统通用要求
43	GB/T 36453-2018	信息技术 学习、教育和培训 电子课本信息模型
44	GB/T 36459-2018	信息技术 学习、教育和培训 电子课本内容包装
45	GB/T 36642-2018	信息技术 学习、教育和培训 在线课程
46	GB/T 37711-2019	信息技术 学习、教育和培训 虚拟实验工作流参考模型
47	GB/T 37712-2019	信息技术 学习、教育和培训 虚拟实验教学指导接口规范
48	GB/T 37713-2019	信息技术 学习、教育和培训 虚拟实验评价要素

续表

序号	标准号	标准名称
49	GB/T 37716-2019	信息技术 学习、教育和培训 电子课本与电子书包术语
50	GB/T 37717-2019	信息技术 学习、教育和培训 电子书包标准引用轮廓
51	GB/T 37957-2019	信息技术 学习、教育和培训 电子书包总体框架
52	GB/T 5271.36-2012	信息技术 词汇 第36部分：学习、教育和培训
53	JY/T 0607-2017	基础教育教学资源元数据 信息模型
54	JY/T 0608-2017	基础教育教学资源元数据 XML绑定
55	JY/T 0609-2017	基础教育教学资源元数据 XML绑定
56	JY/T 0614-2017	交互式电子白板教学功能
57	JY/T 0615-2017	交互式电子白板教学资源通用文件格式
58	JY/T 1001-2012	教育管理基础代码标准
59	JY/T 1002-2012	教育管理基础信息标准
60	JY/T 1003-2012	教育行政管理信息标准
61	JY/T 1004-2012	普通中小学校管理信息标准
62	JY/T 1005-2012	中等职业学校管理信息标准
63	JY/T 1006-2012	高等教育管理信息标准
64	JY/T 1007-2012	教育统计信息
65	JY/T 0646-2022	教师数字素养
66	JY/T 0633-2022	教育基础数据
67	JY/T 0637-2022	教育系统人员基础数据
68	JY/T 0639-2022	中小学校基础数据
69	JY/T 0644-2022	数字教育资源基础分类代码
70	JY/T 0641-2022	智慧教育平台 基本功能要求
71	JY/T 0650-2022	智慧教育平台 数字教育资源技术要求

资料来源：根据全国信息技术标准化技术委员会教育技术分技术委员会暨教育部教育信息化技术标准委员会网站（http://www.celtsc.org/）查询整理。

（六）智慧教育专利

专利一般是由政府机关或者代表若干国家的区域性组织，根据申请而颁发的一种文件，记载发明创造的内容，并且在一定时期内产生这样一种法律状态，即获得专利的发明创造在一般情况下他人只有经专利权人许可才能予以实施。专利在中国分为发明专利、实用新型专利和外观设计专利。在中国知网上搜索，截至2023年1月28日，专利名称中包含"智慧教育""智能教育""互联网教育""智慧校园""智慧教室""教育机器人""教育信息化"等关键词的专利超过 1 万项，其中，授权发明专利共计 1303 项（可能有重复）（表 8-19）。

表 8-19　智慧教育专利类型与数量　　　　　　　　　　单位：项

序号	关键词	合计	发明授权	发明公开	实用新型	外观设计
1	知识图谱	5615	992	4493	48	82
2	智慧校园	1124	54	446	606	18
3	教育机器人	1067	45	262	470	290
4	在线教育	163	27	106	22	8
5	智慧课堂	214	26	117	58	13
6	智能教育	521	22	170	257	72
7	智慧教育	296	21	150	114	11
8	智慧教室	446	18	151	256	21
9	教育云	116	14	82	17	3
10	多媒体教室	399	11	115	269	4
11	互联网教育	192	11	89	91	1
12	学习分析	48	9	33	6	
13	教育大数据	85	7	67	9	2
14	教学评价	72	7	50	15	
15	教育信息化	120	6	51	61	2
16	数字教育	41	6	29	4	2
17	虚拟教师	13	4	8	1	
18	教育终端	128	3	40	72	13
19	智慧图书馆	71	3	37	26	5
20	数字教材	25	3	21	1	
21	教学交互	80	2	56	22	
22	教育平板	60	2	11	29	18
23	智慧学习	32	2	16	12	2
24	教育网络	25	2	17	6	
25	教育数字化	12	2	6	4	
26	数字校园	35	1	16	16	2
27	STEM 教育	22	1	5	16	
28	智能助教	12	1	7	2	2
29	智慧作业	7			5	1
30	虚拟现实教育	15		10	5	
	合计	11056	6661	1303	2520	572

资料来源：根据中国知网（https://www.cnki.net/）搜索整理。

从表 8-19 可以看出，有关知识图谱、智慧校园、教育机器人、智能教育、智慧教室、多媒体教室的专利总数较多；相应的授权发明专利中，有关知识图谱、智慧校园、教育机器人、在线教育、智慧课堂、智能教育、智慧教育的专利较多，这也体现了科技支撑教育的热点领域。

智慧教育优秀成果和典型经验还需要通过媒体传播，只有这样才能产生更大的影响力，惠及更广泛的人群。包括：①新华社以及《人民日报》《中国日报》《光明日报》《中国教育报》《科技日报》《中国青年报》等，如《中国教育报》专门开设了"信息化·智慧教育"栏目，对智慧教育示范区、教育数字化转型理论与实践进行了系统报道；②中央广播电视总台、中国教育电视台，如中国教育电视台开播了"智慧教育大讲堂"高端访谈节目；③人民网、新华网、央视网、光明网、中国网、中国教育新闻网以及腾讯网、今日头条、新浪、搜狐、网易、凤凰网等网络媒体，如人民网多次举办智慧教育相关论坛；④微信公众号、微博、抖音等新媒体，如微信公众号 CITlab 重点关注有关互联网教育和智慧教育的资讯、案例、技术和解决方案；⑤会议也是信息和成果传播的重要方式，如世界互联网大会、世界人工智能大会、世界 5G 大会、世界 VR 产业大会、世界机器人大会、数字中国峰会等都设有专门的教育论坛，世界数字教育大会、世界慕课与在线教育大会、国际人工智能与教育会议、全球智慧教育大会等搭建了专门的国际交流与合作平台，加强国际传播。

总体来说，国家科技创新基地、项目在智慧教育领域都有所布局，也取得了系列研究成果，助力了智慧教育发展。但是，有个现象值得关注：我们在谈成效的时候，如论证基地和项目的申报基础时，往往感觉做了很多工作、取得了很多突破，然而在谈问题的时候，如论证基地和项目的申报需求时，又似乎出现了很多未解决的理论和技术难题。也就是说，出现了成效夸大和问题放大的悖论。教育科学研究是教育事业的重要组成部分，对教育改革发展具有重要的支撑、驱动和引领作用。因此，需要进一步完善智慧教育领域的科研体制机制，激发科研机构和科研人员活力，创新科研组织形式和研究方法，改革科研成果评价，增强原创研究能力，扎根一线解决科学问题。

第 9 章

智慧教育发展思考

人类和地球正受到威胁。我们需要共同采取紧急行动,改变发展方向,重新构想我们的未来。

——《一起重新构想我们的未来:为教育打造新的社会契约》

为什么我们的学校总是培养不出杰出人才?

——"钱学森之问"

教育中使用任何形式的技术都应当以保护人权及尊重人的尊严,促进包容、公平以及性别平等,并支持社会的可持续发展。

——《教育信息化政策和宏观规划指导纲要》

第9章　智慧教育发展思考

当前，科学技术正以不可逆转的趋势改变人类社会，引领社会生产新变革，创造人类生活新空间，拓展国家治理新领域。随着数字技术的不断革新，教育也正面临着全新的结构转型升级。面对这场关于教育行业的数字化"大考"，科技和社会发展倒逼教育系统转型升级；智慧教育成为智慧社会建设的重点领域；应对学习危机迫切需要教育数字化变革；教育科学问题的解决客观需要科学方法。在已有教育信息化的基础上，需将智慧教育整体纳入数字中国和智慧社会的建设中，重点解决长期存在而亟待应对的科学问题和技术短板。面对新的形势、新问题和新需求，推进智慧教育发展，需要从国家教育、科技和人才一体化发展的高度，从瞄准教育内在和外在需求、注重问题导向和应用导向的视角出发，搭建智慧教育的"四梁八柱"。同时，在国家科技创新平台体系、重大专项和重点研发计划、创新团队与人才建设基金、重大科学仪器设备研制等科研项目和经费资助体系中，应扩大对智慧教育领域项目的可持续资助范围，支撑学生成长智能感知、教师发展智能服务、育人环境智能监测、公共服务智能协同、教育装备智能升级，启动教育数字化变革引擎。

一、智慧教育发展的形势与科技需求研判

智能技术正在催生新技术、新产品、新产业、新模式，推动社会生产力的整体跃升。各行业领域面向数字经济、面向高质量发展，不断开发智能技术在教育、医疗、交通、养老等领域的深层次应用，以期解决人类社会面临的重大问题，为社会经济发展打开更大空间，推动人类社会迈入智能时代。

（一）科技和社会发展倒逼教育系统转型升级

当今世界正处于大发展大变革大调整时期，人机协同、跨界融合、共创分享的智能时代即将到来，智能技术在对经济发展、社会进步、全球治理等产生重大而深远影响的同时，也正在重新定义人类的知识和能力价值，重塑人类社会形态和教育样态。智能时代的人才标准将被重新定义，对人才培养提出新要求。智能时代的公民应具备数字化生存能力，应能主动适应社会智能化发展、利用技术或工具为自身或他人服务，信息素养、计算思维、协作沟通能力、复杂问题解决能力、人机协作能力等将成为新时代人才最重要的核心能力。教育肩负新时代创新人才培养与发展的重要使命。社会发展对人才需求的快速改变倒逼着教育行业必须做出全面、深刻、彻底的数字转型和智能升级。

在智能技术快速发展的时代背景下，科技创新成为推动社会变革的重要力量，也是综合国力竞争的决定性因素。纵观人类社会的发展历史，从农耕时代到工业时代，再到信息时代和智能时代，科学技术均在一定程度上影响教育改革发展的

进程，有利于创新人才培养模式。教育既为科技创新提供人才支撑，又受到科技创新的启发和激励，有利于有针对性地培养人才。智能时代的教育变革需从构建全社会参与的良好生态出发，建立学校与外部社会的协同机制，形成校内外相互打通、资源高度共享、流程无缝衔接的新格局。利用人工智能为教师、学生、学校等主体以及教育教学、教育管理等环节赋能，实现教师角色、学生角色、学校形态、教学模式、治理体系和服务业态等的全面变革。

智能时代，科技和教育始终彼此影响、相互促进，教育既为科技创新提供人才支撑，又受到科技创新需求的深刻影响，而科技创新对教育的影响主要体现在以下几个方面。

第一，科技创新驱动人才培养目标的重塑。创新型国家战略目标的实现对科技人才和创新型人才的培养提出了巨大需求，驱动人才培养目标从大规模、流水线、标准化的工业社会人才向以创新、应用、素质为导向的信息社会人才转变，需要培养大批掌握科学的思维方法，具备较强的获取知识能力，具有探索精神、创新能力和优秀的科学品质的创新型人才。

第二，科技创新驱动教育主要矛盾的转变。我国教育发展的主要矛盾正从稀缺的优质教育资源同人们日益增长的教育文化需求之间的矛盾，转化为优质、均衡、个性、终身教育发展同传统的教育供给体系和教育服务模式之间的矛盾，需要充分发挥科学技术在教育资源供给和教育服务模式创新中的核心作用，推动我国教育现代化建设朝着个性化、均衡化、优质化的方向发展。

第三，科技创新驱动教育内生机制的变革。纵观现代教育改革发展的进程，科技创新在很大程度上改变了知识的呈现、传播、生产和进化模式，使得知识从封闭、稳定的表征形态向不确定性、建构性、多样性和可质疑性等形态转变，赋予现代教育新的价值意蕴，实现科技创新驱动的知识观、学习观、教学观和课程观的转变，促进教育内生机制的变革。

第四，科技创新驱动教育基本样态的变革。科技创新发展推动了教育媒体和教育环境的升级，使得以教师、书本为中心的课堂转变为教师主导、学生主体相结合的智慧课堂成为可能。从传统的以纸质书本为媒介、以教师讲授为主导的课堂教学模式，转向以多媒体学习资源为依托、以学生的协同知识建构为导向的智慧型课堂教学，促进课堂教学基本样态的转变。

优先发展教育事业，加快教育现代化，建设教育强国，办好人民满意的教育，培养德智体美劳全面发展的社会主义建设者和接班人，是我国全面建成社会主义现代化强国的战略要求，也是当前我国教育事业的根本任务。因应中国特色社会主义新时代发展需要，推进数字化引领下教育体系的深层次、系统性、全方位变革和创新刻不容缓，构建面向未来的智慧教育生态体系势在必行。

信息技术发展步伐与教育创新步伐同频共振，以人工智能为代表的智能技术对教育的革命性影响日益凸显，正在快速推动教育系统的结构重组和流程再造，转换教育发展的动力结构，将深刻重塑人类社会形态。建立数字化、网络化、智能化的教育体系，培养大批创新人才，是人类共同面临的重大课题。智能技术促进教育改革创新体现在以下三个阶段性目标。

一是全面实现信息技术与教育的深度融合。普及信息化条件下以学习者为中心的新型教学模式，实现教育资源精准配置，基本建成人人可享有优质资源的新型教育供给体系，全面实施面向学习生涯全过程的综合性、多元化学生评价改革，实现信息化支撑下的管、办、评分离。

二是基本实现信息化支撑下教育发展方式的根本转变。智能化教与学环境建设与利用水平国际领先，人机共教、人机共育、人机协同的人才培养模式基本普及，教育发展动力结构全面转型，信息化支撑下德育为本、知识为基、能力为先的平等、开放、共享、适切的人才培养体系全面形成。

三是基本形成智能时代教育新生态。形成新型教育治理体系和学校形态，实现数字化驱动下多方参与的教育供给新模式，通过体制创新和技术赋能全面打造新学校、培养新教师、构建新课程、实现新教学、开展新评价，构建智能时代面向人人、适合人人的新型教育支撑体系。

智能技术的迅猛发展在改变当前社会经济发展现状的同时，也很大程度上变革了教育系统和经济社会发展之间的供需关系。从社会需求层面来看，新兴技术的快速发展在很大程度上改变了经济社会发展对劳动力结构的现实需求，引发人才培养目标和人才培养模式的深刻变革。我国当前的教育形态从总体上来讲还未摆脱工业时代的规模化教学印记，强调"一刀切、齐步走"的标准化教学和以"教师、教材、教室"为核心的讲授式课堂，具有明显的工业时代教育特征。教育改革发展新时期对人才培养体系和人才培养模式提出了新的需求，需要构建规模化和个性化相统一的创新型人才培养模式，更好地适应信息社会发展对人才培养结构提出的现实挑战。

从社会供给层面来看，新兴技术正深刻改变学校教育的基本形态，而当前的学校制度和教育制度还建立在工业化时代的需求和技术之上，无法适应教育现代化建设的基本需求。因而，如何变革教育生态、学校形态和时空结构，保障教育环境、教育内容、教育资源、教育服务和教育治理能适应信息化时代教育变革的根本需要，保障学校教育的开展能够适应信息化时代教育变革的根本需要，保障学校教育的开展能够适应人才培养机制的变革，推动教育现代化建设拔尖创新人才培育使命的达成，是当前阶段需要解决的关键问题。

教育信息化是教育现代化的根本标志和显著特征，是建成教育强国的重要战略支撑和基础动力引擎，是实现公平而有质量的教育的有效手段，是提升教育科学决策和综合治理能力的强大依托，是建成"人人皆学、处处能学、时时可学"

的学习型社会的必由之路。持续深入推进教育数字化转型,深入发展智慧教育,不仅将改变教育教学的内容、工具、手段和方法,而且必将带来教育理念、模式、体制和文化的深刻革命,支撑和引领教育现代化发展。

(二)智慧教育成为智慧社会建设的重点领域

我国提出要建设网络强国、数字中国、智慧社会和学习型社会,这是科学判断信息社会发展趋势做出的战略部署,智慧社会是对我国信息社会发展前景的前瞻性概括。教育既是民生之基,更是国之大计。建设智慧社会的基本出发点是为了更好地满足人民日益增长的美好生活需要,而涉及面最广、最贴近人们工作和生活的智慧教育、智慧交通、智慧政务、智慧医疗等自然成为智慧社会的关注重点,必须予以高度重视。数据成为智慧社会新的生产要素,以数字化、网络化、智能化等信息化方式扩大全社会基本公共服务的覆盖面和提高均等化水平,有利于构建立体化、全方位、广覆盖的社会信息服务体系,推动经济社会高质量发展,建设美好社会。建设智慧社会,智慧教育的发展不可或缺。

智慧社会将是继农业社会、工业社会、信息社会之后,一种更为高级的社会形态。数字化、网络化和智能化催生了"智慧社会"的概念,当小学生们都在谈论人工智能的时候,人类社会也在逐渐逼近新一轮变革的临界点,社会形态将进行系统化演进,进而彻底改变人们的生产、生活、学习方式。随着数字化在各行各业的普及和持续演化,把握数字化带来的新机遇,以数字化推动经济社会发展,已经形成全社会的基本共识。由信息社会演变而来的智慧社会,其特征也被逐渐揭示出来,不同领域和不同背景的学者对其会有不同的解释。单志广[1]认为,智慧社会应是一个信息网络泛在化、规划管理信息化、基础设施智能化、公共服务普惠化、社会治理精细化、产业发展数字化、政府决策科学化的社会,围绕促进教育公平、提高教育质量和满足人们终身学习需求的智慧教育和智慧学习持续发展,教育信息化基础设施不断完善,充分利用信息化手段扩大优质教育资源覆盖面,可以有效推进优质教育资源共享。梅宏[2]认为,数字化、网络化和智能化是三条相辅相成、相融相生的主线,数字化奠定基础,实现数据资源的获取和积累;网络化构造平台,促进数据资源的流通和汇聚;智能化展现能力,通过多源数据的融合分析呈现信息应用的类人智能,帮助人类更好地认知复杂事物和解决问题。郭军[3]认为,建设智慧社会是建设创新型国家的重要一环,是人类社会发展进程中的一次全方位、系统性变革,将深刻改变人们的生产生活方式,深刻改变个人、企

---

[1] 单志广. 智慧社会的美好愿景[N]. 人民日报,2018-12-02(7).
[2] 梅宏. 夯实智慧社会的基石(大家手笔)[N]. 人民日报,2018-12-02(7).
[3] 郭军. 在解决问题中推进智慧社会建设(新知新觉)[N]. 人民日报,2018-12-02(7).

业、政府、社会之间的互动关系，深刻改变社会治理模式。围绕群众普遍关心和亟待解决的医疗、教育、社保、交通、就业、养老等实际问题，充分利用信息资源和新一代信息技术加以解决，在更好地满足群众需要中提升经济社会发展水平。张军[①]用"人在思、云在算、端在造"描绘智慧社会，进入万物感知、万物互联、万物群智的智慧社会，泛在的教育信息网络、智能化的教育基础设施、普惠的教育公共服务和精细化的教育治理体系将从三维空间、时间和知识五个维度深度融合，重塑智慧教育生态。

（三）应对学习危机迫切需要教育数字化变革

联合国秘书长古特雷斯认为，"在全球范围内，教育正处于危机之中。这是一场逐渐酝酿且通常看不见的危机，但它对个人、社会和我们的集体未来产生了深远的影响。"他指出，作为公民和社会参与者，许多在校学生并没有学到他们需要的基本技能。更多人质疑他们的教育系统和课程与当今世界的相关性。[②]。2021年11月，教科文组织发布《一起重新构想我们的未来：为教育打造新的社会契约》指出，在人类及其居住的星球都面临严重危机的今天，必须紧急重塑教育以帮助我们应对共同的挑战。2022年6月，教科文组织在教育变革峰会预备会议上发出严重警告：学习危机和预算危机是影响当前世界教育的两大利刃。2022年9月，联合国召开了教育变革峰会，以应对全球教育危机。峰会将教育置于全球议程的首位，动员各国共同行动，寻求危机的解决方案，以弥补疫情造成的学习损失，并播下变革未来教育的种子。

疫情凸显并加剧全球范围内教育供给不足、不均衡，以及应急状态下保障持续性学习供给能力不足等问题。疫情期间，全球累计16亿名学生受到学校停课影响[③]，传统教育教学模式难以应对，对各国加强多元场景下的教育供给能力，特别是对教学模式改革创新与资源共建共享等提出更新、更高要求。疫情发生后，我国面向2亿多名师生开展超大规模在线教育，支撑"停课不停学"，使教育信息化基础设施经受实践检验，师生信息素养得到普遍提升，在线教育更加受到社会关注，泛在学习理念日益深入人心。习近平同志指出，要"总结应对新冠肺炎疫情以来大规模在线教育的经验，利用信息技术更新教育理念、变革教育模式"[④]。我

---

① 四院士勾勒"人工智能与未来教育"蓝图[N]. 中国教育报，2020-09-05（3）.

② "请让我学习"：年轻人敦促世界领导人在教育问题上采取行动[EB/OL]. https://news.un.org/zh/story/2022/08/1107042，2022-08-01.

③ 联合国：新冠大流行冲击教育系统，全球近 16 亿学生受影响[EB/OL]. https://baijiahao.baidu.com/s?id=1674237127614877667&wfr=spider&for=pc，2020-08-06.

④ "让孩子们跑起来" [EB/OL]. https://baijiahao.baidu.com/s? id = 1678731181903666083&wfr = spider&for = pc，2020-09-24.

国大规模在线教育得到广泛应用，对促进经济复苏、保障社会运行、推动国际抗疫和教育合作发挥了重要作用，充分展现了教育信息化中国方案、中国故事背后的思想和精神力量。今后，既要继续做好疫情后的混合式教学，也要抓住师生数字素养和技能大幅提高、形成了在线教学习惯、国家智慧教育平台升级上线的机遇，重塑教育的未来，思考如何发挥智慧教育优势，创新教育和学习方式，加快发展面向每个人、适合每个人、更加开放灵活的教育体系。疫情这类特殊时期，对规模化教育与个性化培养有机结合提出了更高要求，智慧教育是后疫情时代教育改革和经济社会发展的新动能、新赛道、新形态。

（四）教育科学问题的解决客观需要科学方法

近年来，受信息化趋势的推动，特别是计算机科学、大数据、智能技术、脑科学与认知科学、社会学、心理学、复杂系统等领域，处理领域中的大规模复杂问题取得了不少突破性进展，为解决教育问题提供了可借鉴的宝贵经验、科学方法和技术工具。世界各国都陆续从国家战略的层面上设立了面向教育的研究基金或重大项目，将研究焦点集中于破解教育发展中的重大问题，特别是信息技术对未来教育的影响及其衍生结果。与教育领域直接或间接相关的研究问题及成果，无论从发表数量上还是所占比例上都呈现逐年上升的趋势，这从一个侧面反映出全球范围内科学界对教育领域问题的高度关注。

教育研究实证科学化倾向以更加成熟的理论形态和逻辑系统来表明其观点和立场，教育研究者试图建立教育现象的因果解释理论，把理论法则化、操作化和模式化，期望能够找到人们一看就懂、一学就会的操作程序和表征方式，从而指导教育实践；同时教育统计、测量和调查的引进与运用为教育研究的实证化提供了必要的手段。从数据使用的角度来说，重要的是保证教育系统的整体管理和决策过程都基于对证据的详细解读，以扩大循证基础和规律可解释性。开展教育科学专题研究将为教育学科发展带来前所未有的机遇，实现创新人才培养与质量提升的双重突破，满足教育科研与经济发展的多重现实需求。

针对教育科学重要问题开展关键理论、技术和装备研究，将有力地促进教育科学研究方法的改进，增加教育科研中涉及规律和机制性理论研究成果的产出，促进多学科交叉融合。以往的教育研究，大多仅仅依据经验，缺少全面的科学研究方法的支撑，在面对复杂的教育现象与动态变化的时代需要时，缺少科学方法论的基础和灵活应对问题的能力。主动突破传统文理学科界限，解决教育难题，倡导多学科交叉，运用更加综合的方法和数据基础研究与解释教育问题，必将开辟我国教育科学研究的崭新局面。

《教育部关于加强新时代教育科学研究工作的意见》指出，教育科学研究是教育事业的重要组成部分，对教育改革发展具有重要的支撑、驱动和引领作用。为实现教育现代化和教育数字化战略目标,需立足于科技进步和经济社会发展的现实需求,梳理教育科学研究与教育现代化建设的内在联系,创新科研范式和方法,探索教育本质和规律,破解教育难题,探究教育科学支撑教育现代化的根本途径,使得教育科学研究的开展能够真正服务于教育强国建设和教育数字化转型的现实需求。

第一,构建"多学科"融合的教育研究范式,加强跨学科研究。实现不同学科理论、工具、方法的有机统一,将基于经验主义的哲学思辨的传统研究范式与基于实证研究的自然科学的研究范式相结合,综合运用教育学、心理学、神经科学、认知科学、生物科学、学习科学、数据科学的相关知识、最新成果和研究方法,不断拓展教育科研的广度和深度,实现对教育现象和规律的全方位解读和可视化表征,科学构建未来教育发展思路和路径。

第二,构建"多层次"整合的教育实践体系,加强科教协同。从教育科学研究开展的实际需要出发,充分利用人工智能、大数据等新技术开展教育研究,重构教育科学研究的实践逻辑:实现教育过程的智能感知、计算和数据化,夯实教育研究的循证基础,挖掘教育发展规律,优化教育决策模式,完善教育支撑体系;推广人工智能条件下的教育社会治理实验。

第三,构建"多场景"融合的教育服务体系,优化教育研究布局。从教育科学研究的实践场景出发,坚持问题导向、目标导向和成果导向,从教学、学习、管理、评价、研究等层面分析教育现代化建设新时期对智能教育服务模式提出的新挑战,优化科研平台和项目布局,创设智能教研支撑体系。

智能技术驱动教育研究范式的演变,实现数据驱动的教育现象的揭示和教育规律的发现,推动教育科学研究从传统的经验主义向数据驱动的循证式研究转变。利用教育大数据建模、分析、预测的基本思想,拓宽教育科学研究的视野和边界,破除理论假设的主观依赖和偏见,纠正抽样误差、弥合数据间隙,深化对教育现象之间复杂关系挖掘分析,推动以抽样数据为主的实证研究向以海量数据挖掘为主的数据密集型研究范式的转变。传统量化研究遵循自然科学研究方法,以自上而下的形式展开研究,包括提出假设、构建模型、创设实验、测量分析等;而以数据密集型研究范式为主的研究以自下而上的数据分析为基础,通过大量数据的智能采集、精细梳理和有效分析来发现教育现象和规律,构建理论解释并开展预测应用。教育研究从关注因果关系转变到关注"关联关系+因果关系",利用数据科学技术探索认知规律得到的是数据间的关联。

二、智慧教育发展的科学问题与技术短板

作为教育现代化的关键支撑和引领,我国教育数字化战略持续推进。面对当

前高质量教育体系建设的新要求，教育数字化转型和智能升级也面临一些新的挑战和核心关切。例如，智能时代的人才需求和供给侧都发生了变化，变与不变都需要厘清学生成长成才规律；对规模化教育与个性化培养有机结合提出了更高要求，需要易用、好用的网络、资源、平台和工具作为支撑；针对特殊人群和薄弱地区及学校的"扶智"手段，需要更精准和给予系统性支持；教育新基建的应用效率、"双减"的成效、师生数字素养等关切度高的问题需要采用量化评估和监测方式；线下线上融合的教学方式下，对网络学习空间的产品和服务进行数字化治理显得更复杂，网上青少年保护、教育网络安全等是构建社会治理体系的重要内容。科技发展将促进教育系统变革，为解决教育公平、教育质量和个性化等问题提供强大助推力，需要进行战略性、前瞻性部署，构建智慧教育发展的科技支撑体系，重点解决科学问题和弥补技术短板，加快形成现代化的教育治理与服务体系，全面提升教育服务经济社会发展能力。

（一）数字一代学生成长规律和成才机理不清

每个人、每个家长对教育有不同的见解，说起教育"头头是道"，但育人是复杂的，需要尊重学生的成长规律和个性需求，了解学生的学习习惯和认知风格，采用适合的方式和有效的策略，把握最佳教育期和最近发展区，实现每个学生的健康发展。当前，存在忽视学生成长规律的误区。例如，只关心学习与智力，不关注情绪与能力；只关注起跑线，不了解成长最佳期；只关注近期成绩，不关心长远发展；只要整齐划一，不求差异发展；只有好的动机，却没有产生好的效果；家校合作表面化、肤浅化，家长和学生之间沟通障碍；特别是智能技术、智能教育产品、疫情给学生带来的影响，缺少跟踪分析和实证研究。只要教育工作者和家长真正掌握了学生发展规律，就能克服教育的盲目性和随意性，增强教育的科学性和针对性，避免因"无心之失"对学生造成负面的影响，真正实现科学育人、促进学生身心健康、全面发展的目的。然而，目前对大规模学生成长缺少长周期跟踪研究，也缺少对特殊儿童和超长儿童的溯源和心智发展评估研究，传统统计方法难以及时、有效地追踪个体心理或生理状态的发展变化。同时，学生综合素质评价仍存在测评体系构建难、观测指标赋值难、客观公正打分难、档案管理难、引导作用发挥难等痼疾，综合素质测评体系有待完善。因此，有必要在科技支撑下开展学生成长智能感知技术研究。

（二）薄弱地区和学校的教师智能化辅助手段缺失

很多家长认为，所有的教育教学问题都可能与教师相关，都期待教师能够解决所有难题，但教师不能承受其重。由于教师研修过程中较少关注其迁移及创新能力的提升，大部分教师能力停留在"应知应会"水平，尚不能把智能技术融合到以学生为中心的教学创新实践中。人工智能等新技术对教师的角色定位、能力素质都提出了新的挑战,部分教师在认识、素养和实践上对新技术的应用存在不足之处。从农村教师成长和教学工作中,有"九难"(职称难评上、学生难相处、家长难配合、材料难做完、作业难收齐、经济难宽裕、活动难应付、地位难提高、假期难清闲)。虽然说这些问题,不是单靠智能技术就能解决的,但是,智能技术和产品在一定程度上可以辅助教师教学,减轻教师负担,助推教师专业发展。智能技术可以更多地承担内容呈现、人机互动、学习指导等可替代的程式性工作;教师则更多地专注于更具创新性和启发性的教学行为,甚至是情感教育。然而,目前缺少对教师信息化教学能力的诊断,一些智能教育产品复杂难用,不仅没有减轻教师负担,反而增加了教师的工作量,对教学质量的提高也有限。教师真正需要的支持课堂教学的智能装备和教学工具还有待改进。调查显示,教师使用教学工具更多地用于内容展示(56.2%),其次是师生互动(17.6%),而用于资源获取与学习促进的较少[1]。课程不活跃、教学互动不足、"人灌"变"机灌",造成学生学习自主性不强。正是这些"老生常谈"的教学问题或普遍现象,呼唤课堂教学革命,期待通过发挥智能技术的优势和效用,研究解决智能技术如何优化教育教学组织形式、智能化辅助教师教学等问题。因此,有必要开展教师发展智能服务技术研究。

(三)特殊人群的智能教育装备性能及配置不足

根据中国残疾人联合会《2021年残疾人事业发展统计公报》,截至2021年底,参加城乡居民基本养老保险的残疾人数达2733.1万。全国共有特殊教育普通高中(部、班)117个,在校生11 847人,其中聋生7274人、盲生1761人、其他2812人。残疾人中等职业学校(班)161个,在校生17 934人,毕业生4396人,毕业生中1005人获得职业资格证书。全国有14 559名残疾人被普通高等院校录取,2302名残疾人进入高等特殊教育学院学习。另外,还有很多残疾人无法进入学校学习。他们的学习、生活和工作需要得到特殊照顾。疫情给这类特殊人群的教育带来的影响,涉及教育装备、教育资源、学校和家庭学习环境和学习技能等诸多方面。特别是对于一些残疾儿童来说,有些教学活动和教学实验做不了、体验感差,存在看不见、摸不着、进不去、成本高、危险性大等问题,成为特殊教育中的痛点。而且,这一类智能教育装备的市场空间并没有那么大或购买力有限,具有一定的公益性,企业的积极性并不高。因此,政府科研部门有必要开展专项支持研究以辅助弱势群体学习的特殊环境感知、信息获取、教学交互和康复训练装备,开发针对性的优质教育资源、课程、平台和工具,开展针对残疾人以及自闭

---

[1] 庄裕每,林伟,等. 信息化课堂教学行为分析[R]. 北京:北京师范大学智慧学习研究院,2021.

症、抑郁症等心理和学习障碍群体的语言学习、阅读、技能训练应用示范,通过政府、学校、企业、家庭等多方协同为弱势群体提供有效的学习支持服务,补齐智慧教育特殊短板。

(四)数字教育资源精准供给服务模式有待改进

有资源并不意味着有效学习发生,要不然仅有图书馆就可以解决教育问题了。尤其数字化时代,网上有海量的学习资源,也并不意味着在线学习的有效发生。疫情期间,中小学、职校、高校在线教育资源快速丰富,特别是国家智慧教育平台升级上线,基本覆盖了各学段、各学科,为实现"停课不停学"提供了重要支撑。尽管如此,我国优质数字教育资源供给模式仍不够优化,优质资源结构性短缺和实用性效果差的问题尚未根本解决。数字教育资源应用模式相对单一,只有不到 1/3 的教师使用专业化学科教学工具,中小学教学中优质资源和软件工具的深度应用严重不足。数字教育资源系统性不够、质量不高,满足师生教与学的适切资源供给不足。各级各类教学平台和应用程序缺乏有效协同,难以通过大数据分析提升教学效率和质量。区域、城乡、校际之间教育发展不平衡,教学质量存在差距,部分农村小规模学校和教学点无法开足开齐开好英语、音乐、美术、体育等课程。课程的开设及教学质量受限于学校和师资力量;课程的开设具有时空限制,选修只是改变了"课表",课程组织仍以统一安排为主,不注重学生的个体需求;课程内容较为滞后,缺少与时俱进的迭代,忽视实践课程的设置。解决这些问题,一方面需要利用智能技术扩大优质教育资源覆盖面,有效弥合数字鸿沟。另一方面,推进国家智慧教育平台持续建设和广泛应用,实现各级各类教育平台互联、数据互通、应用协同,推动资源服务的供给侧结构性改革,提高教学和学习效率。同时,还需要通过科技手段优化资源形态和降低开发成本,精准分析师生对资源的需求,改进资源传输、推荐和应用方式,按需提供智能化的和便捷的教学工具和学习支持。

(五)教育新基建的智联与效率问题亟待解决

教育新型基础设施建设推动教育数字转型、智能升级、融合创新,支撑教育高质量发展。营造一个适合青少年成长的、可控的、可信的、可靠的智慧学习环境需求较为迫切,包括线上和线下环境。在新基建投资支持下,我国社会数字化环境成效显著,学校整体数字化环境也夯实了数字基座。但仍有部分地区和学校存在网络访问速度慢、不良信息侵扰等问题,难以支撑数字化、网络化和智能化条件下的教育教学和管理服务。另外,大部分的传统教室还存在技术环境复杂、座位固定、互联不畅、场景单一等问题,不同场域的教学过程割裂,教学交互不足,学习状态难以追踪,需要进行智能化升级改造。另外,受限于师生的求变意识不强、行为习惯比较传统、技能水平不高及技术的复杂性，真正支撑智慧教学的常态化应用并不多见，一些环境和设备的应用率并不高，而且，部分教师自身技能存在短板或技术支持服务的缺乏，影响其使用兴趣和效果。推动智能技术促进教育教学创新，首先要解决如何提升教育教学环境应用效率的问题，研究边云端协同的多模态学习环境感知与监测技术，有效关联协同物联网设备与虚拟学习环境，动态监测学习环境应用状态、质量和效果。因此，学习环境智能升级技术也是未来科技赋能的重要方面。

（六）校园内外和网络空间协同防控手段缺乏

在教育数字化转型的背景下，数字化学习产品及在线教育服务在提高教学效率和管理水平、满足学生个性化学习需求和兴趣发展、优化师生体验等方面发挥了积极作用。但一些应用泛滥、平台垄断、强制使用等现象，以及有害信息传播、广告丛生等问题，给广大师生、家长带来了困扰。《中国教育现代化2035》提出"探索建立对青少年数字化学习产品的评价审查机制"，需要加强内容审查、个人信息保护、风险监测和预警处置技术研究，搭建综合监管平台。同时，经济、社会的迅速发展使青少年犯罪出现许多新的特点，原因日趋复杂化，校园霸凌和青少年犯罪问题与线上不健康信息传播、诱导有较大的关系，网络沉迷和游戏成瘾问题突出，传统的防控手段变得愈发不足。校园及周边环境和网络空间安全隐患动态监测、预警防范和排查处置，是预防和遏制青少年犯罪的重要措施，这就需要在智能技术支撑下，人防物防技防结合打造青少年犯罪预防的社会协同体系，常态化监测安全隐患、感知线上线下行为轨迹、及时预警和协同处置不当行为，建设平安绿色智慧校园。尤其对于当前社会普遍关切的网络霸凌、网络沉迷问题，迫切需要在智能技术支持下实现未成年人身份精准识别、沉迷成瘾行为动态感知、个体群体行为画像分析、提醒家校社预警处置和协同干预疏导，用科技手段加大未成年人保护力度。

（七）面向"双减"的数字化治理态势复杂多变

我国有着全世界最大也是最复杂的教育体系，跳出教育看教育、立足全局看教育、放眼长远看教育，深刻认识和把握教育自身面临的突出矛盾和问题，迫切需要构建教育数字化治理体系。目前，我国已基本建成学校、教师、学生三大教育基础数据库，实现全国所有学校"一校一码"、师生"一人一号"，学籍管理、跨省转学、学历认证、就业服务等较复杂应用已可网上办理。然而，各类教育管理信息系统整合不够，虽然对外的数字化服务已经可以通过国家智慧教育平台的"服务大厅"解决，但支撑内部管理和决策的系统及数据库还需要优化，数据信息资源利用率不高，平台之间以及平台与业务之间的数据互联互通度还不够，这给教育系统内部的数字化治理带来较大的难度。对于教育系统外部来说，主要是校外培训体系对学校教育体系的冲击。学校教育既要满足人们受教育的基本需求，又是国家教育质量的基本体现。由于人才培养目标的多样性需求和学习者个性化学习的需要，在"双减"施策下，校外培训不可避免地将以更复杂、更隐形或变异的形式存在，其服务方式日趋多样化。面向"双减"，有效平衡学生的校内外学习，提升校外培训的综合治理能力，科学论证教育治理效果，也是智慧教育的基本要求和迫切需要解决的问题。当前，还存在学科类培训隐形变异查处难、非学科培训分类管理推进慢、风险防控压力大等问题，对校外培训机构和活动的常态化监管和分类管理，需要数字化、网络化和智能化治理技术的支撑，同时还需要采用科技手段确实减轻教师和学生负担，优化课堂外和学校外的学习支持服务，提升管理绩效。

（八）公众科学素质和师生数字素养有待全面提升

科技创新、科学普及是实现创新发展的两翼，要把科学普及放在与科技创新同等重要的位置。没有全民科学素质的提高，就难以建立起宏大的高素质创新大军，难以实现科技成果快速转化。"要加强国家科普能力建设，深入实施全民科学素质提升行动，线上线下多渠道传播科学知识、展示科技成就，树立热爱科学、崇尚科学的社会风尚""要在教育'双减'中做好科学教育加法，激发青少年好奇心、想象力、探求欲，培育具备科学家潜质、愿意献身科学研究事业的青少年群体"。[①]同时，全球经济数字化转型不断加速，数字技术深刻改变着人类的思维、生活、生产、学习方式，推动世界政治格局、经济格局、科技格局、文化格局、安全格局深度变革，全民数字素养与技能日益成为评价国际竞争力和软实力的关键指标。把握全球人工智能发展态势，找准突破口和主攻方向，培养大批具有创新能力和合作精神的人工智能高端人才，是教育的重要使命。由此可见，科学素质、数字素养和技能是工作、学习和生活的必备素养。然而，目前我国普通公众的科学素养和数字素养仍亟待提高，鸿沟仍然存在，需要新的途径、方法和机制，需要纳入智慧教育的基本范畴。疫情期间，线下聚集性科普活动和培训活动将更多地被线上交流代替，既对数字素养与技能提出了更高要求，同时也带来提升科学素质和数字素养的新机制、新手段、新生态。对教育系统的广大师生来说，全国有超过80%的中小学学科教师利用信息技术开展教学活动，超过50%的教师应用网络学习空间开展教学和教研活动[②]。但在大规模应用数据背后，实际上基本停留在较浅层次的应用阶段，距离全面"用好"的目标要求仍有较大差距。提高信息技术应用水平、促进信

[①] 习近平在中共中央政治局第三次集体学习时强调 切实加强基础研究 夯实科技自立自强根基[N]. 人民日报，2023-02-23（1）.

[②] "十三五"教育"收官"，看看这些教育之最[EB/OL]. https://www.thepaper.cn/newsDetail_forward_10215709，2020-12-01.

息技术与教育教学的深度融合是"十四五"期间需要关注的重要目标，这也是智慧教育关注的范畴。科学素养、数字素养与技能的提升，仅靠传统的方式是远远不够的，需要建立能力素养指标体系，研发工具支持素养测评，建设数字化培养课程、平台和工具，线上线下多场景融合，采取科技手段以弥合数字鸿沟。

（九）城乡教育高位均衡发展的公共服务体系尚未形成

《中国教育现代化 2035》对实现基本公共教育服务均等化的总体思路、战略任务、实施路径与保障措施等进行了系统规定，提出建立健全基本公共教育资源均衡配置机制，逐步缩小区域、城乡、校际差距，推进城乡义务教育一体化发展，对困难群体精准帮扶，努力让全体人民享有更公平的教育。这是新时代推进教育公平、促进优质发展的基本战略和政策设计。需要立足于我国基本国情，从国家教育事业长远发展的角度出发，确立公共教育服务体系建设的发展思路，优化教育发展的保障措施。尽管我国对农村发展和乡村教育都很重视，所采取的一系列举措已经取得了举世瞩目的成效，但随着城市化进程的加快和信息社会的快速形成，乡村学校的信息化环境、教师能力、课程质量和控辍保学等仍然是无法回避的问题。只有"智慧乡村"与"智慧城市"一样得到重视和建设，才能确保教育现代化目标的实现。因此，需要探索形成城乡教育高位均衡发展的公共服务体系，研究面向农村地区的智慧课堂技术解决方案，构建符合乡村地区学生学习规律的学习环境，配置普惠的智能教育装备，提高农村地区人才培养质量，并特别关注农村学校的控辍保学、留守儿童情感沟通和协同监护等情况，以教育促进农村转型，助力智慧乡村建设。

三、搭建智慧教育"四梁八柱"的政策建议

习近平在中共中央政治局第五次集体学习时强调，"要建设全民终身学习的学习型社会、学习型大国，促进人人皆学、处处能学、时时可学"，"进一步推进数字教育，为个性化学习、终身学习、扩大优质教育资源覆盖面和教育现代化提供有效支撑"。[1]教育部提出实施国家教育数字化战略行动，总体要求是坚持"应用为王、服务至上、简洁高效、安全运行"。"应用为王"就是秉持"方法重于技术、组织创新重于技术创新"的工作理念，把广大师生的应用需求摆在优先突出位置，以应用驱动信息化建设与学习资源、办事服务、管理业务有机整合。"服务至上"就是严把质量关，突出效果导向，推进应用服务支持，运用平台深化"双

---

[1] 习近平在中共中央政治局第五次集体学习时强调 加快建设教育强国 为中华民族伟大复兴提供有力支撑[N]. 人民日报，2023-05-30（1）.

减"、赋能职教、支撑高等教育改革创新、推动基于大数据的评价改革,让师生切实感受到教育数字化带来的效益和效果。"简洁高效"就是加强业务统筹与技术支撑,实现对优质资源的有效整合和快速集成,力求建设与运维清晰实用、节约节俭,不搞大拆大建,不盲目追求高端。"安全运行"就是牢固树立底线思维,健全管理制度,做到资源内容合规范、数据产权无争议、平台运行有保障,构建安全可靠的教育网络安全体系。

实施国家教育数字化战略行动的战略格局是以基础教育、职业教育、高等教育为"三横"体现全面覆盖,以德育、智育、体美劳育为"三纵"体现"五育并举",推动各类教育教学要素按照学段分别融入国家智慧教育平台架构,有效延伸拓展全民终身学习的通道,积极构建面向学生、教师、学校和社会成员的服务格局。教育数字化转型强调"四个融合"[①]:一是"高起点融合",把顶层设计谋划与应用实践创新相结合,加强智慧教育建设与应用示范引领和数字转型;二是"高效率融合",把服务教育的现实需要与长远发展相结合,推动教育资源优质均衡,在"助学"上发力、在"助教"上探索、在"助管"上深化、在"助研"上突破;三是"高标准融合",把教育资源的开发建设集成与智慧教育平台的安全可靠运行相结合,让网络跨越空间,让数字超越时间,让优质资源传播无障碍,用数据赋能,用智能提质,用平台管平台,确保高效、智能、标准、规范;四是"高质量融合",把国家平台的品牌建设与国际教育交流合作相结合,深化双多边对话与合作交流,成立世界数字教育联盟,发起《世界数字教育发展合作倡议》,大力提升我国教育质量和国际影响力。

政策是推动教育数字化变革的关键保障。发展智慧教育的政策构想体现在以下几个方面。一是建构智慧教育思想与理念,使整个教育系统,特别是校长和教师解放思想,贯彻以学生为中心的教育理念,充分发挥教师的主导作用、学生的主体作用,坚持理论与实践相结合、过程与结果并重、继承与创新兼求、育人与成才并举,以促进人的全面发展为导向。二是建设新一代智慧学习环境,整体提升的云、网、端服务能力,建设适用、好用的智能教育公共基础设施,加强智能化校园环境建设,特别是面向薄弱地区的新一代教育网络基础设施建设,优化课堂教学环境,构建虚实融合的多场域学习环境,推广应用学习分析系统、智能教育助理等。三是探索新型教学模式与手段,以智能技术作为推进教育教学创新的重要驱动力和路径模式,有利于实现因校制宜、因人而异同、因材施教、因机而变,推行人机协同的弹性教学和主动学习,推动线下教育与线上教学深度融合。四是注重教育结构系统变革,搭建智慧教育的"四梁八柱"(图9-1)。同时,从瞄准教育需求、注重问题导向和应用导向的视角出发,加强与国家教育发展改革直

---

① 雷朝滋. 抓住数字转型机遇 构建智慧教育新生态[J]. 中国远程教育,2022,(11):1-5,74.

接相关联的重大科学问题和技术短板问题研究，明确技术支撑要求，制定详细、具体的行动路线图、时间表，启动实施一批推进智慧教育发展的重点工程，并明确各重点工程的工作目标、主要任务及实施路径。

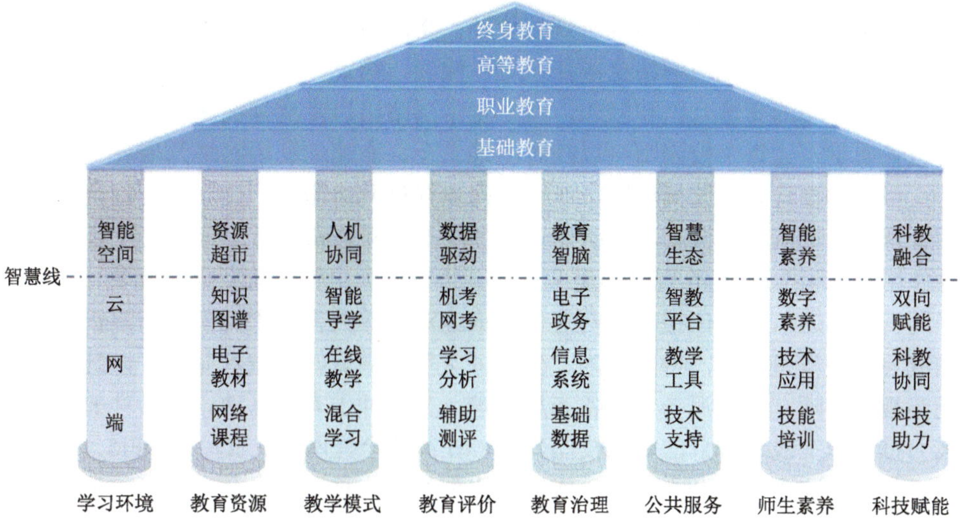

图 9-1 智慧教育的"四梁八柱"

（一）云网端升级打造智能学习空间，构筑学习环境数字底座

教育新型基础设施建设是国家新基建的重要组成部分，是新时代实现基本公共教育服务优质均衡和公平有质量教育的基础性支撑力量，是加快教育现代化、建设教育强国的战略举措。数字化设备、教育网络、教育云平台及智能学习空间等是数字化学习的必要条件，是实现教与学方式变革、支撑师生开展创新教学活动的根本保障，也是教育数字化转型的基础。当前，学校教育教学环境持续改善，"三通两平台"目标任务已全面完成。但是，学校普遍还需要对现有设施进行数字化改造和智能升级，特别是某些农村、边远地区学校还面临一些现实困难，如由于经费不足，有些学校网络信号不稳定、网络带宽不够造成网络卡顿、掉线，无法有效支持网络教学和学生在线学习。推动教育高质量发展需要加快推进数字基础设施建设，适度超前部署建立下一代智能设施体系，深化教育基础设施数字化、网络化、智能化转型升级，从终端普及水平、网络接入条件、云端服务能力等方面全方位推动基础设施能力提升。"教育新基建"提出要建设教育专网，畅通连接全国各级各类学校和教育机构间的教育网络，并提升学校网络质量，提供高速、便捷、绿色、安全的网络服务；要支持有条件的学校利用信息技术升级教学设施、科研设施和公共设施，促进学校物理空间与网络空间一体化建设。学校要妥善利

413

用各类资源和条件，进一步强化教育新基建，优化和升级基础设施、硬件设备、网络条件、智能工具、学习平台等。

第一，推动网络基础条件提质升级。充分利用国家公共通信资源，建设由国家主干网、省市教育网和学校校园网构成的教育专网，覆盖各级各类学校和教育机构，实现网络地址和域名统一规划管理；将网络环境建设纳入学校办学条件建设标准，加速学校无线网络全覆盖，提供快速、稳定、绿色、安全的网络服务，促进数字终端的高速互联和接入，建立宽带网络出口带宽弹性保障机制，提高网络服务质量，让每个校园都可以随时随地安全、高速地利用网络开展各类教学活动；鼓励学校建设校园局域网，统一为师生提供网络服务，建立校园网出口的集中管理、流量监测等机制，自动识别、过滤不良网站和信息；充分发挥CERNET的作用，持续推进IPv6规模部署和应用，协调三大电信运营商提速降费，依托互联网、移动通信网、广播电视网等，建成应对自然灾害、大规模疫情等极端情况的应急网络教育体系。特别要为"三个课堂"提供更好的技术保障，做到网络通畅、视频清晰、语音流畅、设备布局合理，支持师生有效互动。有条件的学校要大力推进线上线下融合的智慧校园建设，在绿色全光网络、5G、Wi-Fi6、智能物联网等超高速多网融合支持下，实现校内外媒体、技术、平台、资源、数据、人和物的智能互联。

第二，推动学校教育环境智能化升级。对各级各类学校信息基础设施进行数字化和智能化升级。学校因地制宜地推动数字校园和智慧校园的迭代升级和持续建设，构建集教学、科研、管理和生活服务于一体的智能化校园环境，提升校园管理服务水平；通过提升通用教室多媒体教学装备水平，打造生动直观形象的新教室，建设满足教学需求的智慧教室，按需配备高清互动、虚拟仿真、智能感知等装备；推动智能实验室建设，以及重大科研基础设施、高性能计算平台和大型仪器设备开放共享，建设科研协同平台，促进科研协同创新；依托学校智能活动室和图书馆构建智慧学习空间，建设"未来学习中心"，探索学习方式变革；升级校园公共安全视频网络和突发事件预警系统，加强餐饮卫生、异常行为、能耗和碳足迹的智能化监测，探索建立基于物联网的楼宇智能管理系统，加强平安校园、健康校园、绿色校园建设。

第三，推动师生数字化教学条件升级。逐步普及符合技术规范和教学需要的个人终端设备，让更多的师生可以利用终端设备，支撑网络条件下个性化的教与学；建设满足居家学习和家校互动需求的教学和管理视频交互系统，让师生线上居家教学与校内教学无缝衔接；开发线上线下一体化的综合教学场，通过提高网络学习空间的平台兼容性和移动化应用，探索学校物理学习空间与网络学习空间的有机融合，实现"一人一空间，人人用空间"，助力构建"无边界的课堂"；开发智能教育助理，建立智能、快速、全面的教育分析系统与工具。

第四，加快 5G+教育网络部署及示范应用。抓住 5G 商用和 Wi-Fi 6 发展契机，先期在高教园区、集团化学校、职业教育中心等部署 5G 基站，推动物联网、云计算、虚拟现实、人工智能等技术在教育领域的规模化部署与应用，拓展 5G+教育应用场景；借助新型基础设施建设工程、农村义务教育薄弱学校改造计划、中西部教育振兴发展计划等国家工程，通过纳入基本预算、拨付专项资金、设立专门项目等措施加强网络基础设施的建设与应用，高位、精准补齐农村、边远地区和薄弱学校的网络短板；建立面向教育的不同网络、数据的互联互通机制和应急机制，建立教育专网运行维护长效机制，提升教育网络的弹性扩展能力，保障教育网络与公众互联网、学校网络与家庭网络的互通，既优化骨干网络互联，也重视"最后一公里"和端到端的服务质量监测，保障网络的安全、高速、稳定；通过资金扶持、统一协调、专属资费优惠减免等途径，实行教育网络资费优惠政策，落实教育领域的"提速降费"，让学校和家庭享受宽带技术发展的福利，不断改进在线教育用户体验；优先面向"互联网+教育"示范区、智慧教育示范区等区域开展教育专网和 5G 基础网络完善工程与创新应用示范工程，探索开展 5G+高清远程互动教学、增强现实/虚拟现实沉浸式教学、人工智能辅助教学、全息课堂、远程督导、高清视频安防监控等场景应用，适应学习方式多样化要求，加强 5G 测试环境建设、集成技术研发和公共平台构建，加快 5G 技术知识传播，助力创新区域教育服务业态；建立健全教育网络安全监管机制，落实网络安全责任，完善互联网教育服务准入制度，加强技术创新和技术控制，深入普及网络安全宣传教育，构建绿色教育网络学习空间。

（二）优化和推广国家智慧教育平台，打造数字教育资源超市

教育数字化战略行动以国家智慧教育平台为抓手，提升在线教育支撑服务能力，推进教育新型基础设施建设，积极探索试点教育数字化转型应用场景，提升师生数字素养与技能，从而推动数字中国和教育强国建设。教育系统"量大面广"，涉及上亿学生、数千万教师、数十万学校，以及千家万户，需要一个具有权威性和牵引性的"窗口"平台，统一支撑教学、评价、管理及服务应用。国家智慧教育平台的升级上线，体现了作为国家平台、国家品牌的规模化和示范引领价值。平台建设是一个持续推进、逐步迭代的过程，在现有的技术条件下，完全可以达到预期的技术指标，重点在于面向区域和学校的推广应用，以平台为杠杆撬动区域和学校数字化转型，孕育智慧教育生态。

第一，升级迭代平台功能。优化国家智慧教育公共服务统一门户和 APP，推动各类教学平台互联互通；为师生统一开通网络学习空间；汇聚各方提供的工具软件和应用，集成知识生产、学习支持、师生交流、业务管理等功能，打造一批应用"旗舰店"或构建教育专用 APP Store。持续推进构建"平台＋教育"服务模

式，支持学校通过便捷、优质、可选择的云应用，开展教育教学、行政管理和公共服务；建设开放应用接口体系，支持各方主体提供通用化的教育云应用，构建多元参与、开放灵活的教育云应用新业态，推动实现教学、资源、管理、安全等各类教育平台的互联互通，强化平台在知识生产、资源共享、学习支持、监测评价、管理决策等方面的功能。

第二，汇集教育专用资源，构建大资源体系，打造资源超市。汇聚已经建设的优质数字教育资源，确保在紧急情况下或薄弱学校的教学不被中断，提升教育系统韧性；推动教材出版单位开发与纸质教材配套的数字教材，组织开发遴选不同教育阶段的精品课程，广泛汇聚数字图书馆、科技馆、博物馆、爱国主义教育基地等社会资源，引导开发基于人工智能、虚拟现实等技术的新型资源；立足现有的资源体系，梳理知识体系和各类资源的相互关系，基于课程标准构建国家统一的学科知识图谱，加强资源分类标识，建立基于用户使用评价的资源更新迭代机制，利用区块链技术加强知识产权保护；连通不同区域、学校建设的资源库，促进跨平台、跨地域、跨层级的资源开放共享。

第三，优化平台应用支持服务。支持教师通过平台开展线上线下相结合的教学，实施在线辅导和在线答疑；依托平台汇聚各类终端、应用和服务产生的行为过程数据，建立学习行为分析模型，提供精准的资源推送和学习服务；提高平台交互能力，支持大规模在线教学，支撑应对重大公共应急事件；把优质数字资源引入课堂教学和课后服务，推动"双减"提质增效。地方教育行政部门按照"就近服务"的原则，统筹组织本地区平台的协同服务，推进平台在区域和学校的试点示范应用。学校应不断优化校内外数字教育资源供给渠道，关注数字资源的创新应用，撬动课堂教学数字化转型。

第四，有效弥合农村和民族地区的数字鸿沟。依托国家智慧教育平台和中国教育电视台，向农村小规模学校和教学点推送适切的课堂教学资源，帮助当地教师利用资源开齐开足开好国家规定课程，特别是师资相对薄弱的英语、音乐、美术、体育等课程；开展"联校网教"，建设以县域内为主、跨县域为补充的网络教学共同体，完善"一校带多校、中心校带教学点"的管理制度，统一进行排课、巡课，遴选优秀教师授课；持续推进"三个课堂"，组织教师开展网络研修，建立"双师协作"机制，加强输出端和接收端师生的互动交流，提升薄弱学校教学质量，实现县域教育优质均衡发展。

关于以国家智慧教育平台撬动民族地区教育数字化转型的建议

习近平总书记高度重视发展民族教育，他多次强调，"民族地区抓团结、抓发展，都离不开教育这个基础性工作""教育投入要向民族地区、

第 9 章　智慧教育发展思考

边疆地区倾斜"。民族地区教育高质量发展，将加快推进民族地区乡村全面振兴。受历史、自然、经济发展环境影响，民族地区教育发展仍面临着诸多挑战。教育信息化是弥补数字鸿沟、解决教育领域不平衡和不充分问题的有效手段。在教育数字化转型的背景下，国家智慧教育平台为民族地区教育发展带来新机遇，建议紧紧抓住平台应用契机，针对民族地区社会环境和教育系统的复杂性、师生教与学的独特性，优化平台的功能和服务能力，引领民族地区教育模式、教学内容、教学方法、评价方式等全方位变革。

第一，众创共享适合民族地区教育的专有资源。扩大现有资源覆盖面，拓展开发国家通用语言文字、民族文化传承、铸牢中华民族共同体意识等方面的数字化资源，加强平台的党史学习、爱国主义、宪法法治、品德教育等主阵地的宣传教育。建设符合民族地区课程体系和学生学习特点的数字化教材、虚拟现实教育资源，撬动课堂教学数字化转型。开发融合民族历史、文化传统，以及体育、音乐、艺术等方面的区域和校本资源，培养学生正确的民族历史观，增强对中华民族的认同感和自豪感，树立正确的民族意识。汇聚众力、广集众智，激发民族地区教师内生力量，使之积极参与到区域和校本资源建设中，鼓励发达地区共享优质资源，推动"三个课堂"应用。

第二，配置适用于民族地区教育的智能教育装备和教学工具。以提升教育教学质量为目标，着力推进智能化校园、教室和实验室等物理环境建设，支撑国家智慧教育平台的常态化应用。加强民族地区的教育专网和绿色全光网络建设，提升学校网络质量和应用效率，支持平台的稳定、安全、绿色运行。配置适用于民族地区教育的智能装备，如学习终端、智能课桌、智能教鞭，以辅助学生的平台应用和在线学习，方便教师开展数字化教学。开发和推荐简单易用的教学工具，服务于师生多种应用场景，提高教育教学效率和效果、减轻师生负担。加强对教师和学生应用平台装备和工具的理念、技能培训，使之学以致用。

第三，以科技为支撑，提升平台面向民族地区的公共服务能力。以大数据、云计算、人工智能等智能技术赋能提升平台的用户体验和公共服务能力。强化数据互联融通，基于平台打通数字资源、教育教学、管理和服务之间的信息数据壁垒，拓展网络学习空间。利用智能技术感知、采集和监测平台信息，跟踪和分析资源使用情况、师生过程数据、民族地区应用现状等，优化平台教育服务供给的匹配度，提升平台公共服务的精准性。另外，利用信息技术手段加强对平台及相关资源、教学工具的内容审查、个人信息保护、算法分析、风险监测等，构建自主可控、安全可信的平台可持续应用生态。

资料来源：曾海军，王永忠，李兰. 以国家智慧教育平台撬动民族地区教育数字化转型[J]. 中国民族教育，2022，(5)：20-22.

（三）推行灵活弹性的教学组织形式，撬动人机协同教学革命

新时代的人才培养模式需要摆脱工业社会规模化人才培养的印记，实现规模化教育与个性化学习的有机结合。在数字化时代，教学不再是技术与教学法的简单叠加，而是一种面向更加复杂学习环境的技术与教学的融合式创新。随着线上教育与线下教育的深度融合，基于弹性教学时空和多元教学方法的弹性教学以及面向个性化培养的主动学习将成为未来教育的新常态，任意时间、地点和方式的学习成为可能。弹性教学为学习者从被动学习向主动学习的转变创造条件，而主动学习的倡导有助于自主学习能力的养成，是迈向未来教育的基本动力。在国家智慧教育平台以及大资源体系、教学工具和智能教育装备支撑下，有必要常态化推行灵活弹性的教学组织形式，撬动教学过程数字化。

第一，引导学校和教师主动应用国家智慧教育平台及其提供的教学资源和工具进行教学法创新。根据学习内容和学习空间的不同，可以选择不同的教学方式和学习方式，如远程专递课堂、网络空间教学、异地同步教学、主导-主体教学模式、翻转课堂、校园在线课程、基于设计的学习、引导式移动探究、协同知识建构、能力引导式学习等。发挥教师主导、学生主体作用，引导学生开展自主、合作、探究、泛在的学习。深化网络学习空间应用，加强教学过程数据分析，提供适应性学习资源和智能学习服务，推广差异化教学与个性化学习。利用信息化手段进行作业诊断和学情分析，发挥作业促进学生巩固理解知识、提升问题解决能力，以及教师把握学生学习状况、改进教学的作用。

第二，探索人机共育模式，建构新型教学关系。突破传统教学的学校时空局限，为师生提供多样性的学习空间以及便利的学习工具，如教学交互类工具、学科教学工具、学情分析工具、测评工具以及资源管理工具，促使学习者更加灵活地学习，真正实现"以学习者为中心"。推行人机协同的教学方式、学习方式和管理方式，充分发挥师生与智能技术、智能机器和智能系统的协同优势，构建人机共育的教育教学新生态；推进以智能教学系统为支撑的教与学模式创新，推广智能助教辅助教学的方式，推广智慧学伴辅助学习的方式，在农村薄弱学校部署教育机器人；推广信息技术支持下的校际协同、校企联动等灵活开放的教学组织模式，促进学生个性化培养和协同育人；着力提升"三个课堂"应用水平，健全管理制度、激励机制和保障政策，实现常态化按需应用，持续创新教学和教研组织模式；加强信息化环境下的项目式、主题式、混合式等课程建设，探索多元主体

协同参与的课程建设与组织实施模式。

第三，组建教学共同体，提升在线教学能力。汇聚学校和企业各方力量，依托国家智慧教育平台，整合慕课、实验教学、图书文献和馆藏资料等资源，培育一流在线课程，深化在线教学应用，提高在线教学质量。区域和学校联合组建课程团队和信息化教学共同体，共建共享优质教学、人才资源，协同开展教学研究、教师培训；深化虚拟现实、增强现实等技术与教育教学的深度融合，增强高仿真、立体化、沉浸式体验，有效提升实训实验教学质量，在学校打造虚拟教研室、虚拟实验室、虚拟仿真实训基地以及虚拟仿真教学实验项目。

第四，优化课堂教学环境，支撑课堂教学改革。课堂教学作为学校育人的主阵地，是学校教育的核心内容，教育数字化转型需要最终落脚在课堂教学上。实现学校教室间各类设备的泛在智联，数字化课堂教学模式使教学和学习更加"可见""可感知"。教师可以基于大数据技术收集并分析学习者学习过程数据，有针对性地诊断和改进教学设计，利用智能技术优化教学内容的呈现方式，让学生获得沉浸式和交互式学习体验；还可以为处于不同学业水平的学生推荐个性化的作业，形成"基础+个性"的作业形式；学生可以利用辅助工具获取教师提供的多模态学习资源，实现课前对教学内容进行预习，课中与老师同学进行协作探究和互动交流，课后进行自主学习。学校在构建数字化课堂教学新模式时，一是关注基于证据的教学过程，既包括教师课前的备课笔记、教学设计，课中的语言、表情、行为，课后的反思等，也包括学生的笔记、课后作业等，这些"痕迹"被记录下来就是课堂教学交互行为的数据。二是关注师生之间的"契约"，在包容开放的教学氛围中，学生可以犯错，也可以制定自己的规则，开展自我评价，参与教学决策，从而发挥学生学习的主体性。三是促进学生的深度学习，教师要对课堂教学进行有效设计，通过相关活动或支架引发学生主动思考，使学生参与到问题解决的过程中来，最终实现知识的迁移贯通，建立属于自己的知识网络。四是关注数据采集，精准收集和分析教学过程数据，为设定更为科学和个性化的学习目标、规划学习路线提供依据。

第五，开展网络协同教研，促进教育专业发展。为了弥补学校优质师资的不足，提升教师教学能力，帮助教师备课，解决教学中的难点问题，可以建构线上线下融合的协同教研网络，形成以中小学教师、教研员、教育研究者、教师研修管理者等为核心成员的研究共同体，将教研理论与实践，学科素养与信息素养，跨校、跨区域协同教研与校本教研相融合，打破时空界限，开展教研研讨、资源分享、晒课评课、课题研究等教研活动。农村学校在空间上较为分散，学校教师数量较少，教学水平有限，内部教研很难满足教师需要，因此线上线下结合的在线协同教研对农村学校特别是偏远地区学校尤为重要。

第六，物联、数联和智联三位一体构建课堂教学新形态。加强人工智能技术支持的教室网络基础设施智能化建设，结合教育教学业务需求、应用场景、组网模式等测算教育网络带宽需求，利用智能的网络流量测量技术、监控技术和决策算法、部署技术和方法等，进行智能网络配置、网间协同和智能调度，实现教育网络带宽智能控制和优化，实现全网流量的负载均衡，保障在技术丰富的环境下教与学活动的有效开展；实现学校教室间各类设备的泛在智联和计算测量，引导学校加强对校内各教室内部与教室之间的各种网络设备、移动设备、智能设备、物联网设备等的监测，根据识别出的学生档案、学习状态、场景和领域信息的特征，通过分类和预测来确定学习者的需求；优化人工智能赋能课堂环境设计，面向师生个性化服务，全面感知物理环境，识别学习者个体特征和学习情景，提供无缝互通的网络通信，有效支持教、学、管、考、评和研究、服务、资源、实践活动、家校互动等教育应用场景；重点探索人工智能、区块链、物联网、大数据、云计算、虚拟仿真等新兴技术与教育融合应用产生的新型教与学模式，探索将教育机器人整合进入课堂教学；完善人工智能教育支持服务体系，搭建人工智能开源支持服务平台，高校、科研机构和企业协同提供算力、算法、数据集等支持，建设人工智能科普公共服务平台和学习体验中心。

（四）开展全过程和全要素智能评测，数据驱动教学评价改革

教育评价是指在一定教育价值观的指导下，依据确立的教育目标，通过使用一定的技术和方法，对所实施的各种教育活动、教育过程和教育结果进行科学判定的过程。完善教育评价体系、变革教育评价机制，是优化教育供给模式、完善教育公共服务体系的重要依据。在人工智能、大数据和学习分析等技术支持下，简单以考试成绩为主要标准的学生评价模式将发生转变，从而实现各学段学生全过程纵向要素评价和德智体美劳五育横向要素评价，促进教育评价从唯考试、唯分数向实现"五育"并举、"三全"育人的综合素质评价转变。

第一，推动数智驱动的教育教学评价改革。建立学生数字档案，探索基于大数据的多维度综合性智能化评价，开展大规模跨学段学生成长跟踪研究，实现对学生学习过程与结果的动态评估和关联诊断。构建学生综合素养测评的理论、模型及指标体系，综合发挥导向、鉴定、诊断、调控和改进作用。学校可以基于各类数据挖掘及学习分析技术对学生的知识掌握情况、能力水平差异、行为特征、性格特点等进行有效的诊断和分析反馈。例如，利用可穿戴技术辅助获取学生的生理行为数据；利用自然语言处理、语音语义识别和眼球追踪等技术，对学生学习行为等过程性数据进行挖掘，获取深层次的情感状态、学习注意力等数据，为学生综合测评提供全方位支持；构建能力图谱，刻画学生画像和成长轨迹，进而实现面向学科潜能与专业兴趣的双核测评。建立教师数字档案，加强教师数据分析和数字化教学能力诊断，促进以教书育人实绩为核心的教师评价改革。完善教

育教学质量监测系统平台，构建智慧教育发展指数，开发智能化测评工具，定期发布区域测评报告。让平台评平台，让数据说话，让家长、学生等更多主体介入教育评价，有效开展互动性评价。

第二，推进学习成果认定、积累和转换。完善"学分银行""学分银联"政策和平台，推进多种形式学习成果的认定、积累和转换，促进各级各类教育纵向衔接、横向互通。全面记录和存储学习者的学习经历和成果，对各类学习成果进行认证，支持不同阶段、不同途径获得学分的积累或转换。探索将认定学分按照一定的标准和程序进行累计的路径，并将之作为获取学历证书、职业资格证书或培训证书的凭证。探索实施高校之间教育数字学分、学历与学位国际互认。构建微课程、微专业、微学位、微证书和电子徽章信用体系。

第三，推行智能技术支撑的考试招生制度改革。在部分有条件和有意愿的区域试点中考和高考改革，推行机考网考，并将智能技术支持的教育质量监测和综合素质评价结果纳入学生考试成绩，实施集过程化评价与结果化评价于一体的多元化评价，通过以点带面、示范引领。推动"互联网+教育"示范区、智慧教育示范区、信息化教学实验区、综合素质评价改革试点区及各级开放大学在相关考试中探索规模化、无纸化考试。建设集智慧作业、学情分析、开放辅导、学业监测于一体的公共服务平台，建立知识图谱，打造作业内容多维标记体系，探索人机结合的作业设计方式，推行智慧作业。

第四，加强教育均衡发展的督导评估和学校增值评价。从宏观层面构建智能时代教育评价的逻辑框架，实现面向教师、学生、学校、区域的全方位测评，探究诊断性评价、形成性评价、总结性评价三位一体的评价体系。完善学校教育增值评价机制，对一定周期内的教育资源分配机制、教育政策实施成效、师资队伍结构等与学生学业发展切身相关的要素进行监测，探究相关要素与学生成长之间的潜在作用关系，探究深层次的教育发展规律。

（五）构建技术与产品协同治理体系，完善教育智脑支撑科学决策

完善教育治理体系、提升教育治理能力是提高教育质量、优化资源配置的关键。目前，我国教育信息化管理体系基本形成，不仅大大提升了教育管理的效率，为广大师生提供了更好的服务，也为教育决策管理提供了有效支持。但是，教育数据质量不高、共享不畅，缺乏深入挖掘和科学分析，教育管理信息系统建设条块分割，系统间缺乏有效协同，难以满足业务管理和科学决策需求。随着大数据、云计算、人工智能等技术的进一步发展，教育治理必须要在标准规范、数据服务能力、管理流程再造、协同监管上继续加大力度，实现从经验治理向数据驱动的数字化治理的全面转型。

第一，夯实多部门协同发展机制，形成更广泛智慧教育统一战线。教育数字

化转型是全要素、全流程、全业务和全领域的数字化过程，要建立多部门协同工作的机制，促使教育数字化在这种良性合力的推动下逐渐转型。一是区域之间，建立协同发展共同体，共建、共享、共治、共赢；二是部门之间，夯实部际协调力度、司局业务衔接，形成各部门分工配合、运转通畅的教育数字化工作统筹推进机制；三是政企之间，充分发挥政府和市场两个方面的作用，激发教育服务业态创新活力，实现多元投入和协同推进；四是校内外机构之间，既要做好学校教育信息化，还要做好与社会信息化体系的互联互通和开放共享；五是国内外之间，我国教育信息化事业发展既要立足我国国情和教育实际，积极推动新一代信息技术和教育教学深度融合，也要与全球各国和国际组织加强交流与合作，建立合作伙伴关系，分享中国经验和中国方案，携手推动构建人类命运共同体；六是政策制定者与研究机构的合作，教育行政部门进行顶层设计和系统规划，增强教育数字化发展战略与教育改革战略规划、法规和标准等之间的相关性和协同性，同时可邀请第三方评估机构、专家智库、企业、基金会、社会团体等参与教育数字化转型的制度建设，共同对战略目标、数字技术体系、数字资源和服务平台、新基础设施建设等方面进行研究，充分发挥利益攸关方的积极性和主动性，共同建设高性能教育数字化体系。

第二，推动数据中心建设升级，增强教育数据服务能力。数据是推动教育治理现代化的重要基础。统筹规划国家和省级教育数据中心建设，建设国家教育数据智脑和数据可视化智能工作平台，通过混合云模式建设教育云，为各级各类学校和教育机构提供灵活、便捷的云服务，自动生成不同类型的分析报告，支撑解释现象、发现规律、预测趋势和辅助决策等，实现数据驱动的教育评价与管理。升级教育基础数据库，建立教育数据资源目录和溯源图谱，实现"一数一源"，构建物理分散、逻辑统一的数据开放体系，提高数据应用效能，形成教师、学生、学校组织机构等权威数据源。通过数据共享开放平台，形成跨部门、跨地域、跨层级的数据流动。健全教育数据全生命周期的保障制度，通过常态化业务应用促进数据动态更新，开展数据分级分类和数据安全评估。注重数据应用中的安全与伦理问题，建立分类分级确权和授权制度。

第三，推动业务流程再造。根据放管服改革要求，推动各类教育管理平台整合，深化通用业务服务平台应用，加强数据共享和业务协同，以数字化优化管理流程，推动管理服务减流程、减证明、减时间，实现一窗受理、一网通办，让数据多跑路、群众少跑腿。建设线上线下相结合的一站式服务大厅，积极推动服务事项向移动端延伸，有力支撑"掌上办事"。推进学校资源管理智能化、实施学生工作管理智能化，促进教师管理服务智能化。

第四，健全多元协同监管机制，强化网络安全感知与预警。构建政府、学校、社会组织、企业等多元主体参与的教育治理新结构，健全师生、家长、社会共同

第 9 章　智慧教育发展思考

参与的协同监管机制，探索基于大数据的信用监管和风险预警，提高监管的科学性和有效性。构建基于教育政策、教育体制、教育活动、教育服务、教育资源的治理新格局，建立健全行业自律和第三方评估制度，保障学校、师生、家长的合法权益。推动"互联网+监管"，强化事中事后监管。整合现有网络安全系统，汇聚各类安全设备数据，建设覆盖资产管理、流量监测、通报预警、应急处置、态势分析等功能的教育网络安全态势感知平台；绘制教育机构网络空间资产地图，对教育系统信息系统开展动态监测；加强对监测数据的分析，对安全趋势进行科学研判，提升应急处置效率；加大智能技术产品进校园的审查力度，加强互联网教育应用内容和算法审查，保障未成年人健康成长。

第五，健全标准规范体系。完善设备环境、平台工具、资源数据、在线教学、网络安全等方面的技术、服务和质量标准规范，科学确定强制性标准和推荐性标准，加强国家标准、行业标准、地方标准、团体标准、企业标准、国际标准之间的配套制定和升级转化，加强标准规范的立项发布、制定修订、宣传贯彻和推广应用，引导教育数字化和智慧教育可持续健康发展。

第六，构建智能技术产品校园准入与技术治理体系。智能技术产品正逐渐渗透到人们的生活、工作和学习中，学生在家庭、学校和社会多种场景中接触和使用智能技术产品，同时也带来了科技伦理、隐私与安全等多方面的问题，特别是算法黑箱、数据泄露、学生成长失配、监管复杂等，甚至引发教育舆情，增加社会不稳定因素。因此，我们要采取以下几项措施。一是建立全覆盖的智能技术产品差异化准入审查制度，根据智能技术产品的形态类别与应用场景，细化智能技术产品的属性标签，据此制定分级分类的审查标准和相应的行业标准，对产品内容与算法的健康度、科学性、适宜性进行明确规定，使审查执行者可以按照相关规定检查产品是否合规，并对审核结果进行备案。二是构建智能技术产品动态监测和风险预警体系，重点加强对不当内容与违法信息传播、个人隐私侵犯、数据泄露、算法歧视的审查，探索基于应用场景的安全风险预警算法模型，依据智能技术产品进入校园的场景类型，制定相应的应急预案，构建产品全生命周期的实时监测体系，建立智能技术产品从研发到应用的全链条监管机制。三是完善精细化、协同化的社会治理责任机制，明确政府机构、学校、科研机构、开发企业等利益相关方的责任，建立并落实协同管理实施办法，建立覆盖审查、监测、管理等环节的智能技术产品协同治理框架，厘清关键问题、关键做法、处理流程，深化人工智能教育社会治理。

人工智能技术的快速发展，为学校教育、社会教育和家庭教育提供了更多选择的机会，尤其是对学校教育会产生非常深刻的影响。人工智能在教育中的应用逐步渗透到教、学、管、评、测的全链条，将会推动构建全新的教育体系，一定程度上表现出促进教育均衡发展和提升教育质量的趋势，但是也由此引发了一些问题。例如,"人工智能沉迷"问题,在社会信息传播中引发公众对"过滤泡沫"与"信息茧房"的担忧;人工智能在社会、家庭中的应用可能导致数字鸿沟拉大和"阶层固化"加剧。这是人工智能时代教育情境下的社会治理的重要内容,有必要开展针对性的专门社会实验研究。

一是研究人工智能对教育模式的影响,研究包含智能学习、交互式学习的新型教育体系的关键要素及其相互关系,探索分析教育模式、教育成本、教育资源、家庭教育方式的变化和影响;研究人工智能融入中小学课堂引发的教学效果、学生心理、家长认可度的变化,对比分析人类教师、人工智能教师独立授课和联合授课的绩效,以及教育管理者、教师、家长、学生等各方的接受度等。二是研究人工智能对教育对象的影响,研究人工智能的广泛使用对学生社交能力的影响,分析人工智能沉迷是否会损害青少年社会交往特别是与他人共情的能力,是否会削弱个体特别是青少年的同情心、交际能力,是否会损害社会凝聚力及其作用机理;研究社会信息传播中利用人工智能技术对学习者个体长期进行"投其所好"的"个性化推荐"的影响及其作用机理,探索学校教育中平抑人工智能对学习者个体可能产生的不利影响的有效措施。三是研究人工智能赋能学生发展的规律,研究学生在不同学段的认知发展、科学素养、数字化学习能力等方面的特征,针对学生所处不同阶段需要的课程内容和教学方式的不同,研究应用场景和学生发展规律间的关系,针对教育技术产品中记录的表情动作、感知输入、社会互动、角色定位和用户体验等功能设计算法模型与可解释性模型。四是研究人工智能融入教育对社会的影响,研究人工智能在社会教育、家庭教育深度应用之后是否可能会导致社会阶层固化和数字鸿沟;研究人工智能在学校教育的应用对平抑教育资源供需矛盾方面的功能与作用。五是研究面向全流程的可解释、可信人工智能的评估指标和监管政策,分析可解释性人工智能、可信人工智能、人工智能伦理与治理等典型研究项目,对人工智能行为决策过程、机器自主决策策略、可解释性模型、异构多源数据结构、人工智能行为决策原理等进行深度分析。六是研究教育技术产品的人工智能相关算法感知技术,针对智能教育技术产品可能存在的算法偏见、算法歧视、算法黑箱等问题,构建可解释性人工智能系统框架,跨场景分析其样本族、训练集、目标域和源域对齐方式、动力学方程及机器学习算法,通过家庭、学校、科技场馆等教育场景的多任务功能点拓扑设计和环境协同计算,探究实现算法的公平、开源和透明的方法。

(六)激发互联网教育服务产业活力,孕育区域智慧教育生态

构建智慧教育生态,既要发挥政府的主导作用、提供基本教育公共服务,又要优化教育服务行业的发展环境和发展空间。同时,互联网教育服务行业也要全面提升服务自主创新能力,提升资源和服务适应性,多元投入资金,

提供优质的教育智能技术产品和服务,充分利用市场激发教育服务业态创新活力。

第一,发挥市场在智慧教育资源配置中的重要作用。在政策引导的市场规则发展中,严格约束多利益主体的行为规范,打通企业参与的多元化教育经费渠道。建立开放多元化的教育信息化建设模式,打破技术垄断,将当前市场中成功的大数据、5G、人工智能等技术规模化应用到教育信息化体系中,形成多元主体的智慧教育生态开放化链条。

第二,加大政府采购智能教育产品和服务的力度。打破政府包揽供给的藩篱,引入和完善市场机制,在社会资本、先进技术和开放理念的支持下,在契约合同的约束和公私双方的监督下,以公共财政支付费用,以便为学校教育提供更为优质的智慧教育服务,满足师生多层次多样化需求。推进产教融合,鼓励人工智能、教育信息化领军企业积极投入,针对智慧教育发展需求,研发服务智能教育应用的软硬件产品,并为人工智能与教育教学深度融合提供优质解决方案,确保智能技术的合理、有效应用,形成良性循环。

第三,完善利益分配机制和知识产权保护制度。政府承担制度设计的主体责任,以远景规划为前提,优化宏观政策环境、创新激励机制引导和规范智慧教育服务行业可持续发展;按协议付费使用,以保障企业合法投入和收益。学校、研究机构、教师与企业产学研合作,围绕智慧教育打造资源共享、开放共建的创新联合体,按照合作协议保障各方权责利;围绕国家智慧教育平台建设与应用,在知识产权创造、转化、交易、托管、权益维护等方面提供专业服务。实施包容审慎监管,规范教育数字化产品、服务和技术治理,保障技术和伦理安全,预防青少年网络沉迷,保护青少年身心健康。

第四,加强智慧教育国际传播,为人类贡献中国智慧和中国方案。新形势下,我国日益走向世界舞台中央,有能力也有责任在全球治理与教育数字化变革合作中发挥更大作用,需要加强教育数字化转型特别是智慧教育国际传播工作,加快构建智慧教育中国话语和中国叙事体系,广泛宣介中国方案和中国经验,深入开展各种形式的国际交流合作活动,建立合作伙伴关系网络,同世界各国一道,为推动构建智能时代人类命运共同体做出积极贡献。

一是面向未来教育,依托全球智慧教育合作联盟,发布智慧教育合作倡议书,定义智慧教育的内涵和范围,确定智慧教育的宗旨和目标,明确智慧教育政策制定、智慧校园建设、智能技术与产品研发、教育数字化转型、智慧教育发展监测、智慧教育服务等若干行动领域,促进并加强智慧教育国际交流与合作;组织全球智慧教育大会,围绕智能技术对教育未来的影响、智能技术促进教育公平与均衡、全球智慧教育战略协同及可持续发展等议题进行深度研讨,吸收国际智慧,促进扎根中国实践的教育理论的发展,推动国内智慧教育经验的传播；三是围绕国家智慧教育框架、国家智慧教育指数、智慧教育服务体系、智慧校园标准与指南、教师和学生的数字素养、教学数据的伴随式采集、数据驱动的教学评价等领域，设立国际联合研究项目，通过中国研究团队与国际专家的深度磋商和交流，破解智慧教育的重点和难点问题；四是聚焦教育数字化转型，收集及培育全球智慧教育的典型案例；五是建构国家智慧教育发展测评模型，编制测评指标体系，开发测评工具，跟踪各国智慧教育发展情况，基于最新数据、证据和有效政策，形成循证调查结果和建议，为各国提供智慧教育发展监测和政策分析服务；六是面向政策制定者、学校管理者和教师，打造品牌培训项目，夯实智慧教育能力建设。

（七）提升师生智能素养与应用能力，夯实智慧社会人才基础

全球范围内经济与社会的数字化转型进入"快车道"，全民数字素养与技能已经成为提升国家竞争力和软实力的重要指标。师生数字素养和数字应用能力是实现教育数字化转型的关键。作为未来社会的参与者和建设者，青少年学生数字素养乃至智能素养的发展培育，既是提升学生核心素养的重要内容之一，也是全民数字素养和技能提升的基础和关键。

第一，构建本土化的数字素养框架。数字素养培养走在前列的国家，都高度重视数字素养框架及其配套行动计划的制定。我国应借鉴其科学的设计理念和严谨的开发流程，在实地调查的基础上，从宏观和微观两个层面构建本土化、操作性强的数字素养框架。在宏观层面，国家可通过定性与定量相结合的方法来开展数字素养标准的研制工作，提高数字素养框架表述的规范程度，为学习者提供可靠且详尽的数字素养清单。在微观层面，学校可组织教师、技术人员以及管理人员，围绕标准制定本校的数字素养课程目标、学习指南，分析可能遇到的问题，讨论解决方案。研制师生数字素养指标体系与测评模型，开展常态化师生数字素养测评，实现动态监测和精准评价。

第二，持续提升教师数字素养与信息化教学能力，打造智能时代教师队伍。培养具备数字素养和适应未来需要的卓越教师是关键之举。为了使教师更好地适应未来人机协同的教学环境，部分师范院校在课程中结合了信息化教学方法，有的学校已经将"数字化教师"作为师范生培养的新方向。持续开展人工智能助推教师队伍建设行动，积极有效开展智能化教学活动，大力推进教师使用平台、系统、资源、工具等智能助手，探索人机共育，建构新型教与学的关系。改革师范生人才培养模式，推动适应信息时代的师范生课程体系改革，开设人工智能课程，将数字技术类课程纳入师范生的必修课。普及建设智能化教师培训中心，利用智能技术搭建智能化实践教学场景，使教师正确使用各种信息化教学设备，具备多场域促学能力和创新应用能力，促进教师职前培养与职后培训一体化。构建应用

驱动、精准测评的教师数字素养与技能发展机制，探索应用教师能力诊断测评系统。开展学校间、区域间教师网络协同研训，发挥名师课堂、名师工作室、虚拟教研室的作用。重点支持乡村教师信息化教学能力提升，开展"送培到校"活动，培育智能时代的种子教师。搭建教师教育质量监测大数据平台，利用大数据技术分析预测教师队伍建设需求。

第三，培育学生数字素养乃至智能素养，促进数字一代健康成长。设计完备的数字素养与技能培育课程体系，明确培育内容、形式与条件，并制定分层次、分类型和分阶段的课程目标与实施方案，提升中小学信息技术、信息科技和科学教育等课程质量，探索将其纳入中考科目。促进信息技术与各学科课程融合，将数字素养与技能的培育目标尽可能与数学、语文、科学等学科课程建立联系，确定课程整合路线和着力点，推动将适应信息化社会需要的核心素养培育有机融入学科教学。营造虚实结合的数字化学习空间，推动网络安全教育进校园、进课堂、进课程，规范学生网络行为，提升网络安全意识和技能。建立学生数字素养评价标准和测评工具，开展动态监测，全面掌握并采取针对性措施改善学生数字素养发展状况。研究开发提升学生数字素养和计算思维的教育服务系统，开展优秀教学课例征集活动，形成一批与不同学段学生数字素养与技能培育配套的工具箱和实践案例集。充分发挥国家智慧教育平台和数字图书馆的优势，加强资源共建共享，为学生提供更多关于数字素养与技能培育的在线课程、数字内容创作实训平台等。推进新形态教材和人工智能课件资源建设，促使学生在喜闻乐见中掌握数字素养和技能。广泛开展多层次、多类型的以数字技能应用为主题的创新设计大赛、科技节及作品展等实践活动。通过开设课程或讲座等形式，指导学生合理运用数字化产品、识别信息的真伪、保护自己的数据安全和个人隐私，防止学生沉溺于电子游戏或者接收到各种有害网站的信息。

第四，构建可持续的学生数字素养与技能评价体系。组建多领域专家团队，根据不同层次学生群体的数字素养与技能培育发展目标，建立一套科学合理、适合我国国情、可操作性强的中小学生数字素养与技能评价指标体系；研制适用于不同评价方式和不同学段学生群体的在线测评工具集和试题；开展评价实践，编制学生数字素养与技能发展水平报告。

第五，提升教育信息化领导力，推进教育数字化治理。面向政策制定者、校长等持续深入开展各类教育信息化领导力专项培训，提升管理者推进教育数字化转型的思想理念和规划设计水平、组织水平、效果评价水平；提升管理者数字化思维能力，并不断提升利用智能技术实施精准管理和科学决策的能力。

第六，开展人工智能普及与专业教育活动，提高全民智能素养。加快人工智能领域科技成果和资源向教育教学转化，将人工智能教育全面融入各级各类教育。

研究中小学阶段与人工智能相关的课程设置方案，开发人工智能教材，支持开展人工智能竞赛，鼓励进行形式多样的人工智能科普创作；完善数字化课程体系，注重培养学生的编程和计算思维，促使其由单纯"用"的思维向"如何更好地用"的思维转变，引导其形成科学的数字技术观；开展校外学习活动，组织学生到科技企业和科技馆观摩体验；等等。开展职业教育阶段的人工智能特色教育，在职业院校开设人工智能相关专业，并在现有大数据、自动化、信息管理等专业中增加人工智能相关内容，培养人工智能应用领域的技术技能人才。开展高等教育阶段的人工智能专业教育，遴选优势特色高校，构建适应新一代人工智能发展的高校科技创新体系，并对学科体系进行优化布局，推动人工智能领域相关一级学科建设，推进"人工智能+X"复合特色专业建设，促进交叉融合，加强人工智能前沿科技创新和卓越人才培养。开展面向终身学习的人工智能教育，建设通俗易懂的在线开放课程，建立面向社会公众的人工智能科普公共服务平台，扩大社区教育、老年教育、继续教育等资源与服务供给，形成覆盖全社会的优质数字化学习资源与智能化学习服务。

（八）优化智慧教育平台与项目布局，启动教育数字化新引擎

在教育数字化转型的背景下，构建以大数据、云计算、人工智能、物联网、5G等智能技术为基础的应用体系，以及以学习科学、脑科学、认知神经科学、数据科学为代表的前沿研究理论体系，研究智能技术驱动教育科学研究的基本样态，探究教育科学支撑教育现代化建设的研究愿景、关键技术、实践路径和支持举措，明晰智慧教育发展生态的表征形态，为教育现代化建设战略的制定提供多元的证据支持，促进教育与科技系统性融合。

第一，优化科研管理布局，加大科研资金对教育研究的投入力度。明确科学与技术支撑教育科学研究开展的价值内涵和作用机理，识别和凝练教育科学支撑教育现代化建设的重大需求、关键科学问题和技术短板，从资助管理布局的角度构建教育学系统化研究链路，归纳重点任务，促进研究体系的完善和研究内涵的深入。充实教育科学研究的资助体系，在国家科技创新平台体系、重大专项和重点研发计划、创新团队与人才建设基金、重大科学仪器设备研制等科研项目和经费资助体系中，扩大对智慧教育的可持续资助范围，引导领域内专家学者积极参与教育科学相关研究，探寻教育科学支撑教育现代化的有效路径和重要方式。国家自然科学基金增强对"教育信息科学与技术"条目的支持。国家级和省部级科研基金，特别是国家重点研发计划，持续加大对教育科学支撑教育现代化战略研究、关键技术和应用示范的支持投入，按照教育科学的不同方向、领域进行项目部署，攻克关键问题和弥补技术短板。

第二，加强学科体系建设，促进科教深度融合。在科教融合的教育学学科建

制的基础上，在各个学科内打造专业化的人才团队，对教育科学的相关研究内容进行深入、全面的探索分析。打造融合专家学者、青年教师、博士后、硕博研究生、学科教师、教学管理人员的一体化人才团队。打造融合教育原理、教育管理、教育技术学、计算机科学与技术、人工智能、数据科学、学习科学、教育心理、教育认知神经科学的一体化研究团队。推进脑科学、认知科学、学习科学、数据科学、人工智能领域拔尖创新人才与跨学科人才的培养。

第三，突破科技界与教育界的界限，形成领域融合协同效应。在体制机制层面，优化教育科学研究的运作制度，出台相关激励政策，为科学家深度支持教育科学研究工作提供原动力。在组织模式层面，建立体系化的合作机制，推动科学家与教育学家的深度合作，开展有组织协同创新。在机构建设层面，出台相应的政策支持高校、企业和科研平台共建联合体，协同开展教育科学支撑教育现代化建设的理论、技术与实践创新。

第四，加强智慧教育领域创新网络建设。构建政府部门、学校、科研机构、企业协同创新机制，联合跨行业、跨学科、跨领域技术创新力量，形成智慧教育开放协作创新网络。推进智慧教育领域的国家重点实验室、国家工程研究中心、国家技术创新中心、国家科技资源共享服务平台和人工智能开放平台等科技创新基地建设，开展智慧教育关键技术研发，布局一批国家重大科技基础设施和大科学装置工程。建立智慧教育专家咨询委员会和智库研究基地，加强政策研究、理论研究和科研指导，研究智慧教育发展的重大科学问题和科技创新规划，论证智慧教育领域相关的项目。

四、科技支撑智慧教育发展的项目建议

围绕激发学习兴趣、发展学生自主学习能力，精准服务教师发展、人机协同提高教学质量，提升学校治理能力、优化育人环境，改善区域协同、构建数字公共服务体系，关注特殊群体、智能升级教育装备等核心需求，聚焦智能技术赋能"双减"、人机协同教学、评价改革、教育智治、平安绿色智慧校园、未成年人保护、乡村教育振兴等核心业务领域，针对师生负担重、学生厌学辍学、综合素质评价难、校园及周边安全隐患、青少年数字化学习产品泛滥、网络沉迷、农村教育和特殊教育"短板"等教育现实矛盾，深化智能技术与教育教学深度融合、科教融汇，基于感知、智联、计算、监测、预警和处置技术框架，开展学生成长智能感知、教师发展智能服务、育人环境智能监测、公共服务智能协同、教育装备智能升级等理论与关键技术的研发与工程化，攻克教育专用网络、芯片、操作系统、装备、平台、数据队列和教育超脑等建设与应用中存在的技术难题，开展大规模、长周期和多样化应用示范，全面支撑安全有序的新型教育教学环境建设，

重塑教育复杂系统中的"人机物环"关系，加快形成人机协同、跨界融合、共创分享的教育公共服务体系与教育数字化治理体系。

（一）学生成长智能感知

1. 数字化学习认知的计算理论及方法研究

认知的产生与发展过程中展现出一定程度的复杂系统特征，包括非线性、不确定性、自组织性、涌现性等特征。学习认知与行为、情感和环境等紧密关联，具有内隐性、微观性、动态性及高维度等特性，其运行机理尚不明晰，缺乏科学的阐述和表征。建议研究数字化学习认知计算的基础理论和模型，探究数字化学习本质和规律；研究基于新型脑机理的学习者认知机制及发现技术，构建特殊儿童和超常儿童脑发育可解释性模型；研究认知学习的计算模型及表征技术，演化信息加工模式、逻辑推理模式及计算思维模式；研究学习者外在行为表征和内部生理、心理状态之间的潜在作用量化分析技术，显性化表达隐性知识；研究学习认知过程、认知风格、认知策略、元认知体验建模及可视化技术，构建认知模板；研发促进深度学习的认知辅助系统，开展应用示范。

2. 数字一代学习者建模和成长轨迹感知技术研究

随着社会数字化、网络化和智能化的发展，能力、技能和智能等概念被重新界定和拓展，并强调培养核心素养。学习者建模分析、学生成长跟踪研究、综合素质评价、贯通式培养和生涯规划等对数字一代健康成长意义重大。建议研究数字一代学习者模型，构建中国学生常模和特征图谱；研究数字一代成长轨迹感知技术，溯源数字一代成长规律与特征；研究拔尖创新人才的甄别模型、早期发现和评估技术；研究适应性学习过程中具有基本信息加工、记忆与思维特点的表征技术；研究非侵入式、全方位、多层次、伴随式学生学习过程数据采集技术；研究教育大数据驱动的个性化学习追踪和学习路径规划技术。

3. 群体在线协作学习机理和量化测度技术研究

群体智能支持下协作学习以培养学生创新能力和合作精神为导向，以汇集不同类型的学生群体智慧、实现优势结合、促进创新为动力，把单一的知识传授-课程练习的学习模式转变为寓学于用、能者为师、互帮互助的群智化学习与创新实践。建议研究群智协作学习的组织机制和群智涌现机理；研究基于群体动力学的协作学习演化规律，刻画群体学习行为与知识图谱在时空域的复杂关联关系；研究群智协同知识建构的定量化测度和分析模型；研究在线学习中群体行为-情感-认知多层网络演化技术；研究在线学习群体在智能学习空间的行为轨迹地图刻画技术；研究智能导学与精准预测性干预技术。

4. 学科学习能力诊断与数字化辅助学习技术研究

学科教学是"课堂革命"的主阵地。建议研究不同学科学习过程的层级性、时序性和情境性影响因素和认知诊断模型；研发学科能力表现测绘、问题解决能力评估、价值观与思想品德诊断技术与工具；研究多维度推送多模态学习资源与学习干预服务技术；研究非智力因素能力模型和自适应测试技术；研究知识内化的学习者知识地图建模与可视化表征技术。

5. 数据驱动的学习评价机制与量化自我技术研究

针对学习评价方式维度单一、手段不足、结果导向等问题，建议研究非侵入式、普适化的学习者行为数据自动感知和计算技术，可视化表征学习者的行为、心理、生理等多模态数据；研究基于多模态数据的学习评价量化分析模型，揭示数据特征与学习能力或表现之间的关联关系及演化规律；研究数据驱动的学习动机诊断模型及技术；研究学习障碍的发生机理与干预机制，实现学习行为的智能预测和问题发现；研究面向长周期、多层面的精准学习评价模式及有效性验证方法，形成系统化、精准化学习评价理论与方法体系。

6. 智能技术赋能学习的脑发育与认知机制研究

面对新一轮科技革命与神经科学、认知科学的交叉融合研究新趋势，利用认知神经科学的研究方法、脑成像技术和成果梳理人才发展规律，并探索学习和教学过程中的脑机制，为以经验为主的教育研究向行为与心理相结合的循证教育研究转变提供充分的实践。建议研究基于复杂性科学的认知与发展规律；研究学习的一般规律和学科特异性规律的脑与认知机制；研究智能技术对脑与认知影响及教育干预技术；研究教学过程的学习行为、认知过程、脑间同步的神经生理指标；研究教与学的调控因素的脑与认知机制；研究师生互动和生生互动的行为-认知-脑的作用机制；研究不同类型知识在大脑的同化、顺应的认知建构过程；研究不同教学互动策略对各学科知识学习作用的脑认知机理；研究数字化汉语学习的脑与认知机制；研究第二语言学习的脑与认知机制；研究科学与技术学习的脑与认知机制；研究艺术学习的脑认知机制；研究青少年体、脑、智的协调发展技术；研究体育锻炼促进青少年脑发育监测与评估技术。

（二）教师发展智能服务

1. 教学交互过程优化重构和学习绩效提升技术研究

面向"人际-人机-机际"等多元方式"跨时空"无缝交互的混合式学习环境，研究多通道教学行为数据采集、净化、集成、表征及语义分析技术；研究教学行为间的语义关联关系和教学理解计算技术，构建混合式学习环境下的教学行为过程分析模型；研究学习者与学习环境的交互行为、学习者与参与者的互动行为、人机交互计算技术，实现教学交互过程的重构与优化；研究学习认知过程的计算模型及表征、建模、分析、可视化技术；研究学习者在接受信息、识别特征、计算推理等时的生物学机制和规律，形成教与学创新方法与认知支持技术和装备体系，开展课堂教学改革应用示范。

2. 面向差异化教学需求的适应性服务计算技术研究

针对教学主体的差异性以及教学需求的多样性，以智能导学、精准推荐、群体互助、精细评价等需求为牵引，研究多场域协同教学环境下的数字连接技术；研究教学情景识别与虚拟师生角色扮演技术；研究知识供给机制、知识服务模式，研究领域知识图谱与可视化、碎片化知识资源聚合与智能进化技术，解决学习服务的来源与组织问题；研究个性化学习路径规划、自适应学习诊断、学习需求精准提取、学习服务精准匹配和适应性推理引擎；研究智能导师、智能学伴、教育智能体、教育机器人和教育机器解答等关键支撑技术，提供更加智能化、个性化的学习规划、学习资源、学习活动、教学工具与服务。

3. 跨学科融合的科学教育实验技术与智能装备研究

STEM 教育是一种新型的课程整合形态，在教学过程中将科学、技术、工程和数学等学科加以综合，以基于项目的学习方式或基于解决问题的学习方式予以开展。建议研究 STEM 核心素养模型；研究新技术环境下创新教学模式及学科应用教案自动生成技术；研究自适应的教学诊断与推送服务技术；研究 STEM 融合课程的虚拟仿真实验场景构建技术；研究 STEM 与数理学科整合的课堂教学效果诊断技术；研究支持学生发展的创新实验室、未来学科教室设备；研发智能教育装备关键技术和综合测试平台，对智能教育环境装备、科学教育和学科教学装备、脑智科学教育装备、创客教育装备等进行综合测试。

4. 人机协同教学机理及情境构建与交互技术研究

大规模线上与线下教学中教师一对多，无法针对每一个学生提供适切的教学资源以及适合的学习支持服务，实现因材施教。智能教育助理（智能教学助手、教育机器人、智慧学伴）将协助学校和教师改进教学。建议研究线上线下融合的教学情景感知与虚拟仿真构建技术；研究人机协同环境下虚拟师生角色扮演与交互技术；研究基于知识图谱的个性化教学方法和学习资源智能匹配技术；研究智能教育助理的表达、知识加工和沟通技术；研究智能教育助理的评测标准与教学辅助能力评价技术；研究师生的表达能力、知识加工能力和沟通能力增强和延伸技术；研究混合式教学中多智能体混合增强的机理和技术；研发人机协同教学智能教育装备和智能教学工具。

5. 课堂教学评价智能计算和可解释验证技术研究

课堂中积极有效的教师教学、学生学习、师生互动是提升课堂教学质量的重要因素，外在表现为教师和学生的行为、表情和声音等多模态非结构化信息。建议研究课堂教学中教师、学生和教学过程建模方法与计算模型；研究学生专注度、学习情感表征和表情、动作识别与分析技术；研究线上线下全时互动的教与学可理解、可表达模型和技术；研究学习者个体及其所在群体学习过程全息刻画技术；

研究教学效果自适应测量和认知增强技术；研究师生认知和情感互动自适应追踪和评估技术；研究师生交互观点的汇聚和分析技术。

6. 智慧教育平台赋能的智慧教与学服务技术研究

围绕教育数字化转型背景下服务终身学习及学习型社会需求，研究教育数字化资源的规模化知识图谱协同建构、跨域自适应知识检索、实时反馈与高阶推理技术；研究时空与知识深度融合的多空间学习增强技术；研究免打扰、多维度、全过程的教与学行为数据的采集、感知、分析、表征与融合技术；研究多源异构教学数据建模与理解技术；研究教与学全过程评价、个性化学习追踪、学习路径规划技术；研究适应性个性化学习导航技术；构建数据驱动的智慧教育平台，开展大规模个性化智慧教育应用示范活动。

（三）育人环境智能监测

1. 校园及周边安全协同防控技术研究

平安校园建设需要人防、物防、技防结合打造未成年人保护的社会协同体系。建议研究基于校园及周边地区公共安全视频监控系统的青少年违法犯罪活动的预测预警、实时监控、轨迹追踪及动态管控技术；研究基于智能机器人的校园安全巡查和隐患排查技术；研究学生上下学重要时段、学生途经重点路段的巡逻防控和治安盘查技术；研究基于社会治安综合治理信息系统和青少年犯罪信息数据库的重点群体动态研判和追踪辅导技术。

2. 网络空间未成年人保护与预警技术研究

未成年人网络沉迷和游戏成瘾易造成厌学、认知极化、伦理失范、身份异化等问题，建议研究在保护隐私的前提下未成年人网上身份自动鉴别技术；研究未成年人网络沉迷和游戏成瘾行为典型特征模型及感知技术；研究未成年人网络沉迷和游戏成瘾分级预警模型和个体群体画像分析技术；研究家校共育的未成年人网络沉迷干预和游戏成瘾疏导技术；构建网络空间未成年人沉迷和成瘾终端智能管控和防治辅助决策支持平台，并开展应用示范。

3. 校外培训质量智能评测及综合治理技术研究

教育部等十一部门印发了《关于促进在线教育健康发展的指导意见》，强调"创新管理服务方式"，"加强部门协同监管"，"强化对在线教育机构的实时监测和风险预警"。教育部等六部门印发《关于规范校外线上培训的实施意见》，强调要"强化综合治理"，探索"互联网＋监管"机制，改进监管技术手段。建议研究家长和学生参加校外培训的心理机制和行为特征；研究校外培训效果对比评测技术；研究校外培训的教学过程和学习行为分析技术；研究培训师资和学习者建模和画像技术；研究校外培训电子档案袋和学情分析技术；研究在线教育行业风险和违法违规信息监测、在线识别、源头追溯和预警技术；研究在线教育机构和从业人员身份认证、双向评价和信用管理技术，建立黑白名单自动鉴别数据库；研究在线教育跨领域、跨区域、跨部门数据共享和共治共管技术；研究基于区块链的在线教育个人隐私和数据保护技术。

4. 教育智能技术产品进校园审查与评测技术研究

智能技术产品可以为教学改革与学生成长提供重要支持，但是科技伦理与政策规范的透明度和清晰度不足，个人信息保护与监管界限模糊等问题为其进入校园、真正融入教育教学带来了挑战。建议研究教育智能技术产品在教学过程和学习行为中的留痕、学情分析技术；研究教育智能技术产品的适应性推理引擎技术；研究教育场景识别和课堂仿真构建技术；研究教学内容与视频分析和自动检测技术；研究教育智能技术产品的规模化汇聚与个性化推荐技术；研究教育智能技术产品产权保护和交易技术；研究基于区块链的教育智能技术产品绩效评测和信用治理技术。

5. 数字教材多模态内容监测与预警技术研究

针对我国教材编写、研发、审核、出版、选用等环节中出现的导向不正、格调低俗、图文争议等问题，建议研究教材的多模态信息的获取、识别与融合技术，自动获取并融合纸质教材、数字教材及教辅资源的内容、插图和音视频数字资源；研究基于知识图谱的多模态教材的内容组织和理解技术，构建覆盖教育领域全学科知识点的大规模知识图谱；研究基于区块链与数字水印技术的多模态教材的流通和固证技术，自动记录教材在研发、审核、出版和流通各个环节的所有信息；研究人机协同的多模态教材的诊断技术，精准检测并标记教材中的不当内容、插图和影响学生成长的不良信息等；研究多模态教材内容的风险预警和处置技术，搭建综合监测、预警和处置一体化平台。

6. 乡村学校校园安全分析与预警技术研究

农村小学在校园安全管理上存在一些棘手问题，主要原因是：有些学校安全管理制度不科学、不严密、不全面，有的学校办学条件差，装备设施简陋，隐患重重；一些家长文化素质不高或长年在外打工，留守儿童辍学率高，特别是农村及城乡接合部社会环境复杂，周边地理环境复杂。建议研究乡村学校校园常态或非常态安全事件的场景建模、多模态表征与识别技术；研究乡村学校学生个体安全的多模态表征与识别技术；研究乡村学校校园重点区域的安全监测智能分析与预警技术；研究乡村学校学生个体、群体言语与行为异常的表征模型建构、智能分析与预警技术；研究乡村学校辍学学生成长轨迹分析技术；研发区域学校安全监测与预警平台及开展应用示范。

（四）公共服务智能协同

1. 边远农村地区"三个课堂"组织技术研究及应用示范

面向"三个课堂"扩大优质教育资源覆盖面、解决开不齐开不足开不好课难题的需要，建议研究边远农村地区多学校教学场景建模技术；研究学科关键能力表征的知识图谱与主题资源语义关联汇聚技术；研究边远农村地区复杂环境下学生行为感知与学习干预技术；研究因地制宜的直播式、录播式、植入式、观摩式的技术方案；研究"三个课堂"与网络学习空间应用的融合技术方案；研究"三个课堂"的智能化、共享性、互动性增强技术；研究教学方案自动生成技术和跨校多场域教学活动协同组织技术；研究针对"三个课堂"应用效果的动态监管技术方案；研究城乡教育高位均衡发展的公共服务体系构建方案，开展应用示范，助力智慧乡村建设。

2. 农村学校布局监测及留守儿童协同监护技术研究

乡村小规模学校是我国教育体系的"神经末梢"，也是教育的短板。建议面向农村、边远地区等，研究基于乡村小规模学校的社会生态复杂系统分析技术；研究基于可视化和空间分析技术的乡村小规模学校布局调整轨迹和演化趋势；研究乡村学校办学质量动态监测技术；研发适应乡村小规模学校特性的教育教学资源配置技术；研究农村留守儿童认知模型、厌学诊断模型和辍学归因模型及可视化分析技术；研究基于大数据的乡村学校"控辍保学"预警技术；研究农村留守儿童家校情感沟通的心理和行为建模、评测和辅导技术；研究农村留守儿童人防、物防、技防结合的协同监护和安全预警技术。

3. 民族地区儿童语言学习诊断与发展关键技术研究

针对民族地区儿童国家通用语言文字推广难度大、必要语言环境缺失问题，建议研究民族儿童学习环境画像和教育场景模型构建技术；研究民族儿童语言文字学习认知地图构建及认知评价指标、诊断、反馈和预警关键技术；研究民族儿童语言认知发展技术，分析挖掘民族儿童语觉能力发展特点、双语习得规律、关键影响因素及其相互关系与作用机制；研究民族儿童语言应用的社会交互技术，破解复杂三维虚拟教学场景智能动态生成、多用户协同编辑、智能虚拟教师代理技术；研究民族儿童语言学习成长陪伴教育机器人技术，构建人机交互模型、语音语义理解模型、陪伴策略、情感模型；建立智能技术与教学整合支持服务体系，开展民族儿童听说读写能力提升应用示范活动。

4. 数据驱动教育组织体系演化机理和技术研究

数据是教育系统中重要的生产要素，是教育数字化治理的"望远镜""放大镜""显微镜"。建议研究教育系统仿真建模和教育组织体系演化技术；研究数据驱动的实时教育决策辅助技术；研究多源异构数据驱动的学习监测和质量评估技术；研究师生隐私保护和教育数据安全技术；研究教育大数据中因果关系的挖掘分析技术；研究教育资源与数据主权保护技术。

5. 教育智能计算引擎研究

围绕知识建模与资源服务、教学交互与群体协作、学习者建模与学习分析、学习环境设计与评测、系统化教育治理等核心业务需求，建议研究知识计算引擎技术，建立全学科知识图谱；研究云边端协同的多模态学习环境感知与监测技术、学习情境建模与识别技术、学习社群连接与干预技术、虚实融合的学习环境设计技术；研究多空间学习过程记录与分析技术，基于认知诊断的自适应学习评价技术，学习者认知模板发现技术，群体协作学习交互过程评价、行为建模与预测技术；研究教育治理数据大脑体系结构，以及大数据智能决策分析技术、教育大数据可视分析技术、深层次语义理解与情感计算技术、教育资源整合与教育需求预测技术；研究群体智能支持人工智能范式统一支撑平台，建立促进智慧教育的云-边-端软硬件生态链，构建超大规模教育智能计算开源开放的技术体系，建立以教育超脑为引擎的智慧教育生态。

（五）教育装备智能升级

1. 智慧学习环境构建技术与装备研究

教学时空变革体现了教学生产关系，传统学习环境需要进行智能化升级改造，实现数据共享、设备协同、知识互联、群智融合，使学习环境能自适应自优化地运行，使学习更轻松、更投入、更有效。建议研究物理、社会、信息空间的知识内涵和特征、知识抽取和聚合、知识演化规律及模型；研究知识工程驱动的资源结构化模型、推理、表征和计算技术；研究三空间与时间和知识深度融合的智能学习空间模型及核心引擎；研究云边端协同的物联网设备；研究多场景学习过程非介入和无感地采集装置；研究学习空间多模式教学过程量化与伴随式数据采集、多模态学习行为自动感知、学习数据链自动生成与融合技术；研究多终端、多网络智能协同传播关键技术；研究学习环境设计、评测与集成技术方案；研发智慧教室常用教育装备和教育机器人。

2. 特殊教育人群识别和干预装备研究

面向特殊教育人群（如残疾、学习障碍和心理障碍儿童）学习和健康成长需要，建议研发辅助特殊人群学习的环境感知、信息获取、交互和训练装备，支撑开展语言学习、阅读、技能训练；研究心理和学习障碍儿童智能预警技术及学校特殊教育解决方案；研发虚拟现实、增强现实教育装备，支撑开展场景式、体验式和沉浸式教学；研发适应农村、边远和民族地区教学需求的智能助教、智慧学伴和智能教育机器人。

3. 基于5G和全光网络的交互技术研究

面向 5G 在教育领域的大规模应用，建议研发深度融合 5G 的多模态教育数据传输、虚拟现实、全息成像、高清音视频实时交互等技术；研发基于全光网络的智慧校园解决方案；研发 5G＋物联网构建智慧教室和智慧课堂的技术方案；研究 5G＋高清远程互动教学、基于增强现实/虚拟现实技术的沉浸式教学、全息课堂、远程督导、校园高清视频安防等应用场景构建技术；研究基于 5G 的虚实一体的新型智能立体教学场景；研发 5G 智慧教育开放服务平台；研发 5G 教育环境测评技术与装备；研发 5G 支持下的标准化电子考场监控技术及教育装备。

4. 智能教育装备测评技术与共享平台研究

教育装备是现代教学活动的基础条件，直接作用于教育教学过程，对深化课程改革、提高教育质量、培养学生科学学科核心素养和实践创新能力具有重要的作用。建议研发智能互动教学设备、智能环境感知装备、智能学习终端、智能学习环境分析系统；研发学科教学仪器、虚拟仿真实验平台、学科教学资源服务平台；研发生物信息采集装备，以及可穿戴脑电、心率、皮肤电和坐姿分析等的脑认知智能硬件平台；研发智能教育机器人、开源硬件产品与平台、创意智造产品；研发基于增强现实/虚拟现实技术的智能学习装备、虚拟课堂可视化产品、技能训练装备和教育仿真产品等；打造智能教育装备技术研发、测试、应用转化与服务平台。

5. 新一代教育专网建设工程

打造适合青少年成长的、可控的、可信的、可靠的网络环境和基础设施，既适应新型教学模式的高质量网络要求，让学校和家庭享受宽带技术发展的福利，不断提高在线教育用户体验，以满足边远地区学校和社会突发紧急情况下的基本需要。教育专网是充分利用国家公共通信资源，由国家主干网、区域教育专网和学校校园网组成，是连接全国各级各类学校和教育机构间的高速、便捷、绿色、安全的逻辑专网，为教育信息化发展起到数字底座的作用。区域教育专网主要包括三层，分别是省级教育骨干网、市县教育城域网和校园接入网。区域教育专网是联通上下的重要枢纽，对上连接国家主干网、对下连接校园网，区域教育专网的建设不仅仅要考虑本环节的建设效果，还要充分考虑上下游环节的对接效果。建议实施新一代教育专网建设工程，遵循网络地址、域名、用户三统一的原则，统一分配网络地址，优先使用 IPv6 技术，统一使用 EDU.CN 域名，实施统一备案，统一接入认证，实名认证全覆盖；利用 F5G 千兆光网建设区域教育专网。基于教育专网，实施面向中心校和教学点学生的同步互动混合课堂应用；建设基于真实实验的中小学远程控制实验中心；实施规模化在线考试、无纸化考试；建设教育大数据中心、资源中心和公共服务中心。

上述项目建议仅仅是"冰山一角"，从国家重点研发计划、国家自然科学基金和国家社会科学基金项目申报指南中，可以看到历年的研究重点会随技术发展和需求变化而迭代更新，也指明了科技赋能智慧教育的研发方向。智能技术正以前所未有的广度连接万物、以前所未有的深度赋能世界，带来生产要素和生产关系的全面变革。我国丰富的智慧教育理念，创新性的智慧教育实践，开创了教育数字化转型发展新局面。智慧教育在推动教育适应时代要求、实现教育进步的同时，将会面临诸多复杂性变革议题。迎接智能时代，培养数字公民，需要全世界共同努力，以教育智慧开创智慧教育的未来，让智慧教育造福全人类。

参 考 文 献

艾兴，赵瑞雪，2020. 人机协同视域下的智能学习：逻辑起点与表征形态[J]. 远程教育杂志，38（1）：69-75.

蔡连玉，韩倩倩，2018. 人工智能与教育的融合研究：一种纲领性探索[J]. 电化教育研究，39（10）：27-32.

曹培杰，2018. 智慧教育：人工智能时代的教育变革[J]. 教育研究，39（8）：121-128.

陈柏华，2011. 从认知到情境认知：课程教学观的重要转向[J]. 教育发展研究，33（20）：75-78.

陈殿兵，杨新晓，2019. 为未来而教，为未来而学——世界银行发展报告《工作性质的变革》对学校教育的述评[J].现代教育科学，（10）：1-6.

陈丽，2004. 远程学习的教学交互模型和教学交互层次塔[J]. 中国远程教育，（5）：24-28，78.

陈丽，2016. "互联网＋教育"的创新本质与变革趋势[J]. 远程教育杂志，34（4）：3-8.

陈丽，2020. "互联网＋教育"：知识观和本体论的创新发展[J]. 在线学习，（11）：44-46.

陈丽，郑勤华，徐亚倩，2022. 互联网驱动教育变革的基本原理和总体思路——"互联网＋教育"创新发展的理论与政策研究（一）[J]. 电化教育研究，43（3）：5-11.

陈琳，2015. 智慧教育创新实践的价值研究[J]. 中国电化教育，（4）：15-19.

陈琳，陈耀华，李康康，等，2016. 智慧教育核心的智慧型课程开发[J]. 现代远程教育研究，（1）：33-40.

陈琳，王运武，2015. 面向智慧教育的微课设计研究[J]. 教育研究，36（3）：127-130，136.

陈耀华，陈琳，2016. 智慧型课程特征建构研究[J]. 开放教育研究，22（3）：116-120.

陈耀华，杨现民，2014. 国际智慧教育发展战略及其对我国的启示[J]. 现代教育技术，24（10）：5-11.

崔铭香，张德彭，2019. 论人工智能时代的终身学习意蕴[J]. 现代远距离教育，（5）：26-33.

丁瑞常，康云菲，2021. 世界银行对推动实现可持续发展教育目标的承诺与行动[J]. 比较教育研究，43（11）：12-21.

杜静，黄荣怀，李政璇，等，2019. 智能教育时代下人工智能伦理的内涵与建构原则[J]. 电化教育研究，40（7）：21-29.

范文翔，赵瑞斌，2020. 具身认知的知识观、学习观与教学观[J]. 电化教育研究，41（7）：21-27，34.

冯晓英，孙雨薇，曹洁婷，2019. "互联网＋"时代的混合式学习：学习理论与教法学基础[J]. 中国远程教育，（2）：7-16，92.

冯晓英，王瑞雪，吴怡君，2018. 国内外混合式教学研究现状述评——基于混合式教学的分析框架[J]. 远程教育杂志，36（3）：13-24.

傅蝶，2019. 人工智能时代学校教育何去何从[J]. 现代教育管理，（5）：52-57.

高欣峰，白蕴琦，陈丽，等，2022. 互联网推动教育服务模式创新的路径与方向——"互联网＋教育"创新发展的理论与政策研究（三）[J]. 电化教育研究，43（4）：5-11.

顾明远，2012. 试论教育现代化的基本特征[J]. 教育研究，33（9）：4-10，26.

顾明远，2017. 互联网时代的未来教育[J]. 清华大学教育研究，38（6）：1-3.

顾小清，杜华，彭红超，等，2021. 智慧教育的理论框架、实践路径、发展脉络及未来图景[J]. 华东师范大学学报（教育科学版），39（8）：20-32.

郭文革，黄荣怀，王宏宇，等，2022. 教育数字化战略行动枢纽工程：基于知识图谱的新型教材建设[J]. 中国远程教育，（4）：1-9，76.

郭玉娟，陈丽，郑勤华，2022. 推动"互联网＋教育"发展的制度创新方向——"互联网＋教育"创新发展的理论与政策研究（六）[J]. 电化教育研究，43（5）：11-16，25.

何克抗，1997. 建构主义的教学模式、教学方法与教学设计[J]. 北京师范大学学报（社会科学版），（5）：74-81.

何克抗，1997. 建构主义——革新传统教学的理论基础（上）[J]. 电化教育研究，（3）：3-9.

何克抗，2012. 中国特色教育技术理论的建构与发展[M]. 北京：北京师范大学出版社.

何克抗，2018. 也论"新知识观"——到底是否存在"软知识"与"硬知识"[J]. 中国教育科学，1（2）：36-44，137.

何文涛，张梦丽，路璐，2021. 人机协同的信息技术教育应用新理路[J]. 教育发展研究，41（1）：25-34.

洪秀敏，张明珠，陈敏睿，2021. 发展中国家基础教育政策评估的核心指标、评估结果与启示——以UNESCO四个成员国为例[J]. 清华大学教育研究，42（3）：94-103.

胡钦太，刘丽清，郑凯，2019. 工业革命4.0背景下的智慧教育新格局[J]. 中国电化教育，（3）：1-8.

胡钦太，张晓梅，2018. 教育信息化2.0的内涵解读、思维模式和系统性变革[J]. 现代远程教育研究，（6）：12-20.

胡钦太，郑凯，胡小勇，等，2016. 智慧教育的体系技术解构与融合路径研究[J]. 中国电化教育，（1）：49-55.

黄荣怀，2014. 智慧教育的三重境界：从环境、模式到体制[J]. 现代远程教育研究，（6）：3-11.

黄荣怀，2022. 加快教育数字化转型 推动学校高质量发展[J]. 人民教育，（Z3）：28-32.

黄荣怀，2022. 论科技与教育的系统性融合[J]. 中国远程教育，（7）：4-12，78.

黄荣怀，陈庚，张进宝，等，2010. 关于技术促进学习的五定律[J]. 开放教育研究，16（1）：11-19.

黄荣怀，陈丽，田阳，等，2020. 互联网教育智能技术的发展方向与研发路径[J]. 电化教育研究，41（1）：10-18.

黄荣怀，等，2018. 教育信息化[M]. 北京：科学出版社.

黄荣怀，胡永斌，杨俊锋，等，2012. 智慧教室的概念及特征[J]. 开放教育研究，18（2）：22-27.

黄荣怀，李敏，刘嘉豪，2021. 教育现代化的人工智能价值分析[J]. 国家教育行政学院学报，（9）：8-15，66.

黄荣怀，刘德建，刘晓琳，等，2017. 互联网促进教育变革的基本格局[J]. 中国电化教育，（1）：7-16.

黄荣怀，刘黄玲子，2001. 协作学习的系统观[J]. 现代教育技术，（1）：30-34，41，76.

黄荣怀，刘梦彧，刘嘉豪，等，2023. 智慧教育之"为何"与"何为"——关于智能时代教育的表现性与建构性特征分析[J]. 电化教育研究，44（1）：5-12，35.

黄荣怀，马丁，郑兰琴，等，2009. 基于混合式学习的课程设计理论[J]. 电化教育研究，(1)：9-14.

黄荣怀，田阳，2020. 发展智慧教育须着眼于教育生态的整体发展[J]. 教育家，(2)：20-21.

黄荣怀，汪燕，王欢欢，等，2020. 未来教育之教学新形态：弹性教学与主动学习[J]. 现代远程教育研究，32（3）：3-14.

黄荣怀，王欢欢，张慕华，等，2020. 面向智能时代的教育社会实验研究[J]. 电化教育研究，41（10）：5-14.

黄荣怀，王运武，焦艳丽，2021. 面向智能时代的教育变革——关于科技与教育双向赋能的命题[J]. 中国电化教育，(7)：22-29.

黄荣怀，杨俊锋，胡永斌，2012. 从数字学习环境到智慧学习环境——学习环境的变革与趋势[J]. 开放教育研究，18（1）：75-84.

黄荣怀，张进宝，胡永斌，等，2012. 智慧校园：数字校园发展的必然趋势[J]. 开放教育研究，18（4）：12-17.

黄荣怀，张慕华，沈阳，等，2020. 超大规模互联网教育组织的核心要素研究——在线教育有效支撑"停课不停学"案例分析[J]. 电化教育研究，41（3）：10-19.

靖国平，2002. "转识成智"：当代教育的一种价值走向[J]. 教育研究与实验，(3)：11-16，72.

柯清超，2013. 大数据与智慧教育[J]. 中国教育信息化，(24)：8-11.

兰国帅，魏家财，黄春雨，等，2022. 高等教育数据分析领域的宏观趋势、技术实践和未来场景——美国《EDUCAUSE 地平线报告 2022（数据分析版）》解读[J]. 中国教育信息化，28（10）：18-30.

雷朝滋，2021. 智能技术支撑教学改革与教育创新[J]. 中小学数字化教学，(1)：5-7.

雷朝滋，2022. 抓住数字转型机遇 构建智慧教育新生态[J]. 中国远程教育，(11)：1-5，74.

李艳燕，张香玲，李新，等，2019. 面向智慧教育的学科知识图谱构建与创新应用[J]. 电化教育研究，40（8）：60-69.

刘邦奇，袁婷婷，纪玉超，等，2021. 智能技术赋能教育评价：内涵、总体框架与实践路径[J]. 中国电化教育，(8)：16-24.

刘宝存，岑宇，2022. 世界教育数字化转型的动因、趋势及镜鉴[J]. 现代远程教育研究，34（6）：12-23.

刘宝存，顾高燕，2023. 推开公共数字学习之门：联合国教育变革峰会的主张、隐忧及超越[J]. 中国电化教育，(1)：16-24.

刘德建，杜静，姜男，等，2018. 人工智能融入学校教育的发展趋势[J]. 开放教育研究，24（4）：33-42.

刘德建，刘晓琳，张琰，等，2016. 虚拟现实技术教育应用的潜力、进展与挑战[J]. 开放教育研究，22（4）：25-31.

刘嘉豪，刘梦彧，张钰，等，2023. 教育信息化政策制定的选接式路线图——《教育信息化政策和宏观规划指导纲要》述评[J]. 世界教育信息，36（1）：10-18.

刘儒德，2005. 建构主义：知识观、学习观、教学观[J]. 人民教育，(17)：9-11.

刘儒德，2005. 学生的学习观及其对学习的影响[J]. 教育理论与实践，(9)：59-62.

鲁子箫, 2020. 智能时代的教学知识观——从知识立场到生命立场[J]. 当代教育科学, (12): 24-29.

罗生全, 王素月, 2020. 智慧课程: 理论内核、本体解读与价值表征[J]. 电化教育研究, 41 (1): 29-36.

马玉慧, 柏茂林, 周政, 2017. 智慧教育时代我国人工智能教育应用的发展路径探究——美国《规划未来, 迎接人工智能时代》报告解读及启示[J]. 电化教育研究, 38 (3): 123-128.

玛雅·比亚利克, 查尔斯·菲德尔, 2018. 人工智能时代的知识: 核心概念与基本内容[J]. 金琦钦, 盛群力, 译. 开放教育研究, 24 (3): 27-37.

苗逢春, 2019. 引领人工智能时代的教育跃迁: 2019年北京国际人工智能与教育大会综述[J]. 电化教育研究, 40 (8): 5-14, 29.

苗逢春, 2022. 从"国际人工智能与教育会议"审视面向数字人文主义的人工智能与教育[J]. 现代教育技术, 32 (2): 5-23.

苗逢春, 2022. 概论联合国教科文组织与全球教育治理[J]. 基础教育, 19 (1): 5-31.

苗逢春, 2022. 教育人工智能伦理的解析与治理——《人工智能伦理问题建议书》的教育解读[J]. 中国电化教育, (6): 22-36.

南国农, 2001. 信息技术教育与创新人才培养(上)[J]. 电化教育研究, (8): 42-45.

牛瑞雪, 2013. 从口耳相传到云课程: 课程形态视域下的课程演变史[J]. 课程·教材·教法, 33 (12): 18-23.

潘云鹤, 2018. 人工智能2.0与教育的发展[J]. 中国远程教育, (5): 5-8, 44.

彭红超, 祝智庭, 2017. 以测辅学: 智慧教育境域中精准教学的核心机制[J]. 电化教育研究, 38 (3): 94-103.

任友群, 万昆, 冯仰存, 2019. 促进人工智能教育的可持续发展——联合国《教育中的人工智能: 可持续发展的挑战和机遇》解读与启示[J]. 现代远程教育研究, 31 (5): 3-10.

邵晓枫, 刘文怡, 2020. 智慧教育的本质: 通过转识成智培育智慧主体[J]. 中国电化教育, (10): 7-14.

沈阳, 逯行, 曾海军, 2020. 虚拟现实: 教育技术发展的新篇章——访中国工程院院士赵沁平教授[J]. 电化教育研究, 41 (1): 5-9.

沈阳, 田浩, 黄云平, 2020. 智能增强时代推进新一轮学习革命——访中国科学院院士吴朝晖教授[J]. 电化教育研究, 41 (08): 5-10.

沈阳, 田浩, 曾海军, 2020. 大数据时代的教育: 若干认识与思考——访中国科学院院士梅宏教授[J]. 电化教育研究, 41 (7): 5-10.

世界慕课与在线教育联盟秘书处, 2023. 高等教育数字化变革与挑战——《无限的可能: 世界高等教育数字化发展报告》节选五[J]. 中国教育信息化, 29 (1): 44-60.

世界慕课与在线教育联盟秘书处, 2023. 高等教育数字化愿景目标与行动倡议——《无限的可能: 世界高等教育数字化发展报告》节选七[J]. 中国教育信息化, 29 (1): 73-81.

世界慕课与在线教育联盟秘书处, 2023. 高等教育数字化战略行动共识——《无限的可能: 世界高等教育数字化发展报告》节选四[J]. 中国教育信息化, 29 (1): 36-43.

世界慕课与在线教育联盟秘书处, 2023. 世界高等教育数字化发展指数构建——《无限的可能: 世界高等教育数字化发展报告》节选六[J]. 中国教育信息化, 29 (1): 61-72.

童莉莉, 张晨, 黄荣怀, 等, 2022. 教育社会实验: 人工智能融入教育的研究新探索[J]. 中国电化教育，（3）：62-68.

汪时冲，方海光，张鸽，等，2019. 人工智能教育机器人支持下的新型"双师课堂"研究——兼论"人机协同"教学设计与未来展望[J]. 远程教育杂志，37（2）：25-32.

王娟，2017. 智慧型课程：概念内涵、结构模型与设计流程[J]. 现代远距离教育，（3）：25-33.

王敏，2019. 英国《教育技术战略：释放技术在教育中的潜力》探析[J]. 世界教育信息，32（17）：21-27.

王荣，曾海军，2013. 联合国教科文组织ICT促进教育发展相关项目分析[J]. 开放教育研究，19（2）：108-120.

王姝莉，黄漫婷，胡小勇，2022. 美国、欧盟、德国、法国和俄罗斯教育数字化转型分析[J]. 中国教育信息化，28（6）：13-19.

王雨洁，吴婧姗，朱凌，2022. 数据赋能工程教育转型："数字印度"战略及其人才培养实践[J]. 高等工程教育研究，（1）：35-41.

王运武，李袁爽，姜松雪，等，2022. 疫情背景下高等教育数字化转型趋势——美国《2022地平线报告（教与学版）》解读与启示[J]. 中国教育信息化，28（5）：13-20.

王志军，陈丽，2014. 联通主义学习理论及其最新进展[J]. 开放教育研究，20（5）：11-28.

王竹立，2017. 面向智能时代的知识观与学习观新论[J]. 远程教育杂志，35（3）：3-10.

王竹立，2019. 论智能时代的人——机合作式学习[J]. 电化教育研究，40（9）：18-25，33.

王竹立，2019. 新知识观：重塑面向智能时代的教与学[J]. 华东师范大学学报（教育科学版），37（5）：38-55.

尉小荣，吴砥，余丽芹，等，2016. 韩国基础教育信息化发展经验及启示[J]. 中国电化教育，（9）：38-43.

吴砥，李环，尉小荣，2022. 教育数字化转型：国际背景、发展需求与推进路径[J]. 中国远程教育，（7）：21-27，58，79.

吴文峻，2017. 面向智慧教育的学习大数据分析技术[J]. 电化教育研究，38（6）：88-94.

谢雷，陈丽，郑勤华，2022."互联网+"时代数据治理的内在逻辑与实践路径——"互联网+教育"创新发展的理论与政策研究（四）[J]. 电化教育研究，43（4）：12-18.

徐斌艳，2020. 德国青少年数字素养的框架与实践[J]. 比较教育学报，（5）：76-87.

徐梦影，陈兴中，向晏平，2020. 未来教育的本质、目的、任务与发展趋势[J]. 教育科学论坛，（34）：5-15.

徐亚倩，陈丽，郑勤华，等，2022. 互联网推动教育理论与学术创新的主要方向——"互联网+教育"创新发展的理论与政策研究（五）[J]. 电化教育研究，43（5）：5-10，25.

杨俊锋，包昊罡，黄荣怀，2020. 中美智能技术教育应用的比较研究[J]. 电化教育研究，41（8）：121-128.

杨俊锋，施高俊，庄榕霞，等，2021. 5G+智慧教育：基于智能技术的教育变革[J]. 中国电化教育，（4）：1-7.

杨现民，2014. 信息时代智慧教育的内涵与特征[J]. 中国电化教育，（1）：29-34.

杨现民，李新，邢蓓蓓，2018. 面向智慧教育的教学大数据实践框架构建与趋势分析[J]. 电化教育研究，39（10）：21-26.

杨现民，余胜泉，2015. 智慧教育体系架构与关键支撑技术[J]. 中国电化教育，（1）：77-84，130.

于颖，周东岱，钟绍春，2016. 从传统讲授式教学模式走向智慧型讲授式教学模式[J]. 中国电化教育，（12）：134-140.

余亮，魏华燕，弓潇然，2020. 论人工智能时代学习方式及其学习资源特征[J]. 电化教育研究，41（4）：28-34.

余胜泉，2023. 教育数字化转型的层次[J]. 中国电化教育，（2）：55-59，66.

余胜泉，何克抗，1998. 基于 INTERNET 的教学模式[J]. 中国电化教育，（4）：58-61.

余胜泉，路秋丽，陈声健，2005. 网络环境下的混合式教学——一种新的教学模式[J]. 中国大学教学，（10）：50-56.

余胜泉，王琦，2019. "AI＋教师"的协作路径发展分析[J]. 电化教育研究，40（4）：14-22，29.

余胜泉，杨晓娟，何克抗，2000. 基于建构主义的教学设计模式[J]. 电化教育研究，（12）：7-13.

袁利平，陈川南，2020. 美国人工智能战略中的教育蓝图——基于三份国家级人工智能战略的文本分析[J]. 比较教育研究，42（2）：9-15.

曾海军，王永忠，李兰，2022. 以国家智慧教育平台撬动民族地区教育数字化转型[J]. 中国民族教育，（5）：20-22.

张恩铭，盛群力，2019. 培育学习者的数字素养——联合国教科文组织《全球数字素养框架》及其评估建议报告的解读与启示[J]. 开放教育研究，25（6）：58-65.

张慧，黄荣怀，李冀红，等，2019. 规划人工智能时代的教育：引领与跨越——解读国际人工智能与教育大会成果文件《北京共识》[J]. 现代远程教育研究，31（3）：3-11.

张建伟，2001. 从传统教学观到建构性教学观——兼论现代教育技术的使命[J]. 教育理论与实践，（9）：32-36.

张进宝，黄荣怀，张连刚，2012. 智慧教育云服务：教育信息化服务新模式[J]. 开放教育研究，18（3）：20-26.

张立新，朱弘扬，2015. 国际智慧教育的进展及其启示[J]. 教育发展研究，35（5）：54-60.

赵兴龙，许林，李雅瑄，2019.5G 之教育应用：内涵探解与场景创新——兼论新兴信息技术优化育人生态的新思考[J]. 中国电化教育，（4）：5-9.

郑勤华，陈丽，郭玉娟，等，2022. 推动"互联网＋教育"创新发展的着力点——"互联网＋教育"创新发展的理论与政策研究（二）[J]. 电化教育研究，43（3）：12-17，59.

郑庆华，董博，钱步月，等，2019. 智慧教育研究现状与发展趋势[J]. 计算机研究与发展，56（1）：209-224.

郑太年，2006. 知识观·学习观·教学观——建构主义教育思想的三个层面[J]. 全球教育展望，35（5）：32-36.

"智慧教育示范区"创建项目专家组秘书处组，2022. "智慧教育示范区"建设进展报告[M]. 北京：科学出版社.

钟秉林，2016. 深化综合改革坚持依法治教提高教育质量[J]. 教育研究，37（2）：30-36.

钟登华，2019. 智能教育引领未来：中国的认识与行动[J]. 中国教育网络，（6）：22-23.

钟绍春，唐烨伟，王春晖，2018. 智慧教育的关键问题思考及建议[J]. 中国电化教育，（1）：106-111，117.

钟晓流，宋述强，胡敏，等，2015. 第四次教育革命视域中的智慧教育生态构建[J]. 远程教育杂志，33（4）：34-40.

周海涛，胡万山，2018. 改革开放 40 年来教育学课程变革的历程与特点[J]. 课程·教材·教法，38（4）：11-15.

祝智庭，2016. 智慧教育新发展：从翻转课堂到智慧课堂及智慧学习空间[J]. 开放教育研究，22（1）：18-26，49.

祝智庭，胡姣，2022. 教育数字化转型的本质探析与研究展望[J]. 中国电化教育，(4)：1-8, 25.

祝智庭，胡姣，2022. 教育数字化转型的理论框架[J]. 中国教育学刊，(4)：41-49.

祝智庭，胡姣，2022. 教育数字化转型的实践逻辑与发展机遇[J]. 电化教育研究，43（1）：5-15.

祝智庭，彭红超，2017. 深度学习：智慧教育的核心支柱[J]. 中国教育学刊，(5)：36-45.

祝智庭，沈德梅，2013. 学习分析学：智慧教育的科学力量[J]. 电化教育研究，34（5）：5-12，19.

祝智庭，魏非，2017. 面向智慧教育的教师发展创新路径[J]. 中国教育学刊，(9)：21-28.

祝智庭，肖玉敏，雷云鹤，2018. 面向智慧教育的思维教学[J]. 现代远程教育研究，(1)：47-57.

祝智庭，徐欢云，胡小勇，2020. 数字智能：面向未来的核心能力新要素——基于《2020 儿童在线安全指数》的数据分析与建议[J]. 电化教育研究，41（7）：11-20.

附录　智慧教育优秀案例

为落实教育数字化战略行动，深入推进智慧教育发展，加强智慧教育优秀案例的传播和经验分享，在教育部科学技术与信息化司的指导下，"智慧教育示范区"创建项目专家组秘书处联合教育部教育信息化战略研究基地（北京、华中、西北）开展了智慧教育优秀案例征集活动。经过申报或推荐、撰写培训、修改、专家遴选、公示等环节，共确定123个智慧教育优秀案例，其中区域建设类30个、学校实践类77个、解决方案类8个、研究成果类8个。

区域建设类案例主要围绕区域智慧教育可持续发展机制、提升区域教育资源供给服务能力、数据驱动教育治理能力、构建个性化教学支持服务环境、提升师生数字素养与技能、深化学生综合素质评价改革、智慧教育平台应用、疫情防控下的大规模在线教育经验、智能技术增效赋能"双减"、智慧教育促进乡村教育振兴等方面呈现某个或多个方面的做法与经验、成效与特色（附表1）。

附表1　智慧教育优秀案例（区域建设类）

序号	案例名称	作者	作者单位
1	数据赋能、体系重塑，东城教育登上高位优质均衡大舞台	周林[1]　李磊[1]　张淑敏[1]　李玉顺[2]	1. 北京市东城区教委；2. 北京师范大学
2	北京东城智慧教育"数据大脑"建设与应用	杜斌　张智雄　张硕　王天阳　侯晓燕　苏宁	北京市东城区智慧教育研究中心
3	群智共享促进区域创客教师专业发展	解萍　古国栋　段燕青	山西省运城市教育局
4	"野百合"迎来了"春天"——"三个课堂"赋能永济乡村教育质量提升	石百胜　张玉霞	山西省运城市永济教育局
5	构建智慧教育云平台，助推区域教育提质发展	张中涛　康永平	上海市闵行区教育局
6	打造"互联网+教育"大平台重构区域智慧教育生态——汉阳区市区校一体教育数字化转型实践探索	蔡葵[1]　谭婷[2]	1. 武汉市汉阳区教育局；2. 武汉市汉阳区教育局电化教育馆
7	智慧教育规模化应用助力学生五育并举	熊白莉　韩瑾　汪伟　黄磊　郑云桥	武汉市经济技术开发区（汉南区）教育局
8	"微光计划"——中国光谷区域推进教育数字化转型的探索	陈克斌[1]　贺德富[2]　舒晓辉[1]　李媛[1]　陈细鹏[1]	1. 武汉东湖新技术开发区教育发展研究院；2. 湖北第二师范学院基础教育信息技术服务湖北省协同中心

445

续表

序号	案例名称	作者	作者单位
9	智慧教育促进乡村教育振兴	缪贤根[1] 徐晨辉[1] 武美华[2]	1. 湖南省浏阳教育局现代教育技术中心；2. 湖南省浏阳市浏阳河小学
10	破除城乡二元结构，智慧教育促进城乡一体化实践	李春明 王贤 罗文峰 张琦	广州市白云区教育信息发展中心
11	聚焦学习方式变革，助推教育"新三态"实践	汪毅 朱世军 敖静 钟艾男	成都市武侯区教育局
12	依托智慧校园建设，助推区域智慧教育发展	化宇峰[1] 赵辉[2] 臧璇[3] 胡友永[2]	1. 北京市第八十中学雄安校区（安新县第二中学）；2. 北京市第八十中学；3. 河北雄安新区管理委员会
13	创建国家智慧教育示范区，助推海淀教育数字化转型	王方[1] 杜荣贞[1] 徐丹[1] 吴颖惠[2] 刘大鹏[1]	1. 北京市海淀区教委；2. 北京市海淀区教育科学研究院
14	以数据驱动教育高质量发展，加快构建智慧教育新生态	温晓川 李伟	天津市河西区教育综合服务中心
15	技术赋能项目化学习：让每一个孩子经历"好的学习"	张嘉[1] 吴江[2] 孙喜琴[3] 杨奕杰[4] 周梦晨[5]	1. 苏州工业园区教师发展中心；2. 苏州工业园区新城花园小学；3. 苏州工业园区文萃小学；4. 苏州工业园区星湾学校；5. 苏州工业园区金鸡湖学校
16	移动物联环境下综合实践活动学习方式变革之道	张锐军 胡晓琴	苏州市吴中区教师发展中心
17	温州"六大行动"推进智慧教育迭代升级	侯元东 马元福	温州市教育技术中心
18	基于"政企校研"协同的"智慧学校"建设应用实践	段元丽 唐巍 谢惠萍	蚌埠市教育局
19	基于"一一四"建设模式的区域智慧作业应用探索与实践	姬瑛洁 万亚军 汪滢	南昌市教育评估监测和技术推广中心
20	创新途径，课程引领——推进青岛市人工智能教育全域普及	黄建勇 李晓梅	青岛市教育装备与信息技术中心
21	以"六抓六高"着力打造智慧教育公共服务体系	张惠敏 魏晓亮 冯亮 邓健灵	深圳市教育信息技术中心
22	深圳市云端学校：智慧教育的新样态	龚卫东 汤幸初 陈浩	深圳市云端学校
23	"区校一体化"智慧教育云平台建设及应用实践探索	叶树文 谭伟 代楠	成都市成华区教育局
24	疫情背景下兰州市线上教学实践与创新	南星辉 王娟 原世龙 段淑芳 马源	兰州市电化教育中心
25	推进宝山区教育数字化转型，重塑教育教学新模式	张治 张云峰	上海市宝山区教育局
26	智慧培训助成长，云端教研促提升——新冠肺炎疫情背景下民族地区智慧培训的区域探索	权丽彦	新疆维吾尔自治区电化教育馆

附录　智慧教育优秀案例

续表

序号	案例名称	作者	作者单位
27	构建智慧教育云平台，科教兴疆提质增效	刘第毅[1]　权丽彦[2]	1. 新疆维吾尔自治区伊犁州霍尔果斯市教育局；2. 新疆维吾尔自治区电化教育馆
28	线上教育谱新曲，五育融合促发展——宜昌市夷陵区疫情防控下的大规模在线教育	廖琼	宜昌市夷陵区教育技术装备站
29	构建七个协同机制，推进金水教育信息化发展进程	李正　胡培林　曹鹏举　段立群	郑州市金水区教育局
30	数字政府赋能，构建智慧教育新生态	姚永安[1]　程庆雷[1]　范夫伟[1]　肖勇[2]　杨帆[2]　卫俊国[2]　叶本青[3]	1. 东莞市教育信息中心；2. 华为技术有限公司；3. 广东省电信规划设计院

资料来源：教育部"智慧教育示范区"创建项目专家组秘书处. 关于公布2022年度智慧教育优秀案例名单的通知[EB/OL]. https://mp.weixin.qq.com/s/tDEUoaWa7UF4HAoVRS2jTA，2022-08-17.

学校实践类案例主要从智慧校园和智慧教室建设、资源建设与共享、新型教学模式、学生综合素质评价、教师专业发展、教学平台与工具应用、网络学习空间创新应用、协同育人、学校管理与服务等方面来呈现某个或多个方面的探索与实践（附表2）。

附表2　智慧教育优秀案例（学校实践类）

序号	案例名称	作者	作者单位
1	数字故事促进数学教与学方式积极转变的实践探索	逯娜　任虹　马俊鹏　张敏　王蕊　武英	北京第一师范学校附属小学
2	智能平台赋能数学核心素养表现性评价的实践探索	刁善玉思佳[1]　李葆萍[2]　任虹[1]	1. 北京第一师范学校附属小学；2. 北京师范大学
3	基于北京数字学校平台的京剧混合式综合实践课程教学模式创新实践	董顺利　滕亚杰　宋燕晖　赵志梅　孙彤	北京东城区灯市口小学
4	人工智能下小学体育运动负荷数据采集实施路径	马龙[1]　周京胜[2]　付春辉[3]　霍振东[4]　刘川[5]　焦健[6]　付强[7]　张凯[8]　黄永刚[9]　蒋乌兰[10]　乔石[11]　罗希[12]	1. 北京市东城区教育科学研究院；2. 北京市东城区黑芝麻小学；3. 北京市东城区交民巷小学 4. 北京市东城区地坛小学；5. 北京市东城区和平里九小；6. 北京市东城区西中街小学；7. 北京市东城区灯市口小学；8. 北京市东城区史家小学；9. 北京市东城区前门小学；10. 北京市东城区板厂小学；11. 北京市东城区回民实验校；12. 北京市东城区精忠街小学
5	校外童声合唱团"智慧教学"创新教学模式	郭璐璐	北京东城区少年宫

续表

序号	案例名称	作者	作者单位
6	"双减"背景下"智慧教育"促教与学方式变革	汪忱 邢超 张子仪 王靓楠 肖畅 田密 范欣楠 化子怡 杜欣月	北京东城区史家胡同小学
7	服务育人视域下的"智慧后勤"建设	周建华 马静 马艳辉 胡锐	人大附中航天城学校
8	基于海洋特色文化背景下的VR人文课程开发与实践	孙宇 刘婷	北京市海淀区七一小学
9	技术助力学校形态变革	宋衍 许贝贝	北京市十一学校
10	推进学校智慧教育的两手抓策略	范胜武 喻淑双 吴洁 郭茜茜	北京市二十一世纪国际学校
11	双减背景下智慧教育的实践与探索	杨光有 刘璟 王琳 王立新 张国立	北京市海淀区第二实验小学
12	和乡村地区师生"同上一堂课"——使命驱动的小学优质资源共生模式	窦桂梅 张华毓 胡兰 梁营章 王建刚 林长山 易博 汤卫红 赵丽娜 穆敏娟 崔占 王强	清华大学附属小学
13	核心素养视域下初中劳技课堂教学策略的探索与实践	王晶 潘暄元	北京西城区学生综合实践活动中心
14	共克非常态教学形式,打造空中学习课堂	李志新	北京市第十二中学
15	基于智慧教育平台的多元教研模式	凌建红 张锐 张春 王琳 薛秋艳 李毛宁	运城市盐湖区魏风小学
16	小荷初露尖尖角,他日绽放别样红——永济市城西中学网络学习空间拓宽留守儿童成长之路	任璞林 张晓燕 展晓娟 郭起霞 王江涛 史丽萍 樊爱红	运城市永济城西街道初级中学校
17	突破校本资源建设瓶颈,赋能教与学方式的变革	赵玉芳 杨乐乐 乔蕾 石磊 张端阳 马晓斐	运城市海仓学校
18	创客赋能小学生科学素养培育	王萍 杨高师 靳卓玉 李瑾 郭梁 王琴英 聂亮 师婷婷 杨雅繁	运城市大运小学
19	基于智慧空间创建的未来学校建设研究与实践	陈晓苗 彭盼	上海中医药大学附属闵行蔷薇小学
20	探索数字化转型,推动教学方式变革	赵瑛群	上海市田园外国语小学
21	"闵智作业"赋能精准教学	李卫军 陈莉萍	上海市闵行区颛桥中学

附录　智慧教育优秀案例

续表

序号	案例名称	作者	作者单位
22	数据智慧与教师活力的完美相遇——数据分析赋能教师专业发展的探索与实践	谈莉莉　吴旻烨　洪玲芳	上海市宝山区第二中心小学
23	以智慧作业开启学校教育智能升级	刘鸿飞	上海市宝山区美兰湖中学
24	基于个人学习环境建构的个性化教学实践	施忠明　张灵犀　陶晓晖	上海市吴淞中学
25	VR虚拟实验在科学与安全教育的创新与实践	马新银　胡祖军　陈娟	湖北省武昌水果湖第一小学
26	人工智能赋能教学方式变革，AI课程助力核心素养提升	刘小杰　熊勇　易玲	湖北省武昌水果湖第二小学
27	基于大数据下小学生体育健康监测与干预	尹慧红　胡峰	武汉市武昌区三道街小学
28	"互联网+"环境下书法美育课程的开发与应用	周红　白茹	武汉市经济技术开发区沌口小学
29	五育评价，让孩子长成一棵树——基于教育云平台构建五育评价创新应用	韦莉　邓冲　王莹	武汉市汉阳区楚才小学
30	基于墨水屏的"精准教+自主学"实践	刘建中　史玲玲	武汉市第三寄宿中学
31	内外协同，深入探究——推进中学虚拟实验常态化教学应用	彭葆蓓　黄秀岚　史颜君	武汉市二桥中学
32	聚焦成长能见度——"兴趣苗圃"学生评价的研究与实践	程丽芬　王建忠　李翠芳	武汉市鲁巷实验小学
33	教育信息化背景下学校智慧管理路径的探索与实践	王翠花	华中师范大学附属航天龙城小学
34	技术驱动"体智课堂"，增效提质精准教学——洪山小学"体智课堂"教学模式的建构与探索	叶丹　蔡磊　李倩	武汉市经济技术开发区洪山小学
35	智慧教育平台支持下的劳动教育实践	龚明星	宜昌市夷陵区东湖高级中学
36	融合应用信息技术探索"四自"智慧教学与"五美"智慧评价	肖陈慧　邓利萍　彭嘉宇　张苏　张碧　胡友根　蒋芳兰　张旭　贾晓旭　徐笑颐　严军	长沙市雨花区长塘里小学
37	人工智能赋能五育并举，让孩子成长看得见	陈艳萍　贺迎舟　谢凌燕　周紫艳	长沙市岳麓区博才咸嘉小学
38	依托"互联网+"教育平台，探索学校智慧教育管理	刘遮　彭娜　黄义	湖南第一师范学院斑马湖小学

449

续表

序号	案例名称	作者	作者单位
39	智慧教育视域下"三现"育人功能的主题式项目学习	张娟英 熊旭 胡艳 李园园	长沙市开福区实验小学
40	智慧教育助推教学方式变革的创新实践	侯朵朵 赵柳根 刘慧 杜渐 危媛	长沙市雅礼实验中学
41	一所"快乐银行"开启智慧德育新领域	夏湘华 覃天	长沙市天心区西湖小学
42	依托智慧思政活动馆,推进小学思政教育创新发展	宋梦珩 谭灿 张霞	长沙市天心区实验小学
43	"双减"背景下智慧教育赋能小学协同育人实践	符宝仪 苏苑勋 肖颖佳 尹晶 曾心莹	广州市荔湾区康有为纪念小学
44	信息技术赋能素养导向的跨学科探究实践	侯淑慧 张睿 鲁效孔 臧秀霞	深圳市红岭实验小学
45	"教育+AI"驱动教学及资源建设数字化转型	王理想[1] 符睿[1] 廖永红[1] 赖晶亮[1] 罗志聪[1] 黄浩扬[1] 郭润峰[1] 严芳[1] 李模钦[2] 徐雪[2] 董桥宇[3] 吕碧瑜[3]	1. 广东轻工职业技术学院;2. 科大讯飞华南有限公司;3. 中国移动通信集团广东有限公司广州分公司
46	课堂提质,教师先行,整校推进,独辟蹊径——基于信息工程2.0背景下的智慧教育改革	刘苗苗 王卫强	中山市丽景学校
47	"双线融合"教学模式助推学生自主学习能力提升	邓澜 赵毅 胡德桥 袁伟	成都市武侯实验中学
48	让每一个孩子智慧生长和全面发展——智慧教育背景下数字画像赋能"五育"并举	张家明 张宏 周婷	成都市棕北中学
49	以智慧校园为载体,促数字师生共发展	宿强 甘源 周密	成都市成华小学
50	凸显个性化学习,聚焦"我的学校"网络学习空间创新建设	张友红 张文祥 龙贤志	成都市石笋街小学校
51	信息化引领教育提升之路	化宇峰[1] 赵辉[2] 臧璇[3] 胡友永[2]	1. 北京市第八十中学雄安校区(安新县第二中学);2. 北京市第八十中学;3. 河北雄安新区管理委员会
52	云端学校:智慧教育新样态的实践与思考	童玉峰 杨晓侠 俞小妹 徐荣华	苏州市高新区第五初级中学校
53	"农村娃"也能玩转人工智能:农村小学人工智能教育的"青小路径"	沈峥嵘	苏州市吴江区青云小学
54	创新网络学习空间"三D"模式,助推永嘉二职"三教"改革	赵瑜珍 王寿斌 陈振威 潘非凡 赵小秋 杜林周	温州市永嘉县第二职业学校

附录　智慧教育优秀案例

续表

序号	案例名称	作者	作者单位
55	指向计算思维培养的幼儿无屏幕编程教学策略——以《奇妙悠游》无屏幕编程为例	白明丽 谢琦	温州市第七幼儿园
56	需求导向，数据归集——CIO制度联动下的智慧校园建设	陈德曹 谢建寅	温州市第二外国语学校
57	智慧教育课题引领，促进教师专业成长	杨橙 费毅峰	蚌埠市蓝天路小学
58	走进智慧课堂，品味语文清香——智慧课堂在学生日常学习中的应用	张华庆	蚌埠市龙子湖实验学校
59	基于国家中小学智慧教育平台开展双线混融式教学尝试	杭自平	蚌埠市张公山第三小学
60	校本教研与智慧课堂深度融合，助力学校教学质量提升	杨有负	芜湖高新区实验学校
61	从"看见课堂"到"融入课堂"——疫情之下线上线下同步教学的创新与实践	黎雪晴 魏茜 熊伟 黄文丽	南昌市洪都中学
62	豫章书院，推动阅读变革的学校实践	王玉燕 熊玫	南昌市豫章小学教育集团
63	智绘个性成长地图——智慧作业推进规模化因材施教的实践与探索	周琴 曹昌灵 邓颖洁 郭姗娜 罗艺 陈瑞超	南昌市站前路学校
64	创新智慧阅读平台，"四点"发力共育新人	黄星[1] 范雯芩[2] 刘阳[2] 段建斌[2] 李玉茹[1]	1. 江西省豫章师范学院附属小学；2. 豫章师范学院
65	"空中课堂"玩花样	张隽瑶	南昌市华联外语实验学校
66	智慧赋能，助推集团化办学教育高质量均衡发展	孙传香 林殿云 张莉雪	青岛市西海岸新区兰亭小学
67	数学文化微课资源开发应用：让自主学习真发生	荀艳华 魏琳	青岛市敦化路小学
68	基于"互联网+教育"下的"云课堂"教学实践	罗万丽	兰州师范附属小学
69	"互联网+产教融合"赋能智慧课堂教学模式重构	滕虎 姚雪晴	宁夏银川市兴庆区回民第二小学
70	"互联网+教育"下组团式援疆"智慧教研"的思考与实践	许虹艳	新疆维吾尔自治区沙雅县幸福小学
71	智慧课堂助力教育教学提质增效	黄跃涛	新疆维吾尔自治区皮山县藏桂乡中心小学
72	应用教学助手智能检测，实现智慧教学精准评价	温敏	沈阳市铁路实验小学

续表

序号	案例名称	作者	作者单位
73	基于问题解决的信息技术课程的系统升维与校本实施	邹贤莲 刘畅 陈治佑	重庆两江新区行远小学校
74	技术为师生互动教与学助力	王幸福 魏虹娣 宋凯 魏艺 顾华威	郑州市第二十六中学
75	基于智慧教育推进育人方式变革的校本实践	侯清珺 樊怡丽 王黎超 刘海荣 任庆涛	郑州市金水区文化路第一小学
76	3D创意设计与机器人教育融合创新，夯实科创人才培养基础	王宁 赵阳 陈玉娟 张莹 刘大泉	开封市第十四中学
77	多媒体教学手段在中小学体育课堂的有效运用	高学平	张掖市肃南裕固族自治县第一中学

资料来源：教育部"智慧教育示范区"创建项目专家组秘书处. 关于公布 2022 年度智慧教育优秀案例名单的通知[EB/OL]. https://mp.weixin.qq.com/s/tDEUoaWa7UF4HAoVRS2jTA ，2022-08-17.

解决方案类案例主要是企业为智慧教育发展提供的技术解决方案，围绕智能教育装备、平台、网络、工具、资源或集成方案等呈现其在区域或学校中的应用场景、方式与效果（附表3）。

附表3 智慧教育优秀案例（解决方案类）

序号	案例名称	作者	作者单位
1	基于知识图谱构建的教学资源建设与应用解决方案	刘超 王宏宇 李慧杰	重点领域教学资源建设项目管理办公室
2	智慧教育F5G全光网络解决方案	张军 张锐利 张雏鹏 贾林	华为技术有限公司
3	"双减"背景下的"因材施教"智慧教育解决方案	周佳峰 杨博 关东 潘恺 韩萌	科大讯飞股份有限公司
4	打造教育数字基座,构建高质量教育支撑体系	张海 史文博 胡锐	阿里云计算有限公司
5	善学在线建设区域高效作业管理平台建设	王军[1] 江西[1] 白砚双[1] 崔雨[1] 林远东[2] 高淑君[2] 杨爽[3]	1. 长春市二道区教师进修学校；2. 苏州驰声信息科技有限公司；3. 长春市基础教育研究中心
6	数字资源供给解决方案：打造区域"学习新引擎"	葛虹[1] 肖年志[2] 陶秋荣[2] 赵卉[2] 张爽[3]	1. 苏州工业园区教育局；2. 苏州工业园区教师发展中心；3. 东北师大理想软件股份有限公司
7	轻实操智慧实验教室及科普角智慧教育应用解决方案	高翔 王莹 曹兆瑞	讯飞幻境（北京）科技有限公司
8	智能助教解决方案：赋能老师上好每堂课	王斌	光合新知（北京）科技有限公司

资料来源：教育部"智慧教育示范区"创建项目专家组秘书处. 关于公布 2022 年度智慧教育优秀案例名单的通知[EB/OL]. https://mp.weixin.qq.com/s/tDEUoaWa7UF4HAoVRS2jTA ，2022-08-17.

附录　智慧教育优秀案例

研究成果类案例主要为研究团队和个人围绕智慧教育相关理论、模式、技术、实践调研或国际比较等方面产出的研究成果（附表4）。

附表4　智慧教育优秀案例（研究成果类）

序号	案例名称	作者	作者单位
1	融合交互，构筑后疫情时代教学新常态的思考——基于东城区教师混合式教学的调查	张丽莉　张述林　束旭　黄亮　饶芳　李川皓	北京市东城区教育科学研究院
2	"双减"背景下混合学习体系化模式设计及有效模式研究	朱永海[1]　徐莹莹[2]　彭英杰[3]　肖红伟[4]　蔡阳合[5]　江结裳[5]　周楚君[5]　黄志坚[5]　张翔[6]	1. 首都师范大学儿童与未来教育创新研究院；2. 南方科技大学教育集团（南山）第二实验学校；3. 佛山市南海区狮山镇教育发展中心；4. 佛山市南海区狮山镇罗村中心小学；5. 佛山市南海区狮山镇联和吴汉小学；6. 北京师范大学未来教育高精尖创新中心
3	基于大数据下的小学生体质健康个性化诊断与反馈实践研究	窦桂梅　杨魁　梁营章　任海江　贾维佳　王建刚　张玉国　杜灿彪　何宇畅　殷一平	清华大学附属小学
4	数据智慧与教育智能化背景下的高效课堂研究——以高中化学"铁及其化合物的性质"为例	李珍琦[1]　褚洪旭[1]　韩玉蕾[2]　李晓庆[1]	1. 北京师范大学未来教育高精尖创新中心；2. 北京市房山区教师进修学校
5	数据驱动规模化因材施教模式构建与实施	刘邦奇[1]　刘俊生[1]　崔东泽[1]　李新义[2]	1. 讯飞教育技术研究院；2. 蚌埠市中小学教师进修学校
6	大数据在学校体育中的应用研究——以东湖高新区11所小学的学生体质健康数据为例	张敏　毛智文　邱婷	武汉市光谷第九小学
7	大数据助力乡村学生体质发展研究——以长沙高新区真人桥小学寒暑假智能跳绳应用为例	张爱平[1]　刘丰华[2]　朱红波[1]　张玉娟[1]	1. 长沙高新区真人桥小学；2. 长沙高新区雷锋新城实验小学
8	人工智能视阈下区域教育整体性治理：困境、转变与行动路径	章璐[1]　侯浩翔[2]	1. 浙江大学教育学院；2. 江南大学教育学院

资料来源：教育部"智慧教育示范区"创建项目专家组秘书处. 关于公布2022年度智慧教育优秀案例名单的通知[EB/OL]. https://mp.weixin.qq.com/s/tDEUoaWa7UF4HAoVRS2jTA ，2022-08-17.

后　记

在校稿之际，正值 ChatGPT 海啸席卷全球。当时的"恐慌"是以后我们所从事的"文字工作"怎么办？这本书是否还值得修改？也许 ChatGPT 能很快写出更好的，那么我们努力逐字逐句校对的意义何在？

后来想想，ChatGPT 是"它"，我们是"人"；"它"有优势，"人"也有人的情感，我们的人生终归不会全部由 ChatGPT 主宰，还得活出自己的人生。

另外，写这本书本不是为了"写书"，更多是因为在查资料和码文字的过程中"学习"。即便这个时代有了新的学习方式，学习终归是一件有意义的事情。写书、学习，也是打发时间的最好方式，这样也就释然了。

写这本书，缘起于在这个被数字化包裹的时代，每天淹没在信息爆炸中，很难静下心来长久地做一件事情，也不能好好消化碎片化获取的一些信息。文字写出来，也是一种整理，既是整理知识，也是整理心情。

当然，我们要拥抱这个时代，适应这个时代，包括接受 ChatGPT 在我们生活中出现，毕竟这么多年来，智能技术已经或多或少地改变了我们的工作、生活和学习，智慧社会、智慧教育总是要出现或实现的。

本书没有写得多么高深，主要是关于教育信息化、教育数字化和智慧教育的一些"资料"分析，从政策、技术到实践，我们或多或少参与其中，写出来，也是对智慧教育发展的反思，也算是贡献我们的"教育智慧"。

对于未来的理想化教育，我们其实也是迷惑的，教育或智慧教育"为何"与"何为"，我们也很难说清楚，我们试图通过自身所理解的案例来思考。我们理解，智能时代，教育和学习都将发生变化，政策引导、理论创新、技术赋能、按需学习、实践检验是一种理想化的状态。

每个人有每个人的想法和活法，每个人也有每个人的学习方式，智慧教育的本质还是教学和学习，技术的快速发展对教育变革的影响，我们既不悲观到"妄自菲薄"，也没有乐观到"人定胜天"，总之，往前行，且行且看、且行且珍惜，从改变自己的学习方式做起。

在我们共同面临学习危机和社会危机之际，我们试图跳出自己的圈子，多看看外面的世界，多听听别人的声音，互学互鉴，勿忘初心，从学会生存、学会学习到关注共同利益，一起构想教育的未来！

后　记

　　写点东西，总是一件有意思的事情，感谢在这个过程中，许多老师和同学对我们的帮助！感谢赵沁平院士、钟秉林教授、黄荣怀教授等给予的指导！感谢教育部科学技术与信息化司推进智慧教育示范区建设所形成的优秀案例！感谢来自智慧教育示范区创建项目专家组的真知灼见！感谢教育部教育信息化战略研究基地（北京、华中、西北）的研究成果！感谢北京师范大学智慧学习研究院提供的研究支持！感谢张卓、王静漪、林凡等同学帮助整理资料！列出姓名不如感恩于心。当然，还需要感谢我们的家人，爱情、亲情、友情都弥足珍贵，是不会被ChatGPT所替代的。

　　谨以此书致敬还在坚持的学习者、文字工作者和读者！